迁安年鉴

2017

迁 安 市 人 民 政 府　　主 办

迁安市地方志编纂委员会　编

方志出版社
Publishing House of Local Records

图书在版编目（CIP）数据

迁安年鉴：2017/ 迁安市地方志编纂委员会编 .--
北京：方志出版社，2018.3
ISBN 978-7-5144-3017-2

Ⅰ . ①迁… Ⅱ . ①迁… Ⅲ . ①迁安 -2017- 年鉴
Ⅳ . ① Z522.23

中国版本图书馆 CIP 数据核字（2018）第 048130 号

迁安年鉴（2017）

编　　者：迁安市地方志编纂委员会
责任编辑：刘　珊
出 版 人：冀祥德
出 版 者：方志出版社
地址　北京市朝阳区潘家园东里 9 号（国家方志馆 4 层）
邮编　100021
网址　http：//www.fzph.org
发　　行：方志出版社图书经销中心
电话（010）67110500
经　　销：各地新华书店
印　　刷：保定市中画美凯印刷有限公司
开　　本：889 × 1194　　1/16
印　　张：26.5
字　　数：786 千字
版　　次：2018 年 3 月第 1 版　　2018 年 3 月第 1 次印刷
印　　数：0001~1000 册
ISBN 978-7-5144-3017-2　　定价：200.00 元

迁安市地方志编纂委员会
（兼《迁安年鉴》编纂委员会）

《迁安年鉴》编审人员

编辑说明

一、《迁安年鉴》以马克思列宁主义、毛泽东思想、邓小平理论、“三个代表”重要思想、科学发展观、习近平新时代中国特色社会主义思想为指导，坚持辩证唯物主义和历史唯物主义的立场、观点和方法，是一部全面记述迁安市情的地方综合年鉴。在中共迁安市委、迁安市人民政府的领导下，由迁安市地方志编纂委员会主持编纂，国内外公开发行。

二、本年鉴逐年编纂出版，当年出版的年鉴，全面系统记述上一年度迁安市政治、经济、文化、社会等各领域的基本情况，客观反映各行各业新变化、新成就，为迁安的发展建设提供借鉴，为各界人士了解、认识迁安提供最新信息，为编史修志储备资料。

三、本卷为《迁安年鉴》2017年卷（总第21卷），设特载、大事记、迁安概况、政党·政权、社会团体、综合管理与监督、法治·军事、农业、工业、交通·邮政·通信、城建·环保、财政·税务、商贸服务·旅游、金融、科学技术、教育、文体·广电、黄帝文化研究与开发、卫生、社会·民生、专记、乡镇·街道、文献文件辑存、统计资料24个类目。类目下设分目、条目，部分类目增设次分目，条目为基本记述单元，条目标题加“【 】”表示。

四、本卷年鉴收录内容以2016年度为主，根据需要，对“迁安概况”的部分内容进行了追溯，卷首彩页为2017年内容。文中“全年”“年内”指2016年，“上年”指2015年。

五、本卷年鉴所用全局性数据以迁安市统计局提供的数据为准，统计部门尚未掌握的采用相关职能部门提供的数据。计量单位采用国家法定单位。文中“简略语”随文注释，较短的“简略语”在文中括注，较长的“简略语”在段末注释，多次出现不重复注释。

六、本卷年鉴文稿由各承编单位指定专人撰写并经单位负责人审定，单位盖章。撰稿人姓名排于文末右端，另起行，加圆括号。部分稿件参考《迁安时讯》和迁安市委、市政府有关简报及网络信息等。

2 月 15 日，市委书记张淑云在中国共产党迁安市第六次代表大会作报告

2 月 23 日，市长韩国强在迁安市第六届人民代表大会作政府工作报告

（陈儒 摄）

8 月 29 日，省委常委、唐山市委书记焦彦龙（中）在迁安考察　（宋志杰 提供）

10 月 21 日，唐山市委副书记、市长丁绣峰（中）带领唐山市重点项目观摩团在迁安考察　（吴海民 摄）

7月4日，省人大常委会党组书记、常务副主任范照兵（中）在迁安考察，唐山市人大常委会主任郭彦洪（右）陪同　　（吴海民 摄）

6月4日，唐山市副市长张月仙（左二）、市政府党组成员卢宏秋（左一）带领唐山农业产业化重点项目观摩团在迁安考察　　（农办 提供）

9 月 21 日，全国人大常委会预算工作委员会副主任刘修文（右一）到迁安考察

5 月 10 日，环保部副部长赵英民（左三）到迁安考察　（吴海民 摄）

11月17日，迁安市荣获全国文明城市称号

4月17日，市委书记张淑云（左二）、市长韩国强（右二）就全国文明城市创建工作进行现场办公 （吴海民、陈儒 摄）

8 月 23 日，2017 首届唐山市旅游发展大会开幕式在迁安举行，省旅游发展委员会党组书记、主任那书晨致辞　　（陈儒、吴海民 摄）

8 月 23 日，唐山市委副书记、高新区党工委书记丁荣进（前中）带领唐山旅发大会与会人员观摩迁安中唐·天元谷文化旅游综合体项目

迁安市人民政府市长韩国强致辞

河北省政协副主席 民革中央常委
河北省委主委卢晓光宣布开幕

中华炎黄文化研究会首席顾问
河南省委原书记徐光春恭读拜祖文

10月28日，举行2017河北迁安“轩辕黄帝文化周”暨经贸洽谈会。此次签约项目23个，计划总投资达179.76亿元 （陈儒、吴海民 提供）

8 月 28 日，市委书记张淑云（左三）、市长韩国强（右二）就海绵城市创建工作现场办公

海绵工程施工现场

海绵工程成果展示

迁安入选全国首批 16 个海绵城市建设试点，成为河北省第一个、也是全国唯一一个县级试点城市 （吴海民、陈儒 摄）

目　录

特　载

大事记

迁安概况

政党·政权

社会团体

综合管理与监督

法治·军事

农　业

工　业

交通·邮政·通信

城建·环保

财政・税务

商贸服务・旅游

金　融

科学技术

教　育

文体·广电

黄帝文化研究与开发

卫　生

社会·民生

专　　记

乡镇·街道

文献文件辑存

统计资料

中共河北省委、唐山市委关于迁安市委主要领导的变更决定：张淑云同志任迁安市委书记 韩国强同志任迁安市委副书记、提名市长人选

2016 年 12 月 18 日，中共迁安市委召开全市领导干部大会。中共唐山市委常委、组织部部长、统战部部长丁荣进宣布中共河北省委、唐山市委关于迁安市委主要领导的变更决定，张淑云同志任迁安市委书记；韩国强同志任迁安市委副书记、提名市长人选。李忠同志不再担任迁安市委书记、常委、委员职务，任丰润区委书记。

张淑云简历

张淑云，女，汉族，1968 年 8 月出生，1991 年 7 月参加工作，1991 年 3 月加入中国共产党，大学文化，公共管理硕士，唐山市人。

1987 年 9 月至 1991 年 7 月，河北农业大学农业建筑与环境工程专业学习。1991 年 7 月至 1993 年 7 月，唐山市新区城建局工程股工作。1993 年 7 月至 1996 年 5 月，唐山市新区城建局质量监督站副站长、站长。1996 年 5 月至 1998 年 6 月，唐山市新区城建局局长助理、副局长。1998 年 6 月至 2000 年 8 月，唐山市新区燕山路街道党委副书记、办事处主任。2000 年 8 月至 2002 年 5 月，唐山市新区燕山路街道党委书记。2002 年 5 月至 2003 年 4 月，唐山市丰润区燕山路街道党工委书记。2003 年 4 月至 2007 年 7 月，唐山市古冶区副区长（其间：2005 年 1 月至 2006 年 7 月，清华大学公共管理学院公共管理专业学习，2006 年 7 月获公共管理硕士学位）。2007 年 6 月至 2008 年 7 月，迁安市政府副市长。2008 年 7 月至 2011 年 8 月，迁安市委常委、组织部部长。2011 年 8 月至2013 年 4 月，迁安市委常委、常务副市长。2013 年 4 月至 2013 年 5 月，迁安市委副书记、代市长。2013 年 5 月至 2016 年 12 月，迁安市委副书记、市长。2016 年 12 月起，迁安市委书记。

迁安市第六届人民代表大会公告

第二号

迁安市第六届人民代表大会第一次会议于 2017 年 2 月 25 日选举韩国强为迁安市人民政府市长，董志毅、庞再明、陈金钉、李强、郎文昌、王艳军（女）为迁安市人民政府副市长。

迁安市第六届人民代表大会
第一次会议主席团
2017 年 2 月 25 日

韩国强简历

韩国强，男，汉族，1967年8月出生，1987年8月参加工作，1993年5月加入中国共产党，省委党校大学文化，唐山市人。

1984年9月至1987年8月，河北滦县师范学校中师专业学习。1987年8月至1991年1月，唐山市开平区教育局干部。1991年1月至1992年12月，唐山市开平区劳人局科员。1992年12月至1993年5月，唐山市开平区劳人局办公室副主任。1993年5月至1997年1月，唐山市开平区劳人局科技干部股副股长。1997年1月至1998年11月，唐山市开平区劳人局推行办主任（其间：1994年9月至1997年7月，省委党校党政干部函授学院行政管理专业学习）。1998年11月至2001年9月，唐山市开平区劳人局副局长。2001年9月至2003年5月，唐山市开平区越河乡党委副书记、乡长（其间：2000年9月至2002年12月，省委党校函授学院经济管理专业学习）。2003年5月至2003年12月，唐山市开平区越河乡党委副书记、乡长（其间：主持越河乡党委、政府全面工作）。2003年12月至2007年7月，唐山市开平区越河乡党委书记。2007年7月至2011年8月，唐山市古冶区副区长。2011年8月至2012年6月，唐山市古冶区委常委、副区长。2012年6月至2013年6月，唐山市古冶区委常委、常务副区长。2013年6月至2016年2月，唐山市曹妃甸区委常委、纪委书记。2016年2月至2016年12月，迁安市委常委、常务副市长（正县级）。2016年12月至2017年2月，迁安市委副书记、代市长。2017年2月起，迁安市委副书记、市长。

立足新起点　勇当排头兵
为加快建设“魅力水城、绿色迁安”而努力奋斗

——在中国共产党迁安市第六次代表大会上的报告（摘要）

中共迁安市委书记　张淑云

（2017 年 2 月 15 日）

中国共产党迁安市第六次代表大会，是在迁安全面建成小康社会进入决胜阶段、转型发展进入关键时期召开的一次重要会议。大会的主题是：深入学习习近平总书记系列讲话特别是视察唐山重要讲话精神，认真贯彻省委和唐山市委各项决策部署，回顾总结市第五次党代会以来的工作，研究部署今后五年的奋斗目标和主要任务，动员全市各级党组织和广大党员干部，牢记使命，担当实干，勇当唐山“三个努力建成”、“三个走在前列”和全省县域经济发展排头兵，为加快建设“魅力水城、绿色迁安”而努力奋斗。

一、过去五年工作的回顾

市第五次党代会以来的五年，我们走过了不平凡的历程。五年中，我们历经了宏观形势急剧变化的考验，应对了环保治理、化解产能等多重挑战，也收获了转型发展凤凰涅槃之后的喜悦。五年中，我们团结和带领全市广大党员干部群众，始终牢牢扭住转型发展核心任务不动摇，凝心聚力，砥砺奋进，推动了经济、政治、文化、社会、生态文明建设和党的建设全面发展，为新一轮跨越发展打下了坚实基础。

——综合实力在攻坚克难中稳步增强。继“十二五”前期的快速增长后，经历了持续下行的经济严冬。在复杂严峻的宏观形势和挑战面前，我们始终昂扬干事的激情，全力以赴稳增长、抓投入、控风险，力遏经济下行，在逆境中保持了稳中有进、稳中向好的良好态势。在中国中小城市综合实力百强评比中，由 2011 年的第 30 位上升到第 19 位。

——产业结构在深度调整中优化升级。持续推进项目建设年活动，深入开展经贸洽谈和招商推介，以京津为重点的招商引资成效明显，7 家世界 500 强和 40 余家行业领军企业相继落户，为结构调整提供了强力支撑。钢铁产业，累计化解炼钢产能 646 万吨、炼铁产能 673 万吨，7 家钢铁企业全部进入工信部规范企业名录，京津冀钢铁联盟创新研究院正式落户，实施了迁钢冷轧硅钢、燕钢板材、彦博彩板等一批链条延伸项目，精品钢材比重由 25% 提高到 30.5%。装备制造业，实施了迁矿重工、正大制管等一批制造业和初深加工项目，耗钢能力达到 1295 万吨，耗钢率达到 34%。现代物流业，浙江物产、天津物产等龙头企业迅速壮大，带动物流企业集群跟进、快速发展。思文科德八色印铁引领包装建材产业实现高端突破，英诺特制药、天圣制药、葵花药业带动食品医药产业集群集聚，翅冀 LNG、中溶科技 30 万吨无水乙醇打破了煤化工有“焦”无“化”的粗放发展模式。休闲旅游、教育培训等现代服务业扎实起步，被列为国家全域旅游示范区创建单位；天洋城、红星美凯龙、万嘉商贸园顺应消费升级趋势，实现了商业业态的优化布局和全面提升。

——城乡面貌在统筹发展中深刻变化。“1－3－38－48”四级城镇体系构建了覆盖城乡、全域一体的发展格局，引领城乡建设跃上新台阶。三大板块拉开城市框架，建成区面积达到 43.5 平方公里，比 2011 年增加 13 平方公里。南部新城区基本建成，城市功能品位显著提升，彰显现

代时尚大气的中等城市形象。滦河生态休闲区已具雏形，14平方公里的大湖美景凸显水城神韵，黄台山、佛山公园建成开放，山水融城特色更加突出。以中医院、第四高中建设为标志，右岸新城建设开始起步。国家海绵城市创建试点全面铺开，全国县级文明城市、省级文明城市创建初见成效，国家智慧城市创建积极推进，城市内涵和公共服务能力持续提升。有序推进镇域新型社区和美丽乡村建设，建昌营、野鸡坨、沙河驿被评为全国重点镇，积极推进北部长城绿道省级示范片区创建，唐庄子、山叶口等7个村被评为河北省美丽乡村，我市被评为全省美丽乡村建设先进县（市）。坚持绿道引领，促进旅游业与农业产业化加速融合，荣膺全国休闲农业与乡村旅游示范县（市）。

——承载能力在优化提升中更加坚实。规划建设了四家省级园区，经济开发区成为全省首个千亿级工业聚集区，被列为承接京津功能疏解和产业转移的40个重点园区之一；高新技术产业开发区被评为全省新型工业化产业示范基地；北方钢铁物流产业区被评为中国物流示范基地；滦河文化产业区跻身全省十大文化产业园区，我市是全省开发区改革中唯一保留两家工业园区的县（市）。实施了一批重点交通工程，京秦高速迁安支线、燕山大路南延、第三通道相继通车，津秦高铁滦河站正式运营，新增公路通车里程906公里。扎实推进重点领域和关键环节改革，探索设立基金、PPP等投融资方式，组建了国有控股企业集团，有效破解资金瓶颈。创客广场投入运营，车库咖啡、洪泰空间等一批知名众创空间正式入驻，为借力京津人才智力优势、集聚创新创业要素搭建了广阔平台。

——生态环境在精准整治中持续改善。优化生产生活空间，按照功能分区有序引导产业布局，促进了城镇建设、产业发展与资源环境相适应。深入开展大气污染治理攻坚，强力推进钢铁、焦化等重点行业专项整治，累计投入34.6亿元实施了469项重点治理工程，圆满完成主要污染物削减任务，大气PM2.5浓度明显下降，空气质量综合排名始终位居唐山市前列。大力开展矿山生态环境恢复治理，完成修复面积9822亩。持续开展造林绿化攻坚，新增造林面积17.2万亩，森林覆盖率达到43.8%。突出山水林田湖整体修复，重点流域治理和水源地环境保护得到加强。

——和谐社会在共建共享中加快构建。累计投入20亿元，实施了第四高中、六实小等一批重点项目，城乡办学条件明显改善，高等教育从无到有，职教中心升格为技师学院，获评全国义务教育发展基本均衡县（市）。人民医院、中医院迁建提档，乡镇卫生院和农村卫生室改造升级，积极推进基层医改和公立医院改革，率先建立城乡居民医疗保险、大病补充补偿制度，被列为全国健康城市创建试点。社会保障体系不断完善，城乡低保和五保供养标准不断提高，实现养老、救助等保障体系全覆盖，保障水平始终位居全省前列。文体事业更加繁荣，文化馆、图书馆免费向社会开放，成功承办里约奥运会拳击资格赛、长城万人徒步大会等重大赛事，群众性文体活动蓬勃开展，蝉联全国文化先进县（市）。持续抓好安全生产、食品药品安全等工作，平安迁安建设扎实推进，信访稳定工作不断加强，社会大局安定和谐。

——党的建设在全面从严治党中不断加强。扎实开展党的群众路线教育实践活动、“三严三实”专题教育和“两学一做”学习教育，党员干部宗旨观念和工作作风进一步强化。坚持“好干部”标准，圆满完成乡镇领导班子换届工作，树立了凭实绩用干部的用人导向。积极推进基层党建创新，全面推广村级事务“小微权力清单”制度，创新服务工程和载体，服务型党组织建设不断加强。严格落实中央八项规定精神，突出懒政怠政、为官不为治理，持之以恒纠正“四风”。认真落实全面从严治党要求，强化主体责任和监督责任，严肃查处违法违纪案件，营造了风清气正的干事创业环境。切实加强常委会自身建设，不断改进党对新形势下人大、政协、统战、群团等工作的领导，凝聚了强大的发展合力。

各位代表、同志们，五年来的成绩来之不易，是省委、唐山市委正确领导的结果，是全市人民团结一心、拼搏奋斗的结果，凝聚着社会各界的智慧和汗水。在此，我代表中国共产党迁安市第五届委员会，向全市广大党员干部和社会各界人士，表示衷心的感谢和崇高的敬意！

五年的转型实践，饱含着奋斗的艰辛和成功的喜悦，蕴含的经验弥足珍贵：必须始终把上级精神与迁安实际紧密结合，既坚持传承又力求创新，找准一条顺应规律、体现引领的现实发展路径；必须始终咬定目标，不忘初心，不论形势如何变化，转型发展的定力和信心不能有丝毫动摇；必须始终以团结凝聚合力，以实干应对挑战，以转型发展的新业绩激发斗志、提振士气，保持干事创业的旺盛激情；必须始终坚持以人为本，回应群众关切，办好为民实事，让发展成果更多地惠及全市人民。这些经验，我们要在今后工作中倍加珍惜，大力弘扬。

我们也清醒地看到，改革发展和工作中还存在不少差距和短板：产业结构调整正处于新旧动能转换期，主导产业核心竞争力不强，新的增长点亟待壮大，转方式调结构的任务依然繁重；新型城镇化进程还需加快，城市功能内涵、城乡公共服务和基础设施建设有待加强；土地、资金、环境容量等瓶颈制约依然突出，园区的项目建设主战场作用尚待挖掘，两个环境建设仍需进一步优化；基层组织建设还存在薄弱环节，部分党员干部作风、能力素质有待提高，等等。对这些问题，我们一定要高度重视，采取有力措施，切实加以解决。

二、今后五年的目标要求

当前，迁安正处在困难中孕育新希望的关键时期，已经站在了新一轮跨越发展的起跑线上。今后五年，是迁安加快崛起的机遇期、爬坡过坎的攻坚期、大有作为的窗口期。我们必须审时度势，积极作为，科学谋划未来五年工作。

综观大势，我们的发展机遇得天独厚。从国内看，我国发展仍处于大有可为的战略机遇期，经济发展长期向好的基本面没有改变。今后五年，随着中央适度扩大总需求、振兴实体经济等引领经济发展新常态重大政策的出台，特别是京津冀协同发展等重大战略利好因素的集中释放，我市毗邻京津、山水融城的特色优势将更加凸显。省委深化扩权县改革，国家新型城镇化综合试点、创建国家全域旅游示范区等一系列重大改革试点，使我们获得了诸多先行先试的机遇。我们必须以等不起的紧迫感、慢不得的危机感、坐不住的责任感，抢抓机遇，奋力作为，努力闯出迁安转型发展的新天地。

审视自身，我们面临着严峻的挑战考验。经过几年的艰苦努力，我们顶住了压力，稳住了局面，呈现了稳中向好的态势，但稳的基础还不牢固，去产能、调结构、治污染的任务依然艰巨繁重，保持经济平稳健康发展挑战还很大。面对全国百强更加激烈的竞争，面对全省增比进位突破的新要求，我们的压力更大、责任更大。深刻分析我市遇到的困难和挑战，根源在于产业结构偏重、发展方式粗放的深层次矛盾，转型升级不转不行，转得慢了也不行。我们必须牢固树立忧患意识、责任意识和率先意识，把加快转型作为应对挑战的战略抉择，事不避难，攻坚克难，奋力开创迁安转型发展的新局面。

放眼未来，我们具备了加快转型的坚实基础。五年来，我们始终致力转型，久久为功，推动转型发展在挑战中稳步前行，以产业、城市为核心的综合竞争优势日益凸显，转型势能蓄势待发，迁安已经进入由量的积累向质的跃升的新阶段。这一阶段，跨越提升的美好前景正在显现，我们比任何时候都要接近这一目标。只要我们坚定信心，勇敢地担当起转型攻坚、突破突围的历史使命，思路上不折腾，落实上不懈怠，一张蓝图绘到底，一任接着一任干，就一定能够创造一个继往开来、更加辉煌的五年。

今后五年工作的指导思想：深入学习贯彻习近平总书记系列重要讲话、省第九次党代会精神和省市系列决策部署，按照“四个全面”战略布局，坚持发展第一要务，积极践行创新、协调、绿色、开放、共享的发展理念，坚定走加快转型、绿色发展、跨越提升新路，着力在产业结构调整、城市建设、城乡统筹、新旧动能转换、生态文明建设、群众幸福指数提升上实现新突破，勇当唐山“三个努力建成”、“三个走在前列”排头兵，勇当全省县域经济发展排头兵，为率先全面建成小康社会，加快建设“魅力水城、绿色迁安”而努力奋斗。

今后五年，我们要坚定走“加快转型、绿色

发展、跨越提升”新路：加快转型是核心任务，必须坚持转型攻坚，以提高发展质量和效益为中心，着力在“加快”上下功夫，积极打造新型制造业基地和现代服务业高地，推动经济效益、社会效益、生态效益共同提升，实现经济行稳致远。绿色发展是核心要求，必须坚持生态优先，以持之以恒的坚守，着力推动绿色的发展方式和生活方式，做足用好“山水绿文”城市特色，努力实现更高质量、更有效率、更加公平、更可持续的发展，让迁安在绿色发展的跑道上跑出漂亮的“加速度”。跨越提升是奋斗目标，必须强化率先意识，站位新起点，谋求新跨越，加快实现发展阶段、发展层次的整体跨越和提升，推动迁安进入转型发展的“快车道”。

今后五年，我们要以“勇当两个排头兵”的定位引领转型发展：要聚焦转型，聚力重点，在转变发展方式、调整经济结构、推进供给侧结构性改革上求突破、作表率，勇当唐山“三个努力建成”、“三个走在前列”排头兵；要按照县域经济增比进位突破的要求，瞄准全国百强争先进位的目标，确保县域综合实力跃上新台阶，勇当全省县域经济发展排头兵。

今后五年，我们要切实做到五个明显提升：

——经济质量效益明显提升。经济保持平稳较快增长，地区生产总值年均增长6%左右，公共财政预算收入年均增长5%以上。产业结构调整和发展动能转换迈出新步伐，传统产业加快提档升级，新兴产业快速增长，服务业发展水平明显提升，新型制造业基地和现代服务业高地初具规模。

——城乡发展水平明显提升。新型城镇化综合试点建设深入推进，四级城镇发展体系加快构建，三大板块城市格局基本形成，常住人口城镇化率达到60%以上，建成全国文明城市、全国健康城市和国家全域旅游示范区，美丽乡村建设在全省率先实现全覆盖。

——改革创新动力明显提升。重点领域和关键环节的改革实现突破，营商环境明显改善；创新体系不断健全，科技创新能力、科技成果孵化转化能力显著提升；大众创业、万众创新活力充分激发，科技型中小企业和高新技术产业不断涌现，依靠创新引领发展的格局基本形成。

——生态环境质量明显提升。大气污染治理和山水林田湖生态修复成效明显，重点行业清洁生产和资源循环利用水平大幅提升，主要污染物排放总量稳步降低，矿山生态治理深入推进，森林覆盖率达到46.5%以上，全市平均优良天数争取达到260天以上。

——群众幸福指数明显提升。城乡居民人均可支配收入年均增长8%以上；城乡居民文明程度、文化素质明显提升，现代公共文化服务体系更加健全，社会治理能力不断增强；社会保障全面覆盖、稳步提标，社会各项事业全面进步，人民群众的获得感显著提高。

三、今后五年的主要举措

发展继往开来，使命激发干劲。我们要围绕目标，把发展方向、关键重点和主观努力有机统一起来，以新发展理念为引领，以体制机制创新为保障，把握关键，集中攻坚，努力在六个方面实现新突破。

（一）加快构建现代产业体系，在结构调整上实现新突破。瞄准打造新型制造业基地和现代服务业高地的目标，以推进供给侧结构性改革为主线，提升传统产业、壮大新兴产业、做大现代服务业，积极构建现代产业体系。

加快改造提升传统产业。传统产业是迁安工业的基础和支撑，过去创造了迁安发展的辉煌，现在和今后也是全市经济的中坚力量，但是必须要实现由大到强的转变。钢铁产业，坚决去产能，这既是供给侧结构性改革的必然选择，也是我市转型发展的现实需要，必须以壮士断腕的决心坚决完成化解过剩产能任务。全力抓整合，通过兼并重组、内部整合等多种方式，扶优扶强，优化布局，提高钢铁产业竞争力和集中度。积极抓延伸，大力发展高附加值、高竞争力的产品，延伸产业链条，提高精品钢材比重，增强有效供给和高端供给。精准提品质，依托京津冀钢铁联盟创新研究院，提升钢铁产业技术和装备水平，使历经大浪淘沙、优胜劣汰后的产能活得更好。同时，我们要把装备制造业作为钢铁产业优势发挥的必然路径，始终以高端化、链条化、耗钢化为主攻方向，积极发展钢铁初深加工产业，力促在整机制造和基础零部件制造产业上取得突破，加快推进钢铁产业向装备制造业挺进。煤化工产业，立足现有产业基础和规模优势，加强研发投入，提高焦炉煤气综合利用水平，梯次推进煤焦油、粗苯深度加工，大力发展高端化、市场前景好的焦化副产品，促进煤化工产业由以焦为主向焦化并举、以化为主转变。包装建材产业，延伸金属包装、纸质包装、玻璃加工等产业链条，大力发展新型建材产业，推动产业快速发展。

加快培育壮大新兴产业。新兴产业是迁安转型升级的未来。围绕总量扩大、增速提高两大目标，下更大力气抓一批新兴产业项目，加大对现有新兴产业企业支持力度，力促新兴产业迅速壮大。要加强政策扶持，实施新兴产业培育计划，引进战略合作者，形成内外并举的推进合力。要抓住生物医药产业园被列为京津冀特色产业基地的机遇，立足现有基础，发挥平台承载优势，加快生物医药产业集群集聚发展。发挥京津冀钢铁联盟平台优势，强化产业科技融合，力争在节能减排技术转化、环保设备制造等产业上高端起步、快速发展。瞄准新材料、新能源、信息技术等战略新兴产业，引进龙头，培育集群，推动新兴产业增量扩面提质。

加快发展现代服务业。坚持高端引领、多业并举，推动服务业发展提速、比重提高、水平提升。全力壮大现代物流业，依托有物可流的优势，发挥浙江物产、天津物产龙头作用，推进物流企业与工业企业、商贸企业深度融合，进一步壮大规模、拓展服务功能，增强对转型发展的支撑引领作用。大力发展高端服务业，滦河文化产业园区是我们最大的后发优势，要把其作为现代服务业发展的引爆点、优势点，唱响擦亮水城品牌，积极承接京津功能疏解、公共服务转移项目，力促休闲旅游、教育培训、养生养老等产业提速突破，尽快形成规模、释放潜能。加强与中关村、高等院校对接，促进科技研发、文化创意等产业发展。规划建好城市商圈，抓好现有城市商业综合体的激活和运营，培育壮大楼宇经济，大力发展金融、会展等产业，繁荣城市经济业态。

加快释放园区发展活力。四家省级园区是产业转型的潜力和希望所在。要以创新的思维、改革的办法，抓好园区管理体制机制改革，让园区真正成为经济发展和项目建设的主战场。按照“权责统一、精简高效”的原则，科学界定园区与镇乡、部门职责，推进园区人事薪酬、行政审批、投融资体制等改革。突出园区招商引资、项目服务、经济发展等职能，健全激励约束机制，充分激发园区发展活力。精准确定园区发展定位，探索完善“一区多园”、“园中园”发展模式，培育壮大特色鲜明、优势突出的产业集群。严格项目准入，盘活低效用地，提高项目产出效益。探索市场化运作、企业化经营模式，提升园区配套服务功能，提高园区自我积累、自我发展能力，力促主营业务收入、规模以上工业增加值、税收等主要指标大幅增长。

（二）加快推进城市建设提档升级，在城市功能内涵上实现新突破。经过持续的投入发展，我市城市建设已经步入空间形态更优、功能加快集合、产城互动融合的新阶段。要坚持“一河两区两城”沿河布局理念，突出“山水绿文”特色，增强人口集中、产业集聚的吸附能力，努力建设京津冀城市群中的特色节点城市和宜居宜业的现代化滨河生态城市。

着力打造新型中心城区。全面激活城市功能，加速城市项目填充，活跃城市空间布局，让中心城区更具影响力和持久魅力，打造京津冀都市圈县城建设典范。加快提升南部新城区建设管理水平，挖潜奥体中心、天洋城、红星美凯龙等设施的带动作用，放大技师学院和华北理工大学辐射效应，推动产教城深度融合发展；有序疏解老城区、中心区人口向南部新城区扩散，加速功能完善、人口聚集、人气提升，打造以休闲购物、体育会展为核心的现代时尚标志区。梯度推进滦河综合治理工程，要把现有岛屿作为最宝贵的城市财富、产业平台，以战略思维和长远眼光，科学规划、高标定位，滚动推进岛屿开发建设；加快打造岛岸亲水生态景观带，适时启动龙山公园、爪村遗址公园建设，凸显亲水、显山、增绿特点，彰显北方水城气质；加快中唐旅游综合体、龙湾游艇俱乐部等建设，打造环境生态化、产业高端化的生态新城。以基础设施建设破题开路，积极创新融资模式、开发模式和建设机制，科学谋划推进右岸新城建设。着眼打造工业区人口初级服务区和产城融合的示范区，加快提升河西区环境和承载能力。

着力提升城市品质。聚焦打造形神兼备的宜居宜业之城，推动功能型城市向生态型城市转变，管理型城市向服务型城市转变。以规划引领城市科学发展，突出规划的战略引领和刚性约束作用，积极推进多规合一试点，更好地统筹建筑布局、协调景观风貌，让高水平规划真正高品质落地。以海绵城市建设为契机全方位提高城市功能档次，作为国家首批唯一县级海绵城市创建试点，我市将获得更多国家政策和资金支持，要抢抓机遇，统筹地上地下利用空间，加快世纪大道、平青乐改线等内通外联交通体系建设，推进主城区公共区域 WIFI 全覆盖和免费开放，加强水电路气讯等基础设施和配套设施建设，提升城市功能水平。以全国县级文明城市创建为抓手全面提升城市管理水平，突出洁净有序要求，创新城市管理模式，着力提升城市文明程度和精细化管理水平，让群众享受自由舒朗通畅惬意的城市生活；积极探索老城区、老旧小区、城中村改造的有效模式，全面规范小区物业管理，实施绿美亮净畅整治提升工程，实现市容市貌显著提升。

着力塑造城市特色。紧紧围绕特色资源做文章，全力打造山水特色、黄帝文化品牌，实现“山水绿文”融合发展。要揽山入城，放大三山拱卫特点，统筹山上山下、山前山后的城市建设布局，分区管控，融合发展，形成山城一体的现代都市新格局。要拥湖亲水，丰富水系景观系统，彰显人工湿地作用，打造滨水生态旅游、亲水养生休闲的生态景观。要彰显绿色，坚持在田园中建城市、在公园中建社区，建设完善沿河沿路绿带、城市绿肺、城市绿地，让城市满眼皆绿、处处皆景。要传承文化，挖掘弘扬黄帝文化、长城文化、滦河文化，进一步设计规划迁安主打的文化品牌，打造独特的文化标识。

（三）深入推进城镇组团和美丽乡村建设，在城乡统筹上实现新突破。抓住国家新型城镇化试点机遇，以全域旅游为抓手，着力构建四级城镇发展体系，加快形成城乡一体发展格局。

突出全域旅游的引领作用。坚持把全域旅游作为提升城乡一体化、城镇特色化的总抓手和城乡统筹发展的更高形态，促进旅游与城镇、产业、生态、乡村建设深度融合。要以创建国家全域旅游示范区为契机，牵手专业团队，理清资源和优势，补齐短板，培育绿道休闲、长城文化、乡村度假、低空飞行等旅游品牌，打造面向京津的旅游目的地和区域性游客集散中心。立足优势旅游资源，加大产业谋划与资源整合力度，梯次推进西部地质生态游、北部长城文化游、滦河休闲观光游、东部农业田园游四大片区开发建设，推动“景点旅游”向“全域旅游”转变。大力发展“旅游+”新业态、新品牌，带动农业产业化经营、美丽乡村建设、生态建设提档升级，实现农业增效、农村繁荣和农民增收。完善旅游要素配置，深化旅游运营模式改革，引进战略投资者，增强旅游发展持续动力。

积极推进城镇组团发展。依托历史文化、产业基础、资源禀赋，加快城镇组团发展，着力培育特色小城镇。沙河驿组团，大力发展现代物流业，积极建设组团社区和配套服务设施，打造镇园一体的物流重镇；建昌营组团，借助文化民俗优势，推进旅游产业发展，打造长城古镇、民俗古镇；野鸡坨组团，发挥滦河站交通枢纽的独特优势，完善配套服务功能，打造高铁小镇。要积极推进“1－3－38－48”四级城镇体系，研究制定鼓励引导人口和各类要素向中心城区、城镇组团、新型农村社区和特色保留村集中集聚的政策措施，形成层级鲜明、联动发展的城乡一体化格局。

大力推进美丽乡村建设。以继续保持省级美丽乡村建设先进县（市）为目标，坚持标准不降低、资金不浪费、路径可复制、美丽可持续原则，以点带面、有序推进、全面提升，率先实现美丽乡村建设全覆盖。坚持集中连片推进，以四条绿道为轴线，着力打造独具特色的美丽乡村片区，积极争创省级、唐山市级重点示范片区。以“四美五改”为目标，既要建设好美丽又要经营好美丽，把美丽乡村建设作为农业农村现代化的抓手，与农村基础设施建设、现代农业发展、乡村旅游统筹推进，推动农村产业转型升级和人居环境改善，促进城镇公共服务向农村延伸。充分发挥助农乡村建设开发公司平台作用，引导社会资金参与美丽乡村建设。深化农业农村综合改革，强化农村集体“三资”审计监督，激发农业农村发展活力。

（四）抢抓京津冀协同发展机遇，在加快新旧动能转换上实现新突破。京津冀协同发展战略深入实施，是迁安千载难逢的重大历史性机遇。抓住机遇，不仅能解决经济增长问题，还将有效解决发展方式、发展质量问题。机遇稍纵即逝，必须强化时机意识、紧迫意识，更好对接京津、融入京津，加快补齐发展短板。

借势京津扩大开放。抢抓京津产业转移窗口期，积极承接京津产业转移和功能疏解，加快吸引京津人流、物流、资金流、智慧流向迁安聚集涌入。精准确定招商产业方向，围绕新型制造业基地和现代服务业高地，突出文化旅游、新兴产业、城市建设等重点领域，大力招引生物医药、电子信息、科技研发、智能制造等行业龙头项目、产业链补链项目和价值链高端项目，推动产业高端起步、集群发展。精准确定招商重点区域，把京津作为招商引资的主战场，加强专业化、市场化、精细化招商，定向精准招引央企、名企和国内行业领军企业，做强项目支撑，积蓄发展后劲。适应新形势要求，改进创新招商引资方式方法，提高招商引资实效。

构建协同创新格局。深入挖掘京津创新资源“富矿”，全面加快科技与经济对接、创新成果与产业发展对接，积极构建“京津研发、迁安转化”的协同创新格局。依托创客广场、燕山大学科技园，打造一批新型众创空间。强化企业创新主体地位，鼓励引导企业建设研发中心，加强创新技术成果转化应用，让创新转化为实实在在的新技术、新产品。加大科技创新投入，在资金引导、金融创新、科技服务、融资上市等方面加强扶持，加快发展科技型中小企业和高新技术企业。实施高层次人才和技能适用性人才引进培育工程，培育鼓励创新、宽容失败的创新文化，营造良好的人才发展环境。

深化重点领域改革。充分发挥试点优势，用足用好试点政策，促进关键性改革任务重点突破，缩小与京津政策梯度差。重点抓好行政审批制度改革，推行集中审批和审管分离，完善事中事后监管，推进“互联网＋政务服务”，提高政务服务和管理水平。深化投融资体制改革，积极推进政府和社会资本合作模式，引进社会资本参与基础设施、社会事业等项目建设，促进实体经济健康发展。加强诚信体系建设，有效防控金融和地方债务风险。深化土地管理制度改革，提高土地资源利用效率。统筹推进新型城镇化、市场化服务、教育卫生等各个领域改革，全面激发经济社会发展活力。

（五）坚持绿色发展理念，在生态文明建设上实现新突破。坚持生态优先、绿色发展，下更大的决心、用更严的措施，切实打造天蓝地绿水秀的生态环境。

持续推进环境治理。以大气、水、土壤污染防治为重点，打好环境治理攻坚战。大气环境治理，既是必须完成的政治任务，也是我们转型成功的基础和前提，要铁腕推进、强化治理，确保大气环境质量实现明显改善。要强力推进水污染防治，开展重点行业水环境综合治理，推进流域水污染防治和地表水、地下水统筹治理，加强饮用水源地保护。加强土壤治理，集中治理受污染农用地，严格控制工业污染物排放和农村面源污染。严格环境准入和保护制度，强化执法监管，推行环境污染第三方治理，依法严肃查处破坏生态环境行为。

全面推进生态修复。认真落实三大主体功能区规划，严格生态保护红线制度，逐步淘汰、搬迁生态区内工业企业，促进生态空间自然秀美。以封山育林、退耕还林、荒山造林等工程为载体，深入开展造林绿化攻坚，实现荒山绿化、生态涵养、经济效益“多丰收”。加强矿山生态环境恢复治理，严格控制资源开发强度，促进资源开发与生态环境协调发展。强化生态环境损害赔偿和责任追究，建立奖优罚劣的生态补偿机制，用制度守护好迁安的“绿水青山”。

加快发展生态经济。让绿色增长贯穿产业发展始终，放大生态优势，实现可持续发展。坚持环保优先，把环境保护作为优化经济增长的手段，推进传统产业绿色改造，实现经济效益、生态效益的协调优化。充分运用市场调控手段，对高耗能行业实行阶梯价格制度，推进资源利用方式根本转变。加强重点耗能行业的节能减排技术改造，刚性落实节能减排目标任务，加快建设一批“两型”企业。大力发展循环经济，推行企业循环式生产、产业循环式组合、园区循环式建设，重点抓好矿山固废综合利用，建立循环型产业体系。

（六）加强和谐社会建设，在提升群众幸福指数上实现新突破。民生幸福是我们发展的根本目的。我们一定要带着感情和责任做好民生工作，让全市人民实实在在享受转型发展成果。

全面提高民生保障水平。按照守住底线、突出重点、完善制度、引导预期的思路，深入实施为民实事工程。落实就业创业帮扶政策，完善就业服务体系，多渠道开发就业岗位，加大对重点人群、困难人员就业帮扶力度。进一步健全完善各类社会保障体系，稳步提升保障水平，实现社会保障体系向普惠共享型升级。鼓励、支持和引导慈善组织和其他社会力量以扶贫济困、救急解难为重点广泛开展慈善帮扶。

加快发展社会各项事业。坚持教育优先发展，扩大普惠性学前教育资源，巩固义务教育均衡发展成果，全面提升教育质量和品牌，办好人民满意教育。大力推进健康迁安建设，深化医药卫生体制综合改革，推进城乡医疗资源合理配置，实现基本公共卫生服务均等化。统筹发展养老事业和体育事业，加强公共文化服务体系建设，深入开展文化惠民活动。高度重视并做好人口和计划生育、妇女儿童、残疾人等其他各项社会事业。积极推进社会事业与社会服务产业融合发展，为社会各项事业发展注入活力。

加强和创新社会治理。积极践行社会主义核心价值观，扎实推进公民道德建设工程和诚信迁安建设。大力加强宣传思想工作，切实增强主动性、掌握主动权、打好主动仗，确保关键时刻不失语、重大问题不缺位，始终以正确的舆论引导人，以高尚的精神塑造人。深入开展法治宣传教育，积极推动依法行政和公正司法。加强和改进信访工作，抓好社会矛盾源头治理。高度重视安全生产、食品药品安全、防灾减灾、应急处置等工作，提高公共安全事故预防和处置能力，积极稳妥推进社会治安防控体系建设，加快建设平安迁安。支持人大、政府、政协依法履职，认真贯彻民族宗教和统战政策，提高党管武装工作水平。充分发挥工会、共青团、妇联等人民团体的桥梁纽带作用。

四、坚定不移推进全面从严治党，为加快转型发展提供坚强保证

完成新使命，实现新目标，关键在党、关键在人，根本在执行、根本在落实。全市各级党组织和广大党员干部作为全市各项事业的战斗堡垒和先锋模范，要力戒空谈，崇尚实干，事争一流，唯旗是夺，在加快转型发展新征程中建功立业、增光添彩。

（一）加强思想政治建设，凝聚奋进前行的精神力量。加强理论武装，深入推进学习型党组织建设，认真学习党的重大理论路线方针政策，学习习近平总书记系列重要讲话精神，切实增强“四个意识”，始终与党中央保持高度一致。严肃党内政治生活，认真执行新形势下党内政治生活若干准则和党内监督条例，严格落实“三会一课”、民主评议党员、谈心谈话等制度，坚持民主集中制，全面规范基层组织生活。加强和改进意识形态工作，全面落实党管意识形态工作责任制，维护好改革稳定大局，凝聚强大的社会正能量。

（二）强化基层基础，筑牢本固基强的战斗堡垒。落实党委（党组）抓基层党建工作责任制，大力整顿软弱涣散基层党组织，建立完善基层经费投入机制和党内激励关怀机制。积极探索农村社会治理新模式，完善村级事务“小微权力清单”制度，推进农村基层权力规范化运行。注重挖掘典型，总结经验，努力培树在全省乃至全国叫得响的基层党建品牌。加强非公有制经济组织、社会组织和社区等各领域党建工作，注重发挥政治和服务功能，扩大基层党组织有效覆盖。从严抓好党员队伍教育管理，创新丰富党员活动载体，更好发挥党员示范引领作用。

（三）加强队伍建设，激发干事创业的动力。在转型发展的关键时期，矛盾困难多，更需要一支担当实干的党员干部队伍，一支带头有为的农村干部队伍，一支与时俱进的企业家队伍。要大力加强党员干部队伍建设。以“四个干”机制层层压实压紧责任，以唐山市委“四看”和干部干事档案衡量检验干部，唱响能者上、庸者下、劣者汰的选人用人导向，建立有功必奖、有过必罚的激励约束机制，对埋头苦干、狠抓落实的干部要褒奖和重用，对推动工作不力、精神状态有问题的班子和个人严肃问责、坚决调整。要狠抓农村干部队伍建设。探索完善新形势下常态教育、监督考核、激励约束机制，统筹提升农村党员、村干部及后备干部、致富带头人队伍建设水平，真正发挥致富百姓、改善环境、促进和谐的作用。要突出抓好企业家队伍建设。积极构建“亲”“清”新型政商关系，放手放胆支持企业发展，创新完善企业家培训和帮扶体制机制，引导企业家讲情怀、重责任、敢创新，勇当时代发展的引领者，挺起迁安发展的脊梁。

（四）深化党风廉政建设，营造风清气正的政治生态。认真落实党风廉政建设“两个责任”，盯紧盯住第一责任人，推动全面从严治党落地生根。持之以恒落实作风建设各项规定，深化“四风”整治，加大懒政怠政、为官不为治理力度，坚决整治和查处侵害群众利益的不正之风和腐败问题。严格执行廉洁自律准则和党纪处分条例等规定，实践好监督执纪“四种形态”，严肃查处违反党章党规党纪的行为，保持惩治腐败的高压态势，推动执纪问责向基层延伸。按照上级要求，完成好纪检监察体制机制改革。全面落实党委（党组）全面监督、纪律检查机关专责监督、党的工作部门职能监督、党的基层组织日常监督、党员民主监督的党内监督体系，着力构建不敢腐、不能腐、不想腐的体制机制。

各位代表、同志们，责任重于泰山，事业任重道远。在历届市委的带领下，我们开创了全国百强、全省首强的辉煌。今天，转型突围、再创辉煌的使命历史地落在我们这届市委肩上。面对特殊时期的特殊使命，我们必须以舍我其谁的历史担当和智慧勇气，奏响为发展而战、为荣誉而战的最强音，不负组织重托，不负人民信任，团结一心，扎实苦干，勇当唐山“三个努力建成”、“三个走在前列”排头兵，勇当全省县域经济发展排头兵，为加快建设“魅力水城、绿色迁安”而努力奋斗！

政府工作报告

——在迁安市第六届人民代表大会第一次会议上

迁安市人民政府代市长　韩国强

（2017 年 2 月 23 日）

一、过去五年工作回顾

过去的五年，是迁安转型攻坚、砥砺奋进、取得突出业绩的五年。2013 年以来，受宏观经济形势影响，我市结构性矛盾与去产能、治污染等艰巨任务交织交汇，转型阵痛不断加剧，下行压力持续加大。面对前所未有的困难和挑战，在市委的坚强领导下，在市人大、市政协的监督支持下，我们紧紧团结和依靠全市人民，把握转型发展主线，统筹做好稳增长、调结构、惠民生等各项工作，全市经济社会发展企稳向好、稳步前行。

一是始终把稳增长作为首要任务，综合经济实力在攻坚突围中持续增强。累计实施重点项目 386 个，新增民营企业 3471 户、个体工商户 2.1 万户，7 家世界 500 强和 40 余家行业领军企业落户迁安。2016 年，在全国中小城市综合实力百强中列第 19 位，5 年时间上升 11 位。二是始终把转型发展作为工作主线，产业结构在扎实调整中优化升级。钢铁行业增加值占规上工业比重由 35.5% 下降到 19.9%；耗钢类装备制造业增加值年均增长 33.9%，成为全市增长最快的产业；焦化产业链条加速延伸，结束了有焦无化的粗放发展历史；服务业比重提高了 6.4 个百分点。2016 年位列中国工业百强县第 12 位。三是始终把保近谋远作为关键战略，未来发展基础在积蓄势能中更加坚实。投资 170 多亿元建成四大省级园区，集聚了全市 90% 的规上企业和 80% 的经济总量；滦河综合治理一期工程顺利蓄水，形成 14 平方公里大湖美景，开启了山水融城、产城教融合的绿色发展新篇章；规划建设总长 138 公里的 4 条绿道，搭建了统筹城乡、产业融合、生态富民、全域旅游的重要平台；2016 年跻身中国最具投资潜力百强县第 8 位。四是始终把绿色发展作为重要理念，生态环境质量在深度治理中明显改善。以钢铁、焦化等行业为重点，实施 469 个环保治理项目，修复矿山生态环境 9822 亩，新增造林面积 17.2 万亩，全市污染综合指数下降 35.5%，PM2.5 平均浓度下降 44.7%。五是始终把为民惠民作为根本宗旨，群众幸福指数在共克时艰中不断提升。累计实施 136 件实事工程，城镇和农村居民人均可支配收入分别达到 34637 元、19938 元，比 2011 年分别提高 52.9% 和 60.6%。在全省率先建立城乡居民医疗保险制度和大病补充补偿制度，出台重特大疾病贫困患者医疗救助办法，全面实施困难和重度残疾人补贴制度，加快发展文化、教育、体育等各项社会事业，及时有效回应了群众关切。

2016 年是“十三五”的开局之年，也是本届政府的收官之年。一年来，我们积极适应新常态，以稳增长为首要任务，以调结构为重中之重，引领全市经济走出低谷，实现平稳较快增长。全年实现地区生产总值 920.2 亿元，增长 3.7%；公共财政预算收入 36.3 亿元，增长 3.1%；全社会固定资产投资 654.6 亿元，增长 10.1%；社会消费品零售总额 247.1 亿元，增长 10.7%。

——致力于开放发展，招商引资和项目建设实现新突破。持续开展项目建设大会战，实施亿元以上项目 50 个、10 亿元以上项目 15 个。扎实推进全民创新创业，新增民营企业 1345 户、个体工商户 6924 户，32 家企业升级为规上企业。“魅力水城、绿色迁安”经贸洽谈会及一系列招商活动成绩显著，全年新签约重点项目 70 个，计划总投资 457 亿元。

——致力于转型升级，结构优化和动能转换迈出新步伐。工业经济向质量效益型加速转变。圆满完成钢铁去产能年度任务，规上工业企业实现利润175.4亿元，增长20.6%。与京津冀钢铁联盟合作，建设了迁安钢铁研究院，首批7个项目获北京市科技资金支持1650万元。正大350万吨焊管二期等项目顺利推进，全市精品钢材比重达到30.5%。中溶科技30万吨无水乙醇等项目加快建设，焦化产业向精细化工加速迈进。城市经济向服务创新型加速转变。新增科技型中小企业106家、科技小巨人企业9家，现代服务业增加值占GDP比重达到35.8%，跻身全国创新创业百强县第29位。艾驰生物科技等13个新兴产业项目相继开工，高新区生物医药产业园被确定为京津冀医药健康特色产业基地。"冀东及图"商标成功争创中国驰名商标，实现我市历史性突破。农业经济向内涵提升型加速转变。实施亚滦湾农业公园等35个现代农业项目，唐山市级以上龙头企业达到22家，农业产业化率达到76.2%。

——致力于统筹城乡，新型城镇化进入产城融合新阶段。城市建成区面积达到43.5平方公里，常住人口城镇化率达到55.7%，被确定为国家第三批新型城镇化综合试点，跃居全国中小城市新型城镇化质量百强第13位。以海绵工程为引领，完成既有居住建筑节能改造1.5万平方米，新增集中供热面积80万平方米，新铺设天然气中压管道7.8公里，魅力水城内涵更加丰富，品位大幅提升。以入选国家全域旅游示范区为契机，中唐·天元谷文化旅游综合体全面开工，"京东水城·迁安号"旅游专列正式开通，旅游业由门票经济向产业经济迈进。以发展赛事经济为目标，"国际长城万人徒步大赛"十年承办权花落迁安，圆满承办里约奥运会拳击项目亚大区资格赛、全国体育传统项目学校田径联赛、全国大学生举重比赛等高端赛事，迁安知名度、影响力进一步提升。以"四美五改"要求为统领，高标准完成省级重点片区和25个省级重点村的建设任务，3个村被评为省级美丽乡村。

——致力于环境改善，生态建设和环保整治取得新成果。完成钢铁、焦化等重点行业污染治理工程126个，全市优良天数同比增加51天。完成燃煤锅炉改造120台，推广洁净型炉具2.2万套。出台水污染防治工作方案，启动畜禽养殖专项治污行动，滦河、西沙河断面水质稳定达标。实施矿山生态修复1530亩，新增营林、造林面积5.3万亩，森林覆盖率达到43.8%。

——致力于共建共享，群众获得感幸福感有了新增强。突出抓好就业创业，发放创业担保贷款3259万元，新增城镇就业、农村劳动力转移就业14385人。高度关注困难群众生活，发放各类保障、救助资金5933万元。大力改善办学条件，完成了28所幼儿园新改扩建、49所中小学的校舍维修改造工程。实施棚户区改造2064套，农村危房改造773户。构建全民健康服务体系，深入推进公立医院改革，药品零差率销售让利群众2925万元。依法打击侵犯知识产权和假冒伪劣行为，持续抓好安全生产、食品药品安全、社会治安和信访稳定，国防动员、双拥工作以及质监、统计、气象、电力、人防、移民等各项工作取得了新成绩。

——致力于规范政务，政府效能和作风建设实现新提升。自觉接受市人大、市政协监督，承办人大代表建议、政协委员提案139件，按时办结率达到100%。深化行政审批制度改革，建立重点项目容缺审批机制，市本级行政许可事项由241项减少到178项。建立公共资源交易平台，累计完成交易总额2.76亿元，节约资金3413万元。深入开展"两学一做"学习教育，严格落实"八项规定"，强力推进正风肃纪和懒政怠政专项整治行动；制定《重点工作运行管理图库》，配套出台通报、约谈、问责制度，政府系统抓落实、办实事、求实效的作风进一步强化。

各位代表，回首过去的五年，我们前进的道路充满艰辛，取得的成绩令人振奋，积累的经验弥足珍贵。一是必须坚持市委的正确领导，紧紧依靠市人大、市政协的鼎力支持和全市人民的共同奋斗，这是我们从容应对各种风险挑战的坚强保障和力量源泉。二是必须把握转型发展主线，坚持内激外引、蓄势蓄力，以优质增量对冲低效减量。三是必须保持迎难而上、勇于担当的进取精神，切实做到在困难挑战中负重奋进，在激烈竞争中赢得主动。四是必须凝聚共克时艰、走向辉煌的强大合力。五年来，我们时时有挑战，事事有考验，处处有感动。正是全市干部群众夙兴夜寐、苦干实干，各位企业家顾全大局、奉献社会，才确保了迁安逆境扬帆、稳步前行。在此，我代表市政府，向全市人民，向人大代表和政协委员，向驻迁解放军、武警官兵和所有关心、支持迁安发展的同志们、朋友们，表示衷心的感谢和崇高的敬意！

在肯定成绩的同时，我们也清醒地看到发展中还存在着一些问题，主要是：经济企稳向好的基础还不够稳固，稳增长的压力依然较大；“一钢独大、大而不强”的结构性矛盾还没有根本解决，新兴产业、现代服务业还难以挑起增长的大梁；去产能、治污染的任务艰巨繁重；科技创新对产业升级的拉动效应还不明显，企业的创新意识、主体作用、管理水平有待提升；政府职能转变还不到位，一些工作人员懒政怠政现象、能力本领恐慌问题还比较突出，个别岗位廉政风险依然存在，营商环境有待优化。对这些问题，我们一定高度重视，采取有力措施认真加以解决。

二、未来五年的指导思想、奋斗目标和主要任务

当前，迁安已经站在了发展的新起点上。我们既面临风险挑战，更面临京津冀协同发展等一系列重大机遇。对迁安的发展，上级领导高度关注，全市人民充满期待。市第六次党代会明确提出，要“勇当两个排头兵”，加快建设“魅力水城、绿色迁安”，为迁安发展指明了方向。

历史经验表明，大到一个国家，小到一个城市，在其发展过程中，都会经历若干兴衰周期和历史节点。迁安是一片神奇的土地，这里曾经创造了很多令迁安人自豪、使兄弟城市羡慕、让各级领导认可的发展奇迹。当前，历经转型阵痛的迁安，正朝着新的更高目标进发。在这个重要关口，我们每个迁安人都憋着一口跨越崛起的气儿，挺着一股奋发图强的劲儿，就是要通过我们的大干、实干、真干，让迁安在新常态下实现大发展、快发展，闯出新天地，再创新辉煌。我们有如此好的基础、好的优势、好的机遇，没有理由不把工作干好，也没有理由不把迁安的发展搞上去！只要全市上下团结一心，撸起袖子加油干，迈开大步向前走，我们的目标一定会实现，我们的目标一定能够实现！

今后五年政府工作的指导思想是：认真贯彻中央、河北省、唐山市和迁安市委的决策部署，坚持创新、协调、绿色、开放、共享的发展理念，坚定走加快转型、绿色发展、跨越提升新路，围绕勇当唐山“三个努力建成”、“三个走在前列”排头兵，勇当全省县域经济发展排头兵，全力抓好结构调整、对接京津、项目建设、城乡发展、改革创新、生态治理、改善民生、社会稳定等各方面工作，为率先全面建成小康社会，加快建设“魅力水城、绿色迁安”而努力奋斗。

经济社会发展的主要目标是：

——综合经济实力明显提升。新型制造业基地和现代服务业高地初具规模，产业结构进一步优化，发展质量和效益显著提高，力争地区生产总值年均增长6%左右，公共财政预算收入年均增长5%以上。

——城乡发展水平明显提升。常住人口城镇化率达到60%以上，建成全国文明城市、健康城市和国家全域旅游示范区，美丽乡村建设在全省率先实现全覆盖。

——改革创新动力明显提升。重点领域和关键环节的改革实现突破，科技创新能力、科技成果孵化转化能力显著增强，科技型中小企业和高新技术企业不断涌现，依靠创新引领发展的格局基本形成。

——生态环境质量明显提升。主要污染物排放总量稳步降低，矿山生态治理深入推进，森林覆盖率达到46.5%以上，全市平均优良天数争取达到260天以上。

——群众幸福指数明显提升。城乡居民人均可支配收入年均增长8%以上，社会保障全面覆盖、稳步提标，各项社会事业全面进步，城乡居民文明程度明显提升，社会治理能力不断增强，人民群众在共建共享中拥有更多获得感、幸福感。

围绕上述“五个提升”和市第六次党代会确定的“六个新突破”任务，未来五年我们要在以下六个方面奋勇争先：

一是加速调优产业结构，在加快转型上奋勇争先。以供给侧结构性改革为主线，深入推进“三去一降一补”，大力振兴实体经济，加速推进传统产业改造提升，发展壮大战略性新兴产业，全面建设现代服务业高地，到2021年服务业增加值占GDP比重达到42%以上，农业产业化率达到78%以上。

二是提升城市功能内涵，在新型城镇化上奋勇争先。加快完备城市功能，提升城市内涵，深入推进第三批国家新型城镇化综合试点、国家海绵城市试点、国家智慧城市试点，争创全国县级文明城市。有序开发建设南部新市区、滦河生态休闲区、右岸新城三大板块，打造新型中心城区。加快推进老城区、城中村等改造，狠抓水电路气讯建设，不断提升城市品质和宜居度。全面做好“山水绿文”四篇文章，打造京津冀城市群中的特色节点城市，建设宜居宜业的现代化滨河生态城市。

三是加快城乡一体化发展，在城乡统筹上奋勇争先。以“1－3－38－48”四级城镇发展体系为统领，加快沙河驿、野鸡坨、建昌营3个城镇组团建设，完善配套功能、美化城乡环境。按照生态良好、宜居舒适、特色鲜明的标准，有序推进新型农村社区和特色保留村建设。抓好美丽乡村重点片区、重点村建设，让迁安城乡更美丽。围绕“经营美丽”，大力推进全域旅游，培育发展西部地质生态游、北部长城文化游、滦河休闲观光游、东部农业体验游，加速打造面向京津的旅游目的地，建设区域性游客集散中心。

四是深化改革开放创新，在发展动力活力上奋勇争先。持续深化“放管服”，推进投融资体制、土地管理制度、园区管理体制等重点领域改革，不断激发发展活力。持续推进开放招商，力争引进世界500强、中国百强、央企及行业领军企业20家以上，引进超10亿元项目50个以上。全面支持大众创业、万众创新，到2021年新增民营企业5000户以上、个体工商户2万户以上，科技型中小企业达到800家以上，高新技术企业达到20家以上。

五是狠抓生态文明建设，在生态环境质量上奋勇争先。坚持生态优先、绿色发展，开展“蓝天、碧水、净土”行动，进一步改善生态环境质量。全面整治污染河流，加强饮用水源地保护，保持地下水采补平衡。坚持绿色低碳发展，实现资源、能源的节约循环利用，切实让“环境就是民生、青山就是美丽、蓝天也是幸福”的理念在迁安落地生根。

六是坚持保障和改善民生，在提升幸福指数上奋勇争先。优先保障民生投入，提升社会保障水平，临时救助、医疗救助、慈善救助全面实施，城乡低保标准在省市领先。大力发展教育事业，不断提高教育质量。加快建设健康迁安，全面提升城乡医疗卫生服务水平。弘扬社会主义核心价值观，加快构建现代公共文化服务体系，推进文化大发展、大繁荣。

三、2017年工作目标和重点任务

今年是新一届政府的开局之年，也是全面贯彻落实市委战略部署的关键之年。做好今年工作，必须坚持稳中求进工作总基调，用增量筑牢发展支撑，用改革破解制约难题，确保迁安经济行稳致远；必须加快新旧动能转换，以推进供给侧结构性改革为主线，一手抓钢铁去产能，一手抓新的经济增长点，不断提升发展的质量和效益；必须树立以人民为中心的发展理念，认真回应群众关切，以扎实的工作成效取信于民、造福于民；必须坚持精准发力，抓好各项工作落实，在迁安跨越崛起的征程中，创造无愧于岗位、无愧于人民的实绩。

按照市第六次党代会精神，充分考虑与上级指标计划相衔接，与我市“十三五”规划任务相契合，确定今年经济社会发展主要预期目标是：地区生产总值增长3%以上，规上工业增加值增长4%，固定资产投资增长10%，公共财政预算收入增长5%，利用外资6800万美元。全面完成上级下达的各项指标任务，优良天数比2016年进一步增加。围绕实现上述目标，重点抓好以下十个方面工作：

（一）紧紧围绕稳中有进，打好发展提速攻坚战。迁安的发展正处于关键时期，坚持稳中求进、推动发展提速具有特殊重要意义。

一是大力振兴实体经济，夯实提速增效基础。围绕提升发展效益，加强企业运行监测，紧盯审批、融资、销售等关键环节，及时发现和解决问题，降低企业时间成本和运行成本。精准实施“两登一扶”工程，进一步做优银企对接平台，助推个转企、小升规、规改股、股上市，年内新增规上工业企业15家以上、限额以上服务业企业15家以上，新增挂牌上市企业3家。

二是打好项目建设主动仗，增强经济发展后劲。抓好计划投资890亿元的110个重点项目。严格落实“五个一”项目工作机制，及时解决项目推进难题，确保杰普特丝网产业园等35个项目落地开工，中溶科技30万吨无水乙醇等25个项目竣工投产。精心组织项目观摩，压茬推进项目建设，强化导向和激励作用，进一步唱响“以项目论英雄、以项目论荣辱”的主旋律。

三是积极推进创新创业，激发转型跨越活力。以大众创业、万众创新为抓手，分行业、分领域开展企业家培训工程，围绕新技术、新产业、新业态、新模式，引导企业家解放思想、开阔视野，鼓励民企提振信心、回流资金、投向实体经济，年内新增民营企业1200户以上，新增个体工商户5500户以上。

四是全力破解瓶颈制约，提升要素保障能力。以水曹铁路建设为契机，统筹优化交通布局；实施第三通道西延、平青乐大修等道路工程，提升通达能力。引入市场化机制，年内完成土地复垦整治3000亩，增强土地供给能力。投资2.5亿元，实施夏官营22万变电站等36项电网改造工程，增强电力保障能力。

（二）紧紧围绕加快转型，打好供给侧结构性改革攻坚战。牢牢把握稳增长、调结构、去产能的平衡点，做好“增”“减”两篇文章，推动产业结构调整大见成效。

一是坚决稳妥去产能。严格落实上级部署，确保圆满完成钢铁、焦化等过剩产能化解任务。本着攻坚二季度、争取上半年的要求，按照《化解钢铁过剩产能实施方案》，发挥压减装备综合评价体系的作用，压实责任，强化督导，力保提前完成钢铁去产能任务。加大常态化监管和巡查督导力度，严守红线，坚决禁止违规新增钢铁项目和已封停设备恢复生产。扎实做好职工安置等相关工作，确保企业稳定、社会安定。

二是改造提升传统产业。围绕推动传统产业迈向中高端，全年技改投资同比增长10%。坚持不唯钢、延伸钢、超越钢，以高端化、链条化、耗钢化为主攻方向，大力调整钢铁产业结构，延伸产业链、提升价值链，让迁安钢铁焕发新的生机活力。年内重点抓好迁钢15万吨取向硅钢等精品钢铁项目和品源机械等9个装备制造项目，力争耗钢率提高到35%。加快中溶科技30万吨无水乙醇等项目建设，推动煤化工产业精细化发展。抓好明营环保玻璃镜等重点项目，做大做强包装建材产业。

三是壮大战略性新兴产业。围绕扩大总量、提高增速两大目标，推进乐达特种陶瓷等13个高新技术项目，抓好华电分布式能源站等10个节能环保项目，力争新兴产业投资增长50%以上，使其尽快成为支撑迁安转型升级的“顶梁柱”。进一步壮大医药产业板块，加快天圣制药等6个项目建设，力争新引进京津医药企业5家以上，把医药健康特色产业基地打造成迁安的新品牌。

四是加速培育现代服务业。充分释放比较优势，打造与转型发展相适应的特色产业。在现代物流业上，抓好晟恩物流、中铝集团焦炭交割库等8个项目，加强行业监管，确保规模壮大、功能拓展和服务管理提升。在旅游业上，以创建国家全域旅游示范区为引领，坚持市场化运营思路，组建投融资平台公司，设立旅游产业基金，加快中唐·天元谷等7个项目建设，激活三里河生态走廊、黄台山公园、轩辕阁等“水城”优质资源，促进全域旅游倍增突破。在新兴业态上，巩固扩大与北京企业、教育机构、优质医疗卫生资源的合作成果，加快推进雨诗桐、北科大国际学院等一批重点项目，支持香港伟才国际幼儿园、北辰双语学校等项目建设，推动总部经济、教育培训、养生养老等产业蓬勃发展。

（三）紧紧围绕“三城同创”，打好城市提档升级攻坚战。以被列为第三批国家新型城镇化综合试点为契机，制定出台《关于加快推进新型城镇化建设的实施意见》，统筹抓好城市建设、城市管理、城市经济，推动城市内涵式发展。

一是强化规划引领作用。结合新型城镇化、

全域旅游等试点工作，高标准完成《城乡总体规划（2013—2030）》修编，编制城市地下综合管廊、美丽乡村等专项规划，促进城乡规划与产业发展的深度融合。推进“多规合一”，加强规划监管，增强规划编制的科学性和执行的自觉性。

二是提升城市功能品位。抓好国家海绵城市试点建设，全面完成172项重点工程任务，提升“水城”品质和内涵。深入推进县城建设三年攻坚行动，实施40万平方米集中供热扩容、老旧管网改造、天然气中压管道铺设等基础设施工程，力促城乡生活垃圾焚烧发电及清运一体化项目尽快开工，让城市功能更完备、形象更靓丽、环境更优越。

三是活跃壮大城市经济。进一步完善滦河文化产业园区配套设施，加速集聚文化创意产业，启动游客集散中心项目，确保黄台书院、李涵美术馆等5家艺术馆开工建设，力争非遗学院项目早日落户。加快天洋城二期等项目建设，鼓励万嘉、东安、玖鑫国际等企业对接高端品牌，打造区域性消费购物中心。依托奥体中心、会展中心、生态绿道等资源，壮大文体经济、会展经济，年内举办各类赛事、展会25项。

四是全力创建文明城市。有序推进智慧城市创建工作，整合政务数字资源平台，深化城管体制改革，加强网格化、精细化管理，实施绿、美、亮、净工程，规范提升物业管理水平，确保国家文明城市创建一役达标。

（四）紧紧围绕落实中央1号文件，打好强农惠农攻坚战。农业是万业之基，是永远的朝阳产业。迁安农业有基础、有特色，必须在供给侧结构性改革上做文章，提高农业综合效益和竞争力。

一是狠抓农业园区建设。围绕发展高端农业，依托绿道资源，实施亚滦湾农业公园二期、丰盛绿色蔬菜标准园等20个重点项目，打造精品农业产业园20个，培育唐山市级以上现代农业园区2个。

二是加快培育新型农业经营主体。支持乐丫争创国家级龙头企业，龙泽谷、燕禾泉争创省级龙头企业，力争唐山市级以上龙头企业达到26家、农民合作社达到10家、示范性家庭农场达到5家。

三是大力发展新型业态。按照“旅游+”“生态+”模式，促进农业融合发展，年内争创国家四星级休闲农庄1家。对接阿里巴巴、京东等电商平台，活跃壮大城乡电商市场，打开农民增收的新通道。

四是激发农村发展活力。落实农村土地集体所有权、农户承包权、土地经营权“三权分置”办法，年底前基本完成农村承包地确权登记颁证工作，宅基地、集体建设用地颁证实现全覆盖。强化农经管理体系标准化建设，深化供销社综合改革，组建农村综合服务和产权交易中心。发展节水灌溉，治理水土流失，实施5.3公里的西沙河治理工程，进一步改善农业生产条件。

五是深入推进美丽乡村建设。加快西部森林生态绿道片区建设，创建唐山市级美丽乡村重点片区，灵山、尚庄、刘新庄等村争创省级精品村。巩固、提升长城绿道片区创建成果，打造省级精品示范片区。完成大杨官营等15个片区外省级重点村建设。

（五）紧紧围绕扩大开放，打好招商引资攻坚战。

一是重中之重对接京津。优化驻京招商力量，创新对接推介方式，完善市级统筹、镇乡和部门对口跑办招商的工作机制。聚焦京津地区企业、科研院所、行业协会，力争签约超5亿元项目10个以上。强化跟踪服务，力争国润能源光伏电站等43个新签约项目尽早开工，艾驰生物科技等12个在建项目竣工投产。

二是放宽视野精准招商。围绕精品钢铁延伸、高端装备制造、煤化工、生物医药等产业，瞄准央企、京企、民企和世界500强企业，大力开展上下游产业链、小团组、点对点招商，年内力争引进域外资金100亿元以上。制定产业招商“路线图”，逐级分解落实招商任务，确保取得实实在在的成效。

三是进一步活跃外贸出口。精准回应企业关切，帮助解决融资退税、通关报检等方面问题，支持企业巩固传统出口市场，积极开拓新兴市场，确保全年出口总额达到5亿美元以上。

（六）紧紧围绕动能转换，打好科技创新攻

坚战。

一是做强做优创新创业平台。支持市科技企业孵化器、昌安耀滨、燕山大学科技园发展，力争年内入孵企业30家。提升创客广场服务水平，推行“孵化+投资”模式，力促创联智谷等项目实质运营，创业公社双创基地等一批项目签约落户。

二是强化企业创新主体地位。大力开展科技招商，全面加强与北京科技大学等知名院校、科研机构的对接合作，突出抓好钢铁研究院首批7个转型升级项目，推动更多京津科技成果来迁安转化，年内力争新增产学研基地2家，实施科技成果转化项目10个以上。鼓励企业自主创新，年内新建5家市级以上企业工程技术研究中心，力争新增高新技术企业2家以上、科技小巨人企业5家以上、科技型中小企业80家以上。

三是实施质量强市、名牌兴企战略。鼓励企业以工匠精神做精产品、做优质量、做强品牌，在争创中国驰名商标、国家地理标志产品上实现新突破；争创省级著名商标5件以上，唐山市级知名商标4件以上。帮扶正大管业“吉立”、百善药业“福可平”等品牌争创省级名牌产品，年内争创成功3个以上；支持“东安”等争创省级服务名牌企业。依法严厉打击侵犯知识产权和假冒伪劣行为，维护公平竞争的市场环境和公众放心的消费环境。

四是进一步优化人才发展环境。实施人才引进培育工程，支持企业通过技术入股、聘请顾问团等形式，引进高端人才和科研队伍，年内力争引进、培训各类人才1200人。放大扶持政策效应，努力营造人才引得进、留得住、用得好、出成果的良好环境。

（七）紧紧围绕绿色发展，打好环保整治攻坚战。

一是抓大气污染防治。围绕让群众共享蓝天白云，以钢铁、焦化、玻璃等行业为重点，以更大力度实施工业污染源治理，最大限度降低排放总量。彻底淘汰改造城镇10蒸吨/小时以下燃煤锅炉，大力推广散煤替代，提高清洁能源使用比重。继续抓好露天矿山和采石场环保整治；扎实推进建筑扬尘、散料堆场、道路扬尘、露天烧烤、秸秆垃圾焚烧等点、面源污染综合治理；确保年内PM2.5平均浓度下降6%以上。

二是抓水污染治理。加快高新区和经开区污水处理厂建设，城市污水处理厂提标改造工程4月底前投入使用。抓好城市集中饮用水源地保护，实施西沙河水体末端生态修复治理，加强重点行业地下水质安全监管，确保群众用上干净水、放心水。严格落实畜禽养殖禁养区、限养区、适养区规划，进一步提升污染治理水平，年内完成3个村的试点工作。

三是抓绿色家园建设。扎实推进矿山生态修复工程，确保治理面积1500亩以上。实施全域公园化战略，年内新增营林、造林面积4.36万亩。

四是抓环保监管。全面落实网格化监管体系，强化属地和职能部门监管责任，加大在线监控力度，严格落实差别水电价政策，确保环保设施正常运行、环保政策令行禁止。完善重污染天气监测预警机制，严厉打击各类环境违法行为，科学精准推进大气环境质量持续改善。

（八）紧紧围绕激发发展活力，打好深化改革攻坚战。在全面抓好行政审批等重点领域改革的基础上，突出抓好两项改革。

一是稳妥推进园区改革。积极探索、稳步实施园区机构编制管理、人事薪酬制度、投融资平台建设、招商引资机制等方面的改革，推动四个省级园区在招商、投融资等方面实现新突破，激发园区活力，构建“四轮驱动”的发展格局。全力支持高新区生物医药产业园争创省级产业示范基地，扶持富达中小企业园等特色产业园加快发展，促进经开区、物流园区通过自主招商壮大规模、提档升级，有序开发滦河文化产业园区，积极培育高端服务业，打造京津冀服务业新高地。

二是积极推进财税金融体制改革。在保运转的基础上，按照“钱随事走、以钱促事”的思路，探索推行激励性财政管理体制改革，进一步激发园区、镇乡干事创业的积极性和主动性。强化“窗口期”意识，用好基金、PPP、债券等金融产品，最大限度吸引各类资金，助推迁安转型发展。依法依规整合国有融资平台和优质资产，推进迁安国有控股公司建设，努力打造自主经营、自负盈亏、自我约束、自我发展的市场主体。科学操作科技型中小企业贷款风险补偿等基金，引导和支持产业升级。

（九）紧紧围绕幸福迁安，打好改善民生攻坚战。民生关系民心、关系发展。尽管当前财政收支矛盾比较突出，但政府关注民生的态度坚定不移、保障民生的投入只增不减。

一是办好实事工程。实施全民创业带动、社会关爱救助等10个方面为民实事工程，提高群众的获得感和幸福感。把就业和再就业作为改善民生的重要举措，开展职业技能、智慧农民和创业培训8000人以上，发放担保贷款2000万元以上，力争城镇新增就业7000人以上，转移农村劳动力5600人以上。

二是努力办好人民满意教育。进一步改善办学条件，加快建设八实小，确保七实小新建、六实小扩建项目投入使用。深入实施“三名”工程，全面创建“十星级”学校，推进幼儿教育规范化、义务教育均衡化。扎实创建国家级成人教育、职业教育示范县，把市职教中心打造成国家级窗口校。鼓励社会力量办学，抓好与优质教育资源的对接合作，提高教育教学质量。

三是全力创建国家健康城市。围绕创建公立医院改革示范县，深化市人民医院和中医院改革，加快建立现代医院管理体制。启动全国健康城市试点工作，大力发展健康产业，推广分级诊疗、家庭医生签约服务。扩大与优质医疗资源的合作，鼓励社会力量办医，打造一批过硬专科，树立迁安医疗品牌。支持中医药事业发展，确保中医院通过三甲医院复审。巩固全国计生先进单位创建成果，进一步提高计生服务水平。

四是全面繁荣文化体育事业。深入推进国家公共文化资源共建共享示范项目，加快创建省级公共文化服务体系示范区，精心打造《百姓医生》等一批文化精品，全年开展文化惠民演出150场以上。举办好“城乡联动·康乐同行”、第二届国际长城万人徒步大赛、山地越野马拉松等活动，做好老年大学国家级试点建设工作，让群众就近享受丰富活跃的文体生活。

五是着力提升社会保障水平。扎实推进社保扩面，实施“全民参保登记计划”，落实好援企稳岗、社保补贴等惠企惠民政策。做好农村贫困家庭建档立卡工作，完善各项帮扶措施，认真落实保障标准自然增长机制，提高社会保障能力和水平。

（十）紧紧围绕和谐安定，打好社会治理攻坚战。

一是确保食品药品安全。以创建国家食品安全城市为契机，加强餐饮单位、超市、药店、诊所、医疗机构等重点领域监管，持续加大食品药品大要案查处力度，确保全市人民饮食用药安全。

二是全力抓好安全生产。以国家工贸行业安全生产标准化样板区建设为抓手，深入推进安全生产标准化、规范化建设，健全完善隐患排查机制、风险管控辨识机制。夯实企业主体责任、部门监管责任，强力开展长效安全生产大检查和打非治违专项行动，保持全市安全生产良好态势。

三是维护社会和谐稳定。创新社会管理体制机制，探索推进基层法律服务中心建设，鼓励群众依法维权。坚持抓早抓小抓苗头，集中力量化解信访积案，依法解决群众合理诉求，切实把矛盾纠纷化解在基层、消除在萌芽状态。坚持“打、防、管、控”多措并举，严打涉恐、涉暴及各类违法犯罪行为，加大科技防范投入，确保社会大局和谐安定。

四、全面提升政府工作水平

实现宏伟目标，新一届政府使命光荣、责任重大。我们将始终牢记为民、务实、清廉的宗旨，践行忠诚、干净、担当的要求，不断提高驾驭经济、管理社会、推进改革、服务群众的能力，建设人民满意政府。

我们要以坚定的信念尽责担当。全体政府工作人员要始终树牢政治意识、大局意识、核心意识、看齐意识，把忠诚体现到工作实践当中，认真履职尽责，提升工作境界。更加强化责任担当，切实担负起推进迁安转型发展的重任，面对矛盾问题不掩饰、不回避、不懈怠，善于调动各方面力量攻坚突破。

我们要以开阔的视野创新干事。围绕建设学习型、创新型政府，准确研判把握发展形势，以更高层次、更宽视野审视发展、谋划工作。把解放思想作为谋事干事的强大武器，冲破思想观念的束缚，打开思路谋划和推动发展，精准对接上级的部署要求，借助各种有利的机遇和条件，提升迁安发展水平。把五大发展理念贯穿到全市发展的全过程，努力走出新路、干出实绩、创出亮点。

我们要以更高的标准创优环境。全体政府工作人员要牢固树立“大服务”理念，以服务创优环境、以服务引导投资、以服务促进发展。要坚持“企业创造财富、政府创造环境”，对企业多服务、少干预，多帮忙、不添乱，让各类市场主体放开手脚、竞相发展。要提高“放管服”质量，放开市场能管的、民营经济能干的领域，让政府“瘦身”，给市场“松绑”，努力打通政策落地“最后一步”，实现工作提速、服务提质。

我们要以严格的要求依法行政。坚决服从市委领导，自觉接受市人大法律监督、工作监督和市政协民主监督，落实重大事项向市人大报告制度，提高人大代表议案、建议和政协委员提案的办理质量。坚持把法治精神、法治思维、法治方式融入政府工作全过程。强化政务公开，保障群众知情权、参与权、表达权和监督权，让政府更好地服务人民，让人民更好地监督政府。

我们要以扎实的作风攻坚克难。严格落实“三严三实”要求，大力倡导说了就办、定了就干、干就干好的实干精神，不务虚功、不干虚事、不慕虚名。按照“四个干”抓落实机制，对确定的重点工作和重大事项，以“钉钉子”精神抓好落实。强化行政问效，严格督查考核，严肃查处不作为、慢作为、乱作为等行为，坚决杜绝懒政怠政、为官不为现象，努力以政府的辛苦指数提升群众的幸福指数和城市的发展指数。

我们要以刚性的约束廉洁从政。始终把纪律和规矩挺在前面，严格遵守各项纪律规定，做到遵守纪律没有特权、执行纪律没有例外。严格落实全面从严治党主体责任，切实加强政府系统党风廉政建设，抓好干部队伍教育管理，加大对项目建设、土地管理、公共资源交易等重点领域的监管力度，防止发生违纪违规行为。强化行政监察和审计监督，深入开展专项治理，坚决纠正不正之风，确保干部清正、政府清廉、政治清明。

各位代表，迁安转型跨越的新征程已经开启，新的目标催人奋进，新的使命艰巨光荣。只要我们咬定目标不放松，众志成城促转型，我们就一定能够战胜一切艰难险阻，我们的事业一定会无往而不胜！让我们在市委的坚强领导下，沿着加快转型、绿色发展、跨越提升新路，同心同德，奋力开拓，为加快建设“魅力水城、绿色迁安”、再创发展新辉煌而努力奋斗！

大事记

2016年

1月

5日　唐山市委常委、纪委书记崔晗带领调研组就经济社会发展和党风廉政建设“两个责任”（落实党风廉政建设责任制过程中，党委负主体责任，纪委负监督责任）落实情况到迁安调研。崔晗对迁安的工作给予充分肯定。

7日　由沧州肃宁卓尔纺织制品有限公司投资的“雨诗桐”总部基地项目举行签约仪式，这是迁安提出“魅力水城、绿色迁安”后第一个“凤还巢”项目。“雨诗桐”是肃宁卓尔纺织制品有限公司近年成功推出的中国著名服装品牌。

7日　迁安市职教中心招聘会上，800余名毕业生被京津企业“一抢而空”，本次招聘录取率达到100%。

上旬　迁安市卫计系统田立国、孔繁枢在省献血办、省文明办、省直工委、省卫计委与河北日报报业集团共同举办的2015河北省机关事业单位“最美无偿献血志愿者团体”评选活动中，被评为“河北省最美无偿献血志愿者”。

13日　迁安市会展产业协会成立。会议选举李志斌为首届会长。

15日　中柬经贸发展联合会会长徐野就柬埔寨王国招商引资情况到迁安市考察。

18日　迁安华仁骨科医院开业。

19日　云南黄家医圈中医肿瘤医院迁安分院在市中医院成立。云南黄家医圈中医肿瘤医院名誉院长、全国政协委员黄传贵，迁安市政府副市长王志刚出席揭牌仪式。

19日　唐山市委副书记、市长丁绣峰带领的唐山市重点项目观摩团与会人员到迁安观摩。

20日　由北京市科学技术委员会、迁安市人民政府、京津冀钢铁行业节能减排产业技术创新联盟建设的“京津冀钢铁联盟（迁安）协同创新研究院”签约仪式在迁安锦江饭店举行，标志着由三方建设的京津冀钢铁联盟（迁安）协同创新研究院在迁安正式建立。北京市科学技术委员会委员王建新，北京科技大学校长、钢铁联盟理事长张欣欣，河北省科技厅副厅长（挂职）、北京市科委副主任伍健民，唐山市委常委、市政府副市长李忠娟出席签约仪式并分别讲话。迁安市委书记李忠陪同考察并在签约仪式上致辞。市长张淑云代表迁安市人民政府与北京市科委、京津冀钢铁联盟在项目书上签约。市委副书记、副市长冯涛，市委常委、常务副市长李福林，市委常委、秘书长侯旭出席并陪同考察。北京市科委委员王建新表示，京津冀的科技合作最有优势、最有前途。河北省科技厅副厅长伍建民对研究院的成立给予高度肯定，他认为研究院将在企业化解产能、转型升级和可持续永续发展方面做出突出贡献，并表示“会密切关注研究院的建设发展，并会推进相关政策支持研究院承担更多升级科研项目，推进河北省行业的转型升级”。

20日　迁安市“120”急救指挥中心挂牌运营。

29日　迁安市在英诺特生物技术有限公司举行叶金保荣膺“2015河北十大经济风云人物”颁奖仪式。河北经济日报社副社长徐世刚、副总编辑张建悦专程到迁安为叶金保颁奖。市委常委、宣传部部长郭卫民出席颁奖仪式并讲话。市政府副市长马文柏主持颁奖仪式。

30日　按照省委统一安排部署，在新春佳节即将到来之际，省委常委、唐山市委书记焦彦龙到迁安市扶贫联系点调研慰问并检查安全生产工作。

2月

3日　市五届人大常委会召开第三十七次会议。会议根据市政府的提请，决定任命李晓丹为迁安市人民政府副市长。

15—16日　市政协五届五次会议召开。15日，市政协主席陈子存代表政协迁安市第五届委员会常委会作了工作报告。16日，市政协五届五次会议举行第二次全体会议。会议选举李维林为政协主席。

15—17日　迁安市第五届人民代表大会第六次会议召开。会议听取和审议了迁安市人民政府工作报告、市人大常委会工作报告、市人民法院工作报告和市人民检察院工作报告，审查和批准了迁安市国民经济和社会发展第十三个五年规划纲要、迁安市2015年国民经济和社会发展计划执行情况与2016年国民经济和社会发展计划（草案）的报告（书面）、迁安市2015年财政预算执行情况和2016年财政预算（草案）的报告（书面），对以上6个报告和1个规划纲要分别作出决议。会议补选玄士丰为迁安市人大常委会副主任。会议期间，收到代表提出的建议、批评和意见33件。

23日　全市“四个干”（“干什么”“怎么干”“谁来干”“什么时间干成”）工作动员会召开。大会采取电视直播的形式进行，设主会场和分会场。主会场设在迁安锦江会堂；分会场设在各镇乡（城区街道）、各园区、市直各单位。市四大班子领导，各镇乡（城区街道）、各园区、市直各单位副科级以上干部，部分市直单位机关干部代表，重点企业主要负责人在主会场参加会议。各镇乡（城区街道）机关全体干部，各村（社区）党组织书记、村委会主任，各园区、市直各单位全体机关干部在分会场参加会议。会议号召全市上下按照“四个干”的要求，全身心投入到各项工作中，在全市迅速形成争先恐后、齐心协力抓落实的生动局面，全面加快“魅力水城、绿色迁安”建设步伐。会上，各园区、各镇乡与市政府签订目标责任状，印发了《迁安市2016年重点任务“四个干”运行图》《迁安市重大决策部署贯彻落实情况约谈办法》《2016年招商引资工作考核办法》《2016年重点项目观摩测评办法》《2016年信访工作考核办法》和《迁安市乡镇财政体制管理办法》6个文件。

26日　迁安市召开“一问责八清理”▲专项行动动员部署会议。此次专项行动自2月中下旬开始至6月底结束。分制定方案、动员部署阶段，集中清理、解决问题阶段和完善制度、总结提高阶段。

▲“一问责八清理”：“一问责”是指对党的领导弱化、主体责任缺失，管党治党不力、发生严重违纪违法问题的，抓住典型，严肃问责，公开处理。“八清理”是指对超职数配备干部、违规进人问题，违规公费出国（境）、公款旅游问题，乱收费、乱摊派问题，领导干部经商办企业及其亲属利用其职务影响谋取不正当利益问题，滞留截留套取挪用财政专项资金特别是涉农资金问题，省属企业违规配车、用车问题，招标投标不规范、违规出让土地、违反规划调整容积率等问题，懒政怠政、不作为、不在状态8个方面问题进行清理。

26日　迁安市被评为“2015年度河北省美丽乡村建设先进县（市、区）”，大崔庄镇白羊峪村、上庄乡上庄村被评为“2015年度河北省美丽乡村”。

29日　全省重点项目集中开工现场会唐山分会场在迁安市经济开发区中溶科技30万吨无水

乙醇项目现场举行。唐山市委副书记、市长丁绣峰，唐山市人大常委会主任安树彦，唐山市政协主席郭彦洪，唐山市政府党组成员陈冲及迁安市委书记李忠、市长张淑云、市人大常委会主任郝可军、市政协主席李维林等市四大班子领导及唐山市所辖各县（市、区）委书记、县（市、区）长出席现场会。与会人员共同观看了河北省重点项目集中开工现场会直播，丁绣峰向省委、省政府汇报了2016年唐山市重点项目建设情况。在唐山市现场会中，丁绣峰宣布了迁安市20个项目集中开工并讲话。迁安市委书记李忠介绍了迁安市集中开工项目情况。迁安市长张淑云就服务和推进项目建设作了表态发言；唐山中溶科技有限公司董事长代淑梅作为集中开工项目业主代表进行了表态发言。

3月

2日　迁安市在文化广场启动“善行迁安·大爱水城”志愿服务活动。

5日　迁安市首届草莓旅游文化节在长城脚下杨各庄镇欧C草莓公园举行。远近几千游客走进欧C草莓公园，采摘这里生长的别具特色的牛奶草莓、白草莓等优质草莓，体验农耕文化，尽享采摘快乐。此次草莓旅游文化节从3月5日开始，持续到6月19日结束。

上旬　世界珍稀鸟类——火烈鸟出现在黄台湖湿地中。这是迁安市首次发现这一物种。

9日　迁安市邀请洪泰创新空间创始人王胜江、车库咖啡创始人金子森、北京大学创业训练营CEO王健等北京创新创业领域专家，就创业创新专题授课。市四大班子领导与各镇乡（城区街道）、市直各单位、各园区主要负责人，青年企业家协会成员、重点企业负责人等社会各界一千多人聆听了讲座。

11—12日　由物产中大集团董事长、党委书记王挺革带队的考察团到迁安市考察，市委书记李忠，市长张淑云，市委常委、秘书长王学龙陪同。

15日　市五届人大常委会召开第三十八次会议。会议审议通过了市人大常委会关于接受李福林、王学龙辞去迁安市人民政府副市长职务的决定。会议根据市政府的提请，决定任命韩国强为迁安市人民政府副市长。

17日　迁安市举行国学传承教育基地揭牌仪式。春瑞书院被确定为全市国学传承教育基地。当日，春瑞书院院长徐春瑞向市教育局捐赠4万册《国学新语》图书。

28日　北京大学国家发展研究院经济学教授、国家“十三五”规划专家委员会委员、孙治方经济学奖评奖委员会委员周其仁教授一行到迁安考察调研。

29日　唐山市委常委、副市长周云明带队的调研组，就京津冀协同发展、城市基础设施建设、生态环境治理工作到迁安市调研。

3月　由迁安市祐成投资有限责任公司在澳大利亚设立的祐成澳大利亚投资有限责任公司，经河北省商务厅批准成立。这是迁安市2016年在境外成立的首家公司。祐成澳大利亚投资有限责任公司位于澳大利亚维多利亚州墨尔本市，为中方独资企业，投资总额3.45亿澳元（折合人民币163944万元），投资方向主要涉及农牧业、肉业、物流和地产开发等非金融性投资。该公司是迄今迁安市境外投资规模最大的企业，对全市企业转型发展将起到积极的示范带动作用。

4月

2日　2016里约奥运会拳击项目亚（亚洲）大（大洋洲）区资格赛在迁安九江体育中心体育馆落下帷幕。此次资格赛于3月25日开始，历时9天，来自亚洲和大洋洲41个国家和地区的276名男女运动员参与争夺男子10个项目和女子3个项目的36个奥运会资格。10名中国拳手参加了女子全部3个项目和男子7个项目的比赛。迁安九江拳击俱乐部女子拳击运动员尹军花在女子57~60公斤级比赛中夺冠，包括她在内，中国拳手在此次资格赛中共收获7张里约奥运会“入场券”。

8日　唐山市委副书记曹征平、唐山市政府副市长兼农工委书记李晓军带领唐山市财政局、规划局等有关部门负责人就省级美丽乡村片区建设情况到迁安市督导调研。迁安市委书记李忠、市长张淑云陪同。曹征平一行先后实地踏察了上庄乡上庄村和大崔庄镇白羊峪村的美丽乡村建设情况以及北部长城山野绿道的建设情况，详细听取了有关汇报，并就迁安市省级美丽乡村片区的打造、工作进展、存在问题和下一步计划等在白羊峪村委会召开了座谈会，对迁安市省级美丽乡村片区建设工作给予充分肯定，就下一步工作提出了具体意见。

上旬 “全民健身，我们在行动”全国系列赛组委会发布消息，迁安市正式成为该品牌赛事的承办城市，华奥中体研究院与迁安市文广新局签订了为期10年的合作合同。未来10年，迁安市将作为“全民健身，我们在行动”全国系列赛河北站的承办城市。

12日 京津冀钢铁科技协同创新与绿色发展座谈会暨京津冀钢铁行业节能减排产业技术创新联盟（以下简称京津冀钢铁联盟）与河北省迁安市对接科技成果签约仪式在北京科技大学举行。北京市科委主任闫傲霜、副主任张光连，天津市科委副主任贾堤，河北省科技厅副巡视员张涛，北京科技大学校长兼钢铁联盟理事长张欣欣，迁安市市长张淑云和市委副书记、副市长冯涛出席。来自中国人民银行营业管理部、金融机构代表以及联盟理事单位、会员单位代表等100余人参加了座谈会及签约仪式。仪式上，北京鼎鑫钢联科技协同创新研究院和京津冀钢铁联盟（迁安）协同创新研究院揭牌成立，6个总投资1.149亿元的首批迁安钢铁行业节能减排及转型升级项目签约。

15日 2016中国·迁安白羊峪风景区吉祥之旅系列活动第十二届观花节暨热爱家乡、呵护长城志愿服务行动启动。

16日 唐山市委副书记、市长丁绣峰带领唐山市重点项目观摩活动与会人员到迁安市观摩，市委书记李忠，市长张淑云，市委常委、常务副市长韩国强陪同。

16日 亚滦湾首届桃花文化旅游节开幕。

20日 迁安市举行半导体产业园入园项目签约仪式，迁安市政府与天水华芯电子技术有限公司签订投资合作协议。天水华芯电子技术有限公司董事长、高级工程师张建，清华大学电子工程系主任、教授、著名学者黄翊东，意法半导体亚太私人有限公司总经理黄隆，唐山市委常委、副市长李忠娟及迁安市领导李忠、张淑云、韩国强、马文柏出席签约仪式。

23日 迁安燕山医院举行中国中医科学院眼科医院技术协作单位——迁安眼科医院揭牌仪式。

25—29日 由国家体育总局拳击跆拳道运动管理中心主办，河北省体育局摔跤拳击跆拳道运动管理中心、迁安市人民政府协办的2016年全国跆拳道锦标赛在迁安举行，全国43支代表队、577名男女运动员参赛。

27—28日 河北省工商联主席、中央党校中青一班组长刘劲松和湖南省发改委主任、中央党校中青一班组长谢建辉带领中央党校中青一班部分学员到迁安考察调研。

4月 长城抗战冷口关进攻战国民革命军32军139师“长城抗战冷口关进攻战抗日英雄纪念碑”落成揭碑仪式在建昌营镇北冷口村举行。

4月 迁安市九江拳击俱乐部被国家体育总局青少司评为“国家示范性青少年体育俱乐部”。

5月

6日 北京市科委主任闫傲霜到迁安市考察调研。唐山市委常委、副市长周云明等陪同。

9日 由迁安市曲艺协会副主席胡志军夫妇创办的永乐书社开业。

10日 迁安华仁骨科医院被确定为唐山市劳动能力鉴定基地。

上旬 迁安市职教中心汽车运用与维修专业被认定为省级骨干专业。

11日 唐山市政府副市长兼农工委书记李晓军带领唐山市农业产业化重点项目观摩团到迁安市观摩。迁安市长张淑云，市委常委、副市长兼农工委书记庞再明陪同。

13日 迁安市委副书记、副市长冯涛出席由北京市委宣传部、北京市科委联合组织的“北京市‘调结构、转方式’”专题采访座谈会。

中旬 迁安市中唐·天元谷文化旅游开发项

目入选国家旅游局发布的《2016 全国优选旅游项目名录》。

22 日　迁安市轩辕阁举行隆重开阁仪式。第十一届全国政协副主席、中华炎黄文化研究会名誉会长陈宗兴宣布开阁，中华炎黄文化研究会首席顾问、中共河南省委原书记徐光春恭读《轩辕阁开阁文》，河北省政协副主席段惠军，中华炎黄文化研究会领导赵德润、张希清、常文光、刘庆柱，唐山市政协主席郭彦洪，各省市炎黄文化研究会领导、企业界嘉宾及知名人士，迁安市领导李忠、张淑云、李福林、冯涛、郝可军、李维林等和迁安市干部群众4000余人齐聚一堂，共同见证轩辕阁盛大开阁。全国人大代表、中央电视台著名主持人、中华炎黄文化研究会常务理事张泽群主持开阁仪式。轩辕阁高54米，总投资6000多万元，建筑面积4542.49平方米。古香古色、庄重典雅，为明五层暗七层的仿明代风格建筑。

22 日下午，迁安在锦江会堂举办“首届中国迁安黄帝文化高端论坛”，与会专家、学者围绕“黄帝文化与迁安历史文化的关系以及对社会的影响展开研讨”。“中华炎黄文化研究会迁安轩辕黄帝文化研究院”在会上揭牌。与此同时，迁安市召开首届中国迁安“炎黄文化与创业创新”经济论坛。中华炎黄文化研究会常务副会长兼理事长常文光等出席轩辕阁开阁仪式系列活动的领导、嘉宾及迁安市四大班子领导等出席经济论坛。

24—25 日　由国家体育总局自行车击剑运动管理中心、河北省体育局、唐山市人民政府主办，河北省自行车运动管理中心、唐山市体育局、迁安市人民政府等承办的2016全国公路自行车冠军赛男女组个人赛总决赛在迁安市举行。比赛起点设在迁安奥体中心北门，绕经迁安第三通道和钢城大桥7圈后，骑行京秦高速迁安支线，再上三抚路进入白羊峪风景区西2公里的长城山野绿道，总赛程186.5公里，有22支省级专业运动队以及来自全国各地的业余自行车选手500余人参加比赛。经过激烈角逐，天津队选手毕文辉以4小时11分12秒的成绩获得男子组冠军，黑龙江队的张春龙和刘建坤分别获得亚军和季军；辽宁队选手孙佳君获得女子组冠军，云南队选手普泽娴、黑龙江队选手李嘉琪分别获亚军和季军。

26 日　市五届人大常委会召开第四十次会议，会议以投票表决的方式通过了市人大主任会议、市政府、市法院的提请议案，决定任命李强为迁安市人民政府副市长。

6 月

1 日　河北省首家激光杜比全景声巨幕影城——保利国际影城项目在迁安天洋广场举行首届儿童观影节暨保利国际影城迁安店正式运营仪式，标志着迁安电影文化产业进入全新的时代。

10 日　2016 中国迁安国际长城万人徒步大会暨首届迁安国际栗花节，全国2016年“发展体育运动，增强人民体质，同心共筑中国梦”全民健身活动唐山市分会场活动在迁安市白羊峪隆重举行。此次比赛由国家体育总局支持，“全民健身，我们在行动”全国系列赛组委会、唐山市体育局、迁安市人民政府共同主办，迁安市文化广播电视新闻出版局、华奥中体产业承办，迁安市板栗协会、唐山乡伊香生态农业开发有限公司、傲冠体育协办。大赛开幕式上，国家体育总局群体司副司长张栋、唐山市体育局副局长刘炳来、迁安市市长张淑云等出席发令仪式。本次徒步大会吸引来自北京、天津、辽宁、山西以及塞浦路斯、尼日利亚、法国、日本、英国等国家和地区在内的1.5万余名选手报名参赛，徒步中，选手们洋溢着快乐和幸福。王丽萍、史冬鹏、曹磊等11位奥运冠军来到徒步大会现场，他们不仅助走徒步大会，还走进乡间，倡导“支农助农”，打造奥运冠军公益板栗林。促进体育与文化的融合，网时读书会组织了有近50位著名作家、艺术家、出版人参加的方阵，提出“读读书，走走路”的理念，使文化与体育在赛事中碰撞。本次大赛另一重点特色方阵体现了体育与公益的结合，传达社会正能量。7月28日是唐山抗震救灾40周年，组委会特别邀请来自唐山的10位残障人士组成了轮椅方阵，展示新时代残障人士的自信、自强、自尊的精神面貌，也是全民健身国家战略的具体体现。此次万人徒步大会分36公里专业组、15公里业余组以及5公里亲子组三个层级。大赛专业组男女冠军分别由来自重庆的古伟和来自山东的陈杰获得。大赛开幕式结束后，女子竞走奥运冠军王丽萍、女子举重奥运冠军曹磊、体操奥运冠军江钰源、排球奥运冠军宋妮娜、110米跨栏世界冠军史冬鹏、女子滑雪世界冠军郭丹丹、花样游泳世界冠军胡妮、武术世界冠军柴云龙、排球世界冠军李颖、女子蝶泳世界冠军周雅菲、女子竞走世界冠军刘宏宇等奥运冠军、世界冠军来到长城脚下步步川村，为迁安首届国际栗花节冠军林揭牌，并各自认领一棵百年栗树。

12日 由迁安市委宣传部、市文广新局、市政协文史委、市文联主办的《迁安文史集萃》首发式暨迁安文史研讨会在春瑞书院召开，市政协主席李维林出席。《迁安文史集萃》是一套由春瑞书院搜集整理、河北教育出版社出版的历史文化丛书。主编徐春瑞、张森，分《黄帝文化百讲》《文史知识百则》《风景名胜百咏》《故事传说百篇》《乡风乡韵百味》《画说旧俗百章》6卷，以史论、文学、绘画等多种形式展示了迁安厚重的历史文化、美丽的自然风光、动人的传说故事、淳朴的乡风民俗。

21日 迁安市邀请中央党校教授陈述到迁安为全市党员干部讲主题为“认真学习党章，增强党章意识”的专题党课。市四大班子领导以及镇乡、市直部门主要领导在主会场，全市广大党员干部在分会场聆听了党课。

25日 唐山市委副书记、市长丁绣峰，唐山市政府副市长、农工委书记李晓军就美丽乡村建设到迁安市调研。迁安市委副书记、市长张淑云，市委常委、副市长、农工委书记庞再明陪同。丁绣峰等考察了迁安长城绿道建设，调研了大崔庄镇白羊峪村村庄街道、民居改造和白羊河滨河景观，深入了解了村庄和景区发展建设情况，边走边与市、镇、村干部交流，感受迁安市美丽乡村建设的浓厚氛围，并通过查看看板和听取汇报的方式，详细了解迁安美丽乡村建设情况。丁绣峰对迁安美丽乡村建设工作总体规划给予充分肯定，认为迁安市美丽乡村建设工作思路明确，措施扎实可行，规划科学完善，对唐山市美丽乡村建设工作起到了非常好的示范作用，有很多好的经验和做法值得宣传推广。

26日 唐山市2016年第二季度重点项目集中开工（迁安市）现场暨中唐·天元谷奠基仪式隆重举行。唐山市政协副主席徐建君，迁安市委书记李忠，市委副书记、市长张淑云，市委副书记李福林，市人大常委会主任郝可军，市政协主席李维林等市四大班子领导及浙江中唐集团有限公司董事长董晓华出席。唐山市政协副主席徐建君宣布项目开工。徐建君、李忠、张淑云等领导和嘉宾共同为中唐·天元谷项目奠基。迁安中唐·天元谷文化旅游综合体项目总用地面积437亩，总建筑面积15万平方米，总投资15亿元，已被列入国家旅游局《2016全国优选旅游项目名录》，河北省、唐山市2016重点项目计划和迁安2016重点项目中的11个立市项目。当日，唐山市第二季度重点项目集中开工，在迁安现场，共有7个项目集中开工，计划总投资24.85亿元，当年计划完成投资7.81亿元，其中战略新兴产业项目3个、现代服务业项目1个、农业产业化项目3个。

6月 迁安市高考再创佳绩，多项指标位居唐山前列。全市整体巩固提升。2016年参考3423人，本一上线652人，上线率28.57%；本二以上上线2885人，上线率84.28%。本二以上上线保持高水平，上线人数居唐山县区第3（玉田3449人、遵化3302人），上线率居唐山县区第3（曹妃甸87.88%、玉田84.97%）。应届普通文理生人数实现新突破。本二以上上线1718人，比上年提升2个位次，居唐山县区第2。高中各校成绩喜人。一中本一上线571人，上线率48.8%，居唐山县区一中第3（丰南一中74.17%、滦南一中57.60%）；本二以上上线1233人，上线率97.93%，位居第3（丰南一中99.81%、滦南一中98.58%）。二中本二以上上线516人，上线率69.92%，居县区二中系列第5。三中本一上线75人，上线率12.56%；本二以上上线964人，上线率83.46%，上线人数及上线率均居县区二中系列第1。体校25名毕业生中，有19人被北京首都体育学院等高校提前录取，3 人本二上线。

7 月

8 日 迁安市政府与迁安市华控环境投资有限责任公司正式签约海绵城市 PPP 项目。迁安市 2015 年 3 月 27 日通过竞争性评审，成为全国首批 16 个海绵城市建设试点城市之一，也是京津冀区域唯一试点城市，全国唯一县级试点城市。迁安市海绵城市建设试点区域面积 21.5 平方公里，建设实施城市低影响开发、内涝防治、水质改善、供水保障、能力建设等 189 项具体工程，实现年径流总量控制率达到 76%。为打造国家海绵城市的典范，迁安市创造性地实施了海绵城市建设的 PPP 合作模式▲，项目包括 9 个子项目 113 项具体工程，总投资 19.32 亿元。迁安市海绵城市建设吸引了 20 多家央企、大型国企参与探讨及竞争，是年 5 月 9 日，同方股份联合体脱颖而出，成为迁安海绵城市建设的合作方。

▲PPP 合作模式：PPP 即 Public - Private - Partnership 的字母缩写，是指政府与私人组织之间，为了合作建设城市基础设施项目，或是为了提供某种公共物品和服务，以特许权协议为基础，彼此之间形成一种伙伴式的合作关系，并通过签署合同来明确双方的权利和义务，以确保合作的顺利完成，最终使合作各方达到比预期单独行动更为有利的结果。

15—17 日 由国家体育总局青少年体育司和教育部体育卫生与艺术教育司举办、中国田径协会和中国中学生体育协会承办的 2016 全国体育传统项目学校田径联赛（北方赛区）在河北省迁安市第一中学（西校区）举行。本届比赛设 2 个年龄组 62 项赛事，其中 14 ~ 15 岁年龄组，男子、女子各 15 项赛事；16 ~ 17 岁年龄组，男子、女子各 16 项赛事。参加北方赛区比赛的有北京、天津、河北、山西、内蒙古、辽宁、吉林、黑龙江、山东、河南、陕西、甘肃、青海、宁夏、新疆 15 个省、自治区、直辖市的 77 支代表队、1201 名运动员及 278 名领队教练。迁安市第一中学作为承办学校，组织了 37 人的代表队参加比赛。最终，甲组男女团体总分前三名为山东、北京、河南，河北位列第五位；乙组男女团体总分前三名为北京、河南、吉林，河北位列第十一位；迁安一中、一中西校区、扣庄中心校等获得特殊贡献奖。国家体育总局田径运动管理中心青少年部部长黄炜，河北省体育局田径中心主任宋美卿，迁安市领导张淑云、王志刚、张清敏出席开幕式。

中旬 迁安在唐山市 7 月 12—13 日举行的第二季度重点项目观摩活动中居 B 类参评单位之首。

中旬 工业和信息化部中国电子信息产业发展研究院所属赛迪顾问对全国近 3000 个县（市）（不包括市辖区）进行综合评估，发布了“2016 年中国县域经济 100 强”，迁安市位列第 29 名，是唐山唯一上榜的县（市）。中国县域经济与县域基本竞争力百强县（市），简称中国百强县（市），是为了客观衡量中国县域社会经济综合发展、协调发展、可持续发展的状况，从发展水平、发展活力、发展潜力三个方面对县域的社会经济综合发展进行测算，评比出全国百强县。

中旬 沙河驿镇入选“全省重点培育的 100 个特色小镇”。

26—28 日 中华炎黄文化研究会常务副会长兼秘书长、北京大学历史文化研究所所长、教授张希清，中华炎黄文化研究会常务副会长兼理事长、中金集团董事长常文光，中华炎黄文化研究会副会长、武警黑龙江总队原政委唐本高，中华炎黄文化研究会副理事长、北京弘高创意建筑设计股份有限公司董事长何宁等中华炎黄文化研究会领导和全国政协委员、中外名人文化产业集团董事局主席陈建国，全国人大常委会委员、北京航空航天大学材料工程学院院长张涛，国际精英联合会主席、国立集团董事长刘丹，福润田集团董事长李发亮，中国泛华集团总经理闫宪春和中国中外名人文化研究会秘书长、中外名人文化产业集团总裁陈建平等知名企业、集团的嘉宾到迁安市就有关投资合作项目事宜参观考察并洽谈、签约。在 27 日的签约仪式上，中华炎黄文化研究会和迁安市人民政府签订了《联合共建“中华炎黄文化研究会迁安轩辕黄帝文化研究院”协议》，中外名人文化产业集团与迁安市人民政府签订了《战略合作协议》。标志着迁安轩辕黄帝文化研究院正式开始运作，中华炎黄文化研究会与迁安市的合作发展进入新的阶段并取得新的成果。迁安市委书记李忠全程陪同考察并主持召开座谈会议，市委常委、常务副市长韩国强详细介绍迁安市经济社会发展和着力推介的有关产业、领域、项目情况，代表迁安市人民政府签约有关项目协议。28 日，与会嘉宾分四组分别就文化产业、影视基地，城市建设、养生观光，园区建设、项目建设，传统文化挖掘、生态旅游等方面对迁安市进行进一步的实地考察。迁安市委常委、副市长、农工委书记庞再明，市委常委、宣传部部长郭卫民，市政府副市长马文柏、李强，迁曹高速公路筹建处处长、市政府党组成员李晓波出席有关活动并陪同考察。

27—31 日　由迁安市政府主办、市文化馆承办的迁安·滦南·乐亭国画作品交流联展在迁安市文化馆举行。展出为期 5 天，展览近百幅作品，均为本土艺术家们经过一个多月的写生采风后创作的作品。

8 月

1 日　由 120 名全国工商系统先进模范代表组成的参观考察团就基层建设情况到迁安市市场监督管理局及野鸡坨分局等地参观。

4 日　2016 年全国转炉除尘系统排放达标综合技术研讨会在迁安市召开。研讨会由中国金属学会和京津冀钢铁行业节能减排产业技术创新联盟联合主办，会议以新常态下转炉除尘技术的发展、如何发挥现有除尘设备的潜力促进转炉除尘的达标排放为议题，吸引了来自北京等全国各地的 70 余家钢铁企业、设备制造厂家的冶金工作者参会。迁安市委常委、秘书长王学龙出席研讨会。

4 日　迁安桑皮纸（迁纸）通过地理标志保护技术审查，成为迁安首个地理标志保护产品，确定保护范围为迁安市现辖行政区域。

6—7 日　中国科学院副院长、院士、全国人大常委会常委、中国科学院大学校长丁仲礼，中国科学院大学基础教育研究院执行院长王金战，恒丰美林投资管理有限公司董事长谢峰，云南省文山州第一中学校长、党委书记钟子俊，涌现（北京）文化传播集团董事长王耿，邦派（北京）科技股份有限公司董事长马骏，共赢创新（北京）投资股份有限公司董事长赵爱沅一行就教育培训、文化旅游、养生养老等产业合作发展事宜到迁安市参观考察。7 日，王金战、钟子俊在市第三中学为迁安市各类学校（幼儿园）校长（园长）和市一中、二中、三中、职教中心、教研训中心中层以上干部作了两个小时的专题授课。市委书记李忠全程陪同并主持召开座谈会。市委副书记、市长张淑云全程陪同并在座谈会上介绍迁安市经济社会发展情况。市委常委、秘书长王学龙，市政府副市长王志刚陪同并出席有关座谈会议。

9 日　迁安市召开民建唐山市委迁安支部成立会议。这是迁安作为县级市发展民主党派成员试点以来，成立的首个民主党派支部。民建唐山市委主委、唐山市人大常委会副主任王连灵出席会议。会后，举行了民建唐山市委迁安支部揭牌仪式。

11 日　唐山市委常委、副市长李忠娟就特色小镇建设情况到迁安市调研。迁安市委副书记、市长张淑云，市委常委、常务副市长韩国强，市委常委、副市长李晓丹陪同。

12 日　唐山市委常委、纪委书记崔晗就农村党风廉政建设工作到迁安市调研。迁安市委常委、纪委书记许俊良陪同。

12—13 日　北京市朝阳区企业家协会理事长、北京丽湾国际医院管理有限公司董事长弥雪率领 40 余位企业家走进迁安并与迁安市举行投资项目洽商座谈会，双方表示，围绕养老、健康、节能环保等产业不断拓展合作空间，实现互利共赢。市委副书记李福林，市委常委、常务副市长韩国强及迁安青年企业家协会会长叶金保及协会理事、会员等参加了会议。

15 日　市委五届七次全体扩大会议召开。会议的主要任务是：深入学习贯彻习近平总书记视察唐山重要讲话和唐山市委全会精神，动员全市上下把思想和行动统一到习近平总书记的重要讲话精神上来，统一到唐山市委的部署要求上来，坚定信心，振奋精神，再接再厉，加快推进转型发展的各项工作，朝着建设“美丽水城、绿色迁安”的目标加速前进。

16日　中国经济社会理事会理事、全国政协委员、国务院国资委原副主任黄淑和，带领中国经济社会理事会调研组，到迁安市就经济调整期做好下岗职工安置等工作进行调研。河北省政协副主席、民盟省委主委边发吉，唐山市政协副主席、市民盟主委刘长锁，唐山市政协副主席、党组成员苏铁成，迁安市委书记李忠，市长张淑云，市政协主席李维林，市委常委、秘书长王学龙陪同。

中旬　由河北省委宣传部、河北省教育厅主办，长城网承办的“美丽河北·最美教师”评选结果揭晓，迁安市建昌营镇雷庄小学教师胡秀敏获评河北“最美教师”。

中旬　迁安皮影获2016赤峰·蒙冀辽文化产业博览会一等奖。此次博览会汇聚内蒙古、河北、辽宁三省区16个城市的文化产品，同时还有广东、福建、江苏、北京、天津等省市的客商应邀参加。迁安郭宝皮影传承馆在博览会上展示了传统迁安皮影人物及皮影画雕刻精品，同时也把迁安皮影手工制作工艺带到展会现场，使更多的人认识了传统迁安皮影，了解了迁安皮影的技艺与魅力。

中旬　工业和信息化部会同北京市、天津市、河北省人民政府共同制定的《京津冀产业转移指南》中，河北省唐山市迁安市高新区生物制药产业区被列为优先承接京津冀产业转移特色产业基地。

26日　迁安市在市奥体中心拳击馆举行尹军花荣获奥运亚军庆功会。市委书记李忠出席并讲话。市长张淑云主持会议。市委、市政府向尹军花颁发10万元奖金。中国拳击协会副主席、市九江线材有限公司副董事长赵玉乔介绍九江拳击队的发展和有关比赛情况。迁安市相关领导亲切接见了尹军花及从家乡邢台赶来的父母，认真询问了尹军花的成长和训练经历，并对他们表达深深的祝福。25岁的邢台姑娘尹军花是迁安九江拳击俱乐部近年来打造的领军人物。在2016年里约奥运会上，她是中国拳击队唯一进入决赛的女选手，肩负着为中国女子拳击夺取首枚奥运金牌的重任。北京时间8月20日凌晨3时30分，里约奥运会女子拳击57～60公斤级决赛中，迁安九江拳击俱乐部女拳手尹军花奋勇拼搏，发挥出色，以微弱劣势获得银牌。虽未能如愿成为中国女子拳击首位奥运会冠军，但是初次参加奥运会的尹军花，追平历史，成为史上第2位获得奥运银牌的中国女拳手，也是本届奥运会上河北省取得最好成绩的选手。唐山市委、市政府专门向里约奥运会中国体育代表团发去贺电表示祝贺。

27—28日　中国科学院大学党委常务副书记、副校长董军社等一行到迁安市参观考察市域经济社会发展情况。

31日至9月1日　由国务院办公厅原行政司司长孟辛卯、中国老年保健研究会副会长田文生、亚太中金资产投资集团董事长萧永组成的项目考察团就有关合作项目到迁安市参观考察并洽谈。

31日至9月4日　由中国乒乓球协会主办、河北省体育局运动管理中心承办、迁安九江体育中心协办的中国乒乓球俱乐部甲D比赛第二站在迁安市九江奥体中心综合馆内开拍。来自全国各地的64支乒乓球代表队350名运动员参加男子、女子团体比赛。最终，深圳宝体榕浔、天体双赢、山西怀仁十一中队一队、正定实验学校一队、安徽队、中乒院上培中心获得男子团体前6名，广东二沙、深大二队、湖北三环集团二队、安徽队、中乒院上培中心、湖北三环集团一队和重庆万盛黑山谷俱乐部获得女子团体前6名。男女队前6名将晋级参加2017年的甲C比赛。

9月

2—3日　北京中兴通集团董事长朱元涛一行到迁安市参观考察。

7日　迁安市举行“让党徽在岗位上闪光”主题演讲比赛。比赛由市委“两学一做”（学党章党规、学系列讲话，做合格党员）学习教育协调小组办公室举办，经过层层推荐和选拔，35个单位的58名选手参加了预赛。经过激烈角逐，21名选手站在了决赛的舞台上。他们用身边的例子和自身的经历向大家讲述在“两学一做”学习教育中的所感所想，展示了新时期优秀共产党员的良好精神面貌。经过激烈角逐，来自市广播电视台的马志军获得比赛一等奖。市委常委、宣传部部长郭卫民观看了比赛并为获奖选手颁奖。

8日 迁安市在亚滦湾农业公园举办第三届体育大会，来自各镇乡、市直单位、工矿企业等22支代表队，700余人参加本届大会。此次体育大会由迁安市人民政府主办、市文化广播电视新闻出版局承办，本着全民健身、全民参与的宗旨，设立了手舞足蹈、迷宫探险、跳绳跑、和谐并进、水上闯关、企鹅漫步、渡船取宝、摸石过河、跳长绳、拔河10个趣味性强、参与性广的比赛项目。经过半天激烈的角逐，市卫计局代表队夺得团体总分第一名。

9日 迁安市召开庆祝第32个教师节大会。会议表彰了44位优秀校长、143位优秀教师和3所名校、21位名教师、6位名校长。

9日 省人大常委会副主任谢计来带领省人大常委会执法检查组，就贯彻落实《中华人民共和国大气污染防治法》和《河北省大气污染防治条例》（以下简称大气污染防治“一法一条例”）到迁安市执法检查。唐山市人大常委会副主任王金凯及迁安市委书记李忠，市委副书记、市长张淑云，市人大常委会主任郝可军、副主任田富顺陪同。检查组对迁安市贯彻落实大气污染防治“一法一条例”工作举措及取得的成绩给予充分肯定。

13日 迁安市举行“文明水城·全民共创”文明城市创建启动仪式，再次动员全市广大人民群众，积极投身文明城市创建活动。市委副书记李福林出席启动仪式，市委常委、宣传部部长郭卫民主持启动仪式。道德模范代表、市电力公司职工黑治强宣读了《创文明城市、建魅力水城》倡议书，来自全市的商户、出租车行业等各阶层市民代表纷纷走上讲台，真挚表达创建文明城市的决心，全市掀起新一轮文明城创建高潮。迁安创建全国县级文明城市工作于8月15日起开始，市容环境整治、市场环境整治、交通秩序整治、不文明行为整治等八项攻坚行动如火如荼展开。本次启动仪式后，来自各镇乡、机关部门、学生等各类团体代表近千人组成的11支志愿代表队，动员全市广大人民群众，改善城市环境，提升文明素养，共同致力于文明城市创建活动。文明城市创建分三个阶段，9月9—25日广泛宣传全面发动阶段，9月26日至10月31日深入推进、合力攻坚阶段，11月1日至2017年8月31日巩固成果、常态开展阶段。

19日 华北理工大学迁安学院举行2016级新生开学典礼暨华北理工大学—迁安创新科技孵化园揭牌仪式。华北理工大学党委书记张玉柱，华北理工大学党委副书记、校长袁聚祥，华北理工大学党委常委、副校长朱立光，迁安市委书记李忠，市委副书记、市长张淑云，市委副书记、副市长冯涛，市委常委、秘书长王学龙，市政府副市长王志刚出席仪式。张玉柱、李忠共同为华北理工大学—迁安创新创业科技孵化园、河北省大学生创业孵化示范园（众创空间）揭牌。

22日 省政协主席付志方到迁安市就城市建设及文化创意产业发展进行调研。付志方一行先后考察了迁安市海绵城市建设项目——滨湖东路东侧绿化带景观工程和君和广场雨水综合利用改造工程、滦河综合治理工程、迁安奥体中心、华北理工大学迁安学院、龙形绿化带、建设中的佛山公园、黄台山公园、轩辕阁、南部新市区、迁安中唐·天元谷文化旅游综合体项目工地、三里河生态走廊等地，详细了解项目规划、建设进度及规模、技术水平等情况。付志方对迁安市牢牢把握转型升级这条主线，建设新型制造业基地和现代服务业高地两大基地，推动迁安由粗放型、本土型、资源型经济向集约型、开放型、创新型经济转变，由资源加工驱动型向制造业、服务业双轮带动转变，由工矿型城市、钢铁大市向文化旅游型城市转变取得的成绩给予充分肯定。唐山市政协主席郭彦洪、政协秘书长刘镇东及迁安市委书记李忠，市长张淑云，市政协主席李维林，市委常委、秘书长王学龙陪同调研。

24日 迁安市开通首趟“京东水城·迁安号”旅游专列，来自北京市的400名游客走进迁安，开启了为期2天的周末之旅。此次专列旅游由中国铁道旅行社发挥其覆盖京津冀的销售网络优势，向迁安输送客源。迁安负责协调组织做好地接服务，同时凭借唐山市举办第二十五届中国金鸡百花电影节以及保定市举办河北省首届旅游发展大会的时机，组织各级媒体宣传推介迁安市的旅游资源，扩大“京东水城·迁安号”旅游专列活动的影响力，吸引更多游客到迁安观光游玩。

25日 唐山市2016年第三季度重点项目集中开工（迁安市）现场暨河北杰普特丝网科技产业园奠基仪式隆重举行。唐山市人大常委会副主任秦少清和迁安市领导李忠、张淑云、李维林、韩国强、庞再明、刘振凯、郭卫民、玄士丰、王志刚、李强、马丹青、杨贺平等出席开工仪式。

28日 中国古代伟大的思想家、教育家，儒家学派创始人孔子诞辰日当天，迁安黄台书院揭牌。书院暂坐落于市委党校院内，正式院址将建在黄台湖上。书院由北京曦鸣威公司投资兴办，面向全国招收学生，主修四书、道德经、易经、内经知要、孝弟三百千等传统国学课程，同时开展琴、棋、书、画等才艺课。北京曦鸣威公司已在全国建起3座国学书院。

28日 唐山市政府副市长高瑞华带领天津市第一中心医院、唐山市人民医院、开滦总医院肝胆病专家到迁安市中医院，看望慰问该院患癌医生韩文宝。高瑞华首先代表唐山市委、市政府向韩文宝表示亲切慰问，并详细询问了韩文宝的身体、工作、家庭等情况，询问他生活上有哪些困难需要帮助。高瑞华对韩文宝虽然身患疾病却仍然兢兢业业、奉献服务于患者的精神给予充分肯定和赞誉。高瑞华叮嘱专家要不定期地为韩文宝医生进行会诊，保障他的身体健康，使他在热爱的医学事业中，继续为更多的患者解除病痛。45岁的韩文宝，任迁安市中医医院院长助理、心血管内科及肺病科主任。从医20载，收到患者及家属赠送的感谢信200余封，锦旗、镜匾400余面，先后获中国好人榜“诚实守信好人”、2015年河北省“敬业奉献”道德模范提名奖、河北省“最美医生”、河北省医药卫生系统“白求恩式医药卫生工作者”、唐山市优秀共产党员等荣誉称号。

30日 迁安市举行2016年烈士纪念日公祭烈士活动。市四套班子领导与部分市人大代表、政协委员、老干部、武警官兵、师生代表、烈士家属代表500余人一起向烈士卧碑敬献白花，共同祭奠烈士英灵。位于迁安镇毛家洼村东侧的烈士公墓共安放在抗日战争、解放战争、抗美援朝、社会主义建设及改革开放等不同历史时期牺牲的烈士150位，其中有名烈士46名，无名烈士104名。

10月

11日 迁安市武术协会成立，并于当日在山叶口景区举行揭牌仪式。

14日 2016年迁安市“魅力水城之夜”群众文化展演活动闭幕暨颁奖仪式在市人民广场举行，市四套班子领导出席此次活动。自2004年起，迁安连续在市人民广场举办群众文化展演活动。为充分展现水城建设涌现出的新人新事，本届展演主题确定为“魅力水城之夜”，分文艺比赛、机关文化展演、镇乡文化展演、企业文化展演4部分，每周周末在人民广场露天演出。活动于7月1日起，历时3个多月，共演出52场次，演职人员1.4万余人，受众人群50余万人次。本次闭幕颁奖仪式表彰在2016年迁安市“魅力水城之夜”群众文化展演活动中表现突出的单位以及在第二十一届“颂祖国、唱迁安”合唱节比赛中成绩优异的单位。其中，杨各庄镇等8个单位获得优秀展演奖，马兰庄镇等6个单位获得优秀组织奖；沙河驿镇、市教育局、城区办代表队取得第二十一届“颂祖国、唱迁安”合唱节比赛的桂冠；市交通局、市供电公司、马兰庄镇、五重安乡、大五里乡代表队获二等奖；彭店子乡、大崔庄镇、杨店子镇、夏官营镇、太平庄乡、迁安镇、木厂口镇代表队获得三等奖；建昌营镇、杨各庄镇、闫家店乡、扣庄乡、蔡园镇、市财政局、野鸡坨镇、上庄乡、市卫计局、赵店子镇代表队获得优秀奖；秋韵合唱团与市文广新局获得本届合唱节特别奖。

16—18日 2016“魅力水城·绿色迁安”经贸洽谈会隆重举行。来自国内外的310余家知名企业、科研院所、商会学会的430余名嘉宾客商共聚迁安，同心聚力共谋“水城”发展。全国工商联原副主席沈建国、唐山市副市长李钦峰出席会议并启动开幕电子球。17日，洽谈会组织了实地参观考察。18日，在迁安锦江饭店举行了2016“魅力水城·绿色迁安”经贸洽谈会投资环境说明会暨签约仪式。文化部艺术发展中心原主任胡克，原兵器产业公司总经理、国家级营销专家庞桂三，北京亚太华诚健康管理有限公司董事长萧永，停易制动股份有限公司董事长王庭义，北京金投新蓝环境科技有限公司董事长洪显明，中国民间文艺家协会民族书画艺术交流中心主任高金福，北京泽通顺达机械有限公司董事长王福海，葵花药业集团副总裁任景尚，安平县华尔特五金丝网制品有限公司董事长赵红伟，北京品正雅艺文化发展有限公司总经理蔡鹏，兰州煤炭有限责任公司总经理马金鹏，中国煤炭科工集团工程科技有限公司董事、副总经理赵林，北京车库咖啡教育咨询有限公司运营总监潘杰，洪泰创新空间（北京）投资有限公司投资总监赵艨艟（音同“赵蒙冲”），以及中国兵器工业集团总公司、北京首旅置业集团、中材集团、炎黄会（北京）投资管理有限公司等领导、客商、嘉宾与迁安市委书记李忠，市委副书记、市长张淑云，市委副书记李福林，市委副书记、副市长冯涛，市人大常委会主任郝可军，市政协主席李维林等四套班子领导出席会议并见证签约。经过实地参观考察、投资环境推介、项目洽谈等活动的有序开展，本届经贸洽谈会取得丰硕成果，并呈现出许多新亮点、新特色。此次经贸洽谈会有70个项目正式签约，计划总投资457亿元。其中，会上签约项目40个，计划总投资352.3亿元；会下签约项目30个，计划总投资104.7亿元。

17日 安卓（北京）卫生材料有限公司卫生材料制造项目举行投产仪式。北京市医药行业协会秘书长周玉兰，安卓（北京）卫生材料有限公司董事长支丽荣、总经理靳启海，迁安市委副书记、市长张淑云，市委常委、常务副市长韩国强等领导和嘉宾出席投产仪式。安卓（北京）卫生材料有限公司由北京康必盛科技发展有限公司投资建设，是依托迁安市高新区医药产业园，借力京津产业转移，落户迁安的第一家集研发、生产、销售为一体的北京医药外迁企业，也是北京市首家整体搬迁到河北的生物医药企业。项目于2016年5月开工，一期工程占地0.67公顷，主要建设医用薄膜生产线2条，手术铺单生产线2条，卷材生产线2条，10万级净化车间2000平方米；二期占地约2.67公顷，建设1万平方米洁净车间，用于抑菌手术铺单及手术包的生产（公司专利技术），同时建设配套2万吨水刺布生产线2条；三期预计占地3.33公顷，建设年产30万人份“康肽乐”生物制药车间及生产线。

21日 国家旅游局公布第二批国家全域旅游示范区创建单位名单，迁安市成功入选，成为国家全域旅游示范区创建单位。

27日 市公安局在唐山、秦皇岛、山东德州两省三地公安机关的密切协作下，成功侦破8岁男童被绑架案。10月24日19时20分许，年仅8岁的韩某（男，2008年生，迁安市杨店子镇人）在其母陪同下，于迁安市滨河社区一居民楼下被两名劫匪驾车绑架。警方连续奋战3个昼夜、63个小时，于27日上午10时许，在德州禹城和昌黎县将4名犯罪嫌疑人全部抓获归案，人质被安全解救出来。27日下午，广大市民得到这一消息后，自发组织欢迎仪式，在迁安高速路口等待凯旋的英雄及男孩的归来。17时许，公安干警带着被解救的小男孩，以及押解回来的犯罪嫌疑人，顺利抵达迁安。

26日 由北京教育科学研究院职业教育与成人教育教学研究中心、天津市教育委员会职业技术教育中心、河北省职业技术教育研究所共同承办的京津冀职业教育教学协同发展联盟成立大会暨京津冀职业教育教学协同发展北京论坛在北京召开。来自京津冀三地的职业教育主管部门、教研机构、中职和高职院校以及相关行业、企业的代表300余人参加了会议。市职教中心被批准成为首批成员单位。

27日 市工商联（总商会）召开第五届会员代表大会，选举产生第五届工商联领导班子。市委副书记李福林，市委常委、常务副市长韩国强，市委常委、组织部部长、统战部部长、市工商联换届工作领导小组组长毛成海，市人大常委会副主任田富顺，市政协副主席、市第四届工商联主席赵玉江以及唐山市工商联有关负责人出席会议。会议根据工商联章程和本次大会选举办法选举产生了新一届市工商联执委会，以举手表决的方式选举赵玉江任市工商联第五届主席，王俊喜为常务副主席，马永宝、王志伟、王松伟、叶金保等16人为副主席。

29日 迁安市荣信钢铁公司一座50吨转炉被拆除，这是唐山市2016年10月化解钢铁过剩产能的集中行动。唐山市委副书记、市长丁绣峰下达拆除令，唐山市委常委、常务副市长王久宗，迁安市委书记李忠，市委副书记、市长张淑云，市委常委、常务副市长韩国强，市委常委、秘书长王学龙出席拆除行动。2016年，迁安市按照唐山市委、市政府的部署，公开、公平、公正推进化解钢铁过剩产能工作，各企业讲政治、顾大局，不折不扣，坚决落实，产能化解工作稳妥有序推进。此次化解钢铁过剩产能集中行动后，迁安市圆满完成唐山市下达的化解钢铁产能全年目标任务。

30日 2016国际山地越野马拉松赛在迁安市挂云山景区举行。吸引了来自北京、天津、山东、辽宁等省市以及肯尼亚、韩国、法国、日本等国家共计1500余名选手参加。比赛分设男女10公里体验组和男女42公里挑战组。经过激烈角逐，最终来自肯尼亚的Denis Mugendi Kiura和来自迁安的张维敏分获男女10公里体验组第一名；来自北京的王庆红和来自秦皇岛的曹凤英分获男女42公里挑战组第一名。此次比赛赛道设计专门针对较高层次户外越野运动爱好者设计，全程100%山地，是目前国内难度系数最高的山地越野马拉松。比赛由迁安市人民政府、“全民健身，我们在行动”全国系列赛组委会主办，迁安市文广新局、华奥中体产业承办，北京盈动体育、敖冠体育、中奥山林协办。

31日 “河北好人榜”10月人选名单发布仪式暨道德模范与身边好人现场交流活动在迁安市广播电视台一号演播大厅隆重举行。省委宣传部副部长、省文明办主任戴长江，唐山市委常委、宣传部部长杨洁等领导及迁安市委书记李忠，市委副书记、市长张淑云，市委副书记李福林，市政协主席李维林，市委常委、宣传部部长郭卫民出席发布仪式。此次活动由省文明办主办，唐山市文明办，迁安市委、市政府，河北文明网承办，迁安市委宣传部、迁安市文明办、迁安广播电视台协办，旨在深化拓展“善行河北”主题道德实践活动，传播好人故事、弘扬好人精神，让更多的凡人善举从寻常巷陌走进公众视野，激发燕赵大地向美、向善、向上的力量，筑牢建设“经济强省、美丽河北”。

本月上榜的“河北好人”中，共有30位助人为乐、见义勇为、诚实守信、敬业奉献、孝老爱亲的身边好人光荣上榜。迁安市回收旧衣服赠送贫困户、传递爱心的农民刘淑军；危难时刻不顾个人安危，勇伸援手救助坠楼男童的蔡秀春、冯宏亮；不贪意外之财的白血病患者杨小双；参加工作30多年，一直扎根农村，甘做“果农致富圆梦人”，建立高效示范园，培育成功全市第一个苹果高干开心垂帘结果模式的张东升；照顾年迈的母亲、常年卧病在床的妻子，自己一人负责家里的责任田，心疼儿子、儿媳，疼爱孙子、孙女，无怨无悔，坚守清贫，让传统的孝道充满每个细节的张兴6人榜上有名。在现场交流活动中，省道德模范、“中国好人”、迁安市各级道德模范、“迁安好人”，同时包括迁安市四套班子成员在内的600余名现场观众和全国各地网民进行互动交流。许多网友表示：“身边好人的一举一动都值得我们学习，要用自己的实际行动将善行义举延续下去”。在活动现场，迁安市公民道德建设基金为“河北好人”颁发奖金2000元。迁安市公民道德建设基金成立5年来，已累计奖励、扶助各类道德模范和身边好人千余件次，发放奖助金54万元。

11月

6日 迁安市入选全国爱卫办宣布的首批38个全国健康城市试点市名单，为河北省唯一入选城市。

7日 中小城市经济发展委员会、中小城市发展战略研究院、中国中小城市科学发展指数研究课题组等单位通过《人民日报》和《2016中国中小城市发展报告·绿皮书》联合发布了2016年度中国中小城市科学发展指数研究成果。迁安市荣膺2016年度中国中小城市综合实力百强县市第19位、中国最具投资潜力中小城市百强县市第8位、中国中小城市新型城镇化质量百强县市第13位，位次均与上届持平；首次入围中国十佳“两型”▲中小城市；在首次发布的2016年度中国中小城市创新创业（双创）百强县市中，位列第29位。

▲“两型”：即节约指数，是反映中小城市在资源节约、环境友好和生态文明等方面建设成就的指数。

8日 2016年全国女子拳击冠军赛在迁安九江体育中心开赛。来自全国各省市的27支代表队参赛，领队、教练员、运动员125人。参加2016年里约奥运会的拳手任灿灿、尹军花、李倩以及著名女子拳击运动员李金子、杨文璐、苑美庆均参加比赛。本次比赛由国家体育总局拳击跆拳道运动管理中心、中国拳击协会主办，河北省体育局承办，迁安市文广新局、唐山九江体育中心合办。

9日 迁安市政务服务中心国家级社会管理和公共服务综合标准化试点项目启动仪式在迁安市政务服务中心举行。省及唐山市质监局领导、迁安市人民政府有关领导参加启动仪式。

上旬 燕山医院与唐山工人医院签订了《区域医疗联合体成员单位合作协议》。

15日 迁安市旅游协会成立并召开第一届第一次会员大会。选举产生了第一届理事会，迁安中唐文化旅游发展有限公司董事长兼总经理阳家军任会长，曾凡凯、郭玉兴、陶志利、陈国有、张秋民为副会长，薛立平为秘书长。

17日 滦河文化研究中心基地与唐山师范学院文科基地在春瑞书院揭牌。唐山师范学院党委书记王英，唐山师范学院院长、滦河文化研究中心主任杜彩芹以及迁安市委书记李忠，市委常委、宣传部部长郭卫民，市政府副市长王志刚出席揭牌仪式。揭牌仪式上，杜彩芹向春瑞书院院长徐春瑞颁发了唐山师范学院荣誉教授证书。李忠、王英共同为滦河文化研究中心基地、唐山师范学院文科基地揭牌。

24日 唐山市人大常委会主任安树彦就市、乡两级人大换届选举工作到迁安市调研。市委副书记李福林，市人大常委会主任郝可军、副主任田富顺陪同。安树彦对迁安市市、乡两级人大换届选举工作进展情况给予充分肯定。

24日 唐山市东安集团（唐山市东安集团有限责任公司）在中国商业联合会和中国商报社共同主办的2016（第四届）中国商业创新大会上被评为“2016中国社区商业创新十佳品牌”。

11月 由夏官营镇招引、总投资1.2亿元、位于迁安高新技术产业开发区的唐山科源激光再制造有限责任公司德玛吉叶片研制中心一期项目顺利投产，为华北地区规模最大的叶片研制生产中心，填补了华北地区集研制、生产、销售于一体的叶片企业的空白。

12月

上旬 国家发改委等11部委发布通知，公布了111个第三批国家新型城镇化综合试点地区名单，河北省有4个城市（镇）入围，迁安榜上有名，是唐山唯一上榜的县（市）级城市。按照通知要求，迁安市将于2016年年底前启动试点，到2018年取得试点任务的阶段性成果，形成可复制、可推广的经验，到2020年在全国范围内全面有序推广试点成功经验。

16日 北京999急救中心一架印有“救援”和红十字标志的直升机将一位危重症患者从迁安燕山医院转运到北京治疗。这是迁安首例航空转诊。

18日 迁安市召开全市领导干部会议，唐山市委常委、组织部部长、统战部部长丁荣进宣布省委、唐山市委关于迁安市委主要领导的变更决定，张淑云任迁安市委书记；韩国强任迁安市委副书记、提名市长人选；李忠不再担任迁安市委书记、常委、委员职务，任丰润区委书记。

20日 2016年“迁安杯”第二十一届中国大学生乒乓球锦标赛开幕式在迁安市九江体育中心举行。教育部学生体育协会联合秘书处副秘书长、中国大学生体育协会专职副主席张燕军，唐山市委常委、唐山市政府党组副书记崔晗，迁安市委副书记李福林，市政府副市长王志刚出席开幕式。此次比赛由中国大学生体育协会主办，中国大学生体育协会乒乓球分会执行，迁安九江体育中心承办。20—25 日，来自全国 50 所高校的 400 余名选手在这里展开激烈角逐，丁松、陈龙灿等世界冠军作为教练带队参加比赛。

12 月 国家质检总局《质检总局关于批准对涉县柴胡等 70 个产品实施国家地理标志产品保护的公告》（2016 年第 128 号）批准迁安桑皮纸（迁纸）为国家地理标志保护产品。自发布之日起实施保护，确定保护范围为迁安市现辖行政区域，迁安地理标志产品保护工作实现“零的突破”。

12 月 迁安市小杨庄村、万宝沟村被认定为省级美丽乡村。

建置沿革

【地理位置】 迁安市位于河北省东北部，地理坐标为北纬 39°51′～40°15′，东经 118°26′～118°55′。南北跨纬度 0°24′，东西跨经度 0°29′，市境纵跨直线距离 45 公里，横跨直线距离 39 公里。东隔青龙河与秦皇岛市卢龙县相望，南与滦县相邻，西接迁西县，北以长城为界与秦皇岛市青龙满族自治县毗邻。全市总面积 1227 平方公里。

迁安区位优越，是便捷通畅的物流聚散地。处于京津冀都市圈中心和环渤海一级经济开发区内，踞华北、东北之咽喉。市人民政府驻地迁安镇，距京哈（北京—哈尔滨）高速公路迁安入口处 12 公里，距京秦（北京—秦皇岛）高速迁安支线入口处 3 公里，西距北京市 220 公里、天津市 190 公里、唐山市 80 公里，东距秦皇岛市 110 公里，北距承德市 170 公里，南距京唐港 100 公里。临近京唐港、曹妃甸港、天津新港、秦皇岛港。境内京哈高速、京秦高速、102 国道、三抚四条公路和津山、大秦、通坨三条铁路横贯东西，冷大公路、卑水铁路、迁曹铁路纵穿南北。津秦高铁在迁安设有客运站，即滦河站，1 小时可达北京，半小时达天津。形成辐射晋、冀、辽、内蒙古和通达京、津等大中城市的四通八达的交通网络。

（高彦军）

【建置隶属】 旧石器时代，境内已有人类活动。商归孤竹国辖。春秋为山戎令支国。战国时属燕国。秦为离支县，属辽西郡。西汉称令支县，属辽西郡。东汉沿袭旧置。三国时，属魏辽西郡。晋时被鲜卑族攻占，废令支县，地属辽西郡。北魏太平真君七年（446 年），以令支、含资入阳乐县，属平州辽西郡。北齐时，归肥如县。隋开皇六年（586 年），肥如县并入新昌县。开皇十八年（598 年），更名为卢龙县，属北平郡。唐沿隋置，仍名卢龙县，改北平郡为平州。五代时，辽置安喜县，属南京道平州。金大定七年（1167 年），改安喜县为迁安县，意为“迁自安喜”，属中都路平州，迁安之名始定。元初再次并入卢龙县，后又复置。元太祖十年（1215 年），改属兴平府。中统元年（1260 年），兴平府升为平滦路。元大德四年（1300 年），平滦路更名为永平路，迁安县隶属于永平路。明代属北直隶省永平府。清代属直隶省永平府。民国元年（1912 年），迁安县属直隶省津海道，民国 2 年（1913 年），属渤海道。民国 3 年（1914 年），改属津海道。民国 17 年（1928 年），为河北省辖。民国 28—33 年（1939—1944 年），中国共产党在迁安及附近边区先后成立丰滦迁、迁遵兴、迁滦卢、迁青平、迁卢抚昌联合县，迁卢青、迁遵青、滦卢联合县，先后隶属晋察冀边区冀东区和冀热边区。民国 34 年（1945 年），复置迁安县，属冀东十六专区。1949 年 8 月 1 日，迁安县属河北省唐山专区。1970 年，唐山专区改称唐山地区，迁安隶属于唐山地区。1983 年 5 月 6 日，撤销唐山地区，迁安县为唐山市所辖。1996 年 10 月，撤县设市，迁安县改名迁安市，以原迁安县的行政区域为迁安市的行政区域，由唐山市代管。

（赵海元）

【街区道路、实体分布】 到2016年年底，迁安市建成区面积43.5平方公里，建成区人口26.5万人。市区建有主路20条、主街20条。20条主路由西向东分别为：滨湖东路、阜康路、万嘉路、阜安大路、顺喜路、和平路、昌盛大路、胜利路、燕山大路、新颖路、丰安大路、丰喜路、丰乐大路、丰庆路、丰盛路、丰吉路、长城大路、建设路、创新路、科技路。20条主街由北向南分别为：祺瑞街、祺光大街、祺福大街、花园街、聚鑫街、兴安大街、明珠街、景福街、永顺街、全福街、惠宁大街、星河街、惠泉大街、兆康街、钢城大街、惠民大街、惠安大街、惠兴大街、惠隆大街、惠昌大街。市区的行政机关和企事业单位分别分布在主次道路两侧。其中，市行政办公中心、市行政审批管理办公室、市管局、国税局、地税局、迁安一中、交通局、文广新局、热力总公司、技术监督局、信用社、疾控中心、燕山医院、博物馆等单位分布于钢城大街；迁安镇政府、城关公安分局、城关法庭、自来水公司、锦江饭店等单位分布于惠泉大街；迁安二中、迁安第一实验小学、移动迁安分公司、环保局、社保中心、电力公司、烟草局等单位分布于惠宁大街；邮政局、妇幼保健院、中医院（旧址）等单位分布于永顺街；迁安市人民法院、迁安市人民检察院分布于明珠街；市委党校、武装部、公安局、财政局、医药公司、城区办等单位分布于兴安大街；住建局、残联、迁安第三实验小学等单位分布于花园街；人民银行迁安支行、民政局、林业局、光彩幼儿园、成教中心、环卫公司、迁安镇第一初级中学、科技局等单位分布于祺福大街；水务局、国土资源局、人保财险迁安支公司等单位分布于丰乐大路；老干部局位于丰喜路，市人民医院位于惠安大街。

（张宏伟　张晓利　殷玉环）

【行政区划】 2016年，全市辖12个镇、7个乡、1个城区街道、505个行政村和37个社区居民委员会。

（冯　敏）

2016年迁安市各乡镇、街道所辖行政村、社区居委会情况表

表1

乡镇、街道名称	辖行政村、居委会个数	所辖行政村、居委会名称
迁安镇	76个村、11个社区居委会	新寨、三里营、刘季庄、烟台吴庄、东关、合理、杨崖、石新庄、洪富庄、沙河子、后石李桥、上屋、小兰庄、毛家洼、马家岗子、郭庄、小营、平房新庄、白沙坡、小李庄、小寨、杨庄子、刘纸庄、黄台庄、张李庄、西关、发展、徐崖、庞庄、卢沟堡、西丁官营、余家洼、谌新庄、尹庄、吴庄、赵庄、大魏庄、东周官营、梨行、北关、吴纸庄、小王庄、张各庄、南关、建设、周洪庄、三李庄、于家村、省庄、前丁官营、大贾庄、石牌庄、汤新庄、胡各庄、张庄、潘营、陈庄、王崖、吉兰庄、黄纸庄、公平、前石李桥、后丁官营、小贾庄、五里岗、官立口、胡南、白庄、杨团堡、马家村、蔡庄、张尹庄、营庄、刘家庄、商庄、谢庄、大王庄社区居委会、殷柳庄社区居委会、王家园社区居委会、民强社区居委会、苏新社区居委会、民安社区居委会、石岩庄社区居委会、阚庄社区居委会、民乐社区居委会、西李铺一社区居委会、西李铺二社区居委会
扣庄乡	27个村	扣庄、十里营、刘家村、蟒山、邓新房、兰若院、安新庄、上阶地、吉王庄、毕新庄、西晒甲山、陈官营、东晒甲山、郎庄、古松庄、唐庄、东牛山、西李官营、张庄、田庄、任庄、东李官营、寺前、寺后、潘庄、阿兰庄、半坡营
夏官营镇	28个村	永兴庄、花庄、洪庄、袁庄、回新庄、沙坡子、黄官营、南白庄、团新庄、东赵店子、包官营、罗庄子、夏官营、五道沟、西野河峪、东野河峪、大榆树、梅官营、姚官屯、范庄、上马哨、下马哨、六道沟、耿家庄、梁庞庄、六合村、上庄子、何家坟
彭店子乡	18个村	彭店子、八里塔、小邹庄、高李庄、崔李庄、柏庄、易庄、徐家沟、富兴庄、八家寨、大周庄、杨家坡、祁庄、坨上、王孟庄、南丘、霍庄、粉子营

续表 1

乡镇、街道名称	辖行政村、居委会个数	所辖行政村、居委会名称
杨各庄镇	37 个村	皇姑寺、安各庄、梓林、周各庄、代家沟、鸡鸣庄、尚武旗、阎官屯、张新庄、东高庄、三角庄、文里庄、包各庄、东揣庄、枣行、郭庄、武家庄、东马庄、杨各庄、大贤庄、披甲窝、裴新庄、万军、上换甲套、下换甲套、马庄户、马家沟、玄新庄、青山院、小套、徐流口、森罗寨、曲河、上场、徐流营、东新庄、西新庄
建昌营镇	50 个村	保一、保二、果园、小庄、东安乐、西安乐、和平、平安、文化、得胜、张村、郭村、南道、太平、西安、回民、建平、塘坊、南冷口、北冷口、前窝子、后窝子、大桥庄、教场沟、东密坞、西郭庄、雷庄、鸭河营、温庄、裴庄、胡庄、西高庄、石门子、白道子、茶记沟、北新庄、新立村、东三家、大龙王庙、阎场、朱家店、草场、郑庄、树行、河流口、东堡子、军屯、西三家、新房子、清泉
上射雁庄乡	24 个村	上射雁庄、下射雁庄、二层庄、南晒甲营、北晒甲营、北白庄、彭家洼、陶新庄、丁庄、东晒甲营、高各庄、凉水河、大望都庄、小望都庄、东孟庄、朱庄、揣庄、七里坎、代家铺、平林镇、大新店、小新店、刘新庄、西孟庄
大崔庄镇	21 个村	商庄子、四道沟、白羊峪、台头岭、西密坞、步步川、石梯子沟、沙坨子、三岭、楼子山、大庄、擂鼓台、凤凰山、上金山院、下金山院、桑园、侯庄户、新立庄、王古庄、肖家庄、大崔庄
五重安乡	29 个村	石门、杏山、黄金寨、新开岭、万宝沟、张庄子、才家沟、更新庄、马井子、东陈庄、五重安、苏家沟、西陈庄、小关、大何庄、宫上、小何庄、小崔庄、茶井沟、刘皮庄、贺庄、贺家沟、曹古庄、范家沟、朱家沟、红峪口、母庄、沙河庄、高古庄
阎家店乡	17 个村	阎家店一村、阎家店二村、阎家店三村、李姑店、滕庄、坎新庄、于家坎、东峡口、西峡口、隔滦河、北赵庄、提铃寨、芝草坞、杨山、洗甲河、六股道、孙家店
马兰庄镇	17 个村	西马兰庄、东马兰庄、北马兰庄、前裴庄、后裴庄、红石崖、孟家沟、宫店子、李家沟、柳河峪、刘官营、水厂、新水、印子峪、侯台子、庄户沟、达峪沟
蔡园镇	26 个村	蔡园、好树店、灵山、二郎庙、小杨庄、大杨庄、靠山、横山子、张家窑、北屯、蔡家洼、孟官营、小石岭、吴官营、王李庄、小蔡庄、刘庄子、新庄、朱家庄、杨官营、玄安子、玄家洼、马官营、刘湾子、李庄子、北小店
杨店子镇	32 个村、1 个社区居委会	杨店子、沈家营、大郭庄、大庄户、前胡各庄、后胡各庄、王庄子、靳官营、殷官营、田新庄、高引铺、新立寨、张官营、倪屯、小玄庄、大玄庄、北张庄、常李庄、官寨、上午、洼里、蚕姑庙、大张庄、王庄、任官营、毛庄、张富庄、孟庄、驿南府、麻官营、韩官营、新蔡庄、滨河社区居委会
大五里乡	16 个村	大五里、大石河、松木庄、花果山、张家峪、尚庄子、曹官营、王家湾子、贯头山、小庄户、孟一、孟二、周官营、水峪、山叶口、王官营
木厂口镇	16 个村、1 个社区居委会	木厂口、宗佐、田家店、佛峪院、杨纪庄、老爷庙、马各庄、小张庄、曹庄子、北营、红石峪、井家沟、刘新庄、娄子峪、水泉、榆山、松护社区居委会
沙河驿镇	19 个村	沙河驿、李店子、红庙子、刘台子、前沙窝铺、北沙窝铺、葛庄子、二店子、管庄子、刘庄子、窝子、轩坡子、代庄、孟台子、上炉、下炉、唐庄子、潘庄子、段家岭
太平庄乡	16 个村	太平庄、马铺营、七家岭、东新店、西新店、苏庄营、郭家营、东山、东蛇探峪、西蛇探峪、石家营、尚庄、崇家峪、田庄营、三岔峪、胡家沟

续表1

乡镇、街道名称	辖行政村、居委会个数	所辖行政村、居委会名称
赵店子镇	15个村	赵店子、马古寺、李官营、新庄子、申刘庄、沟南庄、小店、大李庄、北代庄、康官营、郑店子、炉上、营里、马庄、三港湾
野鸡坨镇	21个村	野鸡坨、邵家营、仓库营、小杨官营、东周庄、山港、朱庄子、岚山高庄、武各庄、西周庄、安山口、宋庄、丁庄子、张都庄、大杨官营、新军营、小山东庄、李家峪、大山东庄、爪村、卜官营
城区街道	24个社区居委会	兴安社区居委会、丰乐路社区居委会、常青社区居委会、燕阳社区居委会、青杨社区居委会、花园街社区居委会、永惠社区居委会、永顺街社区居委会、燕春社区居委会、广场馨园社区居委会、帝景社区居委会、福盛社区居委会、明珠社区居委会、碧水花苑社区居委会、河畔人家社区居委会、燕经社区居委会、安顺社区居委会、迁钢社区居委会、安康社区居委会、燕祥社区居委会、宏源社区居委会、燕钢社区居委会、石岩庄社区居委会、颐景社区居委会

自然环境

【地质】 迁安市位于燕山沉积带、渤海沉降带和唐山坳陷区的东北部边缘地带，属新华夏构造体系。境内出露地层的地质年代分别为太古界、元古界、中生界及新生界。在北部、西北部及西部低山、丘陵间的沟谷地带，山体岩类繁多，主要岩性为片麻岩、变粒岩、白云岩、灰岩、层状砂岩及灰质砾岩等，节理裂隙发育，岩体破碎，剥蚀风化强烈。

（李建东）

【地貌】 迁安市地处燕山隆起带余脉南侧，地形地貌较为复杂，地貌以平原、丘陵为主，其余为低山和谷地。地势北西高、南东低，自北部向南部方向倾斜。北部为燕山，西部燕山支脉呈弧形展布，形成典型的“簸箕”状地形。低山主要分布在长城沿线和西部山区，面积263.91平方公里，占总面积的21.85%；丘陵主要分布在北部和西部山区及青龙河西岸一带，面积为369.66平方公里，占总面积的30.60%；谷地主要分布在长城沿线和西部山区，面积为39.90平方公里，占总面积的3.30%；平原包括坎上平原、坎下平原和城关盆地，面积为534.53平方公里，占总面积的44.25%。境内山峰较多，均属燕山余脉。海拔在200～700米的山峰有40余座。主要山峰有龙山、蟒山、晒甲山、金牛山、磨盘山、棒槌山、黄台山、榆山、挂云山、平顶山、龟口山、大嘴子山、佛面山、将军坟、将军帽山、四顶山、大石片山、龙头山、大红山、红山、大鞍口山、羊关鼻子山、塔山、乔山、岚山、南天门山、麻沟山、大杏山、城山、岳野山、羊拉子山。其中，大嘴子山海拔695.70米，是境内最高峰，位于市区北偏西24.5公里处的五重安乡境内；其次是挂云山，海拔638.70米，位于大五里乡；之后是南天门山，海拔544米，位于大五里乡与迁西县交界处；城山，海拔535.10米，位于太平庄乡与滦县交界处；将军坟，海拔530米，位于建昌营镇。

（李建东）

【气候】 迁安市属暖温带半湿润季风型大陆性气候，受西伯利亚及蒙古冷气团和太平洋高压影响，四季分明。

2016年，全市降水偏多，气温偏高，日照异常偏多。全年降水时空分布不均，总降水量为871.8毫米，较常年（611.0毫米）偏多260.8毫米；较2015年（609.6毫米）偏多262.2毫米，偏多43%。日最大降水量134.6毫米，出现在7月20日。年平均气温12.1℃，较常年（10.8℃）偏高1.3℃，较2015年（12.3℃）偏低0.2℃。极端最高气温36.0℃，出现在6月26日；极端最低气温－18.4℃，出现在1月24日。

全年日照总时数2796.0小时，占年可照时数的63%。年平均风速1.4米/秒。全年无霜期180天，终霜日出现在4月11日，初霜日出现在10月9日。

冬季（1—2月），平均气温-3.7℃，较历年（-4.4℃）偏高0.7℃；降水量4.3毫米，较历年平均值（6.2毫米）偏少1.9毫米；日照时数455.7小时。

春季（3—5月），平均气温14.2℃，较历年（11.8℃）偏高2.4℃；降水量44.6毫米，较历年平均值（81.5毫米）偏少36.9毫米；日照时数856.6小时。

夏季（6—8月），平均气温25.5℃，较历年（24.1℃）偏高1.4℃；降水量651.8毫米，较历年平均值（427.2毫米）偏多224.6毫米；日照时数747.5小时。

秋季（9—11月），平均气温11.8℃，较历年（11.2℃）偏高0.6℃；降水量171.0毫米，较历年平均值（92.8毫米）偏多78.2毫米；日照时数584.5小时。

冬季（12月），平均气温-1.7℃，较历年（-3.7℃）偏高2.0℃；降水量0.1毫米，较历年平均值（3.3毫米）偏少3.2毫米；日照时数151.7小时。

（李　刚）

【天气灾情】　干旱。2016年，迁安市的干旱以阶段性为主，主要表现为春、冬旱。1—5月，全市降水量48.9毫米，较常年（87.7毫米）偏少38.8毫米，偏少4成。其中，1月降水量较常年偏少；2月降水正常；从3月中旬开始，气象干旱日趋明显；进入4月后，全市降水依然偏少，干旱再次发展；5月，全市降水主要集中在上半月，下半月仅出现1.0毫米的降水，出现了阶段性干旱。12月，全市降水量0.1毫米，与常年相比异常偏少。

暴雨。2016年，迁安市暴雨日数多，强度大，部分地区出现洪涝灾害。暴雨主要出现在6月9—10日、7月19—21日、7月24—25日、7月29—30日，其中“7·20”特大暴雨过程来势猛，呈现量大、雨强、面广的特征，受低涡系统影响，7月20日5时至7月21日7时，全市由南向北普降大暴雨，各乡镇过程平均降水量171.1毫米，彭店子乡降水量最大，为214.1毫米，沙河驿最小，为134.0毫米，迁安本站172.8毫米，小时最大雨强出现在迁安镇20日13时，为22.6毫米。唐山市气象局对本次降雨过程启动了暴雨Ⅲ级转Ⅱ级应急响应。

降雪。2016年，迁安市降雪日数偏少，全年降雪过程主要出现在1月16日、1月20—21日、2月12—13日、11月20—21日、11月29日，其中11月20—21日出现大到暴雪，降雪量为8.4毫米；11月29日夜间出现中雪，降雪量为2.9毫米；2月12—13日出现降雪量为2.5毫米的小到中雪。

寡照。迁安市2016年7月、11月、12月寡照天数较多。7月日照时数占可照时数的50%，实照时数占可照时数60%以上的天数为16天；11月日照时数仅有140.7小时，占可照时数的47%，实照时数占可照时数60%以上的天数为16天，20%以下的天数为10天；12月日照时数仅有151.7小时，占可照时数的52%，实照时数占可照时数60%以上的天数为17天，20%以下的天数为10天。

雾霾。2016年，全市雾和霾天气较多，主要出现在春、秋、冬季。年内，市政府应急办共启动重污染天气应急响应10余次，其中三级黄色预警响应6次，二级橙色预警响应3次，一级红色预警响应1次。12月16—22日，连续7天出现持续时间长、影响程度重的雾和霾天气，是2016年最严重的一次过程，市政府应急办启动了重污染天气一级红色预警响应。

（秦永红　高志新　王　丹　蔡英娜）

【河流水系】　迁安地处海河流域东北部，有大小河流16条，除滦河、青龙河、白羊河、冷口沙河常年有水外，其余大部分为季节性河流。境内河流除西沙河、管河外，均属滦河水系。全市最大过境河流为滦河，滦河流经大崔庄、马兰庄、阎家店、蔡园、杨店子、迁安镇、赵店子、野鸡坨、夏官营、彭店子等镇（乡），境内长54公里，流域面积262.8平方公里。青龙河流经境内杨各庄、扣庄、夏官营、彭店子等镇（乡），境内长31公里，流域面积66.51平方公里。冷口沙河流经境内建昌营、杨各庄等镇（乡），境内长14.9公里，流域面积91.97平方公里。隔滦河流经境内五重安、阎家店等镇（乡），境内长16.52公里，流域面积96.58平方公里。白羊河流经境内大崔庄、建昌营、上庄等镇（乡），境内长15公里，流域面积53.2平方公里。西沙河流经境内蔡园、大五里、杨店子、木厂口、赵店子、沙河驿等镇（乡），境内长46.1公里，流域面积168.1平方公里。

（曹红飞　杨宗澎）

【土壤】　全境分褐土、风沙土两个土类，少量风沙土分布在滦河两岸，其他地区多是褐土，褐土又分为褐土性土、淋溶褐土、草甸褐土3个亚类。其中褐土性土主要分布于低山的中上部及丘陵的顶部，面积为2.93万公顷，占土壤总面积的23.9%；淋溶褐土面积为2.83万公顷，占土壤总面积的23.1%；草甸褐土主要分布在迁安镇、夏官营、杨各庄、建昌营、赵店子、杨店子等地的洼处，面积6.27万公顷，占土壤面积的51.1%；风沙土面积2331.33公顷，占土壤面积的1.9%。土壤性能：有机质1.065%，相当于全国分级的第四级；全氮0.056%，碱解氮56.68ppm（百万分之一），相当于全国分级的第五级；速效磷20.8ppm，相当于全国分级的第二级；速效钾84.67ppm，相当于全国分级的第四级。

（刘保军）

自然资源

【矿产资源】　1. 种类、储量及分布。至2016年，已探明矿产有24种，主要矿种为铁矿、石灰岩矿和白云岩矿，保有储量在21.52亿吨左右。其中，铁矿资源储量为20.61亿吨，主要分布在马兰庄、蔡园、杨店子、木厂口、赵店子、彭店子、夏官营、阎家店等10个镇乡；石灰石保有储量6136万吨左右，主要分布在北部长城沿线和西南部的太平庄、沙河驿一带；白云石储量为3100万吨左右；膨润土矿主要分布在杨各庄镇徐流营村及建昌营镇的阎场及东堡子一带，累计探明储量200万吨左右。2. 开发及利用。至2016年年底，全市共有持证矿山企业86家，其中金属矿山企业49家（包括国有矿山企业7家），非金属矿山企业37家。有效期内的矿山企业56家，已过期的矿山企业30家（其中金属矿山企业15家、非金属矿山企业15家）。全年上报及办理采矿权相关登记手续26家。上报金属矿山16家，已办结11家，待批5家。非金属矿山办结10家，其中采矿权延续变更登记7家，延续3家。

（李建东　杨　雷）

【生物资源】　全市野生植物分布共92科293属497种，其中分布的野生果树主要有核桃楸、野生软枣猕猴桃，具有保护价值的野生药材有柴胡、党参、远志等，野生蔬菜有羊耳蒜、野韭菜等，同时在迁安西部山区发现重要药用植物崖椒、卫矛，且分布较广。在分布的野生植物中，核桃楸、野生软枣猕猴桃、崖椒、卫矛有其集中分布区域，而柴胡、党参、远志、羊耳蒜、野韭菜等只有零星分布，不成区域。人工栽植的果树分水果树和干果树两大类。水果以苹果、梨、桃、山楂、杏、柿子、葡萄、李子为主；干果以板栗、核桃、枣为主。在农作物资源中，粮食作物主要有玉米、小麦、甘薯、稻谷、高粱、豆类等；经济作物以花生为主，棉花、瓜类次之，芝麻、麻类、向日葵、烟草、中草药等也有零散分布。蔬菜类主要有白菜、萝卜、菠菜、番茄、黄瓜、葱、蒜、辣椒、豆角、韭菜等。畜禽资源以人工培育品种为主，主要有猪、牛、羊、马、骡、驴、鸡、鸭、鹅、兔10种。野生兽类主要有狐狸、刺猬、黄鼬（又称黄鼠狼）、野兔、獾和松鼠，鸟类主要有鸮形目（又称猫头鹰）、杜鹃、啄木鸟、乌鸦、喜鹊、麻雀、燕子、黄鹂等。水产资源以鱼类为主，有30多个品种。河流自然鱼类有鲤鱼、鲫鱼、黑鱼、鲶鱼、黄鳝、马口鱼、棒花鱼、白条鱼、麦穗鱼、红鳍鳅、赤眼鳟及少量的鲈鱼。此外，还有草虾、河蟹等。

（刘保军）

【水资源】　迁安市属暖温带季风气候，多年（1956—2010年）平均降水量672.4毫米，其中山区688毫米，平原区653毫米。全市多年平均入境水量26.5422亿立方米，其中潘家口与大黑汀水库建成运行后，多年平均入境水量为15.5667亿立方米。全市多年平均出境水量24.5417亿立方米，其中潘大水库建成运行后，出境水量为13.3244亿立方米。迁安市多年平均自产水资源量为1.723亿立方米，其中山丘区1.1337亿立方米，平原区0.5893亿立方米。多年平均地下水资源量2.2322亿立方米，其中山丘区0.6396亿立方米，平原区1.7270亿立方米，山丘区与平原区重复计算量0.1344亿立方米。多年平均水资源总量3.6117亿立方米，其中地表水资源量1.7230亿立方米，地下水资源量2.2322亿立方米，地表水与地下水重复计算量0.3435亿立方米。迁安市多年平均水资源可利用总量为2.9134亿立方米，其中地表水可利用量1.1546亿立方米，地下水可开采量2.1022亿立方米，二者之间重复量0.3435亿立方米。

2016年，全市用水总量21116万立方米，其中农业用水7672万立方米，工业用水9991万立方米，生活用水2892万立方米，生态用水561万立方米。境内地下水类型为重碳酸盐—钙镁型，矿化度0.1～0.6克/升，pH值7.3～8.5，总硬度39～333毫升（以碳酸钙计）。

（曹红飞　杨宗澎）

【土地资源】 全市土地总面积12.27万公顷，其中耕地4.26万公顷，园地9323.28公顷，林地1.63万公顷，草地1.17万公顷，城镇及工矿用地2.82万公顷，交通运输用地4452.47公顷，水域及水利设施用地6326.49公顷，其他土地3842.59公顷。

（朱　宁）

【旅游资源】 迁安历史悠久，旅游资源丰富。早在旧石器时代晚期（4.2万～5万年前），境内滦河沿岸、爪村一带就有人类居住。历史上有名的伯夷叔齐让国、老马识途等典故都发生在迁安。既有山叶口景区和挂云山景区组成的总面积18.22平方公里的国家地质公园；又有东起徐流口，西至红峪口，蜿蜒44.9公里的世界文化遗产长城，其中的大理石长城，堪称长城绝景；还有“百里诗绿道，山水画迁安”的美好意境的“一横三纵”（一横：北部长城山野绿道，三纵：西部森林生态绿道、中部山水融城绿道、东部滨河田园绿道）四条旅游绿道；更有轩辕阁、黄台山公园、佛山公园、人民广场、博物馆、规划展示中心、三里河生态走廊、龙形和云形绿色带状公园等一批具有现代活力的城市旅游新景观。全市基本形成以三山、两河、两馆（龙山、佛山、黄台山，滦河、三里河，规划展馆、博物馆）为主题的城市休闲观光游，以轩辕阁为主题的黄帝文化游，以白羊峪、红峪口、徐流口古长城文化为主题的长城民俗休闲游，以山叶口国家地质公园自然山水风光为主题的休闲养生、运动康体观光游，以现代设施农业为主题的农事体验游。突出迁安市地域自然、人文资源特色的“轩辕阁、博物馆、黄台湖景区、山叶口景区、贯头山酒厂、白羊峪景区、龙泽谷酒庄、万宝沟军事乐园、塔寺峪景区、挂云山景区”迁安一日游、二日游线路已经成熟。

至2016年年底，全市建有国家AAAA级旅游景区1家、国家AAA级旅游景区2家、国家AA级旅游景区3家，有全国特色景观旅游名村2个、全国工业旅游示范点2个、全国休闲农业与乡村旅游示范点1个、河北省风景名胜区1个。星级饭店发展至7家，其中四星级饭店3家、三星级饭店4家。旅行社10家，服务网点28家。

（叶　超）

历史人文

【历史文化】 迁安历史悠久，文化厚重。境内有旧石器时代遗址十余处，其中爪村遗址为全国重点文物保护单位，在此发掘出的骨锥被誉为“中华第一锥”。有新石器时代遗址20余处，其中安新庄遗址被专家们认定为黄帝部落都城。迁安市是“中国轩辕黄帝姓氏文化之乡”，中国文联、中国民间文艺家协会在迁安成立了“中国轩辕黄帝姓氏文化研究中心”，全国人大常委会副委员长、中华炎黄文化研究会会长费孝通为迁安题字“黄帝胜迹，光耀千秋”。夷齐让国、老马识途、蚁穴知水、唐王征东等历史典故发生在迁安。万里长城在境内绵亘百里，其中有堪称绝景的大理石长城及月城、套城。迁安是中国白酒的重要发祥地之一，魏晋时期狄戎曾在此挖泉酿酒，贯头山酒被商务部认定为“中华老字号”，被中国诗酒文化协会评为“十大中华文化名酒”

之一。唐太宗李世民、清康熙皇帝爱新觉罗·玄烨、乾隆皇帝爱新觉罗·弘历等曾在迁安留下足迹和诗文，明代民族英雄戚继光曾到此地修长城、抗倭寇。

【人物概况】 迁安古往今来孕育了一代代仁人志士，他们为中华民族历史文化发展谱写了不朽的篇章。其中，1987 年版《迁安县志》立传的人物有公孙瓒、韩当、王平陆、杨十三、唐义臣、刘虎头、李显庭、郎介三、张秀英、薛化成、碧月珠、王晓岚、晚香玉、潘俊峰、杨继起、倪俊生、吴翠英、韩东征、丁韵清、谌厚慈、历景阳、杨秀峰、张凤楼。2013 年版《迁安市志》立传的人物有马永、魏一清、刘鸿儒、刘邦辅、马学赐、高顺贞、金财、谌厚忠、劳恩仓、燕石、历忠、宁文、李焕章、邓奇、于惟廉、万方祥、郭子云、蔡德仁、马国光、吴印海、李超、史立芳、宁振贵、刘炎田、高明、王建生、王子欣、刘瑞林、杨为民、高中原、杨兴隆、孙堂、杨文贤、胡天明、郭生、董澄芝、朱祥、刘汝维。他们当中有战斗英雄、专家学者、社会闻人、能工巧匠，也有身居要职、清廉勤政的领导干部。

【杨氏三杰】 迁安市杨团堡村的杨氏家族中，有三代人先后为中国人民的解放事业和建设事业做出杰出贡献，被誉为“杨氏三杰”。他们是被毛泽东赞为“燕赵多慷慨悲歌之士，于先生犹见典型”的杨十三，被邓小平赞为“文官不爱钱，武臣不怕死，（杨）兼而有之”的杨秀峰，为国防科技工业和军队武器装备建设做出不可磨灭贡献的杨为民。

杨十三（1889—1939），迁安市杨团堡村人，原名杨彦伦，又名杨裕民，因在堂兄弟中排行十三，得名杨十三。杨十三少年时就读私塾。他目睹当时社会黑暗现状，痛恨帝国主义和封建主义的反动统治，同情劳苦群众，自幼养成好学上进的优良品德。从私塾出来后，置一般纨绔子弟的歧视于不顾。清光绪三十年（1904 年），毅然到天津直隶省高等工业专门学校附属工厂当学徒工，把劳动当作学习技能和培养自己革命精神的课堂。一面积极参加工厂的劳动，一面刻苦攻读科学文化，两年后考入天津工艺学堂。民国 5 年（1916 年），杨十三在天津直隶省高等工业专门学校毕业后，任天津直隶省工业试验所化学工业课技士。他积极提倡“振兴实业，挽救中华”，埋头致力于研究造纸专业，首创芦苇制浆造纸，对中国开创造纸工业新原料、新工艺做出贡献。民国 9 年（1920 年），赴美国塞瑞术斯大学专攻造纸，获博士学位。民国 12 年（1923 年）回国后，任化学工业课课长、河北工学院化学制造系教授兼商务课主任。此时，曾积极帮助李显庭购买造纸机械设备，建立北方第一个半机械化造纸厂——显记纸厂。民国 13 年（1924 年），国共合作，革命形势蓬勃发展。他的世界观开始转变，认识到爱国反帝运动单靠工业发达不行，必须唤起民众，改造乡情。于是在杨团堡村开办讲习班，唤起民众的觉醒，提倡男女平等，反对旧礼教，在家乡办起立三平民女子学校，开创迁安女子求学之风。民国 26 年（1937 年），参加“华北人民武装抗日自卫会”，为委员。民国 27 年（1938 年），在冀东抗日武装大暴动中任冀东抗联第一路军政治部主任。民国 28 年（1939 年），受朱德总司令电召，到太行山八路军总部搞军工。是年 7 月，病逝。为表彰他对中华民族解放事业的忠贞不渝，八路军总部为其召开追悼大会。追悼会由朱德总司令主持，彭德怀副总司令致悼词。毛泽东、朱德等党政军领导人都送了挽联。

毛泽东在题为《悼念冀东抗日英雄杨十三》的挽联中写道：

“国家在风雨飘摇之中，对我辈特增担荷；燕赵多慷慨悲歌之士，于先生犹见典型。”

朱德在题为《彪炳日月》的挽联中写道：

“渤海毓雄，民族之杰。霭霭风仪，异质挺特；冀东义起，倭奴气慑。瞻彼真容，彪炳日月。”

杨秀峰（1897—1983），原名碧锋，字秀林，迁安市杨团堡村人，杨十三侄子。杨秀峰出生于书香之家，父亲杨叙伦是清末举人。清宣统三年（1911 年），杨秀峰考入滦州直隶省立第三师范学堂。就读期间，即组织反对袁世凯称帝及反袁世凯同日本签订的丧权辱国的“二十一条”的示威游行。参加了五四、五卅等反帝反封建爱国运动。杨秀峰自幼与其叔父杨十三关系密切。叔侄利用假期回乡机会，在杨团堡村开办农民讲习班，启发贫苦农民，同时在家乡成立女子初级学校，提倡男女平等，开创女子读书的新风。

民国10年（1921年），杨秀峰毕业于北平高等师范学校。先后任通州女师、北师大附中、北京平民中学教员，北京女子师范大学、北京师范大学教授，被誉为“红色教授”。民国17年（1928年），从事社会教育，任河北省教育厅第三科科长。民国18年（1929年）秋，入法国巴黎大学学习。民国20年（1931年）春，加入中国共产党，任“东方反帝同盟”党团副书记。著有《社会科学方法论》《中国最近世史》等书。民国26年（1937年）“七七事变”后，根据党的指示，弃笔从戎，奔赴太行山区，组织发动群众开展抗日游击战争。为建立冀西抗日根据地，他利用自己的社会威望，取得“国民政府革命军事委员会委员长保定行营民训处冀西民训指导特派员”的合法职务和河北省政府委员的公开身份。是年10月，杨秀峰被任命为冀西游击队总队长、中共晋冀区党委委员。民国27年（1938年）5月，奉党指示，任冀南行政公署主任，宋任穷任副主任。是年后，历任冀南、太行、太岳行政联合办事处主任，晋冀鲁豫边区政府主席，中共七大代表，华北人民政府主席，河北省人民政府主席，中共河北省委常委，高等教育部、教育部部长兼国务院第二办公室副主任，中共八届中央委员，最高人民法院院长，五届全国人大常委会委员长，五届全国政协副主席，中共十大代表。1980年，他出席了党的第十二次全国代表大会。会议期间，他再三向党中央请示不要将他列入中央顾问委员会候选人名单，并辞去一切职务，主动提出离休。中央接受了他的请求，并给他写了致敬信，对他半个世纪以来在革命工作中对党所做的贡献，表示崇高敬意。1983年11月10日，杨秀峰在北京病逝。邓小平称赞他：“文官不爱钱，武臣不怕死，（杨）兼而有之。”

杨为民（1935—2002），迁安市杨团堡村人，杨秀峰之子。从小受到父亲的严格教育和艰苦环境的熏陶与磨炼。杨为民非常理解父母当初给他取名“为民”的深刻含义和期望，于1953年4月加入中国共产党，从入党那天起就立志为党、为国、为民奋斗一生。1953—1956年，杨为民在哈尔滨军事工程学院学习。1956年，在北京航空学院火箭系学习。1958年毕业后，留校工作。1958—1978年，杨为民任北京航空学院火箭系飞行力学教研室副主任、飞行器设计及应用力学系教务组组长。1970年起，杨为民参加中国第一代高空无人侦察机的研制工作，30多岁的杨为民担任中国高空无人驾驶照相侦察机的总设计师，为侦察机的研制、定型和部队装备做出重大贡献，获得国家科学技术进步二等奖，该项成果被镌刻在中华世纪坛青铜甬道上。1985年，年逾50岁的杨为民创建了中国第一个可靠性工程专业，是中国唯一一个培养从本科生到博士后各层次可靠性工程专业人才的基地。他积极开拓可靠性工程领域的各项技术，主持完成多项重大科研项目，其中“运七飞机定延寿技术”研究课题获得部级科技进步一等奖；主持完成的“武器装备全系统、全寿命管理”研究课题成果，对军队武器装备建设具有重要参考价值。他先后发表论著40余篇，获得国家级、部级科技进步奖20余项。1985年起，任北京航空航天大学工程系统工程系主任、可靠性工程研究所所长。1993年起，担任航空工业总公司（后改为航空第一、第二集团公司）可靠性工程技术和管理中心主任。1996年起，担任国防科学技术工业委员会（以下简称国防科工委）武器装备可靠性工程技术中心主任。2000年起，担任总装备部武器装备可靠性工程技术中心主任和国防科技工业可靠性工程技术研究中心主任，同时还兼任总装备部科学技术委员会兼职委员、总装备部可靠性技术专业组组长、国防科工委质量与可靠性专家组组长、中国航空学会可靠性专业委员会主任、中国质量管理协会常务理事兼学术教育工作委员会主任、国防科工委可靠性标准化技术委员会主任、国防科技军用产品质量保证体系认证委员会委员等职。杨为民为国防科技工业和军队武器装备建设做出不可磨灭的功绩，得到各级党组织和领导机关的高度评价。1988年，获全国五一劳动奖章、“国家有突出贡献的中青年科技专家”称号。1989年，被评为北京市劳动模范。1990年，国家教委、国家科委授予他“先进科技工作者”称号，航空工业总公司为他记一等功。1991年，获“光华科技一等奖”并享受政府特殊津贴。1992年，当选为中国共产党第十四届全国代表大会代表。1993年，被评为北京市优秀共产党员十杰之一，成为全市党员学习的楷模。同年，航空工业总公司授予他航空金奖。1996年，被北京市委作为八位先进人物之一，其先进事迹在全市广泛宣传。同年，中国航空工业总公司号召全行业的共产党员向杨为民同志学习。1997年，当选为中国共产党第十五届全国代表大会代表，获首都精神文明建设奖章，并被评为全国优秀科技工作者。1999年，获“首都精神文明建设奖”。2000年，被评为全国先进工作者，获“全国质量管理突出贡献一等奖”。曾两次荣立一等功。2002年1月30日，因病逝世。

（地方志办公室）

人口·民族·宗教

【人口概况】 2016年年末，全市总户数233043户，总人口772636人。其中男398519人，女374117人；城镇人口238832人，乡村人口533804人。年内出生10532人，人口出生率13.96‰；年内死亡4150人，死亡率5.5‰；人口自然增长率8.46‰。人口密度630人/平方公里。其中迁安镇人口密度最大，为1427人/平方公里；太平庄乡人口密度最小，为261人/平方公里。

（魏　立　司占峰）

【民族、宗教】 2016年，全市有28个少数民族，分别是回族、满族、蒙古族、朝鲜族、壮族、布依族、苗族、彝族、藏族、维吾尔族、侗族、瑶族、白族、土家族、傣族、黎族、傈僳族、畲族、拉祜族、水族、土族、达斡尔族、仫佬族、仡佬族、锡伯族、鄂温克族、保安族、东方族。少数民族人口2.13万人，占全市总人口的2.7%，其中满族11118人，回族6796人，蒙古族495人，其他少数民族2891人。全市有少数民族村12个，其中回族村10个，包括迁安镇合理村、建设村，建昌营镇回民村、得胜村、平安村、建平村、西安村，沙河驿镇沙河驿村、唐庄子村、前沙窝铺村；满族村2个，包括建昌营镇北冷口村、沙河驿镇李店子村。全市有佛教、道教、伊斯兰教、天主教、基督教五大宗教。至2016年年底，全市有佛教寺院5处，分别是杨店子石佛寺、蔡园灵山白塔寺、五重安云崖寺、大崔庄观音阁和沙河驿弘法寺；有伊斯兰教清真寺4座，分别是建昌营清真寺、城关清真寺、沙河驿清真寺、沙窝铺清真寺；有天主教堂5座，分别是杨各庄天主教堂、小套天主教堂、潘营天主教堂、黄金寨天主教堂、建昌营天主教堂；有基督教活动点8处，分别是迁安镇城关活动点、野鸡坨镇卜官营活动点、建昌营镇树行活动点、赵店子镇营里活动点、木厂口镇木厂口活动点、马兰庄镇柳河峪活动点、大五里乡贯头山活动点、蔡园镇新庄活动点；有道观1处，大五里关帝庙。共有信教群众2.19万人。

（秦兆亮）

国民经济与社会发展

【概况】 2016年，全市上下继续坚持“稳中求进”的主基调，扎实推进转型攻坚，圆满完成国民经济和社会发展各项目标，经济社会实现平稳健康发展。全年实现地区生产总值920.2亿元，比上年增长3.7%；完成公共财政预算收入36.3亿元，比上年增长3.1%。

经济结构进一步优化。1. 农业经济稳步发展。2016年，以现代农业园区建设为引擎，以农业科技创新为支撑，强化新型农业主体培育，发展适度规模农业和农业产业化经营，加快农业结构调整，加速推进具有迁安特色的现代农业发展。到2016年年底，全市农业产业化龙头企业达到88家，其中省级龙头企业2家，唐山市级龙头企业20家，农业产业化率达到76.2%。全市拥有省级现代农业园区1个、唐山市级4个、县级1个。2. 工业结构不断优化。全市紧紧围绕构建现代产业体系的奋斗目标，坚持内涵提升、创新驱动，不断加大转方式、调结构工作力度，促进全市工业结构调整取得新成效。钢铁产业提档升级，实施了燕钢精品钢等7个重点项目，产业链条进一步延伸，产品品质大幅提升，钢铁产业实现增加值132.9亿元，精品钢材比重达到30.5%。装备制造业加速壮大，实施了正大制管等9个重点项目，装备制造业链条化、智能化、高端化水平不断提高，耗钢能力达到1295万吨，装备制造业实现增加值42.3亿元，同比增长28.9%。中溶科技30万吨无水乙醇等项目加快建设，煤化工业实现深度延伸。首实3万吨包装带、明营LOW－E玻璃制造等项目进展顺利，包装建材产业规模不断壮大。艾驰高端医疗诊断试剂、圭锦60万吨洁净型煤制造等项目加快建设，龙泽谷国际生态纯净水等项目完工投产，食品医药、节能环保产业快速发展。恒茂纸业玻璃包装防霉垫纸、3D玻璃盖板等项目积极推进，高新技术、新能源、新材料产业得到有效培育，高新技术产业实现增加值3.7亿元，同比增长6.2%。3. 现代服务业发展迅速。不断调整和完善发展思路，服务业保持快速发展态势，服务功能不断完善，整体水平不断提升。2016年，新增限额以上服务业企业15家，第三产业实现增加值328.8亿元，增长4%，占GDP比重达到35.8%。大润发超市、红星美凯龙国际家居城市综合体等项目投入运营，传统服务业快速发展；卓尔服装雨诗桐总部基地、唐山中溶科技总部基地等项目加快推进，中唐·天元谷文化旅游综合体项目正式开工，高端服务业迅速崛起；鑫雨公司物流仓储、鑫达仓储配送中心等项目加快建设，生产性服务业不断壮大。

【经济发展动力明显增强】 固定资产投资快速增长。2016年，以转型升级为主线，强力推进项目建设，固定资产投资快速增长。第一产业投资34.7亿元，增长68.9%；第二产业投资415亿元，增长23.2%；第三产业投资204.3亿元，下降12.3%。消费市场繁荣稳定。积极扶持和发展与城乡居民消费密切相关的旅游、餐饮、商贸等行业，积极培育新的消费热点，发展文化、体育健身消费，有效促进消费市场的繁荣和稳定。实现社会消费品零售总额247.1亿元，同比增长10.7%。对外开放硕果累累。采取走出去、请进来的方式，以情感商、以商引商、以综合比较优势招商，“魅力水城、绿色迁安”经贸洽谈会及一系列对接招商活动取得丰硕成果，全年新签约重点项目70个，计划总投资457亿元。全年实际利用外资6519万美元，增长1.4%。强力推进外经外贸工作，实现进出口总值15.8亿美元，其中出口创汇3.9亿美元。

【人民生活质量明显改善】 社会保障和就业工作稳步推进。新增社会保险参保8725人次，社会保障持卡人数达到40.3万人；城镇低保和农村低保标准分别提高到6600元/年和3912元/年，累计发放城乡低保保障金4364.9万元，发放特困供养人员供养金1100.4万元；大力开展助学、助老、助医活动，累计发放善款143.4万元。就业再就业工作扎实推进，全年城镇新增就业7140人，城镇登记失业率为3.78%，农村劳动力转移就业5700人，实现再就业1545人。人民生活水平明显提高。城镇居民人均可支配收入达到34637元，增长7.7%；农村居民人均可支配收入达到19938元，增长7.9%。各项社会事业协调发展。科技事业蓬勃发展，新建3家市级工程技术研究中心，新增2家唐山市级工程技术研究中心，新增科技型中小企业106家、科技小巨人企业9家，跻身全国创新创业百强县第29位。申请专利144项，授权专利57项，其中发明专利授权量11项；促进专利转化项目5项。教育事业不断进步，被省教育厅确定为省级社区教育实验区，迁安体校被列为“国家高水平体育后备人才基地”；北大学园迁安教育园、迁安第六实验小学加盟北京实验二小、香港伟才幼儿园等落地项目扎实推进，迁安市第三实验小学正式加入未来学校联盟。卫生和计划生育事业快速发展，积极构建全民健康服务体系，累计发放居民健康卡62.2万张，入选全国首批健康城市创建试点；深入推进公立医院改革，药品零差率销售让利群众2925万元；全面落实二孩政策，获全国计划生育优质服务单位、全国妇幼健康优质服务示范县称号。人才支撑作用明显增强，共引进各类人才845人，培训人才496人，为市域经济社会发展提供了强大的人才支撑和智力保障。

【城市建设再创新辉煌】 以“加快推进新型城镇化建设”为统揽，不断完善城市服务功能，提升县城建设品质，成功入选第三批国家新型城镇化综合试点城市。三大城市板块快速推进，城市体量进一步壮大，彰显了山水融城的城市特色，城市建成区面积达到43.5平方公里，城镇化率达到55.7%，集中供热面积达到1300万平方米，建城区绿地率40.35%，人均公园绿地面积20.2平方米，绿化覆盖率41.2%。海绵城市建设全面展开，城市道路改造、集中供热扩容、环卫设施提升等一批市政基础设施工程全面完工，城市承载能力不断提升。文明城创建工作扎实开展，城市交通和环境污染整治活动积极开展，城市管理水平迈上新台阶。智慧城市建设有序推进，被列入全国首批健康城市试点市，城市宜居水平全面提高。入选第二批国家全域旅游示范区创建单位，全域旅游高端起步。

（刘胜男）

招商引资

【概况】 2016年，全市共达成意向项目54个，计划投资400亿元；当年新开工项目95个，总投资205亿元。全市上下对转型发展的认识更加统一和深入系统，开放招商的意识更加迫切，大招商格局加快形成。一是创新招商机制，强化考评督导。制定《迁安市2016年度招商引资工作考核办法》，完善各级领导班子年度考评体系，加大园区、镇乡招商考评权重，严格落实全市月通报、市领导不定期调度制度。二是拓展渠道，吸引迁安市外成功人士返乡创业。广泛联系迁安籍同乡，采取宣传动员、亲情感化、政策优惠等措施，倡导、鼓励和支持在外企业家返乡投资创业。至年底，“凤还巢”工程完成唐山市下达的目标任务，其中中溶科技30万吨无水乙醇、安居轻钢房屋制造、“雨诗桐”总部基地、富达园新智慧、电商学院及电商总部创业孵化园、曦鸣威机械设备有限公司外迁及国学书院、壹碳能源醇基液化气生产及汽化燃烧设备制造产业化、天弘益华实业有限公司双层油罐生产加工8个项目开工建设，水性防腐漆生产、高端医药产品生产研发项目签约，唯雅漫服装加工基地项目洽谈推进。

【对接京津】 2016年，迁安与京津地区联系紧密，协同发展开启新篇章。1. 锁定京津，精准招商。共外出拜访中国纺织工业协会、中影集团、北京市民族文化交流中心、北京市通州区园区管委会、北京市通州区经信委、北京市通州区投资促进局、朝阳区企业家协会、诸葛修车网、通州外迁企业联盟等40多家企事业单位、协会和个人60多批次；参加汉能集团新品发布会等10余次活动；接待招商证券方庄营业部总经理等10余批次客商到访；组织、接待“迁安行”考察活动15批次；共对接近150家企业、200余名客商；洽谈东方嘉城迁安创客广场、强力家具生态家居工业园、北京市新兴企业集团门窗制造外迁等13个意向项目，达成北京市求实职业学校与迁安市职业技术教育中心合作办学、朗卫特环保水性树脂和酸洗剂生产研发基地等项目签约。2. 做好承接京津产业外迁和功能疏解工作。以对接北京通州区外迁企业为重点，积极承接京津产业外迁和功能疏解工作。重点走访了北京市通州区人民政府、通州区园区管委会、通州区经信委、通州区投促局等部门，获取了通州外迁企业名单；邀请通州区重点企业和大兴区经信委、顺义区企业家协会等部门负责人到迁安参加经贸洽谈会；与通州区强力家具集团、北京市新兴企业集团等重点企业洽谈了其外迁项目。3. 做好全市对接京津及“十百千工程”月汇统及上报工作。每月按时汇总，刊发简报。全市共外出拜访367批次，组织、接待迁安行活动597批次，对接客商3858名，其中对接巨型航母企业17家，科技研发机构、行业协会175家，科技型中小型企业1128家。

【经贸洽谈会】 10月16—18日，精心筹备组织了2016年“魅力水城·绿色迁安”经贸洽谈会，吸引了来自德国、印度、韩国等国家以及全国各地共325家企业、单位和新闻媒体，461名国内外嘉宾客商集聚迁安。活动凸显五大亮点：1. 强企名企云集。参会企业中，有中国五矿集团公司、中国兵器工业集团、中国交通建设集团、中国华电水务集团、海航集团等世界500强12

家，保利影业投资有限公司、中建六局等中国百强企业12家，中铁建设集团、中建材钢铁贸易有限公司、中国煤炭科工集团等央企12家，仁和药业、横店电影院线有限公司、浙江杭萧钢构股份有限公司、俘易制动股份有限公司等行业龙头企业30家。2. 参会企业单位与迁安转型发展关联度高。本次应邀参会的企业都与迁安构建“3+5+6”（打造3个超千亿产业集群，发展5个超百亿产业板块，培育六大区域性功能中心）产业体系，打造先进制造业基地、现代服务业高地密切相关。参会企业中，精品钢铁8家，装备制造31家，现代物流7家，煤化工8家，包装建材10家，节能环保18家，食品医药28家，高新技术20家，休闲旅游17家，教育培训5家，养生养老9家，文化创意和总部经济类15家，其他服务业企业114家。3. 客商层次高。到会的都是在行政机构、商协会、企业中具有较高知名度、影响力和投资决策权的高层人士，主要有全国工商联原副主席沈建国，中国文房四宝协会会长寒石，中国建筑玻璃与工业玻璃协会会长张佰恒，中国非物质文化遗产保护协会会长马文辉，文化部艺术发展中心原主任胡克，中铁建设集团副总经理陈有忠，原兵器产业公司总经理、国家级营销专家庞桂三，亚太中金资产投资集团董事长萧永等。参会客商中，董事长、总经理等主要负责人175人，商会协会会长9人，科研院所院长、所长10人。4. 京津客商占比大。本次活动邀商工作重点突出北京地区，来自北京地区的商协会、企业、院校和各类机构、单位参会踊跃，达230余家，占参会单位总数的70%以上。通过深入交流，京迁两地企业、单位之间进一步增进了友谊、密切了联系，在更高层次、更多领域达成广泛共识。5. 洽谈实，成果丰。自谋划、筹备经贸洽谈会起，认真梳理全市意向项目，制定招商专案，集中精力重点攻关，全力推进项目签约落地。本次洽谈会实现70个项目签约，总投资457亿元。其中，举行签约仪式的项目40个，总投资352.3亿元；会下签约的项目30个，总投资104.7亿元。

（王晓飞　刘国新）

发展民营经济

【概况】 2016年，全市继续深入开展民企二次创业，积极推进技术创新，全力构建“3+5+6”现代产业体系，民营经济呈现又好又快发展的良好态势，成为支撑和推动全市经济增长的重要支柱。到2016年年底，全市有民营经济户数47342家，同比增长21.26%，其中民营企业6772家，同比增长24.74%；民营经济从业人员35.11万人，同比增长2.49%；民营经济实现增加值826.4亿元，同比增长3.7%（可比价），占全市地区生产总值的89.94%；民营经济上缴税金42.26亿元，同比增长2.5%，占全市财政收入的66%；民营经济完成固定资产投资533.74亿元，同比增长10.85%，占全社会固定资产投资的81.46%。

企业减负工作扎实推进。深入贯彻落实市委《关于在全市县处级领导干部中深入开展“三严三实”专题教育的推进方案》要求，切实减轻企业特别是中小微企业负担。组织市葵花药业集团（唐山）生物制药有限公司、冀东普天线缆有限公司填报企业负担网上问卷调查，为省和国家制定相关政策提供基础数据。

【加强融资信用担保，解决企业发展难题】 加强融资性担保机构建设和监管，督导境内2家已取得融资性担保机构经营许可证的担保机构加强业务人员培训，扩大担保业务开展。2016年，迁安市为46家企业和种养植大户提供贷款担保责任余额1.64亿元。

【思文科德金属包装有限公司技改项目获奖】 年内，安排专人，认真组织企业申报唐山市2015年度工业企业技术改造评选工作，其中迁安市思文科德金属包装有限公司年产8万吨金属印刷生产线项目被评为唐山市技术改造优秀项目二等奖。

（周东峰）

产业平台

迁安高新技术产业开发区

【概况】 2016年，市高新区把创新驱动作为发展的战略支撑，全年完成企业主营业务收入385亿元，同比增长20.6%；全社会固定资产投资完成16亿元，同比增长167%；完成工业增加值25.5亿元，同比增长3%；完成税收4.7亿元，同比增长47%；新增民营企业23家，同比增长15%；开发区内规模以上工业企业达到49家。

加强作风建设，把作风建设与“两学一做”等专项行动相结合，激发党员干部干事创业激情。建立、完善公务用车、机关接待、领办代办、跟踪问效等26项规章制度，进一步完善政务公开制度，通过网站、政务公开栏等对领导班子分工、审批事项流程、全年重点工作、财务等情况及时公开，接受社会监督。强化监督检查。把监督检查贯穿到各项工作和工作的各个环节中去，特别是基础设施建设，坚持政府采购和公开招投标，签订廉政协议，杜绝暗箱操作。

【招商引资】 通过驻京蹲点招商、上门邀商、开门迎商、网络招商、以商招商等多种方式，广泛接触协会、商会、投资集团、科研院所、中介机构及客商，逐步建立起涵盖100多家企业、商会、协会组织的招商智库，直接接洽的达52家。全年引进、签约项目8个，总投资44.4亿元，分别是投资6000万元的迁安北方太阳能科技有限公司光伏追踪器项目、投资1亿元的北京云众创客投资管理有限公司云众创空间创业总部基地项目、投资1.5亿元的迁安市铭轩出租车客运有限公司汽车租赁公司出租车运营项目、投资1.8亿元的北京毛氏项目管理股份有限公司中药饮片加工生产基地项目、投资2亿元的河北迁鹤光电科技有限公司月产100万片3D玻璃盖板项目、投资5亿元的北京中汽京福汽车有限公司特种汽车改装项目、投资12.5亿元的台湾无限创意有限公司砷化镓集成电路制造项目、投资20亿元的唐山王庭义实验室科技有限公司停易汽车制动器生产项目。

【高新区生物制药产业区被列为优先承接京津冀产业转移特色产业基地】 在工业和信息化部会同北京市、天津市、河北省人民政府共同制定的《京津冀产业转移指南》中，河北省唐山市迁安市高新区生物制药产业区被列为优先承接京津冀产业转移特色产业基地。至2016年，迁安市高新区有英诺特、艾驰、葵花、百善和天圣5家生物医药企业，主导产品在市场上有较高的占有率。高新区生物制药产业拥有专利55项，国家高新技术企业2家（葵花药业、英诺特），省级企业技术中心1家（百善），多项技术处于国内、国际领先水平，填补了国内、省内多项空白。2013—2015年，生物制药产业主营业务收入年均增长18%，增速均超过开发区工业增速。

【基础设施建设】 1. 计划总投资6000万元，建设高新区污水处理厂。项目已被确定为迁安市海绵城市建设的一个子项目，占地面积2.67公顷，设计污水处理规模为4万吨/天，一期为2万吨/天，二期为2万吨/天。已完成环境影响评价报告、水土保持方案、社会风险评估报告、排污口设置方案及地勘和初设工作，计划于2017年2月开工建设。2. 总投资676万元，建成5座移动基站，铺设热力管线350米、供水管道2740米，管道补修260米。此外，完成了园区内污水井盖等各项设施的修补工作。

【管理与服务】 1. 化解土地瓶颈制约，完成5个项目17.39公顷土地的规划选址及征占工作，并加强低效土地专项整治，组织力量对开发区内闲置、低效利用土地进行全面清查，超过2年没有开发的予以收回，安置其他项目。停建项目土地限半年内拿出实施计划，逾期予以收回。对所有闲置、低效利用的土地，组织征收土地使用税。共清查企业21家，涉及闲置、低效利用土地159.27公顷，收缴土地使用税1091万元。2. 加快小微企业创业园改造工作。完成尹庄、胡各庄、半坡营3个村庄41.33公顷土地的租改征工作，2800万元的征地款已发放到位。3. 创建省级知名品牌示范园区。以此为平台，培育一批质量好、效益佳、具有一定影响力和关联度的骨干企业，上半年通过了省级专家评审和现场核查工作，并于8月制定出台了区域品牌建设规划，撰写了区域质量对比提升报告和建设规划报告，为2017年省验收打下坚实基础。4. 加强园区环境保护。开展4次“地毯式”环保大检查活动，彻底摸清环境隐患企业分布及污水排放情况，建立完善的环境影响评价档案，一企一档，做到底数清楚，问题整改到位。5. 提升开发区科技水平。组织华耐冶金炉料、隆赓塑料制品、德清环保能源等6家企业申报科技型中小企业。帮助百善药业、耀阳工贸有限公司和隆信电器设备有限公司3家企业申报高新技术企业。此外，积极做好开发区信访稳定、安全生产和区域治理工作，化解了北商泵阀产业园、富达园等公司民企纠纷、欠薪及拖欠农民工工资等问题，查处10余起违规违建及违反城市管理法规案件，开发区社会秩序根本好转。

【拓宽融资渠道】 1. 以园区融资平台为依托，为高新区基础设施建设提供资金保障。以立方源供水公司为主体，与承德银行、沧州银行、农村信用合作联社接洽，办理了5850万元项目贷款。以鼎辉公司为主体，与农村信用合作联社合作，办理了500万元流动资金贷款。2. 搭建第三方平台桥梁，帮助企业破解融资难题。帮助企业与银行、财信担保中心三方对接，帮助跃洋生物、万家轮胎等企业融资1200万元。3. 申请国家专项基金。组织英诺特生物技术有限公司的“生物诊断试剂产业创新团队”成功申报了2016年河北省第五批省级科技计划项目，获得100万元的资金支持。帮助艾驰生物科技有限公司高端精密医疗器械仪器及配套试剂研发生产项目申报中国农发重点建设基金，获得5000万元的资金支持。4. 积极帮助企业上市。已帮助唐山金沙燃烧热能股份有限公司在全国中小企业股份转让系统挂牌，于2016年12月16日在“新三板”上市。帮助河北燕禾泉食品股份有限公司于2016年6月在石家庄股权交易所完成“新四板”主板上市，三年内进军“新三板”。

迁安高新技术产业开发区

党工委书记、管委会主任 冯　尚

党工委副书记 汤任才

管委会副主任 张晓昱　张　健

主任科员 全少云（4月任）

纪工委书记 （1—12月空缺）

纪工委副书记、监察分局副局长
（1—3月空缺）
张　伟（4月任）

综合办公室主任 徐　英

招商投资部部长 周立国（4月离）
（5—12月空缺）

科技部部长 （1—3月空缺）
刘艳民（4月任）

规划建设部部长 李宝军

副主任科员 刘　伟

投资服务中心主任 刘志刚

园区建设服务中心主任 高翠明（女，4月离）
张中华（4月任）

（史宏伟）

河北迁安经济开发区

【概况】 河北迁安经济开发区为全省承接京津产业转移的40家重点平台之一，2016年，实现地区生产总值398.66亿元，同比增长46.08%；主营业务收入1449.5亿元，同比增长38.47%；规模以上工业增加值181.8亿元，同比增长10.38%；固定资产投资259.4亿元，同比增长20.82%；财政收入完成29.55亿元，同比增长37.94%；实际利用外资308.97亿元；出口总值3.29亿美元。开发区前三位主导产业实现产值610.41亿元，其中钢铁冶金业实现工业总产值578.49亿元，占全区工业总产值的77%；煤化工产业实现工业总产值27.84亿元，占全区工业总产值的3.74%；装备制造业实现工业总产值4.08亿元，占全区工业总产值的0.55%。工业销售收入超亿元企业23家，其中13家企业工业销售收入超10亿元。

【项目建设】 2016年，开发区实施重点项目24个，计划总投资89.13亿元，其中河北杰普特金属丝网科技有限公司丝网产业园项目、唐山中溶科技有限公司年产30万吨无水乙醇项目被列为河北省重点项目。竣工投产项目9个，其中总投资1.2亿元的北京鼎盛成包装材料有限公司迁安分公司包装材料生产线项目投产；总投资2.2亿元的唐山市文博新能源科技有限公司年产20万吨生物质颗粒燃料项目一期试产；总投资10亿元的迁安市翅冀热力有限公司工业余热供热项目一期完工，滦河生态城（佛山段）供热管网迁安经济开发区段完成建设，至年底正式供暖；河北先众有限公司人造草坪等13个项目（园区所有入驻项目，包括乡镇放入园区的项目）开工建设。

【招商引资】 开展全员招商，制定了《河北迁安经济开发区招商引资考核办法》，从政策上推动招商引资工作。积极参加省、市组织的招商活动，在发布招商信息的同时了解企业的投资意向。成立调研小组，深入开发区30余家重点企业走访调研，了解企业的上下游产品、下步投资动向等信息，对于所获取的投资线索，与企业共同探讨，努力促成企业的投资意向。充分依托现有产业优势、资源优势，采取上门招商、以商招商、委托招商等多种招商方式，不断拓宽招商渠道。2016年，开发区实现自主招商开工项目4个，分别为投资1.2亿元的北京鼎盛成包装材料有限公司包装材料生产线项目、投资1.1亿元的河北先众人造草坪科技有限公司人造草坪生产制造项目、投资1.3亿元的迁安市万锦金属制品有限公司金属制品制造项目和投资0.6亿元的迁安市堃源固达有限公司金属结构制造项目；谋划项目2个，分别为中国五矿集团公司板材深加工项目和中材集团公司脱硫除尘环保设备制造项目。

【基础设施建设】 1. 市政工程。完成4公里道路翻修及纬十二街（野兴路—经十一路）排水管网工程；经八路全面通车；实施中溶科技公司进厂道路工程，年底竣工并投入使用；110千伏赵荣Ⅰ、Ⅱ回迁改工程及新建110千伏变电站电源线工程全部竣工使用。2. 污水处理厂工程。项目位于开发区纬十七街南侧，经十一路东侧，占地2.572公顷，总建筑面积2388平方米，中标价2479.3万元，于9月21日开标，由唐山旭祥公司承建，10月19日进场施工，至年底，贮泥池、污泥脱水间、细格栅等24个单体工程主体全部完工，正在进行污水厂设备安装、调试等工作，该工程可成功解决开发区北区企业污水处理问题。3. 绿化养护及道路安全、卫生工作。8月1日，经市政府采购中心对外公开招标，开发区全部30万平方米的绿化带被千家物业公司以12.70万元的价格中标，绿化管护工作步入规范化轨道。开发区全年迎接项目拉练、各级领导参观、全国公路自行车赛等活动11次，在日常管理的基础上集中开展卫生整治工作11次，累计出动人工200人次，清理各类生活垃圾950吨。在主汛期到来之前，集中清理雨水井收水口90处，累计出动人工150人次，确保汛期排水畅通。投资2万元修补破损人行道15处，更换水篦子、管道井盖43个，保证了开发区内道路安全。

【节能减排】 2016年，河北迁安经济开发区工业固体废物综合利用率达95%，达到规定目标。经迁安市环境监测站检测，开发区饮用水源地的水质达标率达到100%。年内，对开发区内两家企业、三台燃煤锅炉进行清洁能源替换。督导迁安市长青工贸有限公司燃煤锅炉改造，已改用两台电加热模具；河北蓝哼啤酒有限公司燃煤锅炉改造，改造为燃气锅炉，一台改造完毕，一台停用。迁安市思文科德金属包装有限公司已通过唐山市环保验收合格，并按照重污染天气预警响应等级，实行对应限产措施。全年审批建设项目1个，环评和“三同时”（同时设计、同时施工、同时投入使用）执行率达到100%。对园区内不符合环保要求的两家散料厂下达停产通知。

【安全生产】 河北迁安经济开发区严格落实“党政同责、一岗双责”和网格化监管机制，推进企业安全生产标准化和诚信体系建设，推进企业应急预案体系建设。7月，辖区企业全部进行了一次防火应急演练，应急处置能力进一步提高。加强安全生产风险分级管控和隐患排查治理“双控”机制建设，实现把风险控制在隐患形成之前、把隐患消灭在事故前面。督促企业依法履行安全生产主体责任，层层签订安全生产责任状。坚持“安全第一，预防为主，综合治理”的方针，以“强化安全发展观念，提升全民安全素质”为主题，以群众喜闻乐见的方式面向社会、面向基层，创新内容，唱响“安全发展”主旋律，构建和谐发展新篇章。强化正面宣传，营造安全生产氛围，悬挂安全生产标语20余幅。以“安全生产月”、安全生产大检查、打非治违等活动为契机，组织安全生产知识竞赛活动，深入开展安全专项整治，强化危险品、特种设备、建筑施工等重点行业领域的安全监管，领导干部带队检查安全生产工作，下达执法文书200多份，整改意见600多项。实现辖区全年安全生产事故零发生，安全生产形势稳定。

【科技创新】 河北迁安经济开发区多家企业获得高新技术企业、省科技小巨人、科技型中小企业认定，其中迁安市思文科德金属包装有限公司被认定为国家高新技术企业，迁安市金沣秋工贸公司成功申报省科技小巨人企业，北京机电有限公司迁安电气分公司、迁安市金泰建材有限公司、河北鼎安专用汽车制造有限公司、中钢联迁安实业有限公司、迁安市木厂口镇昌盛汽车修理厂公司5家企业被认定为河北省科技型中小企业。

【对接京津协同发展】 调动各领域有利资源，快速捕捉产业转移信息，与北京科技成果转化中心、北京国资精英俱乐部、北京企业联合会、天津招商网等密切接触，形成强大畅通的招商网络。积极开展敲门招商，2016年先后赴北京、天津等地敲门招商，发放各种宣传资料约500份，对涉及生物医药、景观设计建造、装备制造、环保建材等符合迁安产业体系的重点企业（协会）进行对接洽谈，成功引进河北先众人造草坪科技有限公司人造草坪生产制造项目、北京鼎盛成包装材料有限公司包装材料生产线项目等一批投资亿元以上项目，与中国五矿集团公司、中材兴达（天津）新能源科技有限公司等一批企业达成合作意向。

【土地集约利用】 2016年，开展土地动态巡查30余次，发现涉及闲置及低效利用土地问题的项目7宗，面积约48公顷。通过问题导向，积极组织市规划、国土、税务、招商等部门协同推进处置工作。针对资金短缺和无实质性项目而引起闲置低效的，采取开发区管委会招商引进和企业自身多渠道联系的方式，鼓励企业利用闲置土地与新引进的拟投资方开展项目合资合作。对短期内确实无能力投资上项目，且已向开发区管委会缴纳土地预收代收款的企业，采取做企业思想工作，通过返还土地预收代收款的方式，对闲置土地协商收回，与新引进的合适项目进行对接。协调国地税部门多单位联动，通过齐抓共管的高压态势，对闲置低效利用土地的问题企业加大土地使用税征缴力度，以此促进企业尽早尽快上项目。全年完成处置闲置及低效利用土地6宗，剩余的1宗，通过市国土部门招拍挂取得用地审批手续的，还未到约定竣工时间，已协调国土部门进行了前期调查。

河北迁安经济开发区

党工委书记、管委会主任 郭桂军
管委会副主任 崔学杰 郭 坤（女）
党工委副书记 刘继军
管委会主任科员 张纳臣（4月任）
综合办公室主任 赵志东
投资招商部部长 洪江浩
信息统计服务中心主任 彭会军（4月离）
王春颖（4月任）
规划建设部部长 刘友芳（4月离）
园区建设服务中心 刘 祎（女，4月离）
马红军（4月任）
投资服务中心主任 杨 帆（女，4月离）

（高擎阳）

北方钢铁物流产业聚集区

【概况】 2016年，市北方钢铁物流产业聚集区实现主营业务收入58亿元，税收4197万元，年货物吞吐能力达到3000万吨，聚集区拥有入驻企业70家。年内，聚集区坚持“品牌提升”战略，投资环境实现新提升。该区把提高行业影响力和环境品牌作为加快发展的软实力，按照“品牌也是生产力”的经营理念，积极对标达标，经过努力，被授予“全国物流行业先进集体”称号。5月20日，人力资源和社会保障部、中国物流与采购联合会在人民大会堂召开表彰大会，聚集区党工委书记、管委会主任彭清江应邀出席大会并接受表彰。同时，积极参加由国家发改委、国土资源部、住房城乡建设部联合举办的全国首批示范物流园区评选，凭借优良的业绩和一流的管理通过行业专家评审，最终获全国首批“示范物流园区”称号，在7月8—9日于湖南长沙召开的“2016全国物流园区工作年会”上获得正式授牌。

【基础功能配套更加完善】 按照“大配套适度超前，小配套随项目跟进”的原则，狠抓基础设施配套建设。110千伏变电站土建工程顺利完工，具备使用条件；阜杨线拓宽改造工程6月顺利通车，极大改变了交通环境；污水处理厂工程主体建设全部完成；新奥路工程完成施工图设计。

【重点项目建设成效显著】 继续按照项目最急、项目最重、项目第一的理念，加大督导服务力度，重点项目建设势头强劲。天津物产迁安综合物流服务中心项目一期工程顺利完工，引入国企中储发展股份公司负责管理运营，当年生产仓储大宗散料、钢材40余万吨，实现营业收入21.7亿元、税收2318.9万元。同时，积极推进与大连交易所合作，力促将仓储库建成交易所的煤焦现货指定交割库。新奥公司LNG项目完成场地平整、围墙建设，部分设备已订购。安正金属制品公司技改扩建、迁安延鑫商贸仓储物流等一批重点项目实现当年开工、当年竣工。项目谋划成效明显，迁安公路港项目被列入河北省交通运输厅京津冀交通一体化率先突破项目，已完成项目可研编制和项目建议书的批复；地方铁路专用线项目预可研编制完成，已上报北京铁路局。

【招商引资工作成果丰硕】 把招商引资摆在更加突出位置，不断解放思想，转变工作理念，创新工作方式，围绕“南厂北移”工程，谋划了物产中大迁安制造产业园、镀锌拔丝产业园、五金加工产业园等项目，以此为平台，与浙江物产、天津物产等入驻企业合作，组织开展物产中大迁安制造产业园、天津物产项目招商、烟台首钢三维公司等4场专题招商推介活动，其中物产中大迁安制造产业园招商推介会上，与浙江中南钢构、上海钢富电子、浙江迅定钢铁等知名企业就推进制造产业园建设签署了合作意向。在天津物产项目推介会上，来自集团上下游60余家客商就项目合作进行深入接触，《现代物流报》、《中国冶金报》、天物大宗公司、中国钢铁新闻网、搜狐网等多家知名媒体纷纷予以报道，在钢铁、电商行业引起强烈反响，引发钢铁行业高度关注。2016年，完成10亿元项目1个、5亿元项目2个、1亿元项目4个。

【管理体制机制不断创新】 全面推进聚集区深化改革，创新管理服务理念和运营管理体制机制，科学提出了“低费、高效、智慧、诚信”四大招商理念，为加快推动开发建设带来新的生机和活力。探索“一区多园”模式。相继谋划物产中大迁安制造产业园、镀锌拔丝产业园、五金加工产业园3个园中园项目。创新产业引导政策，市政府印发了《迁安市人民政府关于印发鼓励全市货物运输业加快发展暂行办法的通知》；围绕延伸产业链条，依托物产中大迁安制造产业园项目，制定了《关于物产中大迁安产业园落户企业的优惠政策》。创新“以园养园”发展模式。发挥临近京哈高速区位优势，与广告商合作，共同设立广告展位，既免费实现了宣传，又获取了长期受益；改变主干道路传统绿化方式，实行“观赏性与效益性结合”的绿化模式，实现绿化美化与经济效益的双丰收。

北方钢铁物流产业聚集区

党工委书记、管委会主任 彭清江

党工委副书记 彭　彪

管委会副主任 李振华　蔡立华（5月任）

主任科员 李子义（4月任）

综合办公室主任 付永军

招商投资部部长 武　刚

园区建设服务中心主任　梁海明
园区投资服务中心主任　裴丽艳（女，5月离）
规划建设部部长　（1—3月空缺）
景士春（4月任）

（付永军　安海旭）

滦河文化产业区

【概况】 迁安市滦河文化产业区重点承载教育培训、养生养老、文化创意、休闲旅游、科技研发、总部经济等现代高端服务业。园区分为右岸新城、滦河生态城和左岸休闲旅游区，右岸新城规划面积12平方公里，是融总部经济、养生养老、产业研发为一体的绿色新城，是集综合服务和度假休闲功能为一体的滨水新城、创新智城。滦河生态城规划面积50平方公里，计划投资130亿元，实施滦河综合治理工程，通过挖湖、筑岛、修坝、建桥、景观建设，最终将形成24平方公里水面、18平方公里生态湿地和景观用地、8平方公里可供建设的20余座大小不等的岛屿。重点承载休闲旅游、教育培训、总部研发、文化创意等产业。左岸休闲旅游区规划面积3平方公里，主要发挥滦河、三里河两河交汇，黄台山、龙山两山拱卫的山水优势，打造休闲旅游目的地。2016年，滦河文化产业区围绕“魅力水城、绿色迁安”建设大局，着力打造迁安转型高端服务业平台，完成固定资产投资13.2亿元，实现主营业务收入1.64亿元。

加强自身建设，认真开展“两学一做”活动，党员干部的凝聚力、战斗力不断增强。强化基础保障，投入2万多元完善党务政务公开。聚焦作风转变，全面落实中央“八项规定”和清理办公用房、“吃空饷”、公车私用等专项整治活动，园区上下讲实话、察实情、办实事、求实效的工作氛围日益浓厚。积极“造血”帮扶，投入5万多元帮助二层庄实现后进村转化。

【园区规划】 《右岸新城控制性详细规划》《滦河生态城（钢城桥以北）控制性详细规划》已经完成并获得批复；《9号总部经济岛概念规划及修建性详细设计》通过规委会初步审议；7号岛经一路设计招标及施工图纸已经完成；滦河生态城一期（钢城桥、祺光桥之间）市政专项规划正在进行前期调研，计划2017年6月底前完成。

【基础设施建设】 至2016年，右岸新城中贯穿南北的主轴线世纪大道已建成550米，连接城区与新区的第三通道已建成通车，中医院、一中西校区等公益项目投入使用。供电、供热网线能够满足项目落地需要。滦河生态城祺光桥和钢城桥之间是滦河生态城的核心区、起步区，滦河综合开发一期工程已完成投资90多亿元，完成8个建设用地岛和6个景观岛土地平整，共整理出466.67公顷全岛及半岛土地和14平方公里水域面积。7、8、9号岛与4座连接桥竣工通车，亮化工程完工并投入使用。正在推进7号岛路网、电力及水、暖管网等建设。

【项目建设】 2016年，投资15亿元的中唐·天元谷项目全面启动，完成投资1.15亿元，入选《2016全国优选旅游项目名录》。投资1.5亿元的石佛古寺复建项目及投资1.7亿元的王府红酒会所等项目正在加快建设。九江职工住宅楼及九江幼儿园已投入使用。

【招商引资】 全年累计对接客商40余家，成功签约项目9个，正在对接洽谈项目7个。中溶科技和“雨诗桐”总部项目拟落户9号岛，黄台书院、李涵美术馆等5个文化产业项目拟落户莲花岛，瞄准滦河水面开发的椰风岛综合游乐体验项目正式签订协议，迁安氢及水分子新能源研发生产基地项目、右岸新城开发等项目也已正式签约。此外，四川文化美术学院分校、奥特坦汀产业园、国家行政学院迁安课题等7个意向项目正在进行跟进洽谈。

【配套服务】 闲置用地整治工作圆满完成，17宗61.56公顷国有闲置土地全部处置完毕，共收缴闲置费2亿多元；融资工作成效喜人，与中行、工行、北京银行、国银租赁等金融机构融资45亿元，全部放款到位，既缓解了政府还款压力，更为园区建设提供了保障。此外，“黄台湖号”商务船运营良好，企业巡查、企业定点服务制度得到严格贯彻，园区软实力得到加强。

滦河文化产业区

党工委书记、管委会主任 任 顺

党工委副书记、管委会副主任 司文志

管委会副主任 李小波 刘德友（4月任）
郑 勇（5月任）

规划建设部部长 密文富

招商投资部部长 刘 宏

园区建设服务中心主任 王立侠（女，4月离）
王 飞（4月任）

投资服务中心主任 孟红艳（女，4月离）
徐淑红（女，4月任）

纪工委副书记、监察分局局长
玄小梅（女，4月任）

综合办公室主任 马保军（4月任）

副主任科员 史荣新（10月离）

（张 利）

精神文明建设

【概况】 2016年，全市精神文明建设工作继续以培育和践行社会主义核心价值观为主线，以创建全国县级文明城市、省级文明城市为总揽，着力打造“善行迁安”精神文明建设工作品牌，深入开展文明城市创建、公民道德建设、城乡文明创建、模范人物评选等活动，推动市民文明素质和城市文明程度实现新提升。

【文明城市创建】 1. 加强组织领导。将创文明城工作纳入全市“十三五”规划和全市工作重点，成立由市委书记任政委，市委副书记、市长任指挥长的创建工作指挥部，指挥部下设办公室和9个由市四大班子牵头的创建工作部，对照118项测评指标，细化分解任务，夯实工作责任，确保创建任务、责任、人员、进度、质量“五落实”。2. 强化调度部署。制定印发《迁安市推进文明城市创建工作方案》等12个指导性文件，先后6次组织召开创建工作汇报会、调度会，对创建工作进行安排部署；各工作部领导多次深入一线，靠前指挥，协调解决创建中的重点难点问题，使创建工作有力度、落实有成效。3. 形成创建合力。各牵头单位和责任单位牢固树立“一盘棋”思想，各负其责，主动作为，协同作战，认真开展对标创建工作，形成上下联动、整体推进的创建格局。4. 营造浓厚氛围。组织市内各新闻媒体开设专题专栏，对创建工作进行集中宣传报道。2016年，市内各新闻媒体共刊播动态信息、编发简报等161条。《文明创建：让水城迁安更美好》《迁安文明创建擦亮“水城”名片》等31篇重头稿件，先后在中国文明网、《河北日报》、《唐山劳动日报》等媒体头版头条或重要版面刊发。充分利用“水城有故事”“善行迁安”微信平台推送创建信息，提升广大群众对创建工作的知晓率、支持率和参与度。5. 做好迎查测评工作。对全市75个责任单位上报的874份测评档案进行整理汇总，形成文明城市测评档案83卷，未成年人思想道德建设档案10卷。10月28—30日，省文明城市测评组对迁安市2016年度文明城市创建工作进行实地测评。

【公民道德建设】 1. 培树道德模范、迁安好人，激励善举，彰显道德支撑强大效应。承办首场“河北好人”月度榜单发布暨道德模范与身边好人现场交流活动。活动采取播放事迹短片、现场访谈、颁发奖金及道德传家宝、宣读致敬词等形式，传播好人故事、弘扬好人精神，引领更多的人争做好人。市公民道德建设基金为其颁发奖金3万余元。至2016年，全市有8人获“河北好人”称号。2. 建立好人好事“激励+奖助”机制，倡扬善行，提升文明创建的温度和力度。市公民道德建设基金自2012年设立以来，已累计奖励、扶助各级各类道德模范和身边好人好事千余件次，发放奖助金58.4万元；组织开展关爱“最美迁安人”和道德模范活动，市中医医院为2000余名“最美迁安人”和道德模范发放了总价值近百万元的“爱心体检卡”；城管执法大队“春风扶困助学基金”等30余个基层道德基金相继成立，让“好人有尊严、有回报”成为常态。《建立好人好事“激励+奖助”机制，以道德引领放大“大爱唐山·善行迁安”社会效应》，在《河北宣传》2016年第13期刊载，并被推荐

上报河北省宣传思想文化工作创新成果案例。3. 搭建“善行迁安”志愿服务平台，激发全民参与文明创建热情。建立健全注册培训机制。依托“燕赵志愿云”志愿者注册登记系统，组织开展好志愿者实名注册工作，已通过实名认证志愿者1.6万人。李晓壹被评为唐山市“十佳”最美志愿者，褚立志、赵大伟被评为唐山市优秀志愿者。完善志愿服务常态化机制。在全市广泛开展“文明先锋·亮牌争星”“文明出行·美靓迁安”等9项主题志愿服务活动，580多支志愿服务队全年开展活动近千场次，推动志愿服务常态化开展；5月、10月，两次组织全市100多个单位1000余名党员志愿者开展文明交通志愿服务活动，引导市民文明出行。落实激励关爱机制。3月2日，举办市公民道德建设基金奖励暨“善行迁安·大爱水城”志愿服务启动仪式，表彰奖励2015年度优秀志愿服务品牌、最美志愿者、最美志愿服务工作者和“季评学雷锋十佳”近百人，发布实施“绿色支农”“美丽乡村巾帼行”等2016年度重点志愿服务项目12个。4. 实施未成年人思想道德建设“心灵工程”，建设“善行迁安·德馨水城”。不断完善20个乡村学校少年宫示范点建设，坚持高标准建设、高定位管理、高质量活动，加强对少年宫活动的协调督导，完善“一宫一档”建设。2011年起至2016年，迁安市先后制定出台了《关于加强和改进未成年人思想道德建设的意见》和《未成年人思想道德建设“心灵工程”三年行动计划》。2016年，“心灵工程”第二个三年计划启动实施，通过开展学校教育、家庭教育、社区教育等八大提升行动，形成学校、家庭、社会“三位一体”合力建设“善行迁安·德馨水城”的工作格局。

【城乡文明创建】 深入实施以创建文明单位、文明示范窗口、文明家庭等为主要内容的文明细胞创建工程，以评促创，以点带面。一是做好全国县级文明城市测评工作。对全市75个责任单位上报的874份测评档案进行整理汇总，形成文明城市测评档案83卷，未成年人思想道德建设档案10卷。在2016年8月省文明办组织的文明城市暗访中，迁安市成绩在全省7个全国县级文明城市提名城市中位列第一。二是深入开展文明单位创建工作。开展以“一堂、一队、一牌、一桌、一榜、一传播”为主要内容的文明单位“六个一”建设，提升各级文明单位的创建水平和档次；组织全市各条战线深入实施以创建文明示范窗口、文明社区、文明医院、文明校园、文明诚信企业等为主要内容的文明细胞创建工程，以文明“小细胞”的创建，推动城市文明程度的大提升。三是深化乡风文明创建活动。在全市深入开展“培育善美家风、建设文明家庭”主题活动，通过家风家训征集，寻找、展示、争做文明家庭等一系列活动的开展，倡导文明和谐、健康向上的家风。组织开展“文明水城·善美阎家店”、赵店子镇马古寺村“文明家庭·好媳妇”表彰、城区街道感动社区人物颁奖仪式等活动10余场次；以美丽乡村文化建设专项行动为载体，开展农村环境美化、村民中心建设、倡树文明新风，不断深化农村精神文明创建活动；组织开展“悦动美丽乡村”广场舞大赛28场次，参赛队伍200余支，参与人数3000余人；加大典型培树。“文明乡风‘美靓’美丽乡村”，被确定为河北省农村精神文明建设典型经验，《上庄村以文明乡风“六个一”助推美丽乡村建设》，在《唐山劳动日报》头版头条刊载。

【模范人物评选】 至2016年，迁安市连续开展了八届道德模范评选表彰活动，共评出各类道德模范145名，12人被评为唐山市级道德模范，4人被评为河北省道德模范及提名奖。以“中国好人”韩文宝为原型创作的评剧《百姓医生》感动数万名观众。投资90余万元，编排创作大型现代评剧《百姓医生》，弘扬好人精神、传播好人故事，全市进一步形成“学习好人、崇尚好人、关爱好人、争做好人”的浓厚氛围。同时，设立公民道德建设基金，用于表彰奖励各级各类道德模范和身边好人，资助生活困难的道德模范和身边好人。至2016年，迁安市公民道德建设基金累计奖励、扶助各级各类道德模范和身边好人600余人，发放奖助金58万多元。

【模范人物（团队）简介】 “美上庄”志愿服

务队。一个逾越年龄鸿沟的群体，上至古稀之年的老党员，下至“90后”的大学生村官。一支凝结一致的团队，统一决心、统一意志、统一目标、统一行动。他们用一份执着筑起“乡村梦”。志愿服务队第一时间投入到美丽乡村建设中，义务出工出力，清运垃圾、平整土地、栽植花草，队员随村书记远赴遵化山区，徒手从山上搬运石头，将原本脏乱不堪的垃圾池改造成了花池，将村口的垃圾堆改造成一座假山公园。“不等不靠、实干苦干、激情奉献”的上庄精神也在这座美丽的小村庄里越酿越浓。

敬业奉献模范张东升。张东升，男，52岁，中共党员，市林业局高级农艺师。参加工作30余年，他一直扎根农村，甘做“果农致富圆梦人”，建立高效示范园，成功培育迁安市第一个苹果高干开心垂帘结果模式。每天奔波在果园中，依照果农的作息时间日出而作，日落而息，农忙时节常常晚上为农民讲解果树时令性技术，甘做“果农的科技保姆”。手机24小时开机，解答农民疑问。建立“果树技术探讨”微信群，提高效率，方便群众。精心培育11个精品园，培育的优质果品分别获第十九届中国廊坊农业博览会金奖6项、银奖2项、铜奖3项，被评为“河北省李保国似先进人物”。

诚实守信模范杨小双。杨小双，女，33岁，杨店子镇王庄村村民。2015年12月11日，付保忠从北京给自己的朋友韩小双汇款时，由于一时疏忽，误将1.8万元钱汇到了迁安市杨小双的账户中。在民警的帮助下，付保忠顺利与杨小双取得联系，并说明汇错款一事。杨小双当即表示，她正在天津血液病医院进行化疗，银行卡没带在身边，等她结束化疗回到迁安后查看，如果账上有这笔钱，她定会一分不少地予以退还。12月20日，结束治疗的杨小双出院回家，稍作休整后的第一件事就是到银行查看汇款，账面查实后立即告知了付保忠。12月22日，付保忠来到杨小双家里，早已将钱准备好的小双说：“大哥，这钱不是我的，我一分也不能要，就算我自己再难，把钱还给您，我心里踏实。”

孝老爱亲模范徐海燕。徐海燕，女，31岁，野鸡坨镇东周庄村村民。养母患有严重的糖尿病并发症，双眼视力模糊，看不清东西，双腿CT诊断为静脉血栓，长期浮肿，生活完全不能自理。2013年，已经78岁的养父得了脑血栓，脑干区脑梗死，日常生活不能自理。一日三餐，都是海燕喂着二老吃，每天都要用温水给养父母擦浴保持清洁，清洗养父母因大小便失禁弄脏的被褥；天气暖和的时候，抱着养父母坐上轮椅，出去透透风。就这样日复一日、年复一年，徐海燕时时刻刻守在二老身边，一刻都不曾离开，也一刻都不曾想过离开。

2016年11月，迁安市评出第八届道德模范，共15人（集体），分别是：道德模范集体——供电公司“春雨”志愿服务队、“美上庄”志愿服务队；敬业奉献模范——张东升、王芝；孝老爱亲模范——徐海燕、贾书玲；诚实守信模范——杨小双、马印明；助人为乐模范——刘淑军、郭伟、王小俭；见义勇为模范——王凤连、李国荣、刘芝连、刘云。

市精神文明建设办公室

主　任　王永进（女）

副主任　张秀红（女）

（蔡　晔）

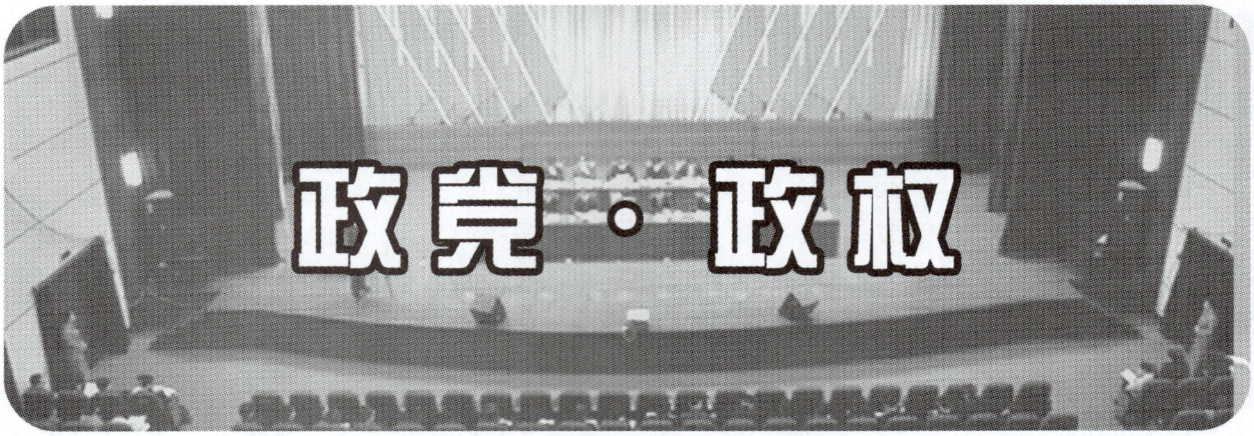

中国共产党迁安市委员会

主要会议及重大决策

【全市“四个干”工作动员会】 2月23日召开，大会采取电视直播的形式，设主会场和分会场。主会场设在迁安锦江会堂；分会场设在各镇乡（城区街道）、各园区、市直各单位。市四大班子领导，各镇乡（城区街道）、各园区、市直各单位副科级以上干部，部分市直单位机关干部代表，重点企业主要负责人在主会场参加会议。各镇乡（城区街道）机关全体干部，各村（社区）党组织书记、村委会主任，各园区、市直各单位全体机关干部在分会场参加会议。会议号召全市上下按照“四个干”的要求，全身心投入到各项工作中，在全市迅速形成争先恐后、齐心协力抓落实的生动局面，全面加快“魅力水城、绿色迁安”建设步伐。市委书记李忠主持会议并作重要讲话。市委副书记、市长张淑云就2016年工作作动员部署。会上，各园区、各镇乡（城区街道）与市政府签订目标责任状，印发了《迁安市2016年重点任务“四个干”运行图》《迁安市重大决策部署贯彻落实情况约谈办法》《2016年招商引资工作考核办法》《2016年重点项目观摩测评办法》《2016年信访工作考核办法》和《迁安市乡镇财政体制管理办法》6个文件。

【全市党政机关作风整顿动员会】 10月21日，在市行政办公中心四楼会议室召开。市四大班子有关领导，各镇乡（城区街道）党政主要负责人，各园区、市直各单位主要负责人参加会议。会议的主要任务是贯彻落实省委和唐山市委一系列重大决策部署，紧紧围绕全市中心工作，结合实际，突出问题导向，聚焦重点对象，坚持注重实效，确保机关作风整顿工作取得实效。会上，市委副书记、市长张淑云作了重要讲话；市委常委、组织部部长毛成海宣读了《中共迁安市委、迁安市人民政府关于在全市党政机关开展作风整顿的实施意见》，市委副书记李福林就如何落实好会议精神提出了具体意见。

【中共迁安市五届七次全体（扩大）会议】 8月15日，在市行政办公中心召开。市委委员、市委候补委员出席会议。市纪委委员，非市委委员、市委候补委员的市人大、市政府、市政协领导班子成员，驻迁安单位团级主官，其他在职副县级领导干部，各镇乡（城区街道）党委书记、镇乡长（城区街道办事处主任），市直各单位党政主要负责人，市人大各科室党员主要负责人，市政协秘书长、各委办党员主要负责人，部分企业主要负责人列席会议。这次会议的主要任务是：深入学习贯彻习近平总书记视察唐山重要讲话和唐山市委全会精神，动员全市上下切实把思想和行动统一到习近平总书记的重要讲话精神上来，统一到唐山市委的部署要求上来，坚定信心，振奋精神，再接再厉，加快推进转型发展的各项工作，朝着建设“美丽水城、绿色迁安”的目标加速前进。会上，市委书记李忠作了题为《坚定信心、再接再厉，朝着建设“魅力水城、绿色迁安”的目标加速前进》的工作报告，市委副书记、市长张淑云就全国文明城市创建推进工作进行了再动员部署。

【2016“魅力水城·绿色迁安”经贸洽谈会】10月16—18日举办。上级领导，市四大班子领导，到迁安的嘉宾、客商，到迁安的新闻媒体记者，邀商单位主要负责人，市内相关企业负责人参加了经贸洽谈会。此次会议全方位、多角度展示了迁安雄厚的工业基础、丰富的产业资源、良好的区位优势和深厚的人文底蕴。洽谈会邀请到世界500强、中国百强、央企、行业龙头等企业310余家，嘉宾、客商430余人。签约项目70个，计划总投资457亿元。其中，会上签约项目40个，计划总投资352.3亿元；会下签约项目30个，计划总投资104.7亿元。

【全市镇乡领导班子换届工作会】　10月21日，在市行政办公中心四楼会议室召开。市四大班子有关领导，各镇乡（城区街道）党政主要负责人，各园区、市直各单位主要负责人参加会议。会议的主要任务是贯彻落实中央和省、唐山市委关于换届工作的部署和要求，安排部署全市换届工作，严肃换届纪律，确保镇乡领导班子换届工作圆满完成。会上，市委书记李忠作了重要讲话，市委副书记、市政府市长张淑云对换届工作提出了明确要求，市委常委、组织部部长毛成海宣读了《关于认真做好镇乡领导班子换届工作的通知》，市委常委、市纪委书记许俊良就加强换届风气监督工作提出了具体意见。与会人员一起观看了警示教育片《镜鉴》。

（黄　鹏）

2016年迁安市委重要文件题录表

表2

发文日期	文件标题
1月1日	中共迁安市委关于印发中共迁安市委常委会工作报告的通知
1月1日	中共迁安市委关于制定国民经济和社会发展第十三个五年规划的建议
2月22日	中共迁安市委、迁安市人民政府关于印发《迁安市重大决策部署贯彻落实情况约谈办法（试行）》的通知
2月22日	中共迁安市委、迁安市人民政府关于印发《迁安市2016年工作要点》的通知
2月22日	中共迁安市委、迁安市人民政府关于印发《迁安市2016年重点任务“四个干”运行图》的通知
3月15日	中共迁安市委关于调整中共迁安市第五届委员会常务委员会委员分工的通知
3月30日	中共迁安市委、迁安市人民政府关于在全市党政机关开展作风整顿的实施意见
4月19日	中共迁安市委、迁安市人民政府关于加快推进美丽乡村建设的实施意见
4月21日	中共迁安市委关于印发《落实党风廉政建设党组织主体责任三项制度》的通知
11月15日	中共迁安市委、迁安市人民政府转发《迁安市普法依法治市领导小组关于在全市公民中开展法治宣传教育的第七个五年规划（2016—2020）》的通知

（孟凡杰）

中共迁安市委领导成员

书　　记　李　忠（12月离）
　　　　　张淑云（女，12月任）

副 书 记　张淑云（女，12月离）
　　　　　韩国强（12月任）
　　　　　李维林（2月离）
　　　　　李福林（2月任）

冯　涛（挂职）

常　　委　李　忠（12月离）　张淑云（女）

韩国强（2月任）

李维林（2月离）

李福林　冯　涛（挂职）

王建伟（12月离）

李红军（12月任）

许俊良　毛成海

张雪峰（1月离）

刘振凯（1月任）

董志毅（12月任）

庞再明

侯　旭（1月离）

王学龙（满族，2—12月）

郭卫民

李晓丹（女，11月离，挂职）

委　　员（以姓氏笔画为序）

孔祥会　毛成海　王　钧

王书成（11月离）

王志刚（12月离）

王学龙（满族，12月离）

王建伟（12月离）

韦长怀　付立军　冯　尚

冯　涛（挂职）　玄士丰　田富顺

任　顺　刘东友　刘振凯（1月任）

朱广久　许俊良　张金铭

张淑云（女）　张清敏

张雪峰（1月离）　时立新　李　超

李　忠（12月离）

李红军（12月任）

李晓丹（女，11月离，挂职）

李晓波　李维林　李福林　杨　华

杨春景　陈子存　陈子红　陈春山

周文瑞　庞再明

侯　旭（1月离）　郝可军

唐延海

贾春民　郭卫民　郭桂军　谌永林

韩国强（2月任）　彭忠臣

董志毅（12月任）　彭顺辉

蒋振清

候补委员（以得票多少为序，得票相等的以姓氏笔画为序）

王　武　李爱军　杨玉良

杨秀丽（女）　周玉成　孟祥中

阎双友　蔡金艳（女）　魏建国

（黄　鹏）

市委办公室工作

【概况】　2016年，市委办公室始终强化“四个意识”▲，践行“五个坚持”▲，各项工作高效有序运转。综合、调研、改革、公文、秘书、督查、办公自动化等工作实现了创一流的目标；信息、机要、值班、保密等评比工作保持了省、唐山市领先水平。把握重点课题，深入开展调研，形成《靠合作保生存、靠管理增效益——鑫达钢铁公司在困境中浴火重生》等一批调研成果，被各级领导批示和直接转化为领导决策4篇，《干好事业靠什么——对上庄乡凝神聚力扎实推进美丽乡村建设的调查》得到唐山市委副书记曹征平的肯定性批示，作为典型经验在唐山市推广。起草各类综合材料154篇，一次性过关率100%，文稿精品率90%以上。全方位反映主要领导工作思路和全市经济社会发展成果，编报《迁安信息》305期，被省委办公厅信息刊物采用19条；编报《内部信息》12期、《网络信息摘报》16期、《迁安快报》66期。谋划起草了2016年改革工作要点，推出两批次重点改革任务，年度任务全部完成。围绕重点工作，加强督导、跟踪盯办，刊发任务分解通知15期，编发《市委督查》21期，撰写《督查专报》36期。组织大型会议活动59场次，成功组织轩辕阁开阁系列活动、2016“魅力水城·绿色迁安”经贸洽谈会开幕式等重大活动。组织接待活动80多次、1000多人次，接待考察团10多批次。深入开展“两学一做”学习教育，按照全面从严治党要求，加强机关干部队伍建设。在招商引资上，与北京高校科技成果转化众筹联盟等2家科技研发机构、13家科技型中小企业进行对接洽谈，投资6亿元的厦门蔚嘉化学集团高端医药产品北方研发基地项目正式签约。

▲“四个意识”：2016年1月29日，中共中央政治局召开会议，首次公开提出政治意识、大局意识、核心意识、看齐意识四个意识。

▲“五个坚持”：2014年5月8日，习近平总书记在考察中办工作时提出“坚持绝对忠诚的政治品格、坚持高度自觉的大局意识、坚持极端负责的工作作风、坚持无怨无悔的奉献精神、坚持廉洁自律的道德操守”的“五个坚持”要求。

（孟凡杰）

2016年迁安市委办公室重要文件题录表

表3

发文日期	文件标题
2月22日	中共迁安市委办公室、迁安市人民政府办公室关于印发《2016年重点项目观摩测评办法》的通知
2月22日	中共迁安市委办公室、迁安市人民政府办公室关于印发《2016年招商引资工作考核办法》的通知
2月22日	中共迁安市委办公室、迁安市人民政府办公室关于印发《2016年信访工作考核办法》的通知
2月24日	中共迁安市委办公室、迁安市人民政府办公室关于印发《迁安市“一问责八清理”专项清理工作实施方案》的通知
3月23日	中共迁安市委办公室关于印发2016年落实党风廉政建设主体责任重点任务运行图的通知
6月23日	中共迁安市委办公室、迁安市人民政府办公室关于在全市建立村级事务“小微权力清单”制度的通知
7月31日	中共迁安市委办公室关于认真组织学习贯彻习近平总书记在唐山考察时的重要讲话精神的通知
9月22日	中共迁安市委办公室、迁安市人民政府办公室印发《关于进一步完善矛盾纠纷多元化解机制的意见》的通知
11月15日	中共迁安市委办公室、迁安市人民政府办公室关于印发《迁安市落实信访工作责任制暂行办法》的通知
11月15日	中共迁安市委办公室、迁安市人民政府办公室关于推进通过法定途径分类处理信访投诉请求工作的意见

（孟凡杰）

市委办公室

市委常委、秘书长、办公室主任

侯　旭（1月离）

王学龙（满族，2—12月）

唐延海（市委常委人选、办公室主任12月任，市委秘书长2017年1月任）

常务副主任　郝爱东

副　主　任　宋俊合（12月离）

滕　菲（女）

杨立文　张　维（5月离）

张　祝（12月任）

主 任 科 员　刘桂栋（12月离）

李　杰（女）

副主任科员　田　伟　孙建庆

（孟凡杰）

市委督查工作

【概况】　2016年，市委督查室围绕市委中心工作，把握关键，强化协调，狠抓落实，不断增强督促检查工作的实效，有力推动了党委重大决策、重要工作部署以及领导交办、批办事项的贯彻落实。年内，对市委五届六次全会议定事项进行任务分解，编制下发了《迁安市2016年重点任务“四个干”运行图》，并加强督促检查，每季度编发工作进展情况通报；积极配合并参与河北省委组织的“一问责八清理”和中央“八项规定”回头看明察暗访活动，得到省委办公厅充分肯定；主动承担全市各类专项督导活动和重大活动督导服务工作，共参与全市“一问责八清理”、“机关作风整顿”、“化解信访积案百日攻坚”、中央“八项规定”回头看专项行动、推行村级事务“小微权力清单”制度专项督导、换届风气巡回督查等专项督导行动15项，解决各类实际问题580多个，特别是在全国县级文明城市、省级文明城市创建过程当中，督查室作为督导考核工作部牵头单位，承担了全市41个测评点位的督导检查工作，协助各责任单位解决各类问题510多个，推动了文明城创建工作的顺利开展。参与接待上级部门工作检查14次，组织撰写汇报、反馈材料10篇；刊发《市委督查》21期，撰写《督查专报》36期，刊发市委重点工作任务分解及督查工作通知（迁督发）14期，制发单项工作督办函3期；承办本级领导批办事项303件，督办本级领导交办事项56件，全部办结；撰写督导调研文章及内外宣稿件5篇，其中3篇被省、唐山市《督查通报》内刊采用。

市委督查室

主　任　（1—12月空缺）

（王　民）

市委保密工作

【概况】　2016年，市委保密办（市国家保密局）强化网络保密管理，继续对已建成或在建涉密网络、非涉密网络进行全面核查，规范大组工网、公务内网及机关门户网站的网络管理，加强机关单位互联网门户网站保密监督检查，确保不发生网络泄密事件。加强定密管理及涉密人员管理。指导各单位规范定密工作流程，推进定密管理规范化。组织开展党政机关涉密人员的分类确定与普查抽查，加强对涉密人员上岗、在岗、离岗管理。深化保密教育培训。层层制订落实保密教育培训计划，分层次开展《中华人民共和国保守国家秘密法》及《中华人民共和国保守秘密法实施条例》的宣传教育，提高全市保密干部队伍的工作能力和保密业务水平。做好保密制度建设。指导并协助各单位梳理保密工作制度，在基层党委、政府换届中提前介入，指导相关单位规范涉密载体交接流程，按保密要求推动各项工作有序开展。规范涉密载体销毁。3月，组织机关单位统一将涉密载体送至市涉密载体销毁二级回收站，由唐山市销毁中心统一销毁。督促各单位严格落实保密工作制度，并对各单位落实情况进行检查，最大限度地堵塞失泄密漏洞，消除失泄密隐患。涉密人员及时签订保密承诺书，加强了对涉密网络的使用监管，规范非涉密内网及互联网管理。对中高考试卷保密室进行专项检查，确保中高考期间保密工作有章可循。贯彻落实全省保密工作会议精神，结合迁安市实际，制发了《中共迁安市委保密委员会2016年工作要点》。按照上级文件要求，加强和完善基层保密队伍和机关内部建设。积极参加省保密协会组织的国家秘密载体印制资质审查培训班及武器装备科研生产等涉密资质单位保密培训会议。年内，市委保密办获“河北省保密工作先进集体”称号。

市委保密办

主　任　滕　菲（女，兼）

副主任　付贺利

（瓮丽媛）

市委机要工作

【概况】　2016年，市委机要局实现电报传输办理“保密、优质、高效、无事故”，确保了密码信息的绝对安全和密码通信的绝对畅通，在跟随领导服务、处理紧急重要情况、维护全市社会政治稳定、促进经济转型发展中充分发挥了密码通信“生命线、保障线、指挥线”的主渠道作用。至2016年，连续14年被省委办公厅评为河北省县级密码工作先进单位。以“细致、精致、极致”为标准，提升电报传输办理质量，全年传输办理电报3006份，其中内部明电2130份，密传电报876份，办理紧急重要电报28份，完成跟随领导服务5次，得到市委领导及上级业务部门的充分肯定。推进全市电子政务内网建设，纵向传输网络通过验收测试，完成安全电子文件系统开通准备工作，具备上线运行条件。做好全市“懒政怠政不作为不在状态”专项清理工作，共查实问题线索222件，运用多种方式对165名责任人进行了问责处理。

市委机要局
局　　长　刘　武（满族）
副 局 长　李　波
副主任科员　李艳启

（田庆贺）

市委调研工作

【概况】　2016年，市委研究室围绕全年重点工作、降成本去库存等热点难点问题，扎实开展调查研究工作。全年编发《工作参考》12期，被各级领导批示和直接转化为领导决策8篇次，在唐山市以上报刊发表内外宣稿件13篇次。年内，因势设谋开展调查研究，撰写了《靠合作保生存　靠管理增效益——鑫达钢铁公司在困境中浴火重生》《对我市当前房地产行业现状的调查》等一批高质量的调研报告，《干好事业靠什么——对上庄乡凝神聚力扎实推进美丽乡村建设的调查》及时上报唐山，得到唐山市委副书记曹征平的肯定性批示，并在唐山市委《办公厅通报》第17期刊发，作为美丽乡村建设的典型经验在全唐山市推广。《对我市免费WiFi全覆盖建设的调查》《建设有环境、有质量、有服务、有文化的社区——对晨曦家园以人为本的物业管理服务模式的调查》《加强农村基层基础工作的积极探索——五重安乡推行村级权力清单"36条"一年来情况的调查》《唐山各县（市、区）与京津对接合作亿元以上重大项目情况》等调研报告均得到市委主要领导的肯定性批示。《加快建设"魅力水城、绿色迁安"——以"六个突破"着力推进县域经济增比进位突破》《规范村务权力运行的有益探索》《发挥政府作用 构建创新生态 推动转型升级——迁安市实施创新驱动的模式探索》在《河北发展》《新唐山》刊发，完成《2016中国中小城市发展报告·绿皮书》约稿《河北迁安聚力"大众创业、万众创新"开启转型新引擎 聚集发展新动能》。同时，组织接待了省委办公厅、唐山市委办公厅、唐山市委市政府研究室、开原市委研究室考察组等对迁安的考察调研活动。

市委研究室
主　任　杨立文（兼）
副主任　周连军（5月离）（6—12月空缺）

（张　武）

市委信息工作

【概况】　2016年，市委信息中心以展示"魅力水城、绿色迁安"建设成果为重点，全年编报《迁安信息》305期，被省委办公厅信息刊物采用19条；上报长篇信息14篇，其中围绕市委主要领导的新思路、新举措重点向省、唐山市反馈的《干字当头抓落实，新常态下谋发展——迁安市大力推行"四个干"抓落实机制确保各项工作干出新成效》等4篇长篇信息被省《信息专报》采用，并得到省领导陈超英、梁田庚、张杰辉、姜德果的肯定性批示，2篇长篇信息印发全省交流学习。充分发挥辅助领导决策的"外脑"作用，服务同级工作成效显著。围绕市委主要领导关注和群众关心的热点、难点问题，进行深入调研挖掘，同时及时收集与迁安密切相关的百强县评比、京津冀协同发展、经济动态、改革创新等方面的网络媒体报道，充分满足市委主要领导对各类信息的需求。全年组织编报《内部信息》12期、《网络信息摘报》16期。充分发挥沟通市委与基层的"桥梁"作用，服务基层工作扎实开展。围绕贯彻落实市委五届六次、五届七次全会精神，项目建设，美丽乡村，安全生产，社会稳定等方面重点工作编发《迁安快报》66期，全方位展示各镇乡（城区街道）、市直各单位的工作成果。其中，围绕贯彻落实市委五届六次、五届七次全会精神，开辟特刊，刊发"一把手"署名文章，充分展示了各镇乡（城区街道）、市直各单位在加快"魅力水城、绿色迁安"建设中的工作思路、目标和举措。提升信息队伍综合素质，圆满完成各项工作任务。积极参与轩辕阁开阁、2016"魅力水城·绿色迁安"经贸洽谈会等全市大型活动的组织协调和服务工作。及时汇总上报市委办招商引资工作进展情况，与北京车库咖啡教育咨询有限公司等15家企业进行深入的对接洽谈。至年底，计划总投资6亿元的厦门蔚嘉化学集团高端医药产品北方研发基地项目正式签约。

【提高全员的业务水平和综合素质】　主动与上级部门“聚焦对光”，指派业务骨干赴唐山市委信息中心跟班学习。组织科室全员全程参与11月7—9日在唐山市举行的全省党委信息工作暨培训会议的会务服务工作。组织全市党委办公室开展“忠实践行‘五个坚持’，做党性坚强的办公厅（室）人”主题征文活动，其中题为《紧急扭住“四根针”，全面提升“三服务”工作水平》的征文被评为三等奖，市委办公室被省委办公厅授予优秀组织奖。

市委信息中心

主　任　（1—12月空缺）

（刘　伟）

市委值班工作

【概况】　2016年，市委值班室按规定向唐山市委值班室上报紧急重大突发事件8次，全年未出现迟、瞒、漏报情况；全年主要领导因外出向上级党委报备1期，各镇乡（城区街道）、市直各单位向市委值班室报备70余期。在上级党委多次组织的明察暗访中，没有出现任何问题，值班工作始终保持省、唐山市领先水平。全年办理传真电报305期，处理来电31期、来文来函199期、值班报告175期；接待来人、来信访400余次，接待电话政务问询、上访等2500余人次。做到领导批示和指示传达及时，督办落实及时，拟办建议零差错，办结率100%，发挥了党委信息主渠道和处置紧急情况重大事件前沿阵地作用。全年安排日常值班表12期，安排节假日值班表6期。针对基层单位值班电话变更的实际，下发《关于上报办公室、值班电话的通知》，收集、整理、印制了《各镇乡（城区街道）、市各园区、市直各单位办公室、值班、传真电话统计表》，畅通联络渠道。采取实地督导检查、电话检查等方式，加大值班工作督导检查力度，全年共单独检查、联合市委督查室、“懒政怠政、不作为、不在状态”问题专项清理工作督导组等部门检查值班工作6次，并印发《关于近期强化值班工作通报》1期。为贯彻落实上级有关值班工作通知精神，结合实际，下发了《关于切实做好敏感期和重大活动期间信息值班工作实施方案》《关于加强和改进紧急重大突发事件信息报送工作的通知》，成立了敏感期和重大活动期间信息值班工作领导小组和市紧急重大突发事件信息报送工作领导小组，为扎实做好全市值班工作提供了制度依据和组织保障。

市委值班室

主　任　王长华

（黄　鹏）

市机关事务管理工作

【提高机关工作效能】　完善制度，规范管理，打造效能型机关。全面加强机关制度建设，以制度化、规范化管理为目标，不断提高机关工作效能。先后制定出台《机关事务管理局物品采购制度》等10余项规章制度，通过各项制度与细则的制定，各项工作的管理体系日趋规范，机关效能得到进一步提升。

【实现精细化服务】　细致安排，周密部署，打造精细化服务。坚持“精细的管理、坚实的保障、完善的服务”工作理念，全年完成轩辕阁开阁、经贸洽谈会等近10个高规格重要会议活动的后勤保障服务工作。参与保障市老干部茶叙会、市委全会等市级会议20多场次，会议中心全年接待服务大小会议2000多场次，实现重要会议、接待任务无差错的工作目标。

【打造标准化物业】　及时有效，细致周到，打造标准化物业。牢固树立“后勤无小事”的责任意识，加大行政办公中心和创客广场基础设施的巡察力度，及时排除各类隐患。全年累计强弱电维修7000余次，家具、门窗、管道等维修6000余次，并实施了二次供水系统更换、网络系统更换等8项重点维修维护项目。

【创建标杆式队伍】　多措并举，强根筑基，创建标杆式队伍。以“两学一做”学习教育为重要抓手，全力推进机关干部队伍建设。利用理论中心组、党日活动、机关学习会、手机微信群等方式，重点组织学习了中共十八届五中、六中全会，习近平总书记系列重要讲话，各级重要会议精神以及各级出台的最新方针政策及专业知识。同时，严格规范党内政治生活，严格落实民主集中制，明确议事规则、决策程序和会议纪律，坚持每半年召开一次民主生活会，严格履行民主程序，凡是涉及干部任免、工程招投标等重大问题，全部由集体讨论决定，确保决策的规范性和科学性。

市机关事务管理局

局　长　郝爱东（兼，5月离）

　　　　张　维（5月任）

副局长　胡建青　杨志军

　　　　应春峰（12月离）　孙小刚

（李玉宝）

组织工作

【概况】　2016年，迁安市有基层党组织1434个，其中基层党委32个、党总支部64个、党支部1338个，党员总数44879人。全市组织工作坚持围绕市委工作中心，服务市委工作大局，突出全面从严治党这条主线，继续深入落实党员干部“四个干”抓落实工作机制。着力围绕转型发展选干部配班子，抓基层打基础，育人才聚贤能，推动了全市组织工作登台阶、上水平。

【“两学一做”▲学习教育】　把党的思想建设放在首位，以尊崇党章、遵守党规为基本要求，以用习近平总书记系列重要讲话精神武装全党为根本任务，狠抓落实，丰富载体，健全制度，实现“学”“思”“改”“做”有机融合，着力解决党员在思想、组织、作风、纪律等方面问题，教育引导广大党员争做“四讲四有”（讲政治、有信念，讲规矩、有纪律，讲道德、有品行，讲奉献、有作为）合格党员。狠抓集中学习，严格落实党的组织生活制度，依托“党员活动日”，组织8次集中学习，开展4次专题讨论，开展讲党课活动1500场次。举办“党员领导干部大讲堂”5次，聘请专家学者为乡科级领导干部讲解党章、《中国共产党廉洁自律准则》、《中国共产党纪律处分条例》等党内重要法规，实现学思有机结合。定期刊发《党员干部教育》期刊，打造党员干部学习新平台。探索网络学习，建立“指尖党支部”，通过QQ群、党建网、微信、易信、明白纸、口袋书等方式，定期发送学习内容，引导党员随时随地学、时时刻刻悟。紧住“改”这个核心，深入开展查找解决党组织和党员队伍存在问题、机关作风整顿、损害群众利益问题专项整治等活动，组织党员对照党章党规和正反两方面典型，查摆存在问题和不足近7万条，建立整改台账700多个。强化党员意识，建立“两戴一挂”制度，即普通党员要在正常工作时间佩戴党徽，窗口服务单位工作人员要结合岗位特点佩戴胸卡或绶带；农村、社区党员家庭要加挂共产党员户门牌；机关事业单位、国有企业、非公经济和社会组织工作岗位要设置共产党员岗、党员示范岗、党员先锋岗、党员经营户等标牌。累计发放党徽4.5万枚，悬挂党员家庭户牌2.4万个，党员示范岗500多个，设置荣誉榜1300多个。搭建活动平台，建立“一员多岗”制度，深入开展“六比六争”活动▲，区分不同行业、领域、岗位特点，明确党员职责任务，组织党员提出承诺14.5万项。树立服务品牌，深入实施党员志愿服务项目化管理，把每周六定为“党员志愿服务日”，组织开展各类志愿服务活动500多场次，用贴心的“微”服务树立党员的良好形象。建立党员领导干部“两学一做”联系点，为基层支部选派指导员，负责做好全程指导、督促工作。开展“向韩文宝同志学习”活动，在全市范围树立合格典型。坚持真督问效，组建4个市委巡回督导组，定期对各单位学习教育进行督导检查，并采取召开推进会、下发督办单等方式推进工作落实。

▲“两学一做”：学党章党规、学系列讲话、做合格党员。

▲“六比六争”活动，即组织农村党员定责争星比承诺，争当美丽乡村建设的表率；引导非公企业和社会组织党员围绕深化改革、转型发展、科技创新和成果转化比贡献，争当推动协同发展的表率；引导机关事业单位党员围绕中心比服务，争当尽责担当的表率；推行窗口和服务单位党员“挂牌上岗、亮明身份”制度比效能，争当服务发展的表率；引导教师党员崇德修身比育

人，争当立德树人的表率；组织社区党员爱岗敬业比奉献，争当文明社区建设的表率。

【乡科级领导班子和干部队伍建设】 研究起草了《市委管理干部选拔任用工作流程》，对选拔任用干部程序进行明确规定。加强分析研判，建立干部情况资料库，为选拔任用干部提供翔实准确的信息来源。建立选拔任用干部档案双查制度（酝酿人选预查，考察干部严查），进一步核准干部真实信息。坚持“好干部”标准和“五个重用、五个不用、五个调整”▲用人原则，倡导注重基层、崇尚实干用人导向，稳妥有序地推进干部调配工作，全年研究任免市管干部473人次，干部队伍结构进一步优化，推动科学发展能力进一步增强。着眼于乡镇领导班子换届，以配出结构优、功能强的好班子，换出心齐气顺劲足的好风貌为目标，全年调整配备乡镇干部217名，其中35岁左右年轻干部61名、少数民族干部7名、非党干部3名，乡镇领导班子结构进一步优化。严肃换届纪律，制定《关于加强换届风气监督的实施方案》，辑印《严肃换届纪律文件选编》，先后向全市36名县处级领导干部、263名乡镇科级领导干部、162名参与换届工作的相关人员，发放《严肃换届纪律提醒函》和《严肃换届纪律承诺书》，并对以上所有人员就换届风气监督进行专题培训，确保换届期间风清气正。扎实开展超职数配备干部、违规进人、领导干部及其亲属违规经商办企业三项专项清理工作，消化超职数配备干部19名。扎实开展领导干部个人有关事项报告工作，全市998名乡科级领导干部按要求报告了个人有关事项。认真组织乡科级领导干部公开承诺，全市领导干部共承诺事项3460项，进一步增强了各级领导干部干事创业的责任感和使命感。按照突出重点、简便易行的原则，修订完善了《市委管理的领导班子和领导干部综合考评办法》，凸显考评“指挥棒”的科学性、简便性和实用性，考准查实干部实绩。

▲“五个重用、五个不用、五个调整”：省委书记赵克志在全省组织工作会议上指出，要树立正确用人导向，把忠诚干净担当实干的好干部选出来用起来，关键是坚持“五个重用”“五个不用”“五个调整”。“五个重用”，就是重用对党忠诚的干部，让那些信念坚定、个人干净的干部上得来；重用务实肯干的干部，让那些埋头苦干、业绩突出的干部受褒奖；重用敢于担当的干部，让那些敢想敢干、善作善成的干部挑重担；重用善谋发展的干部，让那些能够推动发展、引领发展的干部有舞台；重用躬身实践的干部，让那些埋头基层、来自基层的干部有机会。“五个不用”，就是决不用信念不牢、品行不端的干部；决不用跑官要官、投机钻营的干部；决不用滥用职权、不讲规矩的干部；决不用拉帮结派、闹不团结的干部；决不用不干不净、以权谋私的干部。“五个调整”，就是坚决调整心思不集中、工作不在状态的干部，坚决调整为官不为、混事度日的干部，坚决调整思想保守、得过且过的干部，坚决调整人岗不适、不能担当的干部，坚决调整不严不实、作风漂浮的干部。

【基层组织建设】 探索实施农村党组织书记“星级管理”制度。2016年，迁安市被唐山市委组织部列为农村党组织书记星级管理试点，按照试点先行的思路，将五重安乡作为首批试点乡镇探索推进。年内，先行试点的五重安乡明确了村党组织书记星级管理的具体评定标准，并把星级管理对象拓展到农村无职党员。采取“三定两拓”（定时间、定主题、定程序，拓内容、拓范围）活动方式，深化拓展农村党支部书记论坛活动。8月，举办以“如何做好一名村党组织书记”为主题的全市农村党支部书记论坛。拓展农村干部培训方式。6月，依托秦皇岛西古城培训基地，先后举办两期农村党组织书记、后备干部、农村致富带头人培训班，培训400人；在全市集中培训的基础上，各镇乡实行兜底培训，结合“两学一做”讲党课、农村党支部书记论坛、党日活动，将未列入市级培训班的其他“两委”干部、后备干部、致富带头人轮训一遍。完善农村干部日常管理制度。在全市农村干部中开展岗位承诺活动，建立村党组织书记和村委会主任干事档案制度。强化农村后备干部队伍建设。制定出台了《关于加强村级后备干部队伍建设的实施意见》，全市共确定999名农村后备干部。推进农村致富带头人队伍

"双选双建一纳入"机制建设，"双选"标准即致富能力强、带富能力强，"双建"即建立农村致富带头人信息库和市、乡、村三级台账，"一纳入"即将农村致富带头人纳入农村后备干部管理。建立农村致富带头人信息库，实行市、乡、村三级台账管理，将614名政治素质好、思想觉悟高、致富领富能力强的农村致富带头人，纳入村级后备干部序列管理。村级治理结构逐步完善。在总结推广五重安乡"村级权力36条"试点经验的基础上，6月底召开了全市推行村级事务"小微权力清单"制度现场观摩暨动员部署会议。至年底，全市19个乡镇全部建立村级事务"小微权力清单"制度，农村党务村务实现制度化、规范化。同时，着力推进"四权一体"村级组织体系建设，"四权一体"即坚持依法合理配置、有效协调平衡的原则，对涉及新农村建设和民主管理中的权责进行科学划分，界定为领导权、决策权、执行权、监督权"四权"，分别由村党组织、村民（代表）会议、村民委员会、群众监督组织行使，通过理顺关系、规范程序，形成既相互独立、又相互促进，既相互约束、又相互补充，权责明确、高效运转、有机统一的权力制衡构架。农村党组织领导核心作用、村代会决策监督作用、村委会管理服务作用显著提升。基层党组织晋档升级稳步推进。持续推进后进村党组织整顿转化。按照倒排15%比例确定了76个后进基层党组织，重点实施"三包六治一转化"，即县级领导分包、市直单位帮扶、乡镇干部驻村，重点整治"软、懒、散、瘫、乱、难"等突出问题。市、乡党委书记带头分包最困难复杂的村，选派第一书记到村任职，明职责、明任务、明时限、明奖惩，不转化、不脱钩。2016年，包村县级领导干部入村调研166人次，各驻村帮扶工作组确定帮扶措施283条，累计投入资金9653.93万元，所有后进村全部完成转化。积极推进党建示范区（带）建设。按照"三有三化五好"标准▲，构建了"三带三区"，即北部长城山野绿道、西部森林生态绿道、东部产业富民三个党建示范带，中部美丽乡村和马兰社区、松护社区三个党建示范区。同时，组织各示范点党组织同后进村党组织结对帮扶共建，真正实现点、线、面有机结合。完善村级便民服务站软硬件建设，重点打造105个高标准便民服务站。稳步推进非公经济组织和社会组织党建工作，集中开展4次非公企业和社会组织摸底排查、"回头看"检查活动，全面掌握底数；集中开展党组织覆盖攻坚行动，建立非公企业党组织287家，覆盖率73.4%，建立社会组织党组织46家，覆盖率63%；以党建强、发展强为目标，按照生产经营好、企业文化好、劳动关系好、党组织班子好、党员队伍好、社会评价好的标准，创建非公企业"双强六好"型党组织。评选出思文科德等5个"双强六好"党建示范点，提升了全市非公企业党建整体水平。

▲"三有三化五好"标准："三有"，有主题，找准基层党建与经济社会发展紧密结合、互相促进、同步发展的新路子；有特色，根据党组织实际情况和行业特点，突出地域和部门单位特色，形成特点鲜明的党建工作品牌；有亮点，推进基层党建载体创新、制度创新和工作创新，增强创建工作实效。"三化"，阵地标准化，村"两室"（党支部办公室、党员活动室）规范化建设水平高，设置高标准村便民服务站，各功能场所内有设备、有标识、有党旗、有制度、有档案、有资料；活动常态化，有定期开展党建活动的工作安排、管理制度及活动记录（包括影音资料）；成果展示化，制作一部党建专题片，打造一个展示平台，设计一条参观线路，并通过宣传牌、标识牌、标语等营造良好的创建氛围。"五好"，领导班子好，坚持民主集中制，有凝聚力和战斗力；党员队伍好，工作作风优良，在本职岗位上比奉献、创佳绩；工作机制好，党的组织和工作制度、党员管理服务制度健全并落实到位；工作业绩好，党组织推动中心工作成效明显，农村经济社会事业发展走在本乡镇前列；群众反映好，全面落实便民利民举措，党群、干群关系和谐融洽，得到群众高度评价。

【干部教育培训工作】 组织6期领导干部大讲堂活动，先后邀请中国现代文学馆原常务副馆长李荣盛、住房城乡建设部村镇建设司原司长李兵弟、中央党校教授刘炳香等知名专家学者就传统价值观、城乡统筹发展、全面从严治党等专题授课，累计培训各级干部5000人次。拓展党员干部学习渠道，创办《党员干部教育》专刊，及时准确宣传党的理论政策和热点前沿知识，实现全市各级党组织和科级领导干部教育的全覆盖。面向全市乡科级领导干部和副科级后备干部，组织开展干部教育培训需求调查工作，征求意见建议102条，进一步增强了干部教育培训的针对性和实效性。

【人才工作】 组织开展“人才工作宣传月”活动，重点宣传习近平总书记关于人才工作的讲话精神，大力宣传有关人才工作的各项政策措施，普及推广科学人才观。组织市电视台、迁安时讯社，对中医院院长助理韩文宝等5个先进典型进行宣传报道。强化典型引领，组织开展专业技术拔尖人才评选工作，确定符合申报条件人选59名。制定专业技术拔尖人才评审办法，确保评选科学公正、社会公认。认真开展人才资源调查统计工作，提高人才工作科学化水平。

【党员发展教育管理工作】 严把党员“入口”。研究制定了《迁安市发展党员责任追究办法（试行）》，明确界定培养联系人、入党介绍人、基层党支部、党委以及相关职能部门等工作责任，开列出32项追责事项，构建起发展党员工作的刚性约束。从严从实强化党员教育管理。认真落实“三会一课”“党员活动日”等项制度，结合“两学一做”学习教育，组织开展党员领导干部、党组织书记讲党课活动；拓展党员发挥作用平台，持续推进“分类定责、亮诺争星”活动和“七权七责”（“七权”即方针政策知情权、党内活动参与权、评先选优提名权、积极分子推荐权、意见建议表达权、审议权、党务监督权，“七责”即组织决定执行责任、政策法规宣传责任、社情民意反馈责任、矛盾纠纷化解责任、群众致富帮带责任、团结稳定维护责任、弘扬正气表率责任）工作机制，利用“党员活动日”集中组织开展党员目标承诺活动，提出承诺事项14.5万项；制定了《党员志愿服务项目化管理办法》，进一步推动党员志愿服务制度化、规范化；深入开展党员组织关系集中排查，共排查失联党员292人，找回280人，理顺党员组织关系191人。积极探索党员先锋指数管理模式，推进党员管理数值化、科学化、制度化。畅通党员“出口”。稳妥开展了不合格党员组织处置和帮扶教育工作，对25名不合格党员进行了组织处置，对限期改正的10名不合格党员逐人进行谈心谈话，建立教育帮扶对子。

【农村党员干部远程教育】 圆满完成远程教育改版升级工作。按照上级安排部署，在保证农村社区全覆盖的基础上，以“建成一个、使用一个、见效一个”为原则，确定应建站点数量，确保远教资源能够物尽其用。年内，实际可建的521个站点已全部完成改版升级。着力抓好精品专题片制作工作。上报的《飞舞在群众身边的小燕》等3部专题片被中组部中心片库选中，《民心在这里凝聚》等两部专题片被唐山市委宣传部评为优秀专题片。加大网络舆情监控力度。圆满完成“两学一做”学习教育、“一问责八清理”、领导干部个人有关事项报告等重点工作的舆情监控和专项引导，为全市组织工作争先进位营造了良好的舆论环境。

市委组织部

市委常委、组织部部长 毛成海（1—5月）
市委常委、组织部部长、统战部部长
毛成海（5—12月）
常务副部长 张金铭
副部长兼人力资源和社会保障局局长
周文瑞（12月离）
副部长兼人力资源和社会保障局局长
李浩胜（12月任）
副部长兼老干部局局长 张振军
副部长（正科级） 张彦祥（12月离）
李立志
副部长兼市委组织员办主任 玄海波
市委考评办主任、干部一科科长 袁铁军（5月离）
市委正科级组织员 袁铁军（5任）
市委副科级组织员、组织一科科长 高春辉
市委副科级组织员、办公室主任 伞学峰（5月离）
市委党员电化（远程）教育中心主任
杨景华（4月离）
市委副科级组织员、考评办副主任（牵头）
李长余（5月离）

市委副科级组织员、考评办主任

李长余（5 月任）

（白启明）

宣传思想文化工作

【概况】 2016 年，全市宣传思想文化工作继续按照“高举旗帜、围绕大局、服务人民、改革创新”的总要求，全面贯彻中共十八大，十八届三中、四中、五中、六中全会和市委五届六次全会精神，积极抢抓京津冀协同发展的重大战略机遇，围绕全市转型发展任务目标，统一思想、凝聚力量、增强信心，维护好改革发展稳定大局，确保宣传思想文化工作与全市中心工作同频共振。理论武装、社会宣传、对外宣传、精神文明建设、文化事业和文化产业发展等各项工作都取得新进展，为建设“魅力水城、绿色迁安”提供了强有力的思想保证、精神动力、舆论支持和文化条件。

【理论教育】 1. 扎实推进学习型党组织建设。以系列重要讲话为重点，结合“两学一做”学习教育，组织市委中心组集中学习 21 次，其中举办大型专题辅导报告会 5 场次，开展集中研讨 4 次。结合“党章学习日”、“3·23”赶考日等专题学习，组织基层党委（党组）通过集中学习会、读书报告会、党组织书记讲党课等形式，深入学习贯彻系列重要讲话和各级全会精神。精心编发《学习提示》16 期，《学习秘书》《学习指导》各 12 期，为市委中心组和基层党委（党组）中心组学习做好服务和指导。2. 深入开展形势政策宣传教育。以中央、省、唐山市和迁安市委全会精神为主题，组建市委宣讲团，先后赴基层开展“魅力水城、绿色迁安”主题宣讲等大型集中宣讲活动 3 次，累计宣讲 970 场次，受众 87540 余人次。发挥广播、电视、报纸等传统媒体，QQ 群、微信群等新兴媒介和基层党员活动室、综合文化站、农村书屋等宣传阵地作用，有效促进各级全会精神在全市各领域的贯彻落实。组织开展“党员教育五项竞赛”活动，3 名党员教育工作者、3 所基层党校、2 本党课教材、3 篇党教文章、2 部电视专题片分别在唐山市党员教育五项竞赛活动中获奖。3. 加强和改进思想政治工作。扎实开展人文关怀和心理疏导示范点创建工作，明珠社区被评为省级人文关怀和心理疏导示范点。组织参加唐山市思想政治工作先进集体、先进个人、优秀研究成果评选活动，2 个市直单位被评为先进集体，2 人被评为先进个人，4 篇理论文章被评为优秀研究成果。组织参加唐山市思想政治工作创新案例、优秀研究成果评选活动，1 篇创新案例被评为三等奖，2 篇理论文章分别被评为一等奖、三等奖。认真组织思想政治工作人员专业职务评审工作，1 人被评为高级政工师，3 人被评为中级政工师，2 人被评为初级政工师。

【思想政治】 1. 主题宣传凝聚正能量。组织市内新闻媒体开设“春动水城”“走进美丽乡村”“向着‘魅力水城、绿色迁安’目标加速前进”等 30 多个专题专栏，全方位宣传报道全市重点工作的新进展、新成效，累计刊播动态消息、专题报道、典型报道 900 余篇（条），为全市重大决策部署顺利实施营造了浓厚氛围。广泛开展“中国梦·图说我们的价值观”公益广告宣传，深化社会主义核心价值观和中国梦宣传教育，凝聚推动转型发展的强大正能量。2. 活动宣传扩大影响力。组织市内新闻媒体，精心策划轩辕阁开阁系列活动、里约奥运会拳击项目亚（亚洲）大（大洋洲）区资格赛、国际长城万人徒步大会、全国公路自行车冠军赛总决赛、“魅力水城·绿色迁安”经贸洽谈会等重大活动宣传，累计刊播相关报道 100 余篇（条）。高质量完成轩辕阁开阁仪式现场直播，制作播出《黄帝胜迹在迁安》系列报道 6 集，提升广大市民对黄帝文化的知晓率和关注度。3. “两学一做”学习教育宣传氛围浓厚。通过悬挂宣传标语，设置宣传牌、电子显示屏、电视滚动字幕等形式，大力宣传“两学一做”学习教育标语口号，全市各级各单位累计悬挂宣传标语横幅 2000 多条。组织市内新闻媒体开办专题专栏，对全市各级党组织深入开展“两学一做”学习教育的做法、成效和典型进行全方位宣传报道，刊播相关报道 74 篇（条）；指导广播电视台录制先进基层党组织、优秀党员专题片 24 期，展播 13 期。编发“两学一做”学习教育《工作简报》33 期。组织开展“两学一做”知识竞赛、演讲比赛、主题征文等系列活动，激发党员干部的学习热情，深化学习成果，为活动开展营造浓厚的舆论氛围。4.“扫黄打非”工作常抓不懈。加强文化市场监管，以重大节庆日为契机，组织文化执法、网络管理、公安、市场监管等职能部门，集中开展扫黄打非专项行动30余次，保持了打击非法出版物、盗版软件、非法报刊、网络淫秽色情信息的高压态势，确保了全市文化市场的安全稳定。5. 深化拓展全民国防教育工作。制定下发《国防教育工作要点》《国防教育目标管理责任制实施办法》等指导文件，组织中小学校参加省、唐山市国防教育示范学校评选活动，五重安乡旭阳学校被评为省级国防教育示范学校。组织开展以“弘扬伟大抗战精神，同心共筑强大国防”为主题的国防知识竞赛、第十二届中学生夏令营、全民国防教育日宣传、“老少共叙中国梦”读书征文等活动，增强全民国防意识，引导青少年从小树立正确的人生观、价值观。

【新闻外宣】 1. 外宣发稿成果丰硕。大力宣传全市在调整经济结构、推进资源型城市转型、对接京津、加快城乡一体化、文化旅游和改善民生等方面的典型经验和做法，《“钢铁迁安”转身“北方第一水城”》《“钢铁重镇”迁安在京津冀协同发展中转型》《迁安吃钢产业迈向高端制造业》、《迁安培育新动能助推转型发展》《水城迁安灰鹤飞》等一系列重头稿件，先后在《人民日报》、新华社、《光明日报》、中央人民广播电台、《北京日报》、河北电视台、《河北日报》等媒体刊发（播），全年累计在唐山市级以上媒体发稿2550篇，其中国家级339篇，外宣发稿成绩位列唐山市各县（市）区之首。2. 重大活动宣传有声有色。以轩辕阁开阁系列活动、“魅力水城、绿色迁安”经贸洽谈会、“迁安杯”第二十一届中国大学生乒乓球锦标赛等重大活动为契机，组织大型集中采访活动23次，成功邀请《人民日报》、新华社、中央电视台、河北电视台、长城网、《唐山劳动日报》等30多家中央、省、唐山市级主流媒体到迁安采访报道，持续掀起对外宣传的高潮。3. 重大典型宣传反响强烈。省、唐山市主要领导先后就宣传韩文宝先进事迹作出批示，为落实上级领导批示精神，积极邀请各级媒体到迁安采访报道，《44岁的韩文宝用高尚医德谱写出生命的赞歌》《好大夫韩文宝视病人如亲人》《韩文宝：患者高于一切，生命重于泰山》等百余篇重头稿件，先后在各大主流媒体刊发，在全社会引起强烈反响。4. 城市形象宣传展示魅力。累计投入3000多万元，精心制作的系列城市形象宣传片，在中央电视台CCTV－1《朝闻天下》、《晚间新闻》、CCTV－4《今日关注》、CCTV－9《真相》、中秋晚会等栏目中播出，“首都东边一座成长在水里的城市”在京津地区日益引人瞩目，迁安独具特色的城市景观、优美的自然风光和良好的投资环境被世人所了解，进一步扩大了迁安的知名度和影响力。5. 舆论引导平稳有力。制定下发《关于进一步加强新闻发布和舆论引导工作的通知》《突发事件新闻应急预案》，组织开展新闻发布、媒体接待、舆情监控等业务培训4次，提升基层干部舆论引导工作的能力和水平。积极有效开展网络宣传和舆论引导，全力改善网络舆论环境。高度关注“企业停产欠薪”“钢铁寒潮”“环境污染”等相关网络舆情，及时处置网上不良信息和敏感话题，累计整理上报《舆情专报》6期，编发《舆情信息》15期，确保全市新闻舆论安全。在上级部门的指导下，做好境外媒体到迁安采访报道的服务工作，累计接待英、日等17家境外媒体记者58人次，维护了国家和地区的良好形象。

【精神文明创建】 1. 实施文明素质提升工程。以“善行迁安”道德实践活动为主线，深入实施以文明细胞、精神文明品牌、文明素质提升、未成年人思想道德建设“心灵工程”为主要内容的“四大工程”，扎实推进“文明水城、大爱水城、和美水城、德馨水城”四大建设。2. 开展先进模范人物评选表彰活动。成功承办首场“河北好人”月度榜单发布暨道德模范与身边好人现场交流活动，全市有8人获评“河北好人”；评出第八届道德模范及提名奖43人，推出“迁安好人·每周一星”87期；评出“季评学雷锋十佳”事迹40件，15件入选唐山市“月评学雷锋十佳”。《建立好人好事“激励＋奖助”机制，以道德引领放大“大爱唐山·善行迁安”社会效应》被推荐上报河北省宣传思想文化工作创新成果案例，《文明乡风“美靓”美丽乡村》被确定为河北省农村精神文明建设典型经验，《上庄村以文明乡风“六个一”助推美丽乡村建设》在《唐山劳动日报》头版头条刊载。3. 推进学雷锋志愿服务工程。拥有志愿者1.6万人，开展九项主题志愿服务活动近千场次，发布实施重点志愿服务项目12个，3人被评为唐山市最美（优秀）志愿者；组织开展公民道德建设基金奖励暨学雷锋志愿服务启动仪式等活动10余场次，利用市公民道德建设基金奖励、扶助各级各类道德模范和身边好人好事千余件次，发放奖助金58.4万元；深入实施未成年人思想道德建设“心灵工程”第二个三年计划，文明校园创建扎实推进，累计为7所乡村学校少年宫争取项目资金235万元。4. 推进全国县级文明城市创建工作。将创城工作纳入全市“十三五”规划和全市工作重点，成立了由市委书记任政委，市委副书记、市长任指挥长的文明城市创建工作指挥部，指挥部下设办公室和9个由市四大班子领导牵头的创建工作部，对照118项测评体系指标，细化分解任务，夯实工作责任，确保创建任务、责任、人员、进度、质量“五落实”；先后制定下发《迁安市推进文明城市创建工作方案》等12个指导性文件，先后6次组织召开文明城市创建工作汇报会、调度会，对创建工作进行安排部署；2016年8月，省文明城市创建暗访组对迁安市进行了暗访测评，测评成绩在全省7个全国县级文明城市提名城市中位列第一名；对全市75个责任单位上报的874份测评档案进行整理汇总，形成文明城市测评档案83卷、未成年人思想道德建设档案10卷。2016年10月28—30日，迁安市顺利通过省文明城市测评组年度测评。

【文化建设】 1. 文化产业项目有序推进。中唐·天元谷民俗文化旅游综合体、正元印刷包装产业园、思文科德金属印刷包装基地等一批重点项目扎实推进。思文科德金属印刷包装基地成功当选河北省2016年度“十大文化产业项目”。积极开展文化产业招商引资工作，中国迁安文房四宝文化艺术区项目进入规划设计阶段，《大藏经》文化传承工程项目前期准备工作正在进行中。认真做好文化产业统计工作，2016年，全市有文化产业法人单位251家，其中规模以上13家。2. 扎实开展文化科技卫生“三下乡”活动。以公共文化资源共建共享工程为抓手，累计投入420多万元，为镇乡、村进行数字化设备更新，配发图书7.8万余本。全年深入基层开展文体项目辅导培训50余次，文化惠民演出150场，惠民电影放映5521场；开展农业技术培训20余场；开展义诊活动50余次。3. 文化活动丰富多彩。全年组织开展元旦、春节期间文体活动、第二十三届青少年读书教育活动，第十二届中学生夏令营活动、第十二届“魅力水城之夜”群众文化展演等各类大型文化活动70余场，进一步丰富广大市民的精神文化生活。实施文艺精品工程，结合特色旅游、文化产业、美丽乡村等主题，组织开展“亚滦湾杯”摄影大赛、“日月明杯”征文比赛、“燕山情·绿色梦·水城魂”原创诗歌征文大赛、“上庄杯”文学摄影大赛等主题文艺精品创作活动，推出一批弘扬民族文化、反映时代精神、富有迁安特色的文艺精品力作。3部文学作品、7件美术作品在全国或全省大赛中获奖。4. 精心举办轩辕阁开阁系列活动。成功邀请权威专家、知名企业家、港澳台知名人士160多人到迁安参加活动。第十一届全国政协副主席、中华炎黄文化研究会名誉会长陈宗兴出席开阁仪式。成功举办首届中国迁安黄帝文化高端论坛、首届中国迁安“炎黄文化与创业创新”经济论坛，“中华炎黄文化研究会迁安轩辕黄帝文化研究院”落户，提升了迁安黄帝文化的知名度和影响力。

市委宣传部

市委常委、宣传部部长 郭卫民

常务副部长 毛广丰（12月离）
王永进（女，12月任）

副部长 田军民（12月离）
马天军（12月任）
王永进（女，12月离）
李爱斌（挂任）
周晓英（挂任，12月离）
王艳军（女，挂任，12月离）
霍志国（挂任，12月任）

社科联主席　田军民（兼，12月离）
文明办主任　王永进（女，兼，12月离）
主任科员　浑　广
文明办副主任　张秀红（女）
副主任科员　胡林泊
　　郭红颖（女，5月任）

（高　杨）

纪检监察工作

【概况】　2016年，市纪委在市委的坚强领导下，按照上级纪委部署要求，从政治责任抓起，突出职责担当，形成全系统拼搏精神，取得明显成效。建立“两个责任”［党委（党组）主体责任、纪委监督责任］监督长廊、《纪律与规矩》专刊、重心下移“捉小鬼”专项行动、推行村级“小微权力清单”监督制度、“一问责八清理”▲等工作得到上级肯定或推广。市委常委、市纪委书记许俊良作为县级纪委书记代表入选中央纪委监察部网站实践“四种形态”▲圆桌会采访；副书记尹国华作为唐山市唯一人选上报中央纪委通报嘉奖。

▲“一问责八清理”：“一问责”，是对党的领导弱化、主体责任缺失，管党治党不力、发生严重违纪违法问题的，抓住典型，严肃问责，公开处理，严肃问责和通报曝光一批落实“两个责任”不力的典型，倒逼“两个责任”落实。“八清理”，是对超职数配备干部、违规进人问题，违规公费出国（境）、公款旅游问题，乱收费、乱摊派问题，领导干部经商及其亲属利用其职务影响谋取不正当利益问题，滞留截留套取挪用财政专项资金特别是涉农资金问题，省属违规配车、用车问题，招标投标不规范、违规出让土地、违反规划调整容积率等问题，懒政怠政、不作为、不在状态问题，进行清理。

▲“四种形态”：第一种，党内关系要正常化，批评和自我批评要经常开展，让咬耳扯袖、红脸出汗成为常态。第二种，党纪轻处分和组织处理要成为大多数。第三种，对严重违纪的重处分、作出重大职务调整应当是少数。第四种，对严重违纪涉嫌违法立案审查的是极少数。

【强化主体责任和监督责任】　1. 层阶明责。协助市委制定2016年度《党风廉政建设主体责任重点任务运行图》，出台《监督责任重点任务运行图》，分别明确主体责任重点任务35项和监督责任重点任务30项，按照“清单式明责”“层阶式传导”的标准，逐级压实主体责任和监督责任。2. 日常督责。由市纪委常委带队，督导市纪委五届六次全会精神落实，促“两个责任”意识养成、措施到位；年内，编发《纪律与规矩》71期，至总第80期，入心入脑红线作用彰显，唐山市纪委在全唐山市印发推广，合订本作为工作展示上报省纪委领导班子；创办《迁安纪检监察》专刊，刊发业务交流，抓好日常履职督责。3. 对标晒责。在市政广场设立落实“两个责任”监督长廊，公开晾晒各单位党组织主体责任和市纪委监督责任落实情况，接受社会监督，得到唐山市纪委调研肯定。4. 常态问责。推行监督责任纪实制度，建立监督纪实台账和纪实档案；完善问责机制，追究“两个责任”落实不力的党员领导干部33人，其中党纪处分29人，诫勉谈话4人。

【突出“四种形态”抓纪律审查】　1. 抓案件查办不放松。审结案件301件，处分党员干部353人，其中科级干部32人（是2015年的160%），移送司法机关11人，在唐山市保持领先。排查清理涉刑党员干部，给予党政纪处分48人。2. 抓专项行动显成效。重点开展重心下移“捉小鬼”专项行动，处理人员64人（次）。“一问责八清理”专项行动发现问题966个，问责566人，在唐山总结大会上做典型发言。3. 抓信访举报出实招。对纪检信访量较多的前5个镇乡，开展“群众身边的腐败”专题剖析调研，发现4类10个具体问题，提出整改措施；试行《实行信访举报工作建议的办法》，提高信访举报工作成效；做好监督执纪问责信息管理系统日常使用，信访子系统管理使用情况在中央纪委随检中为唐山市最好。2016年，受理信访举报2207件（次），办结2015年前的问题线索，查结上级纪委交办“两要”（要查办结果和查办情况）案件32件，成案11件，给予党政纪处分17人。4. 抓案件审理重规范。印发《纪检监察机关执纪审理工作资料汇编》和《审理处分卷（式样）》，强化案件审理质量，纪律审查零事故、零申诉。

【把纪律和规矩挺在前面】 紧盯节假日重要节点。持续压缩“四风”问题生存空间，突出问题导向，通过“拉网式”明察、“随机式”抽查、“点穴式”定察和“问题式”巡察，开展明察暗访24次，印发通报7期，处理人员51人，营造“反腐无处不在、纪委就在身边”的监督态势。紧盯关键领域和突出问题。借鉴省委督查室做法，对各单位公务接待、用车用房等逐家进行查账式巡察，发现问题线索39个，下发纪律检查建议书32份；以推动解决环境保护、安全生产等突出问题为重点，开展专项巡察4次，行政问责12人；落实《河北省党员干部操办婚丧喜庆事宜规定（试行)》，收到报告、备案表54份，处理顶风违纪党员干部8人；研究制定制式流程和具体要求，把好“党风廉政意见回复”关，出具廉政证明58份、889人（次）。紧盯务实有效新举措。引进“第三方”监督机制，开展3轮次铺开式检查、5次专项检查，组织处理党员干部26人；“网上审批、网上监察”平台共受理办件17017件，其中互联网办件1468件，办件监察66起，下达《网上监察建议书》23份。

【看住源头防腐关键点】 源头防腐机制建设。推行村级事务“小微权力清单”监督制度，初步形成村级事务运行全过程的监督，被唐山市纪委确定为“农村腐败问题治理试点”，在迁安专题召开唐山市“农村党风廉政建设座谈会”，选取19个镇乡、56个行政村，围绕“小微权力”监督开展农村网络普及、“空心”程度等内容的专项调研，发放调查问卷40964份，形成综合调研报告，得到唐山市纪委充分肯定和高度重视。健全机制，抓早抓小。定期分析信访和案件情况，落实廉政谈话、核实谈话、诫勉谈话制度，年内，谈话48人次，发信访函询通知书69件，批评教育134人，任前谈话277人，纪委书记直接约谈科级党政负责人20人。入心入脑宣传教育。制定下发《全市党风廉政宣传教育工作实施方案》，将17项工作任务分解到27个成员单位；召开党风廉政建设联席会议，凝聚宣传教育整体合力；组织开展“学条例、查风险、明底线——我的纪律清单”活动，2312名党员制定了纪律清单，为2115台电脑制作了电脑屏保，制作桌牌2005个、口袋书（小册子）526个，联席会实效运转；在《迁安时讯》、迁安电视台分别开辟《纪律与规矩》专栏和《每周播报》，在“智慧迁安”（迁安电视台手机电视APP）开辟“纪检监察”主页，在电视台开设《反对四风、服务群众》和《寻找水城最美的“你”》专栏，播放12部反腐倡廉影视作品和《中华传统美德故事》，营造宣廉、促廉、尚廉的浓厚氛围；组织开展警示教育139场次、主题活动192场次、任前廉政考试2场、党纪条规知识考试26次，编印宣传教育资料19874份，在市政府廉政会议、重心下移“捉小鬼”动员会、2016年农村集体资金资产资源管理专项审计工作会等会议上，4次通报典型案例25起，强化典型案件的警示作用。

【纪检监察干部队伍建设】 抓整合。规范市纪委常委会、纪委书记办公会工作规则和议事规则；落实纪委书记提名权，出台乡镇、纪工委、市直单位纪委书记、副书记提名考察办法；统筹推进纪检监察机构改革和市委巡察机构建设，形成“综合、监督、执纪”三大单元。抓学习。选派8批44人参加高层次业务培训，新录用纪检监察干部全部到委局机关跟班轮训；深入开展“两学一做”专题教育活动，选树学习、奉献等7类标杆，班子成员与老干部、老党员结对帮扶，16名党员主动参加党员志愿者服务，10名年青党员主动报名加入全市血库储备；持续开展“周五大讲堂”，将上级纪委报刊、网络、手机客户端列为纪检监察干部标配，提升学思践悟能力；组织党员干部到乐亭县李大钊故居、李大钊纪念馆瞻仰参观，提升党性修养和政治修为。抓选任。年内，提拔、重用、交流科级纪检监察干部30名；选调法律、经侦专业年轻干部7名，激发队伍活力和干事动力。抓换届。配合市委开展乡镇党委换届，顺利组织乡镇纪委换届考察工作，提出乡镇纪委书记和副书记的拟提名人选名单。抓监督。坚决避免“灯下黑”，诫勉纪工委书记1名，审查处分纪工委书记1名。

中国共产党迁安市纪律检查委员会领导成员

书　记　许俊良
副书记　李曙光　尹国华
委　员　（按姓氏笔画）
马福军　王志义　毛广丰　尹国华
许俊良　李立志　李志龙　李晓明
李曙光　张志强　张树安　武宝和
周晓兵　赵云新　赵增华
郝晓华（女）　侯继春　钱治有
唐延来　崔学杰　魏　波

迁安市监察局领导成员

局　长　李曙光（兼）
副局长　唐延来（10月任）　戴景珍（女）

中国共产党迁安市纪律检查委员会工作机构及其领导人

办公室
主　任　周晓兵（4月离）
信访室
主　任　凌　泉（5月离）
王利文（5月任）
第一纪检监察室
主　任　鲁卫国
正科级纪检员　马志海（5月离）
第二纪检监察室
主　任　张志强（4月离）
揣建波（5月任）
第三纪检监察室
主　任　王利文（5月离）
刘长华（5月任）
案件审理室
主　任　吴春涛
正科级纪检员　高少华
执法和效能监督室
主　任　唐延来（常委兼主任）
牵头人　尹文宏
党风政风监督室
主　任　裴桂林
干部管理室
主　任　刘立军
副主任　王会娜（女）
宣传教育室
主　任　高冀安（5月离）
第一纪工委、监察分局
书记、局长　傅贺流
副书记、副局长　陈绍歌　张筱君（女）
第二纪工委、监察分局
书记、局长　杨士芳（女，12月离）
副书记、副局长　李海军　刘坤香（女）
第三纪工委、监察分局
书记、局长　马　余
副书记、副局长　高致远　徐翠侠（女）
第四纪工委、监察分局
书记、局长　乔得春（5月离）
副书记、副局长　刘向芳（女）
张新娇（女）
第五纪工委、监察分局
书记、局长　凌志忠
副书记、副局长　刘艳华（女，满族）
李立新
第六纪工委、监察分局
书记、局长　何海蛟
副书记、副局长　张巧玲（女）
第七纪工委、监察分局
书记、局长　王振宏
第八纪工委、监察分局
书记、局长　杨小林（5月离）
凌　泉（5月任）
副书记、副局长　李红军（5月离）
第九纪工委、监察分局
书记、局长　郑少林
副书记、副局长　刘兴华
第十纪工委、监察分局
书记、局长　李国军

（李　悦）

对外宣传

【概况】　2016年，迁安市对外宣传工作以打造

"魅力水城、绿色迁安"城市名片为目标，大力宣传全市在调整经济结构、推进资源型城市转型、对接京津、加快城乡一体化、文化旅游和改善民生等方面的典型经验和做法。坚持正确的宣传舆论导向，创新宣传方法，完善宣传机制，拓宽外宣渠道，实现对外宣传工作的进一步优化。加大全市网络宣传力度，确保全市互联网舆论安全，全力做好舆情信息调研工作，为迁安经济社会又好又快发展创造了和谐、安全、稳定的外部舆论环境。全年全市在唐山市级以上媒体刊发新闻稿件2550篇，其中新华社通稿26篇，国家级690篇（其中传统媒体339篇），省级1576篇。在唐山市《各县（市）区、开发区在省和京、津主要新闻媒体发稿情况》考核通报中，迁安市以超出曹妃甸77分的成绩，位居各县（市）区第一位。

【市委外宣局加挂"互联网信息办公室"牌子】 根据唐山市机构编制委员会办公室《关于迁安市外宣局加挂"互联网信息办公室"牌子的批复》，为加强和完善互联网信息管理工作，经2013年11月26日市编办会议研究并呈报市五届市委常委会第四十次会议审议通过，决定在中共迁安市委对外宣传局（迁安市人民政府新闻办公室）加挂迁安市互联网信息办公室牌子，并增加相应职责：承担重大突发事件网上舆论应急管理和舆论宣传协调工作，负责网络舆情不间断实时监控，承担舆情收集、分析和报送工作；拟定网上评论工作方针政策并组织实施，组织开展重大活动、重大事件网上评论活动，指导和推动网络评论员队伍建设；组织协调网上新闻宣传和舆论引导工作，组织网络对外宣传工作；承担网络文化建设和管理的有关指导、协调和督促工作，协调处置网上意识形态热点，组织协调有关部门依法查处违法违规网站，指导、督促有关部门抵御有害信息渗透。根据工作需要，中共迁安市委外宣局（迁安市人民政府新闻办公室，迁安市互联网信息办公室）增设互联网信息办公室专职副主任1名（副科级）；内设机构调整为综合科、对外宣传科、对外联络科、网络管理科；全额事业编制由原来的10名调整为16名；股级职数调整为4正2副。

【转型主题宣传势头强劲】 《人民日报》在2月17日刊发长篇通讯《再难，也要脚步铿锵》，文章详细介绍了唐山市坚持绿色发展、完善产业体系、助推转型升级典型做法，其中在第二章节《突围：脱旧胎换新骨　转型升级"起死回生"》中，用5段文字介绍了迁安市叶金保从钢铁转型发展生物制药典型做法。《光明日报》在2月7日刊登了《"钢铁迁安"转身"北方第一水城"》的新闻特写，通过市委书记李忠、市长张淑云的观点看法及企业家叶金保投身生物制药的做法，介绍了迁安市在转型发展中所做的成功探索。《中国之声·央广新闻》栏目2月8日播发了《"钢铁重镇"迁安在京津冀协同发展中转型》的新闻，介绍了迁安市对接京津所取得的最新成果。人民网、新华网、中国经济网、中国网刊发了《430余客商齐聚"水城迁安"共谋转型发展》《迁安生物医药产业异军突起 转型发展再添新动力》《总投资457亿元70个项目落户 产业转型项目增多》等新闻。《河北日报》刊发了《京津冀钢铁联盟助力迁安转型》《建设海绵城市 迁安如何先行先试》等专题新闻，并于5月15日刊发了《钢铁重镇绿色转型》图片专版，全方位展示迁安转型发展成果。河北电视台《河北新闻联播》播发了《迁安吃钢产业迈向高端制造业》《迁安培育新动能　助推转型发展》《迁安牵手清华　投资32亿元打造"中国芯"》等新闻。

【大报大台大网宣传亮点纷呈】 《人民日报》、新华社、《光明日报》、中央人民广播电台、中央电视台五大主流媒体通过新闻消息、图片、特写、视频、长篇通讯等形式，多角度先后报道迁安转型发展、城市建设的最新成果。《人民日报》2月18日、2月20日、2月24日分别在4版《要闻》、10版《生态周刊》、14版《生态》美丽中国·跟着候鸟看生态专栏，以图文并茂的形式，刊发《品味皮影　体验非遗》《水城迁安灰鹤飞》《东方白鹳栖息迁安黄台湖》三组图片新闻，展示迁安不断加强生态保护和修复力度、建设宜居人居环境所取得的新成效。一周内四上《人民日报》，这在迁安对外宣传历史上尚属首次。新华社先后刊发《春到海绵迁安》《绿满山坡 生态富民》《河北迁安：延伸产业链 推动企业转型》《钢铁重镇培育新动能》等20余组图片，全面展示迁安经济社会发展新成效。中央电视台在2月4日、4月1日、6月11日、9月2日、10月31日《朝闻天下》栏目播发了《不出村赶大集　网购年货今流行》《2016里约奥运会亚大区拳击资格赛迁安举行》《2016中国迁安国际万人徒步大赛隆重举行》《六代为人师表　教育世家百年传承》《2016国际马拉松山地越野赛迁安举行》综合新闻，重点介绍迁安市大力发展电子商务、尊师重教、发展乡村旅游动态新闻。人民网、新华网、中国经济网、中国网刊发了《众多世界冠军与百年栗树结缘》《海绵城市应该怎么建》《迁安入选2016中国县域经济百强》《迁安迎考全国县级文明城市》等新闻，《唐山劳动日报》头版头条刊发了《魅力水城绿色迁安扬帆起航》《先锋引领促转型》《开辟转型发展新天地》《文明创建让水城迁安更美好》4篇重头戏新闻稿件。

【重要活动对外宣传有声有色】　在2016年里约奥运会拳击项目亚大区资格赛、迁安轩辕阁隆重举行开阁仪式、2016中国迁安国际长城万人徒步大会、2016“魅力水城·绿色迁安”经贸洽谈会等23次大型活动期间，《人民日报》、新华社、中央电视台、中新社、《中国体育报》、《北京日报》、河北电视台、《河北日报》等20余家国内媒体对这些活动均进行了报道，各级媒体报道总数为986篇，掀起迁安外宣工作的一个又一个高潮。

【“两学一做”典型韩文宝事迹宣传反响强烈】推树“两学一做”典型，韩文宝事迹在社会上引起强烈反响。中国新闻网刊发《换肝医生韩文宝：活一天也要治好病》新闻通稿后，省委常委、宣传部部长田向利做出重要批示，《河北日报》、河北人民广播电台、河北电视台集中进行了报道，新华社刊发《河北患癌医生韩文宝“活一天就看一天病”受赞誉》，国务委员、国务院副总理刘延东作出重要批示，省委书记赵克志、省长张庆伟，唐山市委书记焦彦龙、市长丁秀峰也就宣传韩文宝事迹先后批示，市委外宣局及时与各级媒体沟通，掀起了集中报道韩文宝典型事迹高潮。《44岁的韩文宝用高尚医德谱写出生命的赞歌》人物通讯等100余篇稿件纷纷刊发。

【媒体记者接待有条不紊】　2016年，共接待媒体记者300余人次。《人民日报》、新华社、中央电视台、中央人民广播电台、《经济日报》、人民网、新华网、中国网等中央媒体和《河北日报》、河北电台、河北电视台、长城网、《唐山劳动日报》、唐山电视台等省内主流媒体分别就迁安经济转型成果、对接京津、城市建设、“合作社”经营模式、新农村建设、文化产业建设等内容进行实地采访拍摄，呈现报纸上有文字、广播里有声音、电视上有影像的宣传效果。

【网上舆论环境全力改善】　加强网上宣传和管理，网聚迁安正能量。2016年，迁安市委对外宣传局舆情信息调研工作列唐山市第一名，分别被河北省委宣传部和唐山市委宣传部评为先进单位。1. 服务大局，全力改善网络舆论环境。不断完善网上舆情监测机制和研判机制，全年在“迁安吧”等贴吧论坛删除不实贴、煽动帖206条，跟帖灌水3528条。全年上报《舆情专报》6期、《网络舆情信息》15期，部分网民反映的问题经市领导批示得到解决。认真完成上级网信部门布置的各类网评作业任务，全年累计在长城网等知名新闻网站发表评论文章43篇，在新浪微博、腾讯微博累计撰写、转发博文62619篇，比2015年度增长21558篇，制作、转发微信114105条，在天涯、猫扑、贴吧等网络社区转发贴文1318篇次，新闻跟帖5554条。2. 网聚正能量，宣传展示“魅力水城”良好形象。充分发挥官方微信平台“水城有故事”作用，在撰稿、编辑、配图等环节层层把关、精心策划，全年累计发布展示全市转型发展成果、文化旅游发展、历史人文风貌的微信图文专题403篇。特别是在2016“魅力水城·绿色迁安”经贸洽谈会召开期间，按照统一安排，组织域内自媒体联动宣传，为经贸会营造浓厚氛围。其间，“水城有故事”发表《430余位客商齐聚京东水城，待品迁安招商亲商之“饕餮盛宴”》《水城生辉，共襄盛会!》等原创微信共计6条，累计阅读量6478次。后续又发布跟进专题报道《迁安，你自己那么美你知道吗?!》，单条阅读量达到13797次，创下历史之最。此外，配合全国文明城市创建，中秋节迁安城市形象宣传，新年书记、市长献词等微信推送也都受到广泛关注，取得良好的宣传效果。3. 调动全员积极性，做好舆情信息调研工作。针对舆情信息工作存在的问题，继续利用网络开展业务指导，进一步提高信息员的舆情敏感性和编写能力，充分调动信息员撰写高质量、多数量信息的积极性，全年累计上报舆情信息2160篇。

【新闻舆论引导机制更加完善】 1. 加强舆论引导工作规范化建设。印发《中共迁安市委办公室、迁安市人民政府办公室关于进一步加强新闻发布和舆论引导工作的通知》和《突发事件新闻应急预案》，就到迁安采访媒体记者接待、新闻发布、突发新闻事件应急响应、重大突发事件网络舆论引导和监测等工作进行详细、明确的规定，为加速"魅力水城、绿色迁安"建设营造良好的舆论环境。2. 认真做好监督性采访报道的记者接待工作。2016年，累计接待各级媒体来人来函166起。其中，来人采访178人次，监督性核实稿件28件，电话采访核实36起。涉及环保、安全生产、土地、教育医疗、行政执法和社会民生等内容。全年组织安排全市新闻发言人和舆论引导工作培训4次，总计培训人数300余人。在各镇乡、政法委、公安局、企业等部门的密切配合下，及时处置了英国、日本、澳大利亚、西班牙、荷兰等17家境外媒体的采访行为，有效规范了国外记者的采访行为。

市委对外宣传局（市政府新闻办公室）
局　　　　长　李爱斌
网信办专职副主任　付　炎（5月任）
市委对外宣传局副主任科员　陈　儒（5月任）

（李建军）

农村工作

【概况】 2016年，全市农村工作重点开展了美丽乡村建设、"两改一清一拆"（改造城中村和永久保留村，改造危旧住宅和旧厂房，清垃圾杂物和残垣断壁，拆违章建筑）行动、省级中心村示范点、农村土地确权登记颁证、农村基层民主政治建设等项工作。全市美丽乡村建设成效显著，农村"两改一清一拆"强力推进，农村环境面貌焕然一新，农村土地确权登记颁证工作稳步开展，农村基层民主政治建设水平明显提升，省级中心村示范点全部开工，进展顺利。

【美丽乡村建设工作】 按照河北省委八届十二次全会提出的"用5年时间，基本实现美丽乡村建设全覆盖"的目标要求，全市确定了"提前两年在全省率先实现美丽乡村建设全覆盖"的"十三五"目标：即在巩固提升南部高速公路片区美丽乡村建设水平的基础上，2016年重点打造北部长城山野绿道片区，2017年重点打造西部森林生态绿道片区，2018年重点打造东部滨河田园绿道片区。到2018年年底，在全省率先实现美丽乡村建设全覆盖。2019—2020年，把工作重点放在"经营"美丽上，利用多种业态，发展农村经济，努力把美丽乡村建设成果转化为新的生产力。

2016年，迁安长城绿道美丽乡村片区被确定为省级12个重点片区之一，也是唐山市唯一的一个省级重点片区。全市紧紧围绕环境美、产业美、精神美、生态美的目标，坚持标准不降低、资金不浪费、路径可复制、美丽可持续的原则，高标准建设长城绿道片区，集中力量、全力打造"美丽乡村示范区"，建设省级片区村庄26个，片区外省级重点村25个，51个重点村全部完成年度建设任务。一是凝聚共识，形成合力，实现美丽乡村组织推动新突破。市委、市政府把美丽乡村建设作为一把手工程，成立由市委书记任组长、市长任常务副组长、15名四大班子成员任副组长、31个市直单位负责人为成员的美丽乡村建设领导小组，领导小组下设办公室和十二个专项行动工作组，建立市领导联系点和驻村帮扶制度。有关镇乡和部门层层成立相应组织，全市上下协调联动、分工负责、齐抓共管。市主要领导带队多次到外地参观考察，学习借鉴先进经验，深入一线现场办公。市美丽乡村办定期召开例会，组织现场观摩、经验交流，协调调度，及时发现问题，解决难题。印发文件，编发简报，互相借鉴，取长补短。全年制定下发指导性文件、通知41个，召开小组工作例会、现场办公会16次，组织现场观摩会、经验交流会9次，形成戮力同心、合力攻坚、推进美丽乡村的良好工作态势。二是规划先行，多轮评审，确保美丽乡村建设科学可行。美丽乡村建设伊始，迁安市及时启动规划方案编制工作，邀请省城乡规划院等高资质规划设计单位，提前进驻片区村庄，深入实地调研，搜集整理资料，明确长城绿道片区打造青砖、灰瓦、石头墙为特色的长城脚下美丽村落的定位，力争凸显山区特色、长城元素，建设具有迁安特色的美丽乡村示范片区。规划编制过程中，市城乡规划委员会多次听取规划汇报，市委书记、市长多次深入片区重点村，结合现场提出修改意见，增强规划落地性，提升编制水平，确保了美丽乡村建设规划切合实际，科学可行。长城绿道片区总体规划得到了省住建厅和省美丽乡村建设领导小组高度评价。三是加大投入，多方融资，破解美丽乡村融资瓶颈制约。2016年，迁安市美丽乡村建设计划总投资4亿元，其中省级融资平台支持项目资金1.5亿元，本级配套融投资2.6亿元。为圆满完成美丽乡村融资目标，2016年3月，迁安市率先注册成立了唐山市第一个美丽乡村融资平台——助农乡村建设开发有限责任公司。公司成立后，积极主动跑办，率先完成省级融资项目组卷申报，率先通过省美丽办组织的专家评审，并顺利通过省农发行的贷款现场调查。11月，迁安市政府、助农公司与省融资平台公司签订三方协议，助农公司获得授权组织实施省级1.5亿元项目。迁安市融资工作受到了省、唐山市美丽乡村办的充分肯定。四是强化督导，规范运作，实现项目建设新突破。迁安市制定出台了《迁安市美丽乡村建设项目管理办法》和《迁安市美丽乡村建设资金管理办法》，明确美丽乡村建设项目主体、工作流程以及审批管理权限，确保美丽乡村建设项目安排科学合理，资金使用公开、阳光操作。建设过程中，迁安成立专门的督导组，形成倒排工期、挂图作战、全力攻坚的强劲态势，有效保障了项目进度和质量。至年底，全市省级重点片区和重点村十二个专项行动年度任务全面完成。五是拓宽思路，创新模式，实现美丽乡村宣传工作新突破。迁安市紧扣美丽乡村建设主题，不断拓宽宣传思路，丰富宣传内容，创新宣传模式，全方位、多角度、立体式营造氛围。在迁安电视台《迁安新闻》中开辟“走进美丽乡村”专栏，全年播出100多期新闻节目。唐山电视台影视频道《健康唐山》栏目播出了迁安市五重安乡红峪口村、万宝沟村、茶井沟村美丽乡村建设，河北电视台农民频道《走进美丽乡村》栏目播出了杨各庄镇徐流口村“三绝”。市美丽乡村办开通“迁安美丽乡村”微信公众号，组建“迁安市美丽乡村建设”微信公众平台群，推送消息1000多条，吸引14万多人次关注。全年各级报刊发表文章158篇，其中唐山市级以上刊发33篇。与相关部门联合举办“美丽乡村”文学美术摄影大赛和书画摄影作品展，辑印《乡恋——美丽乡村文学作品集》和《乡恋——美丽乡村书画摄影集》；举办悦动·美丽乡村广场舞大赛、《农民春晚》等大型宣传活动，形成各界支持、百姓拥护、全社会共同关注美丽乡村建设的良好势头。在省美丽乡村办组织的考核验收中，迁安市获评2016年度河北省美丽乡村建设先进县（市），有11个村获评省级美丽乡村，分别是：杨各庄镇徐流口村、东高庄村，建昌营镇河流口村、北冷口村、白道子村，扣庄乡安新庄村，大崔庄镇楼子山村，蔡园镇小杨庄村，五重安乡红峪口村、茶井沟村、万宝沟村。

【美丽乡村建设重点村名单】 2016年，全市确定51个村为美丽乡村建设重点村。

长城绿道片区村庄26个，其中2016年度省级重点村16个，分别是五重安乡茶井沟村、万宝沟村，大崔庄镇白羊峪村、四道沟村、大庄村，建昌营镇新立村、白道子村、大龙王庙村、教场沟村、清泉村、军屯村、东堡子村、河流口村，杨各庄镇西新庄村、东新庄村、徐流口村；2016年以前年度省级重点村10个，分别是五重安乡红峪口村、马井子村、新开岭村，大崔庄镇石梯子沟村，建昌营镇石门子村、果园村、北冷口村、南冷口村、东三家村、新房子村。

长城绿道片区外2016年度省级重点村25个，分别是五重安乡东陈庄村、苏家沟村、范家沟村，大崔庄镇楼子山村、商庄子村、沙坨子村、步步川村，建昌营镇北新庄村、东密坞村，杨各庄镇上场村、小套村、曲河村、徐流营村、森罗寨村、武家庄村、安各庄村、尚武旗村、东高各庄村、大贤庄村、青山院村、披甲窝村，扣庄乡毕新庄村、邓新房子村、安新庄村，大五里乡山叶口村。

【“两改一清一拆”行动】 按照“点上精彩、

线上美丽、面上干净”的总体要求，全市普遍开展了“两改一清一拆”行动攻坚战。一是全面动员，落实责任。召开专门会议安排部署，制定下发《“两改一清一拆”行动实施方案》，采取镇乡干部包村、村干部包片、保洁员包街的方式，落实一个任务、一套班子、一个目标、一抓到底“四个一”分包责任制，形成网格化治理的工作格局。同时，印制宣传纸，发动群众广泛参与清拆行动，做到家喻户晓；二是常态保洁，确保效果。市财政每年按农村人口每人 30 元的标准，每年安排 2000 万元专项资金用于农村环境卫生保洁，全市村级卫生保洁人员达到 2450 人，村村有保洁队伍，镇乡有垃圾转运队伍，“户清、村集、镇乡运、集中处理”的卫生保洁和垃圾处理长效机制运转规范；三是创新模式，市场化运作。积极探索 PPP 模式的市场化保洁机制，推行“政府购买服务、管干有效分离”的市场化运作模式，在彭店子乡开展试点，实现了卫生保洁的整体托管，为农村卫生保洁和垃圾处理探索出一条新路径、新机制。

【农村土地承包经营权确权登记颁证工作】 全市农村承包土地经营权确权登记颁证工作 2014 年开始试点，2015 年全面推开，2016 年完成承包地总面积的 40%，2017 年扫尾。由于有 51 个村承包土地全部消亡，因此共对 483 个村进行确权登记颁证，其中有 47 个村绝大部分承包土地被征占，只有部分农户有少许承包地，应做调查测绘登记，全市需要确权到户的村共 436 个。一是建立检查督导机制。市确权办成立督导组，采取定期与不定期督导相结合的形式对乡镇和测绘公司进行督导检查，督导方式为召开座谈会、走访农户、实地勘察、查阅资料等，逐乡逐村对全市土地确权开展情况进行督导检查，在全面掌握情况的基础上实施分类指导，解决实际问题；二是实行定期调度制度。定期组织召开由各镇乡长、主抓副职、农经站站长、各测绘公司负责人参加的调度会。2016 年，先后组织了 6 次农村土地承包经营权确权登记颁证工作调度会，会议对新政策新要求进行讲解，并对今后工作提出具体要求。会后，各镇乡积极调整工作重心，狠抓工作落实，推动全市土地确权登记颁证工作的顺利开展；三是建立周通报制度。根据测绘公司上报的数据，每周日对一周工作进展情况进行汇总，按照完成外业调查亩数占比依次排队，周一呈报市政府主要领导和分管领导，并发至 19 个镇乡和各测绘公司。截至 2016 年年底，全市累计完成外业调查村 460 个，完成实地测量面积 54.6 万亩；完成“二次公示”无异议面积 45.7 万亩；应做调查登记的耕地已完成 36 个村 4.45 万亩，土地确权外业测量进入了扫尾阶段。

【农村基层民主政治建设工作】 一是抓好村务公开、民主管理等各项制度的落实。推进《村民自治章程》《村级民主议事规则》《迁安市村务公开民主管理实施方案》等有关制度落实到位，确保村务公开民主管理工作按文件实施，按制度办事；二是查漏补缺，稳步开展日常督导检查工作。按月、按季度定期对各镇乡进行督导检查。年中，组织专门力量，采取随机入村的办法，对全市 19 个镇乡的村务公开工作进行全面检查，对存在问题的乡村通报批评，对好的典型通报表扬，督促对照自身问题查漏补缺，限时整改；三是村民自治，认真落实民主管理。以《村规民约》和《村民自治章程》为载体，提高村民自我管理意识，规范村民行为，营造和谐文明村风；四是加强阵地建设，促进村务公开工作规范化、制度化。规范村务公开工作，丰富公开内容，拓展公开形式，加强督导检查，全市村务公开普及率始终保持 100%，“五规范一满意率”（公开阵地规范、公开内容规范、公开程序规范、公开时间规范、公开档案管理规范，群众满意）达到 98%。

【省级中心村示范点建设】 2014 年，全省开展中心村示范点建设，赵店子镇申刘庄社区被列为 2014 年度省级示范点，建昌营镇建昌营社区被列为 2015 年度省级示范点。2016 年，迁安市被确定为省中心村建设示范县（市），迁安镇西李铺社区、扣庄乡扣庄社区、彭店子乡彭店子社区被列为省级中心村示范点。按照农业园区、工业园区和农村社区“三区”协调联动发展的总体思路，扎实推进示范点建设。一是完成规划编制。6 月，通过公开招投标，确定了具有较高资质的河北九易庄宸科技股份有限公司作为规划编制的设计单位，通过实地调查，综合分析，高标准完成了示范县区域特色风貌规划和3个中心村示范点规划；二是规范运作。中心村示范点严格按照《迁安市土地利用总体规划》《迁安市城乡布局总体规划》选点布局，规划设计方案经市城乡规划委员会审议批准，履行立项、规划、土地、建设等审批程序；三是合力扶持。市财政安排专项奖补资金用于支持中心村示范点建设。同时，充分利用城乡建设用地增减挂钩及农村土地整治等相关政策破解土地瓶颈制约。市发改、住建、国土、规划等市直相关部门上门服务，开通审批绿色通道，为建设创造有利条件；四是强化监管。委托具有资质的监理单位对建筑工程施工和建筑材料、设备采购以及工程的质量、安全、投资、工期等事项进行全程监管，确保项目建设质量。同时，市领导小组采取定期听取汇报和不定时督导的方式对示范点建设进行督导调度，保证各项进程规范有序，项目建设保质保量。截至2016年年底，3个社区建设已全面开工。迁安镇西李铺社区由西李铺村和西夹河村联村并建，占地面积249.9亩，计划投资15.4亿元，建设住宅楼49栋，总建筑面积36.12万平方米。49栋住宅楼主体建筑已完工，正在进行室内外装饰装修、水暖电安装、综合管网工程施工；扣庄乡扣庄社区由吉王庄村和寺后村联村并建，占地面积167亩，计划投资1.5亿元，建设多层住宅楼21幢，建筑面积8.9万平方米，4幢住宅楼已经开槽建设；彭店子乡彭店子社区由彭店子村和小邹庄村联村并建，社区占地面积39.88亩，计划投资7000万元，建设6层住宅楼6幢。

【省农业厅厅长魏百刚到迁安调研美丽乡村建设】 10月14日，省农业厅党组书记、厅长，省农工办主任魏百刚到迁安市就现代农业园区和美丽乡村建设进行调研。魏百刚一行先后考察了亚滦湾农业开发创新产业园、五重安乡万宝沟村、茶井沟村美丽乡村建设情况。听取了迁安市美丽乡村建设总体规划、工作进展情况、2016年目标任务以及长城绿道片区空间布局的规划建设情况，并仔细询问了美丽乡村建设中改房、改厕、改水、改路、改厨等十二个专项行动项目建设的具体开展情况，对迁安市创新投融资机制，坚持以基础设施建设为主，为发展乡村旅游打基础，确保美丽乡村可持续开发，制定财政投资引导机制，促进农民增收致富的做法表示赞赏。调研中，魏百刚对迁安市在抓工业、促经济发展的同时，狠抓美丽乡村建设的做法给予肯定，认为迁安市作为一个资源型城市，从改善农村人居环境出发，公共财政向美丽乡村建设倾斜，各项建设活动开展得有声有色。魏百刚希望，迁安长城绿道片区美丽乡村建设要进一步突出特色，与乡村旅游、山区综合开发相结合，实现建设美丽与经营美丽并重，把这项实事工程办实办好，办到老百姓的心坎上。

【唐山市委副书记、市长丁绣峰到迁安市调研】 6月25日下午，唐山市委副书记、市长丁绣峰到迁安市调研美丽乡村建设工作。丁绣峰一行在迁安市委副书记、市长张淑云，市委常委、副市长、农工委书记庞再明陪同下，乘车考察了长城绿道建设，现场察看了大崔庄镇白羊峪村民居改造、白羊河滨河景观等美丽乡村建设节点，边走边与市、乡、村干部交流，感受了迁安美丽乡村建设的浓厚氛围和修旧如旧、富有乡土气息的山村田园风光。考察结束后，丁绣峰一行在白羊峪村委会听取了迁安市委、市政府关于美丽乡村建设整体情况的汇报，对迁安工作给予肯定。

【唐山市委副书记曹征平到迁安市督导调研美丽乡村建设工作】 4月8日上午，唐山市委副书记曹征平一行在迁安市委书记李忠，市委副书记、市长张淑云陪同下先后考察了上庄乡上庄村和大崔庄镇白羊峪村，听取了迁安市委、市政府关于美丽乡村建设工作的汇报。曹征平一行对迁安的美丽乡村建设给予了充分肯定。曹征平说，走进迁安，最大的感受，就是人在画中游，清风拂面，桃花盛开，梨花点缀，这本身就是一幅画。迁安的美丽乡村建设前期已初见成效，这是迁安提前介入的结果。曹征平要求迁安下一步美丽乡村建设中要做到三个注重。一是要注重特色，不要千篇一律。北部长城是迁安的一张名片，贯穿于北部长城沿线的村都是闪闪发光的明珠，美丽乡村建设就是把这些珠子串起来。要学习借鉴先进地区的成功做法和经验，把小镇的理念引到节点上来。二是要注重产业。有了产业的支撑，美丽乡村建设才可以持续下去。三是要注重长远，体现惠民。要实实在在的打造，不搞花架子，让老百姓有一个长远的生活状态。

【唐山市委副书记曹征平对迁安市美丽乡村建设工作作出批示】 5月9日，唐山市委办公厅通报第17期印发《干好事业靠什么——迁安市上庄乡推进美丽乡村建设的实践与启示》一文，唐山市委副书记曹征平对此文作出批示："上庄乡的美丽乡村建设经验具有借鉴意义，可在全市推广。"

市委农工委

书　　记　庞再明
常务副书记　李　超
副 书 记　李荣义　滕桂民
副主任科员　郭永明

（李晓玲）

统战工作

【统战力量整合工作】 推进统战力量整合工作。5月16日，市委组织部部长毛成海兼任统战部部长，为形成大统战工作格局打好基础。10月19日，市委统战部与组织部、编办工作人员一道到香河考察，认真了解整合方案，学习相关编制、财务等各项举措，为迁安统战力量整合工作提供了很好的经验。迁安积极推进县级统战力量整合工作，解决基层统战机构散、不统一、编制少、力量弱的问题，构建"大统战"工作格局。市委组织部部长兼统战部部长毛成海要求，统战部与民政局、工商联会商，认真学习统战力量整合的文件精神，学习香河统战整合的好做法，结合实际，推动迁安市统战力量整合工作。

【统战大调研活动】 全市动员，积极开展统战大调研活动。8月1日，召开全市统战资源大调研活动动员会，全市100多家行政机关、企事业单位参加会议。会上做出详细部署，要求全市动员起来。各单位高度重视，克服困难，抽调一些得力人员，分赴基层，深入调查、走访，把大调研活动做实做细，尽可能摸清全部家底，确保调研数据可靠。经过各单位的认真摸底，调研了非党干部、非公有制经济代表人士、党外知识分子、外地少数民族到迁安人员、新的社会阶层人士、归国华侨、海外留学生等统战对象情况，建立了详细数据库，运用大数据推动统战工作的开展，夯实了基层统战工作的基础。

【民族宗教工作】 1. 继续以"促进和谐"为重点，做好民族宗教工作，确保宗教领域和谐稳定。坚持"打防结合，以防为主，打击非法，保护合法"的原则，充分发挥市统战、民宗、公安等部门作用，强化对非法组织的打击。结合全市民族宗教工作特点，进一步健全完善市、乡、村网格化民族宗教管理体系。2. 加强宗教规范化、制度化管理，全面提升和谐寺观教堂建设。通过相关部门的协调沟通，积极解决基督教堂选址遗留问题，妥善处理迁安市石佛古寺建设中的相关事宜，至年底，正在办理相关手续。同时，加大对石佛古寺施工进度的督导工作。3. 加强宗教教职人员队伍建设，提高素质，发挥其参与经济建设和公益事业的主动性。一是3月1日，与市民宗局、公安国保大队一起举办宗教界上层人士座谈会、宗教界素质提升工程活动，并在宗教界开展"凝聚智慧，共促发展"思想智慧火花征集活动，会上认真学习了中共十八大精神和宗教政策，对如何保持宗教和谐稳定、如何为全市经济发展做好服务等进行探讨，宗教界人士根据本宗教特点畅所欲言、献计献策。二是号召宗教界积极参与公益事业，对社会献爱心，先后开展各宗教"慈善周"活动。各宗教团体响应号召，年内，佛教开展了救助儿童先天性心脏病活动和开展对社会养老机构进行慰问、困难家庭救助、捐资助学等系列活动，捐出善款近70余万元。4. 深入宗教团体走访慰问，增进党同信教群众的联系。春节前，走访慰问了各宗教的宗教团体。慰问组先后深入5座佛教寺院、4座清真寺、5座天主教堂、8处基督教活动点，送去慰问金，给宗教界人士带去党和政府的温暖、关怀和节日祝福。期间，与宗教界人士谈心交心，充分肯定他们在促进宗教领域和谐稳定等方面做出的积极贡献，认真听取他们对宗教工作的意见建议，并详细了解存在的实际困难和问题。于开斋节对市内4座清真寺和广大穆斯林群众进行节日慰问，给每座清真寺送去1万元慰问金，与穆斯林群众共庆开斋节。

【民主党派工作】 1. 加强党派组织建设。2014年9月初，迁安市被确定为唐山市民主党派建设试点县（市），之后，党派发展工作进入正常轨道。按照省、唐山市委统战部部署，根据迁安市党派发展状况，帮助和支持党派发展成员、建立组织。同时，尽职尽责，做好民革、民盟、民建、民进、农工党等党派上级组织到迁安调研等项活动的接待和服务工作。2. 做好党派成员发展工作。帮助民主党派基层组织加强队伍建设，市委统战部一方面注重抓好党派成员的学习培训，严把质量关，每年自办一期以上有党派成员、无党派人士参加的培训班，帮助他们提高综合素质。另一方面，积极与上级党派组织沟通，严格考察，确保发展新党派成员任务。至2016年，6个党派已有成员，其中民革有成员1人，民盟有成员9人，民建有成员7人，民进有成员6人，农工党有成员6人，九三学社有成员2人，民盟和农工党两个党派已经成立小组，民建成立迁安支部。3. 支持民主党派开展社会服务活动。民盟迁安小组成立后，先后开展文艺爱好者走进武警水电驻迁部队，为广大武警官兵送去精彩的文艺演出；与华北理工大学附属医院共同开展“送健康下乡”活动。向奋战在教育一线的人民教师送去节日问候，并给予1万元慰问金等活动。5月17日，在迁安召开了民盟河北省委2016年参政议政工作会议，推动了迁安市民盟各项工作开展，对提高迁安市知名度和影响力也大有裨益。5月4—5日，农工党中央“送医到基层、健康进万家”公益活动考察组到迁安考察，并举行了座谈会，为迁安医疗卫生事业提供了硬件支持和先进的医疗技术。11月25日，在市委统战部的统筹协调下，以中国民主建国会迁安支部主委王志伟为代表的全体成员走进了迁安镇营庄村，为贫困户送去慰问物资，同时带去党和政府对基层民众疾苦的关心和慰问。4. 拓宽民主监督渠道。积极拓宽渠道，充分发挥党外人士的监督作用。一是鼓励党外人士在人大和政协会议中多提交议案、多提意见。同时，积极参与制定制度、计划等。二是召开3次党外人士座谈会，就统战部党风廉政建设主体责任的工作进行讨论，认真听取他们的意见建议7条，促进了工作开展。三是邀请党外代表人士列席有关党风廉政建设的重要会议，真心诚意地欢迎党外人士帮助改正工作中的缺点和错误。四是广交深交党外朋友，尤其是少数民族、民主党派和宗教界朋友，虚心向他们学习，认真听取他们的意见，解决他们遇到的困难，真正为党交到一批挚友、净友。至2016年，已交友32人，帮助他们解决实际问题6个。5. 调动民主党派成员参政议政积极性，积极谏言献策。引导各民主党派认真履行政治协商和民主监督职能，组织民主党派针对全市经济发展和民生等方面问题进行调查研究。2016年，民盟迁安直属小组积极发挥参政党的基层组织作用，认真落实民盟唐山市委提出的“一支一案”（每年度每一个基层支部必须至少向民盟唐山市委提出一件提案）及“议政日”工作，小组成员多次实地调研为撰写提案做足准备。紧紧围绕市委、市政府工作重点，人民群众关心的热点，盟员进行多角度思考，参与调查和研究，共上交提案11篇。

【非党干部和党外知识分子工作】 稳妥推进“党外知识分子联谊会”建设。市委、市政府高度重视迁安市党外知识分子联谊会筹建工作。迁安市拥有1709名党外知识分子，广泛分布在政治、经济、科学、教育、文化等各个领域。市委统战部按照“优中选优、统筹考虑、综合平衡”的原则，提出并经部务会确定唐山市党外知识分子联谊会迁安分会会员86名。分为政务、农林水利、医药卫生、经济科技、教育等6个联络组，其中研究生以上学历21名，占会员总数的24%；本科以上学历54名，占会员总数的63%。通过知识分子联谊会这个平台，把广大党外知识分子紧密团结在党的周围，充分发挥他们的人才优势和智力优势，为深化科技创新和更好地履行岗位职责提供智力支持。

【经济统战工作】 多措并举，积极开展非公有制经济代表人士综合评价工作。市委统战部在接到省委统战部下发的《关于加强和改进非公有制经济代表人士综合评价工作的意见》后，迅速向上级领导汇报，认真按照领导指示和文件精神部署工作。1. 按照省委统战部要求，8月1—3日，安排懂电脑业务的年轻工作人员到省委统战部培训，学习非公有制经济代表人士综合评价工作软件等相关内容。2. 在市工商联、人大、政协换届工作中，召开非公有制经济代表人士考察动员会，安排部署非公有制经济代表人士综合评价工作，为换届做准备工作。会上，明确分工，建立非公有制经济代表人士综合评价工作考察组和系统信息综合评价工作组，形成综合评价工作安排表，迅速开展工作。3. 分批召开综合评价系统培训会。9月7日和9月19日，分别召开第一批和第二批非公有制经济代表人士信息采集培训会；9月8日，针对14家评价单位召开动员会和培训会。通过发放培训资料、PPT讲解、视频演示等方法，详细讲解综合评价系统的使用和操作方法，并分别建立QA（质量保证）综合评价和QA信息采集两个QQ群，随时解答，及时沟通，加快综合评价工作进度。4. 坚持原则，凡进必评。将所有非公有制经济代表人士信息采集完毕后，15家评价单位立即对所有人进行评价，坚持标准、严格程序，按时完成评价工作。至年底，市工商联换届、人大换届、政协换届中非公有制经济代表人士综合评价工作基本结束，共完成非公有制经济代表人士综合评价170人，涵盖市、县政协委员，市、县、镇（乡）人大代表，市、县工商联执委。非公有制经济代表人士综合评价结果在新一轮换届工作中得到充分运用，其中评价等级为C的代表人士坚决不能提名为人大代表、政协委员，做到凡进必评，真评实用，把那些思想政治强、行业代表性强、参政议政能力强、社会信誉好的非公有制经济代表人士推荐出来。

【侨联和对台工作】 围绕海内、海外“两个平台”和老侨、新侨“两种资源”，加大对外联谊交流力度。围绕全市转型升级、实现绿色崛起战略需求，协助做好“唐山感恩·海外寻亲”活动收官工作。结合抗震40周年纪念活动，在省侨联支持下，协助唐山侨联邀请具有代表性和一定社会影响的条幅签名当事人或其后人、社团代表15人左右，中国侨联、河北省侨联以及有关兄弟省市侨联领导出席纪念活动。做好“查侨情、暖侨心、解侨难”工作。针对新形势下侨情的变化，深入开展侨情调查，摸清底数，涵养侨务资源。深入侨界群众当中，了解困难归侨侨眷疾苦，做好扶贫济困工作，特别是摸清了因病返贫、致贫的困难归侨侨眷情况，不让一个归侨侨眷在全面建设小康社会进程中掉队。同时，通过多种渠道加强与新侨联系，不断拓展新侨工作。一是与市教育局共同做好世界华人学生作文大赛活动，二是继续做好归侨体检和“五送”（“送蛋糕”“送健康”“送欢乐”“送关爱”和“送亲情”）惠侨举措的落实。充分利用微信平台，加强宣传，增强影响力，使海内外侨界进一步了解和支持侨联工作，增强侨界人士参与侨联工作的积极性。

市委统战部

部　　长　（1—4月空缺）
　　　　　毛成海（5月任）
常务副部长　肖　波（12月离）
副 部 长　王俊喜（兼）
　　　　　王玉侠（女，12月离）
　　　　　鲍志霞（女，兼）
主任科员　邵　民（12月离）
侨联主席　鲍志霞（女）

（王翠霞）

机关党务工作

【机关作风整顿】 聚焦为官不为，深入开展机关作风整顿，成效显著。2016年，市直机关工委承担全市党政机关作风整顿工作。工作中，通过开展“五抓”和“十二项专项行动”，全市党政机关作风明显改善，在全市形成善作为、勇担当、重实效，想干事、真干事、干成事的良好氛围，达到机关作风整顿激发干事热情、提升服务效能和提高发展成效的目标。“五抓”：即一是抓统筹。针对存在的因循守旧、为政不为、拈轻怕重、不善创新等十个方面的356个突出问题，将机关作风整顿与“两学一做”学习教育、“一问责八清理”、“懒政怠政不作为不在状态”问题专项清理和“捉小鬼”等专项行动相结合，重点组织好项目攻坚、为民惠民、优化环境、信访问题化解等“十二项专项行动”，确保作风整顿与具体业务双促进、双提高。二是抓宣传。在迁安电视台、电台、《迁安时讯》开设“转作风　重实干　提效能　促发展”专题专栏，利用迁安信息港、微信等公众平台及时报道全市开展机关作风整顿工作的重要会议、重大活动和丰硕成果，反映各级各单位深入开展“十二项专项行动”的思路举措和进展成效。7月12日，题为《强化机关效能建设、凝聚转型发展动力》专题片在《河北新闻联播》播出，对迁安市开展的以“善作为、勇担当、重实效”为重点的作风整顿工作给予高度肯定。7月10日，《唐山新闻》播出题为《整治机关病，效率大提升》的短片，对迁安市政务服务中心、市发改局等相关窗口单位的工作进行肯定，机关作风整顿成效显著。三是抓督导。领导小组办公室与“两学一做”学习教育办公室、“懒政怠政、不作为、不在状态”专项治理办公室联合成立4个督查组，对各单位“两学一做”、作风整顿进展情况、作风问题整改清单制定、懒政怠政治理等14个方面情况开展了两次联合督导检查，督查内容明确，重点突出。同时，与市纪检监察机关联合聘请8名机关作风监督员，分4组不定期对机关作风进行明察暗访，及时发现、反馈问题。四是抓评议。按照作风整顿工作安排，7月和12月，开展两次作风评议暨社会满意度测评工作。评议对象涉及全市各镇乡（城区街道）、各园区和市直117个单位。重点评议各单位在落实市委、市政府“四个干”机制中是否善作为、勇担当、重实效，是否存在为官不为、懒政怠政、不作为不在状态和群众反感的“小鬼难搪”等问题。通过测评，确实达到改进工作作风、调优精神状态、提升工作效能、提高发展成效的目的。五是抓素质提升。按照唐山机关工委要求，由机关工委牵头，联合市委组织部、市人社局和总工会于8月24日在迁安市职业技术教育中心开展迁安市公务员技能大赛活动。118名选手参加，通过笔试、上机操作，评出白启明等12名选手参加唐山公务员技能大赛，展示了迁安市公务员队伍的良好形象，促进了公务员素质升级、能力升级，在全市公务员系统营造学知识、提素质、增能力的浓厚氛围。

【“两学一做”学习教育】 落实全面从严治党要求，深入开展“两学一做”学习教育活动。1. 夯实“学”这个基础，全面提升机关干部政治素养。一是“学党章党规”，明确基本标准，树立行为规范。组织机关干部既学习党章、准则、条例等党内法规，又学习党史和先进人物的典型事迹，同时又注重汲取周永康、薄熙来等反面人物的教训和警示，使党员干部牢记党规党纪，牢记党的优良传统和工作作风，引导党员尊崇党章、遵守党章、维护党章，坚定理想信念，对党绝对忠诚，树立崇高道德追求，养成纪律自觉，守住为人、做事的基准和底线。二是“学系列讲话”，坚定政治信仰，牢筑理想信念。市机关党委组织广大机关党员干部深入学习习近平总书记系列重要讲话，使大家更加深刻的领会其丰富内涵和核心要义，机关党员干部更加坚定道路自信、理论自信、制度自信、文化自信；增强了政治意识、大局意识、核心意识、看齐意识，更加坚定正确政治方向；进一步强化宗旨观念，勇于担当作为，在生产、工作、学习和社会生活中起先锋模范作用，形成风清气正、严守政治纪律和政治规矩的良好氛围。三是创新方式学，提升学习效果。贯彻市委组织部在全市开展干部读书活动的通知，制定实施“四个一”学习制度和“三个一百”学习法。“四个一”学习制度即每天学习时间不少于一小时；每月至少通读一本书；每季以演讲、博客、读书日志、心得体会等形式进行一次交流；每半年对机关党员干部学习情况进行一次检查，对照实施方案要求，将党章党规与系列讲话学习相结合，加强自身思想建设。“三个一百”即“手抄党章百天，精读讲话百篇，问访群众百人”，从书中学，到实践中悟。同时，积极利用QQ群、朋友圈等学党章学系列讲话，影响和带动身边的党员。2. 学用结合，确保抓实见效。一是选树典型，以典型带动整体。选树了市地税局、审管办、斯道拉恩索正元包装公司等一批先进单位和韩文宝等先进个人，用身边人影响身边人，在市直机关掀起学习先进、赶超先进的良好氛围。通过扎实开展“两学一做”活动，机关党委所辖党总支审管办配合市委组织部两次迎接省委、唐山市委组织部的督导检查，受到检查组的充分肯定和高度赞扬。二是开展“两学一做”学习教育暨党员志愿服务集中行动。6月14日上午，以“敬业奉献、关爱服务”为主题，组织市卫计局、司法局等11个基层党组织在市文化广场开展“两学一做”学习教育暨党员志愿服务集中行动，为广大市民提供健康义诊、法律咨询、政策宣传等服务。开展此项活动，方便了群众，同时对广大党员也是一次精神的洗礼，引导和动员了市直机关党员干部为建设“魅力水城、绿色迁安”亮身份、尽义务、做贡献。3. 践行“四讲四有”，开展驻村帮扶。年内，市直机关党委对口迁安镇大魏庄村开展帮扶工作。将帮扶工作与全市“两学一做”学习教育和美丽乡村建设相结合，采取座谈调研、入户走访、实地踏查的方式，进行深入了解，形成针对性强的帮扶方案，并认真开展工作。一是抓稳定，积极排解信访隐患。针对因土地延包带来的信访隐患问题，机关党委以重点信访对象为突破口，协调迁安镇、市信访局、农工委等部门了解难点，找准症结，排除信访隐患；同时，引导村干部用科学的方法做群众工作，防止产生新的信访源。至年底，村民安于生产生活，村庄整体稳定。二是抓实事，解决村北土路泥泞、村民出行困难问题。机关党委采取帮助办理手续、落实资金等系列帮扶措施，为该村争取资金66万元，修筑水泥硬化路，该路总长1917.5延长米，方便了村民出行。三是抓公开，促党务村务公开运行。帮扶组结合市委、市政府的相关要求和迁安镇的相关规定，对该村陈旧和未能及时更新的、公开不全面的公开栏全面补齐更新。公开内容做到与“两学一做”“小微权利阳光运行”“美丽乡村”等重点工作相结合，同时又做到与时俱进，阳光运行，接受监督。全村共维修和更换7块公开栏，所有公开工作全部到位。

【机关党建工作】 提升基层党建活力，推进机关党建工作。1. 以量化考核为重点，开展党支部规范化建设，增强党组织战斗力。一是实行党支部标准化量化考核。年初，制定并下发《关于进一步加强党支部规范化建设的实施意见》，将党支部工作细化为七大项目，并严格考核标准，实现党支部标准化管理和量化考核。工作中，注重整体推进支部建设，全面提升党支部规范化水平。二是加强支部建设，完成换届工作。9月，为进一步完善基层党组织建设，市直基层党组织全面进行换届工作。至年底，所辖130个党总支、支部全部完成换届工作。三是扩大党建工作覆盖面，成立联合党支部。按照市委组织部要求，对所辖的社会组织和非公企业建立党组织情况进行排查梳理，对于未建立党组织的社会组织通过建立联合党支部的形式完成党组织覆盖工作。2016年，所辖23个社会组织全部建立联合党支部。2. 以庆祝建党95周年为契机，开展“迎七一·爱迁安”书画展活动。为展示全市“两学一做”学习教育及机关作风整顿工作取得的成效，中共迁安市委宣传部、迁安市直机关工委和迁安市文广新局、迁安时讯社共同携手，于5月18日下发通知，向全市征集书法绘画作品。共征集到作品200幅，经过评审组评选，95幅优秀作品脱颖而出，与建党95周年相契合。6月30日上午，举办“迎七一·爱迁安”书画展开幕式，并对优秀作品的作者进行了颁奖，书画爱好者贺鸣和许红分别获得书法类、绘画类一等奖。此项活动，充分展示了建党以来迁安所取得的伟大成就，展示了迁安转型发展的美好蓝图，表达了广大书画爱好者爱党、爱祖国、爱家乡的真情实感。3. 注重党员发展质量，加强党员的教育管理。一是举办学党史、学党章、学条例、学准则专题培训班。将2016年计划发展的入党积极分子、发展对象和2015年发展的新党员（含2015年以来外地转入的预备党员）全部纳入培训范围，严把党员入口关。全年共发展预备党员30名。二是开展党务干部培训。11月2日，举办了省委、市委全会精神宣讲暨党务干部培训班，聘请市委党校、市委组织部、市纪委相关工作人员围绕省委、市委全会精神、党员发展工作、党费收缴工作和《中国共产党问责条例》等相关知识进行集中授课，效果良好，提高了党务干部的业务水平。4. 强化内在素质，注重机关党建理论研究。一是参加第四届全国县级机关党建工作研讨会。6月上旬，参加由中央国家机关工委紫光阁杂志社举办的第四届全国县级机关党建工作研讨会，会议的主题是县级机关党组织在脱贫攻坚中做表率、走在前，迁安市的强素质、把精准脱贫与找准当地的比较优势结合起来，帮助贫困群众找准致富出路的做法，得到中央国家机关工委领导的充分肯定。二是开展机关党建重点课题研究活动。按照唐山机关工委工作安排，征集到涵盖15个课题的29篇论文，择优上报6篇，参加唐山市机关工委组织的重点课题研究论文评选，其中党校、宣传部、纪委上报的3篇论文分获一、二、三等奖，迁安市机关工委获优秀组织奖。5. 认真学习“准则”“条例”，全面开展党风廉政建设。一是开展“学‘条例’、查风险、明底线——我的纪律清单”活动。深入推进“两学一做”学习教育，引导机关全体党员干部自觉用《中国共产党纪律处分条例》衡量和规范言行，下发了《关于在市直机关开展“学‘条例’、查风险、明底线——我的纪律清单”活动的实施方案》。通过学“条例”，找差距；查风险，排隐患；明底线，列清单等一系列步骤，市直机关广大党员根据自己工作岗位的廉政风险点，标出自己的纪律底线，制作电脑屏保2115台、个性化桌牌2005个、口袋书（小册子）526本，全体党员干部在任何时候、任何情况下，都能提醒自己明确做人做事的底线，做到“人前人后一个样”“台前台后一个样”。二是开展党风廉政建设成果展。为全面落实党风廉政建设主体责任，充分展示市直机关党风廉政建设所取得的巨大成就，于11月初举办党风廉政建设成果展。参展单位重点展示了自中共十八大以来在党风廉政建设、思想建设、组织建设、作风建设以及廉政文化建设等方面取得的重大成果。

【开展创建省级文明城市督导检查和文明引导员工作】 按照市委安排，为更好地迎接省年度测评，市直机关党工委积极参与对市区内主次干道、广场、公园、商业街区、火车站、汽车站、公交总站等的督导检查，通过逐项排查、下达整改通知单、巡回检查的方式，督查出375个问题并全部完成整改。组织29支文明引导员队伍开展志愿服务。按照创建文明城办公室工作安排，从各单位抽调232名文明引导员，负责全市29个市区主要路口的文明交通志愿服务工作。29支文明引导员队伍克服时间长、天气寒冷等困难，认真开展文明引导服务，展示了迁安志愿者无私奉献的精神风貌。

市直机关党工委

书　　记	侯　旭（兼，1月离）
	王学龙（兼，满族，2—12月）
常务副书记	薛　东
副 书 记	沈与丰（4月离）
	王丽华（女，4月任）
副主任科员	张桂敏（女）

（宋艳君）

党校教育

【干部培训】 创新模式搞培训。党校坚持“党校姓党”的根本原则，在培养造就有铁一般信仰、铁一般信念、铁一般纪律、铁一般担当的“四铁”干部队伍中发挥主渠道和主力军作用，年内，分4次对全市800多名科级干部进行轮训；举办1期市直机关入党积极分子培训班，共培训60人；举办新任组宣干部培训班，培训60多人。采用异地办学和承接异地办学的模式，开创党校办学新思路，与市委组织部一道于6月在秦皇岛市北戴河西古城村举办两期农村党组织书记、致富带头人和农村后备干部培训班，共培训800多人；10月，承接了广东省平远县科级干部海绵城市建设专题培训班，培训40人。这是党校多年来第一次承接外地干部培训。

【理论宣讲】 充分发挥党校的宣传阵地作用，提出“走出党校搞培训，深入基层送理论”的新思路。年初，编制全年“重点课题菜单”。年中，根据形势教育需要，补充制定“专项课题菜单”，与各单位精准对接，根据需求实行“送课上门”，组建以市委党校骨干教师为成员的第二讲师团，加强对市直重点单位、镇乡、农村、企业、学校等基层党员干部的宣讲。5月，为城区办工作人员举办4期新闻写作培训，受众200多人；7月，组建宣讲团，开展以“魅力水城、绿色迁安”为主题的宣讲活动；8月，开展“两学一做”宣讲志愿者活动，进行“学党规党章，做合格党员”主题宣讲；9月，组建宣讲团，开展省委八届十四次全会、迁安市委五届七次全会、习近平总书记到唐山讲话三次会议精神的宣讲；年底，党校以省委八届十五次全会、省委九届党代会和中共十八届六中全会精神为重点，奔赴基层开展又一轮宣讲，宣讲130多场次，受众2万多人次，迁安电视台对宣讲活动情况做了相关报道。

【精神解读】 党校从群众关心的角度，在《迁安时讯》开辟专栏，对各级全会精神进行解读，不断地在政策与干部群众的需求上寻求结合点，把可读性差的政策通俗化、大众化、接地气，用政策解读的“微力量”汇集成推动迁安转型升级的“大能量”。例如：市委五届六次全会召开后，党校以市委确定的“十三五”规划为解读重点，围绕“魅力水城、绿色迁安”的宏伟目标，刊发了《向着魅力水城、绿色迁安进发》《“山水绿文”打造迁安宜居城市》等6篇解读文章；在解读市委五届七次全会精神时，以文明城创建为重点，撰写《全面打赢文明城市创建攻坚战》《全民齐参与共建文明城》《突出迁安特色，彰显水城魅力》等10余篇评论文章，营造浓厚的创建氛围；在解读中共十八届五中全会时，以《向着十三五目标奋勇前进》《把五大发展理念根植于心外化于形》《在供给侧结构改革中推动转型升级》等为题，多角度地进行阐述；在解读中共十八届六中全会时，撰写了《全面从严治党的顶层设计》等6篇评论文章，对相关政策进行解读。通过解读，把各级全会精神传达到基层，深入到人心。

【市情教育】 在全校开展以“学政策、讲市情，喜看迁安新变化”为主题的市情研究教育活动，用辉煌成就鼓舞士气，用成功经验凝聚人心，用美好前景催人奋进，激励全市的广大党员干部以更加奋发有为的精神，解放思想，实事求是，与时俱进，努力开创迁安转型发展的新局面。一是把市情教育纳入干部教育培训课题库。结合全市实际，把“对接京津冀协同发展　推动迁安转型升级”“迁安产业发展现状及产业转型路径”“基层党建路径探索”等课题纳入各级干部培训的课题库，以备宣传。二是对重大市情追加评论。通过追加评论的形式，把党和政府的声音与群众的关切对接起来，用舆论的力量在党员干部中引起共鸣。例如：迁安成为全国首批健康城市试点后，党校撰写了《踏上健康城市的新征程》；在“两城同创”活动中，党校撰写了《向着全国文明城市冲刺》《全面审势我市文明城市创建之势》等文章；迁安被列入第二批“国家全域旅游示范区”后，撰写了《开启迁安全域旅游新时代》等评论，不断提升形势教育的实效性，提振人心，鼓舞士气。

【科研工作】 科研工作成绩突出。党校科研调研在“为教学质量服务、为区域经济社会发展服务、为地方党委和政府科学决策服务”等方面凸显了重要作用。党校教师围绕市委、市政府重要决策部署特别是转型升级的各项任务，推出了“宣讲+调研”的工作模式，不仅为基层送去精神食粮，而且为教师深入基层汲取营养搭建平台。通过党校教师到基层授课与调研相结合，详细掌握第一手资料，既增加了实践案例，又提升了理论能力，实现理论到实践、又从实践到理论的升华。2016年，党校教学科研成果显著，多渠道、多角度地展示了迁安转型发展的成果。在机关党委组织的党建理论征文中，1个人获唐山市一等奖；在唐山市组织的学习贯彻落实中共十八届六中全会精神理论研讨征文中，有10篇文章分获二、三等奖和优秀奖；在唐山市委党校系统开展的征集决策服务专题研究报告的活动中，获得一、二、三等奖、优秀奖10篇，占全部获奖作品的二分之一，迁安市委党校获得唐山市《决策服务专项调研报告》征集活动组织奖。在科研立项中，“河北省新型城镇化与生态文明协调发展研究”课题被列为河北省科研项目，鉴定为良好；“加快推进迁安供给侧结构性改革的对策研究”被唐山市社科联确定为2016年度立项课题，并已结项。在唐山市开展的有奖书评活动中，分获一等奖2名、二等奖3名、三等奖3名，其中一篇获得河北省三等奖，在唐山党校系统中占获奖作品的三分之一。在河北省委党校举办的教师比武优质课评选中，党校老师获唐山市个人二等奖；在《迁安时讯》发表解读文章80多篇，在《唐山经济》理论文章发表2篇，在《唐山党政干部论坛》发表1篇。

【教师队伍建设】 结合“两学一做”学习教育活动，加强教师队伍建设。做好“两学一做”“学”的文章，坚定坚持集体学习制度，利用集中学习的机会，探讨“互动式”“研讨式”教学模式，既提升学习效果，又提升教学水平，以学促教。在全校开展“五个一”活动（每位教师推出一堂精品课程，精读一本好书，讲好一堂党课，撰写一篇决策调研报告，紧跟形势每月写一篇评论文章）；压担子，定任务，以科室为单位，组建课题组和备课组，发挥集体备课和集体调研的优势，激发全体教师干事创业的激情，落实好“两学一做”“做”的文章。培训班主任是党校教师队伍建设的重要内容，就如何做好班主任工作开展了两次培训。“两学一做”学习教育，激发了全校上下干事创业、创先争优的激情和动力，教学、科研、调研等各项重点工作有序推进、进展良好。党校“两学一做”先进典型事迹在迁安电视台新闻频道播出。此外，组织教师跟随各班次听课并到市内重点项目建设基地参观学习；积极参加上级党校举办的师资培训，4 月、12 月，选派骨干教师到河北省委党校参加中共十八届五中全会、六中全会和省委第九次党代会精神师资培训班的培训。11—12 月，组织全体教师到唐山市委党校参加唐山市科级班、中青班的听课学习。

【服务基层】 加强对乡镇党校的业务指导。按季度发放 4 期乡镇党校培训教材，分别是《市委五届六次全会精神解读》《学党规党章 做合格党员》《美丽乡村建设让乡村更美丽》《十八届六中全会精神解读》，所编教材紧密结合形势、针对性强，深受乡镇党校欢迎。

驻村帮扶，办好实事。在对西丁官营村的帮扶工作中，副校长杨明带领工作组入村入户，深入调研，制定措施，解决实际问题。筹措 5 万元资金维修村内老化机井，在村内广场设置配套的健身器材，对村内主干道的辅路进行修建，通过一系列整顿帮扶，全村面貌呈现新变化，帮扶工作组受到百姓的一致好评。

开展志愿服务活动。党校以“奉献他人，提升自己”为志愿服务的窗口，积极参与文明城创建志愿服务活动、社区志愿服务活动，并成立志愿宣讲团，开展志愿服务 30 余次。

市委党校

校　　长　李维林（兼，4 月离）
　　　　　　李福林（4 月任，兼）
常务副校长　周玉成
副 校 长　杨　明　国丽英（女，4 月任）

（鲁艳玲）

老干部工作

【概况】 2016 年，全市有离退休干部 4847 人，其中离休干部 125 人，退休干部 4722 人。市委老干部局内设 3 个科室，即办公室、安置管理科、组织指导科；下属事业单位 4 个，即关心下一代工作委员会办公室、老干部活动中心、老年大学、老干部保健中心，在编工作人员 43 人。2016 年，市委老干部局以全心全意服务老干部为宗旨，找准离退休干部余热生辉和共筑中国梦的结合点，以老干部工作转型发展、科学发展为契机，抢抓机遇，主动作为，老干部工作有了新进展，老干部满意度有了新提升。

【落实老干部政治、生活待遇】 市委把老干部工作作为党的干部工作的重要组成部分，对广大老干部始终高看一眼、厚爱一层。市委、市政府领导经常听取老干部工作情况汇报，就老干部工作重大问题进行专门研究部署。年内，市领导对老干部工作做出指示和批示达 7 次之多。市委常委会工作报告、迁安“十三五”规划及“两学一做”学习教育等重大工作，都通过召开座谈会、报告会、发放征求意见函等多种形式，广泛征求老干部的意见和建议。重阳节茶话会、春节茶叙会，市委书记通报全市经济社会发展情况；春节前夕，市主要领导深入到老干部家中、老干部活动场所，关心慰问老干部，解决老干部遇到的问题，现场指导老干部工作。各镇乡、市直各单位能定期召开老干部工作专题会议，听取关于老干部工作的汇报，对工作中存在的问题，领导班子集中讨论解决。对于全市老干部工作，形成各级党政领导重视、相关部门大力支持、老干部工作人员努力作为的良好氛围，营造了尊重关心老干部、重视支持老干部工作的浓厚氛围。

在财政收入下滑、本级财政困难的形势下，市政府仍预算安排 2000 万元医药费，按月拨付给老干部保健中心。由老干部保健中心负责所有离休干部的疾病治疗和医药费报销，对离休干部的医药费，做到实报实销、及时报销，没有拖欠。4 月，市委、市政府表彰了 9 年来全市离退休干部先进个人、老干部工作及关心下一代工作先进集体和个人。12 月，市委老干部局一台变压器损坏，市领导特事特办，指示电力部门尽快解决，电力公司两位副总现场办公，仅用半个月时间，新变压器就安装使用，确保了老干部活动、就医的正常运转。

以共享发展成果为目标，落实生活待遇，努力提高老干部生活质量。把233名无工资收入的离休干部配偶和遗属，全部纳入城镇居民基本医疗保险，为171名离休干部遗属每人补助冬季取暖费800元；为6名离休干部提高了护理费标准。年内，有28名离休干部去世，局领导代表市委前去吊唁。通过各种形式走访慰问副县级实职以上离退休干部50余人次，走访慰问乐亭、宽城、迁西异地老干部3人，送上了慰问金和慰问品。对涿州、涞水的老干部遗属进行了走访。各镇乡、市直各单位在重阳节和春节为老干部发放慰问金，送去慰问品。有的单位注重从细节上关心老干部生活，或生日送蛋糕，或为老干部建立健康档案，或开展发放健康养生小贴士的“送健康”活动，或参观市、镇（乡）建设，得到老干部的称赞与肯定。

【加强老干部思想政治建设】 坚持和完善老干部听报告、参加重要会议和重大活动等制度，年初按照政策规定，为每位老干部征订了《老人世界》或《老同志之友》，为老干部阅览室订阅了20多种适合老年人的报刊。年内，开展多种形式的主题教育活动：组织全市老干部仔细研读市主要领导在市委全会、全市干部大会和项目建设大会的重要讲话；组织全市副县级以上离退休干部学习会，市委常委、宣传部部长就“魅力水城、绿色迁安”及迁安“十三五”规划做专题辅导，把老干部的思想引导到市委、市政府中心工作上来。有的单位组织老干部参观交流，让老干部充分了解全市经济社会发展情况，激发老干部为经济发展献计献策的热情。

【加强老干部党支部建设】 2016年，坚持有利于教育管理、灵活多样、注重实效的原则。7月，以创建“五好”党支部为契机，组织全市专兼职干部和党支部书记汇报会和培训会。在全市老干部中开展“两学一做”学习教育，各单位采取举办座谈会、辅导班等形式，把离退休干部思想和行动统一到中央精神上来，教育引导广大离退休党员干部加强党性锻炼和道德修养，强化政治意识、坚定理想信念，做到“离岗不离党、退休不褪色”。如杨各庄镇退休干部孟庆雨，长期坚持自办黑板报，为广大党员群众提供时政要闻。“两学一做”学习教育开始后，板报内容及时跟进，并主动联系村党支部书记，义务为本村党员讲党课。

【完善老干部保健中心】 以建设专科品牌为契机，进一步完善五大中心（老年医疗护理中心、肛肠诊疗中心、口腔诊疗中心、皮肤诊疗中心、康复理疗中心），加快推进保健中心转型发展。保健中心把离退休干部和新中国成立前参加工作的老工人医疗保健作为根本，不断提升服务质量和医疗技术水平。从4月开始，组织全市退休干部进行年度健康体检，对于普查出重大疾病、需长期治疗的患者，实施动态跟踪，随时掌握其疾病转归情况。从6月开始，组织全市离休干部暑期疗养，进行全面健康体检，开办健康教育讲座，组织娱乐活动，参观轩辕阁，受到广大离休干部的称赞。

保健中心在服务好老干部的同时，立足自身实际，优化资源配置，调整科室设置，增强专科学术能力，适应发展转型的需要。一是于2月启动迁安市老干部局医院（老干部保健中心）“马应龙肛肠诊疗中心”暨马应龙肛肠诊疗技术研究院临床基地授牌仪式，与品牌企业在特色专科建设方面开展多方位合作，使医院在转型发展关键时期迈出至关重要的一步。通过一年的运转，马应龙肛肠诊疗中心逐步走向正轨。二是于7月与武警总医院举行签约仪式，在严格落实“分级诊疗”的基础上开展医疗技术合作。武警总医院定期选派专家到市老干部局医院进行义诊、会诊、手术等技术帮扶，为广大患者提供专家级医疗服务，迁安患者到武警总医院就医可以享受预约挂号、住院、会诊、转诊等绿色通道服务。三是进一步完善学科建设，系统规划科室布局，筹划建设五大中心。同时，加强人才培养，全年派出13名医师、16名护士到武警总医院、中日友好医院等进修学习，派出参加短期学习班、研讨会20余人次，促使职工业务素质与医院的发展达到高度统一。医院“小综合大专科”多学科整合的学科建设框架逐步形成。四是设备和设施不断完善，确保整体工作向前推进。外科引进了电子灌肠机、大肠水疗仪、电子直乙镜、电子肛门镜、生物反馈仪、胃肠动力仪等大型设备，完善了门诊动力室的检查项目；开设胃肠镜室、幽门螺旋杆菌检测室，完善了消化道诊疗项目；口腔科引进新型牙科综合治疗椅、笑气麻醉机等先进的诊疗设备及技术；安装了双路电，避免因意外停电而造成正在进行的手术和诊疗被迫中断。新设备及基础设施的引进、完善及新技术的使用为医院的转型发展提供了源源不断的动力。

【老干部文体活动】 一是推动适合老年人的各项文体活动。老年大学在原有4门课程的基础上，投资5万多元，新购置了电子琴、电脑等设备，增设了电子琴、二胡、戏曲、舞蹈等7门课程，2016年开设11门课程，有16个教学班，在籍学员350名。“七一”前夕，组织声乐、二胡、舞蹈班开展文艺庆祝活动；举办庆祝中国共产党成立95周年书画展，有16幅作品被收入唐山市编印的《老少携手跟党走书画展》作品集；9月，组织师生以社会主义核心价值观、名人诗词、廉政文化、尊老敬老为主题创作了110幅书画作品，投资5万元进行装裱，建设了机关廉政教育长廊、校园文化走廊和老干部活动画廊。老年大学在老年群体中有很大的吸引力和凝聚力，在社会上享有较高声誉，被唐山市评为“老年大学示范校”。老干部活动中心设有阅览室、麻将室、台球室等8个活动室，根据老干部需求，投资2500元更换了台球布和台球杆；投资近2万元，为阅览室购买书籍近700册；投资近2.5万元，新增设一间乒乓球室，并添置了配套设施。活动中心与老年体协相结合，3月举办“三八”妇女门球赛，5月召开全市老干部运动会，6月在市人民广场举办“万嘉杯”庆祝中国共产党成立95周年“舞动夕阳”老干部舞蹈展演，9月进行全市门球升降级比赛。

二是推动老年大学、老年活动向乡镇延伸，向社区布点。为适应全市文化产业的快速发展和全民健身运动的日益普及，及时调整思路，充分利用市文化馆、市图书馆、人民广场、街道公园、社区中心等公共场所，把老干部活动范围由室内向室外发展，由城市向乡镇延伸，由机关向社区辐射。老干部活动中心汇同市老人体育协会（以下简称老体协）在市区内设立太极剑、国标舞、导引养生功、大秧歌、健身操、广场舞、柔力球、腰鼓、武术等12个各具特色的晨练站，并在乡镇开辟20个晨练点。老年大学在乡镇设立分校，采取“因地制宜，因需施教”的原则，即在依据老干部们的需求和专长、充分征求老干部们意见的基础上，由乡镇老年大学将课程设置意向上报市老年大学，经市、乡两级考察商榷无异议后由乡镇组织实施。如杨店子镇开设了书法班、绘画班，蔡园镇开设了书法班、绘画班、养生班、戏曲班，扣庄乡开设了书法班、绘画班、农技班。

【老干部正能量传播】 一是注重发挥老干部经验优势，促进全市经济发展。市革命老区促进会（以下简称老促会）成员都是有威望、有经验的老领导，他们以老区建设为己任，定期深入到30个老区村调查了解情况，不辞辛苦奔走于每个项目现场，帮助谋划发展思路，制订发展方案，解决贫困户生活问题。对2016年度老区重点帮扶村建设项目进行严格、认真的审核，确保各帮扶项目顺利实施。二是注重发挥老干部政治优势，深入开展关心下一代工作。组织开展了“传承好家风、弘扬好传统、引领好风尚”活动，引导全市“五老”（老干部、老专家、老军人、老劳模、老教师）人员在弘扬好家风、好家训，宣传好家长、好家庭中发挥积极作用。市委老干部局、市关工委、市教育局、市国教办、市新华书店联合在全市老干部和青少年中开展“老少共叙中国梦暨党旗下的承诺”读书征文活动，收到征文300余篇。由专家评审委员会评选出优秀作品，进行表彰。三是注重发挥老干部的威望和优势，构建社会主义和谐社会。在“美丽乡村”建设中，很多老干部发扬无私奉献的精神，义务清扫和管护街道；在文明城市创建中，城区400多名老干部发挥余热，每天深入到自己的责任区，形成老干部包楼、老党员包片的组织网络，用自己的实际行动诠释着社区老干部的风采。

【提升老干部工作服务水平】 以“两学一做”为抓手，进一步转变工作作风，持续提升老干部工作服务水平。一是坚持每周五的集中学习制度，组织观看了《太行山作证——李保国同志先进事迹报告会》《苏联亡党亡国二十年祭》《较量无声》《永远在路上》《榜样》等影片，进行宗旨观念和理想信念教育。结合“美丽乡村”建设，保健中心积极组织专家和党员志愿者，到杨店子、建昌营、大崔庄、上庄、五重安等乡镇进行义诊，为群众看病治病，开展健康咨询。发放各种健康教育宣传资料2万份，接受群众就医5000多人次。二是结合机关作风整顿，市委老干部局完善了工作、学习、值班、考勤与请销假等制度。坚持用制度管人，按规章办事。引导教育干部职工克服“慵、懒、散、拖”现象，解决干部职工在作风、效能方面存在的突出问题。在全局推行“一线工作法”。每名副职分包5个镇乡、5个市直相关单位，带领干部职工深入乡镇、社区，深入老干部家中掌握基层实情、了解老干部呼声，解决好涉及老干部最现实、最关心、最直接的利益问题，确保老干部成为经济社会发展的受益者。三是建立动力、压力、活力和责权利有机结合的激励机制，明确岗位职责，确定工作目标。采取领导考核与老干部反馈相结合，平时考核与年终考核相结合的方法，对工作完成情况进行定性定量的严格考核，大力表彰先进科室、先进个人、优秀共产党员。保健中心开展了“最美护士”和“星级护理单位”的评选活动，提高了医疗服务水平，探索出集疾病预防、救治、康复为一体的“全方位、专业化、人性化”的老有所医新模式。

市委老干部局

局　　长　张振军
副 局 长　张翠香（女）
　　　　　　杨海霞（女，挂任）　赵文堂
主任科员　刘树森
保健中心主任　杨海霞（女）
关工委办主任　王小娜（女，4月任）

（周　雪）

关心下一代工作

【概况】 2016年，全市有青少年22.9万人，其中在校学生8万人，社会青年14.9万人，普及九年义务教育。有基层关心下一代工作委员会（以下简称关工委）31个，村级关心下一代工作领导小组534个，会员3610名。市关心下一代工作委员会（以下简称市关工委）在省、唐山市关工委的指导下，在迁安市委、市政府的领导下，充分发挥各级关工委的作用，调动“五老”的积极性和主动性，认真做好关心教育下一代工作，取得较好的社会效应。

【爱国主义教育】 开展丰富多彩的活动，对青少年进行革命传统教育、爱国主义教育。2016年，为纪念中国共产党成立95周年、唐山抗震40周年，先后举办了青少年书画作品展，并选送8幅优秀作品到唐山进行参展；开展“老少共叙中国梦暨党旗下的承诺”为主题的读书征文活动，以引导青少年多读书、读好书，了解中国共产党发展历程，弘扬长征精神、抗震精神，努力践行“中国梦”。读书征文活动在全市中小学生中深入开展，共收到征文300余篇，组成专门的评审组进行评选，并对79名优秀获奖选手进行表彰，以资鼓励。与迁安市成长驿站合作组织中小学感恩励志校园行演讲2场次，2400名师生及部分学生家长现场聆听了专业老师关于感恩与传统文化的精彩公益报告；清明节期间，组织“缅怀革命先烈，传承民族精神”系列活动，市四套班子领导带队，全市10多万名中小学生和青年干部职工到基地祭扫烈士墓，请老干部作报告，用革命先烈的英雄事迹激励广大青少年为振兴中华刻苦学习，努力工作；国庆节前，组织优秀“五老”及学生代表到烈士陵园进行公祭；各镇乡关工委也在清明节期间行动起来，组织开展清明节祭扫烈士墓活动，清明节诗文朗诵会和诗词歌会、班团队会等系列活动。7月14—17日，组织全市70余名优秀中学生参加第十二届爱国主义教育夏令营活动。此次活动以爱国主义教育为主线，以革命传统教育、科学发展教育、国防教育、“两学一做”教育为核心，以纪念中国共产党成立95周年、红军长征胜利80周年、唐山抗震40周年为契机，以“继承革命传统，弘扬民族精神”为主题。夏令营活动中，营员们倾听了市教育局中学教研室姚桂云的“革命传统教育”专题报告，先后组织营员到轩辕阁、规划馆、博物馆、背阴洞爱国主义教育基地、国防教育展馆进行参观，到万宝沟军事乐园进行拓展训练等，对青少年进行爱祖国、爱家乡的革命传统教育、科学发展教育、国防教育，引导践行社会主义核心价值观。活动达到了预期效果，深受家长和学生欢迎，取得圆满成功。

【思想道德建设】 加强未成年人思想道德建设和青少年思想政治教育，动员和组织全市广大青少年弘扬雷锋精神，实践志愿服务，自觉奉献社会，促进家乡文明素质大提升。1. 各中小学校召开团会（队会）、校会，抽出专门时间就“如何在新时期学习雷锋精神”进行专题宣讲。2. 深入开展“护环境、送温暖、献爱心”活动，组织广大青少年在学校、社区、街道等公共场所开展环境整洁、绿地养护等公益活动；开展“关爱老前辈”小雷锋特别行动、向特困学生家庭送温暖活动、寻找身边的雷锋等活动。3. 开展感恩教育活动，以3月8日国际妇女节和3月22日世界水日为契机，组织全市各中小学校开展以孝敬父母、尊敬师长、关爱他人、学会感恩、学会报效为主要内容的“感恩教育”活动。4. 开展关爱留守儿童志愿服务行动。以“大手牵小手，爱心助成长”为主题，开展关爱留守儿童“牵手行动”志愿服务。开展亲情陪护、学业辅导、感受城市、自护教育、爱心捐助等志愿服务。5. 关注细节，开创思想道德建设新路子。一是积极推进道德教育。利用公民道德教育材料，组织报告团到各镇乡中小学讲解，使公民道德教育深入青少年心中。同时，实施“老少结对子，一帮一教育人”工程，先后有200多名老干部与青少年结成对子，对教育转化后进青少年，提高道德水平起到积极作用。二是开展法制宣讲。在全市青少年中广泛开展法制教育，年内，组建2次大型报告团，举行报告12场次，受教育人数7万多人。各镇乡关工委每年自发举行一次法制教育活动，青少年增长了法律知识，增强了法制观念。三是做好《中国火炬》征订工作。为基层组织订阅700余份《中国火炬》刊物，运用《中国火炬》指导全市关心下一代工作和青少年教育工作。四是爱心做好救助工程。4月底，联合忻林书店开展了世界读书日读书活动启动仪式暨爱心捐助活动，现场为来自杨各庄镇10名贫困小学生捐助书包、文具、书籍等物品。10月底，市关工委、教育局关工委、康俊医药连锁有限公司联合举办了“康俊杯”青少年书画大赛颁奖暨“康俊医药爱心基金启动仪式”。康俊爱心基金由康俊公司总经办直接负责监督执行，投入2.4万元，对品学兼优、因家庭困难而面临失辍学的20名孩子，帮助他们继续完成学业，从而搭建康俊医药奉献爱心、回报社会、实现梦想的舞台。

【“家长课堂”活动】 继续开办电视家长学校，通过“家长课堂”，向广大学生家长宣传新的家教理念。至2016年年底，已播出“家长课堂”149节，累计292课时，受教育群众达到400万人次，有力配合了学校教育和教学工作。此外，迁安市网上家长学校——春风网受到社会各界广泛关注，开设“新闻快递”“关工简讯”“‘五老’风采”“校园活动”“心理健康”“家教心得”“亲子园地”“名师在线”“名人家教”等专栏，满足了家长需求。同时，不断加强家长学校的组织建设和制度建设，按照省教育厅关工委颁发的《家庭教育手册》，更新教学内容和方法。到2016年已开办中小学家长学校224所，先后涌现出扣庄乡中学、寺前小学、文士幼儿园、马兰庄小学、童之梦幼儿园、沙河驿红庙子小学、迁安市第六实验小学、大崔庄中心校等先进典型校（园）。

【净化社会环境】 针对社会文化环境存在的突出问题，市关工委牵头，联合市文明办、市文广新局等相关单位，在全市有组织、有步骤地开展了“未成年人远离网吧，戒除网瘾”宣传教育活动。11月初，市关工委和成员单位的有关人员，深入到网吧、中小学校调查研究、协调指导。“五老”监督员们打破正常8小时工作制，利用中午、下午放学后及晚上巡查监督，发挥了不可替代的作用。

市关工委办

主　任　（1—4月空缺）

王小娜（女，4月任）

（郭智博）

党史工作

【提升党史工作科学化水平】 用习近平总书记关于党史工作系列讲话精神统一思想，推进党史资料征编、研究、宣传、教育等各项工作，努力提升党史工作科学化水平。一是学习习近平总书记系列重要讲话特别是关于党史工作的重要论述，自觉树牢政治意识、大局意识、核心意识、看齐意识，保证党史工作的正确方向；二是学习中共十八届五中全会和市委五届六次、七次全会精神，在以新发展理念推动党史工作上下功夫，在提升资政育人水平上见行动；三是学习贯彻全国、全省和唐山市党史研究室主任会议精神，充分认识党史工作在党和政府工作大局中的地位和作用，全面总结“十二五”迁安党史工作，起草了迁安党史工作“十三五”规划。

【加强党史征编工作】 着力加强党史研究和资料征编工作，为发挥资政育人作用奠定坚实基础。一是积极推进《中国共产党迁安历史》第二卷（1949—1978）的编纂。经过统稿和集体修改，完成4编19章41万字的征求意见稿，广泛征求社会各界意见建议并进一步修改完善。二是按照“一突出、两跟进”（突出中国特色社会主义时间段历史研究，不断跟进党中央的步伐，不断跟进历史前进的脚步）的要求，积极推进改革开放以后迁安党史资料的征集整理工作，已完成28个单位38个专题资料，共25万字。

【推进党史宣传教育】 积极开展党史宣传教育，发挥党史“教科书、必修课”作用。一是积极参与市委及各部门组织的纪念建党95周年宣传教育活动；二是积极谋划建设迁安党史教育基地，加强党史教育；三是向所包村及全市部分学校免费发放市委党史研究室编写的《迁安党史简明读本》《迁安党史大事记述》等书籍500余册。

【完成上级党史部门交办任务】 加强与省、唐山市党史部门沟通联系，圆满完成交办任务。一是完成8位迁安籍将军、院士资料搜集整理工作，其中将军7人、院士1人。二是完成《中共河北年鉴》迁安先进典型组稿任务，上报关于海绵城市、城乡医保、城镇建设、滦河开发4篇材料，共1万多字。三是积极参与纪念建党95周年网上答题活动和纪念建党95周年、长征胜利80周年书法比赛活动。四是在全省《党史博采》发行会上，被省委党史研究室评为《党史博采》组织宣传工作先进单位，王翠玲被评为先进个人，2017年度征订工作顺利完成。五是完成《中共唐山年鉴》2015年迁安资料和《新唐山40年》迁安篇的撰写上报任务。六是完成唐山党史人物资料撰写任务，上报人物资料两篇。

【加强党史队伍建设】 继续按照“政治坚定、实事求是、勤勉敬业、团结和谐”的要求，加强党史队伍建设。一是扎实开展“两学一做”学习教育活动，组织全室党员干部深入学习党章党规，学习习近平总书记的系列讲话；开展党员“争当党史行家，争做敬业模范”活动，做合格党员，发挥共产党员的先锋模范作用。二是组织全体党员干部学习《中国共产党历史》两卷及省、唐山市党史两卷，并积极参加省、唐山市组织的党史业务培训，提高全室干部的业务水平。三是学习贯彻中共十八届六中全会精神，深入学习《关于新形势下党内政治生活的若干准则》《中国共产党党内监督条例》，进一步加强作风建设，杜绝“懒政怠政、不为乱为”，为各项工作的完成提供坚强保证。

市委党史研究室

主　　任　王翠玲（女，12月离）
　　　　　　刘桂栋（12月任）
副 主 任　张　政（4月任）
副主任科员　任　民

（李伶玉）

信访工作

【信访接待】 人民群众来信来访的接待办理工作，主要是由市委、市政府领导和市信访局承担，有关职能部门主要受理职权范围之内的信访事项。

对到市信访局的来访，由来访人持身份证到市群众工作中心登录室进行登记，录入河北省信访信息系统，然后按问题性质引导分流到各窗口单位进行接待，跨地区、跨部门的复杂疑难案件由综合接待窗口进行接待。登录室对每天接待的信访案件按问题性质和各单位管理权限，通过河北信访信息系统交办转送到有关镇乡或市直职能部门查处，并负责本市群众网上信访办理工作。调查科负责督办市本级交办的各类信访案件和市党政领导接待案件；复查办负责信访人不服办理机关的处理意见提出申请复查的案件；督查室负责中央、省、市三级交办要结果案件的交办、督办和组织上报工作；信息科负责上级信访部门网上直转直送案件的立案、交办、上报和中央、省、市网上信访的办理工作。对复杂疑难案件，由市联席办协调有关部门解决，对重大疑难信访案件，提交市联席会议或市委、市政府协调解决。2016年，市信访局共受理群众来信、网诉648件，来访542件2413人（次），信访总量1190件（次）。按群众来信来访办理程序办结1190件，办结率100%。

2016年迁安市来信来访情况统计表

表4

总量（件次）	其中		办结情况		群众反映较为普遍和突出的信访问题
	来信网诉（件）	来访（件次）	办结（件）	办结率%	
1190	648	542	1190	100	农村村务管理方面产生的信访问题所占比例较大，涉及村民间纠纷、村干部违纪等问题占总案件数40%，宅基地纠纷、征占地等方面占20%，城镇建设中物业管理、房产商与业主间矛盾等方面占10%，劳动和社会保障方面问题占10%，民政救助、优抚优军方面问题占5%，社会治安、卫生、环境保护方面各占5%

2016年迁安市越级访及集体访统计表

表5

越级个体访（户次）					集体访（批次、人数）			
到唐山市	赴省	进京	总量	同期比%	到市	同期比（%）	唐山市以上	同期比（%）
73	105	152	330	12	659批12132人次	-9	39批560人次	-1

【信访案件查处】 群众信访案件的调查处理工作主要由市信访局协调督办。一般性信访案件由市信访局直接交办有关单位进行调查处理；较为复杂的、涉及几个部门的重点单人访和重大集体访案件由市委、市政府有关领导或市信访局进行协调督办，或组成联合调查组进行查处。2016年，市信访局共对439起信访案件向有关责任单位进行立案交办。对中央、省、唐山市交办要结果和市领导批办的信访案件由市信访局负责交办、督办。案件承办单位在受理之日起两个月内办理完毕；情况复杂的，可适当延长，但不得超过三个月。办理结果在规定时限内向信访人出具《信访事项处理意见书》，然后信访局按要求逐级上报。承办单位在调查处理群众信访案件过程中，受市信访局的检查、督促、指导，调查处理结果经市信访局审核把关。对中央、省、唐山市三级交办要结果案件，经市主管领导签字同意后方可组织上报。2016年，市信访局完成中央、省、唐山市三级交办要结果案件115件，全部按期结案，按期结案率、年终结案率均达100%。

为进一步加大解决问题力度，2016年，市信访局组织开展信访积案集中化解专项行动，对重点案件实行挂账督办、定期催办、限时办结，使省联席办交办的30件信访积案全部按时办结，其中息诉罢访23件。为推动信访问题化解，市有关领导和市信访局先后组织召开案件调度会和协调会79次，协调解决信访案件226件。

2016年迁安市上级交办要结果和市领导批办案件情况统计表

表6

中央、省、唐山市交办要结果案件（件）			市领导信访接待日批办案件（件）		
交办数	办结数	结案率（%）	到市数	办结数	同期比（%）
115	115	100	345	320	-6

【领导信访接待日】 2016年，市委、市政府高度重视信访稳定工作，按上级要求，每周安排一次市党政主要领导接访，其他市党政领导每月安排一次公开接访，并做到接待时间、接待地点、领导分工、接访安排“四公开”，提前向群众公示。为提高接访的质量和效率，实行按分工对口接待，市党政主要领导主要接待涉及全局性的重大信访问题和重点疑难案件。上级重大政治活动等特殊敏感时间，加大接访力度和密度，实行全天接待群众来访。

【信访工作目标管理】 2016年，市委、市政府对信访工作落实目标管理，将控制集体访、控制越级个体访、信访事项办理等重点工作纳入信访工作目标考核。市信访局负责对镇乡的信访工作目标完成情况进行年度考核，考核结果报市委、市政府和市委组织部，作为评价各单位领导班子和领导干部政绩的重要依据。

【依法治访】 为引导群众理性信访、依法维权，市信访局在接待大厅悬挂《河北省信访条例》《上访人员须知》《信访工作流程》，使信访群众及时了解掌握信访方面的法规和制度，自觉规范信访行为。充分利用电台、电视台、《迁安时讯》等新闻媒体和市群众工作中心、市行政办公中心信访接待场所等宣传阵地，加大对新修订的《河北省信访条例》、依法治访相关政策法规及违法信访行为典型案例处置情况的宣传和曝光；各镇乡（城区街道）通过出动宣传车，用广播、板报、标语、发放“明白纸”及对重点上访人员“点对点”宣传教育等方式，加大依法上访知识的普及宣传，扩大教育覆盖面。同时，加大对违法信访行为的处置力度，2016年，市公安部门对进京非访、组织串联集体访和冲击行政办公中心二楼平台、堵塞交通等违法信访行为进行了重点打击，其中刑拘1人，行政拘留48人，警告1人，训诫17人次，起到很好的教育震慑作用，有效地维护了正常信访秩序，树立了依法有序信访的正确导向。

市信访局

局　　长 宋俊合（12月离）
　　　　　张　祝（12月任）
副 局 长 刘宝军　郭永生
主任科员 林晓华（12月离）

（马春芳）

迁安市人民代表大会

市人民代表大会会议

【迁安市第五届人民代表大会第六次会议】 2月15—17日在迁安市锦江饭店举行，应出席代表243名，实到235名，因事、因病请假8名。会议听取和审议了迁安市人民政府工作报告、市人大常委会工作报告、市人民法院工作报告和市人民检察院工作报告，审查和批准了迁安市国民经济和社会发展第十三个五年规划纲要、迁安市2015年国民经济和社会发展计划执行情况与2016年国民经济和社会发展计划（草案）的报告（书面）、迁安市2015年财政预算执行情况和

2016年财政预算（草案）的报告（书面），对以上6个报告和1个规划纲要分别作出决议。会议补选玄士丰为迁安市人大常委会副主任。会议期间，收到代表提出的建议、批评和意见33件。

（廉海兵）

市人大常委会会议

【市第五届人大常委会第三十七次会议】 2月3日在市行政办公中心七楼会议室召开。应出席会议的常委会组成人员24人，实到17人。会议由市人大常委会主任郝可军主持，副主任田富顺、范晓华出席会议，市委常委、副市长庞再明，市人大常委员党组成员玄士丰、市人民法院院长王建民、市人民检察院检察长孙玉军、部分镇乡人大主席以及市人大常委会机关科室负责人列席会议。会议根据市政府的提请，决定任命李晓丹为迁安市人民政府副市长。会议审议通过了市人大常委会关于接受耿国军辞去市五届人大代表职务的决定。会议审议通过了代表资格审查委员会关于补选的市五届人大代表代表资格的审查报告。会议审议通过了市人大常委会关于表彰2015年度优秀市人大代表的决定和表彰2015年度优秀代表建议的决定。会议决定迁安市第五届人民代表大会第六次会议于2016年2月15日召开。会议通过了市五届人大六次会议主席团、秘书长名单草案，议案审查委员会组成人员名单草案，计划预算审查委员会组成人员名单草案，各代表团团长、副团长建议名单，主席团常务主席及执行主席名单草案，副秘书长名单草案，决定了市五届人大六次会议列席人员。会议讨论了市五届人大六次会议选举办法草案和市人大常委会工作报告。会议初步审查了市政府及部门2016年财政预算。

【市第五届人大常委会第三十八次会议】 3月15日在市行政办公中心0118会议室举行。应出席会议的常委会组成人员24人，实到17人。会议由市人大常委会主任郝可军主持，副主任田富顺、范晓华、玄士丰出席会议，市委常委、副市长庞再明，市人民法院院长王建民，市人民检察院副检察长李求军，部分镇乡人大主席以及市人大常委会机关科室负责人列席会议。会议审议通过了市人大常委会关于接受李福林、王学龙辞去迁安市人民政府副市长职务的决定。会议根据市政府的提请，决定任命韩国强为迁安市人民政府副市长。会议审议通过了市人大常委会2016年工作要点和《迁安市人大常委会审议意见办理办法》。

【市第五届人大常委会第三十九次会议】 5月16日在市行政办公中心七楼会议室召开。应出席会议的常委会组成人员24人，实到21人。会议由市人大常委会主任郝可军主持，副主任田富顺、张宏图、范晓华、玄士丰出席会议。会议审议通过了市人大常委会关于接受李成辞去迁安市第五届人大代表职务的决定。

【市第五届人大常委会第四十次会议】 5月26日在市行政办公中心0118会议室召开。应出席会议的常委会组成人员24人，实到17人。会议由市人大常委会主任郝可军主持，副主任田富顺、玄士丰出席会议，市政府党组成员李晓波、市人民法院副院长张树安、市人民检察院副检察长冯小军、相关市直单位主要负责人、部分市人大代表以及市人大常委会机关科室负责人列席会议。会前，市人大常委会组成人员和部分市人大代表，深入轩辕阁、山叶口景区、塔寺峪景区、成山景区，对全市旅游业发展情况进行了实地考察。会议根据市政府、市人大常委会主任会议、市法院的提请，表决通过了人事任免事项。会议听取和审议了市文广新局局长刘海受市政府委托所作的关于旅游业发展情况的报告，会议对全市旅游业发展所取得的显著成效给予充分肯定，同时建议市政府要在优化旅游业发展环境、加强监管力度和科学合理开发旅游资源等方面多下功夫，促进旅游业健康持续发展。会议听取和审议了市环保局局长李志勇受市政府委托所作的关于《中华人民共和国环境保护法》（以下简称《环保法》）贯彻实施情况的报告，听取了市人大常委会经济科关于《环保法》贯彻实施情况的调查报告。会议建议市政府要正确处理加快发展与环境保护的关系，不断加大《环保法》宣传力度和执法力度，促进环境质量进一步改善。会议听取和审议了市人民法院副院长张树安所作的关于诉讼服务工作情况的报告，听取了市人大常委会政法科关于诉讼服务工作情况的调查报告。会议建议市法院强化服务意识和问题意识，加强队伍建设，提升诉讼服务水平，促进社会和谐稳定。会议审议通过了市人大常委会关于规范性文件备案审查的规定、关于加强对垂直管理部门监督的暂行办法。会议书面审议了市政府关于落实市五届人大常委会第三十五次会议审议意见情况的报告。

【市第五届人大常委会第四十一次会议】 7月29日在市行政办公中心0118会议室召开。应出席会议的常委会组成人员24人，实到17人。会议由市人大常委会主任郝可军主持，副主任田富顺、玄士丰出席会议，市委常委、常务副市长韩国强，市人民法院院长王建民，市人民检察院检察长孙玉军，有关市直单位主要负责人，部分市人大代表以及市人大常委会机关科室负责人列席会议。会议听取和审议了市审计局局长赵云新受市政府委托所作的关于2015年度财政预算执行及其他财政收支的审计工作报告，会议对审计工作给予充分肯定，同时建议市政府要高度重视审计中发现的问题，责成有关部门及时整改，并从根本上建立长效机制，确保财政资金安全、有效运行。会议听取和审议了市财政局局长孔祥会受市政府委托所作的关于2015年度财政决算（草案）的报告，会议建议市政府认真贯彻落实《中华人民共和国预算法》，切实加强财政资金监管，突出财政资金使用绩效，主动接受社会监督，提高财政运行透明度。会议表决通过了《迁安市人大常委会关于批准迁安市2015年财政决算的决议》。会议听取和审议了市发改局局长郎文昌受市政府委托所作的关于2016年上半年国民经济和社会发展计划执行情况的报告、市财政局局长孔祥会受市政府委托所作的关于2016年上半年财政预算执行情况的报告，听取了市人大常委会经济科关于2016年上半年国民经济和社会发展计划及财政预算执行情况的调查报告。会议建议市政府要积极抢抓京津冀协同发展的历史性机遇，采取超常措施，加大工作力度，着力解决经济运行中出现的困难和问题，创造性地开展工作，努力推动全年各项目标任务顺利完成。会议听取和审议了市人大常委会执法检查组关于检查《中华人民共和国消防法》实施情况的报告，建议市政府加大宣传力度，不断增强全民消防意识；进一步加强消防基础设施和消防队伍建设，提高全市消防救援能力，确保全市人民群众的生命财产安全。会议审议了市政府关于将迁安海绵城市建设引导基金二期资金纳入财政预算并进行基金化管理的请示，表决通过了《迁安市人大常委会关于〈将迁安海绵城市建设引导基金二期资金纳入财政预算并进行基金化管理的请示〉的批复》。会议书面审议了市政府和市法院关于落实市五届人大常委会第四十次会议审议意见情况的报告。

【市第五届人大常委会第四十二次会议】 8月18日在市行政办公中心0118会议室举行。应出席会议的常委会组成人员24人，实到20人。会议由市人大常委会主任郝可军主持，副主任田富顺、范晓华、玄士丰出席会议。会议审议通过了市人大常委会关于接受张宏图辞去迁安市第五届人大代表、人大常委会副主任职务的决定。

【市第五届人大常委会第四十三次会议】 10月10日在市行政办公中心0118会议室召开。应出席会议的常委会组成人员23人，实到15人。会议由市人大常委会主任郝可军主持，副主任田富顺、玄士丰出席会议，市政府副市长马文柏、李强，市人民检察院检察长孙玉军，市人民法院副院长张树安，相关市直单位主要负责人志，部分市人大代表以及市人大常委会机关科室负责人列席会议。会前，市人大常委会组成人员和部分市人大代表，深入艾驰生物制药、天洋城4代综合体、正大350万吨焊接钢管及深加工、首钢迁钢15万吨取向硅钢扩能、北京鼎盛成包装材料生产线、天津物产综合物流服务中心、中溶科技30万吨无水乙醇等项目建设现场，对全市重点项目建设和“两个基地”建设进行了实地考察。会议听取和审议了市发改局局长郎文昌受市政府委托所作的关于全市重点项目建设情况和新型制造业、现代服务业“两个基地”建设情况的报告，会议对全市重点项目建设和“两个基地”建设所取得的显著成效给予充分肯定，会议建议市政府要抢抓京津冀协同发展的历史性机遇，积极引进一批大项目、好项目，加大扶持力度，全力推动重点项目和“两个基地”建设。会议听取和审议了市政府农办主任刘英椿受市政府委托所作的关于市五届人大六次会议及闭会期间代表建议办理情况的报告，听取了市人大常委会选举人事科关于市五届人大六次会议及闭会期间代表建议、批评和意见办理情况的调查报告。会议建议市政府要在加大协调力度、强化督查督办、扩宽沟通渠道等方面下功夫，推动代表建议、批评和意见的有效落实。会议听取和审议了市教育局局长刘东友受市政府委托所作的关于教师队伍建设情况的报告，听取了市人大常委会教科文卫科关于全市教师队伍建设情况的调查报告。会议建议市政府要高度重视并全力抓好教师思想政治建设、合同制教师招录、提高教师待遇等工作，推动教师队伍建设再上新台阶。会议听取和审议了市司法局局长王钧受市政府委托所作的关于“六五”普法工作的报告和实施“七五”普法规划的说明，表决通过了《迁安市人大常委会关于在全市开展第七个五年法治宣传教育的决议（草案）》。会议书面审议了市政府关于落实市五届人大常委会第四十一次会议审议意见办理情况的报告。

【市第五届人大常委会第四十四次会议】 11月10日在市行政办公中心0118会议室举行。应出席会议的常委会组成人员23人，实到15人。会议由市人大常委会主任郝可军主持，副主任田富顺、玄士丰出席会议。会议审议通过了《迁安市人大常委会关于市乡两级人民代表大会换届选举时间的决定（草案）》《迁安市人大常委会关于任命市选举委员会组成人员的决定（草案）》《迁安市人大常委会关于确定第六届乡级人民代表大会代表名额的决定（草案）》《迁安市人大常委会关于市乡两级人民代表大会换届选举工作的实施方案（草案）》。

【市第五届人大常委会第四十五次会议】 11月30日在市行政办公中心0118会议室召开。应出席会议的常委会组成人员23人，实到16人。会议由市人大常委会主任郝可军主持，副主任田富顺、玄士丰出席会议，市政府副市长马文柏、市人民法院院长王建民、市人民检察院检察长孙玉军、相关市直单位主要负责人、部分市人大代表以及市人大常委会机关科室负责人列席会议。会议听取和审议了市人大执法检查组关于检查《中华人民共和国食品安全法》实施情况的报告，会议建议市政府要继续加大食品安全监管执法力度，执法重点要向小摊贩集中区、小餐饮店、小超市、小作坊等区域倾斜，要加大财政投入力度，提升执法装备和检验检测设备，推进食品安全追溯系统建设。会议听取和审议了市审计局局长赵云新受市政府委托所作的关于2015年财政预算执行及其他财政收支审计查出问题的整改情况的报告，会议建议市政府要不断加大审计执行力，持续提升审计影响力和工作实效。会议听取和审议了市工信局副局长徐立勇受市政府委托所作的关于全市钢铁产业发展情况的报告，听取了市人大常委会经济科关于全市钢铁产业发展情况的调查报告，会议建议市政府要在钢铁产业顶层设计、企业创新能力提升、加大帮扶力度、稳妥推进去产能等方面做好工作，推动全市钢铁产业的持续健康发展。会议听取和审议了市农工委常务副书记李超受市政府委托所作的关于迁安市美丽乡村建设项目政府购买服务资金纳入财政预算的请示的情况说明，表决通过了迁安市人大常委会关于《迁安市美丽乡村建设项目政府购买服务资金纳入财政预算的请示》的批复。会议听取和审议了市人民检察院检察长孙玉军所作的关于预防职务犯罪工作情况的报告，听取了市人大常委会政法科关于预防职务犯罪工作情况的调查报告，会议建议市检察院要从提升预防工作影响力、增强预防工作针对性、完善“大预防”工作格局、提高预防工作实效等方面入手，推动预防职务犯罪工作再上新台阶。会议根据市检察院的提请，表决通过了人事任免事项。会议书面审议了市政府关于落实市五届人大常委会第四十三次会议审议意见办理情况的报告。

【市第五届人大常委会第四十六次会议】 12月7日在市行政办公中心七楼会议室召开。应出席会议的常委会组成人员23人，实到20人。会议由市人大常委会主任郝可军主持，副主任田富顺、范晓华、玄士丰出席会议。会议审议了《迁安市人民政府关于将滦河迁安市段河道综合治理工程政府购买服务资金列入年度财政预算的请示》，表决通过了《迁安市人大常委会关于〈将滦河迁安市段河道综合治理工程政府购买服务资金列入年度财政预算的请示〉的批复》。

【市第五届人大常委会第四十七次会议】 12月12日在市行政办公中心七楼会议室召开。应出席会议的常委会组成人员23人，实到20人。会议由市人大常委会主任郝可军主持，副主任田富顺、范晓华、玄士丰出席会议。会议审议通过了《迁安市人大常委会关于许可对市五届人大代表郭杰依法采取强制措施的决定（草案）》。

【市第五届人大常委会第四十八次会议】 12月16日在市行政办公中心0118会议室召开。应出席会议的常委会组成人员23人，实到16人。会议由市人大常委会主任郝可军主持，副主任田富顺、玄士丰出席会议。会议审议通过了《迁安市人大常委会关于变更市乡两级人大代表选举日的决定（草案）》。

【市第五届人大常委会第四十九次会议】 12月29日在市行政办公中心0118会议室召开。应出席会议的常委会组成人员23人，实到16人。会议由市人大常委会主任郝可军主持，副主任田富顺、玄士丰出席会议。会议审议通过了《迁安市人大常委会关于接受张淑云同志辞去迁安市人民政府市长职务的决定（草案）》。会议根据主任会议的提请，决定韩国强代理迁安市人民政府市长职务。会议根据市政府、市人民检察院、市人民法院的提请，表决通过了人事任免事项。会议听取和审议了市财政局局长孔祥会受市政府委托所作的关于2016年财政预算调整方案的报告，表决通过了《迁安市人大常委会关于批准2016年财政预算调整方案的决定（草案）》。

（廉海兵）

市人大常委会主要工作

【监督工作】 2016年，围绕转型发展、改革创新、生态文明、和谐社会建设等方面，选择15项审议监督议题，组织代表开展专题调查、考察和执法检查活动13次，听取和审议政府专项工作报告18项，提出有针对性的意见建议70余条，有力地促进了市委重大决策部署的贯彻落实。把参与市委中心工作作为常委会履职尽责的重要载体，聚焦转型发展，聚力项目建设，带领4个产业领导小组开展上门招商、点对点招商，新奥LNG、润泽建材公司新型节能复合墙板等项目成功签约落地；深入分包项目现场督导调研，及时协调解决存在的困难和问题，推动全市经济社会转型发展。围绕重点项目建设、科技创新、扶持小微企业等事关转型发展的重点工作，采取专题考察、调查和审议专项报告相结合的方式，组织人大代表深入怡蕙达LNG、亚滦湾国家农业开发创新产业园、英诺特生物制药、昌安耀滨科技企业孵化器等10多个重点项目建设现场和高新技术企业，了解项目进展情况，询问企业存在困难，督促市政府积极适应新常态，抢抓新机遇，发挥新优势，加速构建“3+5+6”（打造3个超千亿产业集群，发展5个超百亿产业板块，培育六大区域性功能中心）现代产业格局，助推经济社会平稳发展。围绕经济社会发展、财政预算执行、财政收支审计等方面，认真开展调查调研，听取和审议市政府专项工作报告，肯定成绩，指出问题，督促整改，力促宏观经济和公共财政健康运行。组织人大常委会组成人员、部分人大代表和专业人士对财政预算草案进行初步审查，提出整改意见，提高预算编制工作的科学化和规范化水平。着眼于改善人民群众生产生活环境，深入开展农村面貌改造提升工作考察，听取和审议了专项工作报告，督促市政府大力发展乡村休闲经济、养老经济，推动农村面貌改善与农民创业增收互联互动，打造“看得见山水、记得住乡愁”的美丽乡村。着眼于丰富城乡居民文化生活，深入市文化馆、图书馆和部分镇村文化站、文化活动室，开展省级公共文化示范区建设工作调查，督促政府加快实施公共文化资源共建共享项目，构建公共文化服务体系，提高城乡居民幸福指数。着眼于推动城乡居民医疗保障均等化，采取听汇报、召开座谈会、查看相关资料等方式，深入调查了解城乡居民医疗保险运行情况，指出存在问题，督促整改落实，为减轻群众医疗负担、提高医疗卫生水平做出努力。高度关注环境保护，采取市、乡两级人大上下联动的方式，深入环境监控中心、机动车尾气检测站、迁钢公司等单位和项目现场，对《中华人民共和国大气污染防治法》贯彻实施情况进行执法检查，查看防范措施，查找问题不足，督促市政府严格落实政府、企业和社会防治责任，加大执法力度，依法加强重点领域污染防治、联防联控和重污染天气应对，在全社会形成依法保护大气环境的良好氛围。坚持把依法处理来信来访作为密切联系群众、了解社情民意的重要渠道，对受理的46件（次）群众来信来访进行及时妥善处理，重点督办9件信访案件，推动解决群众合法诉求，努力化解社会矛盾、促进社会稳定。为了给人民群众营造和谐稳定的社会环境，组织开展《中华人民共和国治安管理处罚法》贯彻落实情况执法检查，督促公安机关增强依法履职能力，健全治安管理处罚体系，推进平安迁安、法治迁安建设；为了让人民群众办事快捷方便，组织开展行政许可法律法规贯彻落实情况执法检查，推动市政府各职能部门构建行为规范、运转协调、公正透明、廉洁高效的行政管理体制；为了落实好人民群众的民主权利，组织开展《中华人民共和国村民委员会组织法》贯彻实施情况专题调研，督促市政府坚持问题导向，强化责任措施，推进农村基层民主政治建设。启动实施并扎实开展规范性文件备案审查工作，依法对市政府提交的2个文件进行备案审查，努力维护法制统一。

（廉海兵）

【代表工作】 开展2期集中培训活动，参训代表320余人次，广大代表的责任感和使命感不断增强，履职能力和工作水平进一步提高。定期寄送常委会会刊、《公民与法治》等文件和资料，及时通报经济社会发展、重大项目建设、重要人事调整等情况和信息，保障代表知情知政权利，为代表执行职务创造良好条件。注重培树先进典型，开展优秀人大代表、优秀代表建议评选表彰活动，进一步激发广大代表主动参与转型发展的政治热情。坚持邀请代表参与人大常委会活动制度，先后安排180余人（次）代表参加人大常委会会议，参与考察、调查、执法检查等活动，鼓励引导代表建真言、献真策，反映群众诉求，集中群众智慧，为人大常委会决策提供依据。推荐20名人大代表为行风监督员，对各部门工作进行监督测评，广大代表监督“一府两院”工作的渠道进一步拓宽。强化人大常委会与代表之间的联系沟通，采取集中走访的方式，与广大代表进行座谈交流，了解代表履职情况，认真听取意见建议；加强代表与群众的联系沟通，继续开展“走访选民心连心，扶贫济困献真情”活动，发挥广大代表在倾听民声、反映民意、促进和谐、维护稳定等方面的作用。2016年，广大代表走访群众1200多人次，帮助困难群众400余人次，捐助物资50多万元。把督办代表建议作为保障代表权利、督促“一府两院”改进工作的重要途径，广泛征集、认真梳理、及时转交人代会和闭会期间代表提出的意见建议，并采取领导带头亲自督办、重点建议跟踪督办、邀请代表参与督办、听取审议专项报告等多种形式，确保代表建议办理及时有序推进。到2016年7月底，84件代表建议全部办结并答复代表，改善农村群众出行、加大农村环境卫生监管力度等一批关系民生的建议得到较好落实。此外，人大常委会组成人员走访代表期间征求到的35条意见建议，与人代会上征集到的意见建议一并转交“一府两院”进行办理，以增强办理实效。

（李建永）

【人事任免】 始终把是否有利于促进转型发展作为选举任免干部的重要标准，认真坚持党管干部和人大依法任免相统一的原则，严格落实《中华人民共和国地方各级人民代表大会和地方各级人民政府组织法》《市人大常委会任免地方国家机关工作人员办法》的有关规定，依法任免地方国家机关工作人员46人次，确保了市委人事任免的顺利实现。进一步加强任后监督，听取和审议政府组成部门负责人工作报告13项，督促选举任命人员依法行政、勤政务实，不断增强被任命人员的法律意识和公仆意识，为全市转型发展提供了坚强的组织保障。

（李建永）

2016 年迁安市人大常委会重要文件题录表

表 7

文件号	发文日期	标　题
迁人常字〔2016〕1 号	2 月 3 日	迁安市人大常委会关于李晓丹任职的通知
迁人常字〔2016〕2 号	2 月 3 日	迁安市人大常委会关于接受耿国军辞去市五届人大代表职务的决定
迁人常字〔2016〕6 号	3 月 16 日	迁安市人大常委会关于接受李福林、王学龙辞职的决定
迁人常字〔2016〕7 号	3 月 16 日	迁安市人大常委会关于韩国强任职的通知
迁人常字〔2016〕11 号	5 月 16 日	迁安市人大常委会关于接受李成辞去市五届人大代表职务的决定
迁人常字〔2016〕12 号	5 月 27 日	迁安市人大常委会关于李强任职的通知
迁人常字〔2016〕13 号	5 月 27 日	迁安市人大常委会关于郭东青等任免职的决定
迁人常字〔2016〕14 号	5 月 27 日	迁安市人大常委会关于张合锁等任职的通知
迁人常字〔2016〕23 号	8 月 18 日	迁安市人大常委会关于接受张宏图辞去市五届人大常委会副主任职务的决定
迁人常字〔2016〕26 号	11 月 10 日	迁安市人大常委会关于市乡两级人民代表大会换届选举时间的决定
迁人常字〔2016〕27 号	11 月 10 日	迁安市人大常委会关于任命市选举委员会组成人员的决定
迁人常字〔2016〕28 号	11 月 10 日	迁安市人大常委会关于市乡两级人民代表大会代表名额的决定
迁人常字〔2016〕29 号	11 月 10 日	迁安市人大常委会关于市乡两级人民代表大会换届选举工作的实施方案
迁人常字〔2016〕30 号	11 月 30 日	迁安市人大常委会关于赵国强等任免职的通知
迁人常字〔2016〕36 号	12 月 12 日	迁安市人大常委会关于许可对市五届人大代表郭杰依法采取强制措施的决定
迁人常字〔2016〕37 号	12 月 16 日	迁安市人大常委会关于变更市乡两级人大代表选举日的决定
迁人常字〔2016〕38 号	12 月 29 日	迁安市人大常委会关于接受张淑云同志辞去迁安市市长职务的决定
迁人常字〔2016〕39 号	12 月 29 日	迁安市人大常委会关于韩国强同志代理迁安市人民政府市长职务的决定
迁人常字〔2016〕40 号	12 月 29 日	迁安市人大常委会关于吴维等任免职的通知
迁人常字〔2016〕41 号	12 月 29 日	迁安市人大常委会关于张树安等任免职的通知
迁人常字〔2016〕42 号	12 月 29 日	迁安市人大常委会关于陆爱东免职的通知

市人大常委会领导成员

主　　任　郝可军

副 主 任　田富顺　张宏图（8 月离）
范晓华（满族）
玄士丰（2 月任）

党组书记　郝可军

党组副书记　田富顺

党组成员　范晓华（满族）　玄士丰　玄海文

委　　员　王　满　尹淑新（女）
李秀红（女）　李建永　李禹江
李爱文　李聪敏（女）　杨立国
张　千　张玉秋（女）
张艳萍（女）　陈　晨（女）
金增欣（女）　郑宝海　徐汉有
殷自新（女，满族）　郭卫民
韩向新

市人大常委会工作机构及其领导成员

办公室

主　　任　玄海文

副 主 任　廉海兵（5 月离）
毛泽平（5 月任）

主任科员　李　远（5 月任）

廉海兵（5月任）

政法科

科　长　（1—4月空缺）

郭东青（5月任）

副科长　吴玉荣（女）

教科文卫科

科　长　李禹江

副科长　郭东青（5月离）

赵崎峰（5月任）

选举人事科

科　长　李建永

副科长　（1—12月空缺）

经济科

科　长　张艳萍（女）

副科长　孟德新

（廉海兵）

迁安市人民政府

综　述

【市政府全体会议和常务会议】　7月1日，迁安市政府召开五届三次全体（扩大）会议暨廉政工作会议。会议邀请唐山市纪委常委刘玉芳出席并授课。会议全面盘点了市政府近期工作的成绩和不足，围绕把握发展大势、圆满完成全年目标任务，就打好稳增长、调结构、招商引资等十大攻坚战做了具体安排，并就加强政府系统作风建设进行深入部署。

12月15日，市政府召开五届四次全体（扩大）会议。会议全面贯彻省委第九次党代会和全省领导干部会议精神，要求政府系统全体干部职工以两次重要会议精神为引领，以奔跑状态抓落实。会议就去产能工作的极端重要性进行深入强调，要求全市上下严守红线、严格措施，确保完成目标任务。同时，会议就招商引资、项目建设、城市建设、大气污染治理、信访稳定、安全生产、年度目标收官和党风廉政建设进行具体部署。

1月11日，市政府召开五届第二十七次常务会议。会议听取审议了《政府工作报告》《迁安市2015年国民经济和社会发展计划执行情况与2016年国民经济和社会发展计划（草案）的报告》《关于2015年财政预算执行情况及2016年度预算（草案）的报告》《迁安市国民经济和社会发展第十三个五年规划纲要》《水曹铁路项目（迁安市段）集体土地（地上附着物）征收补偿安置方案》及《水曹铁路项目（迁安市段）国有土地上房屋征收补偿安置方案》，并听取关于环保工作开展情况、2016年主要经济指标分解情况、首钢股份公司迁安钢铁公司“9·2”较大淹溺事故处理情况的汇报。

3月23日，市政府召开五届第二十九次常务会议。会议听取审议《迁安市人民政府关于重点项目容缺审批的实施意见》《迁安市党政机关公务用车制度改革实施方案》《迁安市政府采购集中采购目录和限额标准》《迁安市人民政府关于“名医、名护、名院长”评选活动的实施方案》。会议就近期重点工作进行安排部署。

5月9日，市政府召开五届第三十次常务会议。会议听取审议《河北华芯半导体项目投资合作合同及补充协议》，并听取关于艾驰生物科技有限公司使用中国农发重点建设基金有关情况、关于国有平台企业现状及转型发展建议的汇报。

6月28日，市政府召开五届第三十一次常务会议。会议听取审议《关于推进创新发展的实施意见》《第三通道西延项目拆迁安置补偿办法》，并听取关于市政府五届三次全体（扩大）会议暨廉政工作会议筹备情况、关于设立科技型中小企业贷款风险补偿基金相关情况的汇报，会议就重新修订《迁安市招投标管理办法》和做好财政预算资金管理、防汛抗旱工作进行安排部署。

8月10日，市政府召开五届第三十二次常务会议。会议听取审议《迁安市水污染防治工作方案》《关于促进9号岛总部经济发展的奖励扶持办法》《整合建立统一的公共资源交易平台实施方案》《迁安市重特大疾病贫困患者医疗救助实施办法》《关于全面建立困难残疾人生活补贴和重度残疾人护理补贴制度的实施办法》，并听取关于国有投融资平台公司整合重组方案的汇报。

11月1日，市政府召开五届第三十四次常务会议。会议听取审议关于议定“迁安中唐文化旅游发展有限公司开展第三方股权合作事宜”、关于滦河综合治理工程BT合同有关情况的汇报，并听取关于2016年全市环保工作开展情况、化解钢铁产能相关情况、安全生产工作开展情况的汇报，并进行了工作部署。此外，会议就市政府近期工作进行全面安排部署。

【社会事业】 突出抓好就业创业，发放创业担保贷款3259万元，新增城镇就业、农村劳动力转移就业14385人。高度关注困难群众生活，发放各类保障、救助资金5933万元。大力改善办学条件，完成28所幼儿园新改扩建、49所中小学的校舍维修改造工程。实施棚户区改造2064套，农村危房改造773户。构建全民健康服务体系，深入推进公立医院改革，药品零差率销售让利群众2925万元。依法打击侵犯知识产权和假冒伪劣行为，持续抓好安全生产、食品药品安全、社会治安和信访稳定等各项工作。

【招商引资和项目建设】 持续开展项目建设大会战，实施亿元以上项目50个、10亿元以上项目15个。扎实推进全民创新创业，新增民营企业1345家、个体工商户6924户，32家企业升级为规模以上企业。“魅力水城·绿色迁安”经贸洽谈会及一系列招商活动成绩显著，全年新签约重点项目70个，计划总投资457亿元。

【产业结构优化升级】 工业经济向质量效益型加速转变，圆满完成钢铁去产能年度任务。与京津冀钢铁联盟合作，建设迁安钢铁研究院，首批7个项目获北京市科技资金支持1650万元。正大350万吨焊管二期等项目顺利推进，全市精品钢材比重达到30.5%。中溶科技30万吨无水乙醇等项目加快建设，焦化产业向精细化工加速迈进。城市经济向服务创新型加速转变。新增科技型中小企业106家、科技小巨人企业9家，现代服务业增加值占GDP比重达到35.8%，跻身全国创新创业百强县第29位。艾驰生物科技等13个新兴产业项目相继开工，高新区生物医药产业园被确定为京津冀医药健康特色产业基地。“冀东及图”商标成功争创中国驰名商标，实现迁安历史性突破。农业经济向内涵提升型加速转变。实施亚滦湾农业公园等35个现代农业项目，唐山市级以上龙头企业达到22家，农业产业化率达到76.2%。

【城镇化建设】 城市建成区面积达到43.5平方公里，常住人口城镇化率达到55.7%，被确定为国家第三批新型城镇化综合试点，跃居全国中小城市新型城镇化质量百强第13位。以海绵工程为引领，完成既有建筑节能改造1.5万平方米，新增集中供热面积80万平方米，新铺设天然气中压管道7.8公里，魅力水城内涵更加丰富，品位大幅提升。以入选国家全域旅游示范区为契机，中唐·天元谷文化旅游综合体全面开工，“京东水城·迁安号”旅游专列正式开通，旅游业由门票经济向产业经济迈进。以发展赛事经济为目标，“国际长城万人徒步大赛”十年承办权花落迁安，圆满承办里约奥运会拳击项目亚（亚洲）大（大洋洲）区资格赛、全国体育传统项目学校田径联赛、全国大学生举重比赛等高端赛事，迁安知名度、影响力进一步提升。以“四美五改”（改房、改水、改路、改厕、改厨，做到环境美、产业美、精神美、生态美）要求为统领，高标准完成省级重点片区和25个省级重点村的建设任务，3个村被评为省级美丽乡村。

【改善生态环境】 完成钢铁、焦化等重点行业污染治理工程126个，全市优良天数同比增加51天。完成燃煤锅炉改造120台，推广洁净型炉具2.2万套。出台水污染防治工作方案，启动畜禽养殖专项治污行动，滦河、西沙河断面水质稳定达标。实施矿山生态修复1530亩，新增营林、造林面积5.3万亩，森林覆盖率达到43.8%。

【迁安市荣膺2016年度中国中小城市综合实力百强县市第19位】 11月7日，中小城市经济发展委员会、中小城市发展战略研究院、中国中小城市科学发展指数研究课题组等单位通过《人民日报》和《2016中国中小城市发展报告·绿皮书》联合发布了2016年度中国中小城市科学发展指数研究成果。迁安市荣膺2016年度中国中小城市综合实力百强县市第19位、中国最具投资潜力中小城市百强县市第8位、中国中小城市新型城镇化质量百强县市第13位，位次均与上届持平；首次入围中国十佳"两型"▲中小城市；在首次发布的2016年度中国中小城市创新创业（双创）百强县市中，位列第29位。

▲"两型"为节约指数，即反映中小城市在资源节约、环境友好和生态文明等方面建设成就的指数。它包括单个城市的节约型城市指数和中小城市节约型城市建设的总体水平指数两个方面。

（马 骁 刘向超）

2016年迁安市政府重要文件题录表

表8

文件号	发文日期	标 题
迁政〔2016〕1号	2月14日	关于印发迁安市2016年为民实事工程的通知
迁政发〔2016〕5号	1月14日	关于《迁安市海绵城市建设区专项规划（2015—2030年）》的批复
迁政发〔2016〕6号	2月1日	关于印发迁安市人民政府法律顾问工作规则的通知
迁政发〔2016〕9号	2月5日	关于下达2016年主要经济目标任务的通知
迁政发〔2016〕15号	3月7日	关于开展第三次全国农业普查的通知
迁政发〔2016〕45号	3月16日	关于《迁安市右岸新城控制性详细规划》及《迁安市河东、河西片区控制性详细规划》的批复
迁政发〔2016〕47号	3月21日	关于2016年燃煤锅炉整治工作的通知
迁政发〔2016〕52号	3月25日	关于重点项目容缺审批的实施意见
迁政发〔2016〕66号	4月26日	关于2015年度迁安市科学技术奖励的决定
迁政发〔2016〕85号	5月26日	关于进一步深化行政审批制度改革的实施意见
迁政发〔2016〕94号	6月24日	关于开展迁安市第二次全国地名普查的通知
迁政发〔2016〕96号	7月14日	关于公布第三批县级非物质文化遗产名录的通知
迁政发〔2016〕102号	7月21日	关于印发加强综合行政执法协作配合的意见（试行）
迁政发〔2016〕108号	8月5日	关于下达2016年化解钢铁过剩产能任务的通知
迁政发〔2016〕117号	8月17日	关于印发迁安市网上审批、网上监察运行管理实施细则（试行）的通知
迁政发〔2016〕120号	8月22日	关于印发迁安市水污染防治工作方案的通知
迁政发〔2016〕123号	9月2日	关于进一步深化县级公立医院综合改革的实施意见
迁政发〔2016〕132号	9月19日	关于印发迁安市化解房地产库存促进房地产市场健康发展的若干规定的通知
迁政发〔2016〕154号	10月11日	关于城乡居民基本医疗保险职能机构划转实施方案
迁政发〔2016〕172号	11月7日	关于迁安市农村路网改造提升工作有关问题的决定
迁政发〔2016〕189号	12月23日	关于设立"魅力水城，绿色迁安"政府投资基金FOF（母基金）的批复
迁政发〔2016〕217号	12月25日	关于呈报审查《迁安市土地整治规划（2011—2020年）》修改调整方案的批复

（马 骁 刘向超）

市政府领导成员

市　　　长	张淑云（女，12月离）
常务副市长	李福林（3月离）
	韩国强（3月任）
副　市　长	冯　涛（挂职）　庞再明
	王学龙（满族，3月离）
	李晓丹（女，挂职，12月离）
	马文柏　王志刚
	李凤春　李　强（5月任）
	吴　维（挂职，12月任）
市政府党组书记	张淑云（女）
市政府党组副书记	韩国强（4月任）
	李福林（4月离）
	杨春景（2月离）
市政府党组成员	冯　涛（挂职）　庞再明
	王学龙（满族，4月离）
	李晓丹（女，挂职，4月任）
	王志刚　李凤春
	李　强（6月任）
	张清敏（12月离）
	李晓波　孟祥中　李曙光

市政府办公室工作

【概况】　2016年，迁安市人民政府办公室围绕稳增长、调结构、促转型、治染污、惠民生等全市各项核心工作和项目建设，2016年实事工程等，充分发挥参谋、协调、督导、服务等职能，全年累计处理并传阅上级、平级文件2423件，传真电报1258件，电话处理298件，受理请示报告830件，当日送达率100%。发放督办卡88件，件件按时限要求办理完毕，印发市政府及办公室文件505件。坚持依法行政，全年受理行政复议案件28件，已审结16件，12件正在审理之中，发挥了行政复议定纷止争的作用。承办唐山市人大代表建议1件、政协委员提案6件，本级人大代表建议79件、政协委员提案60件，全部按照法定程序按时办结，迁安市获评唐山市承办工作先进单位。全年接待群众来访单人307批670人次，群众集体访312批11239人次，群众反映事项答复率100%，“12345”热线（唐山市民公共服务热线）受理群众各类诉求12342件，均得到及时稳妥处理。圆满完成政府部门网站“整改整合”行动，全年上传信息7825条，综合浏览量（PV）达到317.4万个。累计向唐山市政府门户网站上传信息1645条，同比增长4%。加大信息公开力度，共发布信息4825条，同比增长33.6%。扎实开展政务外网扩网行动，接网单位达到66个。认真做好特殊时期应急工作，针对频发的重污染天气、汛期、唐山世界园艺博览会、“7·28”唐山大地震40周年等特殊节点，周密部署，确保应急有方、临事不乱。进一步完善全市应急预案、子预案，基本形成覆盖部门、镇乡、规模企业、所有学校的应急体系，实现“横向到边、纵向到底”。75.1万字的《迁安年鉴（2016年卷）》由方志出版社出版发行，其中“黄帝文化研究与开发”篇，成为弘扬迁安特色的文化品牌。

【发挥以文辅政作用】　一是精益求精抓办文。把服务领导决策、打造参谋本部作为首要任务，准确把握上级政策精神，把握领导意图和思想闪光点，把握工作要点、疑点和难点，找问题、出办法，既当参谋员、又当调研员，高质量撰写政府工作报告、政府全体会、项目建设年动员大会、经贸洽谈会推介等系列文稿，指导全市工作开展。二是高质高效抓调研。围绕经济转型、民生热点、领导关注等重点，突出全局性、超前性、应用性。累计刊发《领导参阅》8期、《工作研究》10期，编发《决策参考》42期。其中，《关于解决阜安大路交通拥堵及二镇中学生跨街上操问题的调查报告》等5篇调研文章得到市主要领导肯定；《转型有路天地宽—英诺特公司调研报告》受到省委、省政府和省政协领导的充分肯定，印发全省学习。三是准新快精抓信息。围绕经济社会发展、重大决策执行等方面，全年编发本级《政务信息》72期、《专报信息》3期。累计上报省、唐山市信息700余条，被采用90余条，其中《积极开展海绵城市试点建设工作》和《英诺特实现由钢铁行业向新兴转型打造传统产业升级样本》被国务院办公厅采用，进一步展示了迁安良好形象。

【发扬积极主动作风】　一是强力协调去产能。牢牢抓好这项重中之重工作，由对口科室专人负责、专项督导，圆满完成2016年度任务，并超额化解炼铁产能52万吨、炼钢产能70万吨。二是周密组织抓项目。始终树立项目最急、项目最重、项目第一理念，圆满完成唐山项目观摩和集中开工、迁安市项目观摩拉练、重点项目调度等重大活动和会议等60场次，通过压茬推进项目建设，为全市转型发展提供强劲动能。三是开拓创新抓金融。大力发挥金融办作用，4家企业成功上市。国控公司正式成立运营，海绵城市建设引导基金、创新引导基金、产业投资基金、科技型中小企业贷款风险补偿基金等扎实推进。四是亮点突破抓品牌。高标准组织北京推介会、经贸洽谈会，“京东水城、魅力迁安”成为全市最靓丽的招商品牌。深入推进健康办工作，跻身全省唯一的国家健康城市试点；积极组织申报工作，获批国家全域旅游示范区；冀东线缆获中国驰名商标，实现零的突破；圆满召开省海绵城市现场会。五是积极稳妥抓热点。针对环保治理、土地瓶颈、安全生产等，制定详细预案，精益求精，确保妥善处理。其中，1—12月空气质量综合指数列唐山市第2位，土地报批面积、土地整治立项面积居唐山市第1位。

【发挥督导问效职能】　一是围绕全年任务抓督查。精心编制《市政府2016年重点工作运行管理图库》，对70个单位331项重点工作进行动态督查。制定实施《重点工作运行管理考评办法》，每月对各项工作进展进行综合督导，并向全市通报。其中，对滞后工作开展专项督导2次，报请市政府领导约谈18次，有力推进各项工作落实，为全市实现稳中有进、稳中向好态势奠定坚实基础。二是围绕重点抓督查。针对重要会议、重点工作、领导批示等，突出精准、高效、细致，累计撰发《督查专报》33期、《督查动态》21期，其中27期得到市政府领导批示；向领导呈报各类事项125件，制发各类督办函件1500件次；办理上级政府及领导批示事项152件。三是心系民生抓督查。对10个方面16项为民实事，精心谋划、跟踪督导、按季通报，已经全部完成。同时，协调本地媒体、上级媒体进行全面公开、适度宣传，进一步提升市政府的公信力。

【精心承办各类政务活动】　严把会议规格、规模，圆满组织市政府全体会、市政府党组会、市长办公会等会议。圆满完成中央政治局委员、国务院副总理马凯，省人大常委会副主任谢计来，唐山市市长丁绣峰等领导考察活动；圆满承办里约奥运会拳击项目亚大区资格赛、“全民健身，我们在行动”长城万人徒步大会等高端赛事，成功举办轩辕阁开阁等仪式，受到各级领导的一致好评。在保障市政府机关高效运转的基础上，人、车和接待等各方面经费明显降低。

（马　骁　刘向超）

2016年迁安市政府办公室重要文件题录表

表9

文件号	发文日期	标　题
迁政办〔2016〕1号	1月13日	关于编纂出版《迁安年鉴》2016年卷的通知
迁政办〔2016〕3号	1月21日	关于聘请市政府法律顾问的通知
迁政办〔2016〕8号	2月18日	关于印发《2015年度迁安市突发事件应对工作总结评估情况》的通知
迁政办〔2016〕10号	2月23日	关于打击治理电信网络新型违法犯罪工作联席会议制度的通知
迁政办〔2016〕15号	3月21日	关于印发迁安市2016年唐山世界园艺博览会等重大活动空气质量保障方案的通知
迁政办〔2016〕20号	4月6日	关于做好对省、市政府规章实施情况开展督察工作的通知
迁政办〔2016〕23号	4月25日	关于印发迁安市土地整治专项行动工作方案的通知
迁政办〔2016〕33号	5月3日	关于成立迁安市水污染防治工作领导小组的通知
迁政办〔2016〕44号	5月26日	关于成立迁安市综合行政执法体制改革试点工作领导小组的通知
迁政办〔2016〕48号	6月6日	关于印发迁安市因公临时出国经费管理办法的通知

续表 9

文件号	发文日期	标　题
迁政办〔2016〕55 号	6 月 18 日	关于成立迁安市电网规划及建设领导小组的通知
迁政办〔2016〕67 号	6 月 23 日	关于建立安全生产打非治违长效工作机制的通知
迁政办〔2016〕74 号	7 月 26 日	关于印发迁安市互联网金融广告及以投资理财名义从事金融活动风险专项整治工作具体实施方案的通知
迁政办〔2016〕85 号	8 月 16 日	关于印发迁安市贯彻实施发展纲要建设质量强市 2016 年行动计划的通知
迁政办〔2016〕86 号	8 月 22 日	关于转发《唐山市政府办公厅关于深入推进基层行政执法规范化建设的通知》的通知
迁政办〔2016〕90 号	9 月 13 日	关于印发迁安市散煤污染整治专项行动方案的通知
迁政办〔2016〕94 号	9 月 26 日	关于印发《迁安市 2016 年人口和计划生育工作要点》的通知
迁政办〔2016〕106 号	10 月 26 日	关于公布衔接河北省、唐山市取消下放行政权力事项、行动许可中介服务事项的通知
迁政办〔2016〕116 号	11 月 28 日	关于加快推进中医药事业发展实施意见的通知
迁政办〔2016〕120 号	12 月 4 日	关于成立迁安市标准化委员会的通知
迁政办〔2016〕125 号	12 月 20 日	关于印发迁安市大气污染防治强化措施实施方案（2016—2017 年）的通知

（马　骁　刘向超）

市政府办公室

主　　任　孟祥中

副 主 任　宋中江（2 月离）　陈学忠（12 月离）　牛春宝

主任科员　邹建会　张宏志　白宝俭　陈国文

副主任科员　刘国新（5 月离）　张少春

信息调研

【上报信息】　2016 年，累计上报河北省、唐山市政府办公厅信息 700 余条，被采用 90 余条。其中，上报的《迁安市英诺特实现由钢铁行业向新兴转型打造传统产业升级样本》被国务院办公厅采用。全年围绕经济社会发展、重大决策执行、和谐社会建设、社会热点等方面，深入挖掘整理，扎实开展信息工作，为各级领导及时了解情况、掌握动态、科学决策提供了依据。一是围绕上级方针、政策和重大决策反馈信息。深入学习研究中央、省、唐山市的方针政策，结合全市市情，及时报送上级重要决策发布后干部群众的反映、基层贯彻决策的具体部署和做法，决策落实中存在的问题和建议。二是围绕市内外的一些重大事件反馈信息。以高度的政治敏感性和强烈的责任感，放宽眼界，胸怀全局，及时收集周围干部群众对重大事件的反映。围绕全国宏观形势对迁安经济和产业带来的影响，拓宽上报信息空间，从更高更深的层面把握上报信息的走向和脉搏。三是围绕群众关心的难点、热点问题反馈信息。深入基层了解民众对上级决策的反映，紧紧围绕焦点、热点问题和群众关注问题采编信息。

（田红祥　张明远）

【政务信息】　围绕全市工作重点和领导关注的热点，编发本级《政务信息》72 期、《专报信息》3 期，给领导提供了有益的参考，得到领导的肯定。一是注重从各层面布网点，培育骨干，通过重点带动全面，实现信息收集网络化。采取定期联系、预约情况、跟班学习、下发要点等方式，让信息触角真正“扎根”基层。二是严格执行信息报送采用通报制度，激约并举，进一步增强信息工作活力。三是拓展信息效应。围绕全市各级各部门解决群众关心的热点、难点问题等方面的创造性工作举措和成功做法，将信息与宣传结合起来，增强借鉴作用，将对全市中心工作开展具有指导意义和借鉴作用的典型经验类信息，采编并上报；将信息与调研结合起来，从中发现好的观点，深入调查，深化工作；将信息与督办结合起来，对一些热点、难点问题，重大项目进展情况，跟踪进度，落实工作。同时，将各方面情况及时汇总，编发政务信息，报给本级领导，下发到各单位。

（田红祥　张明远）

【调研工作】　2016 年，紧跟市政府领导工作思路，紧贴经济社会热点难点问题，紧密结合全市生产生活实际，以经济转型、民生热点、领导关注的课题为重点，突出全局性、超前性、应用型课题，重视跟踪性、经验性研究，努力让调研成果在服务领导决策中发挥更重要的作用。全年累计刊发《领导参阅》8 期、《工作研究》10 期，编发《决策参考》42 期。其中，《抓住国家金融创新机遇 加快转型提升摆脱困境》《关于解决阜安大路交通拥堵及二镇中学生跨街上操问题的调查报告》等 5 篇调研文章得到市委、市政府领导肯定，部分建议进入领导决策；《转型有路天地宽——英诺特（唐山）生物技术有限公司调研报告》受到省委、省政府、省政协领导的肯定，印发全省。

（李建华）

市政府研究室
主　任　张新松（12 月离）
副主任　张　铮（满族）

督查工作

【概况】　2016 年，市政府继续牢牢把握京津冀协同发展和环渤海地区崛起的历史性机遇，把握转型发展主线，统筹做好稳增长、调结构、惠民生等各项工作，全市经济社会发展企稳向好、稳步前行。为切实提升行政效能，有效推动政府决策部署落地生根，市政府督查室发挥参谋部、协调部、督导部作用，加强对市政府各部门、市直相关单位、各镇乡政府、各园区管委会承担市政府工作任务落实情况的协调督导，继续实行“每月分析、按季通报、年度考评”的政务督查工作推进机制，为全市重大决策落地生根、工作部署政令畅通、经济社会稳步发展提供了坚强保障。

【决策督查工作】　1. 全面督导政府重点工作。根据市委五届五次全会和市五届五次人代会部署的年度重点工作，贯彻落实“干什么、怎么干、谁来干、什么时间干成”的“四个干”工作机制，汇总编制《迁安市人民政府 2016 年重点工作运行管理图库》，收录 70 个单位年度重点工作运行图，涉及 331 项重点工作。按照以图为纲、挂图作战、据图督导、按图对账的要求，每月对各项工作进行综合督导并汇编成册，有力推进各项工作的有效落实。2. 紧密追踪市政府会议部署。坚持对市政府常务会议、市长办公会议等相关会议议定事项及市政府主要领导深入基层调研、现场办公指示意见的落实情况进行跟踪督导，细化分解工作任务，明确责任单位、责任领导，制定《市政府相关会议议定重点工作进展情况对比表》，落实台账制度，每周对各项工作进展情况进行督导检查并形成专项报告呈报领导参阅。全年就相关会议议定事项及市政府主要领导指示意见督导工作落实，累计编发《督查专报》33 期、《督查动态》21 期，其中 27 期得到市政府领导批示。

【专项督查工作】　按照市领导指示和市政府办公室安排，先后围绕项目建设、招商引资、生态环境治理、过剩产能化解等工作组织专项督查 30 余次，会同相关单位，围绕全国文明城市创建、海绵城市建设等开展联合督导 10 余次。积极参与重大会务活动，先后参与唐山市重点项目观摩、集中开工环境整治、上级领导到迁安考察的组织工作，提前踏查活动线路及现场，督导相关单位落实环境整治、交通疏导、突发事件处置等任务，为全年重要会议、重点活动的圆满完成提供了坚实保障。全年撰发督办通知单、交办事项通知单、责任分解表等各类督办函件 1500 余件次。

【批办督查工作】　按照工作职能分工，市政府督查室负责办理上级领导批示事项、唐山市政府督查室交办事项，迁安市委领导批转市政府办理事项、市政府主要领导批示事项及市政府主要领导来信来函事项。2016年，累计办理各类交办事项162件，其中唐山市级以上领导批示事项、唐山市政府督查室交办事项78件，迁安市委领导批转市政府办理事项36件，市政府主要领导批示办理及来信来函事项48件。严格按照“限期办理、逐件落实、分类督办、定期反馈”的要求，做到交则必查、查则必果、果则必报，事项办结率100%，一次办结率99%。

【为群众办实事工作】 2016年年初，市政府督查室广泛征集各单位实事工程方案，认真征求人大代表、政协委员意见和建议，充分尊重群众意愿，精心谋划2016年实事工程，经市委、市政府同意，实施创业助民、救助济民、医疗健民等10个方面16项实事工程。为确保实事办实、好事办好，市政府督查室采取实地督查、电话督查、跟踪督查等多种形式，按季度通报各项实事工程进展情况，及时研究解决实事实施过程中遇到的各类困难和问题，并及时在《迁安时讯》、政府门户网站、政务公开栏上向社会公布年中进展情况及年底完成情况，保证实事工程的实施始终处于群众监督之下。至2016年年底，十大为民实事工程全部如期圆满完成，16个单体项目中，充分就业、造林绿化、水土流失治理、农村低电压治理改造4项工程超额完成年度任务，进一步提升了市政府在人民群众中的公信力。

2016年迁安市人民政府为民实事工程完成情况表

表10

实事工程	完成情况	责任单位
创业助民工程	全市实现城镇新增就业7142人，占目标任务的108.2%；开展免费职业技能培训92期，培训2559人，占目标任务的128%；发放创业担保贷款3839万元，占目标任务的191.9%	人社局
救助济民工程	年初，结合全市人民生活水平变化情况，将农村居民最低生活保障标准由每人每年3550元提高到每人每年3912元，城镇居民最低生活保障标准由每人每月500元提高到每人每月550元。至2016年年底，累计为7461户13732人发放居民最低生活保障金4364.91万元	民政局
	按照集中供养“五保”对象每人每年7600元、一般分散供养“五保”对象每人每年5000元、病瘫分散供养“五保”对象每人每年8000元标准，至2016年年底，累计为1803位“五保”对象发放“五保”供养金1100.38万元	民政局
医疗健民工程	1. 门诊统筹补偿提高10%，最高补偿额由每人每年150元提高到180元。2. 住院补偿封顶线由12万元提高到15万元，大病补充补偿封顶线由30万元提高到35万元。3. 参保居民人均每年最高补偿额由42万元增长到50万元。4. 开展门诊中药饮片补偿工作，服用规定中药饮片，按85%报销比例给予补偿	卫计局
生态爱民工程	围绕京秦高速迁安支线、进出主城区道路两侧及东部滨河田园绿道右侧等重点区域，完成春季造林1546.67公顷、雨季造林333.33公顷、封山育林1666.67公顷	林业局
	完成投资136.59万元，修建护地堤930.3米，栽植水保林205公顷，治理水土流失面积6.25平方公里	水务局
教育智民工程	一镇中外网及暖气改造、官寨小学教室翻建、陈官营中学教室改造、陈庄小学教室改造等10个陈旧校舍维修改造项目全部完工	教育局

续表 10

实事工程	完成情况	责任单位
安居暖民工程	规划建设多层住宅 11 栋，年底前已完成主体认证工作，正在进行设备安装、内外装修工程	住建局城乡投资公司
	1. 农房抗震改造任务全部完成，受益居民 773 户，共发放补助资金 1023.7 万元。2. 完成原畜牧局住宅楼、东关 7#、水泵厂 6#、青园 3#等 5 栋楼 1.5 万平方米既有建筑节能改造工程，投入资金 489 万元，受益居民 164 户	住建局
	金港花园、碧桂园、蓝天幼儿园等小区集中供热扩容任务全面竣工，实现城区集中供热普及率 98% 以上	住建局
调水安民工程	189 项海绵工程完工 5 项，在建 5 项，进入招标程序 29 项，进入施工图纸审核的 40 项，进行方案设计 66 项	住建局　园林局 水务局　财政局
“三农”富民工程	依托产粮大县、产油大县项目，完成全部示范任务创建，共发展高端设施农业 66.67 公顷，创建部级标准化示范场 1 家、唐山市标准化示范场 3 家	农牧局
	全面完成既定区域的厕所改造、道路硬化、民居改造、安全饮水等 12 个专项任务，共改造民居 5694 户，新打水源井 26 眼，铺设管道 12.2 万米，安装分散污水处理设施 498 套，完成河道及排水沟治理 7080 米，硬化道路 43.7 公里，改造卫生厕所 6000 座，推广清洁燃烧炉具 2.2 万台，完成村庄绿化 618.8 万平方米	农工委
设施便民工程	完成投资 1460 万元，新建 10 千伏线路 29.029 千米，改造 0.4 千伏线路 23.814 千米，新增及改造变压器 99 台，改造低压综合配电箱 99 台，惠及低电压用户 6000 户，有效解决村民生产、生活用电难题	供电公司
	迁徐公路改建工程全长 21.2 公里，上兰公路改建工程全长 17.5 公里，年底前全线油面摊铺、路缘石安装等主体工程已竣工，彻底解决了沿途 7.5 万名村民出行难问题	交通局
文体惠民工程	文化惠民演出，完成 19 个镇乡及城区办的 150 场专场演出；“两动两静”带动工程书画作品展、乒乓球赛、象棋比赛全部完成，“迁安好声音”于 8 月 20 日圆满结束，组织比赛 40 余场；2016 年“魅力水城之夜”群众文化展演胜利闭幕，迁安市第三届体育大会在亚滦湾农业公园成功举办，“城乡联动　康乐同行”大型文体展演活动参演人员 3000 名，吸引群众 1 万余人	文广新局

【人大代表建议、政协提案办理工作】 2016 年，市政府系统承办市五届人大五次会议代表建议及政协五届五次会议提案 139 件，至 9 月底全部办结，按时办结率 100%，走访率 100%，代表、委员满意率 98.6%。此外，按照唐山市政府办公厅通知要求，办结唐山市第十四届人民代表大会第五次会议建议 1 件，办结政协唐山市十一届委员会第四次会议提案 4 件。为推动承办工作有效开展，市政府督查室组织召开承办工作会议，对建议、提案进行全面梳理，明确责任单位，印发《关于规范办理人大代表建议及政协提案工作的通知》，严格规定办理时限、走访形式、答复格式等。6 月，会同市人大选举人事科、政协祖统提案委开展承办工作督导月活动，协调解决各单位落实承办工作中的重点难点问题。在 10 月市五届人大常委会及 11 月政协提案视察工作会议上，市人大、政协领导及参会代表、委员对政府系统办理工作分别给予高度评价。

市政府督查室

主　任　刘英椿（5 月离）　（6—12 月空缺）

（杨卫军）

农业办公室工作

【概况】 市政府农业办公室综合、协调、指导全市农业农村经济工作，2016 年累计制发市政府文件 118 件、市政府办公室文件 20 件，撰写领导讲话稿、工作汇报、典型发言等综合材料 45

篇，组织工作安排部署、项目调度、现场观摩等各种本级会议活动36场次，组织接待上级督导检查、项目观摩等活动20场次。

【现代农业建设工作】 1. 促进现代农业园区建设。省级现代农业园区完成投资5亿元，总产值达到18.4亿元；唐山市级现代农业园区完成投资4.68亿元；本级现代农业园区完成投资5700万元。亚滦湾高新农业开发创新产业园、杨各庄镇生态农业文化产业园被唐山市政府认定为2016年度唐山市级现代农业园区。2. 推进农业企业上市工作。燕禾泉饮料有限公司顺利在“新四板”上市。3. 抓好农业品牌创建工作。唐山乐丫实业股份有限公司被评为全国休闲农业与乡村旅游国家级四星级（企业）园区，亚滦湾、欧C草莓园被评为河北省五星级休闲农业园区与采摘园。4. 开展畜禽标准化示范创建。争创部级标准化示范场1家、省级示范场3家，均通过终审验收。5. 启动畜禽养殖专项整治工作。制定下发《迁安市畜禽养殖禁养区专项整治实施方案》，多次组织召开领导小组会议，形成《迁安市畜禽养殖“三区”划分意见》，稳步推进畜禽养殖禁养区专项整治工作。

【国土工作】 1. 破解土地瓶颈。多次组织召开协调会议，协调国土、公安、规划等部门，完成建设用地组卷报批工作。共报批土地433.33公顷，报批土地面积居全唐山市第一。保证了华芯电子、中溶科技、正大管业、翅冀LNG等一批重点项目建设。2. 做好土地整治工作。与国土局组成督导组，持续推进占补平衡、工矿地复垦、五小企业治理等项目进展。2016年，全市共落实土地整治项目115个，工程面积764.99公顷，可新增耕地533.33公顷，已立项面积366.67公顷，立项面积在全唐山市排第一位，全年验收15个，新增耕地78.24公顷（土地占补平衡通过省厅复核16.36公顷，工矿地复垦通过省厅复核61.87公顷）。

【造林绿化工作】 会同林业部门，深入造林绿化现场，督导工作的落实，协调解决存在问题，完成营造林面积3546.67公顷。

【气象、地质灾害应急工作】 1. 编制完成《迁安市公共气象服务白皮书（2016）》《迁安市2016年度人工影响天气工作计划》《迁安市2015年度气候公报》《迁安市气象灾害防御重点单位名录》等文件，经审定后由政府网发布。2. 及时做好暴雨等灾情上传下达工作。灾情来临前，及时协调市防汛办、气象局迅速启动防汛和气象灾害应急响应。全年发布防汛、寒潮、雾霾、降温等预警信号39期，气象灾害指挥部文件4期，气象灾害指挥部办公室文件7期。

市政府农业办公室
主　任　（1—4月空缺）　刘英椿（5月任）
副主任　韦　玮

（季　滨　赵东红）

地方志工作

【《迁安年鉴（2016）》出版发行】 2016年11月，由迁安市人民政府主办、迁安市地方志编纂委员会承编的《迁安年鉴（2016）》由方志出版社出版发行，为《迁安年鉴》第20卷。全书设22个栏目、227个分目、1000余个条目。卷首为特载、大事记，正文设迁安概况、政治、综合管理、法治·武装、农业、工业、交通·邮电、城建·环保、财政·税务、商贸服务·旅游、金融、科学技术、教育、文化·体育、黄帝文化研究与开发、卫生、社会生活、乡镇街道，卷尾为文献文件辑存和统计资料。在本卷年鉴编纂中，继续坚持以往的特色类目，如“黄帝文化研究与开发”，增强迁安特色，使之不断弘扬壮大为具有迁安特色的文化品牌。该年鉴开本889毫米×1194毫米，正文页码385页，卷首彩页8页，字数751千字，印数1000册。

【指导与服务】 1. 走访20余家单位，与各单位年鉴编纂人员面对面交流，指导年鉴编纂。2. 支持地情书编纂。深入挖掘地方志资源，协助文史爱好者赵田编纂《村名轶事》，帮助挖掘史料，整理加工。6月，该书完成印制工作，全书12万字。该书的编纂填补了迁安村名史记方面的空白，同时更重要的是，唤起了迁安儿女对“乡愁”的记忆与深思。3. 发挥地方志资源优势，为社会各界提供咨询服务。为招商引资、项目建设、减灾防灾及各界人士提供40余次咨询服务。4. 帮助现居外地祖籍迁安的8位同乡寻根谒祖，查阅书籍，帮助联络，努力帮他们实现多年的夙愿。同时，通过他们进一步宣传迁安，提升迁安的知名度。

市地方志办公室
主　任　郭伟强

（赵　辉）

应急管理工作

【概况】　2016年，全市发生各类突发事件8389起，同比减少335起；造成直接经济损失3367.9万元，同比增加1348.2万元。主要为自然灾害、事故灾难和社会安全事件，其中较大自然灾害3起，直接经济损失2997.17万元；事故灾难事件3起，死亡3人，主要为工矿企业生产安全事故，直接经济损失310.8万元；社会安全事件8383起，其中刑事案件3052起、治安案件5247起、交通事故47起、火灾事故37起，死亡24人，直接经济损失59.9万元。总体安全形势明显趋于好转，突发事件总数同比持平。安全生产形势较为平稳；公共卫生安全形势持续稳定；社会安全事件总体下降，刑事案件和治安案件数量下降，信访工作总体平稳，未发生恐怖袭击、金融安全事件及公共卫生突发事件。全市工矿企业多，大气污染防治和雾霾天气防范应对工作压力大、任务重，2016年启动重污染天气预警应急响应15次。

【应急值守工作】　市政府应急办高度重视值守网络体系建设，一是建立了以市政府值班室为龙头，以镇乡（城区街道）、市直单位值班室为重点的网络格局。加强对基层单位值班工作的指导，形成目标统一、步调一致、联系紧密、反应敏捷、协调联动、落实有力的值班体系。严格落实领导干部外出报备工作制度和24小时应急值班制度，做好突发事件信息报告工作。积极督促各部门做好突发公共事件隐患的排查。建立健全监测、预测、预报、预警体系，及时向广大群众发布各类突发公共事件预警信息。二是做好特殊时期应急业务工作。针对频发的重污染天气，及时发布和解除预警信息，并加大对各单位响应措施落实情况的监督检查力度；针对汛期、唐山世界园艺博览会、“7·28”唐山大地震40周年等特殊时期，周密部署应急值守和规范信息上报工作，提高应急保障能力。

【应急管理组织体系建设】　坚持把推进应急管理规范化放在突发事件应对工作的首位。按照统一领导、属地为主、分类管理、分级负责、条块结合的应急管理体制要求，不断强化全市应急管理体制建设。市政府各部门、市直各单位和各镇乡（城区街道）基本能够做到专人负责，基本形成了市、镇乡、村（社区）三级应急管理组织体系。

【应急预案体系建设】　以提高预案编制的完备性和应用的可操作性为重点，结合全市实际，进一步完善全市突发公共事件总体应急预案及子预案。2016年，组织督导市直有关部门根据各自的职责，编修了《迁安市重污染天气应急预案》《迁安市突发公共事件新闻发布应急预案》《迁安市食品安全事故应急预案》等专项应急预案。各镇乡（城区街道）、各规模企业和所有学校的应急预案已基本完善，形成了“横向到边、纵向到底”的应急预案体系。

【应急保障能力建设】　全市用于应对突发公共事件的各项投入经费不断增加，森林防火基础设施建设、设备配备初具规模，公安消防灭火和抢险救援能力得到提高，医疗救治和疾病防控体系基础设施建设、设备配备得到加强。物资储备设施得到改善，物资保障能力进一步加强。以创建全国文明城市为契机，加强了城市应急避难场所建设。继续按照“宁可备而不用，不可用而不备”的原则，对防汛物料实行分级储备、分级管理、分级使用。分别在市防汛办、冷口水文站、桑园雨量站等地设置基地台，用于雨水情的上传下达。结合全市防汛物资储备实际，市民政部门对防汛物资进行了购置补充，2016年更新储备棉衣300套、棉被300床、大衣300件、帐篷80

顶，并在汛期前与防汛抢险物资储备企业保持24小时联系畅通，可随时将防汛物资调运至救灾现场，为防汛抢险提供应急物资保障。不断加大应急物资装备督导检查，相关部门督导企业落实安全生产资金投入，购置先进的物质装备，加强日常维护管理，确保装备器材齐全完好，有效保障全市生产安全和社会稳定。

【监测预警工作】 本着构建“覆盖面广、渠道畅通”的突发事件监测预警和信息管理机制，依托政务内网、应急平台、移动通信和微信平台等，建立覆盖全市各级各部门的信息网络系统。市安全监管部门进一步完善安全生产预警机制，在原有基础上，督导重点企业开展安全生产应急平台建设。特别是进入汛期后，为切实保障人民群众生命财产安全，重点对病险水库、山洪易发区等重要区域、重点部位，明确专人负责，实行24小时轮流值守，确保了汛期安全。

【应急处置与救援】 2016年，先后发生“2·12”钢城路交通事故、“6·11”木厂口镇宗佐村路口交通事故、“8·3”市政维修队清淤作业中毒事故等突发事件。事件发生后，市委、市政府领导第一时间赶赴现场并做出批示，督导应对救援工作，相关部门和单位及时启动应急响应，积极组织救援力量，协调调度应急救援队伍、物资，突发事件应对处置工作迅速有序开展，最大限度地降低了损失和影响。

【应急知识宣教培训】 继续有计划、有步骤、有重点地组织实施科普宣传工作。以“防灾减灾日”宣传月活动为契机，深入开展应急管理法律法规和科普宣教活动。利用迁安电视台、电台宣传《中华人民共和国突发事件应对法》《河北省突发事件应对条例》等应急法律法规；利用《迁安时讯》定期宣传应急体系建设规划、政策措施，解读应急预案和应急常识；利用网络等媒体宣传应对突发公共事件的成功经验和案例，做到应急常识进社区、进工厂、进学校、进家庭，帮助公众掌握突发公共事件的预防、避险、减灾、救助常识，增强社会公众的危机意识和社会责任意识，提高公众的自救互救能力，形成全社会共同正确应对突发公共事件的良好局面，不断提高全社会对应急工作重要性的认识，广大人民群众的应急意识和应急能力进一步增强。

市政府应急管理办公室
分管领导 徐小松

（赵文昊）

政府集中采购工作

【概况】 2016年，市政府采购中心在市财政、监察、审计和采购单位的监督、支持下，继续围绕“依法采购、优质服务、规范操作、廉洁高效”的服务宗旨，按照《中华人民共和国政府采购法》和国务院《中华人民共和国政府采购法实施条例》等相关法律、法规，严格规范采购行为，提供廉洁高效的服务，提高财政资金使用效益，保护政府采购当事人合法权益。全年组织集中采购153次，累计完成采购金额11.91亿元，比采购控制价节约资金8.54亿元，节支率41.75%。

【采购范围不断扩大，规模效益进一步显现】
1.2016年采购范围空前扩大，采购内容多样，采购方式有新探索。服务领域涉及办公家具、教学仪器、办公自动化设备、环保及农业设备、海绵城市建设PPP项目竞争性磋商、工程施工图审查、造价咨询、光纤接入等，年实现政府采购支出11.91亿元，比采购控制价节约资金8.54亿元，在财政投资评审严控采购限定价的情况下，达到41.75%节支率，凸显了规模效益。在采购方式上，采购中心严格遵照政府采购方案进行采购，其中公开招标采购35次，询价采购94次，单一来源采购25次；竞争性谈判2次；竞争性磋商采购1次。2.2016年是迁安海绵城市建设的关键年，涉及PPP项目采购，采购中心在完成日常采购工作的同时，以海绵城市建设项目采购为重点，在严格遵守采购程序的前提下，优质、高效地完成了海绵城市建设PPP项目竞争性磋商采购。

【狠抓关键环节，规范采购行为】 为提高政府采购效率，体现政府采购作为“阳光交易”的内在要求，通过狠抓关键环节，规范政府采购行为，实现公开透明、依法采购。一是把握7个环节，完成好公开招标采购。1. 招标文件制作。结合采购单位提供的具体要求，3个工作日内草拟标书初稿，明确规定使用的评标办法及评审程序。2. 招标文件论证。标书初稿完成后，及时邀请市监察、采购办、审计、工商、物价、质量技术监督、公证等部门共同论证标书。对技术要求复杂、专业性强的项目，征求专家意见，最后综合各方意见对标书做出修改，报市采购办备案，送采购单位确认签章，形成定稿。3. 招标信息发布。标书定稿后2个工作日内，在中国政府采购网、河北政府采购网、唐山市政府采购网和迁安市政府采购网四级指定媒体以及中国·迁安网站上公开发布招标信息，自招标文件发出之日到开标日不少于20天。4. 资格预审。在招标公告规定的时间内，用不少于7个工作日的时间，对有意投标的供应商进行资格预审、发放标书。5. 开标评标。所有公开招标一律在市行政服务中心交易平台进行。邀请市监察、财政、审计、物价、工商、质监部门相关人员组成监督委员会，邀请公证部门现场全程监督。在开标前，现场抽取评标专家，评标专家一般从本级专家库中抽取，当本地专家不足或项目技术要求较高时，通过采购办联系使用唐山市级专家评委，确定评委会组成人员；现场开标、唱标，现场公布评标结果。在评标环节上严格按标书规定的评标办法、评审程序进行评标，杜绝任何干涉评委正常评标的行为。采购中心只作为活动的组织者，不参与评标，不干涉评标委员会正常的评标定标工作。6. 结果公示。开标结束后1个工作日内，预中标结果在原招标信息发布媒体上公示三天。7. 签订合同。招标结果公示无异议后，在2个工作日内发出中标通知书，组织采购人与成交供应商按照采购文件确定的事项签订采购合同。同时，供应商向采购人提交中标价10%的履约保证金。如出现供应商质疑评标结果的情况，按法律规定，在7个工作日内给予明确答复。二是高效快捷完成询价采购，由采购单位和采购中心共同组成3人以上询价小组，向符合条件的3家及以上供应商发出询价邀请，要求供应商在规定时间内将报价单密封或传真送达采购中心，询价小组在采购办监督下共同拆封，以最低报价者为成交供应商。

市政府采购中心
主　任　杨再田
副主任　沈志国（1月任）

（马艳华）

爱国卫生

【健康教育】　2016年，组织各级医疗卫生单位广泛开展各种形式的健康教育活动。1. 日常宣传教育。各单位在门诊大厅、科室分别设立咨询点，接受患者群众的咨询服务。通过印发宣传资料、制作宣传看板，利用电视、电子显示屏、手机微信、网络、报纸等，进行健康知识传播。2. 主题宣传教育。在“世界卫生日”“爱牙日”“高血压日”等重要卫生日期间，深入广场、学校、幼儿园、集贸市场、村卫生室等，悬挂条幅，设立义诊咨询台，发放宣传资料，广泛开展社会宣传，促进广大群众对健康的认识和关注。发放健康教育印刷资料295种21.7万份，播放健康教育音像资料65种1.49万小时，更换健康教育宣传栏2608次。开展各种健康知识讲座2303场次，受益群众5.47万人次；公众健康咨询190场次，受益群众1.25万人次。

【病媒生物防治】　集中开展以灭鼠、灭蟑为重点的病媒生物防治工作。把灭鼠、灭蟑工作与“爱国卫生月”活动、环境整治行动相结合，坚持杀灭工作城乡一体化，做到城乡灭鼠、灭蟑工作统筹谋划、统筹部署。严密监测市区机关、居民小区、市场、粮店、饭店、宾馆等重点单位和部位及外环境密度，市区春季鼠密度由灭前的2.14%降至1.43%，蟑螂密度由灭前的2.25%降至1.35%，秋季鼠密度由灭前的2.88%降至0.95%，蟑螂密度由灭前的3.0%降至1.62%，蚊蝇密度均控制在国家规定标准之内，有力控制了以“四害”为媒介的传染病发生流行。大力开展以灭蚊蝇为重点的夏季爱国卫生运动，制定印发《迁安市爱卫办关于深入开展夏秋季爱国卫生运动切实防控夏秋季传染病的通知》，对具体工作进行详细安排部署，收到良好效果。

【公共场所禁烟】 开展控烟、禁烟宣传干预工作。一是开展无烟党政机关创建活动。4月29日，召开无烟党政机关创建示范活动启动会，制定下发《关于在全市开展无烟党政机关创建示范活动的通知》和《无烟党政机关创建示范活动倡议书》。33个单位递交了无烟党政机关创建申请。二是于5月31日开展第29个“世界无烟日”宣传活动，发放控烟宣传材料4000份，发出小礼品200份，接受群众咨询1000人次。组织市直单位采取广播、电视、条幅、LED显示、看板等多种形式进行宣传，教育群众将控烟理念转化为积极戒烟、远离烟草的行为习惯。

【环境卫生整治】 2016年，把“爱国卫生月”活动和环境综合整治活动与农村面貌改造提升行动相结合，与美丽乡村建设相结合，加强城乡环境卫生整治工作督导，建立卫生长效管理机制，使城乡环境卫生面貌有效改善。在市区，以巩固提升国家卫生城市、优化市容环境为目标，组织城区各单位开展以治“违、脏、乱”为主要内容的城区环境综合整治活动。强化对市区水体两岸、城乡接合部、城中村、背街小巷、集贸市场、建筑工地、车站和景区等重要场所整治。重点对市区黄台山公园和黄台湖水体环境进行清理、打捞，累计清除水体内漂浮物和水藻100余吨，提升了水体质量，有效控制了蚊蝇的滋生。以美丽乡村建设为契机，加大村庄周边、街头巷尾、房前屋后、污水坑、池塘、沟渠沿岸环境卫生整治力度，完善环卫设施，强化垃圾无害化处理，打造干净整洁的卫生环境，累计清除垃圾830吨，清理污水坑12处，清理沟渠1.5万延长米。

【卫生创建】 积极推进卫生创建工作，努力提升卫生创建工作水平。一是制定迁安市“十三五”期间卫生创建工作计划和实施方案。在市区积极巩固和提升国家卫生城市创建成果，确保2018年顺利通过国家卫生城市复审，保持国家卫生城市荣誉。在农村深入宣传，广泛发动，在卫生镇村创建全面深入开展的基础上，认真组织“十三五”期间卫生镇村创建，重点镇村结合当地实际，将卫生创建工作纳入当地政府总体规划，制定本镇乡创建工作年度计划和实施方案，并指导镇乡成立卫生创建工作领导小组，明确工作人员，为卫生创建工作提供组织和领导保障。二是全力推进农村改厕工作，5月开始改厕施工，至年底完成6000座改厕任务。

【迁安市入选首批全国健康城市试点市名单】 2016年11月6日，全国爱卫办宣布了首批38个全国健康城市试点市名单，迁安市入选。为贯彻落实全国卫生与健康大会精神及《“健康中国2030”规划纲要》，深入推进健康城市健康村镇建设工作，为健康中国目标的实现奠定良好基础，按照全国爱卫会《关于开展健康城市健康村镇建设的指导意见》中“开展建设试点，形成可推广建设模式”的要求，全国爱卫办决定在全国开展健康城市试点工作。经各省（区、市）推荐，全国爱卫办确定38个国家卫生城市（区）作为全国健康城市建设首批试点城市，其中河北仅迁安市入选。

市爱卫办
主　任　张立超

（张云智）

金融证券工作

【概况】 根据唐山市编办《关于迁安市事业机构编制有关事项的批复》决定，2012年，迁安市金融证券办公室成立，为市政府办公室所属副科级事业单位，主要负责调查和研究全市金融业发展与运行中的重大问题，提出和落实促进金融产业发展的政策措施；负责联系银行业金融机构和非银行业金融机构；负责配合中国人民银行、银监部门对各金融机构的监管；负责保险业金融机构、小额贷款公司的运行监管、行业分析和专项审计；负责组织协调企业上市融资、非法集资风险处置和企业债券发行工作。

2016年，市金融证券办公室坚持“统筹兼顾、协调发展”的工作思路，加大金融协调力度，拓宽政府融资渠道，加快企业上市步伐，加强非法集资监管，努力开创金融工作新局面。1. 强化服务意识，银行业金融机构健康运行。年内，多次召开政银企座谈会和企业上市培训会，帮助企业出谋划策，争取资金支持。通过积极协调与扎实有效的工作，较好地维护了全市金融业的平稳运行，促进了全市银行业金融机构人民币各项存、贷款规模稳步增长。年末，银行业金融机构人民币各项存款余额716亿元，比年初增加50.5亿元；各项贷款余额448.7亿元，比年初增加19.3亿元；存贷比为61%。2. 服务中小企业，企业上市工作实现新突破。2016年，全市实现上市企业4家，其中明营科技、金沙燃烧两家企业在“新三板”挂牌上市，乐丫、燕禾泉两家企业在石家庄股权交易所挂牌上市。3. 拓宽政府融资渠道，缓解财政支出压力。一是争取利用省政府代发债券资金43.3亿元，其中置换债资金39.3亿元，新增债资金4亿元，该资金全部用于偿还以前的高息贷款。二是紧紧抓住政策性银行融资主渠道不放松，做好与各商业银行的对接工作。广泛开展企业债券、政府性基金的合作，确保投融资公司急需资金时有渠道、能到位，有效缓解财政支出压力，为基础设施建设提供了强有力的资金保证。4. 加强日常监管，小贷公司稳步发展。截至年底，6家小贷公司总资产近12亿元，注册资金4.3亿元，共计发放贷款516笔1.4亿元，累放贷款户数95户，营业收入886万元，净利润603万元，上缴税金201万元。2016年，全市金融事业发展势头较好，但也存在一些问题。一是政府性债务结构有待改善，二是政府性融资渠道有待拓展，三是实体经济融资有待加强。

市金融证券办公室

主　任　（1—4月空缺）　李金喜（5月任）

（韩俊杰）

电子政务

【概况】　根据2012年唐山市机构编制委员会办公室《关于成立迁安市电子政务中心（城乡一体化信息服务中心）的批复》，为加强电子政务工作，迁安市机构编制委员会于2015年10月26日印发《关于成立迁安市电子政务中心》的通知。迁安市电子政务中心为市政府办公室所属副科级事业单位，编制9名，设主任1名（副科级）、副主任2名（正股级）。主要负责研究提出全市政务信息化规划，编制政务信息化工程建设计划并监督实施；负责信息资源开发利用与共享及信息安全协调工作；负责组织开展政府门户网站和政务内外网建设、运行、维护和管理工作；负责协调唐山市级“12345”市民公共服务热线批办件的督导落实；负责数据库建设与管理。2016年，市电子政务中心围绕深化电子政务建设和应用，完善基础设施，拓展应用项目，增强政务服务能力。全市78个维护单位通过政府信息公开平台发布信息4825条，较上年提升33.6个百分点。向唐山市政府门户网站上传信息1645条，较上年提升4个百分点，信息发布总量处于唐山市各县市区领先位置。依托电子政务，全面建设权力运行电子监控体系，自2015年建设政务外网以来，全市政务外网运行情况良好，未出现断网、停网、卡顿、掉线、安全入侵等情况。年内新接入外网单位2家，至2016年，全市已接入并使用外网单位66个。

【新版迁安市政府门户网站“中国·迁安”正式开通】　年内，迁安市与外包维护单位积极沟通，深入交流，重点围绕透明政府、服务政府、法治政府建设，对政府门户网站进行改版升级，突出对政务公开、在线办事、网络问政等板块的调整，开通了“执法公开”“文明城市建设”等专栏，添加了“国务院信息”平台登录入口。同时，为更好地维护政府门户网站，添加了“我为政府网站找错”平台链接，委派专人负责。相比旧版网站，新版功能布局更加人性化，更加注重服务性和互动交流，网站内容全面实用、使用更便捷。更加突出网站的技术性和安全性，根据市情需要，可以在保证网站安全的前提下随时调整栏目。全年上传信息7825条，综合浏览量（PV）达到317.4万个，日均1000余个。

【创新开展唐山市民公共服务热线“12345”迁安分中心工作】 严格接件、受理、派单、整理上报、回访程序，责成专人负责“12345”热线督导管理工作，凡市民反映问题，唐山市民公共服务热线迁安分中心第一时间传递到技术科，一律以市政府办名义派发到各相关单位承办。加大督导力度，要求各承办单位严格按交办时限进行反馈，电子版发送至分中心邮箱，纸质版盖章后报送市政府办公室。同时，在案件分类上下大力量，细化案件责任单位和责任人。此类措施使各部门切实增强了紧迫感和危机感，提高了对“12345”热线工作的重视程度，极大地提高了热线的办结率和满意率。全年受理群众各类诉求12462件，立案交办2948件，其中唐山市中心交办421件。至2016年，连续4年实现承办案件按时办结、满意率双100%，实现所有案件件件有着落、事事有回声，切实解决了群众关心的热点问题。

【全国第二次政府网站普查暨“整改整合”专项行动】 3月，国务院面向全国政府网站开展第二次全国网站普查。迁安市根据国务院、河北省要求，在第一次普查基础上，对全市范围内政府网站开展摸底调查，并根据通知要求和省政府办公厅的指导意见，紧扣时间节点，圆满完成每一阶段“整改整合”工作。经认真组织筛查，2016年年初，全市共有政府网站25家，其中门户网站1家，市直单位网站23家，乡镇政府网站1家。按照国务院办公厅整改要求，对没有能力维护和更新的网站及时整改关停。共计申请永久关停网站15家，1家网站暂时关停整改，对于达到国务院办公厅监测标准并保留的9家网站，要求单位主要负责人签订了责任书。

市电子政务中心
主　任　李　爽（女，5月任）

（郭学良）

支工工作

【妥善处理工农关系】 至2016年年底，市政府支工办公室（以下简称市支工办）处理工农关系问题90多件，有力地保证了首钢驻迁安企业正常生产秩序。年内，发生多起突发事件，如首钢物资公司检测炸药时，爆破实验给大五里乡孟家冲村部分民房造成损害；“7·25”强降雨导致迁安市鹤丰贸易公司厂房及设备被淹……每遇突发事件，市支工办都于第一时间赶赴现场，实事求是了解具体情况，千方百计协调解决，消除一切不利因素，保证了企业生产秩序不受影响。

【帮助首钢迁钢公司构建良好企地关系】 2016年，市支工办把帮助首钢迁钢公司构建“相互支持、共同发展、互利双赢”的企地关系作为工作的重中之重。首钢迁钢公司所在地位于木厂口和杨店子两镇的辖区之内，随着整体经济形势不景气，企地关系出现了一些不和谐因素，时常出现占地村民围堵厂区大门从而影响企业正常生产的事件，主要有两个原因：一是占地村民认为企业生产污染环境影响正常生活，企业运输造成道路破损影响村民正常出行；二是企业征占土地后村民无经济来源，生活困难。针对症结所在，市支工办多次组织协调例会，寻求解决方案，最终达成一致意见：一是首钢迁钢公司严格按照国家清洁生产、环保排放等有关法律规定文明生产；二是以“美丽乡村”建设为契机，以“文明共建”为主线，首钢迁钢公司出资36万元委托木厂口镇松汀村对企地共用的一重要通道进行维护和保养，出资35万元用于杨店子镇洼里村文明乡村公益事业建设；三是占地镇政府、村委会负责占地村民的稳定工作，确保企业厂区周边道路畅通和治安状况良好。事件圆满解决，保障了企业正常生产，有效缓解了占地村的就业压力，促进了村民增收。

【依法依规维护村民权益】 坚持“群众利益无小事”的原则，依法依规维护占地村群众的正当权益。1. 解决首钢迁钢公司钢渣作业区环境污染给大庄户村村民生产生活造成影响的问题。首钢迁钢公司钢渣加工处理作业区、82米站料场及白灰窑区域占地全部位于杨店子镇大庄户村，企业正常生产时产生的粉尘及产成品运输过程中的噪音给村民的正常生活带来严重影响，群众对此意见很大。对此，市支工办积极协调，最终促成首钢迁钢公司出资50万元，用于解决钢渣作业区内日常生产经营对大庄户村村民造成影响的问题。同时，约定钢渣作业区需要补充聘用外协工时，优先从大庄户村符合条件的劳动力中录用，问题圆满解决。2. 妥善解决2012年“7·28”强降雨遗留问题。2012年7月28日强降雨过程中，由于首钢运输部的铁路阻水，导致蔡园镇二郎庙村部分果园被冲、树木被淹，双方就补偿金额没有达成一致意见，导致问题一直未能得到解决，受损群众情绪波动较大，多次到蔡园镇讨说法。为维护占地村民正当权益，市支工办多次组织首钢矿业公司运输部、蔡园镇政府和二郎庙村等相关部门进行例会协商，最终达成一致意见，由首钢矿业公司运输部出资64.94万元对二郎庙村土地及树木进行补偿，使这一遗留问题圆满解决。2016年，市支工办共主持签订各类协议95份，为占地村群众争取到补偿协议款806万元。

【服务国家重点项目建设】 1. 倾力支持锦州—郑州成品油管道工程。锦州—郑州成品油管道主体工程于2015年年底基本竣工，2016年的主要工作是管道穿越铁路及河道工作。市支工办全力配合，管道穿越迁曹铁路工程和穿越滦河河道工程圆满完成。管道穿越青龙河工程在顺利施工中，全部工程将于2017年竣工。2. 全力支持中溶科技天然气管道工程。中溶科技天然气管道工程是唐山天然气有限公司实施的重点工程，管线全长8.7公里，涉及迁安市沙河驿镇、野鸡坨镇和北方钢铁物流产业聚集区、河北迁安经济开发区。市支工办高度重视此项工程，投入大量人力物力开展工程开工前的各种准备工作。至年底，涉及沙河驿镇的地面附着物收量和补偿工作全部结束，工程将于2017年3月全面开工。

【为占地村民办实事】 年内，市支工办积极开展为占地村民办好事活动，解决群众关心的热点难点问题。1. 为占地村争取首钢企业外委工程。2014年，市支工办向市政府提交报告，提出首钢驻迁安企业在外委工程发包时优先考虑占地村企业以增加村集体收入的建议，此建议在当年首钢高层与迁安市委、市政府领导会晤时得到认可。2016年，市支工办对首钢驻迁安企业外委工程发包工作高度关注，积极争取将工程发包给占地村，经不懈努力，首钢迁钢公司与杨店子镇政府签署协议，同意将钢渣加工处理后的尾渣外销业务委托给杨店子镇政府，由杨店子镇政府选择具有相应资质的占地村企业承揽具体业务。此举增加了占地村集体经济收入，缓解了占地村村民就业困难问题，同时有力地支持了首钢迁钢公司的生产建设。2. 全力促使占地村环卫工人重新上岗。2004年，首钢迁钢公司建厂时与地方政府达成一致意见：首钢迁钢公司将部分清扫环卫工作交由杨店子镇车辕寨村、洼里村和木厂口镇松汀村负责，环卫工人由市环卫公司牵头组织，由市人社局负责招工培训，后由于业务扩大，市环卫公司陆续从别的地方招用了部分工人。2016年，首钢迁钢公司为减员增效，裁撤50名环卫工人，而裁员范围基本上是上述三个占地村的工人，他们对此强烈不满，多次到市政府信访。为妥善处理此事，市支工办会同市住建局多次到首钢迁钢公司协调，建议首钢迁钢公司站在维护社会稳定、优化发展环境的角度，重新使用占地村环卫工人，同时考虑到企业的经济效益与发展需要，可适当调整环卫工人的工资。通过努力，最终50名占地村环卫工人重新上岗，事件圆满解决。

市政府支工办公室
主　　任　刘文丰
副 主 任　高荣春（5月离）　王哲群
副主任科员　邢乃利

（刘　峻）

房屋征收管理

【房屋征收基础工作】 进一步规范和完善房屋征收基础工作。1. 学习研究《国有土地上房屋征收与补偿条例》《中华人民共和国土地管理法》等法律法规，明确工作职责，认真研究和梳理工作流程和方法，确保依法依规实施房屋征收工作。2. 以矛盾和问题为抓手，以全地域、跨时空系统平衡征收拆迁为维度，深入实际做好调查和研究，为全市房屋征收工作持续顺利开展做足政策储备。3. 加强制度建设，以明确岗位职责为重点，加强考核和监督，推动各项工作顺利开展。

特别是加强对估价机构及人员的监督和管理，为实现公平、阳光、和谐征收拆迁扎紧制度的笼子。4. 加强档案管理。首先，分类明确档案管理人员，确保档案管理责任到人；其次，抓好档案管理工作规范化，组织学习档案收集、制作、归卷、保管等方面的规范和要求，不断规范房屋征收管理工作；第三，加强硬件建设及软件开发，完善和配备档案管理设备，提高档案管理科学化、现代化水平；第四，做好各类档案归档入库工作，完善当年及跨年度档案的分拣入库工作，确保档案管理不丢、不漏。5. 加强宣传和培训。通过各种形式深入宣传房屋征收与补偿的政策法规，营造依法征收、公平补偿、支持征收的社会氛围。组织杨店子、木厂口、沙河驿等乡镇相关人员进行业务培训，对征收拆迁的相关政策进行解读，对征收工作的操作过程、规范、方法等内容进行辅导和讲解，全面提高征收拆迁工作人员的业务素质。

【房屋征收项目】 2016 年，累计完成收量评估住宅 324 户，收量评估面积 79341 平方米；非住宅 125 户，收量评估面积 69922 平方米。1. 第三通道西延拆迁项目。该项目是构建“一河两区”城市发展框架、开发右岸新城的关键项目，需拆除杨店子镇大张庄村部分房屋，通过不懈努力，共拆除住宅房屋 112 户，做到了零上访、零遗留问题，保证了该项目的顺利实施。2. 海绵城市建设项目。其中，滨湖东路东侧电力改造项目，征收非住宅 1 户；昌盛大路（老北菜市场段）附属设施建设工程，征收非住宅 1 户。3. 水曹铁路建设项目。该项目是经国家发改委批准的重大基础设施建设项目，工程全长 131 公里，途经迁安木厂口、沙河驿两个镇 17 个行政村，铁路正线范围（不含未最终确定线路的附线及敏感区）涉及占地约 671 亩。项目启动以后，完成住宅收量 212 户、面积 46216 平方米，非住宅 123 户、面积 68880 平方米，已将评估结果提交京唐公司进行审价。5 月 23 日，与京唐公司签订了除村址外的地上附着物包干协议，并完成具体补偿工作。年底时正在与京唐公司就拆迁范围、补偿金额、设计方案等问题进行协商和谈判。

【房屋征收信访工作】 成立以“一把手”为组长的信访工作领导小组，按照《信访工作管理制度》的要求，认真做好房屋征收拆迁领域矛盾纠纷排查化解工作。全年接待群众来访 200 多人次，办理信访复查案件 4 件，出具信息公开答复书 4 份、信访答复意见 1 份，配合处理车辕寨村、滦水湾生态农业园、城中村改造部分群众的上访问题，避免了矛盾激化，为全市社会稳定做出了贡献。同时，全年办理包括跨年度诉讼案件 69 件，其中迁安法院 3 件、滦南法院 29 件、唐山中院 36 件、河北高院 1 件，审理 44 件，胜诉率 100%，其他案件正在审理中。法律的公正审判，极大维护了征收拆迁的公平、公正，维护了绝大多数人的合法权益，维护了社会稳定。

市房屋征收管理办公室

主　　任　朱少达（4 月离）
　　　　　　刘增斌（4 月任）
副 主 任　蔡　丰（4 月离）
　　　　　　刘增斌（4 月离）
副主任科员　蔡　丰（4 月任）

（马国栋）

政务服务工作

【推进项目进驻】 2016 年，市行政审批管理办公室（以下简称市审管办）与市法制办、市行政审批制度改革工作领导小组办公室（以下简称市审改办）联合，逐部门、逐事项地对全市审批许可事项进行梳理，经梳理，全市行政许可事项 182 项、便民服务事项 53 项。年内，凡具有行政许可（含迁安市负责初审上报的上级权限的事项）、便民服务（含已转为部门内部日常工作但具有审批性质的事项）事项较多的单位，许可（服务）职能全部集中到审批服务科，并成建制进驻服务中心集中办理（涉及国家安全机密、大型设备需进行检验检测等特殊情况不宜进驻的除外）。承担行政许可和便民服务事项较少、未成立行政审批科的部门，把承担的事项集中到一个科室进驻服务中心办理。至 2016 年年底，全市 32 家职能部门全部进驻服务中心，承担的 176 项行政许可事项、53 项便民服务事项均进驻大厅，进驻率 97.4%。此外，全面推进项目流程再造和窗口授权等工作，创造性地完成“两集中、两到位”（推进一个行政机关的审批事项向一个处室集中、行政审批处室向行政审批服务中心集中，保障进驻行政审批服务中心的审批事项到位、审批权限到位）工作，此项工作走在全省各县区前列。

【推进网上审批】 1. 完善本级网上审批平台。32个市直部门的审批网络全部联通，全市187项承诺件按照要求全部录入系统。公开所有事项信息的办理流程图、办理时限、事项描述、电子表单、表单样本等内容，方便群众在网上查询和下载。设立窗口代办员岗，全程协助群众注册账号、扫描材料、上传材料，直至项目受理，提高群众对网上审批系统的知晓率。此外，针对运行中发现的问题，组织召开市直网上审批系统调度会3次、市直网上审批系统培训会2场，发放培训教程100余本。2016年，市直网上审批系统总办件量9974件，通过互联网申请1808件，互联网申请率18.1%。2. 推进网上审批系统建设工作向镇乡（城区办）一级延伸。成立专项工作组，负责审批系统具体工作。联合市审改办，梳理镇乡一级审批事项73项，组织镇乡一级业务培训10场次，培训人员180余人，发放培训教程400余本。通过制作网上审批和网上监察系统宣传片、广告展架、台卡桌牌等手段，营造浓厚的舆论氛围。建立定期排名通报制度和后位约谈追责制度，共下发网上审批有关情况的通报2期，组织镇乡一级网上审批专项调度会4场次。全市19个镇乡、1个城区办于8月31日前基本完成73项审批事项的录入工作，全部使用网上审批系统办理业务，办结数量为6807件。迁安市网上审批工作位于唐山各县区先列。

【整合建立统一的公共资源交易平台】 按照市政府《关于整合建立统一的公共资源交易平台实施方案》的要求，8月，将采购中心全部职能和人员，成建制划入公共资源交易中心。按照省拟保留县（市）级公共资源交易平台达标验收标准，从机制建设、场所建设、信息化建设和标准化建设4个方面进行完善，重新梳理业务流程，采取流程化分段式管理模式，设立综合见证科、交易受理科、交易组织科、交易评审科4个职能科室，职能涵盖交易前、中、后整个招投标工作的各个环节。组建后的公共资源交易中心进一步完善了内部管理制度，建立了标前联审机制，完善修订了场地预定、招标信息和中标结果公示、保证金代收代退管理办法等制度，加强场内监督，提高了交易效率和服务水平。迁安市交易平台于2016年9月21日顺利通过省政府验收组验收。2016年度，完成各类公共资源进场交易项目256宗，成交项目221宗，依法废标35宗，交易金额30.75亿元，节约资金8814万元，增值资金288万元。公共资源交易平台改革工作及交易量居唐山市各县区前列。

【推进国家级标准化试点建设】 以建立体系为立足点，推进国家级标准化试点建设，让群众办事更“安心”。成为河北省首家行政服务行业标准化示范单位后，积极申报国家级标准化试点。2016年7月4日，经国家标准委批复，市政务服务中心成为河北省首家县级社会管理和公共服务综合标准化试点建设单位。为迅速开展试点建设工作，一是成立了标准化试点建设工作领导小组，研究制定了《标准化试点建设实施方案》，划分时间节点，倒排工期、挂图作战，确保各环节和步骤有序推进；二是适时召开试点建设工作启动仪式，系统地安排相关工作，并组织全员培训会2期，统一思想认识，明确工作任务，同时进行任务分解，形成全员参与的试点建设工作良好氛围。试点建设工作开展以来，建立起以硬件建设标准化、项目进驻标准化、审批流程标准化、网上服务标准化、内部管理标准化试点建设任务为中心，通用基础标准为基础，服务提供标准体系为核心和以服务保障标准与改进评价标准体系为支持的覆盖政务服务全过程的标准体系，力争在2017年通过国家级验收。

【推进三级平台建设】 以两个代办为出发点，推进三级平台建设。一是市本级平台建设方面：完善“一个窗口受理、一站式办公、一次性告知、一条龙服务”的运作模式，采取“成建制进驻、联合审批、延伸服务、超时默许、审批代办、窗口授权书、审批专用章、‘一次告知、两次办结’、统一受理、限时办结和责任过错追究”等多项管理措施，不断完善本级平台建设。全年办理市级审批服务事项40512件。二是镇（乡）、村级平台建设方面：多次组织召开三级平台建设调度会，听取各镇乡（城区办）便民服务中心的建设情况汇报，并有针对性地指导便民服务中心建设，全市19个镇乡、1个城区办便民服务中心全部做到“八有”，即“有场所、有设备、有人员、有事项、有制度、有服务、有记录、有监管”。同时，依据《关于对镇乡便民服务中心的考核办法》，每季度从机制建设、硬件设施建设、进驻部门和进驻项目、进驻人员以及项目公开办理5个方面进行全面的督导检查，共下发镇乡便民服务中心考核通报11期、暗访检查通报2期、三级平台快讯9期。三是“重点项目代办”“为民服务全程代办”两个代办方面：出台了《重点项目全程代办服务办法》，成立了重点项目代办办公室，对重点项目实行“三联一带”（联合审批、联合验收、联合现场勘查，代：全程代办服务）服务，已为浙江物产（迁安）电子商务、大唐国际迁安热电、龙源餐饮等65个项目代办领办了相关手续，促进了全市重点项目建设工作。在为民服务全程代办工作中，充分发挥自身优势，设立统一受理岗，配有专人值班，为办事群众提供指引、咨询、代办服务，同时提供便民轮椅、便民雨伞、便民老花镜、饮水机、打气筒等一系列人性化便民设施，方便群众办事。全年为残疾人和老年人免费复印2488人次，提供领办、代办服务100余次，咨询引导服务3000余人次。迁安市三级平台、两个代办工作走在唐山各县区前列。

【优化审批流程】 一是将大厅划分为便民服务功能区、企业注册服务区、项目建设服务区，根据功能区设置和变动后审批事项情况，重新优化三大流程（企业注册类、固定资产投资类、便民服务类），运转成效明显。二是推进窗口授权，使行政审批权由各职能部门向中心窗口下移，实现将主要领导或主抓副职的手章放在窗口，资料审核通过后加盖领导手章和窗口专用章，现场发证，90%以上进驻中心的项目能实现窗口办结。三是压缩审批环节，实行两岗终结制，变多步审批为受理、审核、签批三步审批，确保办事流程最简最优，各类审批事项按时办结率100%，充分展示了按时办结、承诺践诺的政府形象。四是创新服务方式，强化亲切服务、延伸服务、协办服务、样本服务、预约服务、容缺服务等11项服务。至年底，制作纸质样本90个，各窗口累计为企业和群众提供上门服务29次、预约服务84次、预审服务51次、协办服务96次、代办56次、容缺服务102次，此外，利用休息时间为群众提供延时服务。

【推进优质服务】 一是在现有的网上审批系统增设“信用信息互联互通、信息共享平台”模块，能链接进入审批信息查询系统，实现审批项目信息网上查询、网上受理及投诉功能。二是不断规范大厅建设，设置诚信查询机2台，悬挂张贴宣传标语14条，张贴禁烟标识20个，利用4块电子屏滚动播放迁安宣传片和宣传标语12条，配置爱心轮椅2台，设置投诉意见箱和意见簿、公开投诉受理机制流程图和举报电话。三是制定出台六项服务准则、十六条文明用语、文明服务三四五六、文明服务八不准及工作人员六条禁令，坚决杜绝门难进、脸难看、事难办、庸懒散拖等现象的发生。四是全面公开事项及人员信息，将229项涉及审批服务的审批要件样本以及受理电话、举报电话全部输入网上审批系统，予以公开，并充分利用大厅墙、柱、电子屏等载体公开项目信息。同时，通过监督台、工号牌、党员示范牌等方式公开工作人员信息，并将人员信息录入终端评议平台，方便群众评议。五是聘请专业文明礼仪培训机构对全体工作人员进行文明礼仪培训，全面提升员工文明服务能力。

【注重队伍建设】 以党的建设为着眼点，打造作风过硬的队伍。全年发展党员2人，转正1人，转接组织关系17人。开展“两学一做”等活动，对党员进行星级管理，调动广大党员的积极性，为普通工作人员树立良好的模范带头作用。领导班子始终注重“崇尚道德、永怀感恩之心，崇尚文明、永树廉政之风”的文化引导，践行“用文化凝聚人、用制度鞭策人、用成绩鼓舞人”的管理理念，组织开展3期党员论坛、1期“两学一做”知识竞赛活动，工作人员热情高涨、凝心聚力，积极主动地为企业和群众提供优质快捷的服务，涌现出爱岗敬业先进个人102人次、文明服务先进个人52人次、延伸服务先进个人47人次、“211”先进个人（道德模范、廉政模范、文明服务标兵、优秀共产党员）95人次、四星及以上党员98人次，先后收到企业和群众送来的锦旗31面、表扬信56封，树立起便民高效、廉洁规范的服务形象。

以考评监督为支撑点，推进服务队伍建设。一是完善评议机制，坚持《综合评议管理制度》，将即时评价、日随机评议、周电话跟踪回访、月集中测评和领导单独约谈有机结合，评议结果实行周公示、月通报、季评比，真正把监督权和评判权交还给办事群众。二是完善考核机制，制定《窗口季度综合考核细则》，从职能整合、项目进驻、窗口授权、业务审批、工作纪律、主管领导现场办公、服务形象、群众评议8个方面对窗口进行季度考核，评选出红旗窗口、星级窗口、最差窗口、先进个人、“211”先进个人、星级党员。三是细化考勤制度，对窗口工作人员实行每天四次面部识别考勤、两次不定时巡视查岗，一次随机抽查和网络监控倒查。2016年，共组织随机评议457人次、集中测评10次、电话回访100余人次、领导单独约谈156人次，群众对政务服务工作的满意度高达99.8%，通报处理违纪人员25人次，评选出流动红旗窗口41个、先进个人296人次。考核和评议两手抓，打造出一支政治素质高、服务态度好、业务水平强、办事效率高的过硬服务队伍。

市行政审批管理办公室

主　任　高建军

副主任　姚小勇　温建新

（周　蕾）

中国人民政治协商会议
迁安市委员会

【概况】　2016年，市政协团结带领全体政协委员和政协机关工作人员，围绕市委、市政府中心工作和重大决策，深入开展“两学一做”学习教育活动，认真履行政治协商、民主监督、参政议政职能，卓有成效地开展各项工作，为“魅力水城、绿色迁安”建设做出新的贡献。年内，召开全体委员会议1次、常务委员会议5次、主席会议5次。到2016年年底，共有政协委员238名，其中常务委员39名；政协机关设办公室、学习文史委员会、祖统提案委员会、文卫法制委员会、经济建设科技委员会，有在职干部、职工23名。

（孙立民）

【市政协五届五次会议】　2016年2月15—16日，市政协五届五次会议在市行政办公中心举行。会议审议通过了政协迁安市第五届委员会常务委员会工作报告和政协迁安市第五届委员会常务委员会提案工作报告；表彰了2015年度优秀委员和优秀提案者；列席了市第五届人民代表大会第六次会议；听取并讨论了市长张淑云所作的政府工作报告；讨论了迁安市2015年国民经济和社会发展计划执行情况与2016年国民经济和社会发展计划的报告、迁安市2015年财政预算执行情况和2016年财政预算的报告、迁安市人民法院工作报告和迁安市人民检察院工作报告，会议对上述报告均表示赞同。会议号召，全市各级政协组织、广大政协委员，要在中共迁安市委的坚强领导下，坚定信心，勇于担当，发挥优势，砥砺奋进，为加快转型升级步伐，加快建设“魅力水城、绿色迁安”做出新的更大贡献。

（李青松　范丽丽）

【市政协常委会】　市政协全年召开常委会议5次。

2月3日，市政协召开五届二十一次常委会议。会议审议通过了政协迁安市第五届委员会常务委员会工作报告（草案）和政协迁安市第五届委员会常务委员提案工作报告（草案）；审议通过了市政协五届五次会议选举办法（草案）；协商通过了总监票人、监票人名单（草案）；酝酿补选政协迁安市第五届委员会主席候选人建议名单（草案）；审议通过市政协五届五次会议日程、议程，提案审查委员会建议名单、秘书长和副秘书长名单和表彰决定；审议通过了市政协2016年工作要点及主要工作安排。市政协主席陈子存就学习贯彻好市委全会精神和做好全会相关工作强调三点意见：1. 要认真学习，全面深刻领会市委五届六次全会精神，切实把思想和行动统一到全会要求上来，统一到市委中心工作上来，统一到加快建设“魅力水城、绿色迁安”的目标任务上来。2. 把握重点，用市委全会精神指导政协工作。全市政协组织和政协委员要以全会精神为指导，发挥优势，履职尽责，创新工作，要按照“懂政协、会协商、善议政”的要求，提高政治把握能力、调查研究能力、联系群众能力、合作共事能力。3. 认真做好政协五届五次全会各项筹备工作，确保会议如期顺利召开。

2 月 16 日，市政协召开五届二十二次常委会议。会议听取了全体委员关于政协两个报告审议情况和对政府工作报告、“十三五”规划纲要（草案）及其他报告讨论情况的汇报；听取了全体委员对候选人建议名单（草案）和选举办法（草案）、总监票人、监票人名单（草案）酝酿情况的汇报；审议通过了市政协五届五次会议政治决议（草案）。

3 月 30 日，市政协召开五届二十三次常委会议。会议传达学习了《中共中央办公厅关于加强人民政协协商民主建设的实施意见》，审议通过了《政协迁安市第五届委员会提案委员会关于政协五届五次会议提案审查情况的报告》。就做好全年政协工作，市政协主席李维林强调：1. 强化学习，知情明政，夯实履职基础。要进一步加强学习，主动适应新常态，准确把握新要求，进一步明确政协工作前进方向；不断增强责任意识、使命意识和进取意识，把思想和行动统一到中央关于“四个全面”的战略部署上来，统一到市委、市政府重大决策部署上来，进一步明确和把握市政协围绕中心、履行职能的方向和重点，使学习过程成为提高认识、推动工作的过程。2. 把握重点，统筹推进，不断提高履职成效。积极开展协商议政活动，认真开展民主监督，认真抓好提案办理，组织开展好主题实践活动。3. 加强领导，协调联动，确保各项工作任务圆满完成。注重激发委员主体活力，发挥好专委会和镇乡联络组的基础作用，引导委员妥善处理做好本职工作与履行委员职责的关系，确保各项工作任务圆满完成，不断开创政协工作新局面，努力为“魅力水城、绿色迁安”建设做出新贡献。

6 月 30 日，市政协组织召开五届二十四次常委会议。首先组织与会人员对北京鼎盛包装材料有限公司包装材料生产线项目、中溶科技有限公司年产 30 万吨无水乙醇项目、首钢迁钢冷轧配套项目进行视察观摩。之后，听取了市政府关于全市经济运行情况的通报。市委常委、常务副市长韩国强出席会议并讲话。市政协主席李维林就如何做好下半年政协工作，提出三点意见：1. 正确认识和把握当前经济形势，坚定推动发展的信心。加快“魅力水城、绿色迁安”建设，实现新常态下再创新辉煌，是符合市情、切实可行的奋斗目标。实现这一目标，需要调动全市人民的力量，凝聚社会各界的智慧。各位常委、各位委员要进一步解放思想、认清形势，坚定发展的信心，增强工作的责任感和使命感，认真履行委员职责，为实现全市经济社会发展总目标做出积极贡献。2. 围绕经济社会发展中的重要问题，充分履行政协职能。要在推动转型发展上有新作为，要在推进转变经济发展方式上有新作为，要在推进思想解放、优化发展环境上有新作为，要在改善民生、促进和谐稳定上有新作为。3. 以良好的精神状态做好下半年工作，确保全年工作目标圆满完成。要认真学习贯彻好唐山市委政协工作会议精神；要组织开展好市政协机关“两学一做”学习教育；要认真组织好下半年各项履职活动；各镇乡联络组组长要尽快进入角色，切实履职尽责。

10 月 12 日，市政协组织召开五届二十五次常委会议。首先视察了五重安乡茶井沟村、万宝沟村、红峪口村美丽乡村建设情况。之后，集会听取了市委农工委《关于美丽乡村建设情况的工作汇报》。市委常委、副市长、农工委书记庞再明出席会议并讲话。市政协主席李维林就如何做好政协的后续工作，强调三点意见：1. 领会精神实质，在贯彻落实市委五届七次全会精神上做出表率。贯彻全会精神，首要任务是按照市委要求，深入学习领会好总书记视察唐山时的重要讲话精神；贯彻全会精神，必须围绕新目标新举措扎实履行政协职能；贯彻全会精神，必须进一步唱响“实干兴市”主旋律。2. 积极发挥作用，在创建全国文明城市工作上做出表率。发挥职能作用，做魅力水城文明城市创建的推动者；发挥示范作用，做魅力水城文明创建的引领者；发挥主力军作用，做魅力水城文明创建的维护者。3. 牢记宗旨意识，在维护政协组织良好形象上做出表率。政协服务人民，委员联系群众。政协常委要始终坚持以人为本、履职为民的服务宗旨，自觉把实现好、维护好最广大人民的根本利益作为一切工作的出发点和落脚点，把人民群众最关心的热点难点问题，作为协商监督的重要内容和参政议政的重要任务，努力促进人民群众最关心、最直接、最现实的问题及时得到解决。

（李青松　范丽丽）

【政协专题调研】 2016 年，市政协办公室及各专门委员会分别就全市免费 WiFi 全覆盖建设、非物质文化遗产保护与传承、深入发掘文化内涵、促进旅游产业可持续发展、“120” 急救指挥中心运行情况、推进钢铁产业转型升级等方面，组织专业知识强的骨干委员视察、调研，听取有关部门情况通报，多层次地开展议政建言活动，形成调研报告 5 篇，提出意见、建议 70 多条。这些调研选题准确，意见中肯，专业性强，较好地发挥了政协广泛联系社会各界的纽带作用，突显了政协独特的优势和特点，调研成果受到市委、市政府重视，并在相关部门工作中得到落实。

（李青松　范丽丽）

【政协专题协商议政】 围绕推动重点工作专题协商。年内，先后就“重点项目建设、全市经济运行情况”“美丽乡村建设情况”等议题，开展专题协商议政活动。活动中，组织常委及部分委员实地视察，邀请市委、市政府领导和相关职能部门负责人参与视察活动并交流，同时引导常委、委员深入实际、深入基层，广泛开展调查研究，提出具有前瞻性、可操作性的意见建议，得到市委、市政府领导的充分肯定，收到良好效果。

（李青松　范丽丽）

【唐山市政协副主席苏铁成一行到迁安调研】 6 月2 日，唐山市政协副主席苏铁成带领唐山市政协部分常委、委员及有关人员就钢铁行业转型发展情况到迁安市调研。市委副书记、市长张淑云，市委常委、秘书长王学龙，市政协副主席马丹青陪同。苏铁成一行实地调研了英诺特（唐山）生物技术有限公司、思文科德金属包装有限公司生产车间，认真了解企业生产经营和产品研发情况。座谈会上，苏铁成在详细听取迁安关于钢铁行业转型发展工作开展情况的汇报以及相关企业在转型发展中的经验、做法后，对迁安钢铁业转型发展工作给予充公肯定，认为迁安对钢铁行业转型工作认识早、站位高、行动快、工作实，思路清晰，取得了显著成效，其成功的探索对唐山市钢铁行业转型发展典型示范作用明显，有很多好的经验做法值得总结学习，希望迁安进一步增强转型发展的信心，认真总结简政放权、高效服务、人才技术引进等方面的成功经验和做法，加大对英诺特（唐山）生物技术有限公司、思文科德金属包装有限公司等转型发展典型企业的挖掘宣传力度。同时，在化解过剩产能、发展新兴产业、利用现代信息技术等方面加大创新示范工作，为唐山市钢铁行业转型发展做出更大贡献。

（李青松　范丽丽）

【省政协调研组到迁安调研】 6 月 27 日，省政协副主席曹素华率领调研组就企业转型先进典型到迁安市调研。省政协常委、唐山市政府副市长高瑞华，唐山市政协副主席苏春生及迁安市委副书记、市长张淑云，迁安市政协主席李维林陪同调研。调研组先后深入市规划展示中心、南部新市区及英诺特（唐山）生物技术有限公司实地调研，听取了有关情况汇报。调研组对英诺特（唐山）生物技术有限公司在转型发展中取得的成绩给予充分肯定，希望公司在今后发展中要像抓科研一样抓市场，以销定产，巩固成熟市场，积极开拓国内及国际市场，助力企业实现大发展；要继续在转型升级上走在前列，企业在发展中，要不断地转型升级，适应市场发展的需要；要继续在科技创新上不懈进取，解决制约企业转型发展的瓶颈制约；要继续在借力京津上实现新突破，为全省企业转型当好榜样。

（李青松　范丽丽）

【省政协主席付志方到迁安调研】 9 月 22 日，省政协主席付志方就城市建设及文化创意产业发展情况到迁安市调研。省政协秘书长郭大建一同调研。唐山市政协主席郭彦洪、秘书长刘镇东以及迁安市委书记李忠，市委副书记、市长张淑云，市政协主席李维林，市委常委、秘书长王学龙陪同。付志方一行先后考察了迁安海绵城市建设项目——滨湖东路东侧绿化带景观工程和君和广场雨水综合利用改造工程、滦河综合治理工程等地，详细了解项目规划、建设进度及规模、技术水平等情况。对迁安牢牢把握转型升级这条主线，建设新型制造业基地和现代服务业高地两大基地，推动全市由粗放型、本土型、资源型经济向集约型、开放型、创新型经济转变，由资源加工驱动型向制造业、服务业双轮带动转变，由工矿型城市、钢铁大市向文化旅游型城市转变取得的成绩给予充分肯定。付志方强调，要强化机遇意识，全力对接、积极融入京津冀协同发展，积极培育城市品牌，尤其要发挥好滦河综合治理工程这一独特优势，抓好城市规划，注重搞好城市建筑造型与颜色的协调统一，加强城市建设的美感；要加快文化创意产业发展，进一步加快经济转型升级步伐，加大招商引资力度，保持好文化旅游项目及文化创意产业发展的强劲势头；要严把项目建设的质量关，把每个项目做精做细，坚决杜绝抢工期行为，打造经得起历史检验的优质工程；要在保护好滦河综合治理工程成果的基础上，实现黄台湖水面与陆地项目的良性互动，真正让群众和游客热爱迁安、喜爱迁安，切实把迁安打造成一流的文化旅游新城。

（李青松　范丽丽）

【提案工作】　市政协全体委员围绕市委、市政府中心工作，围绕全市转型发展的核心任务，围绕人民群众普遍关心的难点、热点问题，积极建言献策，认真履行政治协商、民主监督、参政议政职能，在深入调研、精心准备的基础上，提交了具有全局性、前瞻性、可操作性的提案。2月15—16日市政协五届五次会议期间，共收到提案64件，其中集体提案16件，委员个人及联名提案48件，提出提案委员196人次，占委员总数的85%。按照《迁安市政协提案工作条例》的有关规定，提案审查委员会于3月16日召开会议，对收到的提案进行了严格审查。对内容相同或相近的2件提案予以合并，对3件提案不予立案，共立案并交办60件，占提案总数的94%。立案并交办的提案，到8月底全部办结。从办理结果看：提案基本得到落实的22件，占提案总数的36.7%。如“关于补充教师队伍缺额，切实解决师资不足问题的提案”（53号提案），市政府责成市教育局、人社局联合办理。提案已被采纳，或正在逐步落实，或已列入工作计划的38件，占提案总数的63.3%。如“关于加强出租车管理，提升城市形象的提案”（31号提案），市政府责成市交通局办理。市政协五届五次会议以来提案办结率、解决问题率、委员满意率、答复函规范化率、委员走访率五项指标均达到上级规定标准，受到唐山市政协的充分肯定，为推动全市“魅力水城、绿色迁安”建设做出一定贡献。

（杨俊友　韩立民　杨秀成）

【文史工作】　2016年，市政协学习文史委员会广泛联系并充分发挥专委会所联系的界别委员和社会文史爱好者的作用，按照“征集为主、抢救优先、充分利用、服务社会”的要求，有计划地推进文史资料的征集、整理工作。积极参加上级政协开展的《回族百年实录》《百年老企业》和《数风流人物——群星河北》等史料征集活动，征集到《迁安有支“回民连”》《贯头山酒厂》《华丰造纸厂》《杨秀峰同志》《杨为民同志》和《周雅光同志》6篇文史资料。组织征集《迁安记忆》老照片活动，通过电视台、《迁安时讯》、网络信息平台等向社会征集反映普通百姓生产生活的人文性老照片，以展现迁安近百年来的社会经济发展变化。把政协文史征编工作与参政议政紧密结合，组织部分委员深入开展迁安历史文化遗产保护与传承专题调研活动。重视文史资料的捐赠、交换工作，特别是各地政协的文史资料交换，加强交流和联系，更好地发挥政协文史资料的作用，进一步扩大文史资料的社会影响。

（郭尊德　张志军）

2016 年迁安市政协重要文件题录表

表11

序号	文件号	发文时间	内　容
1	迁协发〔2016〕1号	2月3日	政协迁安市委员会关于表彰优秀委员和优秀提案者的决定
2	迁协发〔2016〕2号	2月15日	政协迁安市委员会2016年工作要点
3	迁协发〔2016〕3号	3月24日	政协迁安市委员会关于领导班子成员工作分工部分调整的通知
4	迁协办〔2016〕3号	3月30日	政协迁安市委员会办公室关于印发提案审查委员会《关于政协五届五次会议提案审查情况的报告》的通知
5	迁协办〔2016〕4号	4月18日	政协迁安市委员会关于征集《天南地北唐山人》资料的函
6	迁协办〔2016〕5号	4月19日	迁安市政协机关作风整顿工作实施方案
7	迁协办〔2016〕6号	4月19日	迁安市政协关于成立作风整顿工作领导小组的通知
8	迁协办〔2016〕7号	5月13日	迁安市政协机关“学党章党规、学系列讲话，做合格党员”学习教育实施方案
9	迁协办〔2016〕8号	5月13日	迁安市政协关于成立“学党章党规、学系列讲话、做合格党员”学习教育领导小组的通知
10	迁协办〔2016〕12号	9月13日	中国共产党迁安市政协机关支部委员会换届选举结果报告
11	迁协办〔2016〕13号	11月3日	政协迁安市委员会办公室关于开展年终主席走访委员活动的通知

（李青松　范丽丽）

政协迁安市第五届委员会常务委员会组成人员

主　　席　陈子存（1月离）
　　　　　　李维林（1月任）
副 主 席　马丹青　赵玉江　杨贺平（女）
秘 书 长　孙立民
常务委员　（按姓氏笔画为序）
王　晶　王建良（女）　王俊喜
王树立　王振宏　付政军　兰志勇
田兴民　任建民　刘　贵　刘晓奎
刘红艳（女）　安士利　张晓文
李　民　李学辉　李金华　李晓鹏
李致华（女）　杜印光
杨丽新（女）　杨振红（女，回族）
花立军（7月离）　邸雪松
陈志今（满族）　肖　波
周秀玲（女）　郑　勇　组秋君
赵　云　敖铁强（回族）　崔建新
裴　庆　戴景珍（女）

（刘红艳）

市政协党组成员

党组书记　陈子存（1月离）
　　　　　　李维林（1月任）
党组成员　赵玉江　孙立民

（刘红艳）

市政协工作机构及其领导成员

办公室
主　　任　刘红艳
副 主 任　郭慧琦
副主任科员　王冬云（5月任）

学习文史委员会
主任兼办公室主任　郭尊德（12月离）
办公室副主任　张志军

祖统提案委员会
主任兼办公室主任　杨俊友（12月离）
主任科员　韩立民
办公室副主任　杨秀成

文卫法制委员会
主任兼办公室主任　邵寿林（12月离）
办公室副主任　李青松

经济建设科技委员会

主任兼办公室主任 王会艳
主 任 科 员 双志好
办 公 室 副 主 任 范学荣

（郭慧琦）

民主党派·工商联

民盟迁安直属小组

【概况】 民盟迁安直属小组成立于2015年5月，现有盟员9人，均为来自不同岗位的优秀骨干。两年来，民盟迁安直属小组紧紧围绕市委、市政府的工作重点和人民群众关心的热点，积极发挥自身优势，在组织建设、参政议政、社会服务等方面开展工作，两年来共上交提案13篇，上报民盟唐山市委及中共迁安市委统战部反馈信息16件。

【组织队伍建设】 一是组织盟员学习中共十八大会议精神，学习习近平总书记重要讲话；学习盟章盟史和民盟优秀传统教育等，统一盟员思想，提高盟员思想政治素质和理论水平，增强盟员的光荣感和使命感。二是组织培训、参观和学习考察，提升盟员政治理论素养和参政议政的能力。同时，注重吸纳高学历、高职称、高素质的人才入盟，扩充盟员力量，提升盟员队伍整体素质。

【盟务交流工作】 一是借鉴其他地区组织优秀经验，提升盟务工作思路，增强基层内部凝聚力。两年来，先后接待过省民盟参政议政部副部长、沧州市新华区副区长冯俊生一行，保定民盟副主委、莲池区副区长贾本顺一行等到迁安考察、交流的友好单位8个、100余人次。二是利用盟务交流机会，努力宣传迁安，推介迁安。交流活动中，宣传迁安良好的投资环境、发展优势和发展前景，介绍迁安的企业、产品和资源，推介迁安的旅游资源和文化资源，树立迁安的良好形象，提高迁安的知名度。

【发挥参政议政能力】 积极发挥参政党的基层组织作用，认真落实民盟唐山市委提出的“一支一案”及“议政日”工作，共上交《关于完善森林生态效益补偿政策的建议》《关于新农村建设中合理规划改造农村道路的建议》《关于加快美丽乡村建设的提案》等具有现实可操作性、较强参考价值的提案13篇，其中《关于加快美丽乡村建设的提案》获优秀提案三等奖。2015年以来共反馈信息16件，同时创刊了《迁安盟讯》，拓宽宣传渠道，扩大迁安民盟直属小组的影响力。

【开展社会服务】 积极发挥小组盟员优势，开展文化、医疗下乡、进部队、进社区活动，为百姓群众提供医疗咨询、查体诊病、文艺演出等活动。联合华北理工大学附属医院积极开展“送健康下乡”活动；响应民盟中央开展农村教育“烛光教育”的号召，积极帮扶贫困大学生；筹措5万元为村修路；为邢台遭受水灾的灾民捐献衣物200多件；为滦南县身患癌症的34岁代课老师毛翠芳捐款5000余元；义务为宣传迁安拍摄MV、献唱；精心策划筹备纪念中国民盟成立75周年暨唐山民盟成立60周年辉煌成就图片展。

【荣誉】 民盟迁安直属小组获2016年度“省级先进支部”，组长马永宝被评为2016年度“省级优秀盟员”和“迁安市优秀政协委员”，盟员刘念奇、孙丽艳、韩艳华获“市级优秀盟员”称号，仅2016年度，民盟迁安直属小组9位盟员中，就有7人次被评为2015年度单位先进工作者，1人次被评为单位十大巾帼标兵，1人次被评为青年创业能手，盟员企业迁安九朵文化传媒公司被共青团唐山市委授予“青年文明号”荣誉称号；盟员马永宝被聘为2016年度金鸡百花奖评委，盟员刘长虹的《关于加快美丽乡村建设的提案》获优秀提案三等奖。

民盟迁安直属小组

组　长 马永宝

（孙丽艳）

迁安市工商业联合会

【工商联思想政治工作】 加强思想政治工作，培养优秀建设者。引导非公有制经济人士爱国、敬业、诚信、守法、贡献，做合格的中国特色社会主义事业建设者。一年来，始终坚持“团结、服务、引导、教育”的方针，采取多种形式，广泛开展思想政治教育和引导工作，努力提高会员素质，使广大会员树立正确的发展观、荣辱观。一是始终用党在新时期鼓励、扶持民营经济发展的相关政策，坚定会员的发展信心和决心，使其按照科学发展观和国家产业政策去产能、上项目，把企业做优、做强。二是持续开展“非公有制经济人士理想信念教育实践活动”，对会员进行“爱国、敬业、诚信、守法”教育，引导会员按照“优秀中国特色社会主义事业建设者”的标准和要求，关爱员工，依法经营，照章纳税，积极投身光彩事业。三是加强思想宣传阵地建设，向社会广泛宣传非公有制经济的重要地位和作用，宣传民营企业的重大贡献，宣传优秀中国特色社会主义事业建设者的先进事迹，在社会上进一步树立中国特色社会主义事业建设者的良好形象。在迁安电视台、《迁安时讯》、《唐山劳动日报》上宣传报道优秀民营企业家的风采，展示民营企业家的良好形象，在全市形成比先进、促发展的良好氛围。

【工商联参政议政】 2016年，利用走访调研和召开企业家座谈会的方式，征集民营企业家对全市经济发展环境的意见和建议，共召开4次座谈会，征集意见建议36条，并将意见和建议梳理反馈给有关职能部门领导，得到相关部门的积极落实。对各职能部门转变工作作风、改善民营企业发展环境起到积极的促进作用。本级本届执委中的市人大代表议案、市政协委员提案32件，较好地履行了政治协商、民主监督、参政议政职能。

【工商联基层组织建设】 加强基层组织建设，为各项工作顺利开展提供保障。一是加强班子建设，调优组织结构。10月，以换届为契机，优化领导班子和执委结构，发展新会员，加强了组织建设。此次换届按照以非公有制经济人士为主体、广泛性和代表性相结合的原则，确定会员代表91人，选出执委51人，主席、副主席18人。执委中34名非公有制经济代表人士全部经过市公安、工商、税务、安监、环保等部门的综合评价，真正把那些思想品质优、社会贡献大、公众形象好、参政议政能力强的会员吸纳进市工商联领导班子。二是市基层商会、协会活动开展越来越活跃。基层商会、协会活动丰富多彩，凝聚力和吸引力不断增强。青年企业家协会、福建南安商会迁安分会卓有成效地开展了专家讲座、赴外地考察、与银行对接等一系列活动，为会员的交流合作搭建良好平台。

【光彩事业】 弘扬扶危济困的传统美德，着眼公益项目、城市建设、助学助教、弱势群体，大力开展光彩活动，为社会全面进步和构建和谐迁安做出贡献。发挥企业家主席的示范带头作用，为慈善事业、卫生事业、教育事业和弱势群体捐款840多万元，救助贫困学生100多名。一是开展“千企帮千村”精准扶贫行动。市工商联积极响应省、唐山市工商联“千企帮千村”精准扶贫行动号召，把精准扶贫行动作为年内重点工作部署落实。在钢铁企业经济效益不景气、自身发展面对诸多困难的情况下，市工商联主席所在企业——九江线材有限公司结对帮扶承德市滦平县6个贫困村。二是积极参与迁安市后进村转化工作，在多次调研走访，认真征求两委干部、群众意见的基础上，为各村量身制定帮扶方案，明确帮扶方向及措施。九江公司为上庄乡七里坎村等5个村集体提供帮扶资金100万元，为美丽乡村建设做出积极贡献。三是支持并参与文化体育事业发展。在8月的里约奥运赛场上，九江拳击俱乐部培养的女子拳击运动员尹军花勇夺银牌，实现了迁安奥运奖牌零的突破。此外，会员企业九朵文化传媒公司连续5年承办“钢城之夜”“魅力水城之夜”群众文化活动展演，每年展演多达50期。玖鑫国际金融中心连续多年承办“迁安电视台少儿春晚”。企业家们关心关注、积极参与文体事业的行动得到广泛好评。

【服务会员】 贴近企业需求，全方位为会员服务。1. 继续实施民营企业家素质提升工程，做好培训服务。一是重点企业负责人参加市委、市政府外聘高级专家专题辅导报告。内容涉及经济、法律、金融等诸多领域，与企业发展息息相关，年内举办4期，受训企业家600余人次。二是组织18家会员企业参加唐山市工商联举办的民营企业融资及“新三板”辅导路演对接会、供给侧结构性改革与民营企业发展专题培训活动。三是组织民营企业家经验交流、现场观摩、赴外地参观考察12次，开阔企业家思路和眼界，激发企业家转型升级和二次创业的热情。2. 组织招聘会，为企业提供人才服务。组织民营企业招聘周活动，其间，有82家（次）民营企业进场招聘，累计提供就业岗位836个，有1238名求职者进场求职，562人达成就业意向，发放宣传资料1000余份。3. 提供信息和融资等服务。年内，为会员提供项目、科技、就业信息532条，帮助民营企业融资4000万元，开展法律服务26次。

【市工商联（总商会）召开第五届会员代表大会】 10月27日，市工商联（总商会）召开第五次会员代表大会，选举产生第五届工商联领导班子。市委副书记李福林，市委常委、常务副市长韩国强，市委常委、组织部部长、统战部部长、市工商联换届工作领导小组组长毛成海，市人大常委会副主任田富顺，市政协副主席、市第四届工商联主席赵玉江以及唐山市工商联有关负责人出席会议。会议根据工商联章程和本次大会选举办法选举产生了新一届市工商联执委会，以举手表决的方式选举赵玉江任市工商联第五届主席，王俊喜为常务副主席，马永宝、王志伟、王松伟、叶金保等16人为副主席。李福林、毛成海为新当选的主席和各位副主席颁发了证书。赵玉江代表市工商联第四届执委会作了工作报告，对今后五年的工作任务进行安排部署。

【成功引进迁安市硕博圆汽车贸易有限公司4S店项目】 市工商联广泛挖掘信息资源和招商渠道，引进了迁安市硕博圆汽车贸易有限公司江淮汽车4S店项目。项目坐落于杨店子镇汽贸产业园内，是根据产业形势，利用原重卡销售场地改造建成的，总投资7200万元，占地18亩，建筑面积4000平方米。预计年收入7500万元，利润800万元，税收700万元，安排就业30人。至年底，4S店已正式运营。

市工商业联合会

主　　席　赵玉江
常务副主席　王俊喜
主任科员　梁永生
副 主 席　丁俊山（12月离）
王　全（不驻会，10月离）
王树立（不驻会，10月离）
兰玉岐（不驻会，10月离）
任建民（不驻会，10月离）
孙学平（不驻会，10月离）
朱　国（不驻会，10月离）
杜宝海（不驻会，10月离）
杨立国（不驻会，10月离）
郑宝海（不驻会，10月离）
宫万芹（不驻会，10月离）
徐汉有（不驻会，10月离）
贾志民（不驻会，10月离）
郭　财（不驻会，10月离）
曾秀兰（女，不驻会，10月离）
马永宝（不驻会，10月任）
王志伟（不驻会，10月任）
王松伟（不驻会，10月任）
叶金保（不驻会，10月任）
田兴民（不驻会）
任　波（不驻会，10月任）
刘利华（不驻会，10月任）
李　民（不驻会，10月任）
李致华（女，不驻会）
周　新（不驻会，10月任）
郑广会（不驻会，10月任）
柳彦庭（不驻会，10月任）
俎秋君（不驻会，10月任）
曹玉民（不驻会，10月任）
曾凡凯（不驻会，10月任）
颜志友（不驻会，10月任）
党组书记　王俊喜
党组成员　梁永生　丁俊山（12月离）
李雪梅

（牛福丽）

社会团体

迁安市总工会

【概况】 2016年，迁安市总工会共辖20个镇乡（城区街道）总工会、3个园区总工会、6个系统工会，全市基层工会数1540个，会员总数达到209469人。各级工会组织紧紧围绕市委、市政府工作大局，发挥工会组织职能作用，努力把大事做到位，把善事做精准，把要事做规范，把有影响的事做成品牌，圆满完成各项工作任务。被评为唐山市工会工作先进单位，被迁安市委、市政府评为文明单位。

【劳动竞赛工作】 广泛组织开展“当好主力军，建功‘十三五’，推动转型升级”劳动竞赛活动。大力总结推广“培训、练兵、比赛、推广”一体化运作模式，引领职工积极参与提合理化建议、职业技能培训、技术创新、“安康杯”竞赛及“我为企业节能减排做贡献”等系列活动，充分调动各行各业职工学技术、练技能、争当创新能手的积极性，全面提高职工队伍整体素质。2016年，全市职工提合理化建议5620条，实现创新成果23项，对2334名职工进行了职业技能培训，动员和组织全市职工开展技术练兵、技术比武、技能竞赛活动，为唐山市第十六届职工职业技能大赛输送了22名各工种优秀选手。

【基层工会组织建设】 开展“农民工入会集中行动”和农民工入会数量和服务质量“双提升”活动。努力实现“哪里有农民工，哪里就有工会组织，哪里就能享受到工会高质量服务”目标，农民工会员数量比2015年增加11701人，农民工会员总数达到142399人。圆满完成会员实名制普查工作，全市会员达到209469人，基层工会组织1540个，基本实现乡镇、系统、村企、市直单位的全覆盖。并围绕“建起来、转起来、活起来”的目标，扎实开展“模范职工之家”创建活动，在全市非公企业中开展第三批“百家示范非公企业创建”活动，培育和选树了省级示范非公企业1家、唐山市级3家。

【职工民主管理】 全面推进集体协商“百日行动”。转发了《唐山市五部门关于在全市开展工资集体协商“百日行动”的实施方案》，工资集体合同建制率达到93%，覆盖企业达到2510家，覆盖职工193065人，选树典型单位2家，培训职工代表3000人。重点实施企（厂）务公开和民主管理示范单位创建活动。培养选树了斯道拉恩索正元包装有限公司、电力公司、餐饮商贸联合会、非公幼儿园联合会、木厂口镇总工会、菜园镇总工会、燕山医院等8家不同类型的典型单位。全市企业企（厂）务公开民主管理建制率达95%，规范率达80%。职代会建制率达到95%。

【困难职工帮扶救助】 深入开展“职工服务中心提质升级”活动，初步建立以服务中心为支撑、以乡镇为枢纽、以村（社区）为基础的三级网络，形成从单一到普惠、从城镇到农村、从经济到文化相结合的工会大服务工作新格局。大力实施帮扶救助送温暖工程。全年累计帮扶救助困难职工471人，发放救助款物30多万元。真情开展“爱心助学”活动，帮扶救助困难学子23名，发放助学金6.1万元。扎实开展患尿毒症（肾透析）职工专项救助活动，至年底，已审核上报患尿毒症职工18人次，争取专项救助款9万元，全部打入患病职工本人账户中。重点推进创业就业项目扶持工作。制定和下发了《迁安市工会创业就业扶持专项行动实施方案》，以“帮助困难职工、失业下岗困难人员、困难农民工实现创业就业愿望，真正解贫脱贫”为目标，重点向在档困难职工和在企业化解过剩产能中家庭困难的下岗失业人员倾斜，实施“精准帮扶”。已申报符合条件的创业项目8项。全面推行工会会员卡服务工作，已完成会员卡信息采集29436人，并已全部参加第七期职工重大疾病医疗互助活动，为职工构筑起抵御风险的第二道防线。

【安全生产活动】 以“安康杯”竞赛为载体，落实“安全第一、预防为主、综合治理”的工作方针，继续积极推进“安康杯”竞赛活动广泛开展。以开展各种文化活动为手段，全面推进安全生产管理、安全文化建设、职工安全健康培训教育。6月，在迁安市文化广场开展安全生产咨询日活动，以“加强安全法治、保障安全生产”为活动主题，通过发放宣传资料以及设立安全生产知识咨询台、安全生产知识宣传展板、安全成产知识宣传车等多种宣传载体，向广大职工群众宣传普及有关安全生产、职业病防治、女职工劳动保护特别规定等方面的知识，积极营造关爱安全、关爱生命的良好氛围，切实增强职工的劳动保护知识和安全生产意识。共发放相关宣传资料2000余份，接受职工群众咨询100余人次。

【职工宣教文体生活】 弘扬工人阶级主人翁精神，充分发挥工会宣传教育主阵地作用，通过召开专题学习会、座谈会，举办学习班等多种形式，组织广大工会干部和职工认真学习中共十八大及习近平总书记系列重要讲话精神，凝心聚力，团结奋进。深入推进职工书屋建设，引导职工积极参与群众性读书活动。至2016年，已创建全国“职工书屋”示范点3家。组织开展丰富多彩的文体活动。6月，组织500余人的企业方队参加2016中国迁安国际长城万人徒步大会；7—9月，组织首钢迁钢公司等4家企业参加迁安市“魅力水城之夜”群众文化展演活动，充分展示全市企业文化建设成果和职工队伍精神风貌。

市总工会

主　　席　范晓华
常务副主席　张振玲（12月离）
　　　　　　张利民（12月任）
副 主 席　宋保泉　付春娥（女）
主任科员　韦永红

（曹战友）

共青团迁安市委

【概况】 2016年，全市有14周岁至28周岁青年15.62万人，其中团员4.64万人。乡镇（街道）、机关部门、企事业单位等各直属团组织43个。基层团支部1250个，其中村（居委会）团支部512个，社区团支部12个，学校团支部656个，机关事业单位团组织16个，非公有制企业团支部54个。年内，共青团迁安市委以中共十八届五中、六中全会精神，省委第九次党代会精神和迁安市委五届六次、七次全会精神为指导，以深入开展“两学一做”学习教育活动为契机，引领全市各级团组织和广大青年解放思想，开拓创新，积极主动适应新常态，踊跃投身“魅力水城、绿色迁安”建设，各项工作都取得较好成绩，全市共青团工作呈现出蓬勃向上的良好局面。

【青少年思想政治工作】 着眼于有效发挥团组织的育人功能，以构建青少年社会主义核心价值观为基础，不断创新活动载体，丰富活动内容，有力筑牢青少年的思想政治防线。一是为弘扬“五四”精神，增强广大青少年见贤思齐、赶超先进的精神动力，凝聚青少年力量，积极投身“魅力水城、绿色迁安”建设。4月，开展了2016年青年五四奖章评选活动。4月28日，在广播电视台一号演播室召开命名表彰大会，授予高浩峰等10人2016年青年五四奖章，授予韩路宁等10人2016年青年五四奖章提名奖。二是为激励广大青少年学生奋发向上，积极进取，激励广大少先队辅导员爱岗敬业、无私奉献，“六一”期间，联合市教育局在全市开展“十佳百优少年”和“优秀少先队辅导员”评选活动。叶晨光、方馨远等110名同学获“十佳百优少年”光荣称号，魏小壮、刘丽丽等65名教师被评为“优秀少先队辅导员”。三是清明节期间，在全市部署开展“缅怀革命先烈，弘扬民族精神”主题教育活动。各基层团组织积极响应，纷纷通过在互联网为英烈献花、留言、学习英烈事迹和革命历史，到烈士陵园扫墓等形式寄托对革命先烈的哀思，缅怀革命先烈的丰功伟绩。四是为引导广大学生正确认识雷锋精神的实质和新时期学习雷锋的现实意义，3月学雷锋活动月期间，开展“弘扬雷锋精神，建设和谐校园”学雷锋日主题活动，全市1.2万余名中小学生参加活动。五是为进一步加强小学生思想道德教育，弘扬中华民族敬老爱幼的传统美德，“六一”之际，在全市少先队部署开展了“浓情六月—感恩父亲节”主题活动，各少先队组织纷纷响应，少先队员们充分了解了父亲为自己成长所付出的艰辛，理解父亲对自己的期望，懂得如何去感恩。

【青年志愿服务实践活动】 以青年志愿者行动为载体，共青团迁安市委引领全市广大青年积极投身各种志愿服务活动、社会公益活动、群众性精神文化活动，为“魅力水城、绿色迁安”建设做出突出贡献。一是2016年“魅力水城·绿色迁安”经贸洽谈会召开之际，招募、选拔、培训了120名优秀青年志愿者，参与大会各项志愿服务活动，充分展示迁安青年志愿者良好的精神风貌，为经贸洽谈会的成功举办奉献了自己的力量。二是2016年全国自行车冠军赛总决赛迁安站开赛期间，从迁安市第三高中及华北理工大学迁安学院的在校学生中招募的190名青年志愿者，以积极热情、认真负责的工作态度出色地完成了各项志愿服务工作，用实际行动展现了迁安志愿者的青春风采和服务热情，得到参赛选手和观众的一致好评。三是着眼于加强全市青年志愿者队伍建设，提高志愿者服务技能、服务水平和认识程度等，在全市实行青年志愿者注册登记制度的同时，着重加强了对青年志愿者的培训工作。2016年“魅力水城·绿色迁安”经贸洽谈会筹备期间，聘请专业教师对全体志愿者进行严格培训，确保了志愿服务的高质量。2016年，全市共有注册志愿者1.2万人、志愿服务队38个。四是5月15日，组织20余名志愿者，走进迁安特教学校，开展“关爱残疾孤儿，让爱洒满人间”助残志愿服务活动，为迁安特教的孩子们送上融融暖意和浓浓爱心。五是6月6日上午，开展“端午情系老人心”端午节慰问活动。志愿者们在为老人送去粽子和节日祝福的同时，亲切地与老人聊天，悉心了解他们的身体状况及生活情况，并嘱咐他们健康饮食，适度锻炼，保持乐观心态。六是组织开展“迎世园，爱唐山，做贡献——青年文明号在行动”志愿服务活动，发放传染病宣传资料2600余份，测量血压、血糖500余人次，接受健康咨询和就医指导600余人次，发放就医优惠卡200余张。七是针对有些群众对顺风车公益活动认识不足、顺风车志愿者的志愿服务活动有时不被理解，组织顺风车志愿者服务队的志愿者们开展“以奉献空座，传递温暖，让绿色环绕水城迁安”为主题的宣传活动，发放宣传彩页1000张，调查问卷500张，让广大群众深刻认识到顺风车活动是一项实实在在的公益活动。

【扶贫济困活动】 共青团迁安市委积极整合资源，找准社会关注、自身能为的切入点，以提升服务能力为关键，积极为全市贫困青少年“圆梦”走前头、立标杆、创平台。一是提高了共青团组织整合社会资源的能力，扩大了希望工程的筹款和资助规模。2016年，团市委共筹集善款38万余元，资助品学兼优的贫困中小学生500余名。其中，圆梦爱心小组志愿服务队自参加迁安市青年志愿者协会以来，累计活动7场，共捐助25.85万元。二是着眼于充分展示农村在校贫困小学生自强不息的精神风貌，倡导社会各界积极关注和热情帮助社会弱势群体，弘扬助人为乐、捐资助学的良好风尚，帮助贫困孩子们实现他们最想实现的“新年梦想”，新年到来之际，在全市部署开展“春雨行动—新年圆梦”活动。1月

7日，召开“春雨行动—新年圆梦”活动启动仪式，宣读了“春雨行动—新年圆梦”活动通知，并为7名贫困学生发放助学金7000元。在团市委的号召下，各镇乡团委也纷纷开展新年圆梦活动。共为全市380余名学生发放价值3.8万余元的爱心物品。三是“六一”前夕，开展迎“六一”爱心助学活动，为38名家庭贫困、乐观向上、品学兼优的学生赠送总价值1.13万元的书包、书籍、文具、衣服等学习用具和生活用品。四是举办2016圆梦助青春大型公益助学活动。8月13日，市青年志愿者协会圆梦爱心小组志愿服务队授牌仪式上，为3名家庭贫困的大学生捐款9600元，帮助其完成学业。四是开展“书传爱心 情系教师”捐书助师公益活动。9月7日，在上庄乡北代营小学举行赠书仪式。市青年志愿者协会圆梦爱心小组志愿服务队携手忻林书店为北代营的学生们送去价值5000余元的各类书刊200余册。六是积极推动希望工程的开展。10月20日，给蔡园镇杨官营村有在校小学生的4家贫困户送去善款1200元，用于资助孩子完成学业。

【维护青少年合法权益】 1. 为切实维护青少年儿童安全，及早预防溺水、交通、食品安全等事故发生，6月，在全市开展“小手拉大手，安全伴我行”暑期安全宣传教育活动，向过往家长发放图文并茂的《防溺水宣传手册》《夏季学生食品知识手册》等宣传资料。开学之际，部署开展以保护学生安全为主题的《开学第一课》系列活动，引导学生充分掌握安全自护知识，增强珍爱生命、安全第一的意识。2. 从教育引导青少年增强自我保护能力角度出发，提高广大青少年的防骗意识，及时识破电信诈骗陷阱，维护自身财产安全。12月21日下午，团市委联合市公安局、华北理工大学迁安学院共同举办了防范电信网络诈骗专题知识讲座，通过大量翔实的案例，深入浅出地讲解了防范电信诈骗的重要性和必要性，使“防骗从我做起”的理念深入人心，300余名听取讲座的人员深受震撼。

【促进青年就业创业】 共青团迁安市委以提升青年“三创”（创新、创业、创客）行动的积极性主动性、提升团组织服务帮扶能力“两个提升”为核心，坚持组织化动员与社会化动员相结合的方式，全面实施了“青创行动”，团结带领广大青年抢抓新机遇，适应新常态，为“魅力水城、绿色迁安”建设做出积极贡献。一是年初召开了创业主题工作会，明确把“创新创业，青年当先”作为共青团迁安市委全年及今后一段时间的主要工作任务。二是进一步巩固和扩大与相关部门的合作，通过开展“点亮创业梦想，助推小微企业”、举办小微企业技能知识讲座等活动，发挥青年创业导师团的作用，对农村待业青年、退伍军人、返乡农民工、下岗失业青年等群体有针对性地开展就业导向型培训和先进实用技术培训，为他们提供创业思路、项目信息、融资等方面的服务，培养造就一大批“复合型”的高素质青年人才。三是与职教中心联合开展“点亮创业梦想，助推百姓致富”活动，走访17个乡镇，向农民义务宣传、宣讲60余场，开展创业培训，培训学员900余人，为培训学员提供电话回访、上门走访、开业指导、问题咨询、公共宣传等后续支持服务700余人次。四是进一步加大创业孵化基地扶持力度，加快创业孵化基地建设。在团市委指导下，市万嘉电子商务有限公司的“启程之旅”创客空间被评为唐山市创新创业孵化基地。五是依托市青年企业家协会资源优势，紧扣青年创业需求，扎实开展青年创新、创业、创客帮扶工作。6月18日，组织召开迁安市企业家协会成立一周年暨迁安市青年创新创业帮扶座谈会，为创业青年与企业家深入交流搭建平台，帮助创业青年拓宽思路，开阔眼界，切实解决创业青年在创业初期遇到的一些现实困难。六是充分发挥共青团的桥梁和纽带作用，积极为银行和企业之间搭建相互了解、相互信任、相互支持的平台。6月8日和9月2日，先后组织召开迁安市青年企业家协会与沧州银行迁安支行和迁安市青年企业家协会与张家口银行迁安支行两次银企对接会议，银行和企业之间的合作力度进一步增强。七是为充分发挥团组织和广大团员青年的突击队和生力军作用，凝聚青春力量，服务全市“美丽乡村”工作大局，在全市部署开展“青春建功美丽乡村”活动，全市各级团组织纷纷响应。

10月，邀请唐山师范学院美术系8名师生为上庄乡代家铺村绘制了8块面积100多平方米的文化墙，在该村精心打造了一条青年文化示范街。八是着眼于引导全市职业青年立足本职，提高岗位文明、岗位技能、岗位效益，培养造就更多“品德优良、技术精湛、贡献突出”的优秀职业青年人才，团市委与市人力资源和社会保障局在全市开展2016年度迁安市青年岗位能手评选活动，全市涌现出赵明月、王小雪等青年岗位能手100余名。

【团的基层组织建设】 2016年，团市委着眼于夯实共青团的组织基础，全面激活各基层团组织的活力，做了大量工作，收到良好效果。一是扎实开展了“两学一做”学习教育活动。5月3日，召开“两学一做”学习教育活动动员大会。通过微信公众平台对“两学一做”进行大力宣传，号召机关全体党员干部和全市青年党员认真学习党章党规、学习习近平总书记系列讲话精神，增强机关全体党员干部做好新形势下党的青年群众工作的责任感、使命感、紧迫感、光荣感。二是着眼推进共青团改革，唱响“到青年中去”的工作主题，6月17日，举办有来自全市机关事业单位、企业、学校、街道社区、青年社会组织、农村等各领域团员青年50余人参加的“学讲话、话改革、谋发展”专题机关开放日活动。鼓励青年为迁安共青团和青年工作献计献策，启动了团干部直接联系青年工作，拉近了团与青年的距离。三是为进一步坚定全市广大共青团干部的理想信念、提高工作能力、锤炼优良作风，11月18日，召开乡镇（街道）团委书记工作交流座谈会。传达《共青团中央改革方案》精神，号召乡镇团书记积极适应共青团深化改革新形势，依照共青团“凝聚青年、服务大局、当好桥梁、从严治团”四维工作格局，坚持保持和增强共青团政治性、先进性、群众性，着力推进共青团各项工作的改革和创新。四是进一步优化和完善共青团网络宣传员队伍建设，从少先队辅导员、青年五四奖章获得者、青年岗位能手、青年致富带头人、青年志愿者中选出10名网络宣传员，按照“线上+线下，队伍+机制，建设+运营”的工作思路，在互联网上大力倡导社会主义核心价值观，弘扬网络主旋律，在工作中有效拓展动员青年的各种渠道，谋划丰富多彩的青年活动，有力推动“青年之声”的建设和深入发展。作为凝聚青年、密切团青关系的重要平台，“青年之声—迁安”自8月上线以后至年底，获得164万余次浏览量，累积回答1.2万余次问题数，平台入驻专家1225人，开展“青年之声”线上及线下活动30余次，有效解决了全市广大青年学生的学习、生活等各方面疑惑。

共青团迁安市委
书　记　司欣峰（5月任）
副书记　李　钊（4月离）
　　　　　孟　鑫（4月任）

（客志咏）

迁安市妇女联合会

【概况】 2016年，市妇联以服务大局、服务妇女为宗旨，深入实施女性成长成才品牌行动、女性创业创新品牌行动、幸福家园创建品牌行动、妇儿维权关爱品牌行动、妇联组织建设品牌行动五项品牌行动，组织动员广大妇女踊跃投身“魅力水城、绿色迁安”建设，先后获全国妇联系统基层宣传工作先进单位、唐山市妇联系统先进集体、唐山市家庭教育工作先进单位等市以上荣誉6项。

【女性成长成才品牌行动】 1. 加强思想宣传教育。“三八”节期间，开展主题宣传教育活动，与市纪检委、宣传部、文明办等部门联合举办最美家庭故事讲述会，全市500人参加讲述会。母亲节期间，广泛开展孝德实践活动，组织镇乡结合当地特色开展母亲节纪念活动。“七一”期间，组织万名妇女参加“巾帼心向党”主题活动35场次。重阳节期间，组织镇乡开展孝老敬亲活动20场次。2. 开展大规模、多层次、形式多样的教育培训活动。上联高校院所、专业机构，横向联合相关职能部门，下联妇女协会、社团组织和妇女群众，建立女性素质培训网络，开展妇联业务、政策理论、实用技能、文明礼仪、家庭教育、法律法规、卫生保健、节能环保等培训500

场次，培训妇女2万人次。

【女性创业创新品牌行动】 1. 加强巾帼示范基地建设。依托“双学双比”女能手协会和农产品女经纪人协会，广泛搭建技术、项目、信息、资金服务平台，积极组织妇女发展现代农业。累计举办种植、养殖等技术培训班150场次，培训妇女6000人次；依托市直相关单位、协会会员以及乡土专家组建巾帼创新创业指导服务团队，采取理论教学与实践指导相结合的方式，对女性创新创业发展提供有针对性的服务。培育女性创业就业实践基地、指导中心、服务中心等服务机构15个。争取省妇联项目资金支持，承接河北省妇联妇女职业技能培训工程，3个乡镇41个村309名妇女接受创业、电商、餐饮服务礼仪等方面知识培训。2. 实施“巧手创富”工程项目。3月31日，在市手工业服务中心举办了为期一周的“妇女优秀手工作品展”，6个工作室提供展品600多件，参观人数达到500余人；推荐20余件作品参加“巧手融汇　大美河北”巾帼特色手工艺旅游产品大赛；在大五里乡王湾子村开展为期一个月的珠绣壁画培训，参训妇女50余人，10人成功接单；“马兰巧娘”工作室注册成立迁安市鑫巧工艺品制造有限公司，并成立淘宝网店，促进家庭手工业和农村淘宝店结合，10月18—25日，参加中国妇女创业成果展示展洽活动暨2016年第二十二届中国义乌国际小商品博览会，成功接单2笔，金额达40万元。

【幸福家园创建品牌行动】 1. 扎实开展“美丽庭院”创建活动。编演《妈妈的心愿》《美丽庭院我的家》等广场舞，发放《美丽庭院创建宣传画册》等宣传资料2000册，发放美丽庭院小门帘、围裙、雨伞、毛巾等宣传品5000份；开办美丽庭院微课堂，举办讲习所培训710场；重点村先后开展“晒晒我的美丽庭院”“美德故事家家讲”等15类系列活动120场次，2万名妇女参与创建。评选“美丽庭院”中心示范户213户、示范街71条。唐山妇女网、《迁安时讯》等多家媒体报道市美丽庭院创建工作。迁安市妇联在河北省美丽庭院创建和村民讲习所工作调度会上做重点发言，在唐山市美丽庭院创建观摩拉练会上做大会发言。木厂口镇陆晓玲家庭被中华全国妇女联合会推选为全国“最美家庭”，迁安城区张海彬家庭被推选为全国“最美家庭”提名家庭。2. 扎实开展家庭廉政文化宣传教育活动。下发《倡导清廉家风，共享美好生活——致全市广大党员干部及家庭成员的倡议书》；在全市范围内深入开展“优秀家训、家规、家风故事”征集活动，与市纪委、文明办联合下发《关于开展“培育善美家风、建设善美家庭”主题活动的通知》，征集家风、家训102条，优秀家风故事40个。在全市党风廉政教育工作会上，市妇联做了重点汇报发言。3. 深化家庭教育指导服务实事项目。作为唐山市唯一一个省级青春期性教育试点县区，市妇联依托家庭教育示范基地，举办家庭教育公益讲座，圆满完成试点工作的各项目标任务。组织家庭教育专家和家庭教育志愿者等师资队伍，依托“网络家长学校”、家庭教育基地、“孕妇学校”、妇婴协会和孕产妇QQ群等，在婴幼儿家长、小学生家长、中学生家长中开展系统化、针对性培训和咨询服务活动，先后举办家庭公益讲座、沙龙、免费咨询等活动100余场次，提升家长的科学教子能力，切实做好家庭教育指导服务。

【妇儿维权关爱品牌行动】 1. 大力推进反家庭暴力工作。市妇联积极争取市主要领导的重视支持，拨付专项资金用于《中华人民共和国反家庭暴力法》（以下简称《反家庭暴力法》）的宣传。“三八”维权周期间，印发宣传彩页5万余份，并邀请市康惠律师事务所律师为城区200余名妇女讲解《反家庭暴力法》。4月，印发《反家庭暴力宣传画册》1.5万册。9月，邀请市司法局法律援助中心主任张秀花，依托妇女讲习所，组织五重安乡、杨各庄镇两个镇乡的4个重点村进行《反家庭暴力法》的宣传培训，提高广大妇女的维权意识和能力。2. 推动专业化维权。全市三级妇联2872名妇女信访代理员定期召开会议，培训法律维权专业知识。与法院联合建立家事案件联动工作机制，调处纠纷46起。积极协调市司法局法律援助与律师志愿者为广大妇女姐妹提供专业化维权服务，为140余名妇女提供免费法律咨询服务。木厂口镇陆晓玲开展的信访代理工作经验事迹被省妇联拍成情景剧进行展播。3. 加强防治艾滋病宣传力度，关爱女性健康。联合市防艾办、市妇幼保健医院等共同开展防艾知识妇女骨干集中宣传培训，发放宣传册1500册、调查问卷1000余份。开展扭秧歌、广场舞等形式多样的防艾宣传活动，提高妇女预防和控制艾滋病的意识和能力。4. 深化贫困妇女儿童关爱救助项目。为市人民医院争取母亲健康快车1辆，争取唐山市东安超商有限公司、爱心小组等爱心企业和爱心人士支持，募集资金7.5万元，救助贫困女童104名。为72名贫困儿童赠送价值2.6万元的书包、急救小药箱等学习用具和生活用品。5月31日，联合迁安保利国际影城，组织“让爱成长，关爱特教儿童”电影放映活动，为110多名特教学校学生送上充满清凉爱意的“六一”节礼物，送上妇联组织的关爱。

【妇联组织建设品牌行动】 1. 全面推进妇联组织网络建设。加强基层妇联组织建设，构建开放、多元、立体的“大妇联”组织体系。指导完成杨各庄镇、上庄乡两个试点镇乡的妇联组织换届工作，产生专职妇联主席各1名、专职副主席各1名、专兼职副主席各3名、执委25名，充实了基层妇联干部队伍。完善爱心帮扶、普法宣传等巾帼志愿者服务队，推荐杨各庄镇好媳妇志愿者服务队、木厂口镇飞扬志愿者服务队为唐山市巾帼社团联谊会社团成员。2. 高标准建好妇联组织基层阵地。按照“六有”（有固定的活动场所、有统一制作的标牌、有健全的管理制度、有健全的工作机构、有丰富多彩的活动、有完善的档案记录）标准，完善“妇女之家”标准化建设，阵地建设率达到100%。争取省“示范妇女之家”项目资金30万元，成功打造杨店子镇滨河社区、赵店子镇马古寺村等一批省级高标准“示范妇女之家”。马兰庄镇、杨店子镇成功创建省级“三有两突出”（有人干事、有阵地做事、有钱办事，服务基层妇女作用突出、参与和谐社会建设能力突出）示范镇，马兰庄镇李家沟村、杨店子镇高引铺村等8个妇代会成功创建省级“三有两突出”基层示范组织。

【“魅力水城·绿色迁安”最美家庭故事讲述会】 3月4日上午，在第106个“国际劳动妇女节”到来之际，在迁安市广播电视演艺中心1号演播厅，隆重举行“魅力水城·绿色迁安”最美家庭故事讲述会。全市副科级以上女干部、镇乡（城区街道）妇联主席、企事业单位业主及重点村妇代会主任、2015年度“最美家庭”及“最美家庭”提名代表等500余人参加。市委常委、纪委书记许俊良，市委常委、宣传部部长郭卫民，市政府副市长王志刚，市政协副主席杨贺平出席讲述会，郭卫民致辞。会上用LED播放了“最美家庭”名单、家庭代表视频短片，安排了现场简短采访，穿插了《三德歌》《有爱的家庭最美丽》等节目表演，20个“最美家庭”代表宣读了倡议书，充分展示和谐家庭之美、幸福家庭之美，营造了弘扬中华民族家庭美德、树立良好家风的浓厚氛围。

迁安市妇女联合会
主　席　杨秀丽
副主席　张海侠

（刘颖如）

迁安市科学技术协会

【贯彻《全民科学素质行动计划纲要》】 2016年，市科学技术协会认真贯彻《中华人民共和国科学技术普及法》，动员和组织市内各方面力量全面实施《全民科学素质行动计划纲要》。开展多种形式的农民适用技术培训和科学文明生活等方面的科学素质教育，发挥好农广校、就业服务中心等科技教育机构在农民科技培训中的作用，开展提高城镇劳动者科学素质行动，开展各种形式的劳动预备制培训、再就业培训、创业培训、农民工培训等，城镇失业人员通过培训掌握适合再就业的生产技能，其中一批人走上工作岗位，发挥社区科普学校在科普教育中的作用，推动提高领导干部和公务员科学素质行动，开展领导干部和公务员的科普教育，制定培训教育计划和方案，配发2016年度重新编印的科普手册，组织公务员参与各项科普教育活动，提高领导干部和公务员的科学决策和管理水平。

【流动科技馆巡展】 通过努力争取，使得中国流动科技馆项目于8月23日至10月31日在市博物馆举办了以“体验科学”为主题的巡展参观活动，主要内容有球幕影院、机器人表演、3D影片、数字生活等。聘请省科协专家进行指导，培训专门的讲解员，先后累计参观人数4.5万余人。

【科普宣传活动】 开展群众性、社会性、经常性的科普宣传活动，增强群众科技意识，营造崇尚科学、追求知识、科技致富、文明生活的良好社会风尚和良好环境。一是开展科普巡展活动。年内，举办科普展10场次，内容包括现代科技、卫生保健、饮食之道、环境保护、道德规范等，受教育群体1.5万人次。二是将农村的科普画廊集中更换4次，重点突出讲科学，讲文明，讲绿化，讲环保，建设新农居、新农村等相关内容。三是组织农业技术人员开展科普讲座20场次。

【青少年科技教育】 青少年科技教育工作取得较好成绩。一是组织青少年参加第31届国家、省、唐山市各级青少年科技创新大赛和信息学奥林匹克竞赛活动，有4件作品获得全国青少年科技创新大赛二等奖；有42件作品在河北省青少年科技创新大赛中获奖，其中一等奖14个、二等奖20个、三等奖8个，市第二实验小学获河北省第三十一届科技创新大赛优秀组织奖；有249件作品在唐山市青少年科技创新大赛中获奖，其中一等奖57个、二等奖82个、三等奖110个。有2名学生被评为唐山市第31届青少年科技创新标兵，2名教师被评为优秀科技辅导教师。在全国青少年信息学奥林匹克分区联赛初赛中，有20名教师被评为优秀辅导教师，有140名学生获奖，其中一等奖7个、二等奖21个、三等奖112个。在全国青少年信息学奥林匹克分区联赛（河北赛区）复赛中，有1名学生获得一等奖。二是在校园开展“大手拉小手”等科技传播活动，加强未成年人科技教育工作。

【科普网络及队伍建设】 建立2家省级园区科协组织，并正常运转；扶持中小科技企业发展，开展专利信息应用服务工作；基层科普队伍不断壮大。创建2家唐山市级科普教育基地，建立由专家组成的科技服务团；80%以上的行政村有科技示范户、科技带头人、科普员，形成以科技致富能手为主体的农民科普队伍。

市科学技术协会

主　　席　郭新国

副 主 席　马金娥（女）

副主任科员　刘朝辉　张永奎（4月任）

（孙玉柱）

迁安市文学艺术界联合会

【概况】 2016年，迁安市文学艺术界联合会（以下简称市文联），紧密联系全市文艺工作者和各协会，坚持“双为”（文艺为人民服务、为社会主义服务）方向，“双百”（百花齐放、百家争鸣）方针，认真贯彻落实习近平总书记在文艺座谈会上的讲话精神，坚持正确文艺导向，加强协会和文艺队伍建设，认真组织开展文艺活动，创作出大批文艺精品力作。迁安市文联被唐山市文联评为先进单位，市文联副主席李保成被评为先进个人。在年内组织的第三届各协会代表大会及换届选举过程中，严格落实《中共唐山市委组织部关于从严控制和规范在职和退（离）休干部在社会团体兼职问题的通知》精神，把好用人关，规范有序地完成作家协会、摄影家协会、音乐家协会、舞蹈家协会、戏曲家协会、曲艺家协会和诗酒文化协会换届工作，为文艺活动开展提供了组织保障。文艺队伍建设得到加强。结合协会换届，优先推荐一批年富力强、有社会影响力的国家和省市级会员担任协会领导，充实一批理事，吸收一批年轻会员，协会面貌焕然一新，为文艺繁荣发展提供了人力支持。

【文学艺术创作】 以征文比赛为载体，认真开展主题创作。1. 年初，市文联与中国乡土艺术协会文学专业委员会、中国网络诗歌网、建昌营镇人民政府联合举办“燕山情　绿色梦　水城魂”原创诗歌征文大赛，至年底，作品正在征集中。2. 作协在年内换届会上启动了“正农鹅业杯”征文比赛，至年底，已完成颁奖。3. 市摄影家协会在换届中启动了“亚滦湾杯”摄影大赛，年底时作品正在征集中。4. 市作协和摄影家协会同上庄乡政府联合开展“上庄杯”文学摄影大赛，年内完成颁奖和专刊出版。5. 10 月，市文联与农工委美丽办联合开展文学、书法、美术、摄影大赛，市作协、诗词协会、摄影家协会、美术家协会、书法家协会积极组织会员采风创作。收到作品千余篇（幅）。年内完成评审，作品计划结集出版。6.《燕山》复刊。《燕山》为市作协和诗词协会自筹资金于 2011 年创办的文学内刊。省作协主席关仁山亲自为《燕山》题写刊名，曾获省优秀期刊荣誉，为迁安文学繁荣发展做出巨大贡献。后因两位主席在上级文件下发后，因公务员身份辞职，经费没有保障而停刊。市作协换届后，新任主席积极争取各方支持，年内复刊，出版两期，为文学爱好者提供了学习交流平台。

【文艺活动举办】 1. 配合文明城创建，举办歌手大奖赛。经过层层选拔，100 余名选手脱颖而出，10 月 31 日晚，在迁安电视台 1 号演播大厅举行决赛，之后在电视台播出 6 次。在发现大批音乐人才的同时，收到良好的宣传效果，有力地配合了文明城创建工作。2. 为落实习近平总书记讲话精神，自筹资金举办迁安首场文艺界“百花迎春”联欢会。海选中发现并培养了一批文艺骨干，演出时，市音协主席蔡铁英、曲协主席赵静、戏曲协会主席孟凡龙、老艺术家唐桂义等大批文艺骨干带头上台演出。100 余名演员为大家呈现了一场内容丰富、形式新颖、积极向上的文艺演出，全面展示了迁安文艺队伍的精神风貌。春节期间，在电视台和网络同步播出，为全市人民献上节日的祝福。3. 以文艺志愿服务为抓手，认真开展惠民演出。一是市音协以唱响“中国梦”、文化惠万家为主题，演出近百场。二是市书协、美协坚持开展送文化下乡活动，春节前到基层为群众义务写春联，送祝福。三是市音协在“八一”建军节到消防队慰问。四是市曲艺、戏曲、舞蹈等协会长年坚持到福利院、广场、社区慰问演出。五是帮助指导播音主持协会和朗诵爱好者。六是音乐团等社团开展公益演出活动。4. 以举办画展形式推广普及书画艺术。在春节、中秋等节日期间，举办“迎新年”“月是故乡明”“唐新一回乡展”等多场书画展览，推动全市书画艺术发展。

市文学艺术界联合会

主　席　毛广丰（兼，12 月离）

副主席　李保成

秘书长　王志伟

（高金艳）

迁安市红十字会

【概况】 2016 年，市红十字会以“三救、三献”（救灾、救护、救助；献血、造血干细胞捐献、人体器官捐献）为主线，持续开展救助、救灾和送温暖活动。一是扎实开展各种宣传日活动。利用“12・1”世界艾滋病宣传日、“5・8”世界红十字纪念日、“无偿献血日”、“全国爱牙日”等宣传日发放《捐献造血干细胞倡议书》《红十字急救常识》等 2 万多册。二是于 4 月 29 日成立迁安市造血干细胞志愿服务小分队，采集造血干细胞 15 人次。三是开展大病救助活动。对 35 名大病特困群众进行救助，发放救助金 18.3 万元。帮助 1 名先天性心脏病患儿和 1 名白血病患儿申请中国红十字基金会救助项目。四是普及救护知识。9 月 23 日、10 月 25 日，分别在社区卫生服务中心、华北理工大学迁安学院开展两场主题宣传活动，以普及急救知识的方式向社会各界传播红十字救护理念，增强群众的自救互救意识。五是开展“博爱一日捐”及会费收缴活动。

【中国红十字会捐献造血干细胞志愿服务总队迁安小分队成立】 根据中国造血干细胞捐献资料库管理中心《关于进一步加强捐献造血干细胞志愿服务工作的意见》要求，4 月 29 日，迁安市成立了中国红十字会捐献造血干细胞志愿服务小分队，这是河北省成立的第一支捐献造血干细胞志愿服务小分队。50多名身着红色队服的志愿者在中国红十字会捐献造血干细胞志愿服务迁安小分队的队旗下，举起右手，庄严宣誓。小分队的成立为迁安社会各界热心公益事业人士参与捐献造血干细胞的宣传、招募及服务搭建了一个合法有序的平台。成立仪式结束后，举办了以无偿献血、造血干细胞捐献相关知识及志愿服务队的相关职责任务为内容的专题讲座。

（张云智）

迁安市慈善协会

【概况】 至2016年，市慈善协会已成立8年，累计筹集善款5901.45万元，通过开展助医、助学、助老、助困等慈善活动，救助11024人次。其中，2016年，市慈善协会接收社会各界捐款120.96万元，先后开展助困、助医、助老、救助贫困小学生等活动，累计发放善款171.4万元，救助城乡困难群众1154人次。

【募捐救助】 多方式开展慈善募捐活动。一是通过“慈善一日捐”活动，在全市范围内广泛传播慈善理念，积极吸收社会爱心人士捐款。二是与北京澳世弘州房地产经纪有限公司及社会爱心人士开展专项募捐活动。三是通过网络、新媒体等，改变了原有募捐方式，拓宽了募捐渠道。将接收的社会捐款，分别用于助学、助医、助老等专项救助。2016年春节期间，市慈善协会开展“慈善助困”活动，活动安排慰问308户，对象为享受低保待遇且因病、因灾导致生活困难的家庭、低保边缘户等，慰问标准为1000元/户。走访慰问了20位农村籍抗战老兵，送去米、面、食用油等生活慰问品。以关注弱势群体、解决困难群众的实际问题为宗旨，以城乡低保户为主，兼顾低保边缘户的原则，对71位因患癌、器官移植等重大疾病而导致生活特别困难的家庭进行救助。为充分保证低保家庭学生顺利进入大学继续求学，对2016年被全日制高校录取的150名城乡低保家庭考生，根据录取批次分别给予2000元、4000元或5000元一次性资助，对25名城乡低保一本在校生给予3000元资助。关注社会贫困老人，营造尊老敬老、感恩回报的浓厚氛围，在老年节前夕与市老龄委在全市范围内共同开展“敬老月”活动，慰问70周岁以上生活困难的老人300位、百岁老人8位。

（李　伟）

迁安市残疾人联合会

【概况】 2016年，迁安市有各类残疾人15462人，其中视力残疾1058人，听力残疾1256人，言语残疾573人，肢体残疾10459人，智力残疾1279人，精神残疾792人，多重残疾45人。市残联在社会各界支持下，以“站残疾人立场、走残疾人路线、为残疾人服务、让残疾人满意”为标准，履行“代表、服务、管理”职能，卓有成效地推进残疾人各项工作，促进残疾人事业与经济社会协调发展。

【残疾人培训就业】 认真做好残疾人就业保障金年审认定工作，与市地税部门通力协作，年审认定残疾人就业保障金919.66万元，征收271.5万元；安排残疾人就业358人，新增城镇残疾人就业70人，有效扶持农村贫困残疾人1900人，农村残疾人稳定脱贫950人；与市民政部门密切配合，开展残疾人生活及护理补贴审核工作，其中享受生活补贴困难残疾人3520人、169万元，享受护理补贴重度3990人、173万元；开展“百日会战”残疾人精准扶贫调查4303人；核查农村贫困残疾人家庭危房276户；对62户涉税企业信息进行采集，残疾人实名制录入2700人；圆满完成残疾人公益性岗位日常管理。建设残疾人扶贫基地1个，培训残疾人30人，安置残疾人70人，扶持带动20户残疾人共同致富奔小康，举办农村残疾人实用技术培训班5期400人，组织残疾人职业技能培训350人。

【康复服务】 争取上级资金15.2万元，给予38名精神残患者每人4000元免费住院救助；投入124.5万元，为8300名残疾人每人办理了150元城乡医保；发放轮椅、助视器等各种辅具181件，积极完成全国残疾预防综合试验区创建试点申报工作；认真做好残疾人托养工作，其中机构托养残疾人19人，居家托养残疾人160人。

【扶危济困】 集中慰问与临时救济并举，筹资50万元为1000户农村贫困残疾人每户发放500元冬季生活补贴和“两节”（中秋节、国庆节）慰问金；投入6万元对285名残疾人进行临时救助；为15名残疾人提供法律服务；为17名残疾人发放机动轮椅车燃油补贴4500元。认真做好残疾人证鉴定、发放工作，全年办证2137人；为594名社区和农村残疾人专职委员发放35.64万元的误工补贴。

【教育救助】 完成2016年全日制残疾人大学毕业生调查统计，做好教育救助工作，争取中央和省资金9.7万元，对39名残疾考生或父母残疾且有低保手续的考生予以救助。

【助残日活动】 全年在《唐山劳动日报》《唐山晚报》等刊播信息、稿件40余篇。围绕第二十六次全国助残日“关爱孤残儿童，让爱洒满人间”主题，认真开展系列庆祝活动。5月13日上午，市政府党组成员、市残联主席张清敏在有关部门负责人的陪同下到特教学校走访慰问，送去3.3万元慰问金。残疾人“自强之星”、惠佳六化养生水有限公司经理李阳致富不忘回报社会，为特教学校送去价值2000元的惠佳六化养生桶装水。

【残疾人体育工作】 认真开展残疾人文体工作，肢体残疾人李建新在“河北省第八届残疾人艺术会演”中获声乐表演三等奖。郝文华、范瑞超等8名残疾人运动员在“第三届唐山残疾人室内运动会”上夺得2金1铜的好成绩。10名残疾人组成轮椅方队，参加了迁安国际长城万人徒步大会。

市残疾人联合会

理 事 长 李文学（12月离）
周泽红（女，12月任）

副理事长 蔡卜文

（王　超）

综合管理与监督

人力资源管理

【公务员队伍建设】　深入贯彻落实《中华人民共和国公务员法》，加强公务员信息管理。市人社局印发《关于做好2016年行政机关公务员“唐山市公务员在线”网络培训工作的通知》，要求以“唐山市公务员在线”网络培训网站为平台，组织公务员参加培训，培训着眼建设学习型、服务型、廉洁型机关，课程有“十三五战略解读”“我们不能没有信仰”等必修课及各单位在备选课程中自主制定的选修课程。全年培训公务员965人。

【干部考核】　政府序列机关事业单位工作人员2016年度考核奖励工作从2017年3月中旬开始，至3月底结束。政府序列机关事业单位股级及以下工作人员共计16596人参加考核，授奖人员1917人。2016年的考核奖惩工作由市委组织部、市人社局共同研究部署，审核把关。工作中继续坚持五点：1. 根据上级政策，制定各单位参加考核的人数及评优指标。2. 严格考核程序，确保考核质量。2016年度考核奖惩工作，各单位按照个人总结述职、民主测评、考核组评议、单位领导集体确定考核等次、结果公示5个程序确定每个工作人员的考核等次。3. 严格审核，规范操作。各单位将考核结果公示无异议后报市人社局审核备案，重点审核考核程序是否规范，指标使用是否合理，确定等次是否准确及公示公开过程、各种表格填写是否规范等。4. 加强与执法执纪部门联系，确保考核结果准确、公正。对各单位拟评定为优秀等次的人员，与市纪检会、监察局、信访局、法院、检察院以及计划生育部门逐一审核有无违法违纪行为，确保评定为优秀等次人员的先进性。5. 严格按政策确定部分人员的考核等次。对当年受党纪政纪处分人员、长期无故不在岗、不能完成工作任务及不服从工作分配人员，一律定为不称职（不合格），不搞迁就照顾。正在接受审查人员、长期病休及待岗人员不定等次。

【军转干部安置】　2016年，全市共接收计划分配军队转业干部6人、其中团职1人、营职及以下转业干部5人。经过市委、市政府、市委组织部、市人社局统一研究部署，根据各单位编制要求和个人意愿，做到了部队、转业干部和接收单位“三满意”。

【企业军转干部待遇调整】　完成企业军转干部“两补”审批工作，即在岗的企业军转干部，月工资达不到全市职工月平均工资水平的，给予生活补助达到平均水平；基本养老金偏低的企业退休军转干部，月基本养老金达不到市企业退休职工月养老金平均水平的，补到平均水平。2016年，全市共有企业军转干部95人，其中在职6人、退休89人。调整后，在职企业军转干部工资由4254元/月调整到4630元/月，退休企业军转干部基本养老金均达到全省平均水平，并且根据企业军转干部职级调整困难生活补助标准。此外，“八一”、春节期间对困难企业军转干部进行走访慰问，为他们发放体检费500元/人，全年共发放47500元。

【专业技术人员管理和职称工作】 1. 继续严格按照省、唐山市职称工作改革要求，做好全市职称评聘工作，重点做好教育系统教师职称评定改革。年内，向唐山市推荐申报高级职称149人，向唐山市推荐中级职称332人，评审认定初级职称504人。年内，新增高级专业技术人才139人，其中45岁以下中青年高级专业技术人才113人；新增中级专业技术人才282人；新增初级专业技术人才504人。2. 按照上级安排部署，做好2015年度事业单位专业技术岗位聘用工作，共审核243个设岗单位，聘用专业技术人员1448人。3. 进一步加强继续教育管理，扩大继续教育参加范围，强化继续教育与职称晋升、聘任、资格考试及年度考核挂钩制度，提高参训率，全年完成继续教育培训1.3万人。4. 推荐上报河北省“三三三人才工程”▲第二层次人选1人，第三层次人选3人。

▲“三三三人才工程”：是河北省启动于2003年，计划到2007年，在全省培养30名左右45岁以下、专业技术水平在国内领先，在全省保持学科优势的学术、技术带头人，为“工程”第一层次人选；培养300名左右45岁以下，在全省各学科、技术领域有较高学术、技术造诣，做出突出贡献或成绩显著的科技骨干，为“工程”第二层次人选；培养3000名左右40岁以下，具有发展潜能的优秀年轻人才，为“工程”第三层次人选。但河北省打破计划，“三三三人才工程”延续至今（2016年）。

2016年迁安市获正高级职称人员情况表

表12

姓名	性别	出生日期	工作单位	专业类别	资格名称
于爱民	男	1965－03－29	迁安市科学技术局	农业技术推广	农业技术推广研究员
王丽霞	女	1963－01－02	迁安市农村经济工作委员会	农业技术推广	农业技术推广研究员
宁必武	男	1966－11－08	迁安市农业畜牧水产局	农业技术推广	农业技术推广研究员

【人事调配管理】 严把干部调动手续，严格按照国家法律法规规定办事，并及时做好调动、录用、指令性安置人员的分类登记工作，建立完善的干部调动、录用电子信息库，及时掌握干部调动、录用信息，实现干部动态管理，做到无一差错。

【调资审批工作】 顺利完成各项调资审批工作。1. 完成机关事业单位工资调标工作。根据河北省人民政府办公厅《关于调整机关事业单位工作人员基本工资标准和增加机关事业单位离退休人员离退休费的实施办法的通知》等文件精神，对全市机关事业单位在职人员和离退休人员的工资进行调整。2. 继续稳步推进绩效工资工作。年底时，在进行2016年奖励性绩效总量核定工作的同时，完善各单位奖励性绩效工资的考核办法及分配方案。3. 圆满完成公务员晋升级别、事业单位工作人员正常增加薪级工资工作。根据唐山市统一部署，按时完成公务员晋升级别和工资档次、事业单位工作人员正常增加薪级工资工作。一是部分机关工作人员晋升级别和工资档次工作。2011—2015年连续5年考核结果为称职及以上的，按照《河北省事业单位工作人员收入分配制度改革实施办法》文件，可从2016年1月1日起晋升一个级别，级别工资就近就高套入晋升后级别对应的工资标准。2014年、2015年两个年度考核为称职及以上的执行公务员工资的人员，从2016年1月1日起在所任级别对应工资标准内晋升一个工资档次。2014年、2015年两个年度考核为合格及以上的机关工人，从2016年1月1日起晋升一档岗位工资。二是事业单位工作人员正常增加薪级工资工作。2015年度考核结果为合格及以上等次的事业单位工作人员，可从2016年1月1日起正常增加一级薪级工资。4. 完成机关事业单位遗属补助审批工作。5. 完成全市政府口科级以下公务员职务职级并行工资兑现工作。6. 完成机关事业单位2016—2017年取暖期取暖补贴审批工作；完成机关工作人员和离退休人员死亡一次性抚恤金及丧葬费审批工作。

【执法监察】 继续大力宣传《中华人民共和国劳动法》《中华人民共和国劳动合同法》等劳动保障法律法规，全面推行劳动合同和劳动用工备案制度，全市劳动合同签订率92.1%；开展全市2015年度用人单位书面审查工作，审查单位190家；开展全市工资支付专项治理工作，全年共受理拖欠劳动者工资案件201起，为4792名劳动者追回被拖欠工资3322万元。

【劳动争议案件处理】 2016年，在公正、公平地处理好每件劳动人事争议仲裁案件的同时，为更有效地维护争议双方的合法权益，缩短当事人获得赔偿的时间，劳动人事争议仲裁院（以下简称仲裁院）积极探索办案新方法，一是加大调解，把调解贯穿整个案件的始终。做到立案前向双方发放调解建议书，立案后及时电话沟通当事人进行调解，庭审中当庭调解，庭审后促进双方调解结案。二是加大一裁终局的运用，根据《中华人民共和国劳动争议调解仲裁法》赋予的权利，仲裁院加大了一裁终局的运用，对于符合条件的案件全部一裁终局，大大缩短争议案件的诉讼程序，减少了索赔的时间。全年，仲裁院共受理各类劳动人事争议案件448起，结案423起，其中调解结案176起，一裁终局87起，涉及金额2000多万元。

市人力资源和社会保障局

局　　长　周文瑞（12月离）
　　　　　　李浩胜（12月任）
副 局 长　田　克（4月离）
　　　　　　马　杰（女，4月离）
　　　　　　张士杰　杨海燕（女，5月任）
　　　　　　马凤文　伞学峰（5月任）
副 书 记　韩秀民
主任科员　马　杰（女，4月任）　王彦文
副主任科员　卜爱民
劳动人事争议仲裁院院长　程翠军（5月任）

（韩润泽）

机构编制管理、行政审批制度改革和事业单位登记管理

【政府职能转变和机构改革工作】 一是综合行政执法体制改革试点工作。按照省编办《关于开展综合行政执法体制改革试点工作的实施意见》要求，市编委办组织专门人员力量，深入市文广新局、水务局、住建局、农牧局、工信局5个部门进行调研、沟通，制定上报了《迁安市综合行政执法体制改革试点工作实施方案》。自2016年3月起，市编委办分别制定了市文广新局、水务局、住建局、农牧局、工信局5个部门的综合行政执法体制改革试点工作具体实施方案，对各部门的行政执法职责进行整合，归并执法机构，统一执法力量，实现一个部门内部一支队伍执法，修订了各个部门的事业“三定”方案。改革完成后，5个职能部门减少执法机构4家，更名执法机构2家，调剂增加执法机构全额事业编制25名，置换编制15名，收回自筹事业编制5名，调整部门内部相对集中行政执法权限324项。市财政安排专门经费60.976万元用于各试点部门的执法设备和设施的标准化建设，打造综合行政执法体制改革试点工作展示窗口。同时，迁安市出台了《迁安市综合行政执法监管绩效考核奖惩暂行办法》《迁安市人民政府关于加强综合行政执法协作配合的意见（试行）》《迁安市综合行政执法责任追究暂行办法》等配套性文件，进一步加强对综合行政执法工作的指导、考核、评估工作，构建长效体制机制。二是承担行政职能事业单位改革试点工作。按照《河北省委办公厅、省政府办公厅印发关于开展承担行政职能事业单位改革试点的实施意见》和唐山市要求，市编委办在深入调研、模拟测算的基础上，经与唐山市编委办多次沟通、协商，制定《迁安市关于开展承担行政职能事业单位改革试点实施方案》，明确提出66个承担行政职能事业单位的职能整合、机构调整、编制置换、人员安置等具体措施和办法。方案经市编委领导审定后，于10月28日上报到唐山市编办审核。待省、唐山市批复后，将认真组织、抓好落实，确保2017年4月底前改革到位。

【行政审批制度改革工作】 一是做好上级取消下放行政审批事项的衔接工作。到 2016 年 11 月，迁安市共接收唐山市级取消下放文件 5 批次，其中衔接行政权力事项 22 项（衔接下放 16 项，衔接取消 6 项），衔接取消行政许可中介服务事项 5 项。文件分别是：《唐山市人民政府办公厅关于向县（市）区下放设区市行政权力事项的通知》《唐山市人民政府办公厅关于衔接落实国务院取消国务院部门行政许可事项和第二批中央指定地方实施行政审批事项的通知》《唐山市人民政府办公厅关于衔接落实国务院第二批清理规范 192 项国务院部门行政审批中介服务事项的通知》《唐山市人民政府办公厅关于衔接省政府部门再取消下放一批行政权力事项的通知》《唐山市行政审批制度改革工作领导小组办公室关于衔接省审改办取消一批省政府部门行政许可中介服务事项的通知》。市审改办在接收上级下发取消下放的文件后，及时下发衔接落实的通知文件，要求各有关单位按照上级文件要求做好衔接工作。衔接完成后，印发了《迁安市人民政府办公室关于公布衔接河北省、唐山市取消下放行政审批事项的通知》《迁安市人民政府办公室关于公布衔接河北省、唐山市取消下放行政权力事项、行政许可中介服务事项的通知》，并向社会公布。同时，部门网站、政务服务中心等大显示屏对衔接取消下放的审批事项进行对外公开。二是做好公共服务事项目录办事指南编制工作。按照《迁安市人民政府办公室关于印发〈迁安市简化优化公共服务流程方便基层群众办事创业工作实施方案〉的通知》要求，市审改办制定印发了《迁安市行政审批制度改革工作领导小组办公室关于全面梳理编制公共服务事项目录及办事指南有关事宜的通知》，对相关工作进行部署。至年底，市审改办正在对已上报情况进行整理汇总，待省和唐山公共服务事项目录公布后，再与有关单位沟通、协商、确定迁安市的公共服务事项。

【权力清单、责任清单制度建设】 按照省、唐山市统一部署和迁安市机构改革实际情况，3 月 8 日下发《迁安市机构编制委员会办公室关于调整、公开“两个清单”有关事项的通知》，对全市各单位“两个清单”（权力清单、责任清单）动态调整工作进行安排部署。另外，对涉及中介服务事项调整的市住建局、安监局和国土局分别进行专门通知，要求 3 家单位按照上级要求对本单位中介服务事项清单进行调整。至年底，全市 32 个单位的“两个清单”和中介服务事项均调整完毕，并分别在迁安市机构编制委员会办公室网络红页上和各有关单位网站进行公开。此次调整后，全市保留行政权力 3158 项，部门主要职责 466 项，具体职责 2211 项，保留行政许可中介服务事项 43 项，纳入政府部门审批程序的技术性服务事项 12 项。

【事业单位法人登记和中文域名注册管理工作】 一是事业单位法人统一社会信用代码赋码发证工作。按照《河北省机构编制委员会办公室关于全省实施事业单位法人统一社会信用代码制度的通知》和唐山市编办有关要求，印发了《迁安市机构编制委员会办公室关于全市组织实施统一社会信用代码制度和开展 2015 年度事业单位法人年度报告公示工作的通知》，对 2015 年度全市事业单位法人年度报告及统一社会信用代码赋码工作做了安排部署。到 2016 年 3 月底，全市有 270 家事业单位提交了年度报告并更换了新的统一社会信用代码证书，提交更换率 100%。到 2016 年 11 月底，全市事业单位法人设立登记 8 家，变更登记 64 家，注销登记 11 家。二是机关、市编办直接管理机构编制的群众团体统一社会信用代码赋码工作。按照《河北省机构编制委员会办公室关于开展机关、编办直接管理机构编制的群众团体统一社会信用代码赋码工作的通知》和唐山市编办有关要求，4 月 11 日印发了《迁安市机构编制委员会办公室关于开展机关、市编办直接管理机构编制的群众团体统一社会信用代码赋码工作的通知》，并启动赋码工作。至年底，已为 59 家机关、市编办直接管理机构编制的群众团体赋予了统一社会信用代码，发放了证书。

市机构编制委员会办公室

主　任　王兴华（12 月离）

副主任　玄兆静

市事业单位登记管理局
局　长　耿小东

（郭丽华）

国土资源管理

【概况】　2016年，全面落实国家、省、唐山市有关国土资源管理的各项部署要求，努力适应经济发展新常态，以提高资源配置的质量和效益为中心，以破解难题为重点，以改革创新为动力，以专项行动为抓手，以法制和廉政建设为保障，按照“四个干”（干什么、谁来干、怎么干、什么时间干成）机制狠抓落实，着力保红线、保发展、保生态、保底线，多项工作进度居全唐山市前列。河北省国土资源厅、人力资源和社会保障厅联合下发《关于表彰全省国土资源管理系统先进集体和先进工作者的通知》，迁安市国土资源局马兰庄国土资源所被评为“河北省国土资源管理系统先进集体”。

（姚　来　宋书利）

【耕地保护】　严格以唐山市与迁安市耕地保护目标责任状中耕地保护数量为标准，完成市政府与各镇乡政府耕地保护目标责任状签订工作，按照《迁安市耕地保护责任目标考核细则》要求，年终对各镇乡耕地保护目标责任落实情况进行评定考核，实行奖惩，进一步明确耕地保护的政府责任。按照省国土资源厅、省农业厅《关于切实做好永久基本农田划定工作的通知》要求，进行城市周边和交通沿线永久基本农田划定核实举证工作。永久基本农田划定成果已完成。按照上级要求，完成全市2014年度耕地质量等别年度更新与监测工作。推进高标准基本农田建设。2013年和2014年，高标准基本农田建设任务共1万公顷，已经通过唐山市局验收并申报省厅复核。2015年，6666.67公顷高标准基本农田建设项目已批准立项，并完成工程招投标工作，正在由市财政局组织采购工程监理单位。2016年，落实占补平衡项目41个，总规模344.06公顷，预计新增耕地296.28公顷。至12月底，已立项项目25个，预计新增耕地204.88公顷，其中已完成验收项目2个，新增耕地指标16.36公顷；正在申请立项项目6个，预计新增耕地23.47公顷；组织专家评审项目3个，预计新增耕地22公顷；其他项目正在有序推进。

（郭万军　刘爱民　高云怀）

【用地管理】　继续围绕全市经济发展中心，为重点项目、城市建设、基础设施建设提供用地保障。狠抓建设用地报批工作。2016年，上报15个批次、面积416.94公顷，居唐山市各县区前列。通过积极报批土地，为九江线材、中溶科技、正大管业、燕山钢铁、垃圾焚烧发电、翅冀LNG、华芯电子等一批重点项目提供了用地保障。规范土地市场建设，严格按相关法律规定进行土地交易。在土地市场疲软的情况下，全年供应国有建设用地84宗，总面积346.6公顷，居唐山市各县区之首。其中，出让56宗、144.94公顷，划拨28宗、201.71公顷。按市政府统一部署，共收储土地55.47公顷。迁安市作为河北省唯一一家“五小”（小化工、小钢铁、小电镀、小印染、小水泥）企业用地增减挂钩试点，安排了扣庄乡和夏官营镇两个乡镇试点，共涉及38个项目拆旧区，总面积25.34公顷。至年底，“五小”企业增减挂钩试点项目立项卷通过省厅审批，已于12月16日取得省政府立项批复，地上附着物已经拆除到位。正在协调两个乡镇做土地复垦项目招投标的准备工作。积极对审计和“一问责八清理”中发现的问题进行整改，进一步完善工作制度，确保全程依法依规。

（郭万军　朱明浩）

【土地规划】　通过积极争取，2016年唐山市下达迁安市建设用地总规模为31782公顷，其中新增建设用地规模620公顷，基本农田面积36258公顷，比原规划面积核减了3458公顷；耕地保有量39446公顷，核减4500公顷。至此，迁安市基本农田保有量指标与调查结果数据基本持平，现状耕地面积比上级下达指标多3023.49公顷。至年底，规划调整成果已上报省国土资源厅。

（廖廷松）

【执法监察】　加大国土执法巡查力度，促进国土资源管理秩序和谐稳定。同时，强化土地利用动态巡查监管工作，建立健全建设用地批后监管长效机制，动态跟踪，做到早提醒、早发现、早处置，有效防止土地违约或闲置行为的发生，促进土地节约集约利用。进一步加强日常执法巡查工作，及时发现和处置国土资源违法违规行为。

（张　涛）

【地籍管理】　开展土地利用现状年度变更调查工作。及时将耕地、建设用地、未利用地等变化数据上图入库。扎实开展农村集体建设用地、宅基地使用权确权登记发证工作。至2016年年底，外业调查工作全部完成，数据入库10万宗，在唐山市率先开展成果公示工作，已公示村庄70余个。

（朱　宁）

【地价管理】　启动迁安市土地级别调整、基准地价更新工作。土地级别按照商服、住宅和工业三种用途分类定级，商服、住宅均划分为5个级别，工业划分为4个级别（公共管理与公共服务用地级别对应参照执行）。基准地价受整体经济下行影响，商服用地、住宅用地高级别基准地价有所下降；受征地成本增加影响，工业用地各级别基准地价平均提高了24.25%。2016年，城镇土地级别调整、基准地价更新主要针对城区总面积共计120.45平方公里（含河东片区、河西片区、右岸新城、滦河生态城）以及城区外17个乡镇的土地进行级别划分和基准地价更新。2016年，基准地价更新成果已通过唐山市国土资源局组织的专家验收，并于8月15日经市政府公布实施。

（朱明浩）

【矿产资源管理】　1. 上报及办理采矿权相关登记手续26家。上报金属矿山16家，已办结11家，5家待批。非金属矿山办结10家，其中采矿权延续变更登记7家，延续3家。至年底，被上级列入关停取缔的采石场全部履行注销采矿许可证程序。2. 完成48家应检矿山企业采矿权年检工作。制定并印发《迁安市国土资源局关于2015年度矿产资源开发利用检查工作的通知》，3月底之前完成了采矿权年检工作。3. 严格按“矿产资源开采管理巡查制度”要求，对全市持证矿山企业逐一巡查，发现越界开采违法行为及时查处。4. 做好《迁安市矿产资源总体规划（2016—2020年）》编制工作。规划初稿已形成，待完善后报省审核。5. 加强储量年报和储量核实管理工作。将《储量年报》编制工作与矿产资源开发利用年度检查工作有效结合起来，2016年上半年矿山企业提交《2015年储量年报》54份，其中金属矿山33家，非金属矿山21家。按时按质完成《河北省矿山资源储量动态管理系统》《矿产资源储量数据库管理系统》的录入工作，并做好《储量年报》归档总结、上报工作。完成迁安市九江工贸有限责任公司护国寺铁矿、迁安市杨纪庄光远白云石矿、迁安市太平庄乡运通石料厂、迁安市鑫旺白云石经销处4家矿山《储量核实报告》的评审备案及迁安市佳源工贸有限公司、迁安市马兰庄镇南山铁矿、迁安市赤家山铁矿、迁安市佳和工贸有限责任公司铁矿4家矿山的《储量核实报告》初审工作。6. 加强矿产资源补偿费征缴工作。按照《河北省财政厅、河北省国土资源厅、河北省水利厅关于做好全面清理水和矿产资源收费工作的通知》以及唐山市国土资源局7月6日《关于做好矿产资源补偿费改革工作的通知》要求，从2016年7月1日起，将矿产资源补偿费费率降为零，停止征收矿产资源补偿费，督促矿山企业全额缴纳2016年6月30日前的矿产资源补偿费。首钢、马矿已按要求全额上缴2016年上半年的资源补偿费446.58万元，其余矿山资源补偿费缴纳待到2016年年底各企业年报做出后，根据矿产品的品位等信息资料进行追缴。

（任永新　李建东　杨　雷）

【矿山生态地质环境治理】　按照全市矿山生态环境恢复治理建设规划，2016年，计划治理面积100公顷，涉及马兰庄、木厂口、蔡园、野鸡坨、杨店子5个镇乡。全年完成地貌修复114.67公顷，生态修复102公顷，超额完成年度计划任务。

（李建东）

【地质勘查】　2016年，全市共有探矿权12个，其中部级发证的有4个，省厅发证的有8个；完成勘查任务、地质资料汇交和储量评审备案且已办理保留的探矿权10个，延续的2个。年内，未发现无证勘查、越界勘查、以采代探等非法勘查行为。

（李建东）

【基础测绘】　加强测绘资质备案管理工作，至2016年，进行测绘资质备案的测绘单位共16家，全部提交资质备案所需资料。加强测绘项目备案和测绘成果汇交管理工作，2016年度，为测绘单位网上备案测绘项目20个。加强测绘标志保护工作，定期巡查境内各三角点、水准点和GPS点，准确了解掌握测绘标志现状，完成全市18个水准点（包括3个GPS共用点）、19个三角点的测量标志普查，并已录入河北省测量普查系统。全年开具《测绘任务委托书》176份。

（刘彦伟）

【国土资源法制建设】 做好行政复议应复、行政应诉工作，制定印发了《迁安市国土资源局关于印发行政应诉和行政复议答复工作制度的通知》，并严格执行。2016年，承办行政诉讼案件13件、民事诉讼案件1件、行政复议答复案件15件，审核信息公开67件。以“节约集约用地，切实保护耕地”为主题，做好国土资源法律法规及政策宣传，结合“4·22”地球日、“6·25”土地日、“12·4”法制宣传日开展国土资源法律法规及政策宣传咨询，发放宣传资料7000份，出动宣传车22台次，悬挂条幅26条，制作看板18块，受教育群众万余人。

（唐维远）

【闲置土地处置工作】 加强批后土地跟踪管理，2016年，全市闲置土地共计53宗264.78公顷，其中52宗264.07公顷已完成处置，剩余1宗0.71公顷正在进行调查处置。

（朱明浩）

【卫片执法检查整改】 国家土地督察北京局和省国土资源厅下发迁安市2015年度土地整改图斑18个，面积29.82公顷，耕地19.58公顷，违法图斑已全部立案查处；省国土资源厅下发矿产卫片图斑7个，其中越界开采4个，无证开采2个，伪变化1个。至年底，违法采矿案件已全部立案查处。

（张　涛）

【国家工矿废弃地复垦调整利用试点工作】 做好工矿废弃地复垦调整利用试点建设工作，2016年，全市共谋划实施项目66个，规模521.85公顷。完成项目立项26个，规模206.09公顷，可新增耕地145.32公顷，其中已完成验收13个，规模99.59公顷，新增耕地61.87公顷；完成初验3个，规模24.56公顷，可净增耕地12.05公顷。该项工作进度位居唐山市首位、河北省第二名。同时，针对小矿山、小烧结和首钢、唐钢矿山发展实际，及时调整“2016—2020年工矿废弃地复垦规划”。至年底，已获批并完成省国土资源厅备案工作，为以后的废弃矿山、“五小”企业增减挂钩提供了政策保证。在2015年7月，向省国土资源厅争取330公顷复垦规模（占唐山市总规模的三分之二），2016年，唐山市又追加规模111.2公顷，为以后矿山复垦项目提供了指标保障。

（王立广）

【国家地质公园管理工作】 加强制度建设和监督管理，完善遗迹保护的工作预案和联防联动方案，强化“点线结合”的做法，做到不留盲点，把地质遗迹点的保护巡查工作纳入到国土所的日常巡查工作中，全面提升保护力度。印制并发放地质公园宣传册，在公园内建立地质遗迹保护宣传围栏，对原来已经陈旧、严重破损不能使用的沙盘进行重建，并添加宣传屏，加大保护宣传力度，提高群众对地质遗迹保护工作的认知度。

（史子强）

【“数字城市”建设工作】 按照数字迁安地理空间框架建设要求，完成基础控制网、数据采集的工作；数据库建设、平台系统开发及典型应用示范工作基本完成，正在进行预验收的准备工作；市政府批示建设应急指挥中心、中心数据机房。市国土局与住建局、公安局等单位进行对接，密切配合，共建共享。本着实用、实际、创新、高效的原则，高起点谋划、高标准建设数字城市平台。协调河北省第一测绘院补飞山叶口地质公园的航片工作，并协调测绘院与大五里乡政府接洽，为大五里乡航飞并制作宣传片。

（刘彦伟）

【不动产统一登记整合工作】 迁安市是唐山唯一一家全面完成整合并开展正常业务的县（市）区。按照上级要求，对不动产统一登记整合工作认真抓好落实，率先完成省信息平台接入工作，全面启动了各类不动产登记工作，实现登记机构、登记簿册、登记依据和信息平台“四统一”。自9月13日开始颁发新证，至年底，共颁发不动产权证书948本、不动产登记证明116宗。

（李立刚）

【城市建设用地节约集约利用评价工作】 全市区域建设用地节约集约利用评价工作已完成，成果已上报国土资源部。正在进行中心城区建设用地节约集约利用评价工作。

（朱明浩）

【4A档案升级工作】 加强国土资源档案规范化管理，制定档案管理配套规定，对业务及文书档案实施标准化存档，并于年底前进行了4A档案升级初验，根据验收组提出的意见完善后，拟于2017年元月申请正式验收，顺利通过4A级档案测评验收，晋升为4A级档案室。

（曹志雁）

市国土资源局

局　　长	陈子红
副 局 长	张朝阳　孟令永 车新刚　陈志勇
纪委书记	王大江
执法监察大队队长	岳春光
土地储备中心主任	沈　东
书　　记	陈子红（兼）
副 书 记	张朝阳（兼）　李　强
主任科员	张朝阳　李　强

迁安国家地质公园管理处

副 主 任	于洪瑾（女） 冯立新（8月撤职）

（葛长存）

发展与改革

【国民经济计划目标完成情况】 2016年，面对错综复杂的宏观形势和经济下行压力持续加大的严峻考验，全市上下继续坚持“稳中求进”的主基调，扎实推进转型攻坚，经济社会实现平稳健康发展。全市实现地区生产总值920.2亿元，增长3.7%；完成公共财政预算收入36.3亿元，增长3.1%；完成全社会固定资产投资654亿元，增长10%；完成社会消费品零售总额247.1亿元，增长10.7%；城镇居民人均可支配收入34637元，增长7.7%；农村居民人均可支配收入19938元，增长7.9%。

【年度计划编制】 年初，编制完成《2015年国民经济和社会发展计划执行情况和2016年国民经济和社会发展计划（草案）的报告》，经市人大五届六次会议审议通过，并将计划指标及时分解下达到各镇乡、市直有关单位，有效地指导了全市国民经济的健康运行。

【重点项目管理】 建立协议管理、分类监控、梯次管理、督导通报等重点项目管理制度，筛选11个立市项目和100个重点项目，纳入市重点项目盘子，其中已实施项目112个，当年完成投资176.2亿元，燕钢公司精品钢铁延伸等31个项目完工，进一步加快了经济社会转型步伐。

【重点项目申报办理】 通过精心筹备，多次办理，年内，全市有首钢迁钢公司循环化改造、河北圭锦型煤制造有限公司年产60万吨洁净型煤制造等17个项目被列为唐山市重点建设项目，河北艾驰生物科技有限公司高端医疗器械仪器及配套诊断试剂研发生产、迁安中唐·天元谷文化旅游综合体等5个项目被列为省重点项目。

【推进产业转型升级】 1. 全面提升传统产业。钢铁产业提档升级，实施了燕钢精品钢等7个重点项目，产业链条进一步延伸，产品品质大幅提升，精品钢材比重达到30.5%。装备制造业加速壮大，实施了正大制管等9个重点项目，装备制造业链条化、智能化、高端化水平不断提高，耗钢能力达到1295万吨。中溶科技30万吨无水乙醇等项目加快建设，煤化工业实现深度延伸。迁安首实3万吨包装带、明营LOW－E玻璃制造等项目进展顺利，包装建材产业规模不断壮大。2. 培育壮大新兴产业。艾驰高端医疗诊断试剂、圭锦60万吨洁净型煤制造等项目加快建设，龙泽谷国际生态纯净水等项目完工投产，食品医药、节能环保产业快速发展。恒茂纸业玻璃包装防霉垫纸、3D玻璃盖板等项目积极推进，高新技术、新能源、新材料产业得到有效培育。3. 大力发展服务业。大润发超市、红星美凯龙国际家居城市综合体等项目投入运营，传统服务业快速发展；卓尔服装雨诗桐总部基地、唐山中溶科技总部基地等项目加快推进，中唐·天元谷文化旅游综合体项目正式开工，高端服务业迅速崛起；鑫雨公司物流仓储、鑫达仓储配送中心等项目加快建设，生产性服务业不断壮大。全年新增限额以上服务业企业15家，服务业增加值占GDP比重达到35.8%。4. 加快发展现代农业。农业生产条件不断改善，农业科技创新加快推进，全年实施京津冀农业科技合作项目30个，完成科技示范户培育2000户，建立科技示范基地100公顷。农业产业化步伐不断加快，亚滦湾国家农业创新产业园、河北跃洋生物科技有机肥生产等项目加快建设，唐山市级以上龙头企业达到22家，农业产业化率达到76.2%。5. 有效推进化解过剩产能和控煤工作。全年共化解炼铁产能376万吨、炼钢产能275万吨，全面完成唐山市下达的化解产能任务。完成规模以上工业煤炭消费量595.8万吨，完成唐山市目标任务。

【对接京津及招商引资】 全年在京津地区累计开展招商活动479次，共对接10个国家部委、36个科研院所以及262家企业。先后有220多批次考察团走进迁安寻求合作，对接洽谈项目230多个。组织参与了“魅力水城·绿色迁安”经贸洽谈会，圆满完成项目签约洽谈部、实地参观考察部的相关工作，促使70个项目签约，总投资457亿元。

【固定资产投资监控考核】 年初，及时将固定资产投资目标分解下达到各镇乡和市直有关部门，并强化监控考核。2016年，全社会固定资产投资达到654亿元，同比增长10%。各镇乡均完成或超额完成年度计划目标。

【项目建设服务】 1. 主动深入企业，不断提高审批服务水平，优化审批流程，严格落实“三级平台、两个代办”制度，全年共办结各类事项301项，按时办结率100%。2. 全力帮助企业解决涉及项目选址、用水用电、立项审批、落地开工及资金等方面问题，市九江线材有限责任公司粉尘熔融还原处理工程等20个项目顺利获省发改委核准、备案；宏奥工贸有限公司储煤场全封闭项目等21个项目争取到中央及省级资金6653万元，艾驰高端医疗器械仪器及配套诊断试剂研发生产项目获得国家专项建设基金5200万元，为项目的顺利开工建设创造了有利条件，加快了项目建设步伐。

【农村经济工作】 以服务农业和农村经济、促进现代农业发展为目标，积极探索农业资源区划工作的新思路、新方法，圆满完成“互联网+现代农业”发展现状调研、休闲农业与乡村旅游发展现状调研任务。2016年，重点防护林工程获得中央预算内资金支持500万元，进一步加快了现代农业项目建设步伐。

【经济运行分析与调研】 面对复杂多变的经济形势，密切跟踪全市经济发展态势，针对经济运行中的热点、难点问题进行深入研究，撰写《关于国家专项建设基金申报情况的报告》等30期发展改革工作简报及调研，提出具有建设性的意见或建议，得到市领导的关注和认可。

（孟小焕）

市发展改革局

局　　长　郎文昌（12月离）
　　　　　　蔡爱军（12月任）
副 局 长　纪万春（12月离）　王树满
　　　　　　沈文瑞　李会中　任振利　温景春
　　　　　　赵晓峰（12月离）　郭海军
主任科员　刘宪华　任利成
副主任科员　孙国强　耿向军（女，12月离）

（张晓红）

重点项目建设工作

【11个立市项目和100个重点项目】 2016年，在经济下行压力持续增大的情况下，市委、市政府以打造新型制造业基地和现代服务业高地为目标，以项目建设为抓手，以园区建设为平台，重点实施基础设施投资拉动、新增长点培育、成长

性企业“登台阶”、“凤还巢”四大工程，深入推进项目建设大会战，为稳增长、促转型注入强劲动力。全年重点筛选11个立市项目和100个重点项目，计划总投资1156.2亿元，当年计划完成投资176亿元。至12月底，已实施项目112个（含计划外项目23个），当年完成投资176.2亿元，完成年度计划的100.1%。

【省市重点项目】 经过精心准备和积极申报、办理，2016年，迁安市有翅冀天然气有限公司焦炉煤气制液化天然气二期、燕钢公司精品钢铁延伸等17个项目纳入唐山市重点建设项目，唐山中溶科技有限公司无水乙醇等5个项目列入河北省重点项目建设计划，共争取土地指标133亩。

【省市重点项目集中开工活动】 2月29日，河北省举行重点项目集中开工活动，迁安市中溶科技有限公司年产30万吨无水乙醇项目现场为省集中开工活动唐山市集中开工的主会场。同时，组织参加了“3·27”“6·26”“9·25”和“12·28”唐山市4次重点项目集中开工活动，4次集中开工活动迁安有19个项目集中开工建设，计划总投资26.3亿元，2016年计划完成投资26.3亿元。

【重点项目观摩活动】 成功迎接唐山市4个季度重点项目观摩拉练活动，迁安市成绩斐然，第一季度位居第三，第二、第三、第四季度均获得第一名。2016年5月和9月，组织两次本级重点项目观摩活动，并以实名制的形式对参评单位的观摩项目进行了打分测评，年底进行了观摩项目进度总体测评验收，有效激发了全市上项目、建项目的主动性和紧迫感，助推了全市项目建设进程。

【项目建设做法及成效】 继续坚持项目最急、项目最重、项目第一的理念，强化等不起的紧迫感、慢不得的危机感、争一流的使命感，完善发展思路，统筹工作摆布，全力以赴推进重点项目加快建设。1. 打造两大基地，追求项目建设的质量和档次。加快建设新型制造业基地。一方面，坚持存量调优，推动传统产业改造升级。总投资59.8亿元，实施了燕钢精品钢、迁钢公司冷轧硅钢扩能等7个精品钢铁项目，使钢铁产品结构进一步优化；总投资91.5亿元，实施了正大通用钢管有限公司350万吨焊接钢管等8个装备制造业项目，促进装备制造业和钢铁初、深加工产业大发展；总投资22.5亿元，实施中溶科技30万吨无水乙醇、新奥LNG等3个煤化工项目，延伸了煤化工产业链条；总投资13亿元，实施了迁安首实3万吨包装带、河北明营建材科技股份公司LOW－E玻璃制造等4个包装建材项目，壮大包装建材产业规模。另一方面，坚持增量调大，推动战略新兴产业做大做强。总投资63亿元，实施了艾驰高端医疗诊断试剂、恒茂纸业玻璃包装防霉垫纸等11个食品医药和高新技术项目。着力打造现代服务业基地。总投资140.1亿元，实施了天津物产综合物流服务中心、大润发超市等12个现代物流业项目；总投资44.4亿元，实施了迁安中唐·天元谷文化旅游综合体、塔寺峪旅游度假区等9个休闲旅游业项目；谋划实施了北科大联合办学、富达新智慧科技双创基地等7个教育培训、科技研发项目。作为全国16个海绵试点城市中唯一的县级城市，启动实施了总投资40亿元的189个海绵城市项目，进一步完善城市基础设施，提升城市内涵。2. 突出紧上快干，追求项目建设的速度与激情。一是抓时间节点，寓速度于督导。将11个立市项目和100个重点项目纳入“四个干”重点工作运行图，细化分解，明确时间节点，明确责任单位和责任人，实行挂图作战、按图督导，分管领导每周调度，分包领导随时调度，保证项目按计划推进。二是抓领导分包，寓提速于服务。年初，将全市73个重点项目分包到市领导，落实到责任单位，细化到时间节点，提供全过程、全方位、零距离、保姆式服务，做到“一个项目、一名领导、一套班子、一套方案、一抓到底”，确保项目顺利推进。三是抓容缺审批，寓责任于担当。制定出台了《迁安市重点项目容缺审批实施意见》，对公共事业项目和重大招商引资项目实施容缺审批，畅通项目建设的“绿色通道”。四是抓审批“瘦身”，寓效能于改革。实施行政审批“瘦身提速”工程，对行政审批（许可）项目逐一进行梳理审核，缩减本级审批事项26项，压缩审批时限2585个工作日。狠抓“三级平台、两个代办”，全面完成河北省投资项目在线审批监管平台搭建工作；同时，积极推行网上审批、网上监察，认真落实一次告知、限时办结、超时默许、项目领办代办、时间倒逼等制度，叫响了“投资到迁安、发展零障碍”的环境品牌。五是抓项目观摩，寓激情于比拼。2016年，迁安市组织两次本级项目观摩活动和一次年底测评验收，有效激发了全市上下谋项目、建项目的积极性和紧迫感。同时，实行督导通报和考核奖惩制度，将重点建设项目纳入督查范围，加大项目建设工作的考核权重，全面唱响“以项目论英雄、以项目看水平、以项目看干部”的主旋律。3. 坚持内激外引，追求项目建设的后劲与活力。内激，深入开展全民创业和民企创新创业活动，设立专项资金，每年组织企业家参加EMBA课程、专家学者讲座、专题培训、外出学习考察等活动，引导企业家开阔视野、创新思维，实施高端装备制造、休闲旅游、生物医药等转型项目。外引，牢牢把握协同发展机遇，组织开展主题推介、周末迁安行、新媒体招商等推介活动，重点实施产业对接“十百千”工程，在对接京津、招商引资上实现新突破。10月16—18日，成功举办2016年“魅力水城·绿色迁安”经贸洽谈会，共有70个项目正式签约，总投资达到457亿元。4. 定向破解难题，追求项目建设的渴求度与聚集力。一是破解土地瓶颈制约，解决落地难问题。完善重大项目用地事前协商和保障制度，用地指标优先用于重点项目建设。开展工矿废弃地复垦和土地整治补充耕地工作，寻求土地占补平衡指标的解决途径，千方百计保障项目建设用地需求。二是积极推进金融创新，解决融资难问题。设立了海绵城市建设引导基金、科技型中小企业贷款风险补偿基金和产业发展引导基金；抓住政策机遇，积极争取上级资金，2016年，共为宏奥工贸有限公司储煤场全封闭项目、扣庄乡阿兰庄小学、五重安乡卫生院等21个项目争取中央及省级资金6653万元；为艾驰高端医疗器械仪器及配套诊断试剂研发生产项目争取支持基金5200万元。

市重点项目办公室
主　任　王树满
副主任　顾艳菲（女）

（韩立云）

统　计

【推进第三次全国农业普查工作】　第三次全国农业普查（以下简称三农普）涉及19个镇乡，共有普查区534个、普查小区1976个。一是完成三农普试点工作。经过精心策划，实地考察，综合比较，确定迁安镇的周官营村为三农普试点，通过8天时间的努力工作，顺利完成试点，取得良好的经验。二是普查指导员及普查员的选聘。全市选聘普查指导员及普查员3084人，其中普查指导员1053人，普查员1936人，平均年龄44岁。三是乡镇、村两级普查指导员及普查员的培训。市农业普查办公室通过层层选拔，选定9人，分成3个讲课小组，利用7天时间，对普查指导员、普查员进行培训。四是完成登记摸底工作。全市登记对象16.65万户，规模户801户，农业经营单位843户。时间紧、任务重，基本要求是，必须入户实地登记。五是采取多种形式做好宣传工作。利用电视、广播、报纸、大屏幕等宣传媒介，加强宣传力度，12月下旬在市人民广场与迁安镇一起举行宣传活动，乡镇继续采用多种农民喜闻乐见的形式进行宣传，确保第三次全国农业普查工作圆满完成。

【做好“企业一套表”工程】　“企业一套表”工程是统计制度改革的核心与基础，2016年，市统计局继续高标准推进一套表工作。一是扎实做好各项常规统计专业2015年年报和2016年月度、季度定报数据联网直报采集统计以及投资、服务业、劳动力、人口抽样调查等专业报表和调查数据的收集、审核、录入、汇总和上报工作。二是扎实开展全市重点企业及新增企业联网直报培训工作。针对基层反映的一套表联网直报工作中出现的热点、难点问题，组织业务骨干参加上级统计部门组织的培训班进行学习，回来后与乡镇统计人员深入直报企业将学来的知识向全市各基层单位反馈、指导。通过与相关部门、各乡镇之间的相互配合，通过对统计人员开展经常性业务指导，全市“企业一套表”联网直报工作水平得到提升。

【增强基层统计人员素质】 做好对乡镇、部门统计队伍的培训指导，市统计局定期召开专业培训会，组织相关专业统计人员学习省、唐山市统计局关于专业统计的各项知识和技能，市统计局机关业务骨干组成技术指导小组下到基层，及时协助基层统计人员解决镇乡经济运行中存在的问题，帮助相关部门和乡镇，进行有针对性的分析，带动基层统计人员业务水平的提高。

【提高统计参谋服务水平】 一是围绕市委、市政府中心工作，不断挖掘分析的深度，及时做好经济发展趋势预测分析，做好专项调研。年内，为应对复杂多变的经济运行趋势，市统计局加强对全市多项重点经济指标的科学预测，同时，采取横向对比与纵向发展位次变动分析的形式，对全国、全省的重点县（市、区）进行追踪分析，为市委、市政府领导按月提供富有见解和实践性的统计专刊，市委、市政府高度重视，并多次就这类专报作出重要批示。二是确保统计信息的时效性，第一时间为领导提供数据信息。为保证市领导在第一时间把握全市经济社会发展最新情况，市统计局干部职工加班加点编撰《经济月报》，确保印刷发行时间不断提前，已基本能够做到每月8日报表封网，9日上报，10日汇总编撰，11日月报印刷，12日准时上报至市领导案头备阅。此外，为确保市领导能够比月报提前掌握统计数据，统计局通过对部分迟滞指标进行科学预计的方法，确保每月初能为领导提供统计专报，得到市委、市政府领导的高度认可。

【科学把握GDP核算工作】 围绕市委、市政府中心工作，以GDP核算为龙头，根据唐山市统计局对县（市）GDP季、年报核算工作的要求，加大与唐山市统计局相关专业处（室）的协调，做好与市财政局、地税局、辖市银行、通信、邮政等相关基础数据采集部门的沟通衔接，及时掌握指标情况，及时发现基础数据中存在的差距和问题，着力提升他们上报数据的质量，夯实各专业、各部门核算基础数据，确保GDP核算更加真实准确地反映全市经济总量。

市统计局

局　　长　李文秋
副 局 长　孟国武（5月离）　徐晓静（女）
农调队队长　冯淑华
城调队队长　张凤田
主任科员　曹向民

（司马龙）

审计管理

【概况】 2016年，市审计局围绕全市中心工作和唐山市审计局统一部署，以“两学一做”学习教育为指导，坚持“依法审计、服务大局、围绕中心、突出重点、求真务实”的工作方针，认真贯彻《中华人民共和国审计法》，以促进政府宏观调控，提高财政资金使用效益，构建和谐社会为目标，依法全面履行审计监督职责，突出对重点领域、重点部门、重点资金、重大政策执行的审计监督。全年累计完成5类项目，涉及被审单位61个，查出管理不规范和违规资金5.6亿元，减少财政拨款18.30亿元。其中，市本级财政预算执行审计，审计市财政局、地税局、招商局、商务局、市场建设中心、民政局6个市直单位，延伸迁安碧桂园等29家重点纳税企业；2015年度财政决算审计，审计木厂口镇、赵店子镇、彭店子乡、沙河驿镇、大五里乡5个单位；经济责任审计19个；固定资产投资审计项目826个，报审额67.79亿元，核减18.30亿元。同时，按市委、市政府要求，开展“滞留截留套取挪用财政专项资金”审计，梳理出问题223个，资金数额5.16亿元，涉及问题资金1.86亿元；检查“乱摊派、乱收费”单位99个，梳理问题114个；开展林业专项资金检查和土地管理专项检查。配合农牧局对农村“三资”（农村集体的资金、资产、资源）进行审计。

【财政审计】 在预决算审计中，积极推动将全部政府性收支纳入预算管理，加大对市级预算单位的二级机构和所属单位的延伸审计力度，努力实现财政资金的“全口径、全过程、全方位”监督。工作中重点对预算编制及其执行的合规性、合法性和科学性，税费征管的完整性、真实性，重点项目和支出的绩效情况，重点预算执行部门预算执行情况，以及民生资金使用管理情况进行审计。同时，为落实中央“八项规定”，特别关注“三公经费”和培训费的支出审计。上半年，为进一步提高和规范财税部门的预算管理水平和税收征管力度，市审计局抽调3个科室的9名审计人员，组成3个审计小组，对地税部门税收征管和财政非税收入情况进行全面细致的审计。到6月底，共抽审迁安碧桂园等29家重点纳税企业，发挥了审计机关的监督职能。

【基建审计】 2016年，固定资产投资审计项目826个，报审额67.79亿元，核减18.30亿元，取得良好的社会效益和经济效益。工作中，严格执行《迁安市政府性投资工程服务费管理办法》文件规定，并严格按照“财政资金运行到哪里，审计就跟进到哪里”的要求，组织开展政府重点投资项目实施情况审计。一是对投资数额大、社会关注的重点项目进行全程跟踪审计，确保重点建设项目的质量和效率。二是严格决算审计，加强对工程招投标情况项目变更洽商的审计监督，对未依法进行招投标、自行招投标、未经批准擅自变更洽商的工程项目，坚持重新审计、据实审计，确保审计质量，防止虚假工程造价问题发生，提高决算审计质量。三是改进预算控制价复核审计。对预算控制价由原来的随机委托造价中介机构进行，改为采取招投标的办法委托造价中介机构进行，进一步提高审计效率和质量，节省复核服务费的支出。

【经济责任审计】 经济责任审计包括一般性财务收支审计，相关经济活动、内部控制制度及其执行情况审计。2016年，开展了19名领导干部的经济责任审计，工作中，重点把握三个方面的转变：一是由监督检查经济指标完成情况为主向以监督检查经济决策为主转变，把领导干部科学决策、民主决策、公正决策情况作为重中之重，评价领导干部重大经济决策的程序、执行和效果情况；二是由以财务收支审计为主向以内部控制制度审计为主转变，不仅审计其内部控制制度的建立健全情况，而且审计其执行情况；三是由以检查财政财务收支中的违纪违规为主向以检查落实中央“八项规定”情况为主转变。通过审计，收到较好的效果。

【专项审计调查】 加大对“三农”、社会保障、环境保护、土地出让等涉及民生的专项资金审计力度，促使公共资源配置更多地向民生领域倾斜，维护人民群众的利益。年内，重点开展“五个围绕”（围绕重大建设项目加快推进、财政资金统筹使用、重大政策贯彻落实、简政放权审计监督、防范经济领域风险隐患跟踪问题）跟踪审计，保障性住房、环保、医保等专项审计。

【审计质量管理】 市审计局按照“有步骤、有方法、逐步推进”的工作方针，不断完善质量控制体系，推进“全面复核”制度，严格执行审计质量控制相关规定，有效降低审计风险，为以后的项目审理工作奠定良好基础。以项目质量和成果利用为主要内容的审计业务综合考评机制逐步完善，使审计项目规范性、审计成果价值以及审计人员的工作积极性有机结合，推出一些精品项目，评选表彰了业绩突出的科室，迁安市投资审计中心被评为唐山市优秀审计团队。

市审计局

局　　长　赵云新（12月离）
　　　　　　李东林（12月任）
副 局 长　李宝军　张士文
主任科员　孟令彪（12月离）　魏　波

（侯绍斌）

质量技术监督管理

【概况】 2016年，市质量技术监督局（以下简称市质监局）按照国家质检总局“质检利剑”等专项行动部署，市质监局开展了“质检利剑”、农资打假、食品相关产品整治、“双打”等多项整治活动。“六一”儿童节前夕，市质监局对辖区内商场和孕婴店的儿童玩具、儿童安全座椅等50余种实施3C认证的儿童产品开展专项检查。重点检查3C认证标志和安全警示标识是否规范等，进一步规范全市儿童产品市场。加强对迁安镇机电厂、首钢矿业公司首创电器设备制造厂等企业3C认证产品的监管，杜绝无证及超范围生产3C认证产品的行为。庞大汽贸集团股份有限公司迁安第二分公司（旗舰店）召回了重庆长安欧力威牌缺陷汽车33辆。市质监局所属事业单位迁安市质量技术监督检验所被河北省质监局评为“河北省质量技术监督系统优秀技术机构”。

【名牌战略】 2016年，迁安市九江线材有限责任司的“钢筋混凝土用热轧光圆钢筋”、河北迁安化肥股份有限公司的“尿素”、河北百善药业有限公司的“血塞通分散片”、河北彦博彩涂板业有限公司的“涂层板”4个名牌产品，斯道拉恩索正元包装有限公司的正元包装彩盒1个优质产品，迁安市杨家坡民俗文化园有限公司和迁安市一路购物广场有限公司2个服务名牌，冀东普天线缆有限公司1家质量效益型企业，通过了唐山市质监局组织的现场审查验收和专家初审。冀东普天线缆有限公司申报了唐山市政府质量奖。指导迁安市高新技术开发区创建“河北省食品制药产业知名品牌示范区”，筹建计划、任务分解和措施落实情况已上报省质监局。8家名优产品生产企业设立并聘任了首席质量官。到2016年年底，全市拥有中国名牌产品1个、中国地理标志产品1个、河北省名牌产品14个、优质产品2个、省服务名牌1个、质量效益型企业1家，获得质量体系认证、3C认证、绿色农产品认证等各种认证的企业达50家。

【质量管理】 2016年，市质监局开展了全市制造业质量竞争力指数测评分析，对首钢迁安钢铁有限公司、燕山钢铁有限公司等7家钢铁企业开展钢铁企业发展及质量统计分析。冀东普天线缆有限公司和河北百善药业有限公司两家省名牌产品生产企业主动向社会发布了2015年度《企业质量信用报告》。贯头山酒业有限公司、燕禾泉饮料和大树木业3家生产企业参加了省质监局组织的“第十届河北省品牌节”活动。

【生产许可证管理】 年内，市质监局加强对全市23家工业产品生产许可证获证企业的监督检查，对中化煤化工、鑫达钢铁、永固油井水泥有限公司等17家企业进行年度审查。九江焦化等8家水泥、钢铁、危化产品生产企业通过了唐山市质监局的实地抽查。帮助唐山市电线电缆厂、冀东普天线缆和初春电热毯、斯道拉恩索正元包装有限公司等单位完善生产许可证换证材料，通过了审查验收。

【认证认可管理】 年内，全市14家检验检测机构就持续符合资质认定条件和要求、遵守从业规范、开展检验检测活动等内容，如实填写了《河北省资质认定检验检测机构年度报告（2015年度）》。全市各检验检测机构通过国家认监委“检验检测服务业统计数据直报系统”填报了《2016年资质认定自查表》。市质监局帮助万信安检机构、京安大华及时完成资格许可换证相关手续。

【标准化管理】 2016年，市质监局帮助唐山市金沙工贸有限公司、唐山农道众成饲料有限公司等单位制定《驱油用调堵剂凝胶类JSTD－Ⅰ》《冷连轧碳素结构钢及低碳钢带》等27项企业标准。《决明子无公害生产技术规程》《薏苡无公害生产技术规程》两项唐山市级农业地方标准和《地理标志产品迁安桑皮纸（迁纸）》一项省级地方标准通过了专家评审，发布实施。市质监局帮助唐山科源激光再制造有限责任公司申报第七批省级标准化良好行为企业试点项目，帮助迁安贯头山酒业有限公司通过省级标准化良好行为试点验收，成为继河北首钢迁安钢铁有限公司、河北海钺耐磨材料有限公司之后，迁安第三个4A级标准化良好行为试点单位。7月，迁安市政务服务标准化试点被国家标准委确定为第三批国家级社会管理和公共服务综合标准化试点项目，是唐山市唯一一个此类试点项目。

【计量管理】 2016年，市质监局累计检定计量器具2.56万台（件）。对全市列入省重点耗能企业目录的企业进行全面调查，帮助唐山首钢马兰庄铁矿、大唐热电等5家企业完成能源计量数据在线采集实时监测工作，有效地控制了能源的使用。跟踪检查津唐球墨铸管有限公司、弘业地毯有限公司等4家企业的能源计量数据在线采集、实时传输情况，巩固了能源计量在线采集试点成果。完成血压计检定标准器更新工作，帮助市自来水公司完成水表检定标准到期复审工作，膜式燃气表检定项目获省质监局批准。组织供水、供电、供气、交通检测、配镜、商场超市、餐饮等涉及民生的18家单位开展诚信计量自我承诺。在唐山市质监局组织的计量检定证书评审活动中，迁安市质量技术监督检验所取得县级所排名第一。

【特种设备安全监察】 市质监局开展以推广河北省地方标准《特种设备使用安全管理规范》为重点的特种设备标准化管理工作，对特种设备的生产、使用、维修等各个环节的监管实施全程痕迹化管理。7月，唐山市特种设备安全工作总结暨使用安全管理标准化现场会在迁安市召开。全面简化办理特种设备登记、人员操作证所需要的材料，累计培训特种设备安全管理人员85人、作业人员689人，免费复审特种设备作业人员1562人次；新注册特种设备396台；联合唐山市特检所检验特种设备5260台。开展涉氨企业、电梯维保单位、燃煤锅炉改造、气体充装单位、起重机械、大型游乐设施、场（厂）内专用机动车辆等多项整治活动，实现特种设备行政许可、日常监察和检验检测无缝对接，保障了全市特种设备的安全运行。

【产品质量监督抽查】 2016年，市质监局完成对全市钢铁产品、水泥、电力电线、配电箱、玻璃、工业硅酸钠等51个批次产品的监督抽查；配合省、唐山市质监部门对企业生产的食品相关产品、水泥、钢铁产品、电线、粗苯、电热毯、玻璃等产品进行57个批次的省级和唐山市级监督抽查。对全市12家重点用煤单位进行煤炭（焦炭）购销合同备案管理，备案煤炭（焦炭）购销合同30份，抽检煤炭（焦炭）23个批次；配合市环保局对全市用煤企业抽取原煤样品19个批次；按规定对型煤生产企业福安达商贸有限责任公司等企业进行16个批次的监督抽查。

市质量技术监督局
局　　长　张卫兵
副 局 长　张　军　周现保
主任科员　宋立文

（李凤文）

市场监督管理

【概况】 2016年是食品药品监管体制改革后的第一年，也是市场监督管理系统适应新常态、迎接新挑战的开拓年，全市市场监督管理工作以创建国家食品安全城市为主线，围绕服务全市大局、保障食品药品安全、优化市场环境三项工作重点，突出固本强基，强化履职尽责，全市市场环境日益优化，食品安全形势日趋向好，全年无食品药品安全事故发生。

【市场主体增量工作】 深入推进商事制度改革，持续推行工商注册便利化，落实营业执照、组织机构代码证、税务登记证、社会保险登记证和统计登记证“五证合一”，“一照一码”（“一照”即营业执照，“一码”即统一社会信用代码）和个体工商户营业执照和税务登记证“两证合一”等改革举措，做到材料齐全，执照立等可取。到年底，全市市场主体总量达到47967户，同比净增8385户，增长率21.18%。

【助企融资】 全年办理股权出质28件，动产抵押物登记98件，合计为企业融资148亿元，完成目标80亿元的185%。同时，帮助明营科技等4家企业成功上市。

【商标培育】 2016年，冀东普天线缆有限公司“冀东及图”商标被认定为中国驰名商标，实现迁安驰名商标零的突破。至2016年年底，全市注册商标总数达到1144件，其中中国驰名商标1件，河北省著名商标28件，唐山知名商标24件。2016

年新增注册商标120件，包括中国驰名商标1件、河北省著名商标5件、唐山知名商标9件。

【助力产业转型】 积极支持食品医药产业发展，帮助天圣制药、安卓（北京）卫生材料有限公司等一批省市重点项目落地开工建设，保障了迁安在唐山市项目观摩中第一名的名次；帮助葵花药业、艾驰生物顺利通过现场核查认证；帮助英诺特、百善两家企业迎查合格达标。通过聚集区整治和加大监管力度，发展食品企业12家，推动了迁安传统产业的转型发展。

【大气污染防治工作】 通过规范烧烤经营行为、取缔燃煤大灶、推广油水分离器、油烟净化器等手段，引导督促餐饮服务单位履行主体责任，减少污染物排放。按照唐山市要求，对13家露天矿山进行集中整治，其中吊销营业执照2家，注销登记4家，营业执照变更登记7家。围绕煤炭成品油监管，先后开展煤炭市场联合执法、煤炭成品油质量抽检等6项专项整治活动。全年抽检煤炭125批次、汽柴油131批次，查处销售劣质煤炭、成品油案件67起，罚款87.26万元。

【食品安全抽检】 加大抽检力度，为靶向监管提供技术支撑。建立以机关为龙头、分局为基础、企业为补充的三级食品安全快检体系，引导食品经营单位定期为群众提供免费快检服务。突出问题导向，高质量开展食品抽检工作。全年抽检各类食品及相关产品2316批次，其中不合格305批次，不合格率13.17%，全部依法依规处置到位。

【餐饮许可工作】 从市场准入入手，严格餐饮经营户现场核查标准，对存在经营场所属于临时、危房或破旧不堪建筑及设施设备老化严重、卫生差等情况的餐饮服务单位，不予核查。围绕餐饮服务总体水平的提高，开展量化分级、明厨亮灶、清洁厨房等系列创建活动。全市1263家餐饮服务单位全部完成量化等级评定以及明厨亮灶、清洁厨房创建任务，其中7家被评为唐山市清洁厨房示范单位。立足食品安全事故防范，先后完成两会、里约奥运会拳击项目亚大区资格赛、轩辕阁开阁等10次重大活动的保障工作。

【食品生产流通环节监管】 先后开展粉条、生鲜猪肉、豆制品等专项整治，关停56家无证粉条生产加工厂，做到死看死守，一盯到底。通过帮扶指导，10家粉条加工企业获证，1家正在升级改造。对南北两个市场的生鲜肉经营者进行统一规范，加大执法检查和监督抽样力度。抽检生鲜猪肉165个批次，查处销售注水肉案件6起，罚没款8万余元。规范食品储藏环节，开展外设仓库登记备案工作，加强冷藏冷冻食品监管，全面排查食品安全隐患，严防过期冷冻食品及变质食品流入市场。食用农产品集中交易市场食品安全“双提升”工作扎实起步。督促市场主办方认真履行市场管理义务，监督市场主体严守经营规范，保障食品安全。对南北两个市场实行驻场监管，对批发户和零售户实行分类监管，加大监督检查频次，严防不合格食品流入市场。食品“三小”（小作坊、小餐饮、小摊点）监管稳步推进。以《河北省食品小作坊小餐饮小摊点管理条例》为支撑，以“双清”“扫雷”等专项行动为抓手，与教育、城管等职能部门形成合力，督促登记备案，持续规范经营行为。累计完成“三小”登记备案1146家，其中小作坊83家，小餐饮189家，小摊点874家。

【药械监管】 突出源头监管，严查药品生产企业、医疗机构制剂室、药用辅料生产企业，重点督促指导落实特药双人双锁、专账专册、账物相符等管理制度，防范国家重点管制药物生产经营风险。推进医疗器械经营使用单位分类分级监管，加大监督检查力度，确保依法高效完成日常检查任务，做到执法无死角、监管全覆盖。药品流通监管扎实有效。严格按照相关法律法规开展药品GSP（药品经营质量管理规范）认证及跟踪检查，积极配合省、唐山市局飞行检查，确保企业持续符合药品经营质量管理规范条件。认真组织药械不良反应监测工作，提高不良反应报告数量和质量。累计收集药品不良反应514例，医疗器械不良事件120例，其中新增不良反应报告252例，严重不良反应报告28例。保（保健食品）化（化妆品）监管有序推进。突出经营主体资格监管，全面落实化妆品登记管理暂行规定，抓好保健食品换发食品经营许可证工作，突出化妆品经营资质、索证索票、台账管理等重点，推行“一书一单”监管模式，进一步落实监管责任和主体责任。对保健食品突出重点品种、重点功效、重点区域，建立起发现问题、查处问题、解决问题的全链条闭合监管体系。

【企业信用监管】 市场主体年报渐入常态。市场主体年报率综合排名位居唐山市各县（市）首位。完成1097户市场主体公示信息“双随机”抽查工作。深化格式合同行政监管。全年收集合同格式条款文本138份，检查企业61家，查办案件17起，罚没款6.6万元。实施食品药品黑名单制度。已有10户违法生产经营者被纳入“黑名单”，采取限制准入、逐出行业、吊销执照等手段，进一步规范了全市食品药品市场秩序。

【市场秩序优化】 以供水、供电、供气、通信等行业和领域为重点，严厉查处强制交易、强制服务、差别待遇等限制竞争案件。开展打击侵犯知识产权和制售假冒伪劣商品行动，集中查办一批侵犯商标专用权和制售假冒伪劣商品案件。以损害消费者生命健康、财产安全领域的严重违法广告为重点，严厉查处虚假违法广告行为。深入推进网络市场监管，围绕网络经营主体数据检查、电子链接标识核发、网上亮照检查、信用分类管理、网络案件查处五项主要业务，及时发现和查处网络交易违法行为。

【迁安市消费者协会获“全国消协组织先进集体”称号】 3月，中国消费者协会下发文件，对2014—2015年度全国消协组织先进单位和个人进行表彰，迁安市消费者协会获得“全国消协组织先进集体”称号。2014年以来，迁安市消费者协会加大对重点消费领域消费纠纷调解的探索，提升全社会消费维权意识和能力。2014—2015年，受理消费者投诉318件，成功调处311件，投诉解决率97.7%，为消费者挽回经济损失62.62万元。2016年，接待消费者咨询6400人次，受理消费者投诉569件，解决率100%，为消费者挽回损失50.54万元。

市市场监督管理局

党组书记、局长 王　起
党组成员、副局长 刘向东　李一凡　武林全　李红军　王永军　王青松　李　誌
党组成员、主任科员 徐秀云（女）
党组成员、纪检组长 李志刚
党组成员、副主任科员 任红亮
主任科员 田庆国（负责沙河驿分局工作）
市场监管稽查大队大队长 唐　勇
城区分局局长 玄兆春
高新技术产业开发区分局局长 王玉泽
夏官营分局局长 （空缺）
夏官营分局副局长 韩小旺（主持全面工作）
建昌营分局局长 花建新
野鸡坨分局局长 兰　涛
大崔庄分局局长 王晓飞
马兰庄分局局长 张卫东
杨店子分局局长 孙曙光
滨河分局局长 邓凤友
木厂口分局局长 石　磊
杨各庄分局局长 （空缺）
杨各庄分局副局长 付贺刚（主持全面工作）
阎家店分局局长 （空缺）
阎家店分局副局长 魏红强（主持全面工作）

（逯晨曦）

市场建设服务

【概况】 2016年，市场建设服务中心内设机构6个，即办公室、人事教育科、开发建设科、经营服务科、财务审计科、安全生产监督管理科，下设兴安所、城关所、昌盛所、惠宁所、夏官营所、杨各庄所、建昌营所、大崔庄所、杨店子所、沙河驿所、滨河村所、野鸡坨所、赵店子所13个市场建设服务所和1个市场治安派出所，全系统有干部职工115人。2016年，全市市场建设和管理水平进一步提升，市场安全稳定无事故，至年底，全市市场总数33家，市场摊位（营业

房）总数2000多个，场内经营户1700多户，从业人员2500多人，市场交易金额17.71亿元，比上年下降10.04%。

【市场建设】 立足全市实际，着眼于城市建设发展大局，稳步推进市场建设工作。1. 完善购物中心市场硬件设施，维修年久失修的自来水管路，为楼顶做防水，建设微型消防站。2. 维护修缮市场硬件设施，为滨东市场维修主电缆，并对市场内自来水管道进行维修更换，确保经营户用水。3. 维护市场内安全消防设施。对购物中心、南果菜市场、毛家洼市场定期更换消防设施，确保经营户用电安全。

【市场管理】 加强市场环境卫生管理。开展环境卫生整治，做到分行划市清楚，摊位摆放整齐，重点整治乱摆摊点、欺街占道、市场外溢和私搭乱建等现象，严格按照国家卫生城市、全国文明城市标准，建立市场卫生管理长效机制，市场秩序井然，顺利通过省级文明城市验收。清理农村集贸市场内堆放的生活垃圾、建筑垃圾，消除隐患，提升农村集贸市场形象。

强化收费管理。定期召开科所长会议，分阶段安排部署市场收费工作。要求各所既抢“西瓜”，又捡“芝麻”，做到颗粒归仓。市场收费本着公开、公正、公平的原则，不收人情费，不安排人情摊位。规范招投标工作，规范各市场合同管理。

市市场建设服务中心

主　任　裴瑞明

副主任　徐平华　李国文　王艳民

（徐平华　杨艳文）

物价管理

【价格收费管理】 1. 依法履行成本监审、价格听证会等程序，制定了大五里乡挂云山景区门票价格、市中医医院新建病房楼床位费价格，市政府批准后执行。2. 加强房地产预售价格管理。完成金港花园三期、万嘉红星美凯龙国际家居城市集合体（住宅西区）、尚拓花园小区、澳润公馆、钰泉·姑苏园住宅楼、忠德世纪城住宅小区、富达园商品房、碧桂园商品房8个项目预售价格备案工作。根据成本监审及省、唐山市住房保障相关规定，确定迁安市首钢设备结构有限公司棚户区改造和红庙子村农民保障性住房预售价格。3. 依法公示涉企行政事业型收费目录清单，实行政府定价、政府指导价的经营服务性收费目录清单。

涉及民生价格收费制定调整情况：

1. 2016年6月1日，市发改局印发《关于新能源空调公交车空调期间票价的批复》，制定了市新能源公交车空调期票价，空调期票价每张加1元。

2. 2016年8月4日，市发改局印发《关于调整污水处理收费标准的通知》，根据国家发改委、省物价局要求，及时调整市污水处理费标准，即居民用水每立方米由0.80元调整为0.95元，按用水量100%计征；非居民用水每立方米由1.00元调整为1.40元，按用水量100%计征。

3. 2016年8月12日，市发改局转发唐山市发改委、财政局、教育局《关于规范幼儿园收费项目调整收费标准的实施方案》，幼儿园分成五个等级，收费标准由低到高每人每月120元、150元、190元、260元、370元。坐落在农村的省级示范园、农村示范园按以上标准下浮10%。

4. 2016年10月8日，市发改局印发《关于2016年城区冬季供热及有关问题的通知》，一是根据上级要求，取消采暖暂不用热收费；二是将新建住宅首次供热取暖费用纳入房价，统一由开发建设单位交纳，不得再向居民用户单独收取；三是明确市区集中供热继续执行现行收费标准：居民用热价格17元/平方米，非居民用热价格30.6元/平方米。

（佟　伟）

【价格监测】 按照省和唐山市发改局要求，承担的176种商品月报、30种生活必需品和20种涉农商品价格周报数据（周报、月报及节假期监测）正常上报，撰写上报分析反馈近10篇，被上级采用2篇。

（魏国喜）

【农产品成本调查】 2016年，完成农户存粮、农户农资购买调查上报工作；成本调查价格周报（包括玉米、小麦、大豆市场价格和尿素、二铵、碳铵、复合肥市场价格）正常上报；2016年度玉米、花生、苹果、大白菜、大棚黄瓜和专业养猪（下半年及全年）成本调查数据及分析上报工作全面完成；2017年农户种植意向调查按时上报。

（魏国喜）

2016年迁安市主要农产品成本效益情况一览表

表13

项目	单位	玉米	花生	苹果	设施黄瓜	露地大白菜	中规模生猪
主产品产量	公斤	352.42	236.13	1308.12	4191.02	3870.39	114.78
产值合计	元	596.05	1410.76	4146.07	11953.11	2088.80	2052.27
主产品产值	元	575.15	1388.39	4146.07	11953.11	2088.80	2037.46
副产品产值	元	20.89	22.38	—	—	—	14.81
总成本	元	1220.29	1423.65	3556.38	10885.11	1392.29	1690.25
生产成本	元	996.96	1213.65	3106.38	10695.11	1232.29	1687.56
物质与服务费用	元	351.21	576.90	1274.80	3374.61	471.04	1516.78
人工成本	元	645.75	636.75	1831.58	7320.50	761.25	170.78
家庭用工折价	元	645.75	636.75	1592.25	6198.00	761.25	170.78
雇工费用	元	—	—	239.33	1122.50	—	—
土地成本	元	223.33	210.00	450.00	190.00	160.00	2.69
净利润	元	-624.24	-12.89	589.69	1068.00	696.51	362.03
现金成本	元	370.64	595.17	1553.28	4513.64	484.96	—
现金收益	元	225.41	815.59	2592.79	7439.47	1603.84	—
成本利润率	%	-51.16	-0.91	16.58	9.81	50.03	21.42

说明：1. 种植业调查单位为亩，养殖业调查单位为头；
2. 总成本 = 生产成本 + 土地成本；
3. 生产成本 = 物质与服务费用 + 人工成本；
4. 净利润 = 产值 - 总成本

【成本监审】 依法认真开展成本监审工作。全年完成中医医院床位费、挂云山景区、城区供热等成本监审5项，涉及金额10.39亿元，依法核减3.03亿元，核减率29.16%。

（魏国喜）

【价格监督检查】 1. 根据上级工作安排和部署，先后组织开展节期市场价费专项检查、汽车4S店收费检查、银行业服务价格情况检查、涉农涉企收费检查、旅游业收费检查、医疗价费检查、教育收费检查等专项检查工作。2. 全年办理各类举报投诉信访案件96件，对投诉人认真做好相关政策法规和举报处理的解释工作，对于举报集中的单位和企业，加强监督检查力度，维护市场价格秩序健康有序发展。3. 开展发放免费价签和价签备案工作。累计发放免费价签5万余张，涉及96个经营单位，为宽广超市、东安悦购城、金象大药房等30余家经营单位出具《关于自制商品标价签、价目表请示的复函》。

（史颖超）

【价格认定】 围绕国家发改委《价格认定规定》及相关配套文件，积极做好转型工作，有效提供公共服务，严把委托受理关，严格按规定程序办案；严把现场勘验关，切实把每个认定标的核实准确；严把市场调查关，夯实工作的基础资料；严把结论出具与案件归档关，保证整个案件材料的完整；严把廉洁自律关，无欲则公；把学习当成一种习惯，圆满完成认证中心的转型工作，全年办理案件134件，其中刑事案件价格认定102件，涉案金额484万元；民事案件价格鉴定1件，标的额2万元；行政案件（市林业局滥伐树木、市国土局非法采矿、越界采矿）价格认定31件，标的额284万元。涉案鉴证率100%，无一复议案。

（姚霁阳）

安全生产监督管理

【概况】　2016年，市安全生产监督管理局（以下简称市安全监管局）扎实开展安全生产各项工作，采取积极有效措施，解决安全生产领域主要矛盾和突出问题，安全隐患得到有效治理，企业安全水平明显提升，全民安全素质显著增强。全市发生各类安全生产事故27起（不含火灾事故），比上年下降20.6%；死亡27人，比上年下降37.2%；直接经济损失335.55万元，下降69.7%。其中，工矿商贸企业发生事故3起，比上年下降40%；死亡3人，比上年下降78.6%；造成直接经济损失310.8万元，比上年下降70.8%。发生道路交通事故24起，比上年下降17.2%；死伤24人，比上年下降17.2%；造成直接经济损失24.75万元，比上年下降42.84%。另外，发生火灾事故13起，比上年下降60.6%，造成直接财产损失4.59万元，比上年下降78.3%。

【安全生产规范管理】　加强安全生产源头管理，严格按照《安全生产许可证条例》和《建设项目安全设施“三同时”监督管理暂行办法》规定的条件、程序、时限，审查安全生产行政许可项目，做到程序合规、资料齐全、现场合格。市安全监管局全年受理各类行政许可事项485项，按时办结率100%。

积极推进以工贸行业安全生产标准化样板地区建设为重点的标准化创建工作，采取定人分包企业、专家现场指导、中介公司介入、达标企业带动等一系列措施，继续在非煤矿山（含尾矿库）、危险化学品企业和六大行业（机械、轻工、纺织、电力、烟草、商贸）企业深化安全生产标准化创建工作，规范企业安全生产管理达标。2016年，全市累计完成238家企业54个单元安全标准化验收工作，其中标准化1级1家4个单元，2级21家50个单元，3级216家（含14家小微企业）。

【安全生产宣传教育】　2016年，以落实持证上岗和先培训后上岗制度为核心，以开展企业安全培训主体责任、提高安全培训质量为着力点，以全国第15个“安全生产月”活动为载体，在全市开展安全生产宣教培训工作。召开275家企业320余名相关负责人、安全处处长参加的年度安全生产培训会。在市文化广场开展“安全生产咨询日”活动，接受市民咨询1000余人次。推进“三项岗位”（企业负责人、企业安全管理人员、特种作业人员）人员和班组长安全培训工作，组织培训“三项岗位”人员5371人、班组长393人、其他从业人员11余万人次。

【重点行业监控】　综合采取定期检查、专项检查、联合检查、专家检查和行业互查等多种形式，加强对非煤矿山、危险化学品、烟花爆竹、冶金、六大行业（机械、轻工、纺织、电力、烟草、商贸）等企业的安全生产检查和职业卫生检查，定期检查无人看管铁路道口安全运行状况，全年共检查各类企业5515家次，排查安全隐患15109处。开展唐山世园会等系列重大活动期间安全生产大检查，组成7个督导检查组对分包乡镇（城区办）、园区世园会等重要活动期间安全生产大检查工作进行督导检查，共组织检查组3391个，检查企业8961家次，出动执法人员9414人次，排查隐患6981项，企业自查隐患5989项。三季度，全市深入开展安全生产领域打击非法违法专项行动，成立专门领导小组，重点在非煤矿山、危险化学品、烟花爆竹、建设施工、特种设备、油气管道和人员密集场所等行业领域，开展安全生产打非治违专项行动。通过严格落实停产整顿、关闭取缔、上限处罚和严厉追责的四个措施，集中打击和整治了非法违法、违规违章行为 4812 项，进一步规范了安全生产法治秩序，减少了因非法违法行为造成的事故。

【执法监察】 市安全监管局年初制定监管执法工作计划，继续以“全覆盖不留死角、零容忍不留后患、严执法不讲情面、重实效不走过场”为总要求，深入企业一线监察安全生产动态，严格落实执法计划，全年累计检查企业 2085 家次，排查安全隐患 4320 处。依法加大对企业非法违法行为的处罚力度，全年立案 3 件，收缴罚款 336.84 万元。本着实事求是、公平公正的原则，认真查处群众举报、上级督办案件，全年累计受理群众举报和上级督办案件 43 件，全部在规定时限内办结，结案率 100%。

【综合协调】 作为迁安市安全生产委员会办公室，市安全监管局充分发挥协调督导作用，提出安全生产年度工作目标，分析预测全市安全生产形势，研究、协调和解决安全生产方面重大问题。组织召开全市安全生产工作会议，印发《迁安市 2016 年安全生产责任制目标管理考核办法》，市政府与 19 个镇乡、1 个城区办事处、4 个园区和 23 个安委会成员单位等 47 个责任单位签订安全生产目标责任书，各镇乡、各单位和各企业也层层签订安全生产责任书和责任状，企业主体责任、行业主管部门监管责任和属地管理责任落实到位。

【应急救援】 市安全监管局注重生产安全事故应急处置能力建设，2016 年，完成 75 家企业应急预案备案工作，为 35 家企业重新办理重大危险源备案手续，50 余家重点企业组织开展了硐采炮烟中毒、井下火灾、尾矿库溃坝、洪水漫顶、冶金企业一氧化碳泄露及中毒、火灾与疏散逃生等应急演练活动，累计 2800 余人直接参与了演练。

市安全生产监督管理局

局　　　长　谌永林（12 月离）
　　　　　　　李志勇（12 月任）
副　局　长　吴殿华　姜福奎
　　　　　　　吴　军　谢建民
主任科员　张金富
副主任科员　徐文辉
监察大队大队长　王振义

（李博文）

法治·军事

政法委及综治

【维护社会稳定】 2016年，市委政法委稳步做好依法治市工作，深入推进平安迁安建设、法治迁安建设、司法体制改革和政法队伍建设，为迁安转型升级创造了稳定健康的社会环境、公平正义的法治环境、优质惠民的服务环境。全市政法部门创新理念、机制和方法，及时防范处理各类维稳隐患，深入解决引发人民内部矛盾和社会矛盾的源头性、根本性、基础性问题。圆满完成“两会”、里约奥运会拳击项目亚大区资格赛、唐山世界园艺博览会开幕式、全国公路自行车冠军赛总决赛、唐山大地震40周年纪念活动、中共十八届六中全会、省九次党代会等重大活动、会议时间节点的安保任务。防范和处理邪教工作取得良好成绩，全年破获邪教案件30起，抓获邪教成员41人。对市神龙峡铁矿露天地下联合开采项目、市赵店子镇腾龙铁矿露天开采项目、市交通运输局东西区第三通道西延（直通）道路工程、迁安市海绵城市建设PPT项目开展社会稳定风险评估，降低风险隐患。严格落实矛盾纠纷排查化解机制，全年排查各类矛盾纠纷274起，化解261起，化解率95%。不断加强专业化调解组织建设，充分发挥道路交通事故调解委员会（以下简称交调委）、医疗纠纷调解委员会职能作用，交调委共调解案件198起，调解赔偿金额1523万元。

【综合治理】 不断升级社会治安防控体系，织密平安防护网，实施“天网覆盖工程”，搭建县级平台1个、派出所级平台2个、社区平台3个，整合金水豪庭、齐家物业、白龙港、松汀、护国村的监控资源，形成分级监控四级联网体系。始终保持对刑事犯罪的高压态势，刑事案件立案数同比下降14%，全市13起命案即发即破，“10·24”绑架案成功侦破，抓获网上逃犯225人，抓获绝对数始终位居唐山各县（市）区之首。投资130万元，建设暑期勤务指挥中心及视频监控系统，共布置监控点44个，提升暑期警卫的实战效能。排查整治唐山市挂牌督办的社会治安重点地区1处。加强对严重精神障碍患者的服务管理，研究制定了《迁安市严重精神障碍患者服务管理办法》，由市财政出资31.46万元，完成监护人责任险保单签订工作，为39名特困肇事肇祸精神障碍患者解决治疗费用25万元。

【法治建设】 对市公安、法院、检察院、司法局等78个市直及基层政法单位2016年所办理的各类案卷进行执法检查，抽查各类案卷276本，发现各类执法瑕疵案卷38本，对发现的问题进行通报，并及时责成有关单位进行整改，促进政法部门执法质量和水平的提高。法院共网上预约立案394件，公开案件流程信息6109件，网络直播庭审657件，累计上网公布裁判文书4589件，文书公开率实现100%。市检察院在人民检察案件信息公开网上发布重大案件信息6篇、案件程序性信息1100条、法律文书信息622篇，保障了人民群众对检察工作的知情权和监督权。法律援助覆盖面不断扩大，方便了弱势群众申请法律援助的需要，接待群众来访758人次，免费代写法律文书76件，办理各类法律援助案件181件。办结涉法涉诉信访积案30件。省委、唐山市委政法委交办的重点非访案件全部办结并息诉罢访。

【服务经济发展】 创造公平、法治的营商环境，严厉打击经济犯罪，受理经济案件24起，涉案2100多万元，为群众挽回经济损失160余万元，受到社会各界的高度赞誉。法院全年受理各类民商事案件6134件，审结5238件，其中调解撤诉2776件。高效审结买卖、保险、租赁等合同纠纷案件1110件，有力地促进了社会诚信体系建设。以有效防范化解金融风险为重点，依法审结金融借款和民间借贷纠纷案件822件。加强对寄递物流行业安全管理，开展集中清理整顿专项行动，全面落实“三个100%”制度，寄递物流企业在管率达到100%。严打食品药品犯罪，深入开展食品药品打假“利剑”“两战三治理”等专项行动，保卫人民群众食品药品的消费安全，共立食品药品案件6起。加大对破坏污染环境犯罪的打击力度，先后开展“迎世园、保平安”凤城百日攻坚会战和“2015利剑斩污”“蓝天清水”“打击非法处置危险废物”等专项行动，共立刑事案件5起，查处行政案件39起，震慑了环境污染违法犯罪活动。

市委政法委

书　　记　张雪峰（1月离）
　　　　　刘振凯（1月任）
常务副书记、综治办主任　高　荣（12月离）
　　　　　贾春民（12月任）
副 书 记　何文奎　梁立军（5月任）
政治处主任　陈立民（12月离）
防范办主任　杨玉林
综治办副主任　杨东旭　梁立军（5月离）
办公室主任　张立新
稳定办主任　何文奎（5月任，兼）
涉法涉诉联合接访服务中心主任　王　尚
防范办副主任　尚玉海
国安办主任　梁立军（5月任，兼）
国安办副主任　司欣峰（5月离）

（6—12月空缺）

（刘立安）

法治政府建设

【概况】 2016年，市政府法制办认真贯彻落实中共中央、国务院《法治政府建设实施纲要2015—2020年》和《河北省法治政府建设实施方案》，紧紧围绕全市经济结构转型和京津冀协同发展战略，以建设法治政府为目标，进一步规范行政执法行为，不断优化发展环境，着力提高依法行政能力，全面提升依法行政工作水平，在唐山市2016年度依法行政考核中，位列优秀等次。

【完善依法行政制度体系】 1. 提高规范性文件起草质量，严格落实合法性审查及备案机制。围绕市委、市政府重大决策部署和深化改革的重点任务，加强推进社会治理创新、保障改善民生、生态环境保护、京津冀协同发展和政府自身建设领域的规范性文件起草，制定了《迁安市关于推进创新发展的实施意见》《迁安市科技型中小企业贷款风险补偿基金管理办法（暂行）》及《迁安市创新引导基金管理暂行办法》等规范性文件，从源头上促进依法行政。按照《迁安市规范性文件制定程序规定》，2016年，市政府法制办审核以市政府和市政府办公室名义下发的规范性文件6件，提出审核意见30余条，均向上级政府法制办和本级人大进行了备案。对部门下发的规范性文件按“三统一”（党的领导、人民当家作主和依法治国的有机统一）制度严格进行统一登记编号公示。2. 认真开展规范性文件清理工作。为进一步优化全市经济发展环境，维护法制统一，保证政令畅通，结合第一批宣布失效的382件国务院文件、第二批宣布失效的338件国务院文件、《河北省人民政府关于废止和修改部分省政府规章的决定》、《唐山市人民政府关于宣布失效一批市政府文件的决定》及其他文件清理要求，市政府法制办对2015年年底前以市（县）政府或市政府办公室名义下发的规范性文件进行了全面清理，经市政府同意，对《迁安市人民政府关于加强全市非煤矿山安全生产管理工作的意见》等132件文件予以保留，对《迁安市人民政府关于强化全市旅游区及主要道路两侧矿业开发秩序管理的意见》等14件文件予以修改，对《迁安市人民政府关于加强节育手术并发症管理的意见》等59件文件予以废止，并印发《迁安市人民政府关于公布规范性文件清理结果的通知》，对清理结果予以公布。

【实现行政决策科学化、民主化、法治化】 1. 完善重大行政决策机制，规范决策程序。迁安市严格落实重大决策事项征求意见制度，并建立行政决策公众参与平台，在制定重大决策方案前，坚持深入调查研究，进行必要性、可行性和合法性论证，同时注重加强与相关部门的沟通协商，充分听取意见。涉及重大公共利益和人民群众切身利益的，通过公开听证、召开座谈会、书面或网上征求意见等方式邀请群众积极参与。2. 建立行政机关内部重大决策合法性审查机制，完善档案管理。按照《迁安市人民政府工作规则》等有关文件要求，政府重大行政决策前必经市政府常务会议集体讨论，并由市政府法制办进行合法性审查，未经合法性审查或经审查不合法的不得提交讨论，重大行政决策失误予以责任追究，坚持市政府法制办负责人列席市政府常务会议制度。3. 落实政府法律顾问制度，积极发挥法律顾问法治保障作用。市政府及全市各镇乡政府、城区办事处、市各行政执法部门、各园区管委会按照《迁安市人民政府关于进一步加强政府法律顾问制度建设的意见》要求，均全面完成了法律顾问聘用，签订了法律服务合同，法律顾问经费均列入本级财政年度预算。2016年，在市政府行政复议、应诉以及重大决策、重要合同的签订等项工作中，政府法律顾问发挥了重要的法律咨询指导作用，共代理行政诉讼案件25件，复议案件25件，审核合同协议、提供日常法律咨询意见累计60余次。

【严格规范公正文明执法】 1. 加快推进重点领域综合执法改革工作。及时成立迁安市综合行政执法体制改革试点工作领导小组，印发了《迁安市综合行政执法监管绩效考核奖惩暂行办法》等一系列配套性文件。至2016年年底，全市列入综合行政执法体制改革试点部门的有5家，分别是农畜局、水务局、住建局、文广新局和工信局。通过此次改革，共减少执法机构4家，更名执法机构2家，调剂增加执法机构全额事业编制25名，置换编制15名，收回自筹事业编制5名，部门内部相对集中行政执法权限324项，执法职能进一步集中，执法队伍进一步增强。此外，迁安市积极推进城市管理执法体制改革试点工作。2. 健全行政执法人员管理制度。严格落实《河北省行政执法证件和行政执法监督检查证件管理办法》，加强行政执法队伍建设。严把行政执法人员入口关，新增行政执法人员必须由市编办出具单位三定方案及本人编制卡片，进行身份核实，严禁临时工、合同工、借调人员取得执法资格，并对离退、调离执法岗位、亡故等人员证件及时予以注销。所有执法证件网上公开，动态管理。2016年，全市共有157名新增行政执法人员参加培训，90人通过考试并取得行政执法资格。3. 严格落实行政执法公开、重大行政执法决定法制审核、行政执法全过程记录制度。根据机构改革情况，迁安市及时对行政执法公开责任主体单位进行重新调整明确。在此基础上，积极探索创新行政执法公开方式，对市政府门户网站“中国·迁安”行政执法公开专栏进行更新升级，分类创设“三定方案、执法岗位及人员信息、执法依据、配套制度、执法流程、执法文书范文、执法结果公开、工作动态、投诉举报、其他”十个子目录，便于公众查阅监督。严格落实重大行政执法决定法制审核制度，重大行政执法决定作出前须经法制审核。未经法制审核或者审核未通过的，不得作出决定。同时，对重大行政执法决定实行“谁承办谁负责、谁审核谁负责、谁审批谁负责”的责任承担原则，对导致重大行政执法决定错误，造成重大损失或者严重不良社会影响的，依法依纪追究负有领导责任人员和其他直接责任人员相应责任。加强推进行政执法全过程记录制度建设。2016年，全市52家行政执法部门共配备行政执法硬件设备（执法记录仪、照相、录像设备、存储电脑等）2024台（套）。通过案卷评查和日常检查，各执法部门在行政执法重要环节基本都能做到相关记录可查可看，证据意识、责任意识、风险意识进一步增强，切实维护和保障了行政相对人合法权益。4. 完善并落实行政处罚自由裁量权基准制度。全市各执法部门借鉴或自行制定标准，都已建立并完善行政处罚裁量权基准制度和相关配套制度，行政处罚案卷中也都能体现处罚自由裁量权适用情况。通过细化、量化执法标准，完善执法流程，健全配套制度，有效地减少和杜绝了行政执法中裁量不当、处罚畸轻畸重、同案异罚、执法不公等现象。5. 做好行政执法投诉举报、重大行政处罚备案、行政执法统计、行政执法检查、行政执法案卷评查等工作。完善行政执法投诉举报和处理机制。各行政执法部门均开通投诉举报电话，并在市政府门户网站行政执法“投诉举报”专栏中予以公布，全市全年累计处理各种投诉举报事项750多项。严格落实重大行政处罚备案制度，市安监局、市场监督管理局、环保局3家部门全年向市政府法制办备案重大行政处罚案件166件。按要求及时上报迁安市行政处罚、行政强制统计报表，全年全市共承办行政处罚案件14050件，涉嫌犯罪移送案件35件；共承办行政强制案件111件，强制措施实施105件。加强行政执法监督检查工作。对市公安、城管、交通等部门开展行政执法专项检查，严格规范行政执法人员“持证上岗，亮证执法”，检查结果作为年度对部门依法行政考核重要内容。认真开展行政执法案卷评查。重点抽查了市安监局等14个行政执法部门的64本行政处罚案卷，将检查结果予以通报，各部门整改情况及时上报。6. 完善行政执法责任制，严格行政执法评议考核，强化行政执法过错责任追究。全市各行政执法部门积极落实行政执法责任制，制定相关措施和配套制度，就执法依据、执法职权、执法责任、考评办法、考评程序5个方面不断加以完善。同时，严格行政执法评议考核，落实行政执法责任过错追究制度，针对行政执法中存在的问题，启动行政执法过错责任追究程序，对行政执法过错相关责任人依法进行责任追究。

【强化对行政权力的制约和监督】 1. 加强重点领域和重要环节监督，健全行政权力运行制约和监督体系。印发《关于建立迁安市打击治理电信网络新型违法犯罪工作联席会议制度的通知》《关于印发2016年迁安市水污染防治工作实施方案的通知》《迁安市2016年打击侵犯知识产权和制售假冒伪劣商品工作方案》《迁安市危险化学品安全专项整治实施方案》等文件，重点加强生态环境、安全生产、食品药品安全、互联网络诈骗、劳资雇工等重点领域的行政执法监督检查，提升全市行政执法工作水平，发展环境得到切实优化。2. 发挥政府诚信建设示范作用，加快政府守信承诺机制建设。将依法行政贯穿于决策、执行、监督和服务的全过程，加快政府守信践诺机制建设，把政务履约和守诺服务纳入政府绩效评价体系，逐步建立健全政务和行政承诺考核制度。3. 自觉接受多方面监督。自觉接受人大法律监督、政协民主监督、司法监督、监察和审计专项监督。及时向上级政府和市委、市人大报告年度法治政府建设情况，并在政府网站予以公开。依法履行人民法院的生效判决和裁定，积极受理群众举报和新闻媒体反映问题。认真落实行政监察、审计监督、政务信息公开制度，全年，市纪委、监察局共查处违反党政纪案件301起，给予353人党政纪处分，坚决纠正和查处行政不作为、乱作为、懒政、怠政、失职和渎职行为，年度共查处有上述行为31人次，严肃查处和纠正“四风”问题，全年发现问题35个，组织处理32人，给予党政纪处分19人。市审计局完成对61个单位的858个项目专项审计。以政府门户网站“中国·迁安”为政府信息公开第一平台，以市档案馆为政府信息公开主要场所，及时发布和更新政府信息1.5万余条。

【依法有效化解社会矛盾纠纷】 1. 认真做好行政复议和行政应诉工作。2016年，市政府共受理行政复议案件28件，至年底，审结16件（其中11件维持，1件因申请人撤回行政复议申请案件终止，1件驳回行政复议申请，1件撤销，2件责令行政机关履行义务），正在审理12件。对于当事人因斗气、对相关法律知识不理解等原因提请的复议，均先进行耐心细致的说服解释，让当事人心服口服，从而息诉罢访，主动撤销。2016年，共发生以市政府为被告的行政诉讼案件11

起（其中3起为共同被告），承接上年度行政诉讼案件9起。至年底，1起案件原告撤诉，6起案件驳回原告诉讼请求，3起案件责令履行职责，其余10起案件正在审理之中。同时，迁安市严格按照《迁安市行政机关负责人行政诉讼出庭应诉制度（试行）》要求，行政机关负责人积极出庭应诉。按时履行法院判决裁定，全年未收到司法建议书、行政复议意见书及建议书。2. 构建维护群众利益制度体系。建立健全社会矛盾预警、利益表达、协商沟通、救济救助机制，及时收集分析热点、敏感、复杂矛盾纠纷信息，加强群体性、突发性事件预警监测。积极受理群众举报和新闻媒体反映问题，对在迁安及其他贴吧、迁安信息港以及其他网站上反映的敏感事项及时研判回应。加大普法力度，引导和支持公民、法人和其他组织依法表达诉求和维护权益，市政府法制办获“迁安市六五普法先进集体”荣誉称号。3. 依法开展行政调解、行政裁决工作。积极完善人民调解、行政调解、司法调解联动工作体系，建立调处化解矛盾纠纷综合机制。2016年度，全市各行政执法部门、各类调解委员会共调解案件850余件。健全行政裁决制度，强化行政机关解决同行政管理活动密切相关的民事纠纷功能。

【全面提高法治思维和依法行政能力】 1. 开展不同形式的学法活动。利用市政府常务会议及理论中心组学习等形式，组织领导干部学习法律法规。2016年，市政府第二十七次、三十二次、三十四次常务会分别学习了中共中央、国务院《法治政府建设实施纲要（2015—2020年）》《河北省法治政府建设实施方案》《河北省县级以上政府重大行政决策合法性审查规定》。6月21日，邀请中央党校教授就“认真学习党章，增强党章意识”讲授专题党课。11月29日、12月7日、12月16日3次召开专题讲座，邀请中央党校教授分别对《中国共产党纪律处分条例》《中国共产党党内监督条例》进行解读。2. 积极上报政府法制工作信息，开展依法行政理论研究，深入开展法治宣传教育。各职能单位充分运用传统媒体和新媒体等多种形式，广泛宣传法治政府建设目标、工作部署、先进经验和典型做法，正确引导舆论，凝聚社会共识，全市各部门在省、市报刊、网页上发表文章120余篇（条）。向省法制办申报2个政府法制研究课题，其中《以政府为被告的行政诉讼大数据分析报告》获得立项评审，经专家评审，河北省法制办12月30日印发《2016年度河北省政府法制研究课题结项书》，评定该项课题报告为良好等次，同意结项。

市政府法制办公室

主　任　陈国文（1—4月）　徐小松（5月任）

（贾永泉　张永新）

公　安

【概况】 2016年，迁安市公安机关深入开展“两学一做”专题教育活动，科学分析社会治安形势，统筹推进打、防、管、控各项工作，全市社会治安秩序持续稳定，人民群众的安全感和满意度显著提升。

全年立刑事案件3052起，破获1086起，抓获犯罪嫌疑人819人，其中网上逃犯245人，移送起诉692人；受理治安案件5247起，查处1343起，惩治违法人员1630人。

【人口变迁】 2016年，全市总户数233043户，总人口772636人，较上年总人口增加10703人。按照城乡属性代码规则，划分为乡村人口和城镇人口，乡村人口533804人，城镇人口238832人，城镇化率30.94%。全年省内迁入767人，较上年减少242人；省外迁入864人，较上年减少106人。全年迁往省内1112人，较上年增加87人；迁往省外2918人，较上年增加319人。截至2016年年底，全市有流动人口50535人，出租房屋9642户。2016年，共登记流动人口12650人，注销17618人。

【户籍管理】 按照省公安厅、唐山市公安局的统一部署，自2014年4月至2016年年底，在全市开展为期3年的“错、重、假、难”户口登记管理专项清理整顿工作。至年底，各派出所均全部完成补报往年出生、补录、出生日期变更更正、无准迁证落户四类户籍档案的核查工作，并对户籍档案进行了自查自纠。全年排查出生日期差错92人、姓名差错60人、其他项目差错57人，对排查出来的差错全部纠正解决；排查出重复户口629人，已全部删除；清理应销未销户口192个，其中死亡未注销户口177个，服现役未注销户口15个。按照省公安厅、唐山市公安局《关于组织开展人口信息无相片人员清理核对工作的通知》要求，组织各派出所采取核对户籍档案和入户核查的方式，扎实推进无照片人员清理工作。全市18周岁以上无照片人员共计11478人，通过清理，注销2378人；删除重复户口633人；办理居民身份证人数3493人，空挂户口4896人，清理后剩余78人，核对率99%。根据公安部、省公安厅、唐山市公安局相关户籍政策，专门制定了《迁安市公安局吸纳人才户口迁入办法》，积极吸纳外来人口到迁安经商或办企业落户，并按照统筹规划、分类推进的原则，制定推出一系列宽松的户口政策。全年办理人才类落户101人，公共地址落户23人，其他类户口迁移892人。按照省公安厅、唐山市公安局的安排部署，开展为群众省内及省外部分地区异地办理居民身份证工作，全市受理异地二代身份证906个，制作省内异地临时身份证36个。

【“110”报警服务】 2016年，市“110”报警服务台接到各类报警电话115823个，有效接警35060个，均做到接警及时、指令准确、群众满意。全年回访案（事）件35060起，回访报警人35600余人，群众满意率99.8%。

【专项治理】 坚持强化日常破案打击和开展专项行动相结合，先后组织开展凤城百日攻坚会战专项行动、打击“盗抢骗”犯罪专项行动、“夏季风暴”暑期严打整治专项行动、“大排查、大收戒”禁毒专项行动、“天目－16”禁种铲毒专项战役、“蓝天清水”、“打击非法处置危险废物”等专项行动，始终保持对刑事犯罪的严打高压态势，为全市经济社会发展和人民群众安居乐业营造持续稳定的社会治安环境。

【刑事犯罪侦查】 全市13起命案即发即破；重点加大对绑架、敲诈、非法拘禁等暴力犯罪的打击力度，尤其是横跨两省三地、历时63小时成功侦破“10·24”绑架案；严打9类涉恶类犯罪，重点摸排、打击涉农黑恶势力犯罪，坚决遏制黑恶势力滋生、蔓延的势头，共破获9类涉恶案件39起，抓获62人，移送起诉41人；全局各警种互通信息、协调配合，抓获网上逃犯225人，其中历年逃犯31人，抓获绝对数位居唐山各县区之首；抓住群众最关心、反映最强烈的侵财犯罪问题，不断调整打防重点，成功破获系列串案9起，打掉犯罪团伙20余个；先后组织开展“大排查、大收戒”禁毒专项行动、“天目－16”禁种铲毒专项战役等严打专项行动，破获毒品刑事案件8起，抓获涉毒犯罪嫌疑人8人；查获吸毒人员94人，其中新滋生54人；行政拘留吸毒违法人员90人，强制隔离戒毒22人，社区戒毒17人；本着“防范为先，打击跟进，减少损失，务求实效”的原则，扎实开展防范宣传、紧急止付、异地协作等各项工作，立电信网络诈骗刑事案件261起、行政案件364起，开展集中宣传活动5次，紧急止付206起，异地协作侦查破案65起，使群众免遭财产损失近百万元。

【食品药品犯罪侦查】 会同相关行政监管部门开展联合执法检查50余次，召开案件协商会议4次，为全市食品药品市场健康有序发展发挥了积极作用；深入开展食品药品打假“利剑”“两战三治理”等专项行动，严厉打击各类食品药品犯罪，保卫人民群众食品药品的消费安全，立食品药品案件6起，抓获各类嫌疑人6人，破获生产销售不符合安全标准的食品案（粉条）4起，协助调查集群战役18起；针对食品中非法添加罂粟壳的行为，邀请北京市产品质量监督检验院人员，对全市30余家火锅店、麻辣烫店、板面店进行突击检查，查出问题火锅店1家。

【破坏污染环境犯罪侦查】 先后开展“迎世园、保平安”凤城百日攻坚会战和省公安厅“2015利剑斩污”“蓝天清水”“打击非法处置危险废物”等专项行动，立刑事案件5起，上网追逃9

人，抓获1人，移送起诉4人；查处行政案件39起，行政拘留46人。同时，开展打击“散小乱污”企业专项整治行动，重点查处18家小颗粒厂和小石灰窑，震慑了环境污染违法犯罪活动；与市水务局、环保局等部门密切协作，组织开展水污染防治工作，共排查企业13家。

【经济犯罪侦查】 对合同诈骗、信用卡诈骗、职务侵占等经济犯罪，特别是非法集资、非法传销等涉众型经济犯罪给予严厉打击。受理经济案件24起，信访案件10起，立刑事案件11起，破获9起，刑事拘留9人，逮捕4人，抓获逃犯4人，移送检察机关审查起诉案件12起、19人，涉案2100多万元，为群众挽回经济损失160余万元，与外地兄弟单位协查办理20起，协查处理“泛亚有色”、E租宝、芝麻金融、心未来等大型涉及全国的涉众案件调查。

【安全保卫】 遵照上级公安机关统一部署，按时启动2016年暑期环秦安检查防控工作，制定了《2016年暑期安保工作方案》《2016年暑期安保社会面治安管控工作方案》等多个专项工作方案，明确职责任务，防止各类嫌疑车辆、重点人员、危险物品由迁安市进入秦皇岛市域。制定详细工作方案和应急处置预案，落实多项执勤查控措施，圆满完成中共十八届六中全会安保工作。发挥公安机关多警协调、整体作战的优势，对各类重大活动现场、驻地及周边的治安、交通、消防安全进行严密布控，以最高、最细的工作措施，圆满完成里约奥运会拳击项目亚大区资格赛、全国公路自行车冠军总决赛、轩辕阁开阁、2016中国迁安国际长城万人徒步大会、2016“魅力水城·绿色迁安”经贸洽谈会等重大活动的安保任务。此外，还圆满完成2016国际山地越野马拉松赛、全国体育传统项目学校联赛田径比赛、中国科学院副院长丁仲礼一行到迁安等20余项大型活动的安全保卫工作。

【治安防控体系建设】 在全面落实《迁安市公安局武装巡控工作方案》的基础上，结合社会治安形势，制定《迁安市公安局关于开展火车站、汽车站等人员密集场所警务联勤联巡工作的实施方案》，加强对人员密集场所的武装巡逻，将繁华商业街区、金融网点、党政机关等人员密集区域、重点要害部位、治安情况复杂路段作为“必巡线”和“停靠点”，坚持车巡与步巡相结合、公开与隐蔽相结合的方式，最大限度地屯警街头，提高街面见警率。大力开展“红袖标”工程建设，建立警民大防控工作机制，各巡控单位在巡控办的指导下组建8000余人的志愿者队伍，并组织志愿者培训，市公安局巡控办定期对各巡控部门志愿者工作情况进行督导，发现问题，及时整改，全年“红袖标”志愿者提供有价值线索20余条。建成出城、出市“两级封控圈”，全市监控点位达到489个，形成较为完备的社会治安防控体系，有力遏制了各类违法犯罪。

【治安管理】 始终坚持开展反恐情报信息搜集，密切关注网上涉恐舆论动向，及时梳理汇总和分析研判，共搜集上报情报信息130余条。采取明察与暗访相结合的方式，对全市1个一类重点目标、10个二类重点目标、3个三类重点目标进行反恐防范督导大检查6次，同时对城区5家大型超市、全市42个加油站进行检查，确保绝对安全。全年指导辖区派出所核查涉恐关注人员140余人次。加强反恐防暴宣传培训，6月初，组织全市各反恐成员单位、公安局各科（所、队）召开全市反恐工作会议。6月24—25日，邀请省、唐山市专家对市公安局各科（所、队）一把手、部分中层干部、基层派出所民警进行反恐专题培训。

【危爆物品管理】 对辖区内26家涉爆从业单位和12座储存库开展专项检查，督促单位、企业严格落实危爆物品管理规定。对2家烟花爆竹批发经营企业的储存库进行检查，对库存产品来源、流向逐一核对，特别是加大对废弃厂房、出租房、闲置院落等全面排查，防范烟花爆竹安全事故。开展危爆物品枪支弹药清缴整治行动，收缴枪支14支、子弹1112发、炸药281.5公斤、雷管32枚、仿真枪50支、爆竹180.8万头、组合烟花501件；查处涉枪案件1起，采取强制措施1人；检查涉枪单位5家，整改隐患2起；检查涉爆单位116家次，整改隐患9起。

【行业场所管理】 持续开展对歌舞厅、洗浴中心、足疗店、电子游艺厅等场所的治安检查，对不按规定上传信息的场所进行处罚，规范娱乐服务场所的经营管理。采取日常检查与专项行动相结合，定时检查与随时抽查相结合的方法，加强对机修业、废品收购业的治安检查，进一步规范全市行业场所的治安管理，遏制违法犯罪势头。全年组织集中清查行动2次，召开行业场所会议1次，检查旅馆1321家次、歌厅60家次、足疗56家次、洗浴45家次、废品收购站27家次、机动车修理21家次、开锁业322家次、物流寄递业394家次、典当行10家次，限期整改3家，现场整改16家。

【内部单位管理】 按照《企业事业单位内保治安保卫工作条例》要求，加强对重点单位安全保卫工作的指导，严格落实重点单位、要害部位人防、物防、技防措施，确保机关首脑、用水、供电、医院、金融单位、金银珠宝经营场所等重点、要害部位的绝对安全。开展护校安园工作，定期开展校园安全大检查，协助疏导交通，及时排除校园及周边安全隐患，市区各责任单位和各乡镇派出所严格落实“护学岗”和上放学时段校园门口及周边巡逻守护勤务制度，做到校园周边重点时段“见警察、见警车、见警灯”。

【交通管理】 以“压事故、保平安、保畅通、树形象”为总体思路，积极开展交通违法行为整治行动，全力预防和减少重特大道路交通事故，确保辖区道路交通安全有序。全年，查处各类交通违法行为162100起，其中无证驾驶93起、假牌18起、酒后驾驶232起（醉酒77起）、涉牌8459起、涉证109起、超员76起、超载212起、改型260起。2016年，全市发生交通事故7092起，死亡168起、182人，伤3102起，直接经济损失1053.68万元。

【消防建设与管理】 继续以节假日和重大活动安全检查为契机，对全市各消防重点单位、人员密集场所进行多次拉网式消防隐患排查整改；召开微型消防区域联防工作推进会，开展区域性联防演练，发挥微型消防站“一分钟出警、三分钟到场、五分钟处置”的优势，提高社会单位扑救初期火灾的能力。2016年，共接处警1859起，其中火灾1515起，抢险救援和社会救助344起，出动消防车2037辆次，消防官兵13124人次，抢救被困人员133人，抢救保护财产价值2700余万元，灭火成功率100%。8月，在天洋商业广场召开微型消防站建设部署会，年内，在全市84家社会单位、17个社区建成了101个微型消防站。在全市财政收入紧张的总体形势下，投资2500万元建设的特勤消防站于2016年1月投入执勤。投资300多万元，新购置了举高喷射、大型水罐等3部消防车和器材装备。贯彻落实“预防为主、防消结合”的消防工作方针，采取多形式、多举措、多渠道进行消防宣传培训。先后投资15万余元，在京秦高速公路迁安支线、迁安西高速口、京哈高速迁安高速口制作安装5块消防宣传广告牌；投资6万元，在3辆公交车车身、9辆公交车车尾张贴消防宣传画面，在130辆公交车LED屏上滚动播放消防宣传标语；消防大队5名现役干部和20名消防文员组建成“消防宣传骑行队”，经常利用业余时间骑行到农村，开展消防宣传和隐患排查；消防宣传车每周末利用半天时间在综合商业广场开展消防宣传，全年开展49次，发放宣传材料3.8万余份，提高了群众的消防安全意识及自防自救能力，全市形成人人重视消防、关心消防的良好氛围。

【出入境管理】 严格执行面见申请人、调查询问等出入境管理制度，严防法定不批准出境人员和登记备案的国家工作人员隐瞒身份蒙混出国（境）现象的发生，年内，阻止了27名未按规定出具单位意见的国家工作人员和7名法定不准出境人员。以人民满意为最高标准，做好出境、入境两方面工作，全年受理公民护照申请4570人次，港澳通行证申请2488人次，大陆证申请629人次，到迁安住宿境外人员1424人次。秉承“外事无小事”的工作理念，推动公安派出所将境外人员纳入实有人口管理，完善境外人员住宿登记管理工作，圆满完成2016里约奥运会拳击项目亚大区资格赛及2016中国迁安国际长城万人徒步大会境外人员的服务管理工作。全面掌握辖区内涉外信息、动态，及时发现、查处涉外案（事）件，处置境外记者到迁安采访事件13起，查处行政案件2起，处理违法单位2家，处理违法行为人4人。

【监所安全】 在每周组织一次安全检查的基础上，增加“重点拘室随时查、重点人员定时查、发现问题及时查”的常态化安检，及时堵塞安全漏洞，消除事故隐患。科学合理安排警力，在监控巡视等重要岗位增加警力，缩短巡视间隔，各岗位互相配合，做到无缝衔接，对工作中发现的问题相互告知，及时处置，形成合力。主动争取地方财政资金支持，在原有系统基础上增加管教智能终端、仓前屏、所外就医防脱逃、监控联网（监室、值班室、管教室、讯问室、律师会见室、医务室等重点部位联网均已达标）等八大信息系统。同时，加强对监所医疗质量、医疗安全、传染病控制等工作的监督管理和指导，在2016年上半年唐山市公安局关于进一步加强全市监管场所重点工作考核评比中，迁安市看守所分别在远程监控巡视方面、深挖犯罪方面、看守所八大系统信息化建设方面被评为成绩突出单位，并在河北省公安厅组织的监管场所执法规范化检查中受到各地领导的一致好评。

【典型案例】 1月2日，市公安局刑侦大队、杨店子派出所、迁钢治安分局和网安大队密切配合，协力攻坚奋战3昼夜，成功侦破“2015·12·30”杀人抢劫案，将犯罪嫌疑人刘某某（男，48岁）收入法网，追缴赃款4.29万元。

1月4日，市公安局刑侦大队与夏官营派出所紧密配合，迅速破获一起故意杀人案，将犯罪嫌疑人张某某（男，44岁）抓获归案。

3月5日，市公安局快速反应，强力出击，成功破获一起致2人死亡的故意杀人案，将犯罪嫌疑人王某某（男，34岁）抓获归案。

3月8日，市公安局刑侦大队在网安大队的协助下，一举抓获盗窃犯罪嫌疑人魏某某（男，36岁），破获马兰庄、大崔庄、蔡园、杨店子、阎家店、迁安镇一带村委会、药店、学校、手机店、卫生院被盗案50余起，涉案价值10万余元。

3月12日，市公安局刑侦大队与木厂口派出所、松钢保卫处密切配合，联手打掉一涉案6人的跨省流窜盗窃犯罪团伙，破获盗窃松钢企业设备物资案2起，涉案财物总价值80余万元。

4月2日，市公安局刑侦大队缉毒中队与唐山市公安局禁毒支队三大队联合作战，架网布控，成功破获一起非法持有毒品案，将犯罪嫌疑人陶某（男，38岁）收入法网，缴获冰毒640余克。

4月29日，市公安局刑侦大队与沙河驿派出所密切配合，破获一起致1死1伤的故意杀人案，将犯罪嫌疑人郑某某（男，47岁）抓获归案。

5月28日，市公安局野鸡坨派出所与刑侦大案二中队闻警而动，密切协作，破获一起故意伤害致死案，将犯罪嫌疑人田某某（男，37岁）抓获归案。

6月1日，市公安局刑侦大队连续作战近50个小时后，成功破获致1死2伤的“5·30”故意杀人案，将犯罪嫌疑人邓某某（男，51岁）抓获归案。

6月16日，市公安局刑侦大案一中队紧跟线索深挖细查，直捣犯罪嫌疑人藏匿处所，将盗窃犯罪嫌疑人刘某某（男，20岁）抓获归案，破获迁安城区入室盗窃、盗窃商铺案22起，涉案价值20余万元，取得打击“盗抢骗”犯罪专项行动的重大战果。

7月5日，市公安局刑侦大队在唐山市公安局刑警支队、技侦支队以及北京市平谷区公安局刑警支队的全力支持下，成功侦破“7·2”故意杀人案，将犯罪嫌疑人魏某某（男，31岁）抓获归案。

7月8日，市公安局刑侦大队全员出击，在唐山市公安局技侦支队的协助下，成功打掉一盗窃企业物资团伙，抓获7名犯罪嫌疑人，初步审查破获迁安、首钢、京唐港等地盗窃企业物资、电缆、摩托车系列案件35起，涉案总价值40余万元。

7月22日，市公安局刑侦大案一中队在局领导的指挥调度下，经过缜密侦查，成功抓获强奸、抢劫犯罪嫌疑人金某（男，41岁），经两日的审讯攻坚，破获“2016·6·17”强奸、抢劫案1起，“2007·8·16”入室强奸、抢劫案一起，“2016·3·1”拦路强奸、抢劫案一起，缴获价值5000余元的三星S7手机一部。

7月29日，市公安局刑侦大队与太平庄派出所通力协作，侦破一起故意杀人案，将犯罪嫌疑人徐某某（男，30岁）抓获归案。

8月19日，市公安局刑侦大队与扣庄派出所全力合作，快速出击，破获一起故意伤害致死案，将犯罪嫌疑人王某某（男，65岁）抓获归案。

10月27日，市公安局在市委、市政府、市委政法委的大力支持下，在唐山、秦皇岛、山东德州两省三地公安机关的密切协作下，成功侦破8岁男童被绑架案。10月24日19:20许，年仅8岁的韩某（男，2008年生，迁安市杨店子镇人）在其母陪同下，于迁安滨河社区一居民楼下被两名劫匪驾车绑架。警方连续奋战3个昼夜，63个小时，于27日10时许，在德州禹城将犯罪嫌疑人王某某（男，40岁）、肖某（男，20岁）、王某（男，34岁）抓获归案，在昌黎县城将犯罪嫌疑人李某（男，26岁）抓获。4名犯罪嫌疑人全部抓获归案，人质被安全解救出来。27日下午，广大市民得到这一消息后，自发组织欢迎仪式，在迁安高速路口等待凯旋的英雄及男孩的归来。17时许，公安干警带着被解救的小男孩，以及押解回来的犯罪嫌疑人，顺利抵达迁安。

11月17日，市公安局刑侦大队经缜密侦查、连续2昼夜集中收网，成功打掉一诈骗企业物资犯罪团伙，抓获以裴某某（男，38岁）、刘某某（男，34岁）为首的涉案成员11人，破获系列案件100余起，涉案金额100余万元。

市公安局

副市长、局党委书记、局长 李凤春（12月离）
党委副书记、政委 卢智慧
党委副书记、副局长 张小峰（9月离）
康　永（回族，9月离）
党委委员、副局长 宋耀兴（9月离）
张自忠（9月离）
李火箭（9月离）
高建立（9月离）
秦　东（9月离）
李英刚（9月离）
彭明辉（9月离）
吴　云（9月离）
张建山　万向阳
刘书良　杨永红
党委副书记、主任科员 张小峰（9月任）
党委副书记 康　永（回族，9月任）
党委委员、主任科员 宋耀兴（9—12月）
张自忠（9月任）
李火箭（9—12月）
高建立（9月任）
秦　东（9月任）
李英刚（9月任）
彭明辉（9月任）
吴　云（9月任）
党委委员、纪委书记 王铁林
政工监督室主任 王铁林（兼）
指挥中心主任 丁　帅（满族）
警务保障室主任 张存国（11月离）
法制大队（2月之前为法制室）大队长
王晓林（满族）
刑侦大队大队长 雷志刚
刑侦大队教导员 王亚群
刑侦大队副大队长 侯均好
治安大队大队长 朱宝云（蒙古族，12月离）
交警大队大队长 陈小勇
交警大队教导员 唐学军
交警大队车管所所长 王建民
巡特警大队大队长 郝　明
国保大队大队长 范颖红（女，满族）
经侦大队大队长 张玉中
经侦大队教导员 孙勇杰（12月离）
环安大队大队长 刘玉国
看守所所长 常福元（回族）
看守所教导员 李　冲
城关派出所所长 周玉川
城关派出所指导员 江通华

扣庄派出所所长　马建海
夏官营派出所所长　刘成新
彭店子派出所所长　王春林
彭店子派出所指导员　陶　辉
野鸡坨派出所所长　李振军
野鸡坨派出所指导员　刘玉宝
沙河驿派出所所长　石复兴
太平庄派出所所长　王建波
木厂口派出所所长　郭志勇
赵店子派出所所长　庞银生
杨店子派出所所长　杨进荣
蔡园派出所所长　王　新
蔡园派出所指导员　曹洪波
大五里派出所所长　陈永喜
建昌营派出所所长　蔡之恒
阎家店派出所所长　任仲江
阎家店派出所指导员　侯锡成
上庄派出所所长　王立平
杨各庄派出所所长　李文军
五重安派出所所长　王利文
迁钢治安分局局长　白广存
滦河治安派出所所长　潘玉柱
公交治安派出所所长　孟祥东
森林公安局局长　王永红
城市管理派出所所长挂任城管局副局长　时维伟

（何雪源）

检　察

【概况】 2016年，迁安检察机关围绕全市经济社会发展大局，顺应人民群众对公共安全、反腐倡廉、司法公正、权益保障的新期待，忠实履行检察职能，服务发展、维护稳定、保障民生。重点打击严重刑事犯罪。全年批准逮捕292件364人，提起公诉550件724人。对重大疑难刑事案件，提前介入侦查4次。开展六类“另案处理”人员专项检察活动，监督掌握81名“另案处理人员”的处理情况。坚持贯彻宽缓刑事政策。继续推行刑事和解、检调对接、释法说理等工作机制，对主观恶性小、犯罪情节轻微、社会危害不大的犯罪嫌疑人依法不批捕39人，不起诉5人，有效减少社会对抗，促进社会和谐。加强对未成年人的特殊司法保护，贯彻慎捕慎诉原则，开展未成年犯罪嫌疑人社会调查、分案起诉、回访帮教、犯罪记录封存等工作，强化对未成年人的教育、感化和挽救，先后对22名未成年犯罪嫌疑人开展有针对性的心理疏导工作，向法律援助中心发出法律援助通知书15份，实现法律效果与社会效果的有机统一。进一步落实检调对接、刑事和解等制度；畅通和规范群众诉求表达渠道，积极推进在法治轨道内解决群众的合理合法诉求，纾解矛盾处理群众控告、申诉、举报90件，接待群众来访132人次。强化对困难群众、弱势群体司法保护，落实刑事被害人救助制度，发放救助金2万余元。

坚持从严治检，既发挥好党组书记牵头抓总的作用，担负起党组主体责任，又发挥好纪检组长第一执行人的作用，履行好纪检部门监督责任。全面落实司法规范化建设，使内部监督覆盖办案全过程，让每位干警将规范司法作为思想自觉和行为习惯。8月，市检察院完成第一批入额检察官工作，并逐步探索实施内设机构扁平化、检察人员分类管理，保持工作的良好衔接和过渡，为下一步各项改革任务的推进打下良好基础。

【预防或惩治腐败】 打击腐败专业化。专案侦办工作强势推进。连续三年参与省纪委专案查办工作，先后查办了一批有影响力的大案要案，侦查能力受到省纪委和省检察院的高度认可。查办职务犯罪工作持续发力。坚持有贪必肃、有腐必惩。积极查办权力集中、资金密集、资源富集部门和岗位的案件，加大对群众身边腐败犯罪，特别是“小官大贪”的查处力度。2016年，共立案查办17起职务犯罪案件，其中贿赂犯罪11件11人，渎职侵权犯罪6件6人，其中查办科级以上干部4人，特大案件2件，通过办案挽回经济损失2000余万元。推进惩防体系建设，在健全职务犯罪预测预警机制的基础上，深度融合侦查和预防资源，紧密结合侦查办案开展预防工作，推动建立融预防犯罪、内控制度、风险管理于一体的廉政风险防控体系。对重点部门、重点岗位的干部职工进行警示教育2000余人次；针对重点领域开展预防调查3次；受理行贿犯罪档案查询484次；利用信息网络，为全市科级以上领导干部订阅手机报，定期推送反腐动态和典型案例。

【法律监督】 法律监督常态化。1. 侦查活动监督。共监督公安机关立案18件，追捕犯罪嫌疑人13人，发出书面纠正违法通知书50份。对不符合逮捕条件的43名犯罪嫌疑人作出不批准逮捕决定。纠正侦查活动违法34件，追诉漏犯27人，追诉漏罪58起。2. 审判活动监督。在用实抗诉手段的基础上，灵活运用检察建议和纠正违法等措施，使监督的外延更广、内涵更深。提出刑事抗诉3件，对法院近年18起中止审理后被长期搁置案件开展专项监督并发出检察建议，法院迅速对这些案件启动相应法律程序，已有11起案件解除中止，进入相应审理程序。3. 民事行政检察监督。全面开展审判活动监督、执行活动监督、督促履行职责监督以及支持起诉工作。发出督促行政机关履行职责检察建议73件，发出审判违法行为监督检察建议49件，协助市院办理案件35件。4. 刑罚执行监督。发出监管活动违法通知书12件，开展社区矫正监督21件，对25名嫌疑人进行羁押必要性审查，符合变更强制措施的有13人，保持了逮捕审查的严肃性和准确性。责成专人负责"两法衔接"平台工作，至年底，有23个成员单位完成系统登录，录入行政执法人员信息553条，行政处罚案件2033件。监督行政执法机关移交案件2件2人，查阅辖区19个公安派出所近年行政处罚案件400余件，促进了依法行政。深化检务公开工作，通过案件信息网上公开平台发布案件程序性信息728件、法律文书641篇、重要案件信息16篇。开通检察微信、微博等新型媒体平台，为社会各界了解、监督检察工作提供便利。

市人民检察院

检　察　长　孙玉军
副 检 察 长　李求军　冯小军　侯继春
　　陆爱东（9月离）
反贪局局长　赵　珍（9月离）
　　侯继春（9月任，兼）
反贪局副局长　邵富强　刘　政
反渎职局局长　陆爱东（9月离，兼）
　　冯小军（9月任，兼）
反渎职局副局长　刘利军　马睿敏（女）
政治处主任　李靖奎
纪检组组长　王向林

（孙超凡）

法　院

【概况】 2016年，市人民法院下设机构31个，分别为：城关法庭、夏官营法庭、杨各庄法庭、建昌营法庭、赵店子法庭、大崔庄法庭、杨店子法庭、沙河驿法庭、马兰庄法庭、刑一庭、刑二庭、少年法庭、民一庭、民二庭、民三庭、婚姻家庭法庭、金融法庭、交通法庭、行政庭、审监庭、立案庭、诉讼服务中心、信访办、水政庭、计生庭、法警队、政治处、监察室、审管办、办公室、司法技术辅助室。全年市法院受理各类案件8059件，审结7024件，为全市经济发展、社会和谐稳定提供了强有力的司法服务和保障。

【刑事审判】 打击犯罪，保护地方平安。全年受理各类刑事案件626件，审结577件，判处751人。依法严惩严重刑事犯罪，审结故意伤害、抢劫、强奸等犯罪案件114件129人。依法打击侵财犯罪，审结盗窃、诈骗、敲诈勒索等犯罪案件94件141人。维护公共安全，审结交通肇事、危险驾驶等犯罪案件234件238人。保持司法反腐高压态势，审结贿赂、玩忽职守等犯罪案件13件24人。坚持宽严相济原则，对情节较轻、有悔罪表现的被告人，依法从宽处理，适用缓刑或单处罚金刑229人。扎实推进量刑规范化工作，提高控辩双方对量刑结果的认同度。加大刑事附带民事案件调解力度，全年为刑事案件的被害人及其家属挽回经济损失883万余元。

【民商审判】 定纷止争，化解社会矛盾。全年受理各类民商事案件6856件，审结5887件，其中调解撤诉3179件。以保障民生为重点，妥善审结婚姻家庭、交通事故、劳动争议等案件1819件，有效地维护了人民群众合法权益。以规范市场行为为重点，高效审结买卖、保险、租赁等合同纠纷案件1358件，有力地促进了社会诚信体系建设。以有效防范化解金融风险为重点，依法审结金融借款和民间借贷纠纷案件1329件。以化解社会矛盾为重点，关口前移、重心下移，加大诉前调解力度，全年诉前调解纠纷243起。

【行政审判】 良性互动，推动依法行政。全年受理行政案件及非诉行政执行案件577件，审结560件。工作中，认真落实“保护合法权益、促进依法行政、优化司法环境、化解行政争议”的要求，以协调解决行政争议为重点，健全当事人诉权保护、非诉案件审查等长效机制，统筹兼顾保障当事人合法权益与监督支持行政机关依法行政。同时，推动落实行政机关负责人出庭应诉制度，行政负责人出庭应诉渐成常态。

【服务经济转型升级】 主动服务，提前介入，成功调处多起涉及重点企业、重点项目的矛盾纠纷和影响稳定的重大突发事件。对涉及困难企业应收货款纠纷，坚持快立、快审，依法保障企业的正常生产经营。强化企业帮扶，通过灵活运用保全措施、债转股等形式，帮扶有市场前景的涉案困难企业调解纠纷、维持生产、渡过难关。同时，多次到重点企业调研，全面了解钢铁企业在转型升级过程中遇到的新情况、新问题，依法提供法律帮助。全年审结涉企案件812件，有效推动了辖区经济健康发展。

【司法为民】 关注民生，满足群众司法新需求。建成诉讼服务大厅、诉讼服务网、“12368”诉讼服务热线“三位一体”的诉讼服务中心，为当事人提供线上线下、方便快捷的诉讼服务。大力推行巡回办案，打通司法服务群众“最后一公里”，深入社区乡村、田间地头巡回办案560件。积极推行网上预约立案、远程视频庭审、远程视频接访，让司法更加贴近人民群众。推行案件繁简分流，开展案件速裁，确保难案精审、简案快结，降低当事人诉讼成本。

能动司法，积极参与社会治理。构建诉非衔接多元纠纷解决机制，委托、邀请调解案件399件。加强未成年人犯罪案件审判工作，建立判前社会调查、判后回访帮教、轻罪记录封存等制度，依法“教育、感化、挽救”未成年人。深入开展巡回审判、送法下乡以及和谐乡镇、和谐社区共建等活动232场次，提高群众的法制意识。加强司法建议工作，就关于解决农民工欠薪等问题及时提出司法建议，为党委、政府及有关部门依法、科学决策提供参考。

【司法公开】 深化司法公开，打造阳光司法。加强网上预约立案工作，由专人每天对网上立案信息进行查询、汇总和下载登记，全年共网上预约立案394件。进一步规范案件信息录入工作，全年公开案件流程信息6109件，实现100%公开。依托数字化法庭，推进庭审网络直播和录播工作，全年共网络直播庭审683件。重视裁判文书上网工作，将符合上网条件的裁判文书通过中国裁判文书网予以公布，努力做到“应上尽上”，并完善文书上网实施细则及操作流程，确保上网文书质量。2016年，累计上网公布裁判文书4869件，文书公开率实现100%。同时，继续通过官方微博、微信，及时向公众传递最新司法信息。

【司法改革】 推进法官员额制改革，完成首批36名法官入额工作，将优质审判资源配置到执法办案第一线。推进审判权和审判管理权运行机制改革，落实以主审法官、合议庭为主体的办案责任制，建立办案权责清单，健全错案防止、纠正和责任追究机制，实现由审理者裁判、由裁判者负责。开展审判委员会工作改革，分设刑事、民事行政两个专业委员会，强化对审判工作的监督指导。深入开展涉诉信访机制改革，实行“诉访分离”，建立健全信访案件跟踪、督办制度，及时化解信访纠纷。全年化解信访案件65件。

【审判管理】 加强审判管理，实现高效司法。根据案由，划分各业务庭的审判任务，实现同类案件的专业化审理。严格案件流程管理，实现各个节点全程、无缝隙监控，并对审限情况进行全天候巡查，对临界审限案件及时催办、督办，确保案件在审限内及时审结。开展案件质量、文书和庭审评查，办案质量稳步提高，2016年，判决案件服判息诉率90%以上。同时，每月下发审判管理动态通报，将各项审判指标进行全方位比对，增强全院审判工作的前瞻性和能动性。

【法院队伍建设】 1. 以各项学习教育活动为载体，强化思想作风建设。扎实开展“两学一做”学习教育，改进司法工作作风，树立合格党员、合格法官的良好形象。开展向邹碧华、李保国等先进人物学习活动，提高干警的思想政治素质。2. 以提升综合素质为目标，强化司法能力建设。建立实训化培养机制，通过法官讲堂、庭审观摩、裁判文书评比、法律知识竞赛、岗位练兵等方式，提高法官适用法律、驾驭庭审、化解矛盾、撰写文书等综合能力。全年开展业务培训6次，组织业务考核4次，培训、考核实现常态化。3. 以源头防治为要点，强化司法廉洁建设。认真开展警示教育，引导广大干警保持高尚品格和廉洁操守，筑牢思想防线。深入开展“一问责八清理”专项行动，落实党风廉政建设主体责任和监督责任，及时发放廉政监督卡，开通网络监督举报平台，确保司法公正廉洁。

市人民法院

院长	王建民
党组副书记	张树安
副院长	张树安（12月离） 吴晓恒（满族，12月离） 张志远　李印付 任丽伟（女）　杨　江
政治处主任	雷志伟
纪检组组长	王秀田
专职审判委员会委员	张海祁　王子良 徐天文（女）
办公室主任	玄振红（女）

（张　倩）

司法行政

【概况】 2016年，全市司法系统以确保社会稳定和长治久安为目标，以有效解决影响社会和谐稳定的源头性、根本性、基础性问题为切入点，以保障民生为根本取向，加强司法行政队伍建设，发挥司法行政职能作用。全年排查调处各类矛盾纠纷1097起，调解成功1074起，调解成功率98%，没有因调解不当、不及时而引发的矛盾纠纷激化案件，确保了全市社会稳定。至年底，6个律师事务所担任法律顾问216家，办理各类诉讼事务1680件、非诉讼事务208件，解答咨询1780多人次，代写法律文书2970份，业务收入535.15万元。全市3个基层法律服务所办理诉讼事务310件、非诉讼事务178件，解答咨询400余件，代写法律文书415份，业务收入96万元，承担法律顾问69家。公证处办理公证事务1169件。司法鉴定252份，无错鉴情况。办理法律援助182件。法治宣传工作，举办法律咨询60场，印发宣传资料3.7万份、宣传品1.4万余份。做实社区矫正工作，全市累计接收社区矫正人员1023人，在册矫正人员426人，其中缓刑411人、假释7人、暂与监外执行7人、管制1人，假释人员到狱所接收率达100%。无脱管、漏管现象。在各乡镇的支持下，通过司法干警的共同努力，全市建立帮教组织556个，成员1668人。2016年，回归释解人员334人，全部进行了安置帮教，无一脱管、漏管，有效地避免了释解人员重新违法犯罪。

【人民调解】 1. 推进人民调解信息化建设工作。根据河北省唐山市关于加强人民调解信息化建设的相关文件要求，认真开展调研，已于3月、8月分两批次为18个镇乡389名民调主任安装“民调通”系统，完成了信息报送系统的专业培训。2. 做好矛盾纠纷排查化解工作。全市排查出各类民间纠纷1097起，调解成功1074起，调解成功率98%。3. 积极贯彻执行省、唐山市《关于进一步加强人民调解工作经费保障的意见》的文件精神，发放“以案定补”经费16700元，充分调动调解员在化解矛盾纠纷、维护社会稳定的积极性。

【基层基础】 1. 进一步抓好司法规范化建设。全面推行司法所标识统一化、制度规范化、档案标准化、服务便民化。落实司法所办公及业务用房，为司法所购置办公桌椅、会议桌椅、投影仪、执法记录仪等设备，司法所设施装备、经费保障水平进一步提升。至10月底，先后完成建昌营司法所、蔡园司法所、大五里司法所、木厂口司法所、马兰庄司法所、沙河驿司法所、夏官营司法所、彭店子司法所、太平庄司法所、扣庄司法所、五重安司法所、杨店子司法所、大崔庄司法所、阎家店司法所、城区办司法所，共15个司法所的规范化建设，司法所组织机构健全，保障能力进一步增强。2. 开展司法行政系统培训。为提高全市司法行政工作人员的法律知识运用水平，司法局利用第四季度，举办五期司法行政业务培训班。通过培训，全市司法行政工作人员法律知识水平明显提高，处理农村矛盾纠纷能力增强。

【社区矫正】 1. 组织全市20个司法所对社区矫正人员逐一排查摸底，做到底数清、方向明。至年底，审前调查评估235人，接收社区矫正人员1023人，解除597人。全市在册社区服刑人员426人，其中缓刑411人，假释7人，暂与监外执行7人，管制1人。2. 加强社区矫正人员管理。做好对社区矫正对象的个别谈话、集中教育、思想汇报、严格请销假制度、变更居住地等各项事项的审批。强化矫正对象的档案管理工作，做到一人一档，完善档案内容，矫正工作记录全部入档。加强社区矫正对象GPS定位手机的使用管理，使其充分发挥监管作用，实行全天候监控，对违反监管制度、不服管理的社区矫正人员进行处罚。至年底，给予警告处分17人，建议收监4人，已收监1人。

【普法依法治市】 1. 全面推进依法治理，认真落实“七五”普法规划。结合“六五”普法经验，进一步打造上射雁庄、北冷口村、白羊峪等农村普法宣传示范点，推进农村普法教育，打造明珠社区等普法宣传教育示范社区，发挥引领、示范、辐射全市创建活动的作用，推进创建活动向纵深发展。2. 广泛开展法治宣传，营造良好法治环境。坚持把宪法宣传放在首位，深入宣传宪法和国家基本法律，以“3·8”妇女节、“3·15”消费者权益保护日、“4·26”世界知识产权日、“6·5”世界环境日、“6·26”国际禁毒日、“12·4”宪法日等为契机，组织相关单位积极开展法治宣传活动，重点宣传与广大群众息息相关的法律法规，制作条幅120多条、展板86块，发放宣传资料3万余份。各镇乡开展法治集市、送法进村、法治讲堂等一系列法治宣传教育活动。受教育群众5万余人。通过法治宣传，引导群众依法参与社会管理、依法表达利益诉求、依法解决矛盾纠纷，为维护社会稳定营造良好的法治环境。3. 实施“七五”普法规划，努力形成“大普法”工作格局。扩大法治宣传教育平台，在依托广播、电视、报刊等媒体的同时，鼓励全市公民尤其是青少年投身到尊法、学法、守法、用法的热潮中，2016年6月17日，市司法局与教育局共同举办以“学法知识、与法同行”为主题的小学生讲故事、中学生演讲比赛，共评选出获奖作品51篇，推动全市中小学生学法知法，实践与法同行的一次有益实践。扩大普法宣传，出资10万元编制宣传专题节目《法治迁安行》在全市各镇乡巡回展演，以寓教于乐的方式普及法律知识，深受群众欢迎。利用互联网、手机平台，开通“迁安普法”微信，有法律专业知识的人员不断上传普法知识，社会关注人数不断增多，普法覆盖面不断加大。4. 继续推进领导干部、公务员学法用法工作。12月，组织市直单位、乡镇干部职工和县处级干部参加法律知识考试，参考率100%，合格率100%，对推动各级领导干部学法用法，提高领导干部的法律素质和依法办事能力起到重要作用。

【律师及基层法律服务】 规范管理法律服务市场，加强对法律服务工作者和法律服务市场的监督与指导，加大投诉、查处力度，推进法律服务诚信建设，规范法律服务秩序，提高服务水平。

深化法律服务专项活动，把民生领域作为法律服务的重点，开展重点项目法律服务，组织参与接待信访活动，推进社会矛盾化解。年内，全市律师所担任法律顾问216家，办理各类诉讼事务1680件、非诉讼事务208件，解答咨询1780多人次，代写法律文书1015余份。基层法律服务所担任法律顾问69家，办理各类诉讼事务310件、非诉讼事务178件，解答咨询5000余人次，代写法律文书430份。

【公证】 组织全体工作人员认真学习新出台的各项法律法规，提高依法执业水平。健全制度，强化管理，加强对公证员的职业纪律和职业道德培训。全年办理各类公证事务1169件，其中民事703件，经济类466件，未出现假证、错证。

【司法鉴定】 加强培训，提高鉴定人员素质，保证鉴定质量。健全完善工作制度，先后制定并实施了回避制度、集体讨论制度、假错鉴责任追究制度、学习讨论制度和档案管理制度，落实司法鉴定诚信执业管理办法，建立鉴定人诚信执业档案，规范司法鉴定执业行为，全年作出司法医学鉴定书252份，准确率100%。

【法律援助】 5月12日，迁安市综合法律援助中心正式运行，办公地点在市行政审批中心。开展法律援助案件质量评估工作，于12月底，组织专业人员对2016年法律援助案件进行10%抽样评比，对于优秀法律援助卷宗进行表彰，对于存在的问题进行通报。继续本着应援尽援的原则，降低援助门槛，加大便民服务措施，开辟农民工、老年人、未成年人绿色通道，凡需要援助的追索劳动报酬、劳动关系和工伤的案件，一律免于经济困难审查，对于追索赡养费、抚养费、交通事故、医疗事故的老年人和未成年人也免于经济困难审查。全市无论手机和座机均可免费拨打“12348”法律援助热线，免费获得法律咨询帮助。至年底，通过热线解答法律咨询1486人次，较好的为全市弱势群体提供了法律帮助。至2016年，全市建有法律援助工作站38个，19个乡镇和1个街道办事处，市妇联、共青团、工会、残联、武装部、看守所等全部建立法律援助工作站，并较好地发挥了作用。全年办理法律援助案件182件，其中刑事10件，民事172件，有效地援助了社会弱势群体，司法公证得到保障。

市司法局

局　　长　王　钧
副 局 长　朱长宝　曹东艳（女，12月离）
主任科员　刘东松
副主任科员　刘少武
政治处主任　张建君（女，满族）

（吕志远）

地方武装

【概况】 2016年，市人民武装部（以下简称人武部）深入学习习近平主席系列重要讲话，中共十八届四中、五中、六中全会和全军政治工作会议精神，按照“维护核心、自觉看齐、坚定追随”的标准要求和军分区党委决策部署，围绕“持续抓基层、连续打基础”的总体思路，着眼改革大局强军魂，聚焦能打胜仗强能力，扭住作风建设强队伍，坚持全面建设强基础，深化融合发展强作为，民兵队伍训练水平和遂行任务能力有效提升，人武部全面建设和全市国防后备力量建设取得新进步。1.“两学一做”学习教育开展深入扎实。部党委把学习教育作为推动全面建设的重要抓手，部领导亲自组织、亲自指导推动。一是精心筹划组织。教育开展前，收集梳理基层需要重点解决的问题，建立情况通报、督导检查等工作机制，并组织应知应会内容测试，对学习教育情况进行督导检查，保持了大事大抓、强势推进的良好态势。二是深入动员发动。在组织参加两级军区动员部署会后，认真组织补充动员和学习讨论，利用宣传栏、橱窗、横幅标语等营造浓厚氛围，激发参加学习教育的内在自觉性。三是扎实组织学习。把党章党规作为必学内容，采取集体学习、个人自学、领导授课、外请辅导等形式，组织全体党员干部认真学习规定篇目，筑牢维护核心、看齐追随的政治品格。四是灵活方式方法。3月，以“学党史颂党恩、为党旗添光彩”为主题，分别组织重温入党誓词、党史军史教育、党员集体过政治生日等活动，提升全体党员的政治自觉和思想认同。2. 民兵整组和军事训练稳步提升。3 月下旬，安排部署整组工作，开展了调查摸底、方案制定、宣传教育、调整队伍等工作。4 月初，对 20 个基层武装部的软、硬件建设进行检查督导，提出整改意见，补齐了基层建设“短板”。4 月 5 日，召开由主管市领导、专武干部和民兵代表共 110 余人参加的全市民兵应急队伍开训动员部署会，军分区参谋长庞保全到会指导并检查了国防训练基地。2016 年，全市 20 名专武干部有 18 名为新任职人员，为此利用一周时间进行专题培训，对民兵整组、兵役征集等业务知识进行强化，并就森林防火、应急维稳等科目的组织指挥进行训练，增强了专武干部的组训施训能力和业务水平。6 月，唐山军分区司令员吴小潭带领机关工作人员对全市整组工作进行检查验收，并对民兵应急分队进行拉动点验，抽查了迁安镇和木厂口镇两个基层武装部的建设情况，均给予很高的评价。3. 年度兵员征集任务圆满完成。一是广泛深入动员。5 月中旬，开展了兵役登记工作，利用网络、手机、农村广播等广泛宣传发动，在每个乡镇的主干路口、重点部位悬挂不少于 5 条的条幅。在市文化广场组织征兵宣传活动，在市中心黄金地段布设巨型征兵海报，公开征兵咨询电话，极大地激发了适龄青年的参军热情，先后有近千人次上门或电话咨询相关问题。二是扎实做好各项准备工作。召开征兵工作会议，分别组织了政审培训和体检培训。根据省军区信息化体检要求，部领导积极与市政府协调，投资 12 万元对人民医院体检中心相关设备器材进行改造升级，确保了征兵体检工作顺利进行。年内，全市参加初检初审的 1194 人，合格 951 人，学历审查后上站 864 人，体检合格 412 人，圆满完成上级赋予迁安 254 人征采任务。三是坚决贯彻“全面衡量、择优征集”的定兵原则。针对应征青年报名人数多、上站体检人数多、体检政审双合格数量多的实际情况，着眼提高兵员文化素质，经党委会研究决定，在定兵之前对双合格人员进行了文化测试。通过文化测试，淘汰了部分文化水平较差的青年，进一步提高了全市的兵员质量。4. “四个秩序”规范化建设不断巩固。为深入贯彻落实唐山军分区《人武部“四个秩序”规范化建设实施细则（试行）》要求和军分区“四个秩序”（战备秩序、训练秩序、工作秩序、生活秩序）规范化现场观摩会精神，坚持“全面规范、全面建设、全面落实”的标准，组织人员实地参观见学，科学制定整治规范方案，完善各种计划预案，配套相关软硬件设施，进一步规范机关工作生活秩序。此外，在安全管理上，抓好经常性教育和经常性管理，突出人、车、枪、弹、密、财等管理重点。定期组织召开安全形势分析会，针对存在的问题和安全隐患及时整改。严格军车使用审批制度，加强驾驶员安全行车教育。严格落实涉密文电、载体登记、借阅、存放等相关制度，全面夯实安全稳定的根基。严格落实财务制度，坚持党委理财。在战备值班上，认真落实战备值班制度，值班首长和值班员全时保持在位，及时了解当日辖区内重大灾情和突发情况，并及时做好处置。加大应急分队备勤力度，做好遂行应对突发情况的准备。在一日生活制度上，狠抓个人作风养成和八小时以外的管理，严格按照条令规范个人言行。5. 军民式融合发展深度推进。认真贯彻落实省委关于进一步解决新形势下双拥工作重难点问题的意见，大力开展“助力强军·服务国防”“助力小康·服务人民”系列活动，为迁安籍现役官兵寄发慰问信，为其家庭悬挂光荣军属牌，协调解决涉军维权案 10 余件。扎实开展拥军工作。高标准建设迁安市国防教育训练基地，先后保障民兵训练 800 多人次，接待游客 2 万余人次，取得良好的军事效益和社会效益，被评为省级国防教育示范基地。国防教育亮点突出，为纪念中国共产党成立 95 周年、红军长征胜利 80 周年和唐山抗震 40 周年，在全市范围内开展了“老少共叙中国梦”读书征文活动。5—10 月，组织以“弘扬伟大抗战精神、同心共筑强大国防”为主题的知识竞赛活动。一系列活动的开展，增强了全民国家安全意识、国防意识、忧患意识，激发了爱国热情，在全社会形成了关心和支持国防建设的良好氛围。

（杜彦伟）

【吴小潭到迁安检查指导工作】 6 月 24 日，唐山军分区司令员吴小潭到市人武部检查民兵整组和安全管理工作，对迁安市民兵应急连反恐维稳排进行了拉动点验，并进行突发火情处置演练。对迁安镇、木厂口镇民兵整组工作采取拉动点验与人员抽查相结合的方式进行考核。吴小潭对迁安市人武部整组工作和安全管理工作给予充分肯定，同时也提出了存在的问题，希望迁安不断提高和完善。12 月 26 日，唐山军分区司令员吴小潭到迁安检查指导“四个秩序”工作，重点检查了战备秩序和工作秩序等落实情况，对战备各库室建设和办公设施的改进提出很高要求，为迁安市人武部进一步巩固提高“四个秩序”建设水平指明了方向。

（邓海洋）

市人民武装部

部　　长　王建伟（7 月离）
（8—12 月空缺）
政　　委　李红军
副 部 长　肖存锐
国教办副主任　马红礼
民兵训练基地　张　江

（杜彦伟）

人民防空

【概况】　2016 年，按照“长期准备、重点建设、平战结合”的方针，认真贯彻实施《中华人民共和国人民防空法》，深入开展“两学一做”活动，坚持活动与工作紧密结合，高标准、高质量地完成了人防工作宣传、工程管理、指挥通信、工程审批等方面工作。

【人防宣传教育】　按照省、唐山市两级人防部门部署，深入推进人防宣传教育“进机关、进学校、进企业、进社区、进网络”工作，利用一年一度的“7·7”防空试鸣和法制宣传日活动，发放宣传手册 1 万多份。并通过电视、报纸等新闻媒体，广泛宣传人防知识，提高群众人防意识，使人民防空深入人心。

【人防工程管理】　规范防空地下室建设管理，依法依规开展审批工作，确保“结建”建收率达到 100%。严格落实防空地下室竣工验收要求，推动已建成防空地下室应验尽验，及时入统。全面加强人防工程质量监督和设计、审图、监理、防护设备生产安装等业务单位质量行为监管，强化质量监督检查，做到质量监督全覆盖。

【人防指挥通信体系建设】　制定完善警报建设规划，多次进行技术练兵，与省、唐山市及各县区人防办达到信号互通，按要求开展短波电台、海事卫星电话训练。在深入研究现代空袭与反空袭作战特点、新战法、新措施和全面收集数据资料的基础上，做好修订本级防空袭预案准备工作。对本地区重要经济目标摸底调查、定级分类，明确防护措施，建立电子文档。加强抢险抢修、医疗救护、消防、治安、防化防疫、通信、运输 7 种人防专业队伍建设，完成整组训练任务。

【人防工程审批】　1. 严格审批，公正执法。审批过程中，积极会同市住建局、规划局对审批事项严格审查、把关，批复时对工程应建面积进行严格的核准，提出明确要求。在“结建”审批过程中，严格依法按程序履行行政许可职能，做到应建尽建。对于确因地质等原因不能修建人防工程的项目，依法征收易地建设费，做到应收尽收。全年受理行政审批申请 7 项，收取易地建设费 1191.4 万元。2. 建档立卷，规范有序。市人防办认真对“结建”审批项目案卷进行审查，严格按照行政规范性文件制定和备案规定的要求，制定规范性文件和法律文书。所有案卷均按照河北省、唐山市人防办要求的审批流程、相关法律法规条款进行组卷，卷内审批依据准确，程序正确，符合人防工程审批标准。做到“有件必备、有备必审、有错必纠”，一案一卷，统一编号。

市人防办

分 管 领 导　邹建会（市政府办主任科员）
协助分管领导　张少春（市政府办副主任科员）

（祁艳红）

农业

综 述

【概况】 2016年，迁安农业以“生态、富民、高效”为主线，以现代农业园区建设为引擎，以项目建设为载体，以科技为支撑，强化新型农业经营主体培育，发展适度规模农业和农业产业化经营，转变农业发展方式，推进农业供给侧结构性改革，实现农业农村工作有序健康发展。至2016年，市农业畜牧水产局连续十年被唐山市农牧局评为“唐山市农业重点工作优胜单位”“农业科技服务”“互联网+农业发展”“休闲观光农业”“发展规模经营”“农业综合执法”等先进单位。农业综合执法大队被评为2016年度全国农业综合执法示范窗口单位。在第七届唐山农产品交易会上，唐山乡伊香生态农业开发有限公司生产的“迁安粉条”入选“最受喜爱的唐山十大地方名吃”。2016年，全市农林牧渔业总产值74.7亿元，同比增长1.7%。其中，农业产值35.6亿元，同比增长2.1%；牧业产值35.3亿元，同比增长1.3%。粮食播种面积3.72万公顷，粮食总产量20.8万吨，同比增长3.8%；蔬菜总产89.4万吨，同比增长0.5%；实现生猪出栏74.6万头，同比增长0.3%；家禽出栏735.1万只，同比增长1.3%；肉类总产8.6万吨，同比下降1%。

【农业产业化】 2016年，全市围绕现代农业建设和农业结构供给侧改革，立足现有资源和产业基础，瞄准市场需求，把培大育强特色优势产业作为农业产业结构调整重点，在优势产业挖掘特色，在特色产业培育亮点，用工业思维谋划农业，实施龙头带动战略，抓好农业龙头企业建设和基地建设，全市产业化工作取得长足发展，全市有88家农业产业化龙头企业，其中省级龙头企业2家、唐山市级龙头企业20家，同时，年内培育申报一家省级龙头企业（迁安三元），省产业办网上已公示完毕，待正式发文确定。全市有唐山市级以上农民专业合作社示范社8家，其中国家级1家、省级3家、唐山市级4家。年内，春良绿色蔬菜种植专业合作社和正农鹅养殖专业合作社被评为省级示范社。农业产业化经营率达到76.1%。

【农业结构调整】 按照《唐山市农业结构调整三年行动计划》要求，迁安以“提质增效转方式、稳粮增收可持续”为主线，加快农业组织形式和经营方式创新，积极优化区域布局，调整种植产业结构和产品结构，推进全市传统农业向现代农业加速转变。出台相关扶持政策，对农业供给侧改革等项目予以奖励，加快了农业结构调整步伐。2016年，调减籽粒玉米1066.67公顷、小麦260公顷、水稻6.67公顷；调增青贮玉米565.33公顷、花生388公顷、杂粮258公顷、蔬菜66.67公顷、林果55.33公顷。

【农业科技推广与示范】 围绕全市确定的玉米、杂粮、花生、生猪4个主导产业，依托农业龙头企业、农民专业合作组织，建立文华玉米种植专业合作社玉米示范基地、太平庄乡尚庄村迁安市谷之乡林果种植专业合作社谷子示范基地、迁安市隆兴农业科技示范场花生示范基地、迁安市华农发展有限公司养殖示范基地4个，总面积80公顷，规模3万头。示范推广沈玉29、京科968、富有7、登海605等玉米新品种和统一品种、统一播种、统一管理、统一病虫害防治、统一机械化收获的五统一玉米生产新模式；瑞谷1号、懒谷2号、金谷5号、金谷6号等谷子新品种；花育22、花育36、冀花6、冀花16花生新品种，吡虫啉、生物磷钾肥拌种防治地下害虫及土传病害、测土配方施肥、生产种植全程机械化、膜下滴灌等花生生产技术；“杜长大”三元杂交猪和增加配料次数，使饲料水平随着猪的生长需要而变化，从而使饲料营养更能满足猪的需要的阶段饲喂法等新生产模式、新技术、新品种20余项。全市范围内选定科技示范户2000户，生猪养殖示范场40家，辐射带动全市新品种的普及和新技术的应用。

【农业品牌创建】 至2016年年底，全市有农副产品注册商标272个，其中省名牌产品4个，省著名商标5个，唐山知名商标6个。2016年，新申报唐山知名商标农产品企业4家，即兴阳百益、亚滦湾、乡伊香、迁安板栗协会，同时新申报河北省著名商标企业3家，即兴阳百益、乡伊香、迁安板栗协会，省工商部门已审核通过，待2017年年初发证。市国明生态农业开发公司、桃园林果种植专业合作社、贺春蔬菜种植合作社等13家农业企业或合作社完成有机农产品认证（转换期）24个。2016年6月，迁安市燕禾泉饮料公司在石家庄股权交易所成功完成“新四板”挂牌上市，同时更名为“河北燕禾泉食品有限公司”。8月底，迁安市乐丫农产品科技开发公司在石家庄股权交易所顺利通过答辩，成功挂牌，同时更名为“唐山乐丫实业股份有限公司”。以上两家企业为下步在“新三板”正式挂牌上市奠定了坚实基础。

【农民负担监督管理】 开展农民负担专项治理活动。年内，对涉农乱收费乱摊派进行专项清理整治，严格落实农村中小学学生自愿订阅教辅资料、农村建房零收费、城乡电费同网同价；实行种粮补贴、良种补贴、农资综合直补、农机购置补贴“一卡通”。同时，对整治中发现的个别村超限额订阅报刊费和建房押金问题进行及时整改。全面完成承担的省农民负担监测项目。年内，选择迁安镇、蔡园镇2个乡镇4个村34户为监测户，并按时开展农民负担监测。

【村级公益事业建设一事一议财政奖补项目】 实施村级一事一议项目。年内，组织申报村级一事一议项目63个，涉及筹资人数58281人，筹资总额174.843万元，争取各级奖补资金1513万元。

【农村信访】 积极调处化解信访案件。全年受理信访案件15件，已结案15件，办结率100%；接待来人来电政策咨询268人次。

【土地流转】 至2016年，全市累计完成农村土地经营权流转交易面积9077.67公顷。年内，新增土地流转面积251.4公顷，全市土地流转率23.3%，1.33公顷以上规模土地流转率83.7%，合同签订率100%。新增迁安市建基土地股份专业合作社、迁安市蟒山土地股份专业合作社、迁安市博昌土地股份专业合作社、迁安市韩伟土地股份专业合作社、迁安市勤财土地股份专业合作社5家土地股份专业合作社。

【农民培训】 利用迁安被列入国家级新型职业农民培育示范县的政策机遇，2016年，完成培育新型农业经营主体带头人323人，完成认定职业农民260人。培训涉及蔬菜、果树、粮油三大类主导产业，培训学员覆盖上庄、建昌营、大崔庄、扣庄、大五里等10个镇乡。同时，开展基层巡回讲座10场次，培训130人；现场指导150场次，培训2.5万人；组织参观学习3次，培训140人；赶科技大集5场次，培训2万人；制作发放光盘500张，发放图书2000册，发放资料1800本；利用科技进村服务站宣传，辐射5万人次。

【农资管理】 年内，对全市300余家农资经营单位、30余家农产品生产基地负责人开展培训2次，在8个区域站开展放心农资下乡活动8场次。全年农业综合执法大队出动宣传人员73人次，举办现场咨询活动7场次，接待咨询群众1000余人次，发放宣传材料1万余份。出动执法人员1435人次，执法车辆276台次，检查农资经营门店565个次，农产品生产基地240个次，发出责令整改通知书6份，蔬菜生产基地采样48个，检测合格率100%。圆满解决农资投诉纠纷7起。

【农资打假】 把好农资产品市场准入关，从源头上杜绝各类违法违规农资产品进入流通领域。通过广泛宣传培训及展示活动，农资生产经营者守法意识进一步增强，广大农民识假辨假及正确选购农资的能力得到提高，营造了全社会关心和支持农资打假工作的良好氛围。此外，对全市8家农资经营代理商提交的50个大宗农资品种进行严格审查，将合格产品予以备案，抽检境内销售的农资样品和标签108个，发布问题产品预警2次，送唐山市检测样品96个，检测结果均合格，查处违法违规行为58起，查扣涉嫌不合格农资8.35吨，立案6起，结案6起，罚没款5550元。通过监管关口前移，严格执行备案、审查、退出制度，从源头上杜绝了各类违法违规农资产品进入流通领域。农业综合执法大队被评为2016年度全国农业综合执法示范窗口单位、唐山市农业综合执法工作先进单位。

【农村集体经济管理】 继续开展股份制改革，探索村集体经济有效实现形式。起草《迁安镇南关村股份经济合作社章程》，在充分征求各方意见后定稿，积极办理合作社注册事宜，于8月初完成合作社全部注册工作，标志着迁安市第一个农村集体股份经济合作社成立。开展业务培训，提高队伍素质。与市财政局联合举办4期全市农经政策业务培训班，以农村财会业务知识、“三资”（农村集体的资金、资产、资源）管理政策法规等为主要内容，对全市534个村的村主任、助理会计和19个镇乡农经站的工作人员进行业务培训，累计培训人数1200人次。

【农村集体经济审计】 开展“三资”管理专项审计，提高村集体“三资”管理水平，拟订了审计工作实施方案，制定审计内容、审计底稿、审计流程、审计方法，召开全市农村集体资金资产资源管理专项审计工作会议；审计镇乡代管村集体资金，确保村集体资金安全运行，对全市镇乡农村财务代理服务中心的代管资金管理情况进行专项审计，共审计代管资金3.16亿元；实施信访审计，有效维护农村社会稳定，坚持“依法审计，服务大局，围绕中心，突出重点，求真务实”的工作方针，及时开展相关农村信访事项的审计调查，查处违规行为，稳妥解决群众的热点和难点问题，调查信访案件9件。

市农业畜牧水产局

局长	（11月离）
	宋俊合（12月任）
副局长	张继青
	吴振强（12月离）
	常志军　田立军
	侯　勤　张存平
	全维瑶
主任科员	裴立新
农业产业化办公室主任	刘向辉（5月任）
农业综合执法大队大队长	冯艳武（5月任）
新能源办公室主任	何国梁（5月任）

（刘保军）

农业综合开发

【概况】 2016年，农业综合开发工作围绕“加强农业基础设施建设，改善农业生态环境，积极推进农业产业化经营”这一主题，把结构调整作为主线，继续加强农业基础设施建设，发展高效节水农业，改善农业生产条件，推进农业产业化经营，实现农业增产、农民增收的目标。

【杨各庄镇生态综合治理项目】 完成2016年度杨各庄镇生态综合治理项目。根据《河北省农业综合开发办公室关于2016年农业综合开发第一批资金土地治理项目计划批复》的通知精神，迁安市2016年度生态综合治理项目总规模626.67公顷，项目地点位于杨各庄镇。项目共完成投资1015万元，其中中央财政投资725万元，省财政配套232万元，迁安市本级财政配套58万元。

项目建设共完成新打机井56眼，修复配套17眼，修建蓄水池6座、集雨水窖4个；节水管道77.1公里；高低压输变电线路21.3公里，新增变压器13台（套），电力增容1220千伏安；食用菌栽培技术示范推广3.33公顷，完成农民技术培训100人次。通过项目建设，新增节水灌溉面积626.67公顷，年新增粮食产量75.9万公斤，新增种植业产值222.5万元，新增净利润191.9万元。此外，项目建设通过节水技术的推广应用，有效缓解水资源紧缺的局面，改善区域生态环境，为实现农业的可持续发展奠定了基础。项目建设中，严格执行项目建设监理制、县级报账制、工程和物资招投标制以及项目公示制等制度、办法，严格操作程序，广泛接受社会监督，确保项目建设规范运行。

【产业化经营项目】 根据省农业综合开发办公室批复，2016年，迁安市农业综合开发产业化经营项目共有2个，一是迁安市春良绿色蔬菜种植专业合作社的“迁安市4.67公顷设施蔬菜扩建项目”，总投资310万元，其中中央财政投资105万元，省财政配套34万元，迁安市本级财政配套8万元，春良绿色蔬菜种植专业合作社自筹163万元。项目占地4.67公顷，建日光温室22座，购置卷帘机34台（套），电动喷雾器22台（套），变频水泵2台（套）。二是迁安市丰盛蔬菜合作社的“迁安市4.13公顷设施蔬菜扩建项目”，总投资360万元，其中中央财政投资122万元，省财政配套39万元，迁安市本级财政配套10万元，丰盛蔬菜合作社自筹189万元。项目占地4.13公顷，建日光温室23座，安装输水管道770米，修建4米宽水泥路144米，购置卷帘机23台（套）。通过项目建设，年可新增蔬菜产量100万公斤，新增种植业产值358.68万元，利税134.54万元，新增就业52人，带动农户141户，直接带动农民增收223.64万元。

（马晓军）

种植业

【概况】 2016年，全市加大新品种新技术宣传推广力度，强化病虫草害监测预警和农资市场监管，提高专业化统防统治能力，开展良种繁育与推广，实施了产粮大县、产油大县、测土配方施肥、耕地质量保护与提升等一批国家、省级重点项目，全市实现粮食总产20.8万吨，同比增长3.8%；油料总产3.4万吨，同比增长7.2%；蔬菜总产89.4万吨，同比增长0.5%。加速发展高端设施农业，完成迁安市春良、全文、利益食用菌等5个高端设施蔬菜标准园改造提升，发展高端设施面积66.67公顷。

【粮食生产】 2016年，全市种植的粮油作物主要有小麦、玉米、花生、甘薯、大豆、谷子等。其中，小麦播种面积5933.07公顷，总产2.89万吨，主要品种有唐麦8、轮选987、京9843等；玉米播种面积为2.57万公顷，总产15.11万吨，主要品种有东单8、登海605、华青28、纪元1号等；花生播种面积1万公顷，总产3.37万吨，主要品种有花育25、花育36、冀花6、邢花6等；甘薯播种面积1753公顷，总产1.22万吨，主要品种有冀薯98、冀薯4、苏薯7号等；大豆播种面积1784公顷，总产0.64万吨；谷子播种面积507公顷，总产2192吨。

【蔬菜生产】 全市蔬菜播种面积1.54万公顷，总产113.32万吨，其中设施瓜菜播种面积7993.33公顷，设施种类有高标准日光温室、竹木结构大棚及中小拱棚。种植的瓜菜主要有甜瓜、西瓜、白菜、黄瓜、菠菜、番茄、青椒、西葫芦、萝卜、葱、蒜、豆角、韭菜、食用菌等。其中，大白菜播种面积3166.67公顷，产量24.74万吨，每公顷产值1.79万元，主要品种有北京新三号、春秀、小杂系列等；黄瓜播种面积2186.67公顷，产量28.34万吨，每公顷产值18.15万元，主要品种有津优37号、38号，洛克，则吉，绿岛5，绿岛6等；番茄播种面积1326.67公顷，产量14.06万吨，每公顷产值15.75万元，主要品种有金鹏一号、卡依罗、合作918、东亚超美等；甜椒播种面积453.33公顷，产量2.35万吨，每公顷产值11.49万元，主要品种有中椒7号、冀椒六号、海丰68、津椒15

号、津椒13号等；西瓜播种面积659.33公顷，产量4.36万吨，每公顷产值9.08万元，主要品种有京欣一号、朝甜二号、抗列瓜王等；甜瓜播种面积1400公顷，产量8.78万吨，每公顷产值11.08万元，主要品种有景甜1号、红城20号、永甜十一、顶甜二等；西葫芦播种面积493.33公顷，产量4.41万吨，每公顷产值11.12万元，主要品种有京葫1号、京葫3号、嫩玉西葫芦等；茄子播种面积506.67公顷，产量2.96万吨，每公顷产值11.2万元，主要品种有快圆茄、京茄1号、黑凤凰、黑茄王、圆丰一号、京圆一号等；豆角播种面积833.33公顷，产量2.65万吨，每公顷产值12.23万元，主要品种有绿龙、压塌架、双冠王等。

【农业实用技术】 实施设施标准园改造提升工程，打造高端设施农业样板，为提升全市设施果菜生产能力和质量效益，推动设施果菜园区化生产、规模化经营和产业发展，完成了迁安市春良、全文、利益食用菌等5个高端设施蔬菜标准园改造提升，依托该项目引进、示范绿岛3号、绿岛5号黄瓜等蔬菜新品种10个，试验示范面积33.33公顷；引进设施蔬菜熊蜂授粉、补光灯等生产新技术5项，示范面积133.33公顷。加快示范集约化育苗、水肥一体化、防虫网、粘虫板、频振式杀虫灯、性诱剂等生态栽培技术的应用，减少设施蔬菜生产的农药用量；扩大蔬菜水肥一体化技术的覆盖率，实现节水节肥目标，为全市蔬菜生产实现高产高效提供了技术保障，保障了全市蔬菜质量。

【病虫草鼠害防治】 2016年，随着农业有害生物预警与控制区域站的投入使用，依托区域站及各测报网点，全市预测预报水平得到提升。可重点对主要作物60余种病、虫、草、鼠开展监测，全年发布病虫测报15期，预报准确率90%以上，印发病虫防治资料1万份，制作播出内容为预报信息及防治技术“农技电波”、新闻短片5期。重点推广一批绿色防控集成技术及高效植保机械，加大专业化服务组织的扶持力度，提高其服务能力，专业化统防统治工作稳步推进，病虫害防控能力不断提高，达到预期目标。至2016年，在植保站登记备案的专业化统防统治组织有22个，日服务能力达到500公顷，全年全市各类病虫草害专业化统防统治面积9万公顷，病虫草危害总体损失率控制在5%以下，主要农作物病虫害专业化统防统治覆盖率达到37%以上，绿色防控覆盖率达到30%以上。全年开展两次灭鼠，发放鼠药45吨、灭鼠技术宣传资料34万份，农区鼠害危害损失控制在5%以下，农户鼠密度控制在2%以下，全面达到“防灾、防病、保粮、保安全、保生态”的农区鼠害防控目标。

【良种繁育与推广】 全市玉米重点推广了华青28、登海605、京科968、郑单958、东单60、先玉335等综合性状好、抗病性强、产量高的优良品种，优种普及率100%；花生重点推广冀花5、冀花6号、邢花6号、花育16号、花育33号、花育36号等适应迁安种植的优种，优种普及率100%。

【测土配方施肥】 全年测土配方施肥技术推广面积3.13万公顷，配方肥施用面积达到1.6万公顷，其中玉米测土配方施肥面积2万公顷，花生测土配方施肥面积8000公顷，蔬菜1333.33公顷，板栗、核桃等测土配方施肥面积2000公顷。免费为10万户农户提供测土配方施肥技术服务，创建新型经营主体测土配方施肥示范面积1333.33公顷以上，每公顷节本增效450元以上。同时，采集和分析土壤样品300个，实现县域所有行政村和土壤类型“全覆盖”。统筹安排田间试验示范。安排粮食作物“3414”肥效试验3个、肥料校正试验3个、中微量元素单因子肥效试验3个和经济园艺作物田间肥效试验3个；推广使用配方肥，补贴配方肥12030袋（40公斤/袋），按照每袋补助10元的标准，补贴总额为12.03万元，建设标准化配方肥服务网点4个，补充完善触摸屏、智能配肥设备等，开展测土配方信息查询和现场混配服务。

【植物检疫】 春秋两季，重点对市域内所有种子经销商及苗木花卉基地依法进行检疫监控检查。检查各类种子40余万公斤，对有害生物不间段的监控22次，立结案2起。通过短信、微信、赶集等多种形式，有效开展“植物检疫宣传月活动”。

【蔬菜质量检测】　全年在市场、超市、蔬菜生产基地抽样检测样品16.2万个，检测合格率99.99%以上；完成蔬菜、土壤、水等样品常规检测501个，出具有价值的检测报告214份；完成省农业厅在迁安基地、市场抽样送检（GPS定位）蔬菜样品20个，唐山市农牧局在迁安市场、基地抽样、送样18个，检测合格率100%。组织参加省技术监督局组织的培训14人次；组织全市农产品检测人员参加省技术监督局组织的农产品检测技术人员培训35人次，并获得合格证。

【种子管理】　对全市重点种子经营户进行备案登记，累计备案种子40万公斤，确保全市种子经营规范有序进行。

【农药管理】　按照省、唐山市执法监管精神，依据《唐山市人民政府关于打击制售使用高毒高残留农药的通告》内容，坚持工作重心下移，以是否建立农资商品进销台账，是否出具信誉卡和是否经营假劣农资、甲胺磷等禁用高毒农药为重点，上下联动，开展农资打假、高毒农药整治以及卫生杀虫剂、农药残留物超标、农产品质量安全、“三品一标”（无公害农产品、绿色食品、有机农产品和农产品地理标志）等一系列专项执法行动，全市未发现经营和使用高毒农药现象。

（刘保军）

农业机械

【概况】　2016年，迁安农机化事业健康发展。到2016年年底，全市农机总动力1111471千瓦，农机综合作业水平85%以上。农机仍全部为农民个体经营。农机装备总量增长迅猛，结构进一步优化，一大批农机化实用新技术得到广泛推广应用，农机项目进展顺利，农机管理和农机安全监理进一步规范，全年实现农机安全生产无事故，为全市农业经济又好又快发展提供了有力保障。

巩固提高小麦全程机械化、甘薯全程机械化，推广玉米收获机，实现花生、玉米全程机械化技术的推广应用。实施“小麦机收—麦秸粉碎还田—夏玉米铁茬播种”一条龙机械化作业，有效解决秸秆焚烧问题，改善农业生态环境，玉米全程机械化有了良好开端。全年完成机耕面积2.14万公顷，机播面积4.40万公顷，机收面积1.10万公顷。拥有自走式玉米收获机5台、自走式小麦联合收获机1台、自走式花生收获机1台、报废更新自走式小麦联合收获机1台，试推广机械化深松666.67公顷。

【农机种类】　全市农机种类有：轮式拖拉机、手扶拖拉机、玉米联合收获机、旋耕机、深松联合整地机、双轴联合整地机、铧式犁、穴播机、小麦条播机、微耕机、田园管理机、花生摘果机、微灌设备、水稻插秧机、孵化机、粮食烘干机、花生2行收获机、挤奶机、卷帘机、冷藏罐、喷杆式喷雾机、饲料混合机、饲料搅拌机、送料机、压块机、压捆机、铡草机、贮奶罐。

【农机购置补贴】　2016年，中央安排迁安市农业机械购置补贴专项资金334万元，完成298.12万元。共签订指标确认书614份，受益户492户，补贴机具664台。其中，拖拉机163台（套）；播种机129台（套）；收获机56台（套），包括自走式玉米收获机5台、自走式小麦联合收获机1台、自走式花生收获机1台、报废更新自走式小麦联合收获机1台；田园管理机133台（套）；畜牧机械90台（套）；旋耕机93台（套）。

【农机监理】　遵循“以人为本、预防事故、保障安全、促进发展”的原则，强化“农机安则农机兴，农机兴则农业强”的理念，依法履职，落实责任，优化服务，创新发展。年内，迁安农机监理站实行“免征农机监理收费，实施平安农机”的惠民举措，农机监理实行全部免费政策。农机驾驶员人均节约成本300—400元，这一政策深受广大农户欢迎，并在河北省、唐山市农机监理系统产生深远影响，作为先进典型加以推广。迁安农机监理站被河北省监理总站评为安全生产工作先进单位。按照全覆盖、零容忍、严执法、重实效的总要求，开展农机安全生产监督检查、“打非治违”专项行动、“平安农机”创建活动等，排查事故隐患，纠正违法违规行为，防范事故风险；围绕新型现代农业经营主体、现代农业园区、各类专业合作社、农机大户以及龙头企业等进行农机安全监督与管理，农机安全生产形势向好。

（刘保军）

林　业

【概况】 全市林业工作围绕“魅力水城、绿色迁安”总体目标，以“四环、三沿、两山”（环城镇、环园区、环厂企、环村庄；沿路、沿河、沿街；荒山、矿山）为重点，攻坚克难，全年完成营造林3546.67公顷，全力构建市域生态绿色屏障。全年累计完成义务植树100万株。至年底，全市有林地面积5.02万公顷，森林覆盖率43.8%。2016年1月，迁安遇到有气象记录以来的极端低温，造成核桃、板栗等树种干冻害普遍发生，后半年雨量偏大且集中，市林业局多次派出大量的科技骨干人员下乡，进行技术指导，最大限度地保护了果农利益，全市干鲜果品产量1.68万吨。

【造林绿化】 2016年，全市共完成营造林3546.67公顷，其中人工造林1880公顷、封山育林1666.67公顷。京秦高速迁安支线绿化带拓宽工程完成86.67公顷；北部长城山野绿道绿化提升工程完成96公顷；西部森林生态绿道绿化提升工程，路肩及边坡绿化长度4000米，边沟外可视范围绿化完成16.66公顷；东部滨河田园绿道工程完成29.33公顷；绿色廊道网完善提升工程完成174公顷；美丽乡村建设连村路绿化工程完成40.93公顷；其他重点区域绿化完成840.06公顷；环城区及环园区绿化完成260.67公顷。截至2016年年底，全市有林地面积达到5.02万公顷，森林覆盖率达到43.8%。

【林果产业】 通过组织技术人员调查落实地块巡回技术指导等方式，谋划完成精品果园3000亩。组织果树技术培训，促进果品增产增收，涌现出李保国似的先进性人物。市林业局通过组织技术人员调查落实地块，下乡进行技术指导等工作，谋划实施精品园工程，年内，已完成晚熟品种的验收工作，下步计划做好采后指导和总结提高工作。开展精品园建设工程，极大地提高了全市果树管理水平，有效地应对了2016年的气象灾害，果品产量质量和经济效益均有较大幅度提升。年内，市林业局成立了“绿色支农志愿者协会”，围绕果树种植、中药材种植、林下经济和特种养殖等内容，以室内理论培训、现场技能操作培训、科普大集发放技术资料等形式，完成林果技术培训100余场次，培训果农9000多人次，解决林果技术难题100多个，深受广大果农欢迎。高级农艺师张东升被评为“河北省李保国似先进人物”，10月又荣登“河北好人”榜。

【林业行政执法】 廉洁高效做好行政审批工作，一是严格执行森林采伐凭证采伐和限额管理制度，确保森林资源持续增长、永续利用。全年办理商品林采伐1.33万立方米，其中纳入采伐限额管理采伐8865.2立方米，严格控制在年度采伐限额14021立方米内；未纳入采伐限额管理采伐4446.1立方米，共核发林木采伐许可证307张。二是加强林地管理，先后为5个项目办理使用林地审核审批手续，收取植被恢复费85.68万元。三是规范审批行为，提高办事效率。窗口推行延时服务、创新服务、容缺服务等服务模式，在中心综合考评中，林业窗口名列前茅，被授予“红旗窗口”，工作人员多次被授予“爱岗敬业先进个人”“文明服务先进个人”“延伸服务先进个人”“优秀共产党员”等称号。至年底，核发国内森林检疫证39张，办理网上木材运输许可证3张、木材经营加工许可证2件。四是配合河北省林业调查规划设计院，历时一个半月圆满完成国家第九次森林资源清查和河北省森林资源二类调查工作。

【公益林管护】 至2016年，全市拥有7480公顷公益林，市林业局为了加强公益林管理，特别是对国家公益林的管理，采取多项措施。在明显位置修建永久性指示牌120块，与全市81个村签订国家公益林管护协议，与各镇乡签订公益林管护责任状，严禁违法占用林地、乱砍滥伐等行为，有效地保护了森林资源。

【野生动物保护】　市委、市政府高度重视生态环境建设，近几年每年营造林面积都在5万亩以上，滦河综合开发治理形成14平方公里的大湖美景，迁安市逐步成为众多野生鸟类良好的栖息地和迁徙“驿站”。2016年，市林业局投入大量的精力和物力，在迁安城区黄台湖、三里河、龙山等地观测记录到野生鸟类120余种。观测到的火烈鸟为世界濒危物种，此发现不仅在迁安市尚属首次，在同纬度地区亦非常罕见；同时，观测到国家一级保护动物大鸨、东方白鹳，国家二级保护动物白天鹅、灰鹤、猎隼等15种。出版《迁安生态鸟类》供大家传阅。主要采取三项措施保护野生动物，一是充分调动社会生态环保志愿者的力量，利用网络、电视、广播、报纸等媒体加大野生动物保护知识和法律的宣传力度，在全社会营造积极向上的生态环保氛围；二是自发组织野生动物保护协会、陆生野生动物站，积极开展救助，先后救助野生动物30余只；三是认真贯彻落实省、唐山市会议精神，加大对非法贩卖、盗猎、危害野生动物的打击力度，查处没收捕鸟网20余片、1000多米。

【森林防火】　做好全市5.02万公顷有林地的防火管理，确保森林火灾发生率0.3‰以下。2016年，全市认真落实省、唐山市森林防火工作会议精神，坚持“预防为主、积极消灭”的森林防火方针，狠抓责任制落实、防火宣传、野外火源管控及隐患排查等工作，采取班子成员深入分包镇乡督导检查，特殊时期轮流值守等措施，全年未发生大的森林火灾。

【森林执法】　打击各类涉林违法犯罪，严厉查处各类涉林违法案件，其中行政案件11起，刑事案件4起，有力打击了犯罪分子的嚣张气焰，有效地保护了林业资源安全。同时，对于信访案件，本着有一起化解一起的原则，查根源，堵漏洞，化解不稳定因素，最大限度地把矛盾纠纷化解在基层，把问题解决在当地，把隐患消除在萌芽状态。

市林业局

局　　长　付立军

副 局 长　花立军　刘俊甲（12月离）

主任科员　孟令连

副主任科员　郭树明（12月离）

市森林公安局

局　长　王永红

政　委　胡国东

（李晓松　马红月）

畜牧水产

【概况】　2016年，全市以“健康养殖、绿色养殖、高效生产、品牌创建”四大主题为主线，按照分类指导、突出重点、梯次推进的思路，围绕稳定畜产品供给、优化畜产品结构、提高畜禽生产性能、改善生产环境、提高管理水平为重点开展工作，呈现出以猪、鸡、牛为主导产业，鹅、羊等多种畜种共同发展的新格局。全市生猪存栏49.65万头，出栏91.02万头；肉鸡存栏209万只，出栏1019万只；蛋鸡存栏277万只，出栏163万只；奶牛存栏2.29万头；肉牛存栏5.54万头，出栏7.6万头；羊存栏13.24万只，出栏17.29万只。猪肉产量6.9万吨，鸡蛋产量3.9万吨，牛肉产量1.22万吨，牛奶产量8.39万吨。

【规模化养殖】　依托龙头企业建设，大力发展规模健康养殖。一是依托迁安市华农发展有限公司、迁安市顺鑫小店种猪繁育有限公司、迁安市正宇农牧有限公司等年出栏万头以上猪场延伸产业链条，创建自主品牌，扩大市场占有率，推动全市生猪产业的发展。二是稳定传统肉禽主产区生产，通过扶持、壮大杨各庄镇迁安市朱雁华花卉有限公司、彭店子乡迁安市春牧人养殖有限公司等现代化龙头企业建设，以合作社为纽带带动周边农户一起走养殖致富之路。三是坚持以迁安三元食品有限公司为龙头，重点扶持迁安市瑞安牧业有限公司、迁安市二牛畜牧养殖有限公司、迁安市智联农牧有限公司、迁安市广原奶牛养殖科技有限公司等存栏千头以上规模化牛场建设，通过“七吨奶”建设工程的实施，推动全市奶业发展进程。四是巩固特色产业发展成果，立足地方发展优势，因地制宜发展其他特色养殖，以迁安市迁安镇正农鹅养殖专业合作社为典型，加快建设一批有特色、上规模的特色养殖，通过政策扶持，加快特色畜禽发展方式转变，提升特色养殖标准化、规模化和产业化水平，积极开拓产业市场，促进特色产品深加工发展，提高经济效益。2016 年，全市登记备案规模化养殖场 780 个，畜禽规模养殖的规模化程度较高，生猪规模化率 92%，奶牛规模化率 100%，蛋鸡规模化率 96%，肉鸡规模化率 96%。养殖场建设及管理更加科学合理，达到备案条件的规模养殖场备案率达到 100%，已备案的规模养殖场全部建立畜禽养殖档案。

【畜禽产业标准化建设】 印发《迁安市农业畜牧水产局关于开展生猪养殖标准化示范创建工作的通知》，推动全市畜禽标准化示范场建设，本着公开、公平、透明的原则，通过新闻媒体宣传和张榜公布等形式，公开补贴政策、补贴标准和补贴范围，引导广大养殖场户参与示范场创建活动。2016 年，全市申请创建部、省、唐山市三级标准化示范场 12 家，其中申请创建部级标准化示范场 1 家，省级标准化示范场 3 家，唐山市级标准化示范场 8 家。建立健全示范场奖惩考核机制，推进标准化示范场建设力度，组织技术人员定期或不定期对示范场进行检查，对严格按照标准化要求组织生产、经营并有完整的生产记录档案的示范场，在农业产业化项目资金、支农资金等方面给予重点扶持，对不按标准化要求组织生产的示范场责令其限期整改，限期整改不彻底的，取消其标准化示范场资格。

【畜禽疾病防控防治】 严格执行“政府包密度，部门包质量”的防疫工作机制，做到组织领导、应急预案、责任任务落实“三到位”。2016 年，春秋两季签署各类责任状 3852 份，发放免疫告知书 1322 余份，3 月 9 日，在市职教中心完成全市 609 名村级协防员集中培训考试工作；发放禽流感疫苗 482.5 万羽、牛羊口蹄疫双价 77.8 万毫升、奶牛三价口蹄疫疫苗 19.5 万毫升、猪口蹄疫疫苗 43.5 万头份、高致病性蓝耳病疫苗 30.7 万头份、猪瘟疫苗 105 万头份、新城疫 1768.5 万羽、布病 74 万头份、小反刍兽疫 70.4 万头份、防护服手套 1300 套、注射器 16 万支、消毒液 8 吨；安排 2900 份样品抽样任务，其中监测规模养鸡场 29 个；散养禽 10 个行政村，监测规模猪场 25 个，监测规模牛场 7 个，免疫抗体合格率均达到 97.8%；对重大动物疫病防控应急物资库进行完善和扩充，达到省要求的具备扑灭一个疫点的物资储备，投资 4.4 万元新建 20 立方米冷库一座，购置价值 9.8 万元的疫苗冷链运输车一部，确保一旦发生重大动物疫情能够快速反应，有效处置；组织各乡镇政府和各区域畜牧兽医管理站，按照《迁安市村级防疫协助员考核办法》，对全市 609 名村级协防员实施百分制赋分考核，共发放村级协防员误工补贴 78.66 万元。2016 年，春秋两季共认定免疫应激反应 85 起，发放防疫死亡反应补贴 16.39 万元；春秋两季，对 35.8 万头猪、2.1 万头肉牛、1.5 万头奶牛、50.9 万只羊、215.5 万只蛋鸡、93.6 万只合同鸡、2.7 万只鸭、58.7 万只鹅，全部实施强制免疫，实现全市免疫密度无缝隙覆盖，免疫抗体监测全部合格，顺利通过省和唐山市组织的检查验收。

【饲料市场监管】 依据《饲料和饲料添加剂管理条例》等法律法规，强化饲料质量安全监管，采用日常监管、集中检查、结合“双随机”抽查制度，对全市 24 家饲料生产、经营企业（单位）开展生产、经营门店检查。开展饲料质量安全检查活动，出动执法人员 860 人次，检查饲料生产、经营企业 436 家次，检查饲料使用单位 516 家次，检查生产企业有无使用禁用和淘汰以及未经审定公布的添加物，重点打击添加和使用瘦肉精、三聚氰胺等非法添加物的违法行为，保障饲料生产环节的质量安全。检查经营企业饲料产品的采购、销售记录，查处“三无”产品。对发现假冒或无号的产品，按照《饲料和饲料添加剂管理条例》有关条款处理，确保了全市全年无重大饲料安全事故发生。

【兽药管理】 对全市 29 家兽药经营企业，全面排查农业部公布的系列假兽药和不合格兽药产品，检查购入的1月1日以后生产的兽用生物制品、兽用原料药和兽用处方药类产品，购入的7月1日以后生产的非处方药类产品检查其二维码标识，全年共检查兽药经营企业436家次，动物诊疗机构289家次，对违法案件，发现一起，立案一起，处理一起。2016年，查处兽药类违法案件4起，罚没违法兽药产品40公斤，行政处罚人民币5200元，案件均已办结。

【科技服务】 加大畜牧科技推广与服务力度，通过培训向广大养殖户宣传和推广最好的、最实用的养殖技术，最新的畜牧养殖信息，推动全市畜牧业发展。全年举办养殖培训班3期，组织养殖场户参加省、唐山市举办的技术培训和交流大会5期，通过学习行业智慧，更新养殖理念，带领养殖户走出低谷，规避风险，提高养殖经济效益，提高整体养殖水平。对迁安市智联农牧有限公司进行试点推广消毒、孕检、DHI（奶牛性能测定）测定、TMR（全混合日粮）饲喂新技术集成应用，提供技术指导和服务。年内，配合省、唐山市农业畜牧水产局开展3次调研活动，形成调研报告3篇，为上级部门制定相关政策提供翔实的基础数据。对全市所有畜禽规模养殖场（户）进行统计、摸底，全面了解和掌握养殖行业的发展动态和市场供求信息，指导养殖户发展生产。推广规模养殖场标准化综合技术、奶牛全混合日粮饲喂技术、奶牛卧床及全株玉米青贮技术等实用先进技术。

【项目建设】 按照迁安市加快现代化农业发展奖补政策，遵循“培育主体、引导规模，扶持亮点、典型带动，突出重点、示范引领”现代化农业发展思路，积极打造畜牧业亮点，鼓励现代化畜禽规模养殖场建设。2016年，迁安市华农发展有限公司（二期工程）拟投资1亿元建设存栏规模现代化猪场1个，前期筹备工作已完成，土建工作逐步展开；迁安市东恒养殖有限公司奶牛养殖场拟投资1亿元，建设存栏规模1000头奶牛场，已完成投资额5000万元，办公楼、圈舍主体建筑基本完工，其他建设内容正在进行。认真贯彻落实河北省《关于抓紧做好2017年种养结合一体化（标准化规模养殖）项目申报工作的通知》，积极组织符合相关条件的养殖场申报。

【动物检疫】 推行动物检疫痕迹化管理，继续坚持按唐山市动物卫生监督所文件要求，做好动物产地检疫工作，严禁不检疫就出证等行为发生。2016年，产地检疫生猪5.0095万头、牛1312头、羊8.444万只、禽类340.8989万羽。强化屠宰检疫管理，做好动物查证验物工作。进入定点屠宰企业的必须持有检疫证明，无检疫证明、证物不符的一律不得入场，全年屠宰检疫生猪8.2927万头、牛941头、羊18.8629万只。

【养殖业管理】 引导和鼓励养殖企业按照标准化养殖场的技术标准、管理标准和工作标准进行养殖场建设，同时，进一步完善养殖场生产管理制度，规范养殖生产行为，提高标准化生产水平，推动畜禽养殖场健康发展。指导全市畜禽规模养殖场从前期选址建设到后期饲养管理更加注重科学化，提升整体科技水平，一是严格养殖场的选址审批制度，选址要符合《中华人民共和国畜牧法》《中华人民共和国动物防疫法》等法律、法规要求，使养殖场选址更加合理化。二是养殖场（区）布局科学合理。办公区、生活区、生产区、病死畜禽隔离区、污物处理区等明显分开，净道、污道严格分开。三是硬件配套设施更加完善。养殖场（区）建有与饲养规模相配套的栏舍、运动场地以及相应的饮水、通风、清粪等设施设备，并具备车辆和人员消毒设施、兽医防疫和诊疗设施、废弃物处理设施等基础性的硬件设施。

【综合执法】 开展综合行政执法体制改革试点工作，推进依法行政，维护农民合法权益。一是整合农业综合行政执法职能，相对集中行使综合行政执法事项49项，其中行政处罚40项，行政强制9项。二是加强农业综合执法队伍建设，将执法大队编制由10名调整为20名，实行执法人员持证上岗和资格管理制度，严格执行新版《农业执法文书》的使用规定。三是完善执法工作机制，认真归纳梳理农业行政执法的各项规章制度，研究制定了36项工作制度并公示，制作了迁安市农业综合执法大队规章制度汇编。四是强化农业执法能力建设，落实农业执法经费和能力建设财政保障制度，加大车辆、记录仪等农业执法装备配备建设投入力度。五是加强农业普法宣传，通过新闻媒体、农业部门网站、农民培训机构、送法律下乡等方式，普及法律知识，提高广大涉农企业和农民识真辨假能力和维权意识，扩大农业普法宣传的受众面和影响力。

（刘保军）

水利

【概况】 2016年，全市水利工作以建设“魅力水城、绿色迁安”为目标，继续保持投资加大、建设加快，基础增强、管理加强，能力提升的良好态势。全市解决了34个村、3.02万农村人口饮水不安全问题，完成水土流失治理面积28.68平方公里，发展节水灌溉面积450公顷，水利各项工作全面达标。2016年度，迁安市水务局先后获唐山市2015年度水利工程质量监督管理先进单位、唐山市水务系统2015年度水务工作优胜单位、迁安市优秀领导班子等多项奖励。

【农田水利基本建设】 结合全市美丽乡村建设，推进安全饮水巩固提升工程，投资1200万元，解决29个村、2.8万人口饮水不安全问题。同时，扎实推进2015年农村饮水安全规划外项目，投资110万元，解决5个村、2200名农村人口的饮水不安全问题，农村饮水条件有效改善。立足全市农业发展大局，以现代农业奖励资金项目为平台，统筹规划，投资500万元，建设管灌工程450公顷，更新机井58眼，配套72台（套），进一步推广农业节水灌溉技术。至年底，全市有效灌溉面积达4.011万公顷，其中节水灌溉面积2.625万公顷。

【水土保持】 市水务局以治理水土流失为根本，以减少江河泥沙、恢复植被、改善生态环境和群众生产生活为目标，因地制宜、因时制宜，重点实施以小流域治理为主的水保生态工程，治理水土流失面积28.68平方公里，其中崇家峪小流域综合治理工程，总投资136.59万元，治理水土流失面积6.25平方公里；2015年度坡耕地水土流失综合治理试点工程，筹资2248.66万元，修建水平梯田709.98公顷，新修干砌石谷坊13道，修建水窖272个，截排水沟14.5公里，修筑田间道路14公里，建标志碑4块，完成了批复的全部建设内容，项目区生态环境进一步改善。同时，不断加强水土保持监督管理能力建设，最大限度地修复和改善全市生态环境，监督检查生产建设项目单位39家，填写54份监督检查表，做好生产建设项目汛期安全检查工作。收取水土保持补偿费205万元。

【水资源管理】 采取多种形式，深入各取水单位，广泛宣传《中华人民共和国水法》《取水许可和水资源费征收管理条例》《河北省水资源费征收管理使用办法》以及国务院、河北省、唐山市实行水资源改革试点的一系列方针政策。实行计划用水，做好总量控制。2016年，全市用水总量21116万立方米，其中农业用水7672万立方米，工业用水9991万立方米，生活用水2892万立方米，生态用水561万立方米。2016年，迁安市万元GDP用水量18.1立方米，万元工业增加值用水量12.6立方米/万元。抓好非农取用水户信息移交、核查和录入环节，完成水资源税改革试点工作。

【防汛、抗旱】 2016年，先后开展防汛检查20余次，配合驻迁安武警水电部队、城区办、五重安乡开展3次防汛抢险实战演练，3次参加省、唐山市防汛视频会商。筹资232万元，升级简易雨量站248处。筹资84万元，清除滦河迷谷村段河道废弃尾矿3.4万立方米。投资60万元，建设防汛、抗旱物资仓库。同时，本着“宁可备而不用，不可用而不备”的原则，对防汛、抗旱物料实行分级储备、分级管理、分级使用。储备了15万条编织袋、1万平方米编织布、2万平方米土工布、2只橡皮舟、8艘机动船、100件救生衣、50个救生圈、31套应急照明设备、23部海事卫星电话、28部对讲机、68台移动水泵、30台（套）喷灌机、2万米输水软管。

武警水电第一支队从2015年起在迁安驻扎。市防汛办会同武警水电部队选择演练场所，于5月24—28日，组织开展防汛抢险“卫士—16”实战演习。此次演习以决口封堵、堤坝加固为想定目标，由武警水电指挥部统一组织，动用主战装备、指挥通信装备、无人机航拍装备、各类保障装备约60台（套），参演武警水电官兵200余人。此次演习，加强了与武警水电部队防洪抢险合作，进一步提高了迁安市处置大规模洪涝灾害抢险救援的能力。

全力做好抗旱工作。利用中央资金142万元，改善灌溉面积185.67公顷。利用上级拨付的特大抗旱补助资金100万元，购置发电机2台、各类水泵43台。

【水利科技】 市水务局为不断提高干部职工的科技文化素质，采取分层次和交叉相结合的方式组织培训学习。101名水利科技人员参加了市农广校组织的继续教育培训，18名财会、经济类专业技术人员参加了市广播电视大学组织的继续教育培训，1人参加省水利厅组织的全省水资源税取用水信息管理系统操作培训班。101名水利科技人员中有2人获副高级工程师任职资格，6人获工程师任职资格，5人获助理工程师任职资格。

【水库和河道工程管理】 2016年，全市有水库18座，其中小（1）型7座、小（2）型11座。水库总库容1706.3万立方米，兴利库容1110.4万立方米，死库容58.2万立方米，控制流域面积30.33平方公里。市水务局从全市实际出发，按照尊重自然、顺应自然、保护自然的生态文明理念，扎实推进河流综合治理工作。一是五重安乡小关村桥新建工程。为改善农民生活条件，方便群众通行，加强农村水利基础建设，市水务局向上级申请到水利闸桥——五重安乡小关村桥新建工程补助资金30万元，至年底工程全部完工。二是青龙河河口段迁安市防洪治理工程。工程治理范围为京沈高速公路跨越处至青龙河与滦河汇合口，长8.5公里。设计标准为10年一遇，主要建设内容为新建防洪堤、河道疏浚、岸坡防护、新建排涝防洪闸等，总投资10048万元。根据上级补助资金到位情况，采用分段治理的办法，逐步实施工程。本次治理为第一标段，投资937.17万元，完成治理长度1020米，到2016年5月，防洪堤、河道疏浚、岸坡防护、排涝防洪闸等建设内容全部完成。工程的实施，改善了当地环境，具有显著的社会效益。尤其是防洪堤的修建，固定了河道位置，标准以内的洪水通过堤内河道下泄，河道水流畅通，万亩耕地得到保护。

【水政执法】 2016年，市水务局开展河道采砂、水利规费收缴、治理河道范围内拆违拆迁等专项行动60余次，全年处理无证违法采砂行为6起，维护了水事秩序，营造了良好的水事环境。同时，扎实推进综合执法改革试点工作。与市编办协调，将市水务局水政监察大队执法人员编制从8名调整为15名。投资13万元，添置了相关执法设备，并配备执法用车2辆。执法体制改革工作已通过唐山市级验收。

【移民迁建工作】 2016年，继续以加快水库移民创业致富为主线，着力解决突出问题，提升移民群众幸福指数，推进移民工作科学发展。1. 加强移民资金管理，落实大中型水库移民后期扶持政策。全年发放水库移民后期扶持直补资金162.96万元，受益移民2716人；发放移民生产开发项目扶持资金49.5万元，受益移民2619人；投入资金90万元，完成7个移民安置村基础设施项目。2. 维护移民队伍稳定，做好移民信访稳定工作，移民信访接待、劝返和结案率均为100%；做好移民春节慰问工作，慰问移民2097人，有效维护了移民队伍的和谐稳定。

市水务局

局　　长　朱广久
副 局 长　郭秀瑞
　　　　　　陈启华
　　　　　　姜存东
主任科员　张建明
副主任科员　张晓芳（女）　李　彦
滦河生态防洪工程管理处主任　章瑞银

（曹红飞　杨宗澎）

工 业

综 述

【工业运行概况】 2016年是“十三五”规划的开局之年，迁安市工业系统面对错综复杂的经济形势，在市委、市政府的统一部署下，认真贯彻习近平总书记系列重要讲话精神，按照总书记“在适应发展新常态中寻求新突破”的要求，主动适应新常态，推进2016转型攻坚行动，坚定不移地把项目建设作为稳增长、调结构的重要手段，加快传统优势产业的升级改造，发展高新产业、战略新兴产业，以点带面，延伸产业链条，加快推进产业转型升级，工业实现稳定增长。全市规模以上工业企业累计实现工业增加值497.2亿元，按可比价计算，同比增长3.9%；累计实现利税259.6亿元，同比增长20.3%，其中累计实现利润175.4亿元，同比增长20.6%；实现产品销售收入1378亿元，同比增长7.5%。

主要产品产量完成情况：铁矿石17358万吨，同比降低4.2%；铁精粉7883.5万吨，同比增长7%；生铁1989.3万吨（其中首钢迁钢公司累计生产697.2万吨），同比增长3.4%；钢坯1949.8万吨（其中首钢迁钢公司累计生产690.1万吨），同比增长4.2%；钢材1534.6万吨（其中首钢迁钢公司累计生产638.1万吨），同比降低3%；焦炭761.7万吨，同比增长7.2%；水泥23.1万吨，同比降低29.6%；机制纸及纸板12.3万吨，同比增长161.7%；地毯13.7万平方米，同比降低13.8%；平板玻璃1156.4万重箱，同比降低8.3%。

【优化升级产业结构与培育新兴产业】 继续围绕“延伸”，将钢铁产业做精做细。稳妥化解钢铁产能，精品钢材比重保持在30.5%。大力发展耗钢产业，提高产品附加值和市场占有率，钢铁产业加快向装备制造业和耗钢产业延伸。按照小规模、大群体的思路，实施了一批钢铁初深加工集群项目，制管、彩涂板等产业由弱到强，装备制造业增加值增速28.7%，成为全市增长最快的产业。围绕“提升”，做大其他传统产业。继续在钢铁、建材包装、地毯服装、食品医药、焦炭化工等骨干企业开展对标行动，引导企业在工艺技术、装备水平、产品研发、节能减排和综合效益等方面，对照国内外领先水平开展阶梯对标、行业对标。推动生物医药、节能环保、新材料、新能源、高新技术等战略新兴产业做大做强，英诺特生物制药、百善药业、葵花药业等制药企业高端起步、集群发展。

加强项目引导，培育新兴主导产业。谋划实施的燕钢精品钢铁延伸、彦博扩建50万吨高端精品彩涂板、九江线材余热发电、堃源固达金属结构制造等延伸或技改项目均已完工。同时，继续把项目建设和发展新兴产业紧紧结合起来，依托葵花制药、英诺特制药、百善药业等企业，积极培育行业、产业龙头，发挥牵动示范效应，优先谋划建设生物医药、新材料、新能源、电子信息、节能环保等战略性新兴产业项目，努力构建低投入、低消耗、低排放和高效益的产业发展模式，形成支撑全市工业经济发展的骨干体系。培育实施了明润达、艾驰、安卓、金麦郎等一批新兴产业项目。

【增强企业自主创新能力】　继续实施“科教兴市”战略和“质量兴市，名牌兴企”战略，以科技创新为手段，加快实施经济结构的战略性调整。推进以大专院校为主体的人才培养和产学研中心、以公共服务领域信息化建设为重点的创新平台建设。注重引进消化吸收再创新和集成创新，积极引导企业大力引进和消化吸收国内外先进的科技成果，运用高新技术和先进适用技术，提升工艺装备水平，加快推进科技进步和技术创新步伐；充分发挥技术创新的典型示范作用，加大科技投入力度，企业技术创新工作扎实推进，企业自主创新能力不断增强，有效增强了企业综合竞争能力；着力改造提升传统产业，发展新兴战略产业，投资高新技术产业，实施民企二次创业。

【节能降耗工作】　节能目标圆满完成。2016年，唐山市下达给迁安的节能目标是：单位GDP能耗降低率4.0%。迁安市万元GDP能耗1.6677吨标准煤，同比降低4%，圆满完成唐山市下达目标任务。

节能项目进展顺利。年内，市工信局积极引导重点用能企业实施燃煤锅炉改造、余压余热利用、电机系统改造、绿色照明等节能重点工程，降低产品单耗，提高技术节能水平。重点抓唐山燕山钢铁有限公司投资6800万元的30万立方米高炉煤气柜项目和迁安市九江线材有限责任公司投资8000万元的水泵改造合同能源管理项目的实施。至8月底，项目全部竣工投产。项目全部达产达效后，年可实现节能量67964吨标准煤。

燃煤工业锅炉改造工作成效显著。2016年，河北省给迁安市下达的燃煤工业锅炉改造任务为：改造燃煤工业锅炉24台、83蒸吨，实际完成燃煤工业锅炉改造27台、122.2蒸吨。其中，煤改天然气1台，煤改生物质3台，煤改新能源2台，节能环保改造1台，改洁净型煤4台，拆除16台。

淘汰落后产能进展有序。拆除联旺化工厂2座4.3米焦炉，封停了唐山宝利源炼焦有限公司2座4.3米焦炉，共化解焦炭过剩产能130万吨。

【全国转炉除尘系统排放达标综合技术研讨会在迁安召开】　8月4日，2016年全国转炉除尘系统排放达标综合技术研讨会在迁安召开。研讨会由中国金属学会和京津冀钢铁行业节能减排产业技术创新联盟联合在迁安市主办，会议以新常态下转炉除尘技术的发展，如何发挥现有除尘设备的潜力促进转炉除尘的达标排放为议题内容，北京等全国各地的70余家钢铁企业、设备制造厂家的冶金工作者参会。迁安市委常委、秘书长王学龙在会上致辞。王学龙表示，以此次研讨会为纽带，希望更多的专家和朋友走进迁安，对接交流，在更广领域开展合作，实现共赢。

（赵艳霞）

主要行业

食品医药行业

【概况】　2016年，全市有规模以上食品工业企业4家，即迁安三元食品有限公司、河北蓝亨啤酒有限公司、千龙食品、唐山东方希望金豆动物食品有限公司。主要产品有牛奶、白酒、啤酒、安梨汁及淀粉、饲料等。全市有规模以上医药企业2家，即河北百善（唐山）药业有限公司、唐山葵花药业有限责任公司。主要产品有胶囊、片剂、颗粒剂、口服液、软胶囊、针剂等品种。2016年，全市食品医药业实现总产值21亿元，增加值7.16亿元。

【河北艾驰生物科技有限公司】　河北艾驰生物科技有限公司是集研发、生产、销售于一体的高端精密仪器及配套诊断试剂生产企业，公司注册资金5000万元，位于河北省迁安高新技术产业开发区。至2016年年底，河北艾驰生物科技有限公司已完成多种全自动化学发光分析仪及配套体外诊断试剂、全自动生化分析仪及配套体外诊断试剂的研发，正积极准备生化试剂、化学发光试剂及生化分析仪的注册审批。公司产品均是在总结研发经验，着力提升市场现有仪器的功能和技术性能，参照国内外（美国、日本）同类产品的功能、技术性能及先进技术基础上自主研发，拥有核心自主知识产权。本项目均采用具有行业成熟、先进、可靠的工艺路线，能够保证产品质量。项目建成后，对于提高国内及省内医疗器械产业的生产技术水平，带动整个医疗器械生产行业发展壮大，推动经济发展，延伸体外诊断设备及试剂的上下游产业链起到积极的作用。

【安卓（北京）卫生材料有限公司卫生材料制造项目投产】 10月17日，安卓（北京）卫生材料有限公司卫生材料制造项目举行投产仪式。北京市医药行业协会秘书长周玉兰，安卓（北京）卫生材料有限公司董事长支丽荣、总经理靳启海，迁安市委副书记、市长张淑云，市委常委、常务副市长韩国强等领导和嘉宾出席投产仪式。安卓（北京）卫生材料有限公司由北京康必盛科技发展有限公司投资建设，是依托迁安市高新区医药产业园，借力京津产业转移，落户迁安的第一家集研发、生产、销售为一体的北京医药外迁企业，也是北京市首家整体搬迁到河北的生物医药企业。项目于2016年5月开工，投产的一期工程占地0.67公顷，主要建设医用薄膜生产线2条、手术铺单生产线2条、卷材生产线2条、10万级净化车间2000平方米；二期占地约2.67公顷，建设1万平方米洁净车间，用于抑菌手术铺单及手术包的生产（公司专利技术），同时建设配套2万吨水刺布生产线2条；三期预计占地3.33公顷，建设年产30万人份“康肽乐”生物制药车间及生产线。

（任贵宝）

造纸包装行业

【概况】 2016年，全市有规模以上造纸包装工业企业7家，即迁安市鸿霖纸业有限公司、迁安市四通纸业有限公司、迁安市恒茂纸业有限公司、迁安市富鑫造纸厂、迁安大壮工贸有限公司、斯道拉恩索正元包装有限公司、迁安市耀华包装材料厂。主要产品有胶印轻型书刊纸、白板纸、凸版纸、轻型纸、卫生纸及彩印包装等。全年生产机制纸及纸板12.3万吨。实现总产值5.2亿元，增加值1.5亿元。

【恒茂纸业技改项目】 迁安市恒茂纸业有限公司位于上射雁庄乡北晒甲营村北，为小型民营企业，主导产品为高、中、低档高效玻璃防霉垫纸，年生产能力3万吨。恒茂纸业是一家专业致力于玻璃防霉垫纸的生产型企业，产品主要用于高档光伏玻璃、电子玻璃、太阳能玻璃、超白玻璃等，是国内首家专业生产玻璃防霉垫纸厂家。2016年，投资3000万元，利用自主开发的先进玻璃防霉技术实施改造，建设年产1.5万吨玻璃防霉垫纸生产线项目。项目为新建3600×200纸机生产线一条及其配套附属设施。

（任贵宝）

地毯服装行业

【概况】 2016年，全市规模以上地毯服装企业有3家，即河北弘业地毯集团有限公司、唐山弘业服装有限公司、迁安市翔远帽业有限公司。主要产品有地毯、服装、帽子等。全年生产地毯13.7万平方米、服装47万件、帽子1400万顶。实现总产值7.6亿元，增加值2.6亿元，利税1.1亿元。

【重点企业】 河北弘业地毯集团有限公司：中型民营企业，主导产品：针刺胶背地毯、机织地毯。产品主要销往美国、日本、欧洲、加拿大、希腊、土耳其、西班牙、澳洲及国内市场。弘业地毯图案在传播和发展过程中，不断吸取中国传统民间文化的精髓，同时吸收了世界文化的精华，形成具有中国特色的地毯图样，在国际市场上独树一帜。曾获中国名牌产品、河北省先进企业、全省对外经济工作先进单位、河北省五一奖状、省十大民营出口企业、河北省轻工业行业排头兵、河北省名牌产品、河北省著名商标等多项荣誉称号。参与制定了《机织地毯》《手工打结羊毛地毯》《手工枪刺胶背地毯》三项国家标准。

唐山弘业服装有限公司：是一家集科研设计、生产、进出口销售于一体的大型服装企业。拥有22条现代化装备的生产流水线，日本、德国、美国和国产设备1480台（套），拥有员工1000人，服装技术和设计人员30多人。关键岗位人员经过赴日本培训和进修。并聘请韩国服装技术和管理专家进行全员培训，以娴熟的工艺技术、优良的品质、良好的信誉，服务于诸多国际名牌的定牌生产。

（任贵宝）

建材行业

【概况】　2016年，全市建材行业保持平稳发展，主要建材产品的技术、质量不断提高，产品配套能力、资源能源消耗、资源循环利用及环境保护等方面都有很大发展。其中，水泥行业，有水泥企业5家，水泥生产能力288万吨。2016年，完成水泥产量43.1万吨，同比下降55.7%。玻璃行业，有玻璃生产企业3家、玻璃深加工企业1家。全市玻璃年生产能力1377万重箱，企业均响应国家节能减排、循环经济政策导向，变革了玻璃生产传统能源工艺，循环利用当地焦化厂的焦炉煤气作为主要能源，既降低产品能源成本，又避免了焦化企业的排放和污染。浮法生产线采用国际先进的浮法玻璃三大热工技术，应用最新技术成果及设备、材料，在设计上采用成熟的中国洛阳浮法玻璃生产技术，退火窑采用法国斯坦因的技术，冷端采用全国产化的玻璃切割系统、水平堆垛机等，完全保证玻璃产品质量。2016年，玻璃产量1156.4万重箱，同比下降8.3%。

【河北明润达节能材料有限公司玻璃深加工项目】项目于10月投产，采用先进的生产工艺，生产节能环保产品。主要产品包括单银Low－E玻璃和双银Low－E玻璃、镀金玻璃加工生产。Low－E玻璃又称为低辐射玻璃，市场单银Low－E玻璃平均价格达到每平方米40元，双银Low－E玻璃平均价格达到每平方米90元，效果是单银Low－E玻璃的5～10倍。镀金玻璃采用前沿科技成果镀金技术，无“三废”排放，节能环保，市场平均价格达到每平方米600元，效果是双银Low－E玻璃的10～20倍。项目可年生产Low－E玻璃330万平方米、镀金玻璃2万平方米，可实现年营业收入上亿元，安排就业100余人。

（张永春）

化工行业

【概况】　2016年，全市有骨干化工企业4家，即唐山市蓝海实业有限责任公司、唐山市宝利源炼焦有限责任公司、迁安市宏奥工贸焦化厂、河北省迁安化肥有限责任公司。蓝海、宏奥、宝利源3家企业形成焦炭生产能力340万吨，生产的产品主要有焦炭、煤焦油、粗苯、硫铵等。2016年，受钢厂形势的制约、市场需求疲软、经营资金短缺及国家环保压力加大等因素影响，企业全面亏损，宏奥、宝利源、蓝海全年都在压产50%运行。河北省迁安化肥有限责任公司2016年5月起至年底一直停产。2016年，焦炭产量761.7万吨，实现总产值50.9亿元，增加值13亿元，利税2.4亿元。

（张永春）

冶金行业

【概况】　2016年度，钢材市场环境较为复杂，去产能持续加码，环保督查频繁出击，市场行情跌宕起伏，年初钢价暴涨暴跌，年末钢价直线飙升，整体呈现底部回升的态势。迁安地方钢铁企业认真贯彻落实科学发展观，以资源型城市转型为主线，以《产业结构调整指导目录（2011年本）》为指导，以节能减排攻坚行动为抓手，以经济效益为中心，以科技进步为动力，密切跟踪市场行情，积极组织生产，认真谋划企业的经营发展策略，使迁安地方钢铁业平稳健康发展。

经营状况明显好转。2016年度，钢材价格震荡大幅上行，钢铁企业经营状况普遍好转，盈利水平明显改善，各钢铁企业生产经营保持平稳、健康态势。2016年，迁安钢铁业共生产生铁1989.3万吨、粗钢1949.8万吨、钢材1534.6万吨。其中，首钢迁钢公司生铁、粗钢、钢材累计产量分别为697.2万吨、690.1万吨和638.1万吨。

【钢铁行业规范企业动态调整工作】　2016年，按照国家、省及唐山市工信部门《关于组织开展钢铁行业规范企业动态调整工作的通知》要求，市工信局及时组织首钢股份公司迁安钢铁公司、迁安市九江线材有限责任公司、唐山燕山钢铁有限公司、唐山松汀钢铁有限公司、河北荣信钢铁有限公司、河北鑫达钢铁有限公司6家已规范钢铁企业（迁安轧一钢铁集团有限公司在天津申报），按照工业和信息化部《钢铁行业规范条件》（2015年修订）和《钢铁行业规范企业管理办法》相关规定进行自查，并撰写自查报告。自4月14日开始，迁安市、唐山市、河北省工信部门对自查报告进行逐级预审。通过省工信厅专家组资料审核后，于5月23—25日进行了现场核查，并上报工业和信息化部。

【推动化解钢铁产能严重过剩工作】 按照省、唐山市政府要求，市政府下达《2016年化解钢铁过剩产能任务的通知》，市工信局积极配合发改局落实钢铁行业化解产能严重过剩工作。10月20日，松汀公司化解产能封存1座450立方米高炉，荣信公司化解产能封存1座50吨转炉；10月25日，九江公司化解产能封存1座480立方米高炉和1座50吨转炉，燕山钢铁公司化解产能封存2座450立方米高炉，鑫达钢铁公司化解产能封存1座450立方米高炉、1座580立方米高炉和1座60吨转炉。

【督导钢铁冶炼企业及时启动重污染天气应急响应】 及时有效应对大气重污染及唐山市世界园艺博览会等重大活动期间空气质量保障工作，按照唐山市要求，迁安市于1月15日、3月3日、3月17日、4月22日、5月21日、6月8日、10月24日、11月3日、11月8、11月11日、11月17日、11月25日、12月1日、12月9日、12月16日、12月29日，多次督导全市钢铁冶炼企业及时启动重污染天气Ⅲ级及Ⅱ级预警响应。中国—中东欧国家地方领导人会议、省经贸洽谈会期间，按照《唐山市重度污染天气预警应急响应预案》《唐山市人民政府办公厅关于印发2016唐山世界园艺博览会等重大活动空气质量保障方案的通知》，市政府办公室印发了《迁安市中国–中东欧国家地方领导人会议、省经贸洽谈会空气质量保障方案的通知》，市工信局于各重大活动期间及7月、8月、9月、10月、11月，督导各钢铁冶炼企业降低生产负荷，并按应急承诺书要求实施停产、限产。

【落实2016年钢铁产品替代进口奖励资金和开展2017年钢铁产品替代进口奖励资金申报工作】 根据唐山市工信局《关于转发省工信厅〈关于落实2016年钢铁产品替代进口奖励资金和组织开展2017年钢铁产品替代进口奖励资金申报工作的通知〉的通知》要求，市工信局及时向全市钢铁企业传达文件精神，并组织符合条件的企业组卷申报。8月10日，经初步审核，首钢股份公司迁安钢铁公司的电工钢（牌号50SW1300、50SW800、50SW600）、汽车板、管线钢（抗酸）产品基本符合申报条件，并组卷上报。按照省财政厅、省工信厅《关于下达2016年省级工业转型升级专项资金支出预算（拨款）的通知》文件精神，9月14日，燕山钢铁公司获得2016年钢铁产品替代进口奖励资金20万元；9月21日，首钢股份公司迁安钢铁公司获得2016年钢铁产品替代进口奖励资金20万元。

（张红军）

冶金矿山行业

【概况】 2016年，全市有地方铁矿采选企业711家，其中采选联合企业41家，单一采矿企业5家，独立选矿企业665家（含粉矿加工企业134家），全市形成年产铁矿石2000万吨、年处理铁矿石6480万吨、年加工低品位铁精粉（含钢渣）2020万吨、年产铁精粉1800万吨的生产能力。

2016年，受钢价、焦炭焦煤价格大幅上涨等因素影响，国内铁矿产品价格触底反弹、持续回升。但由于铁矿产品价格仍处于历史较低水平，加之国内铁矿产品需求继续下降，外矿进口持续增长，国内大中型矿企复产进度加快，使国内小型矿企生存空间更加有限，迁安冶金矿山行业生产未出现明显缓解，行业企业生存发展仍面临较大困难。回顾一年来的行业生产经营形势，主要有以下几个特点：1. 行业生产波动上行，产品产量同比下降。据统计，全年全行业铁矿石、铁精粉累计产量分别达到17358万吨和7883.5万吨，同比分别增长－4.3%和7.0%。多数生产指标总体呈持续回升态势，但铁矿石产量等部分生产指标仍明显低于上年水平，且期间弱势调整不断，主要表现，一是从生产企业数量看，除一季度受春节因素影响生产企业数明显减少外，在此后的三个季度中，维持较稳定生产的骨干重点企业数量一直在11家左右波动，同比下降8家左右。以粉矿加工企业为主的、维持间断生产的企业由4月之前的12家左右持续增长至年末的19家，年度平均数量同比略有增加。二是从产品产量看，受露天矿山污染深度整治专项行动的影响，自6月起直至年底露天矿山全面停产整顿，造成年度铁矿石产量大幅下降。而铁精粉产量降幅较小，主要原因是自下半年起高品位铁精粉需求量和价格大幅上涨，调动了部分矿企特别是粉矿加工企业的生产积极性，带动这部分企业产量明显增加。三是粉矿加工企业的加工对象实现较大转变。由于本地及周边铁矿企业大面积停产，本地低品位铁精粉资源严重短缺，部分企业只好转为以加工低品位进口外矿为主，这部分企业约15家左右，多数为规模较大的粉矿加工企业。2. 外界影响因素增加，行业生产难脱困境。除企业自身因素外，影响行业生产经营的外部因素比往年更加复杂。从国际上看，国际政治经济形势特别是黑色期货市场变幻莫测。从国内看，涉及行业企业的政策性、阶段性治理整顿及停产限产措施明显多于往年。具体分析，主要有以下几个方面，一是下游钢市和进口外矿市场频繁宽幅震荡，国产铁精粉市场随之涨跌震荡，在产矿企生产经营频现波动，加大了企业的经营风险。二是为保障唐山世园会等重大活动期间的空气质量和落实重污染天气应急减排措施，全市先后7次对重点污染企业实施阶段性限产、停产和货车限行、禁行措施，对本地矿企的产销运等产生很多不利影响。三是露天矿山污染深度整治专项行动的开展，致使全市铁矿石大幅减产，而且上述行动方案中对露天采矿项目的新建、延续、扩界等做出更加严格的新规定，加之对矿企的安全环保要求越来越高，对部分矿企的项目建设、生产和复产均产生较大的影响。3. 铁精粉价格震荡调整，整体呈明显上涨趋势。受钢铁价格、进口矿价格、焦煤价格宽幅震荡影响，2016年，国产铁精粉价格亦呈现震荡调整走势。1—12月，本地铁精粉各月度主流市场平均价格分别为300元/吨、330元/吨、390元/吨、430元/吨、410元/吨、380元/吨、410元/吨、464元/吨、487元/吨、484元/吨、512元/吨、545元/吨，本地铁精粉价格在经历了漫长的下滑后首度迎来整体性震荡上行，且价格水平越来越接近多数本地矿企的盈亏平衡点，多数本地在产矿企逐步实现扭亏和减亏，生产经营效益逐渐有所改善。但值得注意的是，本地铁精粉年度平均价格仅为431元/吨，与上年同期的435元/吨相比下降4元左右。由于本地钢企对本地铁精粉的需求基本稳定，因此尽管有进口外矿供应增加、本地钢企落实停限产措施等不利因素，本地铁精粉市场总体未出现明显回落。

行业经济运行中存在的主要问题：一是受资本市场、政策性、季节性因素以及人为炒作等因素影响，自2016年年初以来铁矿产品价格弹性明显增加，造成铁矿产品价格与市场需求时有背离，更增加了未来铁矿产品市场运行的不确定性和不可预见性，在产企业的经营风险加大。二是虽然下半年以来铁精粉价格总体呈明显涨势，资源税新政也正式实施，但多数在产矿企依然成本难降、效益低下，行业生产未出现明显改善，多数在产企业只能勉强维持生产。三是自2014年以来，冶金矿山行业生产经营急剧恶化，迅速陷入全面亏损和大面积停产境地。随着亏损数额持续加大，效益大幅下滑，许多在产矿企普遍感到经营压力加大，面临较大的资金风险。企业资金紧张，引发了其他一系列问题，不但影响到矿企当前的生产经营，对后续能力建设和长远协调可持续发展也将带来极大影响。

【冶金矿山企业日常监管】　年内，市工业和信息化局认真落实有关政策法规，积极督促和指导企业严格按行业规范标准组织生产，全年以日常检查和专项检查为主要形式，先后安排人员深入15家企业的采场和选厂的生产现场，以及53座持有安全生产许可证的尾矿库，对存在隐患的企业，督促、指导尽快整改，消除安全隐患，确保其规范生产、安全生产。

【冶金矿山行业经济运行监测、预警与分析】 面对制约影响行业平稳运行的因素、复杂多变的严峻形势，建立和完善了在产重点企业的生产经营月报制度，加强调查研究和跟踪分析，及时掌握行业企业生产经营动态，并适时开展行业生产经营趋势和铁矿产品市场走势的预测预警，在认真调查分析的基础上，于每月末最终形成《冶金矿山行业月度经济运行情况》等信息统计资料并及时上报上级有关部门，全年有12篇月度行业经济运行情况分析被省矿山办主办的《铁矿市场信息（月刊）》采用刊登，为领导进行政策决策和指导行业管理工作提供了及时、可靠的依据。

（彭树海）

热电能源行业

【概况】 2016年，全市有两家热电公司，即迁安恒晖热电有限公司和迁安大唐热电有限责任公司。年内，迁安恒晖热电有限公司实施了1～7#炉除尘提效改造项目，圆满完成省政府及各级环保部门下达的超低排放任务，实现环保对标达标。2016年度迁安恒晖热电有限公司发电1.73亿千瓦时，供热量272.53万吉焦。迁安大唐热电有限责任公司2016年完成发电量5.85亿千瓦时，完成供热量181万吉焦。公司继续强化计划管理和预算管理，将重要任务、主要生产经营指标细化分解，逐级传递经营压力，逐级落实管理责任，确保了生产经营目标的实现。

（王立华）

电线电缆行业

【概况】 2016年，全市电线电缆行业有规模企业2家，完成总产值10亿元，实现利税5000万元。主要产品有高低压电力电缆、架空绝缘电缆、铝绞线及钢芯铝绞线、控制电缆、电线、橡套电缆、矿用电缆、信号电缆、通信电缆、通信光缆、数据电缆、漆包线、电工用铜线坯等。年可生产电力电缆、橡套电缆、矿用电缆及架空绝缘电缆1.5万公里，通信电缆400万对公里，通信光缆200万芯公里，数字通信电缆20万箱，控制电缆、电线等1000万公里，铝绞线及钢芯铝绞线2万吨，聚酯漆包线1万吨，电工用铜线坯2万吨。严格按照国家标准或行业标准进行生产，产品畅销华北、东北、北京、天津、内蒙古等数百个地区，其中主导产品远销非洲、欧洲及亚洲等国家，深受用户的青睐和好评。分别获得国家相关部委的质量和生产许可证，英国NQA公司的ISO 9002：1994质量体系认证，中国泰尔认证中心ISO 9001：2000、ISO 9001：2008质量管理体系换版认证并获证书。

（王立华）

市工业和信息化局

局　　长　时立新（12月离）
　　　　　　王　武（12月任）
副 局 长　孟令安（女，12月离）
　　　　　　王玉军（8月离）　徐立勇
主任科员　胡春杰（11月离）
　　　　　　王黎明　苏万利（8月离）
书　　记　时立新（12月离）
　　　　　　王　武（12月任）
副 书 记　蔡立华（5月离）
　　　　　　孟国武（5月任）

（侯青松）

电　　力

【概况】 2016年，国网冀北迁安市供电公司围绕“协同管理提升，供电可靠性提升”这一工作主线，出实招、办实事、求实效，推动公司和电网发展取得新成效，实现了“十三五”发展的良好开局。全年累计实现购电19.97亿千瓦时，售电18.89亿千瓦时，电费回收率100%，综合线损率5.43%，供电可靠率99.785%，电压合格率99.996%，安全生产实现无考核责任事故。

【体制改革】 成立电网建设协调办公室和电力治安办公室，推动电网工程建设，保障电力设施安全，驻公司干警所属的迁安市公安局被唐山市保护电力设施委员会授予电力设施保护先进集体荣誉。全力推动公司“子改分”工作，工商税务事项全部办理完毕，子公司完全注销，完成公司所属49辆机动车“所有人”变更，完成21宗房产证办理和39宗土地、房产证的更名。按照“夯实基础、整体推进、重点突破、打造亮点”的工作思路，重点开展星级供电所创建工作，杨各庄、建昌营等7个供电所被命名为三星级供电所，杨店子供电所被命名为四星级供电所，野鸡坨供电所被国网公司命名为五星级供电所。

【安全工作】 以人为本，持续增强安全防范意识。精心组织、积极参与《电力安全工作规程》普调考工作，在系统各级普调考中取得优异成绩。加大安全教育培训力度，深化安全日活动，开设职工安全大讲堂，强化“两票”（工作票及操作票）、事故典型案例学习，严防习惯性违章行为，实现职工由“被动安全”向“主动安全”转变。持续增强安全管控能力。创新安全稽查工作方法，全面参与作业现场安全措施布控，参与作业班组班前、班后会，形成提前介入、过程管控、立行立改、服务与稽查并重的全新复合式稽查方式。坚持综合治理，安全发展能力持续增强。深入开展安全大检查和隐患排查治理活动，累计清理线下树6万余棵，处理缺陷536处，确保了线路设备的安全稳定运行。圆满完成2016年“两会”、里约奥运会亚大区预选赛和中、高考及轩辕阁开阁等26次重要保电任务。

【电网建设】 1.35千伏及以上电网建设。滚动修编《迁安电网“十三五”规划》，对接国土用地及园区建设规划，将现有35～500千伏变电站全部纳入允许建设区，在滦河生态区、右岸新城、高新技术开发区全面取得站址、电力管线及走廊预留用地。精心储备项目，全力争取资金，共储备2017年项目223个，储备资金3.9亿元。充分发挥属地管理职能，推进重点项目建设，承德东—阳乐500千伏线路工程配合中国核动力研究设计院取得路径协议，夏官营220千伏变电站进场施工，线路部分已浇筑塔基42基，组塔24基，步步川110千伏输变电工程顺利竣工投运，陈官营110千伏输变电工程变电站基本完工，线路部分组塔32基。5项35千伏农网基建工程加快推进，其中步步川—代庄、五重安—平安两项工程已完工，其余3项工程全部完成组塔，正在挂线及敷设电缆。全面加强变电站维护和春秋季检修预试工作，完成20余座变电站的蓄电池、电缆支架、电容器隔离刀闸、开关大修及主变、电容器瓷质部分PRTV（电力设备外绝缘用持久性就地成型防污闪复合涂料）喷涂工作。完成4座35千伏变电站的综合自动化改造任务。2.10千伏中压电网建设。完成10千伏线路巡视315条次，消除对地安全距离不足隐患17处。严格执行停电检修计划，更换高压引线65处，更换跌落90只，更换老化热缩电缆头31套，完成12条/135处10千伏绝缘护套管的加装及19条/43组避雷器、接地极的加装、更换工作，10千伏线路故障跳闸率同比下降17.41%。开展带电作业，年内独立完成带电接火4次，创新了服务手段，提升了经营绩效。3.0.4千伏低压电网建设。按照国网2015年“低电压”专项治理工作要求，完成两批次“低电压”治理项目审批工作，共批复资金1460万元。完成新建及改造10千伏架空线路11.374千米，电缆线路18.115千米，改造0.4千伏线路20.164千米，新增及改造配变96台/16.8兆伏安，消除低电压5423户。投资219万元，助力山叶口美丽乡村建设，扎实开展驻村帮扶工作，得到省、唐山市美丽乡村建设办公室的充分肯定。

【企业管理】 1. 人力资源管理。完成职责、流程、制度、标准、考核“五位一体”协同管理平台要素比对工作，公司“五位一体”协同管理模式全面落地。统一下发《派工单》《临时外出请假单》，劳动用工管理进一步规范。开展职称评定、职业技能等级考试等工作，公司人才当量密度达到1.2，同比提高4.28%，在唐山十个县公司中排名前列。2. 多渠道畅通服务功能。认真贯彻落实《国家电网公司关于经营区域内园区业扩配套电网项目实施“绿色通道”管理的意见》要求，对大用户、园区用户、电能替代项目提前介入、主动服务，推广“掌上电力”手机APP业扩预受理功能，全年受理高压新装、增容178台/6.90万千伏安，验收送电160户/6.99万千伏安。落实新能源接入政策，受理低压光伏发电项目201户/1354.69

千瓦。3. 推进电能替代和节约电力电量工作。全年完成替代电量8073.7986万千瓦时，占指标（7200万千瓦时）的112.14%；完成节约电量182.69万千瓦时，占指标（167万千瓦时）的109.4%，完成节约电力0.0445万千瓦，占指标（0.0350万千瓦）的127.15%。

【党建、精神文明和企业文化建设】 党建基础更加牢固。结合“两学一做”学习教育，积极开展“善作为、勇担当、重实效”等活动，党员模范作用和党组织活力得到有效激发，圆满完成公司党委、纪委换届。加强党风廉政建设，积极开展“一问责八清理”活动，通过编制《岗位廉政风险手册》《家庭助廉手册》、编辑《清风》电子刊物及举办“廉洁承诺我签字”仪式等活动，极大地提升了党员干部的廉洁自律意识。企业文化内涵更加丰富。以创建国网示范文化长廊为目标，突破传统方式，运用“互联网+”理念，在高质量建成企业文化展厅的基础上，推出“迁安供电蓝光在线”微信平台“指尖”展厅，搭建了企业与员工交流的新桥梁，确保了“五统一（统一价值理念、统一发展战略、统一企业标准、统一行为规范、统一公司品牌）卓越企业文化”在公司全面落地。队伍建设成果显著。以上级普调考、专业技能竞赛、技术大比武和文体竞赛等活动为抓手，全面提升队伍能力和综合素质。2016年，继续开展“五小”（小发明、小创造、小革新、小设计、小建议）、QC（质量管理）小组创新创效和岗位建功活动，在冀北、唐山两级19个类别的调考、技能竞赛和创新创意大赛中，迁安市供电公司有64人获奖，其中13人获得一等奖。

【市供电公司城关二所推出服务“新举措”】 在市供电公司开展的“优质服务大讨论、大提升”活动中，城关供电二所集思广益，群策群力，受“民主监督”“流程透明”长效机制启发，提出效仿公安部门使用执法记录仪，在服务过程中使用类似设备，并形成一种制度配合管理手段，以达到服务流程更加规范、透明，客户满意度进一步提高的效果。经多次讨论，城关二所对如何使用、保管、统计、总结及奖惩等细节问题进行审慎研究后，制定了服务记录仪使用的管理办法。在报请相关领导取得可试行意见后，城关二所于7月配置两台服务记录仪，在服务过程中尤其是处理工单服务中全程投入使用。经过近3个月的试用，现场服务人员熟练掌握了记录仪使用方法，责成专人每月进行存盘统计、总结，同时，依据影音内容分析工单的类别、原因，掌握客户思想动态，有针对性地对服务人员提出更深层次的服务要求，基本取得试用的预期效果。特别是受到了客户的高度关注，纷纷感到通过此项措施，员工服务动作及服务流程得到进一步规范，抢修时间较以往大大缩短，是一项好举措。客户说：“把供电服务过程记录下来，更阳光更透明了。”

国网冀北迁安市供电公司

经　　理　高振峰（4月离）
　　　　　　王松涛（4月任）
副 经 理　郎亚光　贾玉清（11月离）
　　　　　　陆全忠（10月离）
　　　　　　赵永华（1月任）　张国军
党委书记　王晓立
工会主席　张　磊
纪委书记　张　磊（兼）

（郭雅卓）

交 通

【公路工程项目建设】 全年实施重点交通项目17个，完成投资2.3亿元。全市公路通车总里程达到3275公里，公路密度达到272公里/百平方公里。投资4092万元，完成万太线大修工程；投资4562万元，实施东西区第三通道西延（直通）道路工程；投资3001万元，完成龙山大桥维修加固工程；投资1296万元，完成七家岭1、2、3号跨线桥工程；投资4232万元，完成白道子、四道沟、河流口、徐流口等美丽乡村道路工程；投资2030万元，完成建昌营东沙河大桥拆除重建工程、田家店漫水桥工程、阜杨线翻修工程等10个项目；投资4208万元，完成上兰线（上窝铺—兰若院）大修工程、迁徐线（迁安—徐流营）公路改建工程两项为民办实事工程项目。与五重安乡政府合作完成迁安市绿安节能科技有限公司渗水砖1个亿元招商引资项目。8月24日，唐山市公路基础设施项目建设现场观摩暨促投资稳增长调度会在迁安召开，迁安市项目建设及促投资稳增长工作受到唐山市局领导及各县区的一致好评。

【交通项目前期办理】 抢抓京津冀一体化和省补资金提升等机遇，努力跑办，成效显著：一是945个农村公路项目成功录入省厅项目库，为全市提升农村公路建设水平奠定基础；二是东西区第三通道西延（直通）已取得工程项目可行性研究报告（以下简称工可）批复；三是平青乐线毛家洼至迁滦界大修工程，已列入河北省交通厅2017年建设计划；四是102国道迁安太平庄至唐秦界段改建工程可行性研究报告已报省厅，省厅已组织工可评审；五是赤曹线（赤峰至曹妃甸）唐秦界至205国道段工程。唐山市政府按经营性收费公路建设该项目的请示已上报至省政府，各项前期正全力推进。

【道路运输管理】 1. 强化客运管理，客运市场安全有序。依法履行道路客运监管职责，严格按照“三不进站、七不出站”▲的规定，做好节假日期间的安全运输，全年累计发送旅客50余万人，累计加开客运班车260部次，做到“安全、有序、优质、满意”；2. 货运市场发展稳定，危险货物运输安全管理到位。做好新增车辆建档工作和营运车辆审验工作，累计新增业户建立档案38份，新增车辆建立档案1256份，累计审验车辆4750辆，办理过户车辆55辆。加强危险货运车辆的管理工作，落实安全责任追究制，层层签订安全责任书，加大检查力度，做好隐患排除工作，较好的完成危险品货物运输安全监管工作，确保了2016年危险品运输安全无事故；3. 有效监管维修市场，坚决整改违规维修企业。严把维修企业信誉考核，同时对维修企业在如何提高服务质量方面进行指导，以规范辖区内汽车维修市场经营秩序为重点，进一步提升全市汽车维修企业服务质量，确保车主对维修的满意度，减少投诉事件的发生。强化机动车维修市场监管，打击欺诈和违规行为，维护车主合法权益。查处违法经营20多家，随机抽查辖区维修企业100多家，对设备设施改造升级、维修从业人员持证上岗、安全生产组织管理、环境保护措施等进行检查并落实；4. 规范驾培市场运营，维护良性发展空间。规范驾校行为，加强基础工作管理。强化业务督导，对市域内9家驾校进行业务检查，提出规范要求，确保安全教学质量。定期对驾校进行安全检查，签订《安全生产责任状》，确保全年安全生产无事故。整顿驾培市场，查处违规行为。打击无证经营行为，规范教学行为，共纠错30余辆次；5. 规范货运源头企业行为，扎实有序推进源头治超工作。重新调整组织机构，将工作责任落实到岗、细化到人，为从严抓好源头治超工作提供根本保障。2016年，公示源头企业24家，比2015年新增4家。加强对政府公示货运源头单位的监管，对重点货源单位监管、巡查，做到每家企业每月不少于4次巡查，加强磅房监管，发现问题当场下达整改通知书，限期改正以达到标准。积极运作，确保“无双超”（无超限、超载）信用企业的创建任务。按照省、唐山市要求，结合实际制定创建“无双超”信用企业实施方案，组织货运源头企业按标准落实，全年创建12家“无双超”信用企业，占公示企业的50%。

▲“三不进站、七不出站”：无关车辆不进站、无关人员不进站（发车区）、危险品不进站；超载客车不出站、安全例检不合格客车不出站、驾驶员资格不符合要求不出站、客车证件不齐全不出站、出站登记表未经审核签字不出站、乘客和驾驶员不系安全带不出站、未配备安全提示监督员的班线客车不出站。

【国省干线公路养护】 坚持“建设是发展，养护也是发展”的理念，全力推动养护标准化，提升公路管护水平，营造“畅、安、舒、美”的公路环境。扎实推进国省干线公路的养护水平。针对公路养护过街路段重载车辆多、交通组成复杂的养护现状，结合“擦亮窗口、服务世园”路域环境综合整治活动工作目标，对列养的102国道、平青乐公路和三抚公路开展公路环境综合整治行动，取得明显效果。列养公路基本实现路基标准化，公路范围内无明显垃圾，公路设施基本完好，公路病害得到有效处治。同时，累计出动洒水车1275台次开展洒水降尘作业，强化清扫，加大清扫频次，有效保证空气质量。

【地方道路养护】 1. 农村公路建设顺利进行。全年累计完成农村公路改造30.1公里，其中美丽乡村26.2公里，涉及7个乡镇、26个行政村；畅通工程3.9公里，涉及3个乡镇、3个行政村。累计完成投资1780万元。2. “田路分家”工程持续推进。以“明晰路产、加强养管、提升品位”为宗旨，本着“突出重点，树立典型，同步推进”的原则，全面推开以“一路两沟四行树”为标准的“田路分家”工程，达到“田路分家”和公路景观浑然一体的景观效果。至年底，干线公路及县道“田路分家”完成100%，乡村道路完成81.6%。3. 公路管养工作稳步实施。到2016年年底，全市完成公路小修挖补6.5万平方米，施划标线4万余平方米，灌缝施工3.2万余延长米，更换、维修、增设标志标牌260余块。清理路肩边坡300余公里，疏通边沟200余公里，清运垃圾废料、路肩反坡1.2万余立方米，粉刷路树三桩300余公里，处理水毁50余处，处理倾倒路树120余株。消除了道路安全隐患，路域环境明显提升。4. “四好农村路”示范县创建工作高标准完成。完成迁徐线、上兰线、万灵路、迁擂路、北部绿道、沙四路等路段的路树、三桩粉刷85余公里；扶正三桩130余根；清理边沟40余公里；粉刷公示牌8块；累计清理路边垃圾80余立方米，上兰线重修边沟1000余延长米。5. 大气环境治理力度不断加强。累计外雇水车2500余台班，投入人工9.8万余人次，机械3800余台班，并开展清理路肩及绿化带反坡、清运路边堆积物、粉刷路树、三桩等工作。下半年，市交通运输局加大道路扬尘治理力度，投入500多万元，新添置洒水车7辆、吸尘车2辆，大大提高机械化、自动化治理扬尘的能力；6. 安全管理积极稳妥进行。防汛期间，对水毁路段进行集中处理。抢通断阻公路30余条，处理受损路段、桥梁100余处，排除雨后积水4次。在日常安全巡视期间，清理障碍物487吨，清理堆积障碍物360多块。冬季降雪期间，出动130名养护工作人员，及时对14条路段进行撒盐处理，共计撒盐13吨。

【道桥收费管理】 1. 贯彻落实唐山市收费公路管理处要求大力开展“5S”标准化服务，即微笑（smile）、规范化（standardization）、效率（speed）、特色（speciality）和满意（satisfacpion），着力突出“微笑服务”“规范服务”，打造迁安道桥收费靓丽风景线，完善检查制度和奖惩办法，对月微笑之星、季微笑明星、年微笑天使给予表彰奖励，涌现出三星级以上收费员43人。2. 全力以赴服务唐山世界园艺博览会、迁安文明城创建活动。对所属收费站开展大规模“站容站貌整治，全力以赴助世园”及创建文明城市专项督导工作，全面提升收费站整体形象。3. 圆满完成迁播收费站撤站维稳工作，妥善安置站内工作人员。根据河北省交通运输厅办公室下发的相关文件，收费期限11年的迁播公路到2016年8月31日收费期届满，8月31日零时停止收费并撤站。4. 规范收费管理。明确岗位职责，实行过错问责制，在促进收费额提升的同时维护正常的收费秩序，干部职工的事业心和责任感明显增强。

【公共交通】 1. 提升公共交通工作品质。完善农村公路运输服务网络。至2016年，全市建成并投入使用的农村客运站点达到701处（站牌468处、候车亭233个），建成农村客运站12个，具备条件的建制村通客车比例100%，实现农村地区基本公共客运服务全覆盖。完成对全市132处站点、203个站亭、76个站牌的修复，规范了公益广告设置。对全市277辆公交车、689辆出租车的车容车貌、文明用语、安全设备、车辆技术状况等严格规范管理，发现问题及时查处。2. 加强GPS（全球定位系统）中心管理。完善监控工作流程和管理机制，初步建立出租汽车、客运班车、危险品运输车辆为主体的全市营运车辆危险定位监控管理系统，建立市交通运输局局属执法单位执法车辆卫星定位监控管理系统，为营运和执法车辆动态监管工作更好地开展奠定基础。完善交通运输车辆违规运营监督举报制度。实行24小时值班，接待出租车违规运营、无证车辆非法运营等投诉举报案件415起，形成群众举报及时有效、受理核实科学顺畅的良性循环模式。完成出租车预约121台次，失物帮寻事项296件，发挥了GPS中心的职能作用，更好地为行业管理服务。

【出租车行业管理】 1. 加强出租市场管理，提升出租行业服务水平。严厉查处不打表、乱要价、无证上岗、拼车载客等违规行为，查处违法、违规运营车辆124辆。认真对待群众投诉举报案件，结案率100%，群众满意率95%以上。圆满完成2016年出租车营运证年审工作和特种行业许可证年审工作，两证审验合格率均达到100%。定期组织对出租车公司新录用驾驶员的法律法规及业务知识培训，严格考试程序，经考试合格后颁发服务上岗证，共颁发服务上岗证500余人次。2. 严厉打击违法运营，有效遏制“黑出租”蔓延。运用灵活多样的执法手段，对“黑出租”和滦县等异地经营车辆予以查处，净化出租客运市场。

【文明城市创建活动】 年内，市交通运输局把“两学一做”活动和全国县级文明城市、省级文明城市创建活动作为重要工作来抓，开办了“廉政教育大讲堂”，制定完善《关于强化纪律和规矩的60条规定》《交通执法十条禁令》《关于重要决策部署贯彻落实情况约谈办法》《作风建设问责暂行办法》等相关制度，完善局办督查室、监察大队、纪检办“三位一体”的监督检查问责机制，形成上下同心、齐抓共创的氛围。在全国文明城市和省级文明城市创建工作中，全局干部职工服务大局、团结奉献、迎难而上，以“交通工作必须满分、差一分都是零分”的责任感，有责必担，沾责抢担，圆满完成长途客运站、公交总站、火车站、滦河高铁站4个大窗口、277辆公交车、240个公交站点、689辆出租车的行业创建任务，480名文明服务引导员认真负责、履职尽责，受到市领导充分肯定。全市交通系统为迁安成功创建省级、唐山市级文明城市贡献了力量。

【交通综合执法】 1. 狠抓队伍建设。先后制定了《强化执法队伍管理规定》《执法守则》以及《公路综合执法队伍量化管理考核细则》，与各部门签订责任状，严格落实追责制度，建立能者上、平者让、庸者下的机制，规范执法行为。2. 加大执法力度。整合局内执法力量，成立8个执法大队，全面落实综合执法，推进规范执法、精准执法；坚持公交合作，专项打击暴力抗法等违法行为，形成治超合力。3. 加强素质教育。组织执法各大队业务培训和队列训练，打造过硬的执法队伍。年内，开展严打“黑车”“执法攻坚月”“路政宣传月”等活动。向司机发放“卡车司机明白卡”《车辆超限超载治理工作服务手册》，营造治理超限超载氛围。及时处理案件投诉，共受理投诉107起，查处率100%。全年查处违法违规车辆3411辆，卸载货物3.8万吨，治安办出警525次，批评教育422人次，治安拘留6人，刑事拘留1人，行政处罚2人次。

【安全管理】 明确安全生产责任，签订责任状。严格行业监管，实现安全生产监管全覆盖。严把市场准入关、车辆技术关、驾驶员从业关、年度审验关，组织开展“道路运输平安年”“两客一危道路运输安全集中整治专项行动”“道路危险货物运输管理工作规范年”“安全大检查”等安全生产活动。全年查处违法违规经营客运车辆10余部、违法经营维修企业20多家，纠正驾校违规教学行为40余辆次，检查危险货物运输企业40余次，检查船舶80艘次。增强行业应急能力，有序开展各类应急演练。加强日常排查和专项整治，汛期及时处理水毁50余处，处理倾倒路树560余株，抢通水毁断阻公路30余条，清理山体易滑坡、淤泥6处，恢复破损路面1.5万余平方米，实现安全生产零事故。

市交通运输局

局　　长　杨　华
副 局 长　赵增华　徐　国　刘兴华　廖英超
主任科员　郝满林
迁曹高速公路筹建处副处长　徐　国
闫福云（12月离）
彭玖良（12月任）
书　　记　赵增华（7月离）
杨　华（7月任，兼）
副 书 记　马文玲（女）
党组成员　杨　华　赵增华　徐　国
闫福云（12月离）　郝满林
刘兴华　彭玖良　马文玲　廖英超

（刘　伟　申小静　滕　达）

迁安市运输分公司

【概况】 迁安市运输分公司隶属于唐山交通运输集团有限公司，2016年，公司有职工111人，内设办公室、督察室、监控室、财务科、安保科、汽贸科、行政物业科、客运科、旅游营业部、保险代理、车队11个科室，下设迁安市汽车客运站、建昌营汽车客运站、马兰庄汽车客运站、夏官营汽车客运站4个分站。迁安市汽车客运站主营旅客运输业务，2006年通过ISO 9001质量管理体系认证，先后被省交通厅命名为甲级站、文明客运站、先进“五型”班组、三星级窗口单位，是唐山市东北部重要的旅客集散地，是连接京、津、唐、秦、石、张、保、邯及内蒙古等地的重要交通枢纽。2016年，共有通车班线50条，投放客运车辆50部。其中，省际班线5条，投放客运车辆4部；市际班线18条，投放客运车辆15部；县（区）际班线27条，投放客运车辆31部。日始发客运班次79个，过路（经由）班次133个，日均客运量1150余人次，高峰期突破2960人次。2016年，客运量40.8万人次，旅客周转量6016万人公里。

强化安全管理，落实安全生产标准化，对照标准要求进一步加强基础管理和现场管理，全年未发生重特大安全生产事故。强化服务管理，结合旅客运输工作特点，客运站以“钢城天使服务班”为龙头，以“起点服务”为理念，对标“郭娜陆地航空班”服务标准，开展售票进校园、企校共建、爱心传递、走进光荣院、关爱老年人等一系列延伸、拓展服务，把“天使”服务做到校园里、社会上。

【“企校共建”活动】 6月3日，市汽车客运站与市特殊教育学校开展以传承博爱为主题的“爱心传递　企校共建”手工艺品义卖活动。特教学校师生在客运站的帮助下，售出手工艺品246件，约4800元，解决了师生学习生活中的一些困难。11月10日，市汽车客运站与华北理工大学迁安学院开展“企校共建”活动，利用“大学生社会实践基地”的平台，积极传递正能量，把高校学生培养成为“知识、能力、素质”协调发展的高素质、应用型和创新型人才，为携手共建和谐社会做出新贡献。

【世园会直通车活动】　迁安市运输分公司本着“为世园服务，为游客服务，为唐山经济发展服务”的原则，认真组织开通了迁安至唐山世界园艺博览会直通车，促进了“以客运带动旅游，以旅游促进客运”目标的实现。在服务世园会期间，公司共组织世园会直通车574部次，组织游客21178人，为“服务世园、服务游客、服务唐山经济发展”做出贡献。

【优质服务】　全年接待咨询11万人次，失物招领85人次，累计为旅客办好事2890件，获表扬295次、锦旗4面。“钢城天使服务班”的事迹先后登上《河北日报》、河北省道路运输管理局网站、《唐山劳动日报》、唐山电视台、唐山人民广播电台、环渤海新闻网、集团公司网站等，迁安市运输分公司获2016年河北省交通运输企业“优秀服务品牌”。同年11月，服务班组获“迁安市特教最美志愿者团队”称号。

唐山交通运输集团有限公司迁安市运输分公司
经　理　冯合林
副经理　刘新奇　毛宝军

（石丽娜）

邮　政

【概况】　2016年，全市设14个邮政支局（所、营业部），其中杨店子、马兰庄、大崔庄、建昌营、夏官营、西环路、木厂口7个邮政支局为全功能支局；杨各庄、赵店子、滨河村、沙河驿、野鸡坨邮政支局和市公司营业部为单一网点，主要经营邮政传统业务；市公司燕山大路营业所主要经营代理金融业务。全市有邮政储蓄ATM机14台、报刊亭2个、邮筒17个。干线邮路150公里，设54个投递段，乡邮里程为2041公里，投递员58名。

继续推进发展方式转变，加大业务结构调整力度，2016年，邮政经办的业务主要有函件、包裹、汇兑、邮政储蓄、报刊发行、机要通信、集邮、特快专递、函件广告、代收话费、代收电费、代发工资、代理保险、代办电信、物流分销、电子商务等业务。全年邮政业务收入5430.43万元，比上年同期增长12.52%，完成收支差额1174.25万元。各项通信质量全部达标，机要通信万无一失，质量全红。

【函件业务】　完成函件业务量：平常函件30.08万件，比上年同期下降27.77%；给据邮件1.21万件，比上年同期下降3.33%；函件业务收入247.81万元，同比增长4.19%。

【包裹】　完成包件业务量2.29万件，与上年持平。其中，普通包件2988件，比上年同期下降56.01%；快包10.13万件，比上年同期增长529.19%。实现收入164.46万元，比上年同期增长36.24%。

【汇兑】　兑付汇票8324张，比上年同期增长13.24%；收汇汇票1945张，实现汇兑业务收入1.73万元，比上年同期下降35.45%。

【报刊发行】　完成报刊大收订流转额1113万元。在稳定公费订阅、突出私费订阅的同时，继续以开发企业形象期刊为突破点，开展图书展销会等多种形式的活动，收到良好效果。全年实现报刊业务收入358.01万元，比上年同期增长3.81%。

【集邮业务】　开展生肖邮品、邮册等营销活动，开发形象年册1500册，新邮预订2367套。全年实现集邮业务收入274.16万元，比上年同期下降5.92%。

【特快专递】 特快专递业务完成出口速递件20849件，比上年增长190.66%。

【农村电商】 推进农村电商工作，积极与政府部门协作配合，利用邮政点多、面广的优势，全年累计建成村邮乐购加盟店365个，完成年度计划的100%。通过加载“便民服务+网络代购+商品批销+普惠金融+寄递服务+代投自提+特色服务”等内容，逐步实现群众“六个不出村”，即寄递不出村、购物不出村、销售不出村、生活不出村、金融不出村、创业不出村，使之成为农村电商的主渠道，拓展农村金融的根据地，农村寄递服务的主导者，农村地区“大众创业、万众创新”的重要桥梁。

中国邮政集团公司河北省迁安市分公司
总 经 理 李尚昆
副总经理 张洪波 孟令德

（贾挽回）

联 通

【概况】 2016年，中国联合网络通信有限公司迁安市分公司（以下简称中国联通迁安市分公司），设置综合支撑、网格销售、客户响应、集团客户、社会渠道、营业6个中心，下辖16个乡镇营业部，分支机构覆盖全市所有乡镇。设自有营业厅25个、合作营业厅37个，有业务代理商300个、公司员工246人。固定电话用户7.1万户，移动电话用户11.2万户。4G用户达到4.6万户，同比净增2.3万户，增幅87.21%；宽带用户达到4.3万户，同比净增215户，增幅0.51%；联通电视达到2.4万户，同比净增0.89万户，增幅63.80%。

【信息化建设】 公司以推进全市国民经济信息化为己任，带动社会信息化的全面发展。农村党员远程教育网为545个乡镇及行政村的广大党员提供信息服务。电子商务进农村——村级电商服务站宽带一、二期项目，开通460条光纤宽带服务农村经济发展。积极响应国家号召，2016年，开展提速降费活动，网络费用大幅下调，入户网速达到100兆。全年建设基站106个、基站巡检190个，位居唐山联通第一，3G、4G移动网乡镇覆盖率达到100%。将7个乡镇7750台设备全部开通，用于承载本地IPTV（网络电视）业务，对全市120台OLT（光线路终端）设备进行端口扩容，保障全市范围宽带普提30兆，光纤宽带全部达到100兆。

中国联合网络通信有限公司迁安市分公司
总 经 理 常志强
副总经理 宋立新 刘伟刚 王力堡（5月离） 霍海洋（5月任）

（司 磊）

移 动

【概况】 2016年，中国移动通信集团河北有限公司迁安分公司（以下简称迁安移动）有员工132人，设综合部、市场部、网络部、政企部、6个区域营销中心、4个城区营业厅、6个乡镇营业厅，运营收入2.3亿元。公司主要经营移动电话通信（包括话音、数据、多媒体等），IP电话及企事业、家庭宽带互联网接入服务等业务。拥有“和”以及传统的“全球通”“神州行”“动感地带”等著名服务品牌，“和彩云”“和包”“和通讯录”“和阅读”等一系列的以“和”为理念的应用。客户号码段包括139、138、137、136、135、134、147、159、158、157、152、151、150、188、187、184、183、182。

【打造4G精品网络】 围绕4G发展，流量经营，提高客户体验。以高优惠、高性价比套餐为支撑，聚焦4G业务发展、开展流量经营。通过换卡赠费、存费赠费等优惠方式，鼓励客户更换4G、套餐升级。至2016年年底，4G用户净增11万余户，更多人体验到了移动真4G的超快网速和超值服务。

【宽带建设】 加大宽带小区建设，落实宽带中国战略。响应国家号召，率先进行宽带提速降费，冲破宽带建设、发展瓶颈。至2016年年底，互联网宽带客户净增7000余户，实现县城、部分重点乡镇和旅游景区覆盖。

【网络工程建设】 2016年，工程建设继续提速，LTE（长期演进）网络大规模建设，传输网络不断完善。配合市政府、业主等完成原有基站搬迁、LTE津秦高铁项目选址、汛期应急保障等工作，网络覆盖基本满足居民通信需求，用户感知进一步提升。至2016年年底，在网运行基站共800个，其中2G基站252个，4G基站548个。

【“黑卡”治理】 积极推进“黑卡”治理，全面落实实名制。联合市公安局、工业和信息化局、市场监督管理局开展“黑卡”治理工作，按照《迁安市强化电话“黑卡”治理专项行动工作方案》，加强后台稽核，对疑似违规办理进行回访调查，发现问题立即要求整改，并对相应责任人进行处罚，确保实名制工作落实到位，保障网络安全。

中国移动通信集团河北有限公司迁安分公司

经　理　王克友（3月离）　刘海军（3月任）

副经理　王永贵　胡建萍（4月任）

（李晨光）

城乡规划

【加强规划编制】 1. 加快做好《迁安市城乡总体规划（2013—2030）》修编工作，《城乡总规实施评估报告》《强制性内容修改报告》已呈报唐山市城乡规划局审查，待唐山市政府报请省政府批复后立即着手对《迁安市城乡总体规划（2013—2030）》进行调整完善和优化提升。2. 完善各类规划编制。《迁安市河东片区、河西片区控制性详细规划》《河西片区南部控制性详细规划》《河东片区东部控制性详细规划》《滦河生态城控制性详细规划》《迁安市右岸新城控制性详细规划》已经市政府批复。《城市地下综合管廊专项规划》《乡村建设规划》《管线综合规划》《停车设施及充电桩专项规划》正在加快编制。3. 积极开展各项村镇规划编制工作。野鸡坨城镇组团控规、彭店子乡一级社区和沙河驿城镇组团总体规划已经市政府批复实施；建昌营城镇组团、夏官营和大五里一级社区控规均已通过专家技术审查；其他镇乡一级社区控规除大崔庄外，均已基本完成规划成果；二级社区的控规编制工作正逐步启动。编制完成了《迁安市美丽乡村总体规划（2015—2030）》，并组织了专家评审。北部绿道片区总体规划已经通过省住建厅组织的技术审查，已完成规划成果。

（宋杰洁　何会春）

【规范规划审批】 全年受理、审批、核发建设用地规划许可证15件、建设工程规划许可证51件、建设工程乡村规划许可证4件、建设项目选址意见书6件。坚持规委会集体审查制度，避免审批上的领导意识和“一言堂”；坚持方案审查和规划审批分离制度，避免人情审批；坚持“一书三证”（“建设用地规划许可证”“建设工程规划许可证”“乡村建设规划许可证”和《建设项目选址意见书》）制度，固守依法行政底线不动摇，确保现行各项规划在审批环节上得以严格落实。

（刘　若）

【强化规划管理】 2016年，制定了《迁安市建设项目容积率计算管理规定》《迁安市建设工程竣工规划条件核实管理办法》《迁安市国有土地使用权出让后规划条件变更管理规定》等系列文件，严格建设工程规划条件竣工核实，规范规划竣工验收管理。

（王立鹏）

【重视规划宣传】 年内，市规划展馆接待社会各类团体近700余次2万余人次、散客2.4万余人。包括民政部、国家统计局，省政协、工信厅、住建厅等相关领导的接待工作。圆满完成2016年轩辕阁开阁仪式、首届中国迁安黄帝文化高端论坛、首届中国迁安“炎黄文化与创业创新”经济论坛等8项活动以及2016年“魅力水城·绿色迁安”经贸洽谈会的接待工作。同时，完成规划会议接待服务20余次。规划展馆的政务接待窗口作用、招商引资的平台作用及市民热爱家乡的教育阵地作用得到充分发挥。

（马文宏）

城乡建设

【概况】 2016年，全市城乡建设工作以加快推进新型城镇化建设为统揽，不断完善城市服务功能，提升县城建设品质，严格行业市场监管，提高行政服务效能，住房和城乡规划建设事业取得新突破。到2016年年底，迁安市建成区面积43.5平方公里，建成区人口26.5万人。市住房和城乡规划建设局（以下简称住建局）获唐山市“爱国卫生先进单位”、迁安市“政务信息工作先进单位”“承办工作先进单位”“关心下一代工作先进集体”“文明单位标兵”等荣誉称号，局领导班子被市委评为“优秀领导班子”。

（邵小佳）

【市政路网建设】 2016年，实施了阜安大路（惠民大街至惠昌大街）、丰庆路（惠兴大街至惠昌大街）新建及祺光大街（阜安大路至丰乐路）翻修工程，至年底，道路主路完工通车。到2016年年底，建成区道路总长度达183.85公里，道路总面积525.04万平方米。市区共有主次道路及支路40条，其中主干道16条、次干道18条、支路6条，横向街19条、纵向路21条，已构成较完整的道路体系。

（邵小艳）

【市政设施管理】 继续坚持“科学化、常态化、精细化”管理，强化日常维修养护，确保市政设施高效运行。一是加大巡查力度，发挥道路巡查员和数字化平台网络系统巡查监督作用，巡查人员及时填写巡查记录台账，数字化平台网络系统接到维修指令，按照事故地段明确责任权属，工程科负责人根据巡查和数字化平台维修指令立即安排维修人员，做到第一时间发现问题，第一时间解决问题。二是加大维修力度，确保市政设施便捷、高效、完好。年内，共维修市政路面及人行道4.9万平方米、大理石板2380平方米，更换、维修路缘石3426米，树池板1592套，维修自行车停放架2705米，城市道路完好率达到98.34%。

加强滦河高铁站站前管理维护，站前广场上进出的公交车、出租车和私家车有序停放，完成6万多平方米道路、1540平方米人行道、1.3万平方米石板以及720个路灯、景观柱、草坪灯等设施的管护、保洁任务，对10万多平方米绿化带的杂草、垃圾进行彻底清理。

（宁子娟）

【城区防汛】 1. 加强防汛组织领导。年内，完善防汛指挥领导小组和应急抢险组织，完善防汛应急预案。明确职责和任务，抢险人员分工包片，对市区重点地段定点定人看守，及时排除积水。2. 做好城市排水设施清理工作。严格落实《雨污水井管理制度》，从4月初起，抽掉40名施工人员组成排水管网检查疏通组织，分成10个小组，出动专业车辆，对123.73公里市区排水管网，8386个雨污井、收水口（其中942座雨水井、855座污水井、1467座雨污井、5122个收水口）进行全面检查和清理疏通，保证了市区排水管网无溢水、道路排水口无垃圾堵塞、无井盖损坏丢失等现象。3. 加强市区6座桥梁和过街天桥的养护维修工作。完善安全管理制度，平时每月以目测的方式检查一次，用仪器和量具对各部位缺损、裂缝、移位、变形情况进行检查和测量。6月以后，坚持日检查，遇有损坏，及时修补，做到构件无缺损、桥面整洁、排水畅通、伸缩缝正常，保证了雨季排水安全畅通。4. 做好两座污水泵站的检查监测工作。组织技术人员对两座泵站每月检查2次，汛期实行日检查，详细填写运行记录，发现问题及时排除，确保机组正常运行。5. 加大三里河清淤力度。5月，出动30名维修人员、10辆运输车辆、2台勾机，对维修队负责的三里河段的河道和预流口进行彻底清淤，共清理杂草垃圾200立方米，确保了汛期排水畅通。6. 备足防汛物资。准备沙袋、铁锹、尖镐、铁丝、铁锤、潜水泵、发电机及装载机、三轮车、双排车、挖掘机、管道输通车、拖拉机等物资及作业车辆，为防汛排涝提供保障。

（宁子娟）

【小城镇建设】 继续坚持城乡统筹、分类指导、典型示范、整体推进的原则，督导各镇乡、4个园区加快建成区道路、给排水、污水处理等基础设施建设，完善城镇功能，发挥聚集效应，实施城乡一体化。2016年，实施城镇建设项目70项，完成项目总投资3.17亿元。全年，村镇建设完成投资7.96亿元。年内，完成唐山市2015年年底下达的773户农村抗震改造任务，补助资金发放到位。唐山市下达的2016年310户农村危房改造任务全部开工。继续在村镇建设中推广示范外墙内保温隔热措施，薄抹灰外墙外保温，页岩砖、挤塑聚苯板、中空玻璃窗等新型建筑节能新技术，建筑新材料和施工新技术，集中建设节能、环保、宜居型新民居，促进城乡协调发展。在扣庄乡、彭店子乡等集中建设的农村社区推广了新型节能环保建筑材料和节能新技术，建筑面积达到4.5万平方米，容纳住户450户。特别在农村危房改造中，大力提倡利用空心砖、多孔砖、灰渣砖等新型高效、节能环保的墙体材料，鼓励、支持和引导新建节能省地、安全环保、经济实用住房，改善和提升农村困难户生活质量。

（彭　达）

【海绵城市建设】　有序推进海绵城市建设，《迁安市海绵城市建设区专项规划》于1月8日起实施。首创海绵城市建设PPP合作模式（即政府与私人组织之间为了建设城市基础设施项目而合作）。迁安市海绵城市建设试点区域面积21.5平方公里，项目总投资33.98亿元，其中政府实施项目76项，投资14.66亿元，工程体系包括源头减排—过程控制—末端治理三项内容，通过渗、滞、蓄、净、用、排六种技术手段，建设实施城市低影响开发、内涝防治、水质改善、供水保障、能力建设等189项具体工程，实现年径流总量控制率达到76%，试点区域全面实现小雨不积水、大雨不内涝、水体不黑臭、热岛有缓解。项目包括35个建筑与小区、69条道路与管网、现有8万吨污水厂提标改造、新建5万吨东部水源地和第三水厂、新建4万吨工业污水厂、新建三里河郊野公园、三里河生态走廊改造、三里河下游疏浚及一体化信息监控平台等。海绵城市建设PPP模式，吸引了20多家央企、大型国企参与探讨及竞争。5月9日，同方股份联合体脱颖而出，中标迁安市海绵城市PPP项目，成为迁安海绵城市建设的合作方。6月，PPP项目公司迁安市华控环境投资有限公司完成注册，公司架构初步形成。7月8日，迁安市政府与迁安市华控环境投资有限责任公司海绵城市PPP项目签约，标志着迁安在全国创造了海绵城市建设的PPP合作模式正式启动。至年底，189项海绵工程，完工6项，在建6项，进入招标程序的31项，进入方案设计阶段的5项，方案审核17项，技术单位审核17项，施工图审核41项，其余66项正在进行方案论证完善。经过一年多时间的实践，迁安市探索形成“一个规划管全局、一个大包清责任、一个基金做支撑、一个服务满三年、一套制度作保障”的“五个一”建设模式和推进“PPP七条”措施▲，得到住房城乡建设部领导和专家的肯定，吸引了三亚、珠海、大连、青岛等20余个城市参观考察，顺利通过全国海绵城市试点城市2015年度绩效考核。

▲推进“PPP七条”措施：整体打包，两家建设、一家运营，建设考核与效果考核相结合，一体化信息平台整体监测，灵活付费模式，子工程提前运营机制，子项目连坐机制。

（邰小佳）

【新型城镇化工作】　年内，《迁安市新型城镇化规划》和《迁安市新型城镇化试点工作方案》通过专家评审。积极落实上级文件精神，制定了迁安市《关于加快推进新型城镇化建设的实施意见》等系列文件。人口向城镇聚集、创新土地管理模式、推进城乡一体化发展、提高城市建设管理水平、创新行政管理制度等方面工作有序推进。同时，在全面落实省级试点要求的基础上，迁安市积极申报、全力争取，成功入选第三批国家新型城镇化综合试点地区。

（邰小佳）

市住房和城乡规划建设局

局　　长	韦长怀（12月离） 张小彬（12月任）
副 局 长	钱治有（12月离）　张金涛 贾　利　霍志国（12月离） 王彦钧（女） 郑　勇（7月离） 曹　录
主任科员	贺继宗　高　权（12月离） 张小彬（12月离）　王长忠 王旭光
副主任科员	李　扬　钟宏波
书　　记	钱治有（4月离） 韦长怀（4—12月） 张小彬（12月任）

副 书 记 韦长怀（4月离） 赵 文

党组成员 钱治有（4—12月） 张金涛

蒋振清（12月离） 贾 利

霍志国（12月离） 贺继宗

高 权（12月离）

张小彬（12月离） 王长忠

王旭光 王彦钧（女）

曹 录 李 扬 钟宏波

（张晓利 邰小佳 殷玉环）

房地产

【住房保障】 落实国家住房保障政策，着力做好三项工作：一是全面完成唐山市人民政府下达的保障性安居工程建设目标：2016年，迁安市棚户区改造项目新开工任务为588套（吉兰庄南区城市棚户区改造），实际开工2064套（吉兰庄南区城市棚户区改造和吉兰庄西李铺农民集中住房二期），完成率351%，至年底，项目主体工程全部完工，处于外部配套工程施工阶段；两个棚改项目（南市区城市棚户区改造、阚庄城市棚户区）共4890套已竣工验收，处于安置分配阶段；西李铺城市棚户区改造（7号岛）项目2490套基本建成，工程处于外网施工阶段，计划2017年12月竣工回迁；阚庄上东水郡商品房开发小区配建公租房项目，配建公租房326套，已完成验收，待接收。二是做好保障性住房并轨、扩面、受理、审核等工作，进一步建立健全住房保障体系，统一受理条件，住房保障范围涵盖城镇中低收入家庭、新就业职工、外来务工人员等群体，做到城镇中低收入家庭应保尽保。在受理审核过程中，始终坚持公开受理、阳光操作，廉租住房保障家庭累计达到820户次，2016年新增住房保障家庭29户，住房补贴发放129户。三是加强保障性住房日常管理工作。建立完善准入退出机制，对租赁合同到期的保障性住房家庭进行认真复核，2016年，对不再符合住房保障条件的31户家庭予以清退。同时，做好租金收缴工作，严格按照政策规定，实行市场化租金分类减免，梯度保障。

（刘彩虹）

【农民保障性住房建设】 2014年，结转迁安市大五里乡保障性住房工程（7#楼），建筑面积8870.6平方米，可安排住户72户。至2016年年底，工程处于验收准备阶段。2016年，结转扣庄乡农民保障性住房工程，一期开工面积2.2万平方米，总投资4400万元，可安排住户198户，年底时正在加紧施工。

（刘彩虹）

【房地产开发管理】 严格执行国家相关法律、法规和政策，首先是强化商品房预售审批管理。坚持手续齐全，逐项审核，实地查看，严谨把关。加大预售审批后的监管力度，对房地产开发市场进行两次拉网式执法检查。依法查处商品房预售、销售中的违法违规行为。其次是认真做好商品房合同备案和房屋租赁登记备案工作，为社会提供首套房购房登记备案记录查询服务。年内，办理商品房预售许可10起，批准预售面积26万平方米、2210套。办理房屋租赁登记备案42件、商品房合同备案4790件，移交办证资料437户，查询首套房购房登记备案记录3752件，廉租房查询589户。

（玄兆广）

【规范存量房交易行为】 按照《中华人民共和国城市房地产管理法》要求，严格程序，规范操作，全面执行交易合同网签制度。对交易双方交易资格和房源状态进行认真审核，符合交易条件的，依法依规保障交易双方权利。全年办理存量房交易500宗，生成网签信息表500份，业务办理准确率100%。

（张志刚）

【规范中介服务行为】 按照住房城乡建设部、河北省、唐山市加强中介组织机构管理的相关规定，依法依规对中介机构及中介人员的从业资格进行专项检查2次。重点对中介机构业务承接、房源信息核验、房源信息发布、服务价格等方面进行规范管理，严格按文件规定，全面执行业务承接必须履行书面委托协议，房源信息发布编制房屋状况说明书，在经营场所醒目位置标识全部服务项目、服务内容、计费方式和收费标准。对存在问题的中介机构当场责令限期改正，并进行跟踪检查，存在问题的中介机构全部按要求整改到位。

（张志刚）

【加强中介市场监管】 充分发挥职能部门作用，认真履行市场监管职责，严格落实中介机构备案制度，推行从业人员实名服务制度，加强中介机构信用体系建设和市场主体信用信息公示系统建设，实现部门联动，资源信息共享，共同促进中介市场健康发展。

（张志刚）

【住宅小区物业管理】 认真落实国务院《物业管理条例》和上级政府关于物业管理的法规政策，提升物业服务水平，燕钢丽景家园和晨曦家园两个小区被评为唐山市优秀物业小区。1. 督导企业健全管理制度，提高服务水平。2. 组织全市物业服务企业经营管理层人员培训，提高管理能力。3. 认真调处物业纠纷，化解矛盾，年内，344件因物业问题引发的群访、信访及热线问题得到妥善处理，维护了各相关方的利益。4. 住宅专项维修资金的监管不断完善，经逐级申报，依规审批27个小区共用设施部位维修项目，经公示无异议后分摊到户。全年完成维修住宅小区11万余平方米，批准使用专项维修资金300余万元。新建住户维修资金资料全部及时录入计算机管理系统。

（曹卫东）

【直管公房管理】 2016年，有国有公产房9675平方米，大多为商业用房。由专业人员负责日常维护维修、租金收缴和安保、消防工作，实现保值增值。

（陈淑珍）

城市园林绿化

【概况】 至2016年年底，全市建成区面积达到43.5平方公里，城镇人口26.5万人，建成区绿化覆盖面积1792.59万平方米，绿地面积1755.39万平方米，公园绿地面积535.4万平方米，绿化覆盖率、绿地率和人均公园绿地面积分别达到41.21%、40.35%和20.2平方米。2016年，迁安市园林绿化管理局被中共河北省委评为全省先进基层党组织，被市委、市政府联合命名为优秀领导班子，被市文明办推荐为河北省文明单位。

（张海彬）

【绿化督导检查】 2016年，市园林绿化管理局积极配合数字化城市管理工作，及时完成整改案件445件，接受并处理市民投诉10余次。同时，建立三级督导检查机制，加大绿化执法力度，处理破坏绿化树木及设施案件42起；协助做好占用绿地审批的现场勘查工作，下发绿化整改通知15次，实施月度考核12次。

（罗成金）

【街道绿化养护】 年内，街道绿地管辖总面积达到102.99万平方米，行道树2.55万株，草坪16.37万平方米，色块19.71万平方米，地被27.06万平方米，片林乔木约10万余株。街道49条，总长度135.7公里；街头游园绿地47处。全年草坪修剪6次，共98万平方米；色块修剪4次，共78万平方米。

（王会林　潘玉民）

【公园管理】 市园林绿化管理局公园管理所负责管理市内黄台山公园、三里河生态公园、黄台湖景区、燕鑫公园和佛山公园。其中，黄台山公园以五星级标准进行日常养护管理工作，全年补植花灌木1200株，栽植时令花卉3.6万盆；全年共维修灯具1430盏，维修路面1.5万平方米，维修并更换垃圾桶140个，维修座椅36个；共接待参观检查102次，举办“祭祀轩辕”、“盛世中华，歌唱祖国”十一联欢等大中型活动30次。黄台湖景区、三里河生态公园、燕鑫公园和佛山公园都处于正常养护管理阶段，各管理部门根据需要对所辖区域内的绿色苗木进行施肥、修剪、浇水等，对斑秃或受损绿化部分进行修复、重新更换绿植，对各种市政设施和灯具进行检测维修与维护。

（钱晓光　邹建伟　贾　悦　朱小刚　曹艳艳　宋国新）

【城区广场管理】 市园林绿化管理局广场管理所所辖广场分别为人民广场、市政广场、市标广场、文化广场、时代广场、兴安广场和龙形、云形绿化带。全年栽植宿根花卉2万余株、时令花卉2.5万株，全年草坪修剪7次，色块修剪5次。每天保证舞曲、音乐喷泉和广场亮化按时开启，对各种市政设施和灯具进行检测维修与维护，并加强对龙形绿化带月季专类园的管理，及时施肥和打药。全年接待领导参观40余次，组织大型车展5次，组织“钢城之夜”文化展演、播放公益电影等大型群众文化活动60余次，其他单位宣传活动40余次。

（唐立奎　曹艳艳）

【新建工程进展情况】　2016年，新建的园林绿化工程主要为海绵城市建设工程。该工程共分六项：滨湖东路东侧绿化带景观工程，新建面积25.7公顷，投资8200万元；市政广场雨水利用改造工程，规划面积10.24万平方米，改造面积3.09万平方米，投资347万元；人民广场雨水利用改造工程，规划面积12.35万平方米，改造面积4.39万平方米，投资691万元；龙形公园雨水利用改造工程，规划面积35.17万平方米，改造面积18.35万平方米，投资1466万元；云形公园雨水利用改造工程，规划面积14.54万平方米，改造面积8.61万平方米，投资855万元；黄台山公园雨水利用改造工程，规划面积59.95万平方米，改造面积26.55万平方米，投资2100万元。该六项工程计划2017年全部完工。

（温世英　唐立奎　钱晓光）

市园林绿化管理局

局　长　蒋振清（12月离）　陆中刚（12月任）

副局长　陆中刚（12月离）　刘　玮

城市管理

【城管委工作概况】　2016年，起草《开展迎世园城市环境卫生综合整治工作实施方案》等文件8个；组织召开城管委专项会议；印发《城区环境综合整治责任分解表》4批，督导18个成员单位整改城市环境问题295项。督导完成惠民大街、惠安大街等街道弱电管线入地改造任务。

【城市综合管理】　全年采集城市管理事件、部件问题信息52902件，立案51126件，应结案51126件，结案51043件，结案率99.84%；受理“12319”城市管理热线电话3188个，立案3188件，结案3188件，结案率100%；受理“12345”唐山市市民公共服务热线电话9452件，立案交办2423件，办结2322件，办结率95.83%。对纳入数字化城市管理的24个成员单位，每月通报完成派遣事部件任务排名情况，通报结果在《迁安时讯》公示。

【城市亮化】　开展亮化巡查232次，发现问题75处，督导完成修复75处，维修LED亮化灯管1012延长米，维修路灯3979盏（次）；更换电缆2028延长米、护套线2300余米；路灯除锈喷漆235套，更换钢城大桥等破损路灯137基，新安装路灯44基。对福鑫小区、金融街、君和广场小区3处位于“两轴两带”（两轴：钢城大街、燕山大路，两带：三里河绿化带、滦河绿化带）及重要节点的高层建筑安装夜景照明设施工程进行现场督导，确保亮化效果与施工方案相符，并根据季节变化及迎宾等需要，适时调整景观照明设施的启闭时间。

【市容环境治理】　市容市貌治理。积极开展文明城市创建工作，全年开展各项市容市貌整治活动130余次，审批各类商业活动698家，审批广告牌匾523块，拆除不合格牌匾96块，私自设置的电子屏、灯箱广告、宣传板等237块；治理流动摊点3.45万摊次，治理占道经营、加工、修理、堆放物料等违规现象6734家次。3月，联合市市场监督管理局对市区内流动食品摊贩进行实名登记，加强无证流动食品摊贩整治力度。规划流动食品摊贩经营区域62处，办理《流动食品摊贩经营地址确认书》230份。清除各类窗贴、小广告2万余张，查扣散发小广告行为15起、8000余份。组织市区7块大屏播放与文明城市创建相关的公益广告。督导400家沿街商户LED显示屏定时播放《水城文明20条》等宣传口号。悬挂文明城市创建宣传条幅70余条。协助市文明办在城区主次干道安装公益广告454块，其中城市管理综合执法大队投资安装的公益广告80块。

城区环境污染治理。关停商业噪音污染源73点次，暂扣商业小喇叭及音箱820个，妥善处理市民健身扰民行为26人次，处理建筑施工噪音扰民行为58次。中考、高考期间，开展城区噪声污染整治行动，为考生营造绿色应考环境。督导存在油烟污染的烧烤店更换环保型炉具 40 余家。治理露天烧烤行为 600 余次，暂扣各类烧烤工具 151 件，有效保障了空气质量。

建筑垃圾监管。加大对建筑垃圾清运处置监管力度，增强对吉兰庄工地和碧桂园等重点地段的巡查力度，督导渣土运输车辆遮盖，避免飘洒滴漏造成扬尘污染。查处擅自处置、堆放建筑垃圾行为 24 起，暂扣违章车辆 8 辆。

城市交通环境治理。会同市公安、交通部门集中时间、集中力量查处非法营运三轮车 184 辆。清理长期占用城市道路的“僵尸车”56 台次，强制拖走 3 辆。审批挖掘城市道路 3 件，查处擅自挖掘城市道路行为 8 起。治理占道经营、加工、修理、堆放物料等违规现象 6734 家次。查处超限车辆 31 辆，办理超限车辆通行证 243 张，换证 39 次。在惠泉大街、兴安大街等道路两侧施划机动车和非机动车停车位 301 个，计 3506.5 延长米。

违法建设治理。联合市住建、国土、迁安镇等单位，按照《唐山市市县建成区违法建设专项治理工作五年行动方案》要求，及时发现和查办对已取得国有土地使用权、未办理建设工程规划许可证的违法建设行为，立案 19 起，督导自拆 13 起，面积 2521 平方米，强制拆除 6 起，面积 725 平方米。

【执法队伍建设】 1. 认真开展“两学一做”学习教育活动，贯彻落实习近平总书记系列重要讲话精神。继续开展爱心服务实践活动，由城市管理综合执法大队志愿者和兴安大街西段十几家爱心商户组成的“爱心街”志愿服务组织，资助 10 户贫困学生 9800 元，被提名推荐为唐山市最美志愿服务团队。发扬见义勇为精神，主动帮助救火、及时送伤病员到医院等，累计接受群众表扬 40 余次、锦旗 5 面，4 名城市管理执法队员被提名为“河北好人榜”，3 名执法队员被唐山市精神文明建设委员会评为 2016 年度月评学雷锋十佳事迹先进人物。2. 狠抓机关效能建设。进一步完善督查办法，落实绩效考核，实行末位淘汰。3. 强化依法行政。按照《中华人民共和国行政处罚法》的相关规定，履行行政处罚程序，落实自由裁量权基准制度，完善法律文书，规范行政执法行为。积极开展业务知识培训，提高全体干部职工实际工作能力和业务素质。

市城市管理综合执法大队

大 队 长 张金涛（挂任市住房和城乡建设局副局长）

副大队长 董学军 刘 乔

时维伟（城市管理派出所所长挂任城管大队副大队长）

副主任科员 赵宇洁（女）

（王鹏远）

公用事业

【城市供水】 2016 年，城区有水厂两座，设计日供水能力 4 万立方米。主要负责城区居民生活、餐饮服务和机关事业单位用水。市自来水公司以安全供水、优质服务为原则，努力构建和谐供水环境。全年累计完成供水量 1074 万立方米，无供水事故发生，水质合格率 100%。1. 加强供水基础设施建设。完成碧桂园（70～75#楼）、金港花园（4～6#楼、14～15#楼）、西李铺棚户区多层区（28 栋）、蓝天幼儿园、金融街、万嘉市场商业（3～2#楼）、妇幼保健院、宝立诚等住宅小区及商业区的外网给水工程，完成昌盛大路北延、阜安大路与惠民大街交叉口、祺福大街改造、兴安大街改造，共 4 条市政道路的供水管网铺设或改造工程。新增 DN110 以上市政管网长度 0.86 千米，新增用水户 2627 户。到 2016 年年底，DN110 市政管网长度达到 77.11 千米，用水户达到 89906 户。继续实施水表出户改造，2016 年累计投资 36.45 万元，完成“一户一表、水表出户”改造工作 243 户。2. 启动第三水厂筹建工作。在迁安镇谢庄村北征地 2.67 公顷，用于第三水厂建设。至年底，用地选址预审意见已通过审批，征地补偿款已拨付并发放到位。迁安市东部水源地采用租赁形式，共租用土地 0.272 公顷。2016 年，进行了探采结合井施工及排水试验和水质检测。已完成探采结合井 2 眼，完成单井和群井排水试验，水样已送至实验室，等待试验结果。3. 加强水质管理。按照国家生活饮用水卫生标准，定期对水源水、出厂水和管网末梢水进行取水化验，在全省城市供水企业的水厂出厂水水质督查中，106 项指标检测合格率达到 100%。4. 实施阶梯水价。2016 年 4 月 1 日起，执行阶梯水价。居民用水为每户 3 人、每年 120 吨平价水，超出部分实行阶梯水价。用水户人口超过 3 人的，带相关证件到自来水公司登记后，每多一人每年可多供 30 吨的平价水，全年登记阶梯人口 5314 户。2017 年阶梯人口登记工作于 2016 年 11 月 20 日至 12 月 20 日进行，共登记户数 1800 户。5. 抓管网运行管理。为确保管网通畅，抽调专人定期对城区管网进行巡视，及时、高效处理解决报修问题，管网故障维修率 100%。进一步规范施工管理制度，组织管网知识专题培训，提高工作效率。年内，抢修管网漏水 313 处，解决水压低及突发停水事件 182 处。6. 强化日常安全管理。做到水质变化第一时间发现、安全隐患第一时间排除、居民意见第一时间化解、网上问题第一时间解释。完善安全保卫系统，实行 24 小时值班制度，严格出入厂区人员和车辆登记管理。

（马大勇）

【城市供热】 河东区：坚持稳中求进，以人为本，做到管理、质量、安全、服务、收费五达标。2016 年，供热面积 1300 万平方米，住宅集中供热面积 989 万平方米，供热计量收费面积 346 万平方米，供热计量收费比例达到 35%，供热管网总长度 422 公里，供热站 161 座。实现三热源联网供热。城市热化率 98%，热费收缴率 97% 以上，入户维修率 99%，用户满意率 98%，设备利用率 98%，设备完好率 98%。年内，自筹资金 6147 万元，完成 5 项重点工作：一是新增热源连接线工程。项目总投资 6730 万元，建设中继泵站一座，敷设 DN1000 供热管线约 12.2 公里。项目完成后，利用九江焦化厂现有 2 台 12 兆瓦焦炉煤气发电机组、2 台 25 兆瓦焦炉煤气发电机组，对所产生的蒸汽进行汽水换热，对热网内的循环水进行加热，与现有热网连接，作为本年度河东区集中供热热源使用，实现城区三热源联网供热。二是供热扩供工程。投资 2800 万元，完成 40 万平方米（原计划西李铺安置区 40 万平方米已划归迁安翅冀热力公司特许经营范围）供热扩供工程。三是完成 2 台 130 吨锅炉环保改造。投资 877 万元，对现有集中供热扩供及备用锅炉（2×130 吨锅炉，6#、7#）除尘设备进行改造，拆除现有锅炉吸收塔内两级除雾器，更换为管束式除尘除雾装置。四是投资 700 万元，对设备检修、维修。检修热力站 118 座、热力井室 79 座，更换（检修）阀门 2002 个、换热器 26 台，循环泵 2 台、换热首站水泵 17 台。五是投资 40 万元，对全市腐蚀严重、存在问题的 0.6 公里老旧供热管网进行更新改造。同时，按省下达的供热计量收费比例，完成供热住宅面积 35% 的热计量收费工作。采暖期结束后，对远程抄表读数和人工抄表读数进行对比核实，核算后实施热计量收费。完成省防治大气污染热计量工作指标，通过了唐山市热计量改造检查验收。

河西区：迁安市翅冀热力有限公司积极开展集中供热基础工程建设，完成集中供热入网面积 29 万平方米。至 2016 年年底，河西区集中供热入网面积达到 265 万平方米，有泵站 8 座，供热管网总长度达到 41 公里。

（郭宏伟　刘　祺）

【城市供气】 2016 年，全市有取得政府授权的管道燃气企业 5 家，包括正式投入运营的管道燃气企业 3 家，分别是迁安华润燃气有限公司、迁安中石油昆仑燃气有限公司、迁安市建华燃气有限责任公司；试运营的管道燃气企业 1 家，即迁安市天达天然气有限公司；尚未投入运营的管道燃气企业 1 家，即唐山市恒基天然气有限公司。另有液化石油气企业 16 家。极少部分的天然气靠汽车运输，大多通过永唐秦高压管线输送，在野鸡坨镇卜官营村设有分输站，依托分输站开展基础设施建设。2016 年，全市新建中压管道 3.38 公里，新通气居民用户 12957 户，新通气工商业用户 67 户，全年供应天然气 6828 万立方米。至 2016 年年底，全市累计投资 2.54 亿元，铺设高压管道 105.6 公里、中压管道 98.57 公里，建设天然气门（首）站 4 座、调压站 2 座、无人值守站 2 座，基本达到城区主管网全覆盖。全市有 51 个居民小区已安装天然气设施，具备供气条件的居民用户 5.76 万户、工商业用户 265 户、公服用户 65 户，实际点火通气的居民用户有

5.16万户、工商业用户250家、公服用户65家。城镇燃气普及率保持100%，主城区管道燃气普及率达到54.7%。

（刘　祺）

【弱电管网】　2016年，投资约1054万元，完成管网建设13.06沟公里、52.93管公里，合建基站13座，驻地网工程已完工小区户数6658户。至2016年年底，累计投入1.17亿元，建成弱电通信管道158.06沟公里、763.93管公里，建设共用基站40座，驻地网工程已完工小区户数4.69万户。河东区主干管网覆盖率达到90%，河西区覆盖率达到95%，高新技术产业开发区、经济开发区新修道路覆盖率达到100%。

（刘　祺）

【城市卫生】　包括道路清扫、垃圾清运、公厕管理、垃圾填埋、设施维护等各项工作。全年完成城区（河东区、河西区）480万平方米日清扫保洁任务。清扫保洁作业实行“横到边、竖到底、无缝隙、全天候”作业模式，严格落实“四扫三保”制度▲，使城区道路达到“三不六净四无”工作标准▲，道路清扫保洁率达到100%。加大机械化清扫力度，10台道路清扫车采取吸尘、清扫一体化作业模式，按照固定的时间、路线和标准进行清扫作业，有效抑制了道路扬尘，机械化清扫率达到70%。投资340万元对垃圾填埋厂二期二区扩容18万立方米，完成7.45万吨垃圾清运和处理工作，垃圾日产日清，垃圾运输密闭化，机械化运输率和无害化处理率达到100%。完成市区25座公厕保洁任务。加大环卫基础设施建设，定期对市区内垃圾桶、果皮箱进行维修更换。

▲“四扫三保”制度：“四扫”，即5点至6点，12点至13点，17点至18点，20点至21点，每天分四个时段对道路进行清扫；“三保”，即6点至12点，13点至17点，18点至20点，每天分三个时段对道路进行保洁。

▲“三不六净四无”工作标准：不丢堆、不甩段、不出扫帚花，路面净、路牙净、收水口净、便道板净、树坑净、路口净，无果皮纸屑、无污水垃圾、无悬挂塑料袋、无废土砖石。

（任　磊）

【污水处理】　1.污水处理整体稳定，减排工作成效显著。2016年，紧紧围绕“达标排放”这一核心目标，全年处理城市生活污水2243.95万吨，日均处理污水6.14万吨，生产再生水930.53万吨，外运污泥3098.15吨，化学需氧量消减3800吨，氨氮消减300吨。2.深化安全生产理念，严守“生产红线”。坚持贯彻“安全第一、预防为主”的方针，优化健全安全管理体系，强化员工安全意识。一是及时贯彻落实全市安全生产会议精神及相关文件要求，树立安全第一的意识，增强安全生产责任感，严禁各种侥幸麻痹思想。二是在2016年安全生产月活动中，组织开展安全生产应急演练，检验和提高全体员工的安全生产应急能力。三是坚持并完善安全督察员制度，落实“一岗双责”制度，定期开展安全生产大检查，对存在的安全隐患早发现、早整改，全年无安全生产事故发生。四是认真组织开展安全生产大讨论活动，为增强员工对安全生产工作的参与度和认知度，公司组织召开安全生产专项调度会，在全体运行人员中开展安全生产大讨论活动，加深员工安全生产意识，确保生产安全稳定。

（刘彩会）

建　筑

【施工企业数量及资质等级】　2016年，全市有建筑企业64家，包括总包施工企业32家，专业分包施工企业22家（其中混凝土专业分包13家），劳务分包施工企业10家。32家总包企业中，二级资质的有18家，三级资质的有19家；22家专业分包企业中，二级资质的有2家，三级资质的有22家。监理企业5家，其中甲级资质的有3家，乙级资质的有2家。

（王伟劲）

【工程招投标监督】　认真落实招投标法律、法规，完善创新招投标监管工作，监管效能显著增强。2016年，监督招投标单位工程109项，总中标价为11.25亿元，节约建设资金约5150.34万元，其中房屋总建筑面积41.27万平方米，已报建工程招标率达到100%，核准应公开招标工程公开招标率100%。

（王椰琳）

【工程质量监督】 以“百年大计，质量第一”为原则，树立“质量为本、监督为民”的思想，加强对建设工程各方责任主体质量行为的监督检查，加强对工程实体的质量监督，全面推进工程质量监督各项工作。2016年，实施质量监督的单位工程264项，建筑面积430万平方米；办理竣工验收手续工程74项，建筑面积292万平方米。全年巡检338余次，下发整改通知书89份、停工通知书7份，有效防范了工程质量事故的发生，整体工程质量水平稳步上升。工程监督覆盖率100%，验收合格率100%。迁安市西李铺城市棚户区改造项目32#、33#、34#、35#楼四项单体工程通过了省结构优质工程验收。年内，建筑工程质量监督检查站顺利完成ISO 9000质量管理体系考核工作。

（张　学）

【工程安全监管】 全年监管建筑施工项目55个，建筑面积288万平方米。坚持“安全第一、预防为主、综合治理”的方针，严格落实“党政同责、一岗双责”责任制，充分发挥行业监管职能，积极开展各项工作。一是组织召开年度住建系统安全生产工作会议，参与制定《2016年安全生产工作要点》，出台了《建筑施工行业安全生产工作指南》，明确2016年度建筑施工安全生产工作的各项任务，及时组织召开专题会议并下发一系列文件，对建筑施工安全生产工作进行具体安排部署。二是在加强建筑施工日常监督检查的基础上，切实开展安全生产专项行动，相继组织开展建筑起重机械安全检查、安全生产攻坚行动、打非治违、安全生产大排查大整治和冬季安全大检查等系列安全生产专项行动，及时排查整治各项安全隐患。同时，做好春节、春节后复工、“五一”、汛期等重要时期的安全生产工作。全年下发各类整改通知书91份，整改隐患334项，有效预防了各类生产安全事故的发生。三是结合工作实际，加大宣传力度，深入开展多渠道、多形式的宣传教育活动，展出各类知识图板8块，发放《中华人民共和国安全生产法》宣传单、宣传册等各种资料2000多份。四是严格管理建筑起重机械设备。全年办理塔吊和施工升降机备案登记37个，使用登记52个；吊篮备案登记7个，使用登记989个，进一步规范安拆告知、月检等管理工作，确保建筑起重机械及高处作业吊篮安全管理的专业化、规范化。

（郭雨松）

【墙改建筑节能】 落实市域内居住建筑65%、公共建筑50%的节能设计标准，执行率达到100%，并做到城乡全覆盖。全年累计开工节能项目17项，建筑面积36.13万平方米，总造价4.34亿元；竣工项目44项，建筑面积157.07万平方米，造价18.85亿元。投资489万元，完成市畜牧局住宅楼、东关7#、水泵厂6#、青园3#4栋楼1.5万平方米既有居住建筑节能改造。可再生能源建筑应用呈现快速发展态势，2016年，全市使用太阳能热水系统的项目有28.44万平方米，使用水源热泵的项目有14.62万平方米，可再生能源应用占比达到45%，超过省定目标。绿色建筑推广得到突破性进展，2016年，全市绿色建筑占比达到25%。

（马丽云）

【建筑施工扬尘治理】 建筑业企业及城市道路的扬尘治理取得显著成效。建筑施工方面：一是按照扬尘治理要求，加强工程开工建设前扬尘防治验收工作，督促工程建设各方落实扬尘防治主体责任，不达标决不允许开工建设，为扬尘防治工作奠定良好基础。同时，加强新开工工地的扬尘防治监管工作，确保工程项目安全文明施工。二是严格按照《河北省建筑施工扬尘防治新15条标准》要求，全力做好扬尘防治督导检查工作。全年监管建筑工程项目55个，建筑面积288万平方米，检查中，下发监督记录67份，及时发现并督促整改扬尘污染问题181项，有效控制了扬尘污染，保证了施工现场扬尘治理工作顺利完成。混凝土搅拌站方面：按照《迁安市2013—2017年大气污染防治攻坚行动实施方案》等文件要求，加强监督检查，发现问题及时督促整改，避免扬尘污染。全市15家搅拌站认真落实扬尘治理措施，干散料入棚入仓，棚外干散料全部苫盖，出入车辆进行冲洗，厂区道路全部硬化，及时洒水降尘。市区道路方面：在加强日常清扫保洁的同时，结合季节特点，加强市内主要交通干道洒水频次，日最低气温在0℃以上时期，每天出动洒水车，对城区主干道路每天洒水4～6次。遇重度污染天气及时启动应急响应预案，增加洒水冲洗频次，最大限度地减少过往车辆和极端天气造成的路面扬尘。

（郭雨松　张　学　任　磊）

【建筑行业协会】　迁安市建筑行业协会始建于20世纪初，2015年3月3日，召开了迁安市建筑行业协会理事会及会员代表大会，选举产生全部由建筑会员企业负责人任协会领导的迁安市建筑行业协会第三届理事会。会长为迁安市德诚建筑有限公司董事长王爱章，副会长分别是孟祥海、刘福增、邓文帼、张健、王清宝，秘书长为孟祥海，副秘书长为王长军。2016年，协会任职人员未变，协会有会员企业单位117个，其中建筑施工企业91家，房地产企业26家。协会为迁安辖区内土木工程、建筑工程、房地产开发、线路管道、设备安装、建筑维修、建筑生产供应、监理、科研机构、高等院校等企事业单位和有关人士自愿结合的行业组织，宗旨是联合全市建筑、房地产行业等各方力量，为推动和促进全市建筑业持续、稳定、健康、快速发展服务。

（王伟劲）

环境保护

【概况】　2016年，全市继续以创建资源节约型、环境友好型社会为目标，以治污减排工作为重点，以大气污染防治工作为中心，扎实开展钢铁、焦化、水泥、热电、玻璃“五大行业”污染治理专项行动，强化减排工程建设，推动环境综合整治，全市环境质量明显提升。2016年，全市空气质量二级以上天数217天，较上年同期增加51天；重度以上污染天数28天，较上年同期减少36天；PM2.5平均浓度为63微克/立方米，较上年同期下降30%（全年任务为12%），空气质量综合指数为7.17，列唐山市第2位；滦河、西沙河考核结果均满足唐山市确定的出境断面水质要求。

【污染减排】　2016年，全市安排烧结及球团设备脱硫项目，大唐热电公司、恒晖热电有限公司脱硫脱硝改造项目，润安建材有限公司脱硫脱硝项目，首钢股份公司迁安钢铁公司、中化煤化工有限公司废水深度治理项目，畜禽养殖场治理项目等减排工程28项，均全部完成，年减排化学需氧量78.08吨、氨氮10.38吨、二氧化硫6399.22吨、氮氧化物2343.77吨。

【重点行业污染治理】　按照《唐山市人民政府办公厅关于印发唐山市钢铁行业2016—2017年环境深度治理实施方案的通知》和《唐山市人民政府办公厅关于印发唐山市加快推进钢铁焦化水泥玻璃等重点行业污染深度治理实施方案的通知》要求，加大钢铁、焦化、玻璃等重点行业污染治理工作，全年完成各项治理任务126项，全市重点企业在污染治理设施的高标准配套上取得明显提升。

【清洁生产审核】　根据省环保厅要求，全市2016年度清洁生产审核企业共10家。10家企业均与咨询服务机构签订服务合同，并完成档案资料的整理、清洁生产审核报告的编写以及无低费和中高费项目的实施。

【大气污染防治】　2016年，全市认真落实唐山市及迁安市2013—2017年大气污染防治方案和《迁安市大气污染深入治理三年（2015—2017）行动方案》，先后印发《2016年迁安市环境保护工作要点》《迁安市2016唐山世园会等重大活动空气质量保障方案》《迁安市钢铁行业环境深度治理方案》和《2016年迁安市燃煤锅炉整治的通知》等文件，市政府多次召开会议安排部署、调度大气污染防治工作，确保大气污染防治工作有序开展。市环保局扎实推进污染源综合整治，一是推进燃煤锅炉治理工作。2016年，唐山下达迁安120台锅炉整治任务，均全部完成。二是推进煤质抽检工作。全年，配合唐山市环保局对全市11家用煤企业抽检58批次，合格率85%。三是圆满完成唐山世园会等重大活动空气质量保障工作，制定下发《迁安市2016唐山世园会等重大活动空气质量保障方案》，多次召开专题会议，安排调度具体工作事项。四是全力做好重污染天气应对工作。修订完善《迁安市重污染天气应急预案》，2016 年，启动重污染天气红色预警一级响应 1 次；启动橙色预警二级响应 3 次，二级预警期间，采取加强减排措施 2 次；启动黄色预警三级响应 11 次；启动蓝色预警四级响应 1 次，并按时限完成解除预警响应通知。实施重污染企业错峰错时生产，及时有效应对重污染天气。

【水污染防治】 全面推进水污染防治工作，制定下发《迁安市水污染防治工作方案》《迁安市 2016 年水污染防治工作实施方案》《迁安市水污染防治百日会战方案》，对各镇乡、园区管委会水污染防治工作进行督导检查，使各项工作按期完成。一是督导推进年度水污染防治工作。北方钢铁物流产业聚集区污水处理厂设备已安装，基本具备使用条件；经济开发区正在进行土建基础施工；迁安高新技术产业开发区已签订污水处理厂服务协定，完成发改立项核准备案，准备进行施工图设计。完成三里河黑臭水体治理方案编制。唐山市下达的 15 家畜禽养殖场污染治理任务全部完成。城市污水处理厂提标改造工程正在实施。二是全力保障滦河、西沙河出境断面水体达标。加大对沿岸涉水企业排放的监管力度，督促企业按照相关行业标准达标排放。三是扎实开展美丽乡村农村污水处理工作。按照《迁安市 2016 年美丽乡村建设实施方案》要求，全力打造北部长城绿道省级重点片区，实施农村污水治理专项行动。

【环境综合整治工作】 一是加强环境风险企业监管，加快突发环境事件应急预案体系建设。二是加强全市放射源监管。将节假日、重大活动作为重点，督导检查并下达辐射安全管理通知。全市所有放射源和射线装置使用单位均做到安全、有序、合规管理。三是做好危险废物管理，全市列入省级以上危险废物重点监管源企业共 15 家，2016 年，完成危险废物市内审批 16 批次，实际转移危险废物 512.103 吨，未发现非法转移行为。

【建设项目环保审批】 2016 年，围绕全市重点项目建设，主动帮企业跑省、进部办手续，全年审批项目环评 95 个，全部建设项目总投资 110.8 亿元，环保投资 7.71 亿元。同时，加强建设项目竣工验收和“三同时”管理工作，确保建设项目应配套的污染治理设施与主体工程同时设计、同时施工、同时投入使用。

【排污收费工作】 本着“按量收缴、应收尽收”的原则，强化排污费征收工作，2016 年，共征收排污费 14577.87 万元。

【环境监测】 2016 年，共获监测数据 61056 个，报出监测报告 693 份，全年收取监测费 852 万元。按照监测规范的要求，完成大气环境质量、水环境质量、声环境、大气降水等环境质量监测，并按要求，将环境质量、地表水、噪声、大气降水监测结果以及分析报告上报河北省环境监测中心站，同时抄报唐山市环境监测中心站。加强全市重点企业常规监测工作，对影响全市环境质量的污染源进行定期和不定期监测，对重点工业污染企业的排放情况进行跟踪监测，加强对重点污染源排放废水、废气的监测力度。

【在线监测体系建设】 充分发挥监控（信息）中心的监控作用，对在线监控数据超标、在线数据反映治理设施不正常运行、视频监控发现违法排污的企业，依法下达处罚通知书，长期超标的依法加收排污费。做好信息公开工作，确保环境监管信息、监督性监测信息、企业自行监测信息公开工作有序开展。

【环境信访案件查处】 全年接待处理群众来信来访案件 507 件，处理率 100%，满意率 95% 以上，妥善解决环境污染纠纷，保护了群众的环境权益，最大限度地减少了群体访和越级上访。

【环境监管】 加强环境监管。1. 强化网格化环境监管工作。按照“属地管理、分级负责、无缝对接、全面覆盖、责任到人”的原则，以市政府、镇乡政府（城区街道办）以及园区管委会、村（居）委会为责任主体，明确相关部门环境监管职责，健全三级管理、三级网格的环境管理体系。在全市19个镇乡、1个城区街道办、4个园区管委会、505个行政村、37个居委会建立“横向到边、纵向到底”的网格化环境监管体系，全市签订环境保护工作（网格化环境监管）目标责任状607份。2. 推行污染源监管“双随机”抽查。落实污染源日常环境监管“双随机”抽查制度，依托省污染源日常监管双随机抽查系统，随机抽选200家排污单位，作为检查对象，并随机选派执法检查人员。全年累计出动环境监察执法人员1607人次，完成782家次排污单位的双随机抽查，检查结果已录入双随机抽查系统。3. 开展2016年度打击违法排污行为专项行动。累计出动执法人员300人次，出动执法车辆98台次，检查企业310家次，涉及钢铁、焦化、火电、铸造、造纸、水泥、化工、制药、铁选、制造等行业。

【环保服务】 1. 为项目建设提供环评服务。围绕全市“项目建设年”活动，在严格执行国家相关法律法规的前提下，坚持服务至上，做到首问负责，跟踪服务，限时办结，对本级审批项目开辟环保审批绿色通道，缩短审批时限；对上级审批项目，主动帮企业跑省、进部办手续，为全市项目建设保驾。同时，做好建设项目竣工验收和“三同时”管理工作。2. 为企业提供监测服务。在建设项目环评、污染治理设施竣工、排污许可证发放等过程中，需进行监测的，均合理安排监测工作，监测人员不分节假日、双休日，不分昼夜，及时为企业提供优质的监测服务。3. 为企业污染源治理提供技术支撑。及时提供治理信息和技术，指导排污单位规范化设置排污口，在重点企业建立污染源在线监控系统。

【环境宣传】 利用电视、广播、报纸、网络等媒体开展宣传，全年被省级媒体及网站采用2篇，被唐山市媒体采用1篇。2016年6月5日是第45个世界环境日，精心准备宣传手册和宣传展板，开展以“改善环境质量、推动绿色发展”为主题的宣传活动，现场向过往市民发放宣传单1000余份、知识手册1000余份，展出主题展板12块，向广大市民宣传普及环保知识，并设立环保咨询服务站，向市民讲解环保法律法规及环保知识，解答环保政策咨询，受理群众投诉，接受群众咨询60余人次，受教育人数800余人次。

市环保局

局　　长　李志勇（12月离）
　　　　　　李爱军（12月任）
副 局 长　王贺平　孟凡波　李　兴　张绍伟
主任科员　史晓东
副主任科员　朱广力

（姚宏伟）

财　政

【概况】　2016年，全市一般公共预算收入36.28亿元，同比增长3.1%，其中税收收入23.43亿元，同比下降8.1%；非税收入12.85亿元，同比增长32.9%。全市一般公共预算支出59.97亿元，同比增长1.8%。全市政府性基金收入5.47亿元，同比下降17%。全市社会保险基金收入6.76亿元，同比增长5.7%。

广辟财源，助推经济社会发展。一是强化财政收入征管。坚持依法治税管费，加大挖潜征税力度，狠抓税源监控，大力清理历年陈欠税款；进一步强化信息治税，突出综合治税信息平台作用，通过涉税信息共享，堵塞税收征缴漏洞；加强重点税种征管，增值税（含改征增值税）同比增长115.6%。二是把握政策导向。主动争取项目对接，大气污染防治、海绵城市项目争取上级资金4.32亿元，减少地方项目建设资金压力。三是创新资本运用方式。整合现有融资平台，规范全市投融资行为，提升社会金融资本的吸收能力和转化能力；通过政府与社会资本合作（PPP）模式，竣工海绵城市项目2项，在建项目20项，完成投资8.28亿元。

【支持经济调整转型】　统筹财力，支持经济调整转型。一是支持经济绿色发展。着眼生态改善，2016年拨付资金6.69亿元，用于节能环保支出。二是提升城市形象。拨付资金7.74亿元，重点投向交通、水务、住建、园林等城市功能性服务领域，城市承载能力进一步提升。三是力促地方发展。优化支出结构，强化统筹整合，通过争取支持、发行债券、协调帮扶、引导社会资本等渠道，鼓励和支持产业产品结构优化升级，为稳增长调结构提供支撑。四是增强经济活力。突出支持协同发展、转型升级、科技创新、全面创业等重点领域，加快民营经济和服务业发展，拨付资金272万元，用于小额担保贷款贴息，鼓励扶持创业群体壮大发展。

【支持民生保障】　保障重点，精准发力惠民生。一是优先保障和发展教育事业。投入资金7192万元，用于确保全市中小学校运转；投入资金2071万元，继续落实已实施12年的免费教育政策；投入资金9795万元，重点支持一中西校区、中小学校舍及幼儿园改造、新建第七实验小学等教育工程项目建设，全市教育环境进一步优化。二是推进卫生服务均等化。全面落实城乡居民医保政策，兑现住院及门诊补贴资金3.66亿元，兑现基层卫生医疗机构基本药物零差价补贴5840万元，提升城乡医疗惠民能力。三是全面提高社会保障水平。2016年，投入社会保障资金14亿元，其中落实城乡居民社会养老保险金1.78亿元，参保人数达到33.4万人，切实做到全市居民老有所养；落实城乡低保资金4365万元，发放“五保户”供养资金1100万元，实现低收入家庭应保尽保；投入80岁以上老人高龄津贴1543万元；投入棚户区建设资金4105万元，改造住房6046套，改善了棚户区家庭的住房条件。四是提升“三保”（保工资、保运转、保民生）能力。全年各类工资均实现及时足额发放，维护了社会稳定；积极推进机关事业单位人员养老保险制度改革，落实公务员工资调整改革，进一步规范了机关津贴补贴，建立了保障工资落实长效机制。

【助推三农】 助推三农，确保发展成果共享。一是全力推进美丽乡村建设。注册资金5000万元，设立美丽乡村融资平台，融资4.2亿元，高标准打造省级美丽乡村重点项目长城绿道片区，建设片区内省级重点村26个、片区外重点村25个，51个重点村全部完成年度建设任务。二是促进农民增收。2016年，全面落实中央和省各项惠民补贴政策，兑现农民粮食直补和综合直补资金4876万元，切实让农民得到实惠。三是支持农业和农村发展。支出资金2168万元，深入推进农村环卫保障和农村改厕等工程，切实改善农村人居环境，提高农村地区的宜居度；保障现代农业项目和绿化攻坚项目建设，抓好农业重点开发项目，支持农村经济快速发展。四是落实村级组织经费保障。支出资金4705万元，保证了村干部工资、大学生村官工资正常发放，维护了农村社会稳定。

【提升资金效率效益】 用活政策，提升资金效率效益。一是积极研究财政政策。全年共争取到转移支付资金15.65亿元，比上年增长4.1%，为项目建设提供了资金保障。二是全面清理存量资金。全年收回存量资金1.32亿元，上年结余1.19亿元，使用存量资金2.51亿元（其中安排支出2.02亿元，调入预算稳定调节基金4845万元）。三是用好预算调节稳定基金。全年预算稳定调节基金4.82亿元（上年结余2.31亿元，本年调入2.51亿元），支出3.23亿元，结余1.59亿元，全面提高预算管理水平。

【完善财政管理机制】 一是深化预算管理改革。硬化预算约束，严格执行新《中华人民共和国预算法》，禁止临时预算追加，强化预算支出管理，增强财政预算执行的刚性和到位率。二是深化国库集中支付改革。简化财政支付流程，推进国库集中支付电子化改革，2016年，完成线上直接支付3万笔，结算资金18.3亿元，确保了财政资金运行安全高效。三是加快推进国有资产经营管理改革。2016年，对全市161个行政事业单位资产情况进行全面清查，维护国有资产安全；落实省公务用车改革要求，共处置公车229辆，拍卖车辆成交额629万元。四是开展“一问责八清理”活动。对全市乱摊派、专项资金、公车改革等内容进行集中整顿，规范了全市财经纪律。五是推进财政信息公开。严格按照预算公开时间节点要求，分别在财政网、政府门户网站对全市财政预决算报告、部门财政信息以及“三公”经费预算、财政专款情况等184条信息内容进行公开公示，进一步增强预算执行的透明度和规范性。六是深入推进财政投资评审及政府采购工作。2016年，财政投资评审完成413项；严格执行政府采购法规，2016年完成采购1.5亿元，节约资金3000万元。

市财政局

局　　长	孔祥会
副 局 长	宋志勇（12月离）
	郭玉金（12月离）
	李东林（12月离）
主任科员	李晓明
非税收入管理局局长	马桂存
支付中心主任	彭琳娜（女）

（张春光）

国　税

【组织收入】 2016年，市国税局继续坚持“收入第一　征管首位”的工作思想，认真分析各种变化因素，科学谋划，统筹协调，向落实政策要收入，向税源管理要收入，向税务稽查要收入。全年完成大口径税收收入32.9亿元，同比增收6.2亿元，增长23.2%。完成公共财政预算收入10.1亿元，同比增收4.7亿元，增长87%。

【税源管理】 开展“清户籍、促合作、强管理”专项行动，积极推行税收征管电子档案工作，共进行纳税人身份信息采集8220户，采集率99.37%，进一步摸清了税源底数。强化对重点税源和“营改增”的管理，包括7家钢铁、6家焦化在内的年纳税500万元以上重点税源企业42家和营改增后新增加建筑安装、房地产、金融保险行业纳税500万元以上企业32家。按照上级税源专业化的要求，重新划分征管范围，对“四大行业”（建筑业、房地产业、金融业、生活服务业）营改增及个体税收集中在建昌营分局和夏官营分局管理，从而激发工作热情，挖掘税源潜力。

【税种管理】 在货物劳务税管理上，开展增值税核查系统异常发票数据核查工作，共核查异常发票2069份，查补税款189万元。在企业所得税管理上，开展2015年度企业所得税汇算清缴工作，所得税汇算清缴纳税人2659户，其中盈利1512户，亏损340户，盈利面56.86%，汇算清缴税款1.67亿元。开展企业所得税专项评估工作，共评估92户，调增应纳税所得额117万元，弥补亏损43万元，入库企业所得税税款19万元，滞纳金1.2万元。在大企业和国际税收管理上，对2015年度年纳税2000万元以上大企业开展税收自查，补税21万元，加收滞纳金1万元。开展关联交易申报、审核分析工作，2015年度关联企业申报1512户，申报率100%。加强非居民税收管理，全年非居民企业累计入库所得税189万元，增值税77万元。在进出口企业的管理上，严格按照国家税务总局《退税工作规范》规定的流程和时限进行出口退（免）税的受理、审核、审批、退库等工作，共对20户企业进行免抵退税申报，审核生产型出口退（免）税申报240户次，审核退税额3949.2万元，免（抵）额1.87亿元。

【落实优惠政策】 1. 落实结构性减税政策，积极推进税制改革，全面落实营改增税收政策。一般纳税人购置固定资产抵扣进项税额5.5亿元，购置不动产抵扣进项税额3325.4万元，降低了企业成本。2. 落实扶持中小企业税收优惠政策，其中小微企业免征增值税1216万元，优惠面100%，促进了地方经济的发展。3. 认真落实小型微利企业所得税优惠政策，857家小型微利企业享受所得税优惠政策，减征税额322万元。4. 认真落实固定资产加速折旧政策，有95家企业申报享受了固定资产加速折旧政策，本期固定资产会计折旧额42.3万元，加速折旧金额177.9万元，少缴企业所得税44.48万元。

【税务稽查】 以打击虚开、虚抵及失控发票为重点，加强税收专项检查和发票专项整治工作，发挥了稽查“以查促收、以查促管”职能。全年发出失控发票协查63户，发票1142份，回复有问题发票60份；收到受托协查21户，发票370份，其中确定虚开增值税专用发票涉及市国税局所辖纳税人6户，发票279份；开展双打发票协查3户，发票18份。全年累计入库4129.5万元。其中，立案检查13户，查补入库税款1051.9万元，罚款3万元，加收滞纳金3.4万元；组织企业自查16家，自查入库税款3064万元、滞纳金7.1万元。

【风险防控】 2016年，共办结各类分险应对任务843户次，有问题率99.17%，查补税款2214万元，加收滞纳金233万元，调减留抵税额668万元，进项税额转出1616万元，调整应纳税所得额2004万元。加强发票风险监控管理，对发票限额限量的初次核定、发票限量和限额的调整管理及发票代开管理提出具体措施，明确建立代开发票核查管理台账，开展地税代开发票风险应对工作，补缴税款412.4万元，加收滞纳金207.7万元。强化纳税评估，将连续零申报、常年微利、长亏不倒等异常纳税户列为重点评估对象，实行市局、分局“两级评估”“交叉评估”，对标分析约谈，堵漏增收。

【营改增】 1. 高度重视扩大营改增试点的效应分析，实时监控改革后“四大行业”税源结构变化，分行业、分企业地做好税负变化分析，密切关注税负上升的行业企业，帮助他们找原因、想办法、定策略，全面分析营改增对税收和财政的影响，细化税收增减因素分析，研判营改增后一般财政预算收入的变化。2. 加强培训，对营改增相关税收政策、纳税申报、发票领购代开等事项，进行细致讲解，共培训8期、12个班次、20个课时，参加人数1200人次。建立营改增工作QQ群，及时向营改增纳税人发布最新政策，回应纳税人关切的热点问题，累计更新发布政策类信息20余条，为纳税人解答问题3000余次。在市国税局机关办公楼、办税服务厅等重要公共场所张贴营改增公告约1000份。将《致全国“营改增”纳税人的一封信》在迁安电视台、迁安电台、《迁安时讯》、政府网站连续播发。5月1日0点5分，迁安市首张营改增增值税普通发票在迁安九江饭店成功开具，标志着迁安市全面推开营改增试点工作，实现营改增的平稳转换。

【国地税合作】 1. 互派人员，避免纳税人两头跑。通过共建办税服务厅，共驻政务服务中心和国地税互派人员、互设窗口，使纳税人体验到“走进一道门、来到一个窗、办完两家事”的一站式服务。其中，代开发票环节征收地方税费417万元，市地税局代国税局征收增值税101万元。2. 联合登记，消除重复报送资料。全面实行“三证合一、一照一码”登记制度▲，抓好营业执照、组织机构代码证、税务登记证、社会保险登记证和统计登记证“五证合一”的推行工作，共协同办理税务登记3352户次，协同办理变更登记1908户次，协同办理注销573户次。同时，自个体工商户营业执照和税务登记证“两证整合”登记制度改革实施起，共办理“两证整合”纳税人登记55户。3. 联动培训，业务无壁垒。联合开办“纳税人学堂”，共同组建纳税服务专家团队，向纳税人讲解最新税收政策，制作视频课件31个，推进税法宣传。全年累计组织营改增、税收优惠等培训10期，惠及4580余人。4. 密切配合，联合信用评价。联合开展2015年度纳税信用评价工作，共同完成2134户纳税信用评价工作，其中评出A级纳税人42户、B级纳税人511户、C级纳税人1509户、D级纳税人72户。5. 国地税携手，资源共享。建立“周交流、月总结、季通报”的信息共享机制，定期就纳税人注销、非正常户认定、变更登记等信息与地税进行传递、比对，累计共享信息18702条。营改增后，联合组建建筑、房地产等行业重点项目管理团队，对税务登记、申报征收、发票代开和委托代征等信息实行“一次提报、两家共享”，至年底，共享信息9000余条。

▲“三证合一、一照一码”登记制度：指企业登记时依次申请，分别由工商部门核发工商营业执照、质监部门核发组织机构代码证、税务部门核发税务登记证，改为一次申请、由工商部门核发一个加载法人和其他组织统一社会信用代码营业执照的登记制度。简单地说，就是简化了企业登记注册的手续，由原来三个证变成一个营业执照和一个统一社会信用代码。

【纳税服务】 畅通“互联网+自助办税”模式。1. 配齐自助设备。升级改造自助办税区，购置安装5台自动售票机，2台发票代开终端，8台外网计算机和1台复印、打印一体机，确保更多纳税人享受自助办税的便利。2. 加强引导服务。规范布置引导标识，安排业务骨干为纳税人提供引导服务，及时将人员分流到自助办税区，提升办税效率。3. 做好自助办税培训。通过税企QQ群等渠道，向900名纳税人推送教学课件、视频教学、规范性文件等资料88个，获得纳税人下载9600余次；通过10个税企微信群，及时解答纳税人遇到的各类问题，获得纳税人的一致好评。

【党风廉政建设】 创办《廉政半月刊》，利用“行风互动平台”向税务干部发送廉政短信，利用“清风讲堂”组织廉政知识培训、考试，完善、充实廉政网页内容，利用“清风”微信平台将党纪法规文件、违法违纪案件的通报下发，形成“一期刊一短信一讲堂一网站一微平台”的迁安特色廉政文化品牌建设阵地体系。全年刊发《廉政半月刊》24期，发放3200份；向全员推送短信57条，征求意见类信息6条；组织专题培训2次，组织以新《关于新形势下党内政治生活的若干准则》和《中国共产党党内监督条例》为主要内容的学习考试1次，组织收看警示教育片2次，全员集中廉政学习4次。加大内部监督力度。将监督范围扩展到政务工作、大宗物品采购、纳税服务等各个环节，将系统工作按照岗位职责划分为13大项141小项工作落实点，实现局班子成员、中层干部、一般干部的职责清晰，实现监督全覆盖。提升巡视站位，深化巡视整改，全面自查自纠，对于发现的五大类75项问题，不回避、不推卸、不掩饰，全部整改到位；强化巡视回访，开展“回头看”，增强巡视监督的权威性、针对性和实效性，实现巡视无例外、监督无死角。拓展外部监督渠道。自觉接受地方党政特别是组织、纪检监察等部门的横向监督制约。对89名机关效能建设义务监察员进行短信息推送和实地走访，对1400户纳税人进行回访，进行廉政调研702户次，均未发现廉政问题。

市国税局

局　　长　周殿新
副 局 长　张启余（10月离）
　　　　　　陈　雷（10月离）
　　　　　　张玉春　徐佐林
纪检组长　李雪光

（邢玉佳　范淑娜）

地　　税

【概况】　2016年，地税系统组织入库各项收入26.9亿元。其中，税收收入18.13亿元，社保费7.06亿元，教育费附加等其他6项收入共计1.71亿元。税收收入中，公共财政预算收入13.75亿元。年内，市地税局将省、唐山市地税工作部署与地方经济发展战略紧密结合，积极应对经济低位运行、税源萎缩、结构性减税等因素的影响，坚持以组织收入为中心，在提高收入质量、强化税收征管、化解执法风险、优化纳税服务、增强队伍活力、推进廉政建设等方面取得明显进步，地税对地方可用财力的贡献率进一步提升。继续坚持“道德立局，文化强局，人才兴局”的理念，扎实开展“两学一做”学习教育，加强对青年干部的培训，青年干部税收业务水平和岗位技能稳步提升，在唐山市地税系统业务大比武中，迁安市地税局信息技术岗、征管评估岗、行政管理岗获团体第一名，稽查岗获团体第三名，并有7人进入个人前三。5人代表唐山市参加全省业务大比武，其中3人获团体第三名，2人获得个人名次，系统上下呈现出积极向上的精神面貌。

【税源管理】　推动实现涉地税收一体化管理，制定下发《迁安市地方税务局“涉地税收一体化管理”实施方案》，5次召开专题会议督导落实，先后组织3次现场培训会；深入企业实地核查，及时掌握应税土地面积增减，核对税款追缴入库情况。初步实现“一张图管全税”的工作目标，有效提升了地方税源精细化管理水平。2016年，取得宗地信息16900条，应税宗地面积488万平方米，推送风险数据130户次，入库税款1.12亿元，加收滞纳金、罚款296万元。全面落实《耕地占用税管理规程》，推进耕地占用税清理，加强信息比对，分类建立土地税源状况台账，准确掌握耕地占用情况，累计征缴土地储备中心耕地占用税5100余万元。推动水资源税改革，依托部门联合工作机制，主动对接市水务局，成立联合工作小组，督导、协调水资源税征缴工作，水资源税顺利开征。全市210户（次）纳税人申报纳税，入库水资源税5568万元，居唐山市首位。

【税收征管】　打好欠税清理攻坚战，定计划、定指标、定时限、定人员、定责任、定措施，采取依法强制执行、限制法人代表和实际投资人出境、列入黑名单等措施，清理入库欠税1579万元。对辖区内所有符合清算条件的房地产及在建项目进行逐项排查，2016年，清查3项，累计入库土地增值税1.48亿元；以基层分局为主成立6个清理小组，针对“沉积”契税开展“拉网式”税源调查和日常检查，入库“沉积”契税160万元。有序推进风险管理试点。全面贯彻落实省、唐山市局《关于进一步推进税收征管改革试点工作的意见》和7个配套文件，力促改革方案落到实处。成功接收省局下发的全面风险信息144条，按要求退回6条；特殊风险信息32条。在首批风险应对数据按照跨分局一对一交叉原则推送至各分局的基础上，结合实际，完善了推送原则，即以跨分局一对一交叉原则为主，辅之以人员和工作量相匹配的一对多、多对一模式，为后续改革全面推开做好铺垫准备。通过上述措施，市地税局的征管质效得到有效提升。

【稽查工作】　树立先锋旗帜，敏锐捕捉“互联网+”新常态，严格执法，狠抓落实，改革创新，稽查执法效能和现代化水平进一步提升，各项工作走在唐山市稽查系统最前列。2016年，检查各类纳税企业35家，查补入库各项收入1351.22万元，选案准确率和查补入库率均达到100%。全面开展营改增行业专项治理行动。针对房地产、建筑、金融保险和生活服务四个行业，全面实施营业税改征增值税，锁定热点行业，戮力攻坚。筛选29户具有代表性的房地产、建筑、中小银行和服务企业纳税人进行重点检查，引导、警示和督促企业加速结算，企业自行结清相关税款1500余万元，查补入库稽查税款363.4万元，纳税遵从度逐步提高。深化国地税联合稽查。贯彻落实《国家税务局地方税务局合作工作规范》，采取人员“双入驻”、资源“共分享”的方式开展联合稽查，成立了联合检查组，从案件的确立到检查的内容标准，再到审理的政策把握和执行的同步协作，各个环节无缝对接，做到互通有无，密切合作。2016年，两局联合进户检查4户，查补各项收入1800余万元。

【社保费管理】 结合税收征管，深化社保费征缴管理。加强日常辅导和巡查，强化费源管理，建立费源分级监控制度，强化欠费清理，按月查询欠费情况，通过实地核查和部门联合追缴欠费。实行征缴信息传递制度，联合社保部门，按月比对申报、入库数据，确保费款足额征缴到位，全年社保费入库7.06亿元。

【纳税服务】 一方面整合优化硬件资源，创新拓展科技办税，全面升级智能化办税服务厅。到2016年年底，办税服务厅升级为以一机双屏、电子扫描仪、电子评价器等硬件为支撑，集导税服务、征纳互动、自助办税、互联网税务、绩效考核五大功能于一体的系统，实现办税服务标准化、信息化、智能化，得到纳税人一致好评，并被省局评选为“标杆示范性及五星级办税服务厅”。另一方面依托“互联网+”，创新服务新举措。以“互联网+税务”为着力点，勇于创新，积极探索适合迁安地税实际的工作方法，在全省范围内率先实现通过自主微信平台缴纳社会保险费。自11月初测试成功至年底，实现企事业单位及自由职业者缴费2887户次，征缴社保费8659万元，得到缴费人的一致好评。

【党风廉政建设】 1. 强化责任担当，认真履行党组主体责任。强化三个到位，加大主体责任落实力度。首先，工作部署到位，年初召开了党风廉政建设工作会议，对全年党风廉政建设和反腐败工作进行了全面部署；及时下发领导班子成员党风廉政建设责任范围及分工，层层压实压紧主体责任；其次，责任传导到位。党组书记与班子成员、分局负责人分别签订《党风廉政建设责任状》，对重点任务和工作责任分解细化、责任到人，形成横向到边、纵向到底、覆盖完整、责任落实的责任体系；第三，制度落实到位。严格落实“签字背书”、定期报告、廉政谈话、纪检组约谈、责任追究等保障制度，推动主体责任的落实。2. 开展专项检查，加大监督责任落实力度。开展了“转作风　促规范”机关作风整顿、税收执法专项检查、“一问责、八清理”、“捉小鬼”、贯彻执行中央“八项规定”精神“回头看”等专项行动。3. 积极开展党性党风党纪教育。将学习贯彻《廉洁自律准则》《中国共产党纪律处分条例》作为中心组学习和党员教育培训重要内容；聘请法律顾问就防范执法风险和渎职行为开展法律知识讲座；整理编发省、唐山市公布的典型案件、“六大纪律”教育读本200份，督导教育干部坚守道德底线，不碰法律红线。

市地税局

局　　长　边进波
副 局 长　张卫东　靳向军　梅东付
纪检组长　刘大林
稽查局局长　刘立军
主任科员　杨绍椿
副主任科员　董汉彪
王文楼
庞利民
闫　发
第一税务分局分局长　李宏杰
第二税务分局分局长　任小宁
马兰庄分局分局长　刘兰亭
沙河驿分局分局长　梁东江
建昌营分局分局长　胡连民
夏官营分局分局长　叶海江

（董　宇）

商贸服务·旅游

商务工作

【概况】 2016年，全市商务工作按照稳中求进的主基调，共引进域外资金122亿元，比上年增长0.8%；实际利用外资6519万美元，比上年增长1.4%；全年实现外贸进出口总额15.5亿美元，比上年下降33.9%，其中累计出口总额3.85亿美元，比上年下降22.3%。完成社会消费品零售总额247.1亿元，比上年增长10.7%，总量位居唐山各县区之首。

【商贸行业管理】 一是开展成品油市场专项整治活动。年内，集中检查加油站50余家，发现罩棚标识不规范的加油站6家、油气回收装置未正常使用5家、山寨加油站1家、证照不全的加油站4家，联合执法队进行了查封关停，并下达了整改通知书。二是大气污染防治工作。对全市加油站油气回收改造和油品升级进行督导检查，发现未做油气回收改造的加油站2家、加油机未全部进行油气回收改造的5家，已责令停业整改。三是督导有关加油站、商场、超市和驻地酒店做好环境卫生治理工作。

【商务综合执法】 2016年，依食品监管职能划转、商务执法范围的拓展以及执法人员的扩充，对商务综合行政执法队进行重新划分，设执法队办公室和两个执法中队。年内，增强执法队伍素质建设，组织执法队员学习商务领域法律法规，加大商务执法力度，维护市场经营秩序。全年处理案件111起，罚款38.15万元；其中酒类商品案件54起，罚款8.05万元；成品油案件57起，罚款30.1万元。加大酒类随附单、酒类商品备案的检查力度，共检查酒类商品批发户80余家，酒类商品零售户100余家。同时，组织14家酒类批发备案企业到秦皇岛进行培训，领取了密钥，具备了领取酒类随附单的资格。

【商贸重点项目建设】 2016年，内贸流通经济发展由中高速转向中速，市商务局加大了对中小企业的扶持力度。一是帮助锦江、锦江之星、首钢迁安会议中心、迁钢宾馆、九江饭店申报了“第二批世界园艺博览会指定接待酒店”，均获批挂牌；组织锦江饭店、首钢迁安会议中心、米兰西典等企业参加唐山市第五届餐饮职业技能大赛，有8名选手分获金牌厨师等荣誉称号，4名选手获唐山市住宿餐饮企业服务明星称号。二是开展“消费促进月”活动，积极组织市区大型商贸企业举办购物嘉年华、家电欢乐购等丰富多彩的促销活动，采取直接让利、赠送礼品、新品体验、购物抽奖等促销方式，以超低折扣让利、赠券赠礼、新品体验、积分抽奖等方式向消费者送实惠，激发消费者购物热情，营造商气浓、人气旺、销售火的氛围，充分发挥节日市场对消费市场的拉动作用。三是开展“餐饮美食大促销”活动。多家大型餐饮企业开展了“餐饮名店亲民菜”“豪华套餐平民享”活动，通过团购、赠券、打折等方式，扩大餐饮企业消费，拉动节日期间的餐饮消费，与节日旺销形成消费叠加和聚集效应。

【电子商务进农村】 加快电子商务进农村试点建设，培育以电子商务为主的新兴流通业态，结合全市实际，在充分调研和讨论的基础上，根据省商务厅、财政厅下发的实施方案，制定了《迁安市电子商务进农村综合示范市实施意见》。至年底，电子商务服务中心、市级配送中心、13个镇级配送中心、465个村电商服务站等项目相继完成并投入使用，实现村级服务站全覆盖。指导电商服务中心完善电力、金融、保险等增值服务功能，制定了电商服务中心职责、制度，完善电商企业入驻备案制度。做好关于国家电子商务进农村综合示范项目的验收准备工作，7月顺利通过商务部绩效评估，10月顺利通过市政府委托的第三方机构验收和省商务厅市场体系处抽验，12月27日通过财政部考核组查验，迁安市的电子商务进农村示范工作符合国家、省、唐山市的建设要求，受到考核组的肯定。

市商务局

局长	唐继勇
副局长	范　臣　郭伟力 王晓飞 刘国新（5月任）
商务综合执法队大队长	郭伟力（兼）
主任科员	王志良
副主任科员	翁义彬
副科级干部	韩文峰

（刘　杨）

商品市场

【北购商场】 迁安市北购商场有限责任公司成立于2008年，位于市兴安大街中段，占地面积1万多平方米，总建筑面积2万多平方米，拥有职工1500多名。至2016年，公司逐步形成以百货商场、连锁超市、物流配送、生产加工、电子商务为一体的综合性商业企业，拥有12个乡镇商贸综合体、15个服务城区居民的直营生活超市和加盟连锁超市以及农村电商线下体验店。2016年，销售总额4917万元，利润193万元，上缴税金97万元。

【东安超商】 唐山市东安超商有限责任公司前身为百货服装店，始建于1994年4月，1999年11月创立公司，位于迁安市兴安大街中段南侧，为独资民营企业。至2016年，公司由一个百货服装店，发展成为以零售业为核心，商业地产、商业金融、物流配送中心、电子商务中心为支撑的大型商业企业集团，拥有唐秦地区8个综合百货店及购物中心、8个商贸综合体、近百家社区超市及农家店。2016年，东安超商面对前所未有的巨大挑战和电商快速崛起带来的巨大市场冲击，以及高成本、高竞争、低回报等难题的困扰，结合发展实际，制定了“对实体传统零售业进行转型升级，深度推进线上线下相互融合发展模式和电子商务向农村覆盖”等有针对性的发展战略，建设了集购物、休闲、娱乐、文化等互动体验于一体的7万平方米的东安悦购城。以“全功能、全业态、全客层、全时段”的五全经营定位，全面满足消费者“购物、餐饮、休闲、亲子、健康、娱乐”六大生活需求，满足广大顾客体验消费的需求，成为引领区域消费的风向标和外来游客购物、休闲的首选场所。面对新零售概念的兴起，整合集团商业网点、物流配送、供货商、会员等资源，建设了东安易购电商平台，构建线上线下互动、全渠道、全天候密切联系的新型社区商业模式。东安超商在2016年第四届中国商业创新大会上，获得“中国社区商业创新十大品牌”称号。实施总部经济，深度实施电子商务向农村覆盖。建设了覆盖河北广大农村的双向O2O电商平台，业务已拓展河北9个地级市，从业人数7000余人。承接了迁安市农村电子商务示范项目的配送中心建设。建设1个市级、13个镇级物流配送中心，配送网点辐射全市广大农村，整合10家快递企业，搭建双向物流体系，打通了农村最后一公里。多年来，企业先后获“全国百货顾客满意十大企业”“河北省商贸AAAA级信用企业”“河北省商贸名牌企业”“河北省商贸服务名牌”“河北省消费者信得过单位”

"河北省诚信示范企业"等100多项荣誉称号。

【宏宇商贸】 迁安市宏宇商贸有限责任公司创建于2000年9月，位于市兴安大街中段路南，商场建筑面积9000多平方米，是专业的电器商场，经营国内外众多知名品牌电视、冰箱、空调、洗衣机以及烟机灶具、饮水机、电饭煲、电磁炉、微波炉等厨卫小家电，品种繁多，一应俱全。宏宇电器自成立以来，本着"诚心诚意，宏宇电器，我们努力，使您满意"的经营理念，确立了良好的退换货制度，以优质的商品、低廉的价格、完美的售后服务赢得广大消费者的信赖。曾获唐山市价格荣誉AA级单位、市级诚信服务示范店、连续十年获消费者信得过单位称号，为家电下乡和以旧换新指定单位。2016年，拥有员工100人，销售总额1872.7万元，利润28.4万元，上缴税金22万元。

【家乐超市】 家乐超市总投资7000万元，始建于2002年6月，属大型仓储式超级商场，历经两次大规模升级改造后，现经营面积达1万多平方米，职工500人，主要经营：日用百货、针织床品、服装鞋帽、文体办公、洗涤用品、化妆用品、糖酒副食、生鲜果蔬、妇婴用品、家用电器、五金交电。经营商品种类达二十几个大类、2万多种商品。家乐超市秉承"立成志远、以一行万"的经营理念，摸索出一条经营得力、管理到位、服务一流的企业发展思路，带动了迁安零售业经营方式和消费观念的变革，企业自身也得到了长足发展。2016年，实现销售总额8534万元，利润31万元，上缴税金271万元。

【天洋广场】 迁安市天洋广场是集购物、休闲、娱乐、餐饮为一体的复合型现代化大型购物中心，成立于2013年5月8日。经营范围：柜台出租、酒店管理、日用品、服装、鞋帽、工艺品、首饰、家用电器、通信终端设备、建材批发、零售等。至2016年，成功引进承德宽广超市、国美电器、星浩国际影城、迷城KTV、童梦王国儿童乐园等200多家品牌商户。2016年，创造2亿元的销售业绩，员工1000余人。

【万嘉置业集团】 万嘉置业集团始建于2006年5月，是集房地产开发建设、商业综合体运营、物业管理、现代农业开发、文创产业、电子商务于一体的多元化民营企业，为中国建筑装饰协会会员、中国建筑材料流通协会理事、世界杰出华商协会副会长单位。至2016年，集团拥有员工500余人，中、高级职称或大专及以上学历人员占职工总数的80%以上。多年来，万嘉集团以"改善人居环境、缔造城市梦想"为使命，秉承"做传承置业领军品牌，打造城市名片"的企业愿景，实行高效、直接的扁平化管理，建立了完善的质量保证体系和规范的运营管理系统，先后成功开发万嘉国际家居建材城、迁安市钢材物资综合市场、万嘉综合商贸物流园、君和广场、万嘉云商电子商务产业园、今古漫步文化创意产业园等一批富有盛誉的商业项目集群。其中，2011年开工建设的万嘉综合商贸物流园是市政府为群众办的十大实事工程之一，被列为市政府重点商业项目，累计投资17亿元。到2016年，园区有商户1000余家，从业人员5000余人，每天流转、储运货物数千吨，年可实现营业收入20亿元，利税6000万元。

【兴宝大百货】 唐山市兴宝大百货有限公司隶属于龙兴经济发展集团有限公司，由迁安市龙兴经济发展集团有限公司投资2亿元建造，占地面积5588平方米，总建筑面积3.1万平方米，其中商场部分建筑面积2万平方米。楼盘结构为地上11层、地下1层，其中负1层（局部）至4层为商场，5层为影院和美食广场，北侧塔楼6层至11层为办公区和快捷酒店。商场功能分布合理，人流车流畅通，错落分布购物、餐饮、休闲、娱乐等多种业态，实现"一站式"购物、休闲、娱乐的现代化经营优势。2016年，公司有职工300人，营业面积1800万平方米，销售总额7500万元，利润165万元，上缴税金45万元。

【一路购物广场】 一路购物广场有限公司由原几十平方米的一路鞋店发展壮大而来。公司于2011年成立，拥有集购物、休闲、娱乐、餐饮、文化及景观体验为一体的大型综合商场，共设4

层：生活超市、百货商场、电器商场、休闲中心，公司有卡帕、赛琪、金莱克等多个运动品牌的迁安总代理权。公司秉承日日有新意、天天有特价的经营理念，并承诺保证商品质量、保障食品安全、保证价格低廉、保证退货方便、保证服务一流。至2016年，有营业面积1.8万平方米，职工600人。实现销售总额5786万元，上缴税金72万元。

【典当业务】 丰坤拍卖。迁安市丰坤拍卖有限责任公司于2015年2月成立。2016年12月，公司接受委托，举办了一场捷达汽车拍卖会，拍卖成交额2.55万元，拍卖佣金2550元。

恒通典当。迁安市恒通典当有限责任公司于2009年2月经商务部批准成立。2016年，有员工8人。到2016年年底，公司总资产7634万元。其中，典当余额2720万元，在全部典当余额中权利质押典当2447万元，房地产抵押典当273万元；总负债7万元，所有者权益7627万元。2016年，办理各类典当业务215笔，实现典当总额8370万元，全年营业收入271万元，上缴各种税金83万元，实现净利润217万元。

融信典当。迁安融信典当有限责任公司于2002年9月成立。2016年，公司有从业人员8人，全年开展业务47笔，累计典当总额8034万元，息费总额127万元，纳税总额21.4万元。

瑞丰典当。迁安瑞丰典当有限责任公司于2008年12月经商务部批准成立。2016年，公司有员工3人。至2016年年底，公司有总资产1061.11万元。其中，典当余额90万元，全部为房地产抵押典当，总负债0.07万元，所有者权益1061.03万元。2016年，办理各类典当业务8笔，典当总额720万元，全年营业收入19.42万元，上缴各种税金1.22万元，实现净利润0.18万元。

正诚拍卖。迁安市正诚拍卖有限责任公司于2006年11月成立。2016年，公司举行了3场拍卖会，成交额211.77万元。

卓翊轩典当。迁安市卓翊轩典当行有限责任公司于1998年4月成立。2016年，公司有从业人员19人，全年开展业务87笔，典当总额24733万元，全年息费收入407万元，纳税总额143万元。

（姚志杰）

供销合作

【概况】 2016年，市供销合作社联合社以深化供销合作社综合改革工作统领全局，以“两学一做”学习教育和机关作风整顿推动综合改革向纵深行进，围绕“三位一体”（管理＋生产＋服务）的组织构架，积极打造服务农民生产生活的生力军和综合平台，提升为农服务能力和水平。至年底，培育和规范县级农民专业合作社示范社10家、省级示范社2家，组建乡镇级农民专业合作社联合社19家、县级农民专业合作社联合社1家，实现县域农民专业合作社联合社全覆盖。

【供销社综合改革】 围绕“三位一体”的组织构架，实施五大创新，推进供销社综合改革。1. 创新组织体系，搭建“三纵三横”的新型供销社组织体系。“三纵”即三条经线：一是以市供销社机关为主导的行业指导体系；二是以社有企业为支撑的生产经营体系；三是以县级农民专业合作社联合社为指导的为民服务体系。三条经线职责清晰，上下贯通，相互协调。从市县到镇乡，再到农村，充分体现供销社的“三大职能”“三个色彩”。“三横”即县、乡、村三条纬线：一是通过注册成立迁安市供销农民合作社联合社和迁安市兴社资产管理中心，形成“市供销社＋市供销农民专业合作社联合社＋资产管理中心”三位一体的市级组织体系；二是在全市19个镇乡，改造和新建成立19家基层供销社，并以基层社牵头组建19家服务型和生产经营型农民专业合作社联合社和镇级综合服务社，形成“基层社＋镇级农民专业合作社联合社＋综合服务社”三位一体的镇级组织体系。通过联合社的农资经营、农产品销售等生产经营活动，增强服务社的服务能力。同时，通过服务社的技能培训、土地托管、农机服务、电子商务、合作保险等服务项目的开展，增强联合社的生产经营能力；三是按照"党支部+村委会+农民合作社"三位一体的新型村级组织模式，设立"旗帜供销"党组织26个，在村党支部的领导下、村委会的支持下，由合作社实现对农村经济发展的带头和引领作用。2016年，全市共组建农民专业合作社533家，其中春良绿色蔬菜、正农鹅养殖专业合作社被河北省评为省级示范社。三条经线和三条纬线，互相依存，相辅相成，搭建起了新型的供销社组织构架，同时也承载起了一个供销社全新的综合服务平台。2. 创新服务体系，开展全方位的为民服务。一是依托基层供销社，打造城乡社区综合服务模式。借鉴山东高密经验，在全市构建19家镇级综合服务社，组建12家村级综合服务社，以日用品、农资两店入村为抓手，逐步延伸到幼教、养老、家政、培训等综合服务，开展"全方位、一站式"服务，满足农民多元化、个性化服务。二是搭建电商平台，构建覆盖乡村的为农服务网络，打造"网上供销社"服务模式。依托"迁安国家级电子商务进农村示范县"建设契机，搭建电子商务平台，"万嘉云商""农惠网""东安易购"等众多电子商务平台雨后春笋般涌现出来，市供销社重点搭建与迁安市唐农商贸有限公司合作承接的"八方联采"电商平台，构建乡村电商服务站100多家。通过线上线下相结合模式，为农业生产提供化肥、种子、农药、农机作业及农技服务、农副产品销售等综合服务，让农民朋友做到足不出户便可知天下商机，得到真正的实惠。三是积极开展新型职业农民培训活动，不断提升农民组织化程度。2016年，采取举办农民培训班、聘请专家技术人员授课、现场指导等形式，开展新型职业农民培训，培训人数6万人次。四是注册成立迁安市农村产权交易中心，搭建起交易品种齐全、架构清晰、制度规范、模式先进、信息联动、风险可控的农村产权交易平台。3. 创新经营体系，提升"服务"三农水平。市供销社重点打造农资、农产品、日用品销售和再生资源回收网络建设试点。一是搭建农产品展销平台，打造新型农产品购销服务新模式。利用供销合作社原有经营场地，建设迁安市珍良缘农副产品销售超商，开展蔬菜水果、板栗、核桃、粉条、花生油等特色农副产品的直采直销经营，实现从田间地头到百姓餐桌零环节销售；二是创新农资服务方式，打造农资配送直销服务网络。依托市供销社农资配送中心和上庄乡供销社春良农资销售有限公司，在全市19个镇乡全部建立农资配送直销店，销售直销网点达到126个，优质化肥供应量占市场份额的86%以上，把放心农资直接送到农民手中。三是在夏官营供销合作社搭建为民服务平台，依托供销农民专业合作社联合社，建设农资销售服务站和农机维修销售服务站，方便广大群众；四是对建昌营供销社原有经营场地进行改造提升，新建4层2280平方米春良商贸城，开展日用品经营服务。五是与民兴物资回收有限公司合作，开展废旧物资回收网络建设，建立覆盖城乡回收网点58个。4. 创新金融体系，打造全新的金融服务模式。一是与省社各公司对接，在市供销社成立河北省新合作投资担保有限责任公司迁安办事处和河北省新合作金融服务有限责任公司迁安办事处，搭建新合作金融服务平台；二是帮助正农鹅养殖专业合作社内部互助合作保险业务；三是与各合作银行联系，搭建集小额担保、合作保险、互联网金融、供销一卡通等为一体的金融超市。5. 创新组织管理体系，不断提升内生活力和动力。通过打造全新的基层供销社治理模式，实施全员身份置换改革，推行全员聘任制，完善《干部聘任管理制度》，建立干部能进能出、能上能下、竞争上岗、竞聘任职、双向选择、合同管理的新型管理机制。实行绩效工资，目标考核，根据年度考评和平时考评结果，确定每名聘任制干部的岗位绩效工资数额，激发干部职工干事创业热情，建设了一支会干事、干成事、廉洁自律的干部队伍。

【盐业管理】 4月，市委为市供销社充实领导班子，班子成员由4人扩充到6人，市供销社借此机会派一名副职到盐业公司兼任支部书记，分管盐业经营管理。县级盐业零售许可取消后，市供销社将宣传与监管并重，在广泛宣传食用盐安全知识的同时注重源头管理，强化日常监管和执法力度，细化工作方案，完善碘盐供应安全网络体系建设，杜绝私盐流入市场，保证了盐业市场稳定，使全市人民吃上放心盐。

市供销合作社联合社

主　　任　张玉泉（12 月离）
　　　　　　纪万春（12 月任）
副 主 任　付国龙（4 月离）　郑之伟
　　　　　　刘海民　郭　明（4 月任）
主任科员　马小明（4 月任）
副主任科员　崔筱莉　女（4 月任）

（张立茹）

粮油商业

【粮食宏观调控】　制定和完善地方储备粮轮换管理制度，全年完成 2000 吨小麦、3000 吨玉米和 805 吨成品粮的轮换工作，确保储备粮常储常新。做好夏粮、秋粮预产，灾情调查和粮食价格监测工作，为领导决策提供准确可靠的信息。3 月，对 5 家粮油收购企业和 5 家粮油加工企业进行最低最高库存量核定。做好粮食应急网点布局建设，在全市范围内建立粮食应急网点 21 家。做好粮食收购许可资格办理工作，年内，为 4 家粮油经营者办理或续办了粮食收购许可证，并建立了台账和案卷。落实粮食流通统计制度，指导督促辖区内入统对象全部建立统计台账，按要求上报统计报表。

（杨岚文）

【粮油供需平衡调查】　开展了 2016 年度全社会粮情调查和食用油及油料供需平衡调查。掌握全市粮食播种面积和产量情况，全市农业、非农业人口情况；通过对各镇乡的农户的吃粮用油情况进行汇总，推算出全市农户用粮情况，通过对 20 户非农业户用粮情况的调查，推算出非农业户吃粮用油情况；通过对非国有企业和超市的报表情况，汇总推算出非国有企业购销粮食的情况，通过数据采集，做好社会粮油的统计分析。

（杨岚文）

【粮食监督检查】　开展服务型执法，为粮食经营者提供免费检测水分和容重 9 次。改进执法方式，指导粮食行政管理相对人依法经营、依法办事，自觉履行法定义务，主动纠正违法行为。建立“双随机”抽查机制，规范了事中事后监管工作，开展各类随机抽查 27 次，抽查各类粮食经营者 83 家。对 19 家从事粮食收购活动的经营者开展秋粮收购专项检查，没有压级压价和向农民“打白条”行为，秋粮收购市场秩序良好。对 16 家有粮食收购许可证的经营者开展粮食收购资格核查，没有出现违反国家有关法律、法规的现象。10 月，对 4 家储备粮代储企业进行了粮食库存随机抽查，进一步规范企业的代储行为，确保全市的县级储备粮油数量真实、质量良好、储存安全。全年共出动执法车辆 33 台次，执法人员 99 人次，检查各类粮食经营者 89 家，严厉打击了粮食经营者的违法违规行为，维护了全市正常的粮食流通秩序，全市粮食市场繁荣稳定。

（李玉娥）

【粮食安全生产管理】　制定了市发改局 2016 年《安全生产目标管理办法》，与 13 家粮食承储、承租企业签订安全生产责任书，进一步明确企业的主体责任。组织开展安全生产月活动，根据上级安排，市发改局制定安全生产月活动方案，扎实开展安全生产月主题活动。全年以重要节假日、储备粮存储企业为重点，开展一系列安全生产大检查，检查中进一步规范了企业的硬件配套设施建设和安全操作行为。2016 年，共出动检查车辆 18 台次，检查人员 54 人次，确保了全市粮食系统安全生产无事故。

（李巧云）

【粮食仓储项目建设】　2016 年，不断加快“危仓老库”维修改造工作进度。6 月，各项目招投标完成，确定了施工单位。至年底，金谷中心建昌营粮站和杨各庄粮站维修改造项目完成，新建项目完成总工程量的 70%，昌和军粮公司南仓房和东、西仓房项目正在加紧施工。

（李巧云）

【推动粮食产业化发展】　开展产业化发展情况调研，2016 年，全市有粮油加工龙头企业 5 家，粮食产业化龙头企业品牌 4 个。按照“扶优、扶强、扶大”的原则，培育乐丫、金豆饲料等行业领军企业和龙头企业。引导龙头企业、粮油加工销售企业增强品牌意识和质量意识，重点扶持乐丫小杂粮、贯头山酒业等企业，以打造高品质杂粮、酒类名牌为重点，积极申报国家和省名牌产品、著名商标。引导粮油加工、转化企业由粗加工向精深加工、由单一经营向综合经营转变，促进粮食加工产品向“专、新、特、精”方向发展，提升粮油加工转化增值水平。

（李巧云）

【落实粮食政策性资金】 落实政策性粮食挂账占用农发行贷款利息65万元，其中粮食风险基金中列支28.5万元；落实地方储备粮油贷款利息、保管费用、轮换费用256万元，纳入2016年度粮食风险基金预算200万元，且已拨付承储企业；落实危仓老库维修改造项目配套资金248.184万元和设计、地勘、招投标等前期费用及不可预见费用80万元，落实军粮公司应急供应粮食仓储设施维修改造专项配套资金、前期费用及不可预见费用48万元，合计377万元。

（李福贵）

【国有粮食企业资产管理】 进一步加强县级储备粮管理，适应全市县级储备粮管理需要，金谷中心与4家县级储备粮代储企业签订代储协议，明确双方各自权利和义务，做到有章可依、管理规范。

（李福贵）

烟草专卖

【概况】 2016年，迁安市烟草专卖局（营销部）销售卷烟23098箱，实现毛利11021万元，其中一类烟2085箱、二类烟1882箱、三类烟9263箱、四类烟7670箱、五类烟2198箱。加强专卖市场监管，与市公安局、法院和市场监督管理局等部门开展联合执法，查获案件112起，结案72起，其中真烟案件65起、假冒卷烟案件7起，含打假破网案件1起，涉案卷烟66.03万支，其中真品卷烟57.78万支、假冒卷烟8.25万支，案（标）值58.08万元，查货烟叶烟丝案件2起，查货烟叶11.8吨、烟丝15吨，案值137.36万元。2016年度移交市场监督管理部门无证真烟案件26起，移交公安部门3起，刑拘4人，提请批准逮捕3人。落实安全生产责任制，全年开展安全教育44次、日常安全检查44次、安全隐患排查整改28项，开展专项应急演练3次，全年无重大安全责任事故发生。

【终端建设和营销网建工作】 1. 客户服务。以客户经理职能转型工作思路为指引，建立《迁安市烟草专卖局（营销部）客户经理分组拜访流程及考核办法》，对14名客户经理分组管理，成立7个互助合作小组，全年拜访零售客户41580户次，其中实地拜访13720户次，为零售客户提供经营指导服务2850次，帮扶弱势零售客户3户，有效解决了弱势零售客户存款不便等问题。2. 品牌培育。年内，针对农村消费者，与河北中烟联合开展“赶农村大集，育省产卷烟”宣促活动，共开展农村大集现场品吸活动5场，发放品牌宣促资料4500余份，现场品吸1500余人次。与河南中烟、山东中烟和浙江中烟等多家工业企业开展协同营销工作，先后开展黄金叶、泰山等品牌终端主题陈列活动，涉及全市12个乡镇、50户零售客户，开展金圣（滕王阁）新品上市卷烟商业街现场品吸活动，现场受众人数1000余人。3. 终端建设。深入终端调研，挖掘潜力客户，建设形象终端1户、特色终端21户、乡情终端31户。安装卷烟零售终端信息管理系统43户，建立消费者档案27户，“工商零”共同面向消费者开展营销活动15户，建立卷烟消费者档案136户，建档数量1362份，开发迁安市锦江饭店等4家酒店，开展钻石、利群品牌烟模陈列150余个酒店房间，在人民医院住院部楼下、市工商局服务大厅、高速服务区等场所建设吸烟点5个。

【专卖管理和内部监管】 2016年，办理证件管理业务1276份，新办理烟草零售许可证586份，变更7份，停业2份，延期277份，注销238份，歇业73份，严格按照《烟草专卖许可证管理办法》实施行政许可受理、审核、决定。内部监督管理，对照国家烟草专卖局“六个坚决禁止”▲等工作要求，严格执行相关管理制度，强化对“两烟”（卷烟、烟叶）生产经营全方位、全过程的管理监督，在经营中促规范，通过内管系统中预警数据对比分析，2016年，处理预警信息1177条，启动预警调查341起。

▲“六个坚决禁止”：坚决禁止以任何名义，将销量、结构任务摊派给零售客户，或将销量、结构任务与一线营销人员和非卷烟销售部门的业绩考核挂钩；坚决禁止人为干预或利用卷烟订货系统限制零售客户提报真实需求；坚决禁止以任何理由修改客户订单或直接代订，强行要求零售客户订购指定品牌（规格）的卷烟；坚决禁止将单品牌（规格）或少数品牌（规格）的订货量与零售客户的分类定级、供货总量和紧俏货源订货量挂钩；坚决禁止利用紧俏卷烟与指定品牌（规格）进行捆绑、组合、奖励、协议等形式的搭配或变相搭配销售；坚决禁止以现金、卷烟实物、贵重物品等作为促销手段，开展销售奖励或变相销售奖。

市烟草专卖局（营销部）

局　　　长　孙炳华

副　局　长　赵庆国

副　经　理　曹亚军（3月离）

　　　　　　　秦东生（3月任）

专职纪检监察员　秦东生（3月离）

　　　　　　　侯红娟（女，3月任）

（应雪梅　杨　悦）

旅　游

【概况】　2016年，迁安旅游行业在旅游项目建设、旅游产业规划编制、景区创建提升、旅游宣传营销等方面取得阶段性成果，为全市旅游业又好又快发展、创建全域旅游示范区夯实了基础。全市旅游接待人数220.3万人次，同比增长38.64%；实现旅游综合收入21.4亿元。

至2016年年底，建成国家AAAA级旅游景区1家，即山叶口景区；国家AAA级旅游景区2家，即白羊峪长城旅游区、红峪山庄长城溶洞旅游区；国家AA级旅游景区3家，即灵山景区、九龙泉景区、成山景区；有全国特色景观旅游名村2个，即白羊峪村、山叶口村；全国工业旅游示范点2个，即贯头山酒工业园区、弘业地毯集团；全国休闲农业与乡村旅游示范点1个，即白羊峪长城旅游区；河北省风景名胜区1家，即白羊峪长城旅游区。成功打造了“白羊峪长城旅游区观花节”和“迁安金秋采摘节”2个靓丽节日旅游品牌，获得“全国休闲农业与乡村旅游示范市”和“中国轩辕黄帝姓氏文化之乡”称号。近年相继建成轩辕阁、黄台湖、黄台山公园、佛山公园、人民广场、博物馆、规划展馆、三里河生态走廊、龙形云形带状公园等一批公益旅游项目，其中黄台湖为国家级水利重点风景区，三里河生态走廊获得“全国人居环境范例奖”和“世界景观奖”。饭店、旅行社等配套服务设施日益完善。建有星级饭店7家，其中四星级饭店3家，为迁安锦江饭店、万达商务酒店和艳春楼大酒店；三星级饭店4家，分别是栢合盛酒店、奥特宾馆、西湖宾馆、忠德商务酒店；拥有旅行社10家、服务网点28家，其中国际旅行社1家、国际分社1家。

【旅游行业管理】　2016年，继续扎实推进旅游厕所建设工作。年初，市政府印发了《迁安市2016年旅游厕所建设行动实施方案》，成立领导小组，争取到上级补助资金374万元。5月初，市旅游局与财政局联合行文《迁安市2016年旅游厕所建设标准及补助资金管理办法》，对厕所建设标准及补助资金进行规范。到年底，75座旅游厕所新建任务全部完成。

5件旅游商品在2016“中铁如家杯”唐山旅游商品大赛上获奖。其中，手工桑皮纸、弘业地毯获得二等奖，太平有象盘、物理冷榨有机核桃油、贯头山南湖印象酒获得三等奖，5种商品同时获得“首批唐山旅游推荐商品”称号。

2016年，配合唐山市旅游局完成7家星级酒店复核，完成6家A级旅游景区对标整改工作。全年对涉旅企业进行生态环境整治12次，检查涉旅企业36家次，处理旅游投诉5起，办结率100%，全年旅游行业安全无事故。对19个镇乡的150余名乡村旅游从业人员进行乡村旅游业务培训，规范提升乡村旅游从业者的专业技能和服务水平。

在国家旅游局公布的首批乡村旅游“千千万万品牌”名单中，大五里乡山叶口村入选“中国乡村旅游模范村”，龙峡山庄、长城人家等10家农家乐入选“中国乡村旅游金牌农家乐”，龚洁民、董国明等29人入选“中国乡村旅游致富带头人”，获评数量居唐山各县区之首。

【迁安市旅游发展委员会办公室成立】 2016年9月22日，成立迁安市旅游发展委员会，旅游发展委员会下设办公室，管理全市旅游工作，旅游发展委员会办公室内设5个科室：综合科、规划发展科、行业管理科、市场开发科、执法科。

【迁安市旅游协会成立】 11月15日，迁安市旅游协会成立并召开第一届第一次会员大会。市委副书记、市长张淑云，市委副书记、副市长冯涛，市政府党组成员李晓波出席会议，来自景区专业委员会、酒店专业委员会、旅行社专业委员会、乡村旅游专业委员会和旅游商品专业委员会的83名会员参加会议。成立大会上，市委副书记、市长张淑云为旅游协会授牌。市委副书记、副市长冯涛就迁安旅游资源优势做出阐释，并对协会提出发展要求和美好祝愿。会议由市政府党组成员李晓波主持。在成立大会召开之前，举行了迁安市旅游协会第一届第一次会员大会，选举产生了第一届理事会，迁安中唐文化旅游发展有限公司董事长兼总经理阳家军任会长，山叶口旅游开发有限公司总经理曾凡凯任副会长兼景区专业委员会主任，锦江饭店副总经理郭玉兴任副会长兼酒店专业委员会主任，春辉国际旅行社总经理陶志利任副会长兼旅行社专业委员会主任，亚滦湾国家农业开发创新产业有限公司董事长陈国有任副会长兼乡村旅游专业委员会主任，龙泽谷国际酒庄有限公司总经理张秋民任副会长兼旅游商品专业委员会主任，一乡一土农产品开发有限公司总经理薛立平任秘书长。

【入选第二批国家全域旅游示范区创建单位名单】 2016年10月21日，国家旅游局公布第二批国家全域旅游示范区▲创建单位名单该文件号为《关于公布第二批国家全域旅游示范区创建单位名单的通知》的文件号，迁安市成功入选，成为国家全域旅游示范区创建单位。

▲国家全域旅游示范区：全域旅游是将特定区域作为完整旅游目的地进行整体规划布局、综合统筹管理、一体化营销推广，促进旅游业全区域、全要素、全产业链发展，实现旅游业全域共建、全域共融、全域共享的发展模式。2015年9月，国家旅游局启动开展“国家全域旅游示范区”创建工作，旨在推动旅游业由“景区旅游”向“全域旅游”发展模式转变，推动旅游业创新、协调、绿色、开放、共享发展，促进旅游业转型升级、提质增效，构建新型旅游发展格局。2016年，国家旅游局公布了国家全域旅游示范区，首批共计262个，第二批共计238个。

【开通首趟“京东水城·迁安号”旅游专列】 9月24日，迁安市开通首趟“京东水城·迁安号”旅游专列，来自北京市的400名游客走进迁安，开启了为期2天的周末之旅。游客们在迁安先后游览了黄台山公园—轩辕阁、黄台湖、博物馆、山叶口景区、挂云山景区、白羊峪长城旅游区等地。此趟专列24日00∶58从北京站出发，05∶35抵达迁安站，全程5个小时。“京东水城·迁安号”是新型空调硬卧包厢式车体，每节车厢有9个包厢，每个包厢有4个卧铺，厕所采用的是真空集便器，乘车环境舒适、卫生。此次专列旅游是时下最绿色、最低碳的出行方式，具有一线多游、一票到底的特点，一路上可观景、可休息、可游览、可娱乐，省去了其他方式的旅途疲劳和舟车劳顿。活动当天，新浪微博“水城迁安专列游”话题，话题阅读量突破700万，热门话题社会类榜单第一名。此次专列旅游由中国铁道旅行社发挥其覆盖京津冀的销售网络优势，向迁安市输送客源。迁安市负责协调组织做好地接服务，同时凭借唐山市举办第25届中国金鸡百花电影节以及保定市举办河北省首届旅游发展大会的时机，组织旅游达人、北京旅游杂志社、北京电视台、《北京日报》、《唐山走四方》栏目组等各级媒体宣传推介迁安市的旅游资源，扩大“京东水城·迁安号”旅游专列活动的影响力，吸引更多的游客到迁安观光游玩。

【中唐·天元谷文化旅游综合体项目】 6月26

日，计划总投资15亿元的中唐·天元谷文化旅游综合体项目开工。项目位于迁安市区西南侧，总用地面积29.13公顷，总建筑面积15万平方米，定位于打造京津冀经济圈及唐秦度假旅游线上首个以本土民俗文化为主题的大型亲子民俗旅游休闲综合体。项目入选2016年全国优选旅游项目名单，是唐山市入选的三个项目之一。

【“美丽乡村·最美农家乐”评选活动】 经过充分的引导发动、实地查看、资格审查、投票评选、媒体宣传等大量筹备工作，在全市2015—2016年“美丽乡村”建设的8个镇乡101个村的农家乐经营户中，开展“美丽乡村·最美农家乐”评选活动。通过比设施、比餐饮、比环境、比服务、比特色和两次“喊你回家吃饭”活动，最终评选出38家“最美农家乐”，其中27家成为北部长城片区农家乐典型。

市旅发委办公室（9月成立）

主　任　何爱军（9月任）

（叶　超）

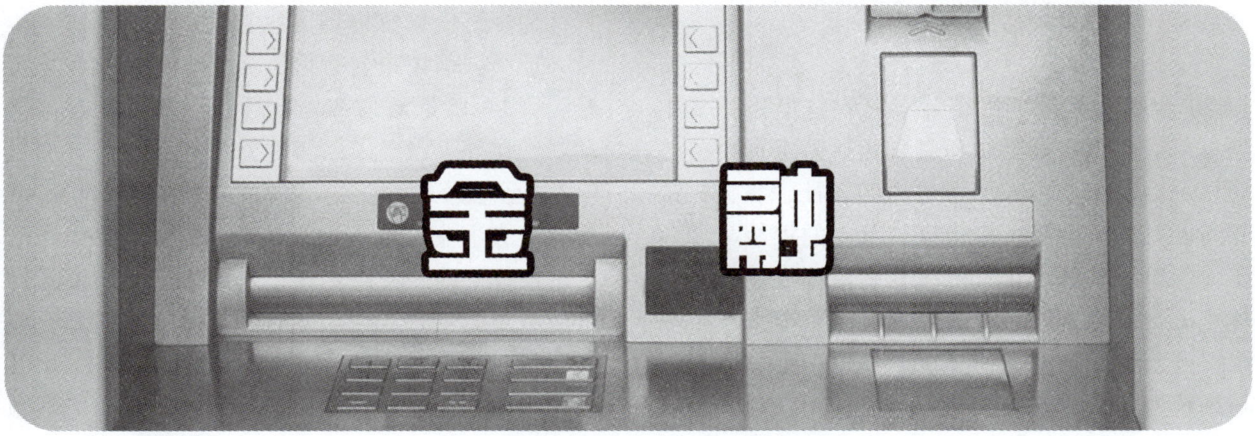

银　行

【概况】　2016年，全市辖区有中国人民银行分支机构1家、银行业监督管理分支机构1家、银行业金融机构20家。各金融机构认真贯彻执行稳健的货币政策，不断优化金融服务，金融业继续保持良好的运行态势。

各项存款稳定增长。年末，迁安市金融机构本外币各项存款余额717.83亿元，比年初增加49.79亿元。其中，金融机构人民币各项存款余额716.01亿元，比年初增加50.52亿元；金融机构外汇各项存款余额2591万美元，比年初减少1301万美元。具体情况为：一是境内存款迅速增长。境内存款余额716.01亿元，比年初增加50.52亿元。其中，住户存款余额502.39亿元，比年初增加19.95亿元；非金融企业存款余额140.97亿元，比年初增加27.81亿元；广义政府存款余额72.35亿元，比年初增加3.53亿元；非银行业金融机构存款余额0.3亿元，比年初减少0.78亿元。二是境外存款略有下降。境外存款余额0.014亿元，比年初增加0.0002亿元。

各项贷款适度增长。金融机构本外币各项贷款余额449.72亿元，比年初增加16.72亿元。其中，金融机构人民币各项贷款余额448.68亿元，比年初增加19.25亿元；金融机构外汇各项贷款余额1502万美元，比年初减少4001万美元。具体情况为：一是住户贷款稳定增长。住户贷款余额52.87亿元，比年初增加3.11亿元。其中，短期贷款余额15.37亿元，比年初减少3.04亿元；住户中长期贷款余额37.5亿元，比年初增加6.15亿元。二是非金融企业及机关团体贷款迅速增加。非金融企业及机关团体贷款余额395.50亿元，比年初增加16.15亿元。其中，短期贷款余额216亿元，比年初增加0.51亿元；中长期贷款余额144.77亿元，比年初增加9.4亿元；票据融资余额33.02亿元，比年初增加7.98亿元；各项垫款余额1.71亿元，比年初减少1.74亿元。

存贷比例情况。年末，金融机构本外币存贷比62.65%，年初存贷比64.82%，年末比年初减少2.17个百分点；金融机构人民币存贷比62.66%，年初存贷比64.53%，年末比年初减少1.86个百分点。

损益情况。年末，金融机构本外币利润余额7.39亿元，同比增加4.73亿元；人民币利润余额7.38亿元，同比增加4.73亿元。

中国人民银行迁安市支行

【落实货币政策】　2016年，多次组织召开金融系统联席会、专项调度会、银企座谈会，对辖区货币政策落实以及银企合作存在的难点等情况把脉问诊。会同市政府金融办、市银监办等部门制定加快金融改革、促进当地经济结构转型升级发展的指导意见。发挥再贴现货币工具对金融机构资金流向的引导和调节作用，累计审批办理再贴现6包40笔金额6239万元。先后协调组织辖区农业银行、沧州银行、张家口银行分别与迁安市青年企业家协会20余家会员单位召开银企对接会，落实信贷资金2.43亿元。扎实开展涉农信贷政策导向效果评估、金融机构执行人民银行信贷政策导向效果评估。

【维护金融稳定】 组织开展对农村信用社专项票据后续监测审核工作和对襄隆村镇银行财务健康情况的监测考核，加强对辖区联社、襄隆村镇银行两家法人金融机构缴存款范围的审核与缴存工作。组织辖区内6家机构开展新型农业经营主体主办行制度。组织开展对辖区内黄金生产企业生产经营情况的调查、分析以及黄金市场监测分析系统使用情况的调查。加强对迁安联社银行间市场业务的监测，加强对民间借贷的监测，加强辖区内金融机构对重点行业贷款投向以及与担保中心业务开展情况的监测；开展对迁安襄隆村镇银行以及辖区3家小额贷款公司经营情况的风险监测。年内，累计受理迁安联社关于增资扩股等6项重大事项以及申请加入金融管理与服务事项的审核工作。探索实施了针对重点行业、重点企业的风险评估（风险分类），适时发布风险提示4次，对重点关注的行业和企业实施了精准风险防控。扎实做好存款保险相关工作。

【优化金融服务】 推动成立“小额票据贴现融资平台”，年内，有33家企业办理贴现业务359笔，金额2.95亿元。做大做强“应收账款融资服务平台”，年内，通过平台成功实现融资金额28.72亿元，融资额居唐山辖区8县之首。组织开展了对唐山银行迁安馨园支行等3家金融机构的服务与管理。指导、监督、协调辖区内涉及人民币银行账户、支付账户、票据、银行卡、网络支付、支付系统以及非法从事支付结算业务违法犯罪行为的处置工作。加强助农取款服务，按照助农取款商户服务质量高、与收单银行的配合度高和对缩短农村支付服务半径的贡献度高的“三高”标准，采取升级机具、增加业务种类，实施金融自助服务终端进村入户，增加汇款、转账、购物消费和代理缴费等业务功能，布放小额循环机，实施助农取款服务点建设与农村电商有机结合等举措，农村支付服务环境进一步改善。履行经理国库职责，以防范国库资金风险为主线，扎实开展“国库制度学习年”活动，较好地发挥了对国库资金的监督作用。完善征信管理和服务，累计为企事业单位提供信息查询服务301次，累计办理个人信用报告查询服务11584人次，扎实开展“3·15”诚信文化教育和征信专题宣传活动。优化外汇服务，以防范外汇业务风险、加强外汇业务服务为重点，开展货物贸易核查38家次，完成企业名录登记及变更16家，检查外汇指定银行及涉外企业4家，累计为企业和个人提供业务咨询36次，协助政府和企业签订合资协议5个。加强金融消费者权益保护工作，开展“‘3·15’金融消费者权益日”宣传周和“金融知识普及月”活动，创办了“唐山市‘3·15’金融消费者权益日宣传手册”手机微信平台。持续开展央行志愿服务活动，迁安市支行“央行志愿者服务队”的事迹被中国人民银行总行网站刊发肯定，被中国人民银行天津分行授予“优秀志愿服务先进集体”称号。

【加强基层党组织建设】 落实党组书记“第一责任人”职责和党组成员分工协作机制，开展“党组书记恳谈日”、党组成员与干部职工谈心交心活动。扎实开展“两学一做”专题教育，与乐亭支行、滦县支行开展“两学一做”联组学习活动。“七一”前夕，中国人民银行迁安市支行综合业务部主任曹莉娟被中国人民银行授予“优秀共产党员”称号。按季召开党风廉政建设分析研究会议，及时分析支行党风廉政建设情况，开展规范员工工作纪律专项活动。落实风险防控，从办公用品的采购管理、行政许可项目、综合执法检查等6个方面开展监督。通过电话回访的方式，重点开展行政许可监督。以层级制管理为目标，副主任以上干部层层签订党风廉政建设责任书。实施风险防控动态管理，及时对风险点进行动态更新，确保各岗位风险点监控无盲区。创建和参与“心灵港湾”“一端一微”“一网一微”学习交流微信群。创建手机个性互动答题系统，有效检验干部职工学习《中国共产党廉洁自律准则》与《中国共产党纪律处分条例》的成果，该做法被中国人民银行天津分行纪检监察工作简报刊发肯定。

中国人民银行迁安市支行

行　　长　滕海涛

副　行　长　马荣成　陈宝生
纪 检 组 长　李建强（11 月离）
　　　　　　邓兰欣（11 月任）
副主任科员　邓兰欣（11 月离）
　　　　　　曹莉娟（女，12 月任）

（陈宝生）

中国工商银行股份有限公司迁安市支行

【概况】　2016 年，中国工商银行股份有限公司迁安市支行（以下简称工行迁安支行），结合迁安区域经济特点及经济的大环境，提出“大力发展个金业务，稳健开展资产业务”的总体思路，从年初开展工作，做到早部署、早动手、早见效，各项工作取得一定成绩，实现经营效益、中间业务双增长，全年实现中间业务收入 6322 万元，比上年增加 2914 万元；实现拨备前利润 14880 万元，净利润 12225 万元。

【业务发展】　1. 各项存款。到 2016 年年末，各项存款余额 67.57 亿元，比 2015 年增加 10.97 亿元，创历史新高。机构存款余额 19.93 亿元，较年初增加 4.13 亿元，日均增加 14796 万元，增长额在唐山分行名列第一，扭转了机构存款落后的不利局面。储蓄存款余额 31.89 亿元，较年初增长 4006 万元，日均余额 31.94 亿元，较年初增长 1.47 亿元；公司存款余额 15.75 亿元，比年初增长 8.64 亿元，日均余额 7.11 亿元，日均较年初下降 1.38 亿元。2. 各项贷款。落实年初确定的稳健发展资产业务的战略，到 2016 年年末，各项贷款余额 29.48 亿元，全年累计发放各项贷款 17.90 亿元，较年初增加 9.93 亿元。2016 年，受全国经济形势下行及河北省大举压降钢铁产能影响，迁安市中小企业普遍经营困难，工行迁安支行认真分析形势，制定了以营销政府类项目为抓手、发展资产业务、稳定发展个人资产业务的思路，年内，成功为“滦河迁安市段河道综合治理一期工程”发放项目贷款 10 亿元，实现中间业务 3800 万元，并为以后业务发展奠定了坚实基础。个人贷款以抓按揭贷款为抓手，以“吃着碗里的，望着盆儿里的”工作做法，密切与存量开发商保持紧密联系，安排 4 名客户经理专门负责个人贷款，经过不懈努力，实现了与房地产企业的双赢，全年累计发放按揭贷款 5.55 亿元，发放额创历史新高，余额达到 11.95 亿元，成为唐山分行第二个余额达到 10 亿元的支行，比年初增长 2.76 亿元，业占比第一。3. 票据贴现业务。2016 年，受钢铁企业大环境的影响，票据贴现业务受到前所未有的冲击，工行迁安支行客观地分析企业形势，逐家摸清企业底数，确定票源企业，集中资源重点公关，发挥票据中心贴现快直贴优势，为客户节省时间费用。2016 年，办理票据贴现 27.40 亿元，同业排名第一，系统排名第二。4. 国际业务。由于钢铁压降产能，系统对钢铁企业实行“一刀切”的刚性控制，使工行迁安支行从几家钢铁企业中优选的燕钢、九江也受到了限制，暂停了开汇业务，影响了国际业务发展，2016 年，实现国际结算量 8660 万美元。

【“客户精准拓展提升年”活动】　年初，部署了“客户精准拓展提升年”工作，市场营销部为对公和个人“客户精准拓展提升年”工作的牵头部门，通过全员深层次、大力度的营销，取得显著成效。2016 年，公司法人 1 万元以上客户增长明显好转。到年底，客户数达到 539 户，较年初增加 22 户，增长排名居唐山分行第三名。全年办理开户 197 户，其中有效结算账户 144 户，排名列唐山分行首位。机构存款新开账户 14 户，1 万元以上客户到年底达到 127 户，提升了 8 户，系统内名列第二位，扭转了上半年机构客户 1 万元以上客户负增长 12 户倒数第一的局面。

【互联网金融生态圈建设】　融 e 行新增客户端用户 21368 户，日网均 9.8 个，居唐山分行第一；融 e 行存量客户端用户 10942 户，日网均 5 个，居唐山分行第四；工银 e 支付客户数 23479 户，日网均 10.8 个，居唐山分行第四；融 e 联注册客户数 36434 户，日网均 16.8 个，居唐山分行第一；企证净增用户 148 户，居唐山分行第一。2016 年，全行干部职工放弃休息时间，利用节假日到市医院、超市等地上门营销新产品、新业务，使工行迁安支行在唐山分行互联网金融生态圈建设活动支行争先竞赛中一直稳居首位。

电子银行各项指标均居唐山分行前列，其中融 e 行新增客户端用户指标日网均、融 e 联注册客户数日网均均为分行日网均的近 2 倍；电商平台交易额位居唐山分行前列。

中国工商银行股份有限公司迁安市支行

行　　长　袁国新

副 行 长　蔡永江　吴大卫

内控监察员　秦兆华

（黄立宏）

中国建设银行股份有限公司迁安支行

【概况】　2016 年，中国建设银行股份有限公司迁安支行（以下简称建行迁安支行）各项业务稳健发展，特别是一般存款、对公新开结算账户、个金各项产品、个人贷款、网点转型、信用卡分期等工作发展较好。至 12 月 31 日，全口径存款时点余额达到 46.6 亿元，一般存款时点新增 36398 万元，建行迁安支行、建行首钢支行两行存款总量继续保持同业第二位，日均新增 31137 万元，余额 43 亿元。其中，对公时点新增 17337 万元，日均新增 25760 万元，个人存款时点新增 18955 万元，日均新增 5377 万元；各项贷款余额 14.3 亿元，其中个贷新增 6635 万元，公积金委托贷款发放 34418 万元；信用卡分期 3989 万元；手机活跃新增 28025 个；网银活跃新增 20612 个；借记卡新增 79668 张；商户 POS 新增 503 个；签约有效助农取款点 169 户；实现中间业务收入 3833 万元；对公结算账户新增 351 个。分别有多项指标位居唐山市前列并获奖励，多人次获唐山市分行领导签发的精神卡表扬，安保、信息工作得到省、唐山市分行表扬，全年综合考评为 B 类第一名，“全省 80 强”考核排名位列第 18 位。实现全年安全无事故。

【实施“效能监察”】　加强干部管理，成功实施“效能监察”。针对干部队伍建设中存在的执行力不足问题，建行迁安支行适时出台效能监察实施办法，调整网点经理 3 人、营销主管 1 人、客户经理 9 人，把业务水平高、责任心强、具有执行力和开拓精神的优秀员工调整到关键岗位，真正让干部感到压力，使员工认识到改革动真着、见实效，极大提高了队伍的执行力。

【对公业务】　1. 存款：对公存款时点余额 21.8 亿元，较年初增长 1.73 亿元，日均余额 19.47 亿元，较年初增长 2.69 亿元，日均新增居同业第一。建行迁安支行是全辖区第一家实现社保财政专户全覆盖的支行，社保存款成为机构存款的重要来源。2. 客户：通过联动营销，实现新增开结算账户 251 个，产品覆盖度 5.826，居县域第三位。3. 投行业务：2016 年，为迁安市交通运输局新发放 1.93 亿元资产收益权理财，理财产品置换政府存量债务余额为 5.93 亿元。4. 缴费平台与银医直连：建行迁安支行与市社保局成功签约灵活就业人员医疗保险、生育保险缴费平台，推动公私业务联动发展。机构业务转型方面，为迁安燕山医院成功办理“银医直连”业务。5. 其他业务：对公非贴贷款 72756.01 万元，小企业非贴贷款 432.5 万元，表外理财资金 59300 万元；对公条线实现中收 1791.14 万元。

【个人业务】　以有效客户快速增长为目标，依托助农、生态圈建设、缴费平台、代发工资等获客渠道，全力拓展个人客户。助农工作经验在全省遵化现场会做了经验介绍，多次被省、唐山市分行转发学习；在缴费平台拓展中，重点做了迁安市社保局缴费平台、迁安二中缴费的营销搭建和成功运营；在生态圈建设中，营销了 3 个小区的物业商圈建设；完成迁安市一路超商、路美超商的 MIS（管理信息系统）项目；在工会卡商圈建设中，与迁安市中医院、迁安市康俊医药签订了工会卡优惠协议。一是个人本外币存款时点新增 18955 万元，余额 247532 万元，居同业第二；日均新增 5377 万元，居同业第三。二是中收实现 943.53 万元，居系统第三；个人有效客户新增 19827 户，居系统第三。三是个金主要产品：金融 IC 卡发卡新增 79667 张，居系统第四；代发工资新增 52 户，新增代发额 12955 万元；私人银行客户新增 21 户，居系统第二；金管家客户新增2068户，新增居第一；助农取款点新增197户，达标助农点新增97户，均居系统第一。四是电子银行：移动金融替代率水平值达到73.64%，居系统第二；手机银行活跃客户28025户，居系统第三；网银活跃客户新增20612户，居系统第二；缴费平台活跃客户新增14户；悦生活交易125378笔，系统第二。五是信用卡客户新增4949户。六是POS商户完成343户，活跃商户新增146户，商户业务综合排名县域第一。完成MIS商户2户。七是分期、快贷全年完成3989.78万元，快贷户数新增2451户，快贷支用1856万元，居系统第二。

【个贷业务】 全年累计发放个人住房贷款1208户，发放金额48088.9万元，较年初增长6635万元，余额66242.23万元；公积金个人住房贷款发放841户，累计发放金额34418.37万元。此外，对迁安市住房维修基金的营销工作取得很大进展，与公积金中心达成公积金二手房、北京公积金独家代理协议。

【风险防控】 加强信贷风险管理，稳妥处理不良资产，提高对客户的选择、识别能力，强化贷前调查，特别是对大中型新增授信、民营企业以及中小企业，深入一线，从源头抓好风险识别和判断。严格贷款发放管理，加强重点行业、重点产品的风险监测和贷后管理，对中小企业、钢贸、房地产等重点行业客户逐户分析排查，摸清底数，夯实资产质量真实性。强化到期贷款管理，提前落实贷款资金来源，避免贷款逾期，特别关注新形势下个贷还款风险暴露。

中国建设银行股份有限公司迁安支行

行　长　林付华

副行长　李　振　陆润涛（5月离）

　　　　　徐平英（5月任）

（张金桥）

中国农业银行股份有限公司迁安市支行

【概况】 2016年，中国农业银行股份有限公司迁安市支行（以下简称农行迁安支行），存款工作明显提升，不良贷款有效压降。截至年末，各项本外币存款余额168.48亿元，其中个人存款余额141.62亿元，比年初下降3.72亿元；对公存款余额26.86亿元，比年初增加3.46亿元。全年累计发放各类贷款55.03亿元，贷款余额71.67亿元。

【扎实推进对公业务】 瞄准重点项目，做好营销信息管理。持续跟进美丽乡村建设、中唐旅游固定资产贷款等优质项目。紧盯美丽乡村建设，一期已经获批，成为全市首笔，美丽乡村二期正在积极运作中，在同业竞争中实现大幅度领先。海绵城市建设基金一期已投放12.5亿元，正在积极运作海绵城市建设基金二期。及时出台《中国农业银行迁安市支行信息渠道建设指导意见》，加强营销信息搜集整理，准确把握第一手资料，动态调整更新信息库，落实奖励政策，打通营销信息通道。加强与市行政审批管理办公室、科技局、商务局及各园区管委会的沟通交流，确保信息渠道畅通，力争实现新建企业项目基本户落在农行。大力实施“阵地战”策略，加大机构类账户扩户增存工作。彻底梳理全行机构类账户，将所有机构类账户不论账户大小一律包户到人，极大地调动全体员工的积极性，大家心往一处想，劲往一处使，全力战斗在营销第一线，并成功营销3个乡镇村街账户，农行有网点的乡镇开户率达到100%。实施“双轮驱动”营销策略，代收代付项目实现新突破。在全行上下的全力配合下，先后成功营销唐山市东安悦购商城有限责任公司、迁安市宏盛元商贸有限公司等23户代发工资账户。

【加快网点标准化建设】 前期积极推进网点标准化建设，实现压高增低、释放人力，增加营销人员的配备，强化网点创效能力，后期固化成果，进一步落实包户包效、绩效考核等核心工作，激发网点经营活力。以网点为阵地，抓好存量客户提质、新客户拓展工作。将包户包效作为做好存量客户提质工作的重要抓手，列为“‘一把手’工程”。加强对网点的督导，树立标杆，总结先进经验，强化后期考核。同时，狠抓新客户拓展工作。厅堂人员做好客户服务、营销及挽留工作，加强对厅堂人员的考核，将厅堂营销作为主阵地狠抓不放。强化公私联动力度，加快全行营销效率。2016 年，开展了“迁安市青年企业家年会暨银企对接会”，宣传了农行的电子商务、私人银行、白金信用卡等高端产品，成功签约 7 户私人银行客户，与 4 户有“E 商管家”需求的企业进行洽谈，准备为其提供电子商务服务，受到市青年企业家的一致好评。

【推动创新服务】 立足服务城乡，拓宽服务渠道。一是加快推进自助银行建设，尤其是没有农行人工网点的乡镇，加大了自助机具的布放力度，2016 年，新开自助银行 3 个，增加布放 ATM 机 9 台，方便了广大客户。二是加强助农取款点和电子机具布放力度，2016 年，新上助农取款点 60 家，累计达到 490 家，做到每个乡镇都有助农取款点，60% 以上的村庄有取款点；新装 POS 机 150 台，累计达到 700 余台，安装转账电话 200 余台，累计达到 800 余台。通过增加助农取款点、安装 POS 机、转账电话，极大地满足了农村的金融服务需求，基本做到金融服务全覆盖。三是大力推进电子渠道建设，累计注册掌上银行 1.4 万余户，推动了互联网金融服务发展。通过银企联合电子商务交流会，推动电子商务业务的开展，全年上线“E 农管家”上游核心客户 7 户、下游终端商户 470 余户，促进了农村电子商务的发展。

【优化信贷资产质量】 按照上级行的安排部署，开展了“向风险宣战”行动季活动，在“控新”与“降旧”两个方面入手，防风险、控不良。个人贷款方面，要求客户经理打提前量，及早与客户沟通，提前准备资金偿还到期贷款，防止出现新的不良。开展信贷从业人员违法违纪违规行为专项治理活动。2016 年，成功化解不良贷款 1.85 亿元，新形成的贷款中无“三新贷款”（当年新增授信、当年发放贷款、当年形成不良），确保新增贷款放得出、收得回。优先发展“一大一小”（“一大”即大客户、大项目和机构类贷款投放；“一小”即个人住房贷款、非住房消费贷款、商用房贷款、卡分期与卡透支）信贷业务。2016 年，将贷款投放重点从钢铁及上下游行业逐步转移，逐步压缩退出“两高一剩”（高污染、高耗能，产能过剩）行业，把工作重点转到机构类大客户和美丽乡村建设贷款投放上；在发展“一小”信贷业务上，优先发展了个人住房贷款业务。在个人贷款清收和风险化解上，成立了个人不良资产清收中心，明确分工，同时实施全面清收责任管理，加大对清收责任人的处罚力度。个人不良资产清收工作取得较大进展，截止到 12 月末，收回农户不良贷款本息 276 万元、贷记卡不良透支 108 万元、核销金额 36.47 万元，收回 2014 年度形成的不良房贷 12 万元。对公贷款方面，通过制定风险化解方案，采取依法诉讼和打包转让等途径追偿贷款，2016 年，成功将 7.07 亿元不良贷款打包转让给信达资产管理公司，不良资产占比大幅下降，优化了银行的信贷资产结构。

中国农业银行股份有限公司迁安市支行

行　长　杜小飞（4 月离）　刘艳东（10 月任）
副行长　刘艳东（10 月离）　裴瑞新　陈子民
孙　勇　许　卿（5 月离）
陶玉琢（5 月任）　李　玮（4 月任）

（张　春）

中国农业发展银行迁安市支行

【概况】 2016 年，中国农业发展银行迁安市支行（以下简称农发行迁安市支行），围绕全市重点建设项目计划、经济发展及项目安排建设情况等工作重点，全力抓好存、贷款营销工作，夯实基础管理，完善服务手段，提高信贷资产质量，既保持了员工队伍和谐稳定，又实现了经营业绩持续增长的良好局面。年末，各项贷款余额 18.7 亿元，较年初下降 10.2 亿元，下降的主要原因是农发行总行政府债券置换 13 亿元；全年累放贷款 5.2 亿元，累收贷款 15.4 亿元；企事业单位存款余额 8.4 亿元，日均存款余额 9.9 亿元，比上年增加 3.1 亿元；实现账面利润 6046 万元。严格落实“一岗双责”工作机制，坚定不移推进党风廉政建设工作，与4家贷款客户签订了《银企廉政共建协议书》，与员工签订了《党风廉政建设及案件防控和安全保卫目标管理责任书》和《廉洁从业合规履职承诺书》。严格落实安全保卫工作责任制，组织开展内部控制评价和案件防控检查工作，实行安全保卫专项责任考核，按照制定的应急处置预案，按季定期开展预案演练。获省分行2016年度“有效发展先进单位”、唐山市分行2016年度“先进单位”“党风廉政建设先进单位”称号。至2016年，实现安全运营20年的目标。

【贷款】　年内，在对以前营销政策性中长期贷款进行总结的基础上，结合实际，集中精力开展了中长期贷款项目营销，取得明显效果。全年累计发放贷款5.2亿元。其中，向迁安市城乡建设投资管理有限责任公司发放农民集中住房建设中长期贷款4亿元，用于西李铺棚户区改造项目；向土地储备中心发放土地储备项目贷款0.6亿元；向迁安市安科公司发放棚户区改造贷款0.6亿元。此外，向艾驰公司发放农发重点基金0.52亿元。

严格按上级行营销项目要求，认真准备，及时与政府及财政、发改、国土、水利、住建等有关职能部门沟通协调，了解掌握全市经济发展及项目安排建设情况，第一时间拿到《迁安市2016年重点建设项目计划》清单，将符合贷款准入的棚户区改造项目、美丽乡村建设项目、海绵城市建设示范项目、农村路网项目等纳入银行项目库，进行前期培育及调查。

【存款】　抓好存款的组织与维护工作。继续开展存款组织竞赛活动，教育引导全体员工树立“存款兴行，存款增效”的理念，积极开展“首季开门红”活动，认真落实“高端营销”“全员营销”和“一揽子营销”战略。特别是在“以贷引存”方面，除按照规定施工单位在农发行迁安支行开户外，为使拨付给施工单位的资金能够多在银行账户留存，一方面积极与贷款企业协调；另一方面通过提高服务质量，密切与施工单位的关系，促使其下游客户也在农发行开户。通过努力，中建六局、重庆市津北建筑工程有限公司、迁安市房征办等均在农发行迁安支行开立了账户。全年“以贷引存”存款日均余额达到2.6亿多元。实现了贷款企业存款保持稳定、关联企业存款大幅度提高。实现人均日均存款4732万元，比2015年增加1306万元，为顺利开展存款组织活动打下坚实基础。

【优质服务】　严抓基础管理，促服务理念提升。积极开展岗位练兵，营造全员学业务、练技能的良好氛围，努力培养业务骨干和岗位能手。采取“抓两头带中间”的方式，带动全员干部队伍的整体素质提高。一是要求中层以上领导干部在工作中处处以身作则，严格要求自己；二是采取“一帮一，一对红”活动。实行主管领导和部门主管与年轻员工的“一对一”结对工程，定期组织年轻员工开展讨论，了解思想动态，研究工作方法，做到按制度来、顺规矩走。推进基础管理，狠抓新制度和操作流程的学习掌握、贯彻执行，明确各岗位职责，提高全员业务水平和尽职能力；三是加强年轻员工综合能力培养。定期与年轻员工谈心，积极支持参加上级行和地方组织的各项活动，锻炼应变和反应能力，组织学习讨论，轮流担任主讲，发表自己的态度和看法，认真采纳好的意见和建议；四是保持服务工作常抓不懈，员工均能独立履行岗位职责，牢固树立全员服务的宗旨意识和思想，提升服务水平，强化服务意识、服务用语和服务规程，培养员工主人翁思想和为“三农”服务的理念。

中国农业发展银行迁安市支行
行　长　郭存文
副行长　余水生　李子强（满族）

（李子强）

迁安市农村信用合作联社

【概况】　2016年，迁安市农村信用合作联社（以下简称迁安联社）本部设17个前、中、后台职能部（室、中心），下辖1个营业部、26个信用社、22个分社，共49个营业网点，有员工480人。全年秉承“立足三农、面向县域（社区）、服务中小微企业”的宗旨，以深化改革为核心，以提升经营质效为目标，以抓创新增活力为保障，坚持“改革、发展、合规、提升”的工作目标，改革、经营、管理等各方面工作扎实推进。至年末，各项存款余额213.09亿元，各项贷款余额152.15亿元，不良贷款余额3.82亿元，不良贷款占比2.51%，全年实现营业收入10.79亿元，实现考核利润2.12亿元，实现中间业务收入4388万元。

【存款余额稳定增长】 1. 鼓励所有信贷客户以及潜在信贷客户在信用社开立结算账户，为其提供贷款或劳务结算服务。在全面掌握其经营状况、资金流量的同时，增加存款余额。2. 完善绩效考核系统，加大存款营销考核力度。提高业务营销与绩效工资挂钩比例，充分调动全员营销工作积极性。3. 优化存款结构，创新存款营销模式。通过提升服务水平、强化沟通协调，积极主动营销国有企事业单位和财政性存款。年末，对公存款余额35.35亿元，较年初增加9.56亿元，增长率37.07%，存款结构进一步优化。4. 完善服务功能，加大宣传力度。建立持续改进的服务工作长效机制。同时，通过“迁安联社”微信公众号等渠道，加大对新产品、新服务的宣传力度，增强客户对迁安联社的了解和认识，展示迁安联社良好的社会形象。

【贷款结构不断优化】 1. 大力推行抵（质）押贷款，限制保证类贷款，努力提高抵（质）押贷款比重。年末，抵（质）押贷款余额62.36亿元，占比超过40%。2. 信贷支持重点转向农业产业化龙头企业、农资生产和销售、新兴科技项目、环保项目、重点项目、乡村旅游业和新型城镇化建设。全年重点支持了唐山中溶科技、迁安市富安达商贸、河北彦博彩板、迁安市立方元供水、迁安亚滦湾国家农业开发等一批符合产业政策、成长性强、信誉好的优质企业。3. 结合“双基”共建信用工程，大力推广小额农户贷款和农户联保贷款。已在全市建立村级农村信用工程建设工作站202个，在信贷系统建立22615户农户经济档案并评级存档。本着“小额、分散、提质、增效”的原则，全力抓好小额贷款的营销拓展工作，稳固农村市场。全年累计发放小额农户贷款1518万元，发挥了小额农户贷款的支农作用。4. 优化贷款存量，对于新增大额贷款，主要以房地产等具有有效抵押物的抵质押贷款为主。通过压缩本金、缩短期限、追加足值有效抵押等方式，化解风险，做好劣质客户退出工作。

【资产质量有效改善】 坚持表内不良余额控制和表外不良压降并重，始终把不良“双降”作为工作的重中之重，强化新增不良贷款管理，严控不良贷款反弹。1. 提高收息率考核指标值占比，落实大额贷款按月收息、小额贷款按季收息制度。坚持“能收一分收一分、应收尽收、应收早收”的原则，逐一研究制定利息上缴规划和方案，避免出现欠息越多越难清收的被动局面。2. 审慎选择、分类施策，最大限度降低客户还贷压力。对于流动资金周转贷款到期后仍有融资需求、符合条件的小微企业，经审核合格后可以办理续贷，并采取分类续贷、展期、循环贷款等方式，最大限度降低客户还贷压力。3. 积极与市委、市政府、市法院等相关部门沟通协调。对于抵押贷款形成不良的，能拍卖的拍卖、能抵债的抵债；保证贷款形成不良的，采取有实力的保证人或其他相关企业接收、盘活等形式；对于国有企业托盘的不良贷款企业，采取落实贷款手续、强化信贷管理、逐步压降的方式。

【服务水平逐步提高】 积极借助互联网等现代信息技术手段，降低金融交易成本，延伸服务半径，拓展普惠金融服务的广度和深度。1. 加快网上银行、手机银行的业务推广，完善电子支付手段。积极设立无障碍银行服务网点，完善电子服务渠道，最大限度提供无障碍金融服务。2. 积极发展电子支付手段，逐步构筑电子支付渠道与固定网点相互补充的业务渠道体系，加快以电子银行和自助设备补充、替代固定网点的进度。3. 加快“农信村村通”，提升工程完成率，进一步提升农村金融服务水平。加大人力、物力和财力投入，改善农村金融服务环境，提升农村金融服务水平，大力发展金融便民店，布放新型自助设备——小额现金循环机。至年末，累计发行信通卡79.9万张，网上银行累计开户3.85万户，短信平台签约客户 8.78 万户，开通电话银行 12.47 万户，“农信村村通”提升率 23.3%，已建立金融便民店 108 家。

迁安市农村信用合作联社

理事长　郝志刚

主　任　邓佳栋

监事长　朱　富

副主任　李兴勇　冯宝林　王爱国（9 月离）付树奎（10 月任）

（狄艳红　唐延军　徐立彬）

2016 年中国银行股份有限公司迁安支行

【概况】　2016 年，中国银行股份有限公司迁安支行（以下简称中行迁安支行），以“担当社会责任，做最好的银行”为宗旨，按照上级行的工作部署，紧密围绕“增收入、降不良、强服务”的工作主线，致力于为迁安市当地社会经济的发展提供优质金融服务，取得了一定的经营业绩，实现收入 11231 万元，其中利息收入 8260 万元，非利息收入 2971 万元。

【经营业绩】　1. 两项存款。年末，中行迁安支行储蓄存款和公司存款两项存款余额 46.30 亿元，较年初新增 4.7 亿元，在迁安当地国有四大行（工行、建行、农行、中行）金融市场占比 14.12%。其中，储蓄存款余额 31.84 亿元，较年初新增 5.33 亿元，在迁安当地国有四大行金融市场占比 13.87%，增幅占比 221.61%；公司存款余额 14.36 亿元。

2. 各项贷款。年末，中行迁安支行各项贷款余额 27.42 亿元，较年初新增 16.62 亿元。其中，公司贷款余额 23.12 亿元，较年初新增 15.17 亿元，在迁安当地国有四大行金融市场占比 19.33%，增幅占比 103.89%；个人贷款余额 4.22 亿元。2016 年年底，中行迁安支行成功为迁安滦河综合治理政府购买服务项目投放贷款 10 亿元，为迁安市社会经济的发展和自然环境的进一步改善贡献了微薄之力，用实际行动践行了“担当社会责任”的宗旨。

【特色助农】　居民健康卡工程是 2016 年国家卫计委的一项重要工作部署，迁安市成为首批居民健康卡推广试点。中行迁安支行按照国家卫计委和迁安市政府的推广安排，勇挑重担，克服建行晚、网点少、农村市场没有网点布局等弱点，积极开展前期工作，大力发展特色助农业务，为居民健康卡工作的全面铺开奠定基础。截至年末，中行迁安支行在迁安市下辖乡镇共设立助农取款点 78 家，存款余额 6.03 亿元，为迁安市城乡居民累计发放居民健康卡 61 万余张。为保障居民健康卡顺利激活以及医疗报销、就诊结算等功能的顺利实现，中行迁安支行一方面主动增加网点人员配置，提升员工业务素质和工作效率，减少城乡居民办理激活业务等待时间；另一方面放弃休息时间，组织员工主动下乡，为农村持卡人办理激活和取现业务。经过一年的努力，基本实现已发 61 万余张居民健康卡的全部激活，为迁安市居民健康卡工程的顺利实施做出了突出贡献，良好的业务素质和优质的金融服务也让中行迁安支行在迁安当地赢得了良好的口碑。

【金融服务】　文明优质服务历来是中国银行的一块金字招牌，中行迁安支行亦高度重视此项工作。按照上级行文明优质服务百日竞赛活动的安排部署，中行迁安支行组织多种形式的练习技能活动，使柜员熟练掌握业务办理流程，提升办理速度和准确率；同时，开展礼仪培训工作，对大堂经理、客户经理以及综合柜员等厅堂服务人员进行专业的礼仪培训，进一步学习和明确接待客户的规定动作，全面提升文明优质服务水平。经过一年的努力，中行迁安支行客户投诉明显降低，网点厅堂服务水平明显提高。

【内控管理】　2016 年，中行迁安支行继续保持对案件防控的高压态势。认真贯彻落实省市行案防工作会议精神及部署，履行“一把手”负责制，将案防工作贯穿于业务发展的各个环节。加大对员工案防的排查力度，加强对员工八小时外异常行为排查。进一步主动加强对授信客户的风险管理，落实好贷前贷后检查工作，综合采取逾期监控、信贷资产盘存、危机客户库、重大风险事项等举措，切实落实机制措施，不断提升风险排查水平和管控能力，切实树立责任意识和担当意识，履行应尽职责，确保中行资产安全。

中国银行股份有限公司迁安支行

行　长　刘宗义（6月离）
　　　　王丽艳（女，6—7月）
　　　　张瑞刚（7月任）
副行长　张艳春（女）
　　　　王保东（6月任）
　　　　于文涛（6月任）

（王　川）

唐山银行股份有限公司迁安支行

【概况】　2016年，唐山银行股份有限公司迁安支行（以下简称唐山银行迁安支行）以总行“决战2016”各项经营决策为指导，积极开拓存、贷款市场，加强宣传，大力推进智能化、自助化业务转型，各项业务取得较快发展。截至12月31日，各项存款余额19.61亿元，其中储蓄存款余额13.77亿元；贷款余额13.66亿元，不良贷款率为0%；全年交纳各项税款1384.15万元，全年实现净利润1.11亿元。全年无案件、无事故、无重大责任，实现安全运营。

【营销创新】　2016年，唐山银行迁安支行大力开拓存、贷款市场，积极开展各项营销活动，拓展营销渠道，创新营销模式，在加强营业厅堂营销的基础上，主动走出去，以“阳光行动”为主要形式，下企业，进社区，现场开银行卡，营销各项存贷款。为增加对公客户的存款收益率，银行推出“流水赢”“阳光增益”“阳光如意”等系列产品。对客户有特殊需要的，积极与总行理财中心联系，为客户量身订制理财产品，提高客户资金收益率，同时提高银行对企业的黏性，使银企合作进一步提升。全年实现开卡8.61万张，为城乡企业居民安全结算2.37万笔，结算金额5.51亿元。

【服务提质】　提高业务人员的服务水平和质量。首先在硬件上加大投入力度，原来的硬条椅更换为沙发式等候椅，新增全功能自助叫号机，为客户配置了新式饮水机、冰吧，统一更换了便民雨伞，提供多功能手机充电器，在客户等候区配置LED电子显示屏，播放各项金融知识、理财技巧和各种防范金融诈骗的小动漫，在舒缓客户等候情绪的同时传播金融知识。其次，在提高服务软实力上，每月组织员工服务礼仪培训，以“唐山银行服务金十句”“晨迎夕送”“员工服务行为规范”等形式，强化员工服务意识，提升服务规范化水平，树立唐山银行现代化银行企业形象。

【渠道转型】　根据总行现代化银行建设规划，逐步实现业务办理渠道的转型。2016年，新增加智能自助设备，如自助开卡机、自助查询机、回单打印机、存单回收机、快柜、零币兑换机等机具设备，实现业务办理由柜台转变为自助机具的重大转型，柜员也完成由业务办理型向业务营销型职能的转变。大力发展手机银行、网上银行业务，拓展电子银行产品品种，推出“唐行宝”“电子银行夜市”“私行快线”，打破业务办理的时空限制，实现客户在家中即可完成金融产品的购买与结清，最大程度上扩充了银行的服务资源。2016年，全年自助机具及电子银行业务办理量占比达到总业务量的78.53%。

【风险防控】　唐山银行迁安支行在业务快速发展的同时，做好各项金融风险防控工作，定期组织员工学习各项内控制度，严格落实各项岗位责任制，对开户业务、大额付款业务、票据业务等重点业务进行重点防控，加强员工风险意识，提高员工反洗钱工作的甄别能力。加强金融安全知识的宣传，组织员工到社区、车站、大型商场等人员聚集地，进行反假人民币、反洗钱、反金融诈骗等方面的知识宣传。为确保安全运营，制定各项事件的应急预案，每季度组织消防演习、防抢演习、防诈骗演习等，提高员工处理紧急事件的处置能力，为安全运营保驾护航。

唐山银行股份有限公司迁安支行

行　长　王立军（1月离）

王连华（女，1月任）
副行长　李　静（女，1月离）
刘春艳（女，1月任）

（王建新）

保　险

中国人寿保险股份有限公司迁安支公司

【概况】　2016年，中国人寿保险股份有限公司迁安支公司有从业人员3135人，其中机关员工42人，业务员3093人。公司下设综合管理部、客户服务部、个险销售部、团险销售部、银行保险部5个部门，另设2个收展部、12个城区营销部、21个乡镇营销服务部。总保费规模达到43538.31万元，位居唐山市县域公司第一名。办理理赔案件3898件，赔给付支出1995.28万元，上缴各项税金623.9万元。

【强化管理】　加大依法合规经营力度，公司严格执行相关法律法规，完善一系列制度、规章、流程，加大反洗钱工作力度，强化打击非法集资宣传，全面推行转账式收付费，向规范化、标准化、制度化迈进，确保依法合规、诚实守信经营。进一步加强风险点管理，对经营过程中的风险点进行全面梳理，各部门管理工作得到加强，经营风险得到有效控制，为保障客户利益做出努力。

【调整结构】　优化业务结构，确保各项业务全面均衡发展。全年组织召开利益派送会200余场，促进了首年期交保费业务的快速增长。同时，加强农村营销服务部建设，开辟农村保险市场。认真贯彻落实上级文件及会议精神，下大力度发展农村营销服务部。加强农村服务部管理力量，狠抓农村阵地增员工作，逐渐填补空白村，确保村村都有中国人寿的代理人为群众提供服务。此外，扩大保险覆盖面，不断填补保险空白，主动与相关部门接洽，拓展新的保险业务领域，全年承保人数达到71.2万人次，与市卫计局合作开展新农合意外伤害保险业务，参保农民57.6万人，保费金额1135万元；与市民政局合作开展老年御险，参保55岁以上老人3万人，保费金额89.11万元；与市卫计局合作开展计划生育家庭保险，参保家庭3500户，保费收入8.84万元；与市教育局合作开展学生平安保险，参保学生3.2万人，保费收入160万元；与市信用社联合开展贷款人人身意外伤害保险，参保人数1100人，保费收入13.1万元。发挥了保险公司“社会稳定器”和“经济助推器”的作用。

【优质服务】　继续坚持“专业、真诚、感动、超越”的服务理念，加班加点，毫无怨言，尤其每季度末的业务突击阶段，公司内勤坚持不休假，6月一个月、12月一个月全员不休假，且每天中午安排值班人员，保证任何时候、任何人都能顺利交单、领单、交款、领款，确保按时收费、录单，得到客户普遍认可。理赔问题是客户关注的热点和焦点，成立新农合理赔科，将自营业务理赔案件与新农合理赔案件分离开，提高了理赔速度和理赔质量。加强理赔队伍力量，日常工作中外调人员做到第一时间赶到现场，坚持每天到各医院巡访伤者，提取第一手资料，同时准确判断赔案性质，按时限结案。承保、核保、保全等业务逐步规范，有了新的起色，受到上级公司及广大客户的一致好评。

中国人寿保险股份有限公司迁安支公司
经　理　董慧超
副经理　郗小光（3月离）　张文海　杨保林
耿长飞（女，4月任）

（刘红娟）

中国人民财产保险股份有限公司迁安支公司

【概况】　2016年1月，中国人民财产保险股份有限公司迁安支公司（以下简称中国人保财险迁安支公司）将分设的车险业务与非车险业务合并经营。至2016年年底，中国人保财险迁安支公司有从业人员360人，其中机关承保、理赔人员92人（党员37人），业务员268人。公司分设承保及理赔分中心2个部门，下辖10个营销服务部及11个业务团队。2016年，全险种承保数量48834笔，收取保费1.69亿元，处理各类赔案10907件，赔款9195.99万元，案件处理率100.27%，上缴各类税金1484.95万元。

【提高服务水平】 以服务促进业务发展，将理赔无优、车险快捷理赔等一系列服务承诺贯彻到日常工作中，创新举措，让客户感受人保，享受优质服务，提升客户满意度。2016年客户节，以“倾听您的心声，服务您的需求”为主题，面向社会推出逢“18”必有节、拇指理赔·极速理赔、“大手牵小手”助学公益行、人保财险车神决战、“主领未来”服务创新大会、与国安老男孩鏖战紫禁城、人保伴我行APP、“十一”黄金周客户自驾游服务八项主题活动。此外，年内加强客户俱乐部建设，通过积分换好礼、发放随手礼等多项活动回馈客户，增强客户体验度，提高客户对中国人保财险迁安支公司服务品牌的认知度。

【做好惠民险种】 继续开办与迁安民众息息相关的各险种，满足全市人民的保险需求。农业保险：开办了能繁母猪、奶牛、育肥猪等养殖保险，玉米、花生、大豆、水稻、大棚蔬菜等种植保险和森林险。组建专业的农业保险承保理赔队伍，通过上门承保、当日查勘、当日赔付、限时送赔款到户等多种方式让参保农户得到及时保障，全年支付农险赔款近613万元，发挥了保险业在农业和农村发展中的社会“稳定器”和经济“助推器”作用。医保大病保险和大额医疗补充保险：6月起，开始承办迁安市城乡居民医保大病保险业务，为57.68万名城乡居民提供医疗保障。继续为迁安社保所有11.7万余名参保城镇职工提供大额医疗补充保险服务，全年向大病患者支付近2000万元赔款，大大减轻大病患者的负担。责任险：2016年，为多家学校提供校园方责任和教职员工责任保障，为多家医院提供医疗责任保障，为多家单位提供电梯责任险保障，为多家养老机构提供责任保障。2016年度，上述责任险保障达到75亿元。农房保险：2016年，公司继续承办全市农房保险，为17万户住房提供近17亿元风险保障。为全面做到农房保险应保尽保以及准确承保，并应对大灾和紧急情况，公司与市民政局共同建立农房保险协调小组，共同协调农房保险的承保与理赔工作。同时，公司还建立了农房保险理赔应急预案，公司一把手任应急小组组长，保证农房保险理赔工作顺利开展。简化承保以及理赔流程和手续，承保时上门收取保费，理赔严格考核时限，案件发生后，及时通知民政局相关人员，通报受灾情况，由中国人保财险迁安支公司、民政局和受灾户三方面协商确定农户的损失。遇到特殊情况，开通绿色通道。2016年7月，暴风雨导致全市15个乡镇、73个村的515户农房集中受损，因受损户数量多、面积大，在政府的要求下，与市民政局沟通后确定，以从宽就高的原则对全体受灾农户进行快速理赔，减少农民个人的经济损失，提升农民群众灾后重建、恢复正常生活秩序的能力，得到省、唐山市两级民政部门的高度认可。

中国人民财产保险股份有限公司迁安支公司

经　理　邢　辉（12月离）
　　　　　侯赛玉（女，12月任临时负责人）
副经理　侯赛玉（女）　杨静文（女）
　　　　　梁宏伟（1月任）

（果君利）

中国人寿财产保险股份有限公司迁安市支公司

【概况】 中国人寿财产保险股份有限公司迁安市支公司（以下简称中国人寿财险迁安支公司）于2014年6月挂牌成立，至2016年年底，有从业人员103人，其中机关承保、理赔人员20人，业务员83人。内设车险、非车险及理赔客服中心3个部门，下辖22个营销服务部、5个业务团队。公司秉承“成己为人，成人达己”的核心理念，弘扬中国人寿财险“与客户同忧乐”的企业价值观，积极承担社会责任。

2016年，办理理赔案件1370件，赔给付支出777.94万元，上缴各项税金77.73万元。

【优质服务】 以服务促进业务发展，将理赔无优、车险快捷理赔等一系列服务承诺贯彻到日常工作中，率先在财险业内提出“服务先行”战略，秉承“专业、快捷、便利、贴心”的服务理念，搭建全国统一的服务平台，实行365天×24小时的全天候服务。全面践行“五个一”服务承诺，即“电话一拨就通、流程一路透明、投诉一站解决、赔款一天支付、全国一套标准”，为实现服务承诺提供强有力的保障。

【风险管控】 依法合规，加强风险管控。一是坚持合规经营不放松，强化风险防控，守住无违法违规案件和经营风险底线。二是加强合规教育和合规文化建设，强化员工合规意识。三是建立健全防范和处置非法集资的工作机制，组织宣讲反洗钱、非法集资等方面知识，全面提高员工的风险意识。

【预防职务犯罪】 为保护国家财产不受损失，迁安市人民检察院驻中国人寿财险迁安支公司预防职务犯罪办公室于2015年5月成立，自此，与中国人寿财险迁安支公司联合开展案件调查。至2016年，查出问题案件12件，直接挽回财产损失30余万元，有力地震慑了涉及保险犯罪的人员。

【爱心公益活动】 为梦想引路，与公益同行。年内，公司先后举行多次爱心公益活动，为文明驾驶员派送车载应急包，“衣循环”爱心捐赠、“星光守护”进校园，为中小学生派发3M中国人寿财险钻石级高度反光贴，为春节摩托车返乡人员提供爱心服务。各种活动全面提高了客户对中国人寿财险的认知度，使中国人寿财险的企业文化更加深入人心。

中国人寿财产保险股份有限公司迁安市支公司

经　理　马林涛（9月离）
　　　　　胡小艳（女，9月任）

（魏建华）

燕赵财产保险股份有限公司迁安支公司

【概况】 燕赵财产保险股份有限公司（以下简称“燕赵财险”）是河北省第一家也是唯一一家全国性法人保险机构，是省委、省政府决策成立并全力支持发展壮大的“三个一百”领军企业▲，注册资本20.25亿元，公司总部注册地唐山。燕赵财险迁安支公司是唐山中支公司先期筹建开业的县级四级机构之一，2015年年底开始筹建，2016年5月31日取得营业执照，公司位于迁安市惠泉大街898号，有员工9人。深厚的本土情结，强大的政府支持，雄厚的股东后盾，独有的总部优势是燕赵财险的显著特点。

▲“三个一百”领军企业：为贯彻落实中共十八大、十八届三中全会精神，加快推进产业转型升级，实现绿色崛起、科学发展，2014年起，河北省委、河北省政府决定在传统产业、战略性新兴产业和现代服务业分别选择百家规模大、效益好、创新能力强、辐射带动作用明显，发展后劲足的重点企业，组织实施“三个一百”领军企业工程，旨在带动产业升级，不断优化现有产业格局。即要选择100家基础好的传统优势企业提档升级，选择100家潜力大的战略性新兴产业龙头企业和大项目给予重点支持，重点培育壮大100家优势明显的服务业企业。燕赵财产保险股份有限公司入选河北省“三个一百”领军企业工程。

【承保】 燕赵财险迁安支公司主营机动车辆保险、企业财产保险、家庭财产保险、短期健康保险、意外伤害保险、建筑安装工程保险、责任保险、船舶货运保险，以及满足河北人民需要的新型保险产品。2016年，公司实现保费收入1200万元，上缴各类税金46万元。

【理赔】 秉承“效能温馨，至臻至美”的服务理念，建立全方位的服务网络，推行差异化的服务项目（现付、快结、调处、关爱），打造河北人自己的保险公司品牌形象，2016年，共处理各类赔案432件，赔款400万元，案件处理率100%，对推进迁安市社会和谐稳定发挥了积极作用。

燕赵财产保险股份有限公司迁安支公司

总经理　高春卿

（孟祥静）

科学技术

综　　述

【科技概况】　2016 年，全市科技工作以提高科技创新能力为重点，积极完善创新政策，搭建创新平台，发展科技金融，促进科技成果转化，推进科技创新体系建设，充分发挥科技对经济社会发展的引领支撑作用。迁安市科学技术局被唐山市地震局评为“防震减灾工作先进单位”“2015 年度防震减灾宣传工作先进单位”“2015 年度监测预报工作先进单位”，被迁安市委、迁安市人民政府评为“优秀领导班子”“迁安市文明单位标兵”，迁安市马兰庄镇马兰社区被中国地震局评为“国家地震安全示范社区”。

【出台创新政策】　贯彻落实国家、河北省、唐山市十八大以来一系列有关科技创新政策，在借鉴北京、天津等地先进经验，对接国家和河北省各种政策的基础上，于 6 月 30 日印发了《迁安市人民政府关于推进创新发展的实施意见》（以下简称《实施意见》），自 2016 年 7 月 1 日实施，执行期限 3 年。《实施意见》包含 25 条，每一条都有实实在在的奖励标准和严格清晰的界定标准，重点围绕平台建设、创新能力提升、人才聚集、成果转化、科技金融、营造氛围这些关键节点精准发力，为科技创新发展提供强有力的政策支撑。2016 年，为全市企业政策性增加支持 410 多万元。

【科技队伍建设】　加强科技队伍建设。坚持“不求所有，但求所用”的原则，以大型企业、院士工作站、博士工作站以及各类创业中心、园区、基地为载体，深入实施“院士联谊”“假日博士”等借智工程，通过合作、技术入股、聘请顾问团等形式，多渠道、多层次、多形式引进各类科技人才，服务全市经济社会发展。同时，启动校企联动人才培养基地建设，开展产学研人才培养试点，实现大学、科研院所与企业高端人才的对接和流动，培养实用型创新人才。一方面，组织高校专家为企业解决技术难题。邀请北京科技大学、燕山大学、京津冀钢铁联盟等高校和企业的 70 余位专家深入企业指导，累计解决技术难题 8 项。另一方面，加大创新人才、创新团队的培养扶持和引进力度。指导企业申报省人才项目，为企业创新人才和团队争取更多的上级资金支持。帮助迁安市乐达特种陶瓷制品有限公司申报河北省“中青年科技创新领军人才”项目，获资金支持 10 万元；帮助英诺特（唐山）生物技术有限公司申报河北省“生物诊断试剂产业创新团队”项目，获资金支持 100 万元。迁安瑞格特机械设备制造有限公司的赵军和迁安市乐达特种陶瓷制品有限公司的李华坚入选为河北省科技英才“双百双千”推进工程——“科技型中小企业创新英才”。

【高新技术及其产业发展】　继续立足“无中生有”，培育战略性新兴产业和高新技术产业。立足新能源、新材料、生物医药、装备制造等新兴产业，加强产业核心技术和产品的研发，加大科技成果引进、转化、支持力度，投入科学研究与试验发展经费200多万元，实施“男性不育蛋白检测试剂的研制与开发”“舒筋活血薄膜衣片的研制”等10项创新成果转化项目，推进新兴产业发展。英诺特（唐山）生物技术有限公司实施了“男性不育蛋白检测试剂的研制与开发”项目，该检测试剂主要用于体外定性检测人男性精液中的精子SP10蛋白，只需5～10分钟即可判定结果，可作为精子受精能力和诊断男性不育症的参考指标，是国内首家采用双抗体夹心法原理检测精子SP10蛋白的检测试剂。河北艾驰生物科技有限公司实施了“血清淀粉样蛋白测定试剂盒的研制与开发”项目，采用兔抗人血清淀粉样蛋白A多克隆抗体，将抗体偶联于80～100纳米粒径的胶乳颗粒上，在反应体系中加入一定量的PEG－6000等乳化剂，检测灵敏度比现有技术提高5～10倍，即浓度含量在1.0毫克/升时，测定吸光度可达0.001以上。该项目技术国内先进，已申报发明专利。在培育科技型中小企业方面，密切联系市市场监督管理局，摸清企业在册底数，制定目标任务，对园区、镇乡逐个指导，帮助企业完善申报材料。2016年，迁安市新增河北省级科技型中小企业106家，总数达到306家；新增销售收入过亿元的科技小巨人企业9家，总数达到22家。在培育高新技术企业方面，把高新技术企业申报和加强企业自主创新能力建设相结合，以高新技术企业认定为契机，加大宣传力度，推动企业开展科研创新活动，注重专利等知识产权申请，以此为带动全面提升企业自主创新能力。2016年，迁安市新增国家高新技术企业2家，即河北力通能源科技有限公司、迁安市思文科德金属包装有限公司，总数达到14家。

【科技推广与应用】 做好科技成果推广应用工作。运用高新技术和先进适用技术改造提升传统产业。围绕钢铁、冶金、化工等传统产业，以工艺改造、产品研发、技术引进、设备更新为重点，运用高新技术不断提高装备水平，改进生产工艺，优化产品结构。实施了静电除尘临界脉冲电源技术开发、新型保温防火复合材料研发等9项技术改造、节能减排科技创新项目，企业的装备水平、技术水平、产品档次有了较大幅度的提升，创新能力明显增强。迁安市鑫达钢铁有限公司实施的烧结工艺静电除尘器电源改造项目，将颗粒物排放浓度由60毫克/立方米降至8毫克/立方米。迁安市九江线材有限责任公司与北京科技大学冶金新技术国家重点实验室合作开展“82B特种高碳钢材生产工艺技术研究”项目，已经完成实验室实验，正在开展中试实验。

【农业科技创新】 以农业科技创新为支撑，突出生态、高效、富民主线，实施农业科技创新工程，促进了农业增效、农民增收。1.做好农作物新品种、新技术引进与示范。投入20万元，实施“千户科技示范工程”，引进花生、玉米等新品种种子1万公斤、优质肥料19吨，在全市确定1000户作为科技示范户，免费提供新品种、新肥料，通过示范户种给农民看，把科技示范工作做到田间地头，做到农民身边。2.培育农业特色产业，提高农业科技支撑能力。围绕特色果品、燕山安梨、健康养殖等特色产业，加强农产品标准化生产技术研发与精品农业科技示范，示范推广了规模化养殖、设施栽培等一批农业标准化关键技术。市燕禾泉饮料有限公司建立安梨丰产栽培示范基地5100亩，制定安梨标准化丰产栽培技术体系，建设唐山市特色果品深加工工程技术研究中心，研究解决了安梨汁沉淀、废弃物利用等技术难题。3.实施科技示范基地和科技示范园区建设工程，提高示范带动能力。对科技示范基地和园区精品设施农业、休闲农业、生态养殖、农产品深加工等项目进行跟踪指导，帮助引进、示范新品种、新技术、新成果，提高建设水平。迁安市农业科技园区建设集技术培训推广、科技信息服务、生产资料供应、电商平台搭建及生产资料综合展示、产品展销为一体的农业综合性服务中心，引进了唐莓1号草莓、冀花16花生、柠檬番茄等农作物新品种30个，实施的花生提质增效技术集成示范项目，集成示范了花生减量控害、膜下滴灌、全程机械化、耕地质量改善提升等技术。迁安市春良绿色蔬菜种植专业合作社和迁安市隆兴农业科技示范场分别实施了温室物联网应用示范项目，建设高标准物联网温室大棚14座，运用物联网系统实时监测温室参数，通过移动客户端操作卷帘机、卷膜机、滴灌等设备，在办公室即可对多个大棚监测控制，为农作物生长创造良好条件，提高了生产效率和经济效益。4. 扎实推进国家可持续发展实验区建设。针对产业结构单一、资源约束明显、环境容量有限等制约因素，以资源型经济转型为主线，积极开展可持续发展实验区建设实践，在构筑现代产业体系、统筹城乡发展、保障和改善民生、发展社会事业等方面取得显著成效，在钢铁产业转型发展、吸引社会资本投入等方面为同类地区提供经验和模式，完成了实验区建设的各项工作任务，促进了环境和经济社会可持续发展，顺利通过国家可持续发展实验区办公室组织的专家验收考察。5. 深入实施迁安矿区生态治理与恢复技术应用示范这一国家科技惠民计划项目。通过项目实施，探索出一套适宜矿山生态治理与恢复的管理机制，建设了5个示范基地，治理尾矿库4个、排土场3个，综合治理采坑、排土场和尾矿库2个，治理面积6376.5亩，复垦农业用地2068.5亩，增加就业600余人，有效控制了地质灾害发生，矿区生态环境明显改善。录制《河北迁安加强矿区环境治理全面推进绿色增长》宣传片，参加了科技部组织的“十二五”科技创新成就展。

【专利工作】 深入实施知识产权战略，创新工作机制，完善工作体系，落实推进计划，优化服务环境，提高企业核心竞争力。1. 强化知识产权宣传，通过“4·26”知识产权宣传、举办企业专利培训班等活动，提高全社会科技创新意识。2. 组织技术合同认定登记，邀请中科院唐山高新技术研究与转化中心的主任苏致峰和科技服务部部长刘雪静，对迁安市科技型中小企业研发及财务管理人员110余人，就技术合同基本知识及认定登记相关流程、技术合同认定登记相关政策进行授课讲解。迁安市技术合同交易额快速增长，2016年实现1.83亿元。3. 专利质押贷款、专利权作价入股及专利保险工作。将相关优惠政策广泛宣传到各镇乡、园区及专利较多的企业，帮助企业与银行、保险公司、评估公司接洽，组织有融资需求企业参加河北省、唐山市组织的各种对接会，促进企业多方向、多渠道、多举措融资。协助迁安市富诚工贸有限公司完成专利质押贷款1000万元、专利权作价入股1项、专利保险1个，实现了迁安市专利权作价入股和专利保险零的突破。

（毛立兵）

科技管理

【科技计划项目管理】 年内，谋划、实施了一批推动迁安市资源型经济转型、产业结构优化升级的科技研究和成果转化项目。1. 加大本级科技项目实施力度。及时下发《迁安市2016年科技项目申报指南》，对征集项目进行深入调研，聘请相关领域专家对项目进行评审论证，最后根据专家评审意见，安排资金500万元，确定了“扬尘抑制剂的研制与开发”等9项本级科技计划项目和“纳米晶高纯球形镁合金粉”等21项奖励性后补助项目。在项目实施中，加强项目督导、检查和服务，促进企业自主创新和高新技术成果转化。2. 支持企业申报上级科技项目。市科技局把开展“进企业，搭平台，谋项目，促增长”活动作为工作主线，多次深入企业调研，掌握企业生产与科研动态，做好项目申报储备。在此基础上，按照上级项目申报指南要求，强化业务指导，帮助科技基础好、创新能力强的企业谋划项目，认真组织申报材料，提高项目申报成功率。2016年，共组织申报“3D打印专用高性能镁合粉的研制与开发”等33个河北省级科技计划项目。3. 积极帮助企业争取上级资金支持。2016年，“轻型高韧性防弹碳化硼陶瓷产品的研制”等7个项目在河北省科技厅立项，支持资金273万元；“静电除尘临界脉冲电源技术开发及应用研究”等7个项目在北京市科委立项，支持资金1650万元，激发了企业创新热情。

【科技成果转移转化】 牢牢把握京津冀协同发展的机遇，深入开展走出去、请进来活动，通过搜集先进的科技成果及项目信息、召开科技项目对接会、邀请专家入企把脉问诊等举措，做好科技成果转化工作。针对许多民营企业家有资金、想转型、没项目的现状，多次深入高校、科研院所，累计搜集科研成果200余项，从中整理适合转型发展、市场前景好的100余项向企业和社会推荐。帮助企业家开阔眼界，解放思想，助推企业创新发展，组织技术对接及考察活动40余次，促成静电除尘临界脉冲电源技术等14项京津冀科技成果在迁安市落地实施。此外，深入推进产学研合作基地建设。开展校企技术对接交流活动，加大校企合作的广度和深度，鼓励企业与高校、科研院所从单一项目合作向共建研发中心、工作站、产学研合作基地等多方面发展。先后促成迁安市富诚工贸有限公司与北京科技大学、迁安瑞格特机械设备制造有限公司与燕山大学签订“产学研合作基地”协议。

【创新研发平台建设】 2016年，重点抓好研究院建设，为传统产业转型发展提供技术支撑。京津冀钢铁联盟（迁安）协同创新研究院是北京市科委在北京市域外建立的第一家专业性研究院，主要立足于迁安的钢铁产业，从节能减排、能源综合利用、产品质量升级、产业链延伸等方面开展科技研发、技术转化及产业化、高新技术企业孵化、科技服务等工作。京津冀钢铁联盟（迁安）协同创新研究院在“创客广场”正式办公，组建了30多人的管理团队，开展科技成果、技术对接和考察活动30余次，组织实施环保和新产品开发项目11项，其中7个项目被北京市科委立项，获资金支持1650万元。研究院的建立，激发了企业技改提升、节能减排、开发新产品的热情，推动了钢铁产业的绿色发展，标志着迁安市与京津冀钢铁行业节能减排产业技术创新联盟的合作又迈出实质性一步。同时，按照“抓好新建、管好已建、培育拔尖”的原则，加大研发平台的培育提升力度。新建迁安市西奥仪表测控有限公司的迁安市西奥智能化流量计工程技术研究中心、迁安市乐达特种陶瓷制品有限公司的迁安市高温特种陶瓷工程技术研究中心和迁安市福盛畜牧科技有限公司的迁安市农业资源持续利用工程技术研究中心3家迁安市级工程技术研究中心。培育迁安市乐达特种陶瓷制品有限公司的唐山市高温特种陶瓷工程技术研究中心、迁安市思文科德薄板科技有限公司的唐山市冷轧及镀锡板质量控制工程技术研究中心升级为唐山市级工程技术研究中心，迁安的唐山市级工程技术研究中心达到18家。对已建研发中心，严格按照《迁安市企业工程技术研究中心管理办法》，加强业务指导，强化日常监管，引导企业加大科技创新投入。2016年，18个唐山市级以上工程技术研究中心累计投入研发资金2293.2万元，新增仪器设备54台（套），新增研发项目39项，开发新产品22件，申请专利10件。

【科技孵化平台建设】 1. 打造“创客广场”。为实现技术、人才、资金等创新要素资源的集聚，搭建专业的承载平台，市科技局在13.6万平方米创客广场的打造上下功夫。本着专业人干专业事的原则，积极与北京、天津等地优秀创新创业运营管理团队联系接洽，借助这些团队的品牌和资源优势，努力将创客广场打造成“创新成果的展示中心、创新创业的活动中心、创新创业企业的办公中心”。主动上门拜访知名孵化器运营管理团队20余家，参加各种推介活动10余场次，邀请到迁安市参观考察的运营管理团队达18家。截至2016年12月，在运营管理团队方面，洪泰创新空间（北京）投资有限公司、北京车库咖啡教育咨询有限公司和北大创业训练营联合注册的迁安创联智谷孵化器运营管理有限公司已入驻，北京创业公社投资发展有限公司、湖南正润创业服务股份有限公司的入驻协议已商讨完毕，待市领导审定通过后即可入驻。在企业方面，京津冀钢铁联盟（迁安）协同创新研究院、北京壹碳科技有限公司、广州魔布贸易公司、青年企业家协会、盛世金腾科技有限公司5家企业已正式入驻并正常开展业务。除创客广场外，还搭建其他3个创新创业平台。迁安市隆兴农业科技示范场建设了河北省级星创天地，华北理工大学——迁安创新科技孵化园揭牌成立，河北万嘉电子商务有限公司的启程之旅创客空间升级为唐山市级众创空间。2016年，新建的4个创新创业平台快速发展，新入孵企业达到61家。2. 抓好两家省级孵化器建设。拓展、提升迁安市科技企业孵化器和迁安市昌安耀滨科技企业孵化器有限公司2家省级孵化器的服务领域和服务水平，通过专家服务平台建设、创业苗圃建设、科技招商、管理人员培训等多项举措，努力把孵化器打造成科技型中小企业健康成长的摇篮和大学生创新创业的基地。2016年，两家孵化器新入孵企业14家，出孵毕业9家，在孵企业总产值达到6500万元。

【科技成果与奖励】　2016年，迁安市人民政府表彰2015年度迁安市科学技术进步奖136项，其中科技进步一等奖32项、二等奖43项、三等奖61项。

2015年度迁安市科学技术进步奖项目一览表

表14

序号	项目名称	完成单位	研发人员	评奖等次
1	低热值氢氰酸尾气和天然气双燃料混烧燃烧器的研制与开发	唐山市金沙工贸有限公司	马宗瑜　岂付春　郭利亚　玄兆臣　杨　栋　刘春美　樊学红　马芯蕊	一
2	河北省工业聚集区循环经济发展战略研究——以迁安市西部工业区为例	企业管理服务中心	郭　坤　高怀军　彭会军	一
3	迁安市水资源现状分析与对策	迁安市水务局	冯春梅　李　宁　白　燕	一
4	中药离子导入结合中医辨证施护治疗腰椎间盘突出症的临床疗效观察	迁安市人民医院	蔡桂香	一
5	泌尿外科急症与重症	迁安市人民医院	裴立文	一
6	公路交通运输业管理存在的问题及其优化措施	迁安市交通运输局	王雅梅	一
7	术前血小板增多与食管鳞癌患者预后的相关性分析	迁安市人民医院	李小江　沈艳辉　崔庆贵	一
8	中西医结合治疗支气管哮喘疗效观察	迁安市人民医院	唐立伟　许国峰　冯　蕊　马桂芬　方玉茹　黄　英　兰海燕　孟苗苗	一
9	红花黄色素联合纳洛酮治疗老年脑梗死疗效观察	迁安市人民医院	王立田　杨海英　李　云	一
10	微创血肿穿刺加脑室引流术治疗高血压性脑出血120例护理体会	迁安市人民医院	杨巧华　杨贺平　张敬伟　杨翠荣　白建蕊　魏彩第	一
11	工程造价风险防范控制措施分析	迁安市住房和城乡建设局	赵　敏	一
12	高血压脑出血硬通道微创治疗体会	迁安市人民医院	王艳丽　王　敏　李建民　李晓玲　赵新华　李艳红	一
13	VEGF和EPO在子宫内膜异位症组织中的表达相关研究	迁安市人民医院	王桂英　李学军	一
14	恩替卡韦治疗高病毒量HBV感染并肺结核肝损害的临床观察	迁安市人民医院	王　敏　穆永茂　王艳丽　李晓玲　李建民　张前进	一
15	综合护理配合盐酸吗啡缓释片治疗重症癌症患者的临床效果	迁安市人民医院	蔡桂香　刘旭辉　沈静侠	一

续表 14

序号	项目名称	完成单位	研发人员	评奖等次
16	数字化 X 线摄影在先天性心脏病诊断中的应用价值	迁安市人民医院	侯建新　李光民	一
17	教学教师的教学反思	第三中学	刘志云	一
18	如何搞好高一的数学教学	第三中学	李金霞	一
19	如何在体育教学中培养学生兴趣	迁安市野鸡坨镇野鸡坨初级中学	董宝田	一
20	运用多媒体技术，优化地理教学效果	迁安市野鸡坨镇野鸡坨初级中学	马建民	一
21	浅谈初中语文比较阅读	迁安市野鸡坨镇野鸡坨初级中学	张仕林	一
22	城市水污染环境现状及治理措施	迁安市环保局	孟　宁	一
23	浅析我国交通运输经济面临的挑战及对策	迁安市交通运输局	王雅梅	一
24	交通运输管理市场化的必要性及相关措施	迁安市交通运输局	李砚辉	一
25	探讨弧形小切口结合置管引流术治疗高位肛周脓肿的临床效果	迁安市人民医院	马兰斌　唐秀芹　杨　彦	一
26	关于开展初中地理课外活动的探索与实践	迁安市野鸡坨镇野鸡坨初级中学	马建民	一
27	水利抗旱技术在农田灌溉中的应用研究	迁安市水务局	李金玲　韩玉荣　刘海洋　宋　健　郭宇光　吴立明　张艳民　魏秋艳　刘　丹　庞立文　肖雪梅　刘立东	一
28	新生儿缺氧缺血性脑病治疗及护理	迁安市人民医院	薛红莲　杨小磊　客雪梅	一
29	联合消糜栓研究聚焦超声与微波治疗慢性宫颈炎的临床效果差异	迁安市人民医院	李艳红　王云清　管艳芹　张学艳	一
30	曲阳县一次冰雹过程分析	迁安市气象局	王　丹　王　冠	一
31	对工程量清单计价模式下工程结算的思考	迁安市住房和城乡建设局	赵　敏	一
32	浅谈烟气湿法脱硫运营管理	迁安市环保局	张莉敏	一
33	迁安市老三抚公路改建工程	迁安市交通运输局	彭玖良　李卫华　石建伟　邓小芳　徐庆生　刘雅军　赵立国　董雪柏	二
34	腹泻型肠易激综合征小肠细菌过度生长与口—盲肠传递时间的关系	迁安市人民医院	郑秀丽　王玉刚　符雪松　李洪寅　韩文颖　李春荣	二
35	葡萄生态观光采摘园建设项目	迁安市硕秋果树种植专业合作社	王建保　刘建玲　刘红松　玄立春　李冠宓　闫苹苹	二

续表 14

序号	项目名称	完成单位	研发人员	评奖等次
36	一例羊腐败梭菌病的诊治	迁安市农业畜牧水产局	张　超　李迎新	二
37	垂体磁共振成像在男性特发性低促性腺激素型性腺功能减退证诊断中的应用	迁安市人民医院	侯建新　娄　昕	二
38	家庭教育的重要性	大五里中心完全小学	彭小红　刘晨芳　梁小红　李小军　张海燕	二
39	滋阴通脉饮治疗早期糖尿病肾病 30 例临床观察	迁安市人民医院	杨海英　王立田　彭新华　喇万英	二
40	高血压性脑出血微创血肿穿刺引流术后深静脉血栓的预防和护理	迁安市人民医院	杨巧华　杨贺平　张敬伟　杨翠荣　白建蕊　魏彩第	二
41	真武汤佐治中晚期胃癌 25 例临床疗效及护理体会	迁安市人民医院	刘旭辉　蔡桂香　沈静侠	二
42	经闭孔尿道中段悬吊术联合康复锻炼治疗女性压力性尿失禁的临床观察	迁安市人民医院	裴立文	二
43	实行工程造价动态管理基础及有效措施探讨	迁安市住房和城乡建设局	赵　敏	二
44	早发型与晚发型子痫前期患者的血管反应性分析	迁安市人民医院	王桂英　李晓静　李学军	二
45	水库除险加固工程水土保持方案设计	迁安市水务局	吴立明　玄立远	二
46	维持性血透脑卒中患者预后的影响因素分析与研究	迁安市人民医院	郝玉杰　董燕飞　殷小文　王运红　田力铭　马红星　韩小兵　高孝杰	二
47	迁安市生态环境建设与水环境保护研究	迁安市水务局	张艳民　赵红珊　郑连合	二
48	畜禽健康养殖及其废弃物综合利用技术集成与示范	迁安市农业畜牧水产局	李正本　邹凤萍　于爱民　全维瑶　于四洋　马志林　崔学文	二
49	城市交通运输管理发展现状与优化途径	迁安市交通运输局	李砚辉	二
50	探析我国出租车管理模式改进方法	迁安市交通运输局	田权林	二
51	浅析地温在零度以下出现露的现象	迁安市气象局	王　冠　王　丹　远红杰	二
52	农村饮水安全工程在迁安市的建设与思考	迁安市水务局	郭宇光　任思达　张　广	二
53	迁安市 2015 年花生病虫绿色防控试点总结	迁安市农业畜牧水产局	王会玲　张国新　凌寅梅　何国梁	二
54	土木工程施工技术的创新探究	迁安市住房和城乡建设局	周振宇	二
55	参蛇消瘤方加减联合 xelox 化疗方案配合护理干预对老年晚期胃癌的临床研究	迁安市人民医院	刘旭辉　蔡桂香　沈静侠	二
56	彩色多普勒超声在剖宫产瘢痕妊娠早期的诊断价值	迁安市妇幼保健院	张　蕊　马兰斌　李丽梅　麻小娟　廖艳会	二

续表 14

序号	项目名称	完成单位	研发人员	评奖等次
57	可升降的组合篮球架	迁安市彭店子乡八家寨完小	徐晓凤	二
58	生物反馈治疗脑卒中后精神障碍及功能康复的临床观察	迁安市人民医院	鲁志红	二
59	中西医结合治疗真菌性外耳道炎合并细菌感染 30 例	迁安市人民医院	李丽萍	二
60	浅谈事业单位人才激励机制存在的问题及对策	迁安市文化广播电视新闻出版局	郭玉梅	二
61	迁安市决明子种植示范园创建	迁安市农业畜牧水产局	章　国　白红芬　刘鹏程　陈英杰　李祥龙　蔡永清　李连海　金顺利	二
62	市场经济条件下加强交通运输经济管理的重要措施	迁安市交通运输局	胡春永	二
63	热力烟雾机的特点操作及日常维修保养	迁安市农业畜牧水产局	温铁军　叶江帆	二
64	速骨汤治疗骨折迟缓愈合疗效观察	迁安市人民医院	邵进宝	二
65	影响饲料安全的因素及控制措施	迁安市畜牧水产技术服务中心	司庆生	二
66	财务工作中的行为管理	市场中心	孙晓丽	二
67	北方板栗春季管理技术	迁安市林业局	赵　楠	二
68	迁安市梨标准园创建项目	迁安市农业畜牧水产局	章　国　白红芬　陈英杰　刘鹏程　李祥龙　杨倍贝　李连海　张国新	二
69	农村重大动物疫病强制免疫工作浅析	迁安市农业畜牧水产局	宁必武	二
70	怀九板栗在河北迁安的引种表现及关键栽培技术	迁安市林业局	郭宗方　刘金柱	二
71	事业单位人力资源管理的方向及完善措施	市场中心	李莉荣	二
72	浅析水土保持工程的质量控制措施	迁安市水务局	李　宁	二
73	中药吴茱萸调和陈醋敷脐治疗婴幼儿腹泻的护理	迁安市人民医院	薛红莲　王红娜　杨巧华　张学芝　杨晓磊　客雪梅	二
74	对酒店行业员工激励的思考	迁安市人民政府招待所	张建新	二
75	水土保持技术在采石场环境综合整治中的应用	迁安市水务局	宋　健　王　薇　卜志军	二
76	课外阅读与语文教学	迁安镇第一初级中学	李文莉	三
77	经济新常态下公路交通运输经济管理重要分析	迁安市交通运输局	李砚辉	三
78	实用泌尿外科疾病诊治重点	迁安市人民医院	裴立文	三

续表 14

序号	项目名称	完成单位	研发人员	评奖等次
79	补肾疏肝汤治疗围绝经期综合征 56 例临床观察	迁安市中医医院	王桂英　田力铭	三
80	迁安市海绵城市建设探析	迁安市水务局	李亚飞　杨　鑫　王　东　郭宇光	三
81	关于非物质文化遗产保护的模式	迁安市文化广播电视新闻出版局	李　虹	三
82	对加强中青年后备干部思想政治工作的思考	迁安市委党校	凌　凡	三
83	一例鸡球虫病的诊治	迁安市农业畜牧水产局	马　力	三
84	巧用多种媒体培养幼儿的音乐创造力	迁安市光彩幼儿园	李红丽	三
85	基于 WRF 模式对一次冻雨天气的数值模拟分析	迁安市气象局	蔡英娜　远红杰　贾石蕊　马茂来　秦永红	三
86	老马识途的价值点、价值量及保护要点分析	迁安市文化广播电视新闻出版局	杨小伶	三
87	改革事业单位人力资源的路径和措施分析	市场中心	蔡向英	三
88	花生病虫害减量控害综合防控技术规程	迁安市农业畜牧水产局	何国梁　张国新　章　国　邹凤萍　王海鹏　赵晓光　张　健　梁志伟	三
89	环丙沙星快捷的 ELISA 检验方法	迁安市农业畜牧水产局	蔡会敏	三
90	迁安市积极推进基本公共文化服务标准化、均等化	迁安市文化广播电视新闻出版局	张云峰	三
91	迁安市最严格水资源管理制度建设探析	迁安市水务局	高青春　肖雪梅　张艳民	三
92	基本乐理考前必练	迁安市第三中学	李建伟　李　勇	三
93	钻孔灌注桩在桥梁施工中的应用	迁安市交通运输局	赵立国	三
94	迁安市坡耕地水土流失综合治理工程的建设管理与运行管理	迁安市水务局	李　强　韩玉荣	三
95	舒芬太尼用于老年患者经腹腔镜胆囊摘除术麻醉疗效分析	迁安市人民医院	冯连秋　张丽敏　吕桂军　杨翠英　代秀菊　杨红侠	三
96	水利综合技术在现代农业中的应用与发展	迁安市水务局	王　刚　任思达	三
97	一种高空果实采摘器	迁安市林业局	张孟羽　谌　洋	三
98	血液透析患者血 8－OHdG 与血管内皮功能、颈动脉内膜中层厚度的关系	迁安市人民医院	殷小文　郝玉杰　董燕飞　田力铭　王运红	三
99	基层医院中西医结合治疗卵巢非赘生性囊肿疗效观察	迁安市妇幼保健院	胡立华　高海燕	三

续表 14

序号	项目名称	完成单位	研发人员	评奖等次
100	攻击型幼儿的教育对策	迁安市光彩幼儿园	李艳丽	三
101	浅谈迁安市中小河流治理成效与经验	迁安市水务局	玄立远	三
102	集成技术资金资源推进现代农业发展	迁安市农业畜牧水产局	冯秀如	三
103	迁安手工造纸技术价值点、价值量及保护要点分析	迁安市文化广播电视新闻出版局	杨延安	三
104	浅谈农业水利灌溉节水及有效措施	迁安市水务局	张　广　任思达　刘　丹	三
105	自拟解毒补气利湿方联合 LEEP 术治疗慢性宫颈炎并发 HVP 感染疗效观察	迁安市人民医院	李艳红　管艳芹　张学艳　王云清	三
106	精心剪裁，精当分析——浅议议论文的选材与用材	迁安市第一中学	曹学志	三
107	连栋温室工厂化育苗及袖珍蘑菇周年生产技术研究与示范	迁安市上庄乡政府	周文武　魏腾飞　王　琳　邹建波　陈秀鹏　徐宏伟　庞红丽　王艳蕊	三
108	循环经济与可持续发展浅析	迁安市环保局	魏雅彬	三
109	关于美术创作相关问题的思考	迁安市文化广播电视新闻出版局	陶圣叶	三
110	单基站网络 RTK 测量技术在土地测量中的应用	迁安市住房和城乡建设局	许志强	三
111	旱薄砂地生态改良与果树高效栽培技术研究与示范	迁安市农业畜牧水产局	金顺利　刘书政　张立云　高　见　赵晓光　张新利　王芳芳　杨倍贝	三
112	财务管理假设理论研究	迁安市农业畜牧水产局	郭　飞	三
113	浅谈综合性博物馆如何做好陈展主题突出地方特色以迁安博物馆扩展提升为例	迁安市文化广播电视新闻出版局	郭力菲	三
114	浅析音乐艺术与群众音乐活动	迁安市文化广播电视新闻出版局	王建超	三
115	局部阻滞加医用臭氧联合痹祺胶囊治疗肩关节周围炎 60 例疗效观察	迁安市人民医院	张丽敏　张学艳　郭小菊　宫玉柱	三
116	骨科创伤 549 例深静脉血栓危险因素分析	迁安市人民医院	王云清　李艳红　王爱国	三
117	腹腔镜下胆囊切除术治疗急性胆囊炎的最佳时机及影响中转开腹的因素分析	迁安市人民医院	魏　彬　蔡青山　王志峰　王会生　康海立	三
118	浅谈城市园林绿化建设管理	迁安市交通运输局	夏志英	三
119	中国现代群众音乐文化活动的发展趋势	迁安市文化广播电视新闻出版局	王建超	三
120	针对人力资源管理效能评价方法的探究	迁安市自来水公司	马春艳	三

续表 14

序号	项目名称	完成单位	研发人员	评奖等次
121	县级医院开展小切口超乳白内障连台手术护理体会	迁安市人民医院	王红娜　杨建波　张天立	三
122	激励机制对医院人力资源管理的作用分析	迁安卫计局	李香云	三
123	爱心融化壁垒	迁安市杨店子镇官寨中心完全小学	谌文东	三
124	迁安市奶牛场乳房炎防治措施	迁安市畜牧水产技术服务中心	于四洋　刘伟新	三
125	奶牛酮病的中西医治疗及综合防控技术	迁安市农业畜牧水产局	崔学文　李正本	三
126	大叶青板栗高产优质栽培项目	迁安市阎家店乡政府	李艳冬　马前青　宫晓霞　刘艳慧　郭新颖　玄利艳　全武然	三
127	迁安市玉米“一喷多效”减灾技术集成项目总结	迁安市农业畜牧水产局	张国新　凌寅梅　邹凤萍　王会玲　何国梁	三
128	论班主任如何做好班级管理工作	迁安市第一实验小学	杨树侠	三
129	微波联合氟康唑治疗真菌性外耳道炎的临床观察和护理体会	迁安市人民医院	李丽萍　闫海艳	三
130	对事业单位内控管理的浅析	迁安市水务局	付晋丽	三
131	优质花生新品种 2003－1 选育与示范	迁安市连赏花生种植专业合作社	李连赏　李红杰　代治国　刘　硕　宋丽娜　李连海　张孟羽　冯晓林	三
132	毗邻城市的河流综合治理工程的建设与思考	迁安市水务局	杨　彪　高青春　周闻伯　吴立明	三
133	浅析热电联产余热再利用工程	迁安市住房和城乡建设局	庞文忠　张桂珍　付贺鹏	三
134	“基因工程及其应用”一节的教学设计	迁安市第一中学	潘建英	三
135	浅谈迁安市山洪灾害防治非工程措施建设	迁安市水务局	吴立明　蔡朝旭	三
136	核桃优质高效栽培技术	迁安市农业畜牧水产局	任艳艳　陶海滨	三

（毛立兵）

科技活动

【科技交流与合作】 走出去，请进来，组织开展交流、考察、对接活动，鼓励企业与高等院校、科研院所和外地科技企业交流合作。1. 组织北京市相关单位、企业到迁安调研考察。充分发挥京津冀钢铁行业节能减排产业技术创新联盟的纽带作用，组织北京科技企业和科研院所到迁安考察调研，了解迁安，宣传迁安。2016 年 5 月，北京市科学技术委员会主任闫傲霜、副主任张光连，带领相关处室及京津冀协同创新领导小组成员，专题就京津冀钢铁联盟（迁安）协同创新研究院的建设发展和双方合作事宜到迁安考察调研。5 月，带领北京中慧高科环境技术公司、中航泰达科技有限公司的 11 位专家，分别深入河北鑫达钢铁有限公司和河北荣信钢铁有限公司，就“3号烧结机烟气深度治理示范和环保项目第三方运营”项目开展调研，与企业负责人及技术人员开展技术对接交流。7月，组织恒泰艾普石油天然气技术服务股份有限公司、北斗大数据有限公司、中国关心老一代大健康工程组委会、北京灵伴未来科技有限公司、北京文化产权交易中心等单位负责人调研考察迁安市社会经济发展情况，迁安市科技局、商务局重点围绕信息和养老产业沟通交流，积极争取相关单位软件和信息服务、大数据中心、呼叫信息外包服务、环保等板块外迁业务落地迁安。9月，组织北京校办产业管理中心、北京高校科技成果转化众筹联盟10所高校到迁安开展科技成果项目对接考察活动；带领北京科技大学、北京工业大学、北京理工大学专家，就在燕山大学科技园迁安分园建立“柴油发动机尾气治理和voc净化处理项目”中试基地进行实地考察。2. 组织市相关单位、企业去外地考察学习。5月，京津冀钢铁联盟（迁安）协同创新研究院组织迁安市环保局、杨各庄镇、建昌营镇等部分乡镇领导对北京市京郊农村污水处理项目实地考察，对北京桑德国际、北京碧水源科技股份有限公司等企业实施的7个农村污水处理项目调研考察。针对迁安市白羊峪村、茶井沟村、万宝沟村、红峪口村、白道子村、河流口村、徐流口村7个“美丽乡村”污水处理问题，制定了3套详细技术方案报与市环保局。6月，京津冀钢铁联盟（迁安）协同创新研究院组织河北鑫达钢铁有限公司和河北荣信钢铁有限公司专门就“烧结机烟气深度治理示范和环保项目第三方运营”两个项目赴包头钢铁公司实地考察学习。11月，组织市6家钢铁生产企业负责人参加人力资源社会保障部冶金系统节能及绿色冶金高级研修班。3. 组织召开污染减排技术研讨会。8月，京津冀钢铁联盟（迁安）协同创新研究院联合中国金属学会在迁安市召开“2016年转炉除尘排放达标技术研讨会”，会上，10余家单位报告了转炉除尘技术和成功经验，宝钢集团、武钢集团、中冶集团、唐山钢铁集团、中科院力学所等30余家钢铁生产企业和技术服务企业60余名代表及迁安市重点钢铁生产企业参加会议。

【科技招商】 1. 注重过程，全力推进对接京津“十百千工程”。市科技局制定了具体的招商方案，将目标任务分解到各科室，明确具体责任人，逐月汇总，加强督导考核。各责任科室主动上门招商，对接中国500强央企1家，科技研发机构、行业协会10家，科技型中小企业85家，超额完成目标任务。2. 注重结果，力促经贸洽谈会项目签约。经过前期多次邀商考察、合作洽谈，在迁安市2016年经贸洽谈会上，“典型气态污染物净化与资源化项目”“汽车电子控制系统项目”“迁安市创客广场大厦分布式光伏发电项目”“创联智谷项目”及“中广核日产10万方生物燃气项目”5个项目正式签约。

【科技下乡】 继续开展科技培训、科技下乡活动，提高农民科学文化素质和致富能力。多种方式相结合，扎实开展农业科技培训工作。根据有关镇乡和农业企业培训需求，先后聘请河北省农林科学研究院孔德军研究员、河北科技师范学院闫立英教授、河北农业大学刘立峰教授和张志华教授等到迁安开展专题技术讲座、培训12场次，培训800余人次。向社会提供科技信息500余条，印发科技实用小册子和科技明白纸4000余份。5月，邀请相关专家参加科技下乡活动，解答村民在农业生产中遇到的疑难问题，促进农业增效、农民增收。

【成立创新引导基金和政府风险补偿基金】 2016年，成立两支基金。一支是创新引导基金，制定并出台《迁安市创新引导基金管理暂行办法》，变原来科技经费的事前立项为事后补助，提高了财政资金的使用效益，激发了企业的创新热情。另一支是政府风险补偿基金，制定并出台《迁安市科技型中小企业贷款风险补偿基金管理暂行办法》。基金首期规模1000万元，合作银行按市政府风险补偿基金的10倍放大，可为市科技型中小企业提供1亿元贷款支持，有效缓解科技型中小企业融资难题。

（毛立兵）

防震减灾

【概况】　2016年，市地震局继续推进地震监测、震害防御和紧急救援三大工作体系建设，坚持经济建设同防震减灾工作一起抓，提高公众的防震减灾意识，增强防御地震灾害能力。迁安市科学技术局（地震局）被唐山市地震局评为“防震减灾工作先进单位”“2015年度防震减灾宣传工作先进单位”“2015年度监测预报工作先进单位”，迁安市马兰庄镇马兰社区被中国地震局评为“国家地震安全示范社区”。

【地震监测预报】　1. 做好地震监测工作，严格遵守24小时值班制度，落实前兆异常不过夜，并及时反馈。2. 积极参加唐山市地震局组织的周会商、月会商，提出迁安市地震局的趋势判定意见。3. 做好地震台站的维护工作。对徐流营地震监测数据进行实时监测和采集，责成台站工作人员每天检查，加强对台站设备及环境的安全保护，确保设备正常运转。4. 加强“三网一员”（地震宏观测报网、地震灾情速报网、地震知识宣传网，防震减灾助理员）管理体系建设。重新核实登记“三网一员”基本情况，2016年，全市有灾情速报员523人、地震宏观观测哨95个、宏观观测员95人、防震减灾助理员和防震减灾宣传员20人，保障了“三网齐全，人员到位，责任明确，信息畅通”的地震群测群防网络体系。

【震害防御】　1. 认真落实《中华人民共和国防震减灾法》《河北省地震安全性评价管理条例》和《唐山市防震减灾管理条例》等法律法规，规范建设工程抗震设防要求管理，提高新建、改建和扩建工程的抗震设防监管能力。加大抗震设防执法力度。多渠道了解建设项目，督导项目承担单位办理抗震设防要求的审批手续，对没有办理抗震设防要求审批的项目上门服务，对重大工程提前介入。实行抗震行政许可“一审一核”制，简化审批程序。2016年，全市26项建设工程项目按规定的程序和审批时限通过抗震设防要求审批，保障了建设工程的安全。2. 积极参加培训。参加唐山市地震局在秦皇岛组织的第五代区划图培训，参加地震系统行政业务提升培训，参加迁安市组织的行政处罚案卷制作暨行政执法实务培训。通过培训，提高了地震工作人员的综合素质和业务水平。

【地震应急救援体系建设】　1. 完善地震应急避难示范场所建设。在市园林局、住建局等部门的共同协助下，参照国家应急避难场所建设标准，完善人民广场地震应急避难场所，在广场北门增设了功能分区图和标准牌。新建迁安市奥体中心应急避险场所。根据职能分区制作《迁安市奥体中心应急避难场所设施分布图》，在附近区域安装醒目的标志牌。2. 加强地震安全农村民居建设。10月，联合唐山市地震局，借助迁安市建筑协会组织开展农村建筑工人职业技能培训的有利时间，将墙体安全、抗震规范、防震要领等列入培训内容，发放《唐山市防震减灾条例》《防震减灾知识手册》等资料5000余册，培训学员800余人次，提高了农民建房的防震意识。开展创建唐山市地震安全示范工程。组织杨店子镇滨河社区创建唐山市地震安全社区、安康社区创建迁安市地震安全示范社区，年内创建工作基本完成。此外，迁安市马兰社区被评为国家级地震安全示范社区。3. 推进科普示范学校建设。市科技局与教育局紧密合作，组织第三高中创建唐山市地震安全示范学校，利用校园宣传栏和黑板报开展地震基本知识、地震法律法规宣传，增强全民防灾减灾意识，提高避险自救和互救的基本技能，形成全社会共同关心和参与防灾减灾工作的良好局面。创建工作文字材料及硬件设施已经完成。

【防震减灾宣传】　1. 选准宣传时机。2016年是唐山大地震40周年，以3月1日《唐山市防震减灾管理条例》颁布实施日、5月12日“防灾减灾日”和7月28日“唐山大地震纪念日”为契机，在市文化广场开展“增强防震意识，共建靓丽宜居唐山”“迁安记忆，文化乡愁”“弘扬唐山抗震精神，共建美丽宜居唐山”等大规模科普宣传活动。活动中悬挂宣传条幅，摆放宣传展板，发放印有地震知识的小扇子、围裙、购物袋，设立咨询处，重点加强地震科普知识、应急避险知识、农村民居抗震设防等方面的宣传。活动中共发放防震减灾知识手册5000多份，累计接到群众咨询2000多人次。2. 丰富宣传形式。利用市人民广场电子显示屏，在“5·12”“7·28”等宣传活动日播放地震法律常识、农村民居建设和避险自救等方面的知识，累计播放10场次。做好纪念唐山抗震40周年防震减灾宣传暨千场电影走基层活动，在明珠社区播放宣传电影2场。组织参加唐山市地震局组织的纪念唐山抗震40周年防震减灾知识家庭竞赛，在12支参赛队伍中，迁安市取得唐山市第二名的成绩。3. 扩大宣传范围。开展“六进”（进学校、进机关、进家庭、进农村、进企业、进社区）活动，利用宣传看板、防震知识手册、宣传挂图等，对不同的群体进行有针对性的宣传，提高宣传效果。

迁安市科学技术局

局　　长　杨玉良

副 局 长　唐立民　徐瑞军　王建良（女）

副主任科员　穆怀明（回族）

（毛立兵）

气象工作

【气象基础业务】　2016年，气象工作继续以“观云测雨传冷暖，防灾减灾为民安”为服务宗旨，气象基础业务稳中有升。国家级自动气象站、区域自动气象站全部运转正常，同时积极配合省气象局完成各平台推广和升级工作。10月12日，配合省气象局装备中心完成国家级备份自动气象站现场校准工作。11月17日，顺利将CWS600自动站风传感器、温湿传感器、采集器迁移至《地面气象观测场规范化建设图册》要求的正确位置，为下一步顺利安装降水现象仪打下基础。加强气象科研，年内，向市科技局申报“迁安市海绵城市建设气象服务系统”项目一个，课题《唐山市闪电探测和监测预警软硬件系统》通过省气象局专家验收。《曲阳县一次冰雹过程分析》《基于WRF模式对一次冻雨天气的数值模拟分析》分获市科学技术进步一等奖、三等奖。此外，积极参加唐山市局组织的综合业务竞赛，获得团体第三名。

（秦永红）

【气象服务】　提供准确的气象服务，主动及时地提供重大天气过程、关键农时季节的决策服务。全年发布《迁安气象》月刊12期、《农业专题气象报告》7期、《世园会专题服务》51期、《春运专题服务》4期、《天气预报信息》8期、《一周天气预报》45期、《雨情快递》50期、《重污染应急预报》8期、《专题气象报告》16期、《专项服务》41期、《重要天气报告》7期，共发布大雾、霾、暴雨、雷电等预警信号39期。7—10月，先后对19个乡镇区域气象灾害监测站设备进行安装，由原来的二要素提升为四要素区域气象灾害监测站，其中建昌营站升级为六要素，为市防灾减灾、预报预警工作提供更加翔实和准确的数据。开展气象科普宣传，在“3·23”世界气象日、“5·12”全国防灾减灾日等进行主题宣传，发放气象防灾减灾明白卡等宣传资料，使百姓了解气象知识，增强防灾减灾意识。世界气象日当天，科普基地免费对公众开放。迁安市气象科普馆被唐山市科协授予唐山市气象科普教育基地。

（蔡英娜）

【人工影响天气作业】　适时开展增雨防雹作业。2016年，人工影响天气工作计划获得市政府批准。组织完成作业点汛期安全检查及安全等级评定，开展施行《河北省空地一体化人工增雨防雹作业体系建设方案》。严格落实人工影响天气作业规章制度，做好每次增雨火箭架和三七高炮的维护保养工作。年内，发布作业预警及作业公告11次，抓住有利的天气时机，开展作业9次，发射火箭弹95发、发射三七高炮防雹炮弹340发，对缓解全市旱情、改善空气质量、降低森林火险等级起到关键作用。

（裴贵欣）

【气象行政审批】　2016年，气象审批窗口按照上级要求运行唐山市行政审批信息系统，及时编写并完善系统中审批事项的信息、流程、模板等具体内容，按照系统要求完全实现线上审批。严格贯彻上级外网预审要求，引导群众使用网上审批系统。严格遵守市行政服务中心各项制度，连续四个季度被评为红旗窗口，多次获得微笑服务和爱岗敬业荣誉称号。全年办理防雷装置设计审核20件，防雷装置竣工验收35件，施放气球作业审批17件，无安全责任事故发生。

（张新宇）

【规范防雷安全监管】 按照唐山市气象局和市安委会部署，认真开展执法检查活动，对违法施放气球、拒绝防雷年度检测擅自投入使用等违法行为严厉打击。在唐山世界园艺博览会等重大活动期间，开展专项安全生产大检查活动，对人工影响天气、气象探测环境保护、防雷和气象灾害防御等进行自查，同时重点对加油加气站、气体厂、涉氨涉氯、烟花爆竹等企业的防雷安全以及未经审批擅自施放氢气球活动进行执法检查，对不合格的企业下达整改指令书，指导他们及时排除安全隐患，确保全市安全生产形势稳定发展。

（肖　杨）

【气象防灾减灾体系建设】 不断健全以气象灾害防御指挥部为核心、以气象灾害防御中心为支撑、以气象信息服务站和气象信息员为延伸的气象防灾减灾体系。6月，市政府印发《关于全面推进全市气象现代化建设的意见》，从工作目标、工作措施和工作保障等方面对全面推进迁安气象现代化建设提出明确工作方向。

（赵东红）

市气象局

局　　长　许克宁
副 局 长　马茂来
纪 检 员　贾石蕊（女）
预报管理　秦永红（女）

综　述

【教育基本情况】 至2016年年底，境内有省属大专院校1所，即华北理工大学迁安学院，在校大学生3553人，教职工157人；有迁安市属各级各类学校174所，其中普通高中5所（含一中西校区和建昌营高级中学），初中26所，小学115所，九年一贯制学校3所（大崔庄镇树德学校、五重安乡旭阳学校、上庄乡望都庄学校），民办学校1所，其他学校4所（体校、特教学校、教研训中心、电大），职中1所，成教学校19所，幼儿园283所（其中公办幼儿园149所，民办园134所）。全市有教职工8473人，在校生100659人，在园幼儿34262人。

全市教师全部具备相应教师资格。小学教师学历达标率100%，专科以上学历教师达到93.8%；初中教师学历达标率99.5%，具有本科以上学历教师91.5%；普通高中、职业高中教师学历合格率分别达到99.5%、100%；获得符合要求的普通话合格证的专任教师达到100%；中小学校长学历合格率达到100%，并全部取得任职资格培训证书和提高培训合格证书。

年内，全市学前三年入园率为95.2%，残疾儿童入学率保持98%以上；小学入学率、巩固率、毕业率保持100%；初中入学率始终保持100%，在校生年巩固率保持99.3%以上；高中阶段普及率96%。2016年高考，本科一批上线652人，本科二批以上上线2885人，本科二批以上上线人数和上线率均居唐山县区第三位；应届普通文理实现新突破，本科二批以上上线1718人，居唐山县区第二位。全市600分以上119人，比上年增加47人。唐山县区理、文科前50名中，迁安市分别有11人、5人。其中，理科前10名中迁安市有4人，分别居第2、3、6、8位，人数为各县区第一。2016年，职教中心招生2070人，位居唐山各县市第一。职教中心顺利通过国家中等职业教育改革发展示范校验收；与京津冀十所联盟院校签署合作协议，成功加入全国技工院校高技能人才培养联盟。迁安电大全年招生885人，在校生3179人，居全省县级电大首位。迁安市被省教育厅确定为省级社区教育实验区。全市共组建“社区教育微信群”19个，拥有成员4.36万余人，完成各类社区教育培训8.52万人次。全市成教学校举办各类技能培训1600多场次，受训15.6万人次。

深入推进素质教育。成功举办中小学春运会、科技节、艺术节。有7所学校被认定为国家级校园足球示范校，有3名学生入围中国足球人才库天才少年选拔计划。在唐山中学生篮球赛上，迁安市获初中男子组冠军；在2016幼苗杯全国少儿乒乓球比赛中，获儿童女子组团体第二名。在第三十一届青少年科技创新大赛中，有249项获唐山市级奖励，42项获省级奖励，4项获国家级奖励。迁安体校作为全省唯一县级体校，被列为“国家高水平体育后备人才基地”。体校学生夺得世少赛冠军3个、省级赛事冠军5个。尹军花夺得里约奥运会女子拳击60公斤级亚军，杨文璐夺得2016年世锦赛冠军，司海娟夺得在俄罗斯举行的“石油杯”国际拳击邀请赛冠军。在河北省首届“飞翔的蒲公英”青少年校外教育艺术节上，获一等奖2个、二等奖2个。成功承办2016年全国体育传统项目学校田径联赛，来自全国15个省、自治区、直辖市的75个代表队，1189名运动员及296名领队教练参与比赛。

2016年，迁安市以“十星级”学校创建为抓手，全面提升学校管理水平。6月，对全市26所初中、115所小学进行集中指导验收。至年底，全市评出“十星级”学校30所、“八星级”以上学校59所、“五星级”以上学校111所。充分发挥名师、名校、名校长的示范引领作用。教师节当天，市委、市政府对第三批21名名师、3所名校、6名名校长命名表彰。全市有迁安市级名师61人、名校12所、名校长18人，唐山市级名师10人，河北省级名师5人。市三实小、三初中、一中、扣庄中学、木厂口中学、四实小、光彩幼儿园7所学校被评为唐山市名校。加强学校文化建设，有93所学校通过“文化特色星”的复查验收。市三实小被授予河北省学校文化建设品牌实验学校；市四实小“爱的文化”已形成独特的文化风格，获全国特色学校称号。大力推进课堂教学改革，探索自主、合作、探究的课堂教学新模式，拓展高效课堂建设成果。在优质课评比中，获唐山市级奖励80人次、省级奖励30人次、国家级奖励40人次，居各县区前列。在中央电教馆开展的《第九届全国中小学创新课堂教学》课例评选中，有2名教师获一等奖，9名教师分获二、三等奖，市三高中教师代表河北省赴福州参加全国现场说课展示；在第二届全国“一师一优课、一课一名师”评比中，全市有32名教师获省级优课，并入围国家级优课评选。

继续推进教育开放。北大学园迁安教育园、市六实小加盟北京实验二小、香港伟才幼儿园等已落地项目扎实推进。2016年，新洽谈引进项目6个，其中正式签约5个，洽谈推进1个。已签约项目包括：1. 市三实小加入全国未来学校联盟项目，5月签约揭牌，是继清华附小、东师大附小、上海市实验小学等国内基础教育名校之后第12所联盟成员校，也是省内唯一一所加盟学校。2. 迁安技师学院与北京求实职业学校联合办学项目，4月签约，在教育管理、师资培训、学生就业等方面全面开展合作。3. 市五实小与北京门头沟小学建立友好合作校项目，8月签约。4. 市第三初级中学与首师大附属育新学校合作项目，10月签约，在资源共享、师资交流、特色办学等方面开展合作。5. 安徽铜都双语学校分校项目，投资8000万元建设12年一贯制全寄宿学校，已完成选址，正在办理前期手续。

2016年，迁安市被省教育厅确定为省级社区教育实验区，被唐山市政府授予教育工作先进市、实施妇女儿童发展规划先进单位，被唐山市教育局授予高中工作先进市、学校安全卫生工作先进单位，并获全国第五届中小学生艺术展演活动优秀组织奖、第二十五届中国金鸡百花电影节学生影评大赛优秀组织奖。

【控辍保学工作】 在全市初中学校开展2016年度“控辍保学”宣传月活动，对各单位开展“控辍保学”活动情况进行专项督导检查，确保“控辍保学”宣传工作落实到位。通过有效措施，全市学前三年入园率为95.2%，残疾儿童入学率保持98%以上，小学入学率、巩固率、毕业率保持100%，初中入学率始终保持100%，在校生年巩固率保持99.3%以上，高中阶段入学率96%。

【春季开学专项督导检查】 做好2016年春季开学专项督导检查。根据《河北省教育厅转发国务院教育督导委员会办公室关于开展农村义务教育学校基本办学条件专项督导的通知》要求，积极组织开展摸底督查工作，督查重点为农村义务教育学校基本教学条件和基本生活条件，主要包括6项内容：开学条件保障、规范办学行为、校园安全落实、校车安全管理、中小学校舍安全管理、食品安全管理。通过督查，全市农村义务教育阶段学校均达到开学标准。

【开展“中国梦”主题系列活动】 组织开展乡村学校少年宫“我的中国梦”书法绘画比赛，地球日摄影比赛、优秀童谣征集、纪念红军长征胜利80周年书画比赛，“美丽乡村”文学、美术、摄影大赛，“善行迁安·大爱水城”志愿服务活动，“网上祭英烈”“红领巾小讲堂——家风助成长”“爱唐山　做贡献”红领巾在行动、“善行河北·美德传承”主题道德实践活动；“培育善美家风、建设善美家庭”、“寻找最美孝心少年”、“学习和争做美德少年”、向国旗敬礼等活动。

【开展选树典型活动】 组织文明单位、道德模范、“三育人”标兵、“教育世家”、“季评学雷锋十佳事迹”、“迁安好人·每周一星”、五四优秀青年、唐山美德少年、十佳百优少年的评选推荐活动。市教育局副书记刘友芳主动帮扶摔倒老人，教育局机关干部张恩齐、杨小勇拾金不昧，五重安乡小关小学学生岳长帅、郭奕亭主动护送中国迁安国际长城万人徒步大会上受伤的运动员，市第三中学“倡文明”志愿服务队常年关心照顾市中心福利院孤寡老人，均被评为迁安市2016年“季评学雷锋十佳”事迹。迁安一中教师王芝被评为“河北省好人”。

【教育系统消防安全知识培训会】 6月20日，市教育局与消防大队联合开展教育系统消防安全知识培训，并进行灭火器、消防栓使用操作演练。各镇乡安全员、幼儿园园长（含民办园）和分管安全的负责人约180人参加培训。

（侯建兵）

普通教育

【深入开展“三名”工程】 充分发挥名师、名校、名校长的示范引领作用。教师节当天，市委、市政府对第三批21名名师、3所名校、6名名校长进行命名表彰。至2016年年底，全市有迁安市级名师61人、名校12所、名校长18人，唐山市级名师10人，河北省级名师5人。迁安市第一中学、第四实验小学、光彩幼儿园、扣庄初级中学、木厂口初级中学被唐山市命名为第二批名校。

附：

迁安市第三批名师、名校、名校长
名　单

迁安市名教师（21名）

张杰新　迁安市教育局初中教研室
刘小如　迁安市迁安镇第二初级中学
王丽娟　迁安市第三初级中学
孙立群　迁安市第三初级中学
郭玉红　迁安市迁安镇潘营初级中学
徐桂芝　迁安市杨店子镇初级中学
赵宏图　迁安市第六实验小学
刘艳文　迁安市第六实验小学
高飞艳　迁安市第一实验小学
祁小红　迁安市野鸡坨镇张都庄小学
王晓会　迁安市第六实验小学
杨凤娟　迁安市夏官营镇夏官营小学
王福良　迁安市教育局高中教研室
张冬梅　迁安市第一中学
曹学志　迁安市第一中学
陈　涛　迁安市教育局教育科
高晓伟　迁安市第三中学
侯艳荣　迁安市第二中学
王艳平　迁安市第一中学
张　丽　迁安市第一中学
李红丽　迁安市教育局小特幼教研室

迁安市名学校（3所）

迁安市第二实验小学
迁安市直属机关幼儿园
迁安市扣庄乡寺前完全小学

迁安市名校长（6名）

杨春锋　迁安市第四实验小学
凌志杰　迁安市职业技术教育中心
何海波　迁安市扣庄初级中学
廉文山　迁安市第二实验小学
王纪新　迁安市五重安乡旭阳学校
宁　伟　迁安市彭店子初级中学

【“十星级”学校创建】 落实《“十星级”学校创建标准》，把学校管理划分为10个方面，制定考评细则，实行星级管理。通过巡回指导、拉练观摩、考评验收等方式，以评促建。5月，组织全市学校管理观摩拉练；6月，对全市26所初中、115所小学进行集中指导验收。至2016年，全市已评出“十星级”学校30所、“八星级”以上学校59所、“五星级”以上学校111所。

【学校文化建设】 落实《迁安市学校文化建设三年行动计划》《迁安市教育局关于推进学校文化建设指导意见》，整体推进学校文化建设。采取专家指导、交流培训、典型示范等多种形式，大力加强学校文化建设，深挖学校内涵，彰显特色发展。有93所学校通过“文化特色星”复查验收。9月，对50所“学校文化建设先进单位”进行表彰。市第三实验小学被授予河北省学校文化建设品牌实验学校；市第四实验小学“爱的文化”已形成独特的文化风格，获全国特色学校称号。

【中小学艺术展演】 艺术节期间，对全市19个镇乡和市直各单位的480个音乐类节目及1500幅美术作品进行评选，选出65个节目在迁安电视台一号演播大厅现场调演。择优选出420幅美术作品，在文化馆集中展出。7月，参加唐山市教育局举办的2016年中小学生艺术节，上报的节目分获唐山市一、二等奖；有23个音乐类节目被选送参加河北省比赛，5个节目进入决赛，扣庄乡寺前小学舞蹈《街舞联盟》参加了省级大赛开幕式节目调演。

【体育教师各级比赛获奖】 组织参加唐山市体育教师基本功大赛，获团体总分第三名；参加唐山市中学生田径运动会，获高中组第二名、初中组第三名。有4所学校被评为唐山市体育艺术工作先进单位，9人获评体育工作先进个人，1人获评河北省体育工作先进个人。

【各级体育赛事学生获奖】 3月，在唐山市中小学乒乓球比赛中，迁安市小学女子组获团体第三名、县区组团体第一名，小学男子组获团体第一名、县区组团体第一名，中学女子组获团体第二名、县区组第一名，中学男子组获团体第一名、县区组团体第一名。刘鑫越获中学女子组冠军，赵天奇、赵天宇分获中学男子组冠军、亚军，邓雨婷获小学女子组亚军。

【中小学生春季田径运动会】 4月13—15日，迁安市中小学生春季田径运动会在市第三中学举行，有35个代表队、1101名运动员参加了108个项目的比赛。市第四实验小学、杨各庄镇中心校代表队分获国办小学组和乡镇小学组团体总分第一名，扣庄乡中心校和职教中心代表队包揽了初中组和高中组团体总分第一名；市第三中学等12个代表队获道德风尚奖。有1人1次打破1项迁安市田径最高纪录。

【中小学生篮球赛】 组织参加2016年唐山市中学生篮球赛，迁安体校男队获初中男子组冠军，扣庄女队获初中女子组第六名，并被评为精神文明代表队。

【各级青少年科技赛事师生获奖】 在全国青少年信息学奥林匹克分区联赛唐山赛区初赛中，有7所学校获优秀组织奖，20名教师获优秀辅导教师奖，140名学生获奖，其中一等奖7个。在复赛中，1人获国家级一等奖。在第三十一届青少年科技创新大赛中，有18个项目在唐山市进行展示，1个项目在河北省进行展示；有3幅科幻画作品获全国科技创新大赛二等奖。彭店子乡八家寨完小教师徐晓凤的作品《一种智能、液压、升降式组合篮球架》在唐山市、河北省科技创新大赛中均获一等奖。

【教育装备工作在国家级评比中获奖】 1. 在教育部数字化学习支撑技术工程研究中心、全国现代教育技术培训中心组织的“第十四届全国中小学信息技术与教学融合优质课大赛”现场决赛中，市第三中学教师张红运讲授的英语课 *A few simple forms of English poems reading* 获国家级大赛一等奖，市第三中学教师张瑞华讲授的语文课《雨巷》和市第六实验小学教师秦淑芬讲授的科学课《光滑的鹅卵石》获国家级大赛二等奖。2. 在中央电化教育馆组织的“第二十届全国教育教学信息化交流展示活动”中，市第三中学教师鲍小青的课件《楞次定律》、市第六实验小学教师王小艳的课件《平面图形的面积》和市第六实验小学教师马新超的课件《圆柱和圆锥》，均获国家级一等奖。

（侯建兵）

成人教育

【成人教育概况】 2016年，全市有成人教育学校19所，专职干部教师210人，有标准教室28个、办公计算机266台，有实习基地1.53公顷。

【改善办学条件】 年内，投资79万余元对杨各庄镇、太平庄乡、建昌营镇、大五里乡、沙河驿镇5所成教学校校舍进行维修改造。杨各庄镇成教学校搬迁新址，结束了长期与杨各庄完小合署办公的历史。

【获“河北省社区教育实验区”称号】 1月21日，河北省社区教育学院院长马少荣一行4人，在唐山社区教育学院副院长牟景文的陪同下，到迁安进行调研。6月27日，迁安市被河北省教育厅评选为“省级社区教育实验区”。

【全市乡镇成教教师优质课评选活动】 5—7月，在全市成教教师中开展优质课评比活动，评选出一等奖14名、二等奖15名、三等奖14名，提升了成教教师的业务素质和教学能力。

【国家级农村职业教育和成人教育示范县创建工作】 扎实推进国家级职业教育和成人教育示范县建设，组织乡镇成教校长开展2个轮次的对标达标迎检专项检查活动。

【电大办学】 2016年，电大办学成绩显著。迁安电大有在校生3849人，其中开放教育1838人，奥鹏教育2011人。学校开设73个专业、185个教学班。有教职工69人，专任教师均达到本科及以上学历。年内招生834人，招生数量和在校生数量均居全省县级电大前列。年内，迁安电大先后获省电大教育教学先进单位、省电大招生工作先进单位、唐山市电大招生工作先进单位、奥鹏教育优秀服务奖、网络教育优秀服务中心等荣誉称号。

（侯建兵）

职业教育

【概况】 迁安市职教中心（技师学院）校园占地36.8公顷，建筑面积11.5万平方米，教职工410人，实训设备总值6000万元。拥有十大职业教育公共实训中心。在校学生6470人，其中高级技工班在校生880人，开设装备制造、机电、冶金、自动化、信息技术、现代农业、现代服务、财经八大类专业，软硬件建设达到全国一流水平。

【联合开办“3+2”中高职衔接班】 2月，市职教中心与河北能源职业技术学院、唐山职业技术学院分别签订联合举办“3+2”分段培养教学模式协议，其中与河北能源职业技术学院联合举办“机电一体化”专业（100人）、“数字媒体应用技术”专业（100人），与唐山职业技术学院联合举办“汽车检测与维修技术”专业（50人）、“旅游管理”专业（50人）。

【春季1804名新生入学】 3月初，市职教中心春季招收的1804名新生入学。学校紧紧抓住迁安经济转型和京津冀一体化的战略机遇，调整了专业设置，新增市场营销和学前教育两个第三产业的专业，专业设置更趋合理。实行考试录取制度，严格按计划招生，实现招生数量的新突破。

【省安监局在学校设实操考点】 4月13日，河北省安监局在职教中心举行特种作业实操考点建设调度会。6月1日，省安监局副局长刘春增一行再次到学校考察调研后，表示同意在学校建立特种作业考试点。

【加入全国技工院校高技能人才培养联盟】 4月23日，市职教中心参加了在邢台市召开的全国技工院校高技能人才培养联盟成立大会，正式进入联盟百家院校行列，并与邢台技师学院、北京市工业技师学院等9所院校签署高技能人才培养合作协议，将在招生就业、专业建设、资源共享、学生交流、师资培训、世赛训练、管理创新等方面开展广泛合作。

【全国文明风采大赛获殊荣】 5月，第十二届全国中等职业学校“文明风采”竞赛活动总结座谈会和颁奖典礼在宁波举行，迁安职教中心获得“优秀组织奖”，并作为全国十个代表学校之一上台领奖。全国文明风采大赛由教育部组织，面向全国中等职业学校在校学生。年内，迁安职教中心上报省级各类作品48个，有23个获省一等奖并参加国家级比赛，居河北省前列。

【志愿服务】 6月10日，学校派出400名青年志愿者为2016中国迁安国际长城万人徒步大会暨首届迁安国际栗花节提供公益志愿服务，分成安全、媒体、后勤、接待、医疗、现场物料核查、裁判7个志愿小组，得到组委会高度评价。10月16—18日，在2016“魅力水城·绿色迁安”经贸洽谈会上，学校旅游专业为本次洽谈会项目剪彩提供礼仪服务。同时，挑选出30名青年志愿者，为大会提供优质服务。

【中华职业教育社培训项目落户】 8月31日，中华职业教育社总干事王金宝到迁安职教中心调研并与学校就化解过剩产能企业职工培训项目达成协议。11月8日，河北省中华职业教育社秘书处处长刘永涛到校实地考察，对培训组织形式、实施方案、培训场地情况等各方面非常满意，表示全力支持迁安职教中心与唐山燕山钢铁有限公司职工转岗培训合作。此项培训于11月15日正式开始，首批培训钳工、电工、焊工共计93人。

【校团委被授予“唐山市五四红旗团委”】 10月，共青团唐山市委授予迁安市职教中心团委“唐山市五四红旗团委”称号。

【成为“京津冀职业教育教学协同发展联盟”首批成员单位】 10月26日，由北京教育科学研究院职业教育与成人教育教学研究中心、天津市教育委员会职业技术教育中心、河北省职业技术教育研究所共同承办的京津冀职业教育教学协同发展联盟成立大会暨京津冀职业教育教学协同发展北京论坛在北京召开。来自京津冀三地的职业教育主管部门、教研机构、中职和高职院校以及相关行业、企业的代表300余人参加会议。迁安职教中心因得天独厚的地域及区域经济发展优势，鲜明的办学特色和显著的办学成果被批准为首批成员单位。

【召开职业教育集团理事会年会】 12月22日，迁安市召开职教集团2016年年会暨校企合作洽谈会，首钢迁钢等25家理事单位及市人社局等9家集团指导委员会单位参会。2016年在原有成员单位的基础上，新增中唐文化旅游发展公司等12家理事单位，其中多数是三产单位，契合了转型发展的需求。会上，理事们就职教学生就业、培训等各方面合作事项进行了深度交流，迁安职教中心与河北华发集团、天津轧一集团、燕山钢铁集团签署了合作协议。

（侯建兵）

特殊教育

【注重家校联系】 4月29日，市特殊教育学校举办以“拥抱阳光，让爱飞翔”为主题的春季趣味运动会，师生及部分家长参加。12月30日，学校举行以“让家长走进课堂”为主题的半日家长开放日活动。

【德育活动彰显特色】 11月2日，市特殊教育学校全体师生与百余名志愿者举行最美志愿者表彰及首届银杏节主题教育活动。

【爱心捐助】 10月20日，北京福浩达集团迁安分公司为学校捐赠饮水机两台，价值6万多元。

【开展“纸鸢载爱上蓝天”活动】 4月7日，市特教学校全体师生与部分爱心志愿者在市黄台山公园举办首届风筝节，开展了“纸鸢载爱上蓝天”主题教育活动。

【“关爱孤残儿童　让爱洒满人间”活动】 5月15日，为庆祝第26个全国助残日，学校全体教师及部分学生在市文化广场开展“关爱孤残儿童　让爱洒满人间”文艺演出及阳光爱心义卖活动。

（侯建兵）

学前教育

【幼儿园升级升类】　6月29日，彭店子乡高李庄幼儿园、赵店子镇三港湾幼儿园、太平庄乡中心幼儿园、扣庄乡西晒甲山幼儿园、野鸡坨镇中心幼儿园5所幼儿园高标准通过省农村示范园验收。12月，太平庄乡尚庄幼儿园、彭店子乡心泉幼儿园顺利通过省农村一类园验收；迁安市金圣博幼儿园、大拇指幼儿园、博雅幼儿园顺利通过省城市二类园验收；扣庄乡兰若院幼儿园、第二实验小学幼儿园2所园通过省农村一类园（城市二类园）的复查验收。

【幼教教师素质提升】　3月，组织2次名师送课下乡活动。4月，组织4个片区开展绘本教学研讨活动。6月，组织绘本阅读示范课展示暨名师读书交流活动。8月和12月，分别举行优秀教学设计、优秀论文评比，评出优秀教学设计208篇、优秀论文237篇。10月，组织4个片区分别开展“家长会观摩研讨”片区教研活动。12月，8名教师参加唐山市组织的幼儿教师保教能手大赛，2人获一等奖，3人获二等奖，3人获三等奖。

【举办各类培训活动】　3月29日，聘请河北省绘本阅读推广人尚亚男为全市幼儿园进行落实“指南”精神绘本阅读专题培训。4月27日，举办全市幼儿园园长、保健医“幼儿园卫生保健工作”专题培训。7月8日，对全市幼儿园园长及45周岁以下的幼儿教师进行为期6天的园所管理、文化建设、奥尔夫音乐、各类游戏等内容的培训。9月25日，邀请河北省直属第十幼儿园副园长陈蕊为全市幼儿园园长、骨干教师进行绘本阅读专题培训。12月21日，邀请唐山市规划办葛明为全市幼儿园园长、骨干教师做课题研究专题培训。

【“指南”宣传月活动】　6月，通过“六一”游园、亲子系列活动等向家长宣传“小学化”的危害，引领家长实施科学保教。全市共发放宣传资料1.2万份，布置宣传看板260块，开展家园共育活动180次，吸引9000多名幼儿家长参与到活动中。

（侯建兵）

教师队伍

【校长队伍基本情况】　全市有迁安市属各级各类学校校长364人，其中男280人，女84人；科级27人（正科5人，副科22人），股级99人（正股35人，副股64人），校级238人（正校180人，副校58人）；研究生6人，本科263人，专科93人，中师2人。

【教师队伍基本情况】　全市有教职工8473人，其中在编6679人（含行政21人），占78.8%；人事代理1646人，占19.4%，合同制教师148人，占1.7%；城区3955人，占46.7%；农村4518人，占53.3%。性别结构：男性教师2881人，占34%；女性教师5592人，占66%。年龄结构：40岁及以下教师4694人，占55.4%；41～50岁教师2652人，占31.3%；51～60岁教师1127人，占13.3%；距退休5年教师共854人，占10.1%。学历结构：接受研究生教育169人，占2%；大学本科学历6507人，占76.8%；专科学历1534人，占18.1%；高中及以下学历263人，占3.1%。

【校长挂职交流】　2016年，共组织两批次74名校长参加挂职交流。

【校长考评】　4月底，出台股级及以下学校领导班子和领导干部考评方案，继续坚持分类考核、定性评价、注重实绩、鼓励进步的四项原则，并将不同类别校长按成绩高低排序。共考察学校217所、正副校（园）长333人。于5月初至6月中旬完成入校考察，7月中旬至8月上旬完成考评成绩核算，8月中旬完成考评汇报。

【组建学校发展共同体】　5月，组建首批三个学校发展共同体，初中、小学、幼儿园各一个。每个共同体由一所牵头校、两所成员校组成。学校发展共同体是将强校和弱校联合在一起，以“优质、共享、共进、均衡”为主题，以实施学校管理互通、队伍建设互动、教学研究互助、课堂改革共研、教育质量共进、校园文化共建六大工程为载体，实现共同体学校全方位的互通互助。各共同体做出三年发展规划，并按规划深入开展系列交流活动。

【后备干部选拔和培养】 6月，启动后备干部选拔工作。各基层单位采取自主报名、择优推荐的办法，推荐94名人选。委托第三方进行公开选拔，通过管理能力考核，最终有63人被确定为农村中小学幼儿园后备干部。12月初，在教研训中心举办为期两天的后备干部专题培训班。12月中旬，安排26名小学后备干部赴北京名校参观学习。

【编制核定】 6月，配合市编办，按照河北省、唐山市有关核定中小学教职工编制比例要求的规定，依据上级规定的教职工与学生比例和教职工与班数比例核定各级各类学校教职工的编制7559个。

【修订教职工请销假制度】 10月，制定新的教职工请销假制度，将请销假权限下放到基层单位，人事科备案核查，实现了请销假双控制。

【教师补充】 8月初，协同市人社局，启用600多名见习教师，补充了二孩政策给教师队伍带来的减员。8月中旬，协同人社局启动合同制教师招聘工作，共招聘148名合同制教师。12月下旬，启动全额事业编制教师招聘工作，到2017年3月，共招聘332名全额事业编制教师。

（侯建兵）

教学研究

【小学高效课堂建设】 10月，在唐山市小学教师教学技能大赛中，第一实验小学高飞艳、马兰社区小学王晓娟两位教师分获第三、四名。11月，在建昌营镇中心校召开全市小学高效课堂建设成果区域展示活动。全年开展名师工作室暨区域教研活动12次，近3000名教师受益。小学教研室副主任杜立彬入选河北省特级教师讲学团，先后到十余地进行授课。

【小学课程建设】 5月，举办迁安市小学课程建设汇报展示活动，邀请省教科所主任李学红、崔海江，省教育厅宣传中心主任葛典社现场指导，全体小学校长，名师工作室、校长工作室所有成员，共计300余人与会。12月，迁安市小学课程建设经验文章《慎思笃行拓课程内涵 砥砺奋进谋素养提升》在《河北教育》2016年第12期刊发。

【初中教师获奖】 11月，市第三初级中学教师张艳军在唐山市职工技能大赛中获得第二名；12月，张艳军在河北省数学学科青年教师优质课比赛中获一等奖。

【唐山名师讲学团送教下乡】 11月12日，唐山市名师讲学团到迁安送课讲学。唐山市初中数学名师张红艳和物理名师张颖分别在市第三初中和一镇中主讲示范课并作经验分享。全市初中学段数学和物理两学科共计370名教师全程参与活动。

【唐山市高三历史、语文研讨会在迁安召开】 3月22日，唐山市高三历史总复习研讨会在迁安市第三中学召开，迁安市第二中学张艳芹、第三中学王晓芬两位老师上了示范课。9月27日，唐山市高三语文总复习研讨会在迁安一中召开，开滦一中教师宗世勇分析了唐山一摸命题指导思想，迁安市一中教师王云侠、李秀江上了示范课，第三中学教师李峥嵘代表迁安做了典型发言。

【开展高中优质课评比】 3月和11月，分别组织全市基础年级优质课评比和高中高效课堂建设研讨暨高三优质课评比活动，有9个学科总计130多名高中教师参加比赛。

【教学评比获奖】 1月，在全省普通高中教学设计和优秀论文评选中，市第三中学张健和彭巧艳2位教师的教学设计均获一等奖，迁安一中教师张建青的论文获一等奖，迁安一中西校区教师张景权的教学设计获二等奖。3月，迁安二中教师郭桂霞的《椭圆及其标准方程》，在全国“一师一优课”评比活动中被评为省级优课。

（侯建兵）

招生考试

【普通高中学考】　3月，全市学考报名3603人，其中文化科目10912科次，共设1个考区、4个考点、373场次。4月，组织高中二年级物理、化学、生物实验操作共10809科次和体育与健康3603科次的考查，以及音乐、美术、研究性学习考试考查工作。9—10月，组织下半年学考报名工作，全市有4173名考生报名，共报考24511科次。共设1个考区、4个考点、828场次。11月1—6日，组织全省学考音美通实践和卷面考查12286科次考试及信息技术学科4096科次考试工作。

【自考工作】　全年有233名考生报考了419科次。14人办理免考27科次。有23名考生毕业，其中专科2人、本科21人。

【中考工作】　2016年，全市有5151名学生报名参加中考。体育考试考点设在迁安二中，共259组，历时6天，总分30分；信息技术考试设三个考点（一镇中、二镇中、三初中），历时3天，总分20分；理化实验操作考试设3个考点，共212组，考试时间8天，总分20分。体育、信息技术、实验操作成绩均计入中考总分。中考文化课考试全市设1个考区、3个考点、173个考场，其中迁安一中55场、迁安二中54场、迁安三中64场。各普通高中共录取考生3532名，其中迁安一中录取1477人，迁安二中录取903人，迁安三中录取1124人，体校高中录取28人。

【高考工作】　2016年，普通高考报考人数4803人，其中普通高校招生报名4613人；对口招生报名190人，被高职单招录取1207人，体育单招21人；实际参加2016年普通高考考试考生为3575人，其中文史考生765人、理工考生1545人、艺术文考生627人、艺术理考生59人、体育文考生164人、体育理考生314人；对口类考生80人。全市设1个考区，3个考点，共116个考场，其中迁安一中52场，迁安二中38场，迁安三中29场。高等学校共录取4500人，录取率为93.71%。

【成人高考工作】　全市参加2016年成人高等学校招生报名人数为1162人，其中专升本考生670人，高中起点本科7人，高中起点专科485人。

【八年级地理、生物考试工作】　2016年，八年级地理、生物考试共报名6940人，全市设3个考点，其中迁安一中86场，迁安二中72场，迁安三中74场。

（侯建兵）

教育经费

【加大教育投入改善办学条件】　2016年，投资10676万元，其中争取上级资金4570万元、利用债券资金2600万元、本级资金3506万元。实施项目10个：1. 中小学校舍维修改造项目，争取上级资金2319万元，对49所陈旧校舍进行维修改造，已全部完工。2. 农村学前教育推进工程项目，争取上级资金1290万元，新建幼儿园3所，改扩建幼儿园25所，至年底全部完工。3. 农村学校教师周转宿舍建设项目，总投资931万元，其中争取中央资金556万元，本级配套375万元，在大崔庄树德学校和五重安旭阳中学建设教师周转宿舍4800平方米，年底时正在施工，计划2017年投入使用。4. 义务教育阶段学校建设项目，总投资1250万元，其中争取中央资金405万元，利用债券资金400万元，本级配套445万元，实施市第六实验小学扩建和扣庄乡阿兰庄小学旧址新建。市第六实验小学扩建项目投资1000万元，增设教学楼一幢，年底时正在进行室内外装修，2017年春季开学投入使用。阿兰庄小学项目，投资250万元，建筑面积1300平方米，正在组织招投标。5. 城区学校操场改造项目，利用债券资金 1000 万元，实施市第五实验小学和一镇中操场改造，已完成基层和草坪铺设。6. 市第七实验小学新建项目，燕山钢铁公司与市政府合作，计划投资 5350 万元，建筑面积 2.01 万平方米，年底时正在施工，计划 2017 年暑假投入使用。7. 市第八实验小学新建项目，计划投资 5300 万元，建筑面积 1.9 万平方米，年底时已完成征地、规划、设计等前期工作，计划 2017 年完成主体及部分外网工程。8. 燃煤锅炉改造项目，利用债券资金 1200 万元，实施 24 所中小学燃煤锅炉改造，至年底全部完工。9. 解决农村小学生上学远项目，涉及 14 所项目校，计划总投资 4210 万元，已完成投资 1600 万元，8 个项目完工，3 个项目正在施工，其余项目完成设计等前期工作。10. 学校食堂改造项目，涉及 28 所项目校，总投资 855 万元，分两年实施，2015 年投资 500 万元，改造学校食堂 18 个；2016 年投资 355 万元，对 10 所学校食堂进行了升级改造。

【义务教育经费】 2016 年，预算共安排中小学公用经费 5753 万元。其中，中央补助 3629 万元，省补助 1815 万元，迁安配套 309 万元。生均公用经费标准按城市小学每生每年 600 元，城市初中每生每年 800 元，农村小学每生每年 685 元，农村初中每生每年 885 元核定。

【实施“一免两补”】 年内，为 8777 名寄宿学生和 4215 名贫困寄宿学生落实“一免两补”（免除学生住宿费，对困难学生给予生活费、交通费补助）资金 385 万元，其中本级财政安排资金 320 万元，上级资金 65 万元，贫困寄宿生的资助比例达到 48%。为保障专款专用，市教育局制定具体实施方案，召开专题会议，逐项审核，保障补助资金及时足额落实到位。安排专门人员，深入各寄宿制学校，通过查看账目、找学生及家长座谈等方式，检查资金落实情况，确保资金及时足额到位，并全部用于寄宿学生补助。

【高中阶段免费教育】 2016 年，共安排资金 2468 万元，惠及学生 1.8 万余人。迁安从 2008 年春季起在全市实施高中阶段免费教育，所需资金全部纳入财政预算。凡具有迁安市户籍且就读迁安市境内公办普通高中、中等职业学校的学生均享受免费政策。按照省级示范性普通高中 1400 元、音体美特长生 1680 元、职业高中每生每年 1000 元的标准免除学生的学费。

【义务教育阶段非寄宿家庭经济困难学生资助】 迁安市从 2012 年春季学期起在全市义务教育阶段非寄宿学生中实行资助政策，对义务教育阶段非寄宿家庭经济困难学生给予资助，资助标准为小学每生每年 600 元，初中每生每年 900 元，按学期发放。2016 年，投入资金 200 万元，有 5793 人次享受资助。

【生源地信用助学信用贷款】 成立迁安市生源地信用助学贷款领导小组，安排专人负责办理此项业务，2016 年共为 179 人放贷 133 万元。

【普通高中家庭经济困难学生资助】 2016 年，共落实资金 453.9 万元，享受资助学生 3350 人。迁安市从 2010 年秋季学期开始实施普通高中家庭经济困难学生国家资助制度。设立助学金，用于资助普通高中在校生中的家庭经济困难学生，资助面占在校生总数的 16%，分为 1500 元和 2500 元两档。

【中职学校资助工作】 落实国家助学金政策，2016 年，共为 545 名中职学生落实国家助学金 40.94 万元。

（侯建兵）

设施与设备

【实施解决农村小学生上学远项目】 2015 年，在充分调研的基础上，全市拟恢复建设学校 5 所，改建寄宿制和半寄宿制学校 4 所，新建农村小学 7 所，共 16 个项目，建筑面积 15268 平方米，总投资 4210.1 万元。到 2016 年，已完成 8 个项目，4 个项目正在组织施工，3 个项目完成前期工作准备招投标，1 个项目进行施工图设计。

计划2017年全部完工。

【实施第六实验小学扩建教学楼项目】　市第六实验小学扩建教学楼项目建筑面积3109平方米，计划增加教学班23个，缓解大班额问题。计划投资750万元，2016年6月开工建设，年内完成内外装修，2017年寒假开学即可投入使用。

【实施第五实验小学、迁安镇第一初级中学操场改造项目】　市第五实验小学、迁安镇第一初级中学操场改造项目计划投资1000万元，改造操场面积3.6万平方米。2016年，完成基层施工、足球场草坪铺设和篮球场塑胶铺设。计划2017年6月全部完工投入使用。

【实施第七实验小学新建项目】　项目选址于市交警大队东侧，总占地面积3公顷，总建筑面积2.02万平方米。设计6轨36个教学班，可容纳1620名小学生。项目计划总投资5350万元。2016年9月开工建设，年内完成主体框架施工，计划2017年暑假开学投入使用。

【实施第八实验小学新建项目】　项目选址于黄台湖七号岛内，总占地面积4公顷，总建筑面积1.89万平方米。设计规模为8轨48个教学班，可容纳2160名学生就近入学。项目计划总投资5300万元。2016年，完成征地、规划等前期工作，计划2017年完成工程招投标、主体施工和部分外网工程，2018年暑假开学投入使用。

【实施边远艰苦地区农村学校教师周转宿舍建设项目】　五重安乡旭阳中学教师宿舍楼项目，选址于五重安乡旭阳中学院内，占地672平方米，建筑面积2000平方米，建设三层教师宿舍楼一栋。项目计划总投资385万元，其中申请中央资金229万元，地方配套156万元。项目于2016年10月底开工，年内完成基础部分施工，计划2017年暑假开学投入使用。大崔庄镇树德学校教师宿舍楼项目，选址于大崔庄镇树德中学院内，占地505平方米，建筑面积2800平方米，建设6层教师宿舍楼一幢。项目计划总投资546万元，其中申请中央资金327万元，地方配套219万元。项目于2016年10月底开工，年内完成基础部分施工，计划2017年暑假开学投入使用。

（侯建兵）

民办教育

【概况】　2016年，全市有民办教育机构152所，其中十二年一贯制学校1所（弘毅学校），幼儿园134所，其他培训学校17所。严格规范审批，全年依法依规审批办结民办幼儿园20所、民办培训学校6所，各类民办教育机构办学场地、办学项目、学校名称、举办者及法人变更13所，为弘毅学校办理增设高中部的审批。

【开展大检查活动】　7月，开展民办幼儿园师德师风大检查专项行动。按照“属地管理、逐级负责”的管理原则，由镇乡中心校报请当地政府（城区街道办事处），组织安全生产办、食安办、派出所等单位对辖区内民办幼儿园进行“拉网式”大检查，重点对校舍安全管理、师德师风建设、办学行为等方面进行检查，共检查民办幼儿园144所，其中有证民办幼儿园124所，对16所存在问题的幼儿园下达限期整改通知书，查封无证民办幼儿园20所。

（侯建兵）

市教育局

局　　长	刘东友
副 局 长	李保国（4月离）
	高常桂（12月离）
	邸雪松
	郇立军（5月任）
书　　记	李保国（4月离）
	刘东友（4月任）
副 书 记	刘东友（4月离）
	刘友芳（4月任）
教研训中心主任	高绍文
主任科员	李　江
副主任科员	郇立军（5月离）　李文刚

（侯建兵）

农广校教育

【概况】 2016年，河北省农业广播电视学校迁安市分校（以下简称市农广校）以“一问责八清理”专项行动、“懒政怠政、不作为、不在状态”问题专项清理、作风整顿、“两学一做”学习教育等活动为动力，以服务“三农”为宗旨，充分发挥自身职能作用，深入实施“3366”工程，即重点建设三个中心，农民（成人）教育中心、农业培训中心、阳光惠农服务中心；打造三支队伍，培育新型职业农民队伍、培养实用人才队伍、建设优秀师资队伍；实现6个重点目标，与市农牧局合作，大力培育新型职业农民60人。深入开展全民创业培训活动，推动市微型企业和中小企业发展，推动“大众创业、万众创新”，培训80人。加强媒体资源开发，深入实施“致富早班车”进村入户工程，编印《农广实用技术信息》12期、《致富早班车专刊》5期，印发1000份。开展科技电波入户工程，在迁安电台开办《金色田园》专题栏目，播放52期。开展农村干部正规化学历教育，培养新农村建设领头雁、双带头人150人。深化联合办学，培养中高等实用人才100人；谋划6项亮点工作，即建立新型职业农民培育基础信息资源库，摸清全市新型职业农民的底数，为精准培育新型职业农民打下坚实的基础。开办新型职业农民教育网，拓展新型职业农民培训的内容和范围，利用“互联网+”提速新型职业农民培训。开办新型职业农民中专试点班，实现新型职业农民培训与农民中职教育对接。开展微课互联网教学，不断提高教育教学水平。结合建校35周年，开展“我与农广校”征文和“最美农广人”评选活动。加强机关规范化建设和师资队伍建设，提升农广校教师和职工队伍的内涵水平。累计招收大中专学员462人，其中招收农村干部181人，在校生1053人。开展新型职业农民培训、创业培训、“赶大集送科技下乡”、实用技术培训等，共培训9期848人次，发放各类科技图书、资料2500份。致富早班车覆盖10个乡镇85个村，编印《农广实用技术信息》12期、《农业科技广播专刊》6期，发放1254份；迁安电台《金色田园》专题栏目播出52期，科技覆盖农民5万人。

【新型职业农民培训】 与市农牧局合作，培育培训新型职业农民168人。集中于10月28日至11月18日，开展为期15天的生产经营型新型职业农民培训。其中，在大崔庄镇大庄村开展果树类培训86人，在上庄乡丁庄村开展种植类培训38人，在扣庄乡田庄村开展种植类培训44人。学校统一安排课程、集中授课，培训过程中，严格执行开班审批制度、开班第一节课制度、中间检查验收制度和结业考试制度。为保证培训质量，学校聘请市内具有高级职称的专业技术人员授课40人次，聘请河北农林科学院昌黎果树研究所研究员孔德军、王广鹏、张新生，乐亭县高级农艺师吕庆江到迁安授课。学校对168名参训农民进行实训指导并组织外出参观交流。实训基地选在春良设施农业园区、亚滦湾农业园区、燕滦果业、成山休闲农庄、秦皇岛集发农业观光园以及乐亭、玉田等特色农业园区。通过培训，进一步开阔了学员们的视野，增长了见识，提高了生产经营水平。

【全民创业培训】 深入开展全民创业培训活动，推动全市微型企业和中小企业发展，促进“大众创业、万众创新”。完成了培训基地的年度资料整理、审核、认定等工作，开展创业培训的宣传发动工作。3月9日，组织10名教师参加全市创新创业知识培训，提升师资水平。11月，结合新型职业农民培训，在上庄乡、扣庄乡开展创业知识培训82人次。

【“致富早班车”进村入户工程】 年内，《致富早班车专刊》改版为《农业科技广播专刊》，为进一步增强农村“大喇叭”工作的实效性，提高科技资料的更新速率，改变了过去送资料到乡镇然后再分发到村的形式，由市农广校电教科直接寄送纸质资料到村，村农广信息员亲自签收，光盘等易碎资料不定期直接送达到村。全年寄出《农广实用技术信息》和《农业科技广播专刊》1254份。

【科技电波入户工程】 在迁安电台开办《金色田园》专题栏目，开展科技覆盖性培训。开设了《实用科技》《致富典型》《解疑释惑》等栏目，及时播报农广快讯、致富信息，种养殖大户现身说法，热点问题讨论等。在节目播出的安排上注重时效性，根据农业生产时节安排节目内容。学校明确专职教师负责稿件编写工作，对每期稿件严格把关，经主管校长认真审核后上报迁安电台。栏目每周播放1期，每期播放3次，全年52期节目，播出1600分钟，科技覆盖农民5万人。

【新型职业农民队伍建设】 继续以职业技能鉴定为抓手，加强新型职业农民队伍建设。10月29日，对上庄乡丁庄村50名农艺工进行了鉴定，通过培训、考试和对技能操作的实践考核，进一步加深学员对理论知识的理解和掌握，强化专业技能操作的动手能力，同时使学员深刻认识到国家职业资格证书制度是劳动就业制度的一项重要内容，是一种特殊形式的国家考试制度。

【农村干部正规化学历教育】 加强农村基层干部正规化学历教育，实施新农村建设“领头雁”工程和新农村建设“双带头人培养”工程。5月10日，与市委组织部联合下发了《中共迁安市委组织部迁安市农广校关于做好2016年度农村干部正规化学历教育招生工作的通知》，对招生工作进行详细部署。市农广校招生工作由所包乡镇的班主任实行一条龙服务，保证报名、录取、注册等各项工作的顺利开展，共招生181人。

【联合办学】 加强与上级大专院校合作，为当地培养人才服务。一是抓好与河北广播电视大学联办的开放教育专科的招生工作，实施好“一村一名大学生”工程，进一步加大宣传力度，稳定招生规模；二是扩大东北农业大学网络教育招生规模，面向社会培养更多中高级实用人才；三是在产业基础良好、农技素质较高的大崔庄镇步步川村、娄子山村、四道沟村开展新型职业农民培育特色中专班试点，实现新型职业农民培训与农民中职教育对接，共招生376人。

【师资队伍建设】 积极开展教研活动，不断加强师资队伍建设。一是学校承担了中央农广校农业国际交流与合作项目“中美农业远程教育合作—新型职业农民在线教学能力建设”在线学习模块——“农产品营销学——农产品消费者需求分析”的开发任务，由刘立文、郑淑珍、王宏娜3位教师负责开发制作，完成了验收；二是组织教师参加河北省农广校课件大赛评选活动，有13人、15个课件参选，其中冯翠花、刘立文等获得一等奖，王小艳、宋文侠、李亚芹等获得二等奖，宁永、李立军等获得三等奖；三是组织开展“我要上讲台·精彩一刻钟”教学能手大赛活动，张凯获得河北省农广校三等奖；四是组织开展“最美农广人”评选活动，宣传展示农广校教师献身教育、服务三农的精神风貌和品格情怀，刘立文、冯翠花获“最美农广人”荣誉称号，王向云、王爱钧、李立军获提名奖，周景旺、方翠珍获荣誉奖。

【驻村帮扶】 组建两个帮扶工作组，开展美丽乡村建设和后进村整顿帮扶工作。一是按照市委、市政府美丽乡村建设实施方案的要求，组建由常务副校长刘瑞民任组长，宁永、张凯为组员的工作组，深入到建昌营镇东三家村，积极推进“四美五改”（改房、改水、改路、改厕、改厨，做到环境美、产业美、精神美、生态美）工作。二是按照市委组织部整顿后进村党组织的工作要求，学校成立由常务副校长刘瑞民任组长的整顿后进村党组织帮扶工作组，到迁安镇梨行村开展整顿帮扶工作，确立了村容村貌整体规划等整改目标，并提供帮扶资金2万元，用于危桥翻建、文化长廊、路灯、机井等的基础设施建设。

市农广校
主管领导　庞再明
常务副校长　刘瑞民
副　校　长　殷自新（女，满族）

（刘立文）

文化

综述

【公共文化服务体系建设】 2016年，按照整合资源、共建共享的原则，依托市、镇（乡）、村三级公共文化服务中心建设，开展了设施设备改造提升、图书馆文化馆总分馆建设、公共文化资源整合、公共文化数字化建设、文化体育旅游活动共建共享等多项工作，提升自动化和数字化水平。建成了数字图书馆、移动图书馆、24小时自助图书馆，实现图书报刊的“全天候”服务；市文化馆和20个文化分馆配套建设了远程培训互动系统，实现社会综合培训的“全方位”；充分整合宣传文化、党员教育、科技普法、普法教育等部门以及企业和个人的文化资源，建立以群众需求为导向的工具性网站——迁安市公共文化服务网。自8月上线起至年底，共开展本地直播21场，上传本地活动预告512条，分享包括本地资源、分享资源、外链资源在内的文化资源474个，发挥了信息预告、艺术欣赏、素质培训、点餐配送、社会监督等功能，被评为2016年全国八大公共文化服务平台之一。

【文化体制机制改革】 人员方面，创新专业人员下派制度。由市级综合文化服务中心选派38名业务骨干到基层，统筹使用各镇乡成人教育学校资源，合理配置“三支一扶”人员和公益性岗位人员任村级文化专干；结合“党员活动日”，实行每年16小时志愿服务。资金使用方面，“打捆使用、统一采购、分散付款”，发挥“有限财力”的最大效应。机制方面，探索建立独具特色的“三权制衡、监事为重”的市级中心法人治理结构，于2016年6月成立监事会，实行外部监督，于2017年1月成立职代会，实行内部监督，利用监事会和职工代表大会开展外部和内部监督，提高市级综合文化服务中心的服务效能。

【文化产业发展】 依托迁安市省非物质文化遗产手工抄纸和唐山市级非物质文化遗产迁安皮影等特色文化资源，促进文化商品的开发。扶持汇远书画纸有限公司挖掘和提升传统手工造纸工艺，培育迁安书画纸产业，使迁安书画纸重新焕发出生机。支持唐山市级非物质文化遗产迁安皮影代表性传承人郭宝建立冀东最大的皮影艺术个人展馆——郭宝皮影传承馆，开展皮影制作、展示、教学等活动，促进迁安皮影的传承和开发。思文科德金属印刷包装基地于2016年入选河北省“十大文化产业项目”推荐名单。正元包装集团先后被国家、省授予中国包装龙头企业、河北省印刷包装首强企业等称号。继续打造省级文化产业示范园区——滦河文化产业区，园区内的中唐·天元谷文化旅游综合体项目被列入省、唐山市及迁安市重点项目。

【文化交流】 4月，省文化厅处长张雪芳到迁安市调研“公共文化资源共建共享项目”建设情况，实地考察了市、镇（乡）、村三级综合文化服务中心，并就示范项目整体推进情况进行了交流座谈。7月，迁安市创建国家公共文化服务体系示范项目工作领导小组办公室主任、文化广播电视新闻出版局（以下简称文广新局）局长刘海参加文化部对河北省乡镇文化站建设专题调研活动，并在座谈会上作重点发言。10月，中国文化报社副社长杨胜生、《中国文化报》河北站站长李秋云一行就“迁安市公共文化资源共建共享项目”到迁安调研；河北电视台唐山站站长王建设一行针对“迁安公共文化服务体系全覆盖，群众随时分享公共文化资源”专题，到迁安实地录制；唐山电视台就“迁安公共文化服务资源共建共享体系　农村公共文化服务的最后一公里”到迁安录制专题节目。10—11月，网时读书会两次到迁安参观考察上庄乡读书小镇，并商谈网时大讲堂事宜。11月，霸州市、丰南区、易县的文广新局领导及工作人员到迁安参观项目建设情况。

【文化市场监管】　2016年，完成全市299家文化经营单位的年度审核工作，其中出版物79家、出版物印刷3家、包装装潢印刷5家、其他印刷厂43家、复印部67家、网吧51家、歌舞娱乐场所24家、营业性演出团体22家、电影放映单位5家。

坚持规范管理，维护文化市场繁荣稳定发展。1. 深化改革精神，强化执法队伍建设。2016年，迁安市文化市场行政执法改革工作被列入全国综合行政执法试点单位，结合全省《关于进一步深化文化市场综合执法改革的实施意见》，先后完善四类23项工作制度，投入10.7万元更新执法装备，开展执法培训工作，全面建设政治坚定、行为规范、业务精通、作风过硬的文化市场行政执法队伍。2. 强化日常监管。继续贯彻落实最低检查频率制度，进一步加强行业监管。在加强网吧、娱乐场所、印刷企业等行业监管的同时，开展了全市广播影视、体育和文物市场的执法工作。3. 开展专项整治。年内，先后开展两节（元旦、春节）、全国两会、暑期、安全生产月、国庆、冬季和“清源2016”“秋风2016”“护苗2016”“净网2016”“打击侵权盗版”等各类专项整治活动17次，全面营造了良好的文化市场经营氛围。4. 抓好安全生产工作。年内，成立安全生产监督管理科，建立安全生产台账，落实一卡一单制度，做好隐患排查和文化市场消防应急演练活动，营造安全的文化市场经营氛围。文广新局安全生产工作连续多年受到市委、市政府表彰。5. 做好执法宣传。利用“3·18”文化市场法制宣传日、“4·26”世界知识产权日、6月安全生产月和“12·4”全国法制宣传日，广泛宣传文化市场相关法律法规，为执法工作营造和谐良好的社会氛围。2016年，共出动执法检查5480人次，检查经营单位1340余家次，处罚违规经营单位34家次，受理群众举报35件，累计收缴非法出版物2946（盘）册，取缔无证经营（游动）书报刊摊点14个，查收非法卫星地面接收设施12套，全市文化市场继续保持健康稳定发展局面。

【文化活动】　春节期间，举办卡拉OK大家唱活动，吸引百余名群众热情参与。组织馆内书法老师和迁安书法爱好者10余人，到彭店子乡、大五里乡、大崔庄镇、马兰庄镇和夏官营镇开展“送春联下乡”活动，送出春联千余幅。举办大鼓书公演，场场演出座无虚席，宣传娱乐群众1300多人次。此次大鼓书公演采取政府“买单”的方式，百姓免费受益，为全市群众营造了欢乐、健康的节日氛围。正月，在市人民广场举办“城乡联动、康乐同行”大型文体活动展演。举办第二十一届“颂祖国，唱迁安”合唱节，来自全市各镇乡、市直单位的27支代表队2000余人参加比赛。比赛分三场，吸引上万名观众观看，得到老百姓的赞扬。3—8月，组织“两动两静”带动工程之“迁安好声音”比赛活动。其间，组织海选20场、初赛10场、复赛5场、半决赛3场、总决赛1场。来自全市各镇乡的4000余名音乐爱好者参加此项活动。组织“两动两静”带动工程之书画展5次，包括迎新年书画展、庆“五一”美术作品展、“六一”儿童书画作品展、“迁安·乐亭·滦南”三地书画联展、庆“十一”美术作品展。此外，组织杨店子镇书画巡展暨美术交流培训会及马兰庄镇书画巡展暨美术交流培训会两次，每次展览、交流都吸引近万名群众观看。举办评剧票友大赛。分初赛2场、决赛

1场，选出优秀选手去唐山参加评剧票友大赛。参赛人员以及观众达千余人。举办“久红孕婴杯”第四届少儿才艺大赛。分初赛2场、决赛1场。为全市近千名少儿搭建了展示才艺的舞台，引起近千余个家庭的高度关注。

举办2016年迁安市“魅力水城之夜”大型群众文化展演活动。继续坚持践行“保障文化民生、建设文化强市、提升广大群众幸福指数”的理念，每场演出高水准、节目高质量，演出现场高潮迭起，精彩不断，将新时期迁安人昂扬向上的精神风貌展现得淋漓尽致，整个展演活动历时3个多月，演出52余场（次），受众近50万人次。

继续实施文化惠民工程，组织演出200多场，足迹遍布20个镇乡（城区办）128个“文化圈”，高质量的节目，传播了正能量，突显了政府购买文化服务的惠民职能。文化馆、图书馆、博物馆“三馆”常年免费开放，发挥了窗口单位的惠民优势。

【文学艺术创作】 文广新局围绕培养人才、吸引人才、用好人才三个环节，加大人才培养和引进力度，锻造了一批在文艺管理、经营、表演、编创等方面能够承上启下的优秀人才队伍，创作出体现时代精神、群众喜闻乐见、具有迁安地域特色和人文风格的优秀文艺作品。3—6月，文广新局组织民俗摄影大赛，各镇乡、市直各单位积极参赛，收到作品近300幅。由市摄影家协会、市美术家协会、市非物质文化遗产保护工作者等组成的大赛评审会评出一等奖1名、二等奖2名、三等奖3名，其中部分获奖作品被推荐上报到唐山市。文化馆教师利用文化志愿者服务队到馆排练的时间，辅导队员编创歌曲《赞水城》；指导五实小教师李翠君编创歌曲《迁安是我美丽的家》，在唐山市第三届群众原创作品评选中获音乐类原创作品二等奖。市艺术团创作了以迁安市中医院心血管呼吸内科主任韩文宝为原型的大型评剧——《百姓医生》，在中国唐山第十届中国评剧艺术节上演出；创作了以打击网络诈骗为题材的小品《一网打尽》。组织民间艺术团体开展创作，市春蕾艺术团创作了快板《城区新曲》、小品《阮妈》。

【电影放映】 2016年，数字电影放映事业继续保持繁荣发展势头。全市4家数字影院全年放映影片800部、2.92万场次，累计观影人数23.04万人。

【文化馆建设】 文化馆总分馆建设全面推广。2016年，在全市范围内推广总分馆服务体系，实现文化信息上情下达，更好地带动各镇乡群众文化活动的开展，群众更好地享受到公共文化服务。至年底，这项工作正在顺利推进当中。市文化馆为总馆，各镇（街道）综合文化站为分馆，各村（社区）文化活动中心为支馆，推进“人员互通、设施成网、资源共享、服务联动”，市文化馆派出9名下派人员，分别前往各镇乡（城区办）的分馆督导工作。每月，文化总馆都开展文化分馆副馆长例会，听取工作汇报及信息反馈，开展下一步工作计划。

数字化文化馆建设进一步加强。数字化文化馆是迁安市公共文化资源共建共享项目之一，其中远程培训互动系统实现了迁安市文化总馆与20个镇乡文化分馆之间的有效对接，使得各文化分馆之间突破地域和时间限制，形成一个文化馆群体。2016年，利用远程培训系统开展“迁安市公共文化资源共建共享平台推进会”“广场舞培训”“少儿舞培训”“腰鼓培训”及“社会体育指导员”等多次培训、会议，开展“颂祖国　唱迁安”合唱节、“张建军钢琴音乐会”、“故事大王赛”等多次直播。借助这一平台，人们可以直接从网络上获取各种文化资源，享受更先进、更广泛、更便捷、更均等的公共文化服务。同时，文化总馆接待霸州、廊坊、保定、北京网时读书会等多地领导、职工、群众参观学习，利用远程培训互动系统展示了文化总馆和分馆的高效对接。

【迁安市艺术团演艺有限责任公司】 2016年，市艺术团编创各类反映社会正能量、宣传迁安转型发展、老百姓喜闻乐见的文艺节目，开展送戏下乡、文化惠民演出、魅力水城之夜演出、唐山世园会演出、宪法日法治迁安行专题演出、“牵手京津冀·欢乐进万家”等演出280余场。并成功举办承办了多场公益性文化活动，在社会各界产生强烈反响。全年演出活动安全顺畅，展现出专业演出团队的职业管理能力。

（司晏杰　周永芳）

图书发行阅览

【新华书店图书发行】　2016年，市新华书店创新经营，科学管理，完成主营业销售收入2400万元，实现利润498万元，超额完成上级下达的经济指标。

【图书馆读者服务工作】　完善各阅览室排架，更新导引标识。开展读者“荐书荐言”，为图书馆文献资源的进一步采购工作提供依据；书刊借阅流通总人次20.3万，日均接待读者770人次，书刊外借人次6.6万人次，书刊外借册次12.6万册；至年底，有效持卡读者2.50万余人。

【读者活动】　年初，组织寒假读书系列活动，包括“儒娃杯”第二届幼儿国学才艺大赛、寒假读书之星评比、中华传统文化故事优秀视频展播等。其中，国学才艺大赛以“倡导全民阅读·传播经典文化”为主题，吸引了100余名学龄前儿童参加。元宵节灯谜竞猜活动为两节期间重要的品牌文化活动，全市已连续举办灯谜竞猜活动13届，吸引近千名群众前来参与。4月，图书馆举办以“读书提高你我　知识改变人生”为主题的系列活动。借助流动服务车为市民提供各类图书550余册，现场为2015年借书量排名前20名的优秀读者赠送图书一套。开展逾期免责活动，对因各种原因未能及时归还图书的读者免收逾期费。此外，市图书馆在三楼培训室播放《唐山大地震》《美丽心灵》等影片，供读者免费观看。开展送图书进社区活动，现场办理读者卡，对图书馆新开通的手机图书馆、数字图书馆、馆内数字资源等进行有效的宣传推介。

举办亲子绘本故事会。5月，在图书馆三楼亲子阅览室举办以“与幼儿同读书、共成长”为主题的亲子绘本故事会，有40余名家长及幼儿参与此次活动。活动增进了亲子之间的感情，受到家长的一致好评。

承办2016年燕赵少年读书系列活动。总馆、分馆实现“燕赵少年读书系列活动”的联合开展。活动以“穿越千年时光，感受诗经之美”为主题，内容形式丰富多彩，总、分馆共上报各种作品200余件，其中分馆上报50件。

开展少年儿童阅读年系列活动。积极组织参加2016年中国图书馆学会举办的以“红色记忆——优良传统代代相传”为主题的全国少年儿童阅读年系列活动，上报100余件作品，最终有42件参赛作品获得国家级奖励。在系列活动之一的红色记忆优良传统代代相传——“寻访红色记忆”征文比赛中，市第四实验小学王雅杰等12名同学分获大赛一、二、三等奖，迁安镇第二初级中学教师马利侠获成人组一等奖，迁安市图书馆获得最佳活动组织奖；在系列活动之一的全国少年儿童红色记忆主题摄影大赛中，杨店子镇小学学生穆梓琳的摄影作品《温暖》荣获小学组一等奖，迁安市图书馆获得优秀组织奖；在系列活动之一的全国少年儿童红色经典阅读绘画大赛中，市第二实验小学徐晨睿等9名同学分获儿童组金、银、铜奖，市第三实验小学陈诺等18名同学分获少年组金、银、铜奖，迁安市图书馆青年馆员徐娇获优秀指导教师奖，迁安市图书馆荣获优秀组织奖。

开展“迁安市图书馆小小管理员”活动。招募小小图书管理员，协助馆员做好少儿阅览室接待，为小读者提供社会实践的平台，发挥图书馆引导未成年人阅读的独特作用。

筹办迁图讲堂。2016年，迁图讲堂首场讲座于5月14日在球型报告厅举办，至年底成功举办了12场。推出的亲子教育系列讲座，为家长解决了一系列关于教育方面的迷惑与问题，受到各位家长的一致好评。

举办老年电脑培训班。2016年，图书馆继续开办老年电脑培训班，报名人数达到108人，分批培训，让老年人了解和学习基础实用的电脑及网络知识，充实他们的晚年生活，使老年人走进更加丰富多彩的全新世界。

举办第七届“少儿故事大王”比赛。12月，在图书馆培训室内举行，本次大赛由文广新局主办、市图书馆承办，来自全市各幼儿园、小学的44名选手参加比赛。小选手们落落大方、天真可爱，贴入情景的道具，充满稚趣的语言，将故事演绎得惟妙惟肖。故事大王赛给孩子们提供了学习故事的机会和展现技能的平台，同时又给孩子和家长搭建了良好的沟通桥梁，深受家长和孩子们的欢迎。

【农家书屋】 2016 年，积极与新华书店联系，发放农家书屋的补充更新出版物。全市 458 个行政村每村发放图书 162 种，共计 74196 册。

（司晏杰　周永芳）

文物与文化遗产

【文物保护与管理】 至 2016 年，全市拥有不可移动文物点 257 处，包括古遗址 166 处，古墓葬 40 处，古建筑 19 处，石窟寺及石刻 8 处，近现代重要史迹、革命遗址 22 处，其他（化石点）2 处。其中，全国重点文物保护单位 3 处，省级重点文物保护单位 6 处，唐山市级文物保护单位 5 处，县级文物保护单位 15 处。

2016 年，共出动人员 60 多人次，检查各类文保单位 40 余次，对县级以上重点文物保护单位进行全覆盖巡查。根据上级部署，组织开展文物安全隐患排查整治、长城专项执法检查等专项行动。启动河流口长城抢险加固、白羊峪长城安防等工程前期准备工作，签订了项目合同，计划于 2017 年开工建设。6 月，举办“世界文化遗产日”主题宣传活动，发放各类宣传资料 2000 余份，现场解答群众咨询 300 余人次。7 月，开展长城散落文物调查，进一步摸清了全市长城散落文物现状。配合全市重点工程建设，组织开展中俄东线天然气管道工程、承德东—阳乐双回 500 千伏线路、102 国道改建沿线及潘庄子高压线塔工程等考古调查、勘探和发掘工作。完成爪村遗址调查勘探和保护规划初稿编制工作。组织长城保护员参加唐山市及迁安市举办的专题培训班两次，签订了聘用协议，发放了保护员装备。完成第一次全国可移动文物普查工作，采集并登录的文物数量为 845 件（套）。

【非物质文化遗产传播传承】 组织非物质文化遗产日宣传活动。6 月 11 日是中国第十一个文化遗产日，围绕“让文化遗产融入现代生活”的主题，迁安市分别在县域内的固定宣传阵地——迁安市综合文化服务中心、流动宣传阵地市人民广场和轩辕阁，以及县域外的固定阵地——天津美术馆第二届京津冀非物质文化遗产联展，广泛宣传迁安市的优秀文化遗产。组织协调“乐亭大鼓”“猿功地躺拳”“皮影”等非遗项目进校园活动，在迁安市第四实验小学、迁安市马兰庄镇小学等开展非遗传承教学活动。组织 2016 年河北省非遗理论成果评奖活动。活动吸引 20 余人参加，征集论文、调研报告等 28 篇，上报省文化厅。聘请传统文化相关专家开展非物质文化遗产传播传承工作，为非遗公益培训班做好服务。

【迁安皮影在蒙冀辽文化产业博览会上获一等奖】 8 月，迁安传统文化皮影传承人郭宝带着他的皮影参加了 2016 赤峰·蒙冀辽文化产业博览会，获一等奖。此次博览会汇聚内蒙古、河北、辽宁三省区 16 个城市的文化产品，同时有广东、福建、江苏、北京、天津等省市的客商应邀参加。博览会上，郭宝皮影传承馆展示了传统迁安皮影人物及皮影画雕刻精品，并把迁安皮影手工制作工艺带到展会现场，让更多的人认识传统的迁安皮影，了解迁安皮影的技艺与魅力。郭宝皮影传承馆于 2014 年 8 月建成开馆，由迁安皮影手工制作技艺非物质文化遗产代表性传承人郭宝个人出资建设，主要致力于传统皮影的挖掘、开发、保护，传承馆详尽展示了皮影这一古老艺术在迁安的传承与发展。到传承馆参观，人们可以体验皮影戏表演技艺之绝妙。

【博物馆免费开放】 坚持免费开放管理制度，全年接待参观人数 13.6 万人，其中未成年人 4 万余人。先后接待全国政协原副主席、中华炎黄文化研究会名誉会长陈宗兴一行，省公共文化督导组、中华黄帝文化研究会、北京廊桥集团以及天水华芯电子集团等重要参观团体。此外，博物馆圆满完成 2016 年经贸洽谈会讲解接待任务和首趟“京东水城·迁安号”旅游专列的接待任务。

【博物馆文化阵地宣传】 结合重大节假日，举办临时展览，丰富市民的业余文化生活。1月，举办武强年画馆际交流展。4月，结合世界地球日主题活动，举办“珍惜资源、保护地球”世界地球日主题摄影展。加强馆校合作，展示暑期未成年人社会教育活动成果。7月，举办第二届东方巨人教育学生暑期作品汇报展。8月，中国流动科技馆巡展迁安站在博物馆成功举办，历时两个多月，接待3万多名观众。利用国际博物馆日和世界文化遗产日开展丰富多彩的宣传活动，把文博知识送到人们身边。“5·18”国际博物馆日当天，博物馆开展东方巨人美术班“第二课堂”系列宣传活动。世界文化遗产日当天，博物馆、文保所、非遗办的工作人员一起到人民广场、轩辕阁等地发放博物馆条例、非遗保护知识千余册。深入开展流动博物馆进基层活动。开展“流动博物馆、服务进基层”主题活动，分别走进彭店子乡综合文化站和上庄乡等一线基层，打通服务群众最后一公里；举办文物保护知识讲座和名师大讲堂之纪实摄影讲座及流动博物馆进基层惠民知识讲座，普及文物保护知识。探索馆校运行新模式，6月，与华北理工大学迁安分院签署大学生社会实践基地协议书，为双方在教育、文化、科研等多领域内长期合作创造良好的条件和广阔的平台。

【博物馆数字网站】 配合公共文化资源共享共建项目，谋划建设了博物馆数字网站，已正常运行，观众的点击率较高，很好地宣传了迁安的历史文化。

【博物馆文化产品营销推广】 在与木石轩工艺品有限公司合作开发20余种工艺品的基础上，上报了以博物馆古菱齿象为文化元素“太平有象盘”，参加“2016中铁如家杯唐山旅游商品大赛”，获三等奖。

【与民办博物馆对口支援】 按照国家文物局、民政部、财政部、国土资源部、住房城乡建设部、文化部、国家税务总局2010年1月发的《关于促进民办博物馆发展的意见》文件精神及“关于推进国有博物馆对口支援民办博物馆工作意见”要求，博物馆定期对贯头山酒文化博物馆、志华民俗博物馆进行业务指导和帮扶。

市文化广播电视新闻出版局

局　　长　刘　海

副 局 长　李保金（4月离）　杨明晨
孟祥缔　何爱军（9月离）
周　江

主任科员　何府忠　李聪敏（女）
李保金（4月任）

副主任科员　李金辉

市文化市场行政执法队队长　杨明晨

（司晏杰　周永芳）

广播电视

【概况】 2016年，市广播电视台围绕全市工作中心，服务大局，服务民生，继续坚持“新闻立台、节目活台、经济养台、技术稳台、人才兴台”的理念，把握正确的舆论导向，为建设“魅力水城、绿色迁安”营造了浓厚的舆论氛围。获得河北省综合技术维护管理优胜单位、唐山市“广电系统先进集体”、唐山市外宣工作先进单位、唐山市精神文明建设先进单位等称号，有15人获荣誉称号。

【新闻宣传】 坚持新闻立台，坚守舆论阵地，发挥党委、政府的喉舌作用。一是内宣凝聚力量。创新报道方式，把握方向、服务大局，在《迁安新闻》中先后开办“转型进行时”“协同发展进行时”“深入开展‘两学一做’学习教育”“春动水城”“不忘初心、坚定前行”“走进美丽乡村”“聚焦经洽会”“善行迁安”“创文明城市、建文明水城”等16个专栏，围绕全市转型升级、项目建设、城乡一体化、民生等中心工作，采取专题报道、系列报道、跟踪报道等方式，进行全面、深入的宣传报道，唱响主旋律，传播正能量，为全市经济社会发展鼓劲加油。二是外宣展示形象。把握省、唐山市新闻特点和要求，加强选题策划，结合迁安实际，深入挖掘新闻报道亮点，做到对上报道好、快、准，提高中稿率。全年有372篇稿件被唐山市级以上媒体采用，其中《河北迁安·海绵城市进展顺利》《河北迁安·百姓自觉减排，助力“中国承诺”实现》等17篇稿件被中央台、新华社等国家级媒体采用；在全国、省、唐山市好新闻评比中，有23篇作品获奖，其中《迁安新闻》获中国广播电视协会播音类一等奖。对外宣传、好新闻评比两项工作至2016年连续12年位居河北省和唐山市县级台前列。三是媒体融合发展。将主流媒体的内容生产优势、品牌优势和公信力优势与新媒体的技术和传播优势有机结合，开通“智慧迁安”手机台，打造集广播、电视、网站、微信公众平台和手机台于一体的全媒体平台，进一步构建定位明确、特色鲜明、功能互补、覆盖广泛的多媒体融合发展新格局，提升复合传播能力和舆论引导能力。

【节目创新】 坚持节目活台，全面提升收听收视率。一是加强节目创新创优。根据媒体发展规律，结合频率频道特点和观众收听收视需求，精心策划，准确定位，在节目内容、制播形式、运作方式上进行创新改版。着力抓精品、创品牌，开办《映像水城》《天天见医面》《迁安事儿》《叶子姐姐讲故事》等热点栏目，改版升级了《视点》《记者在行动》《生活帮》等栏目；与市卫计局、农牧局、公安局等单位合办《卫生与健康》《警视纵横》《希望田野》《创业者》等8档栏目。这些栏目个性鲜明、喜闻乐见、观众认可，拉近了与百姓的距离，丰富了群众的业余文化生活。二是加强大型活动策划。开展“春晚”“少儿春晚”“问暖”“寻找水城最美的你”“广场舞大赛”“圆梦之旅”“中学生成语大赛”“农民春晚海选”等大型活动，进一步丰富节目内容，提升广播电视收听收视率。

【事业经营】 坚持经济养台，创新经营模式，推进事业发展。一是形象广告创收。坚持“广告统一管理、分频道运行、分行业代理”的模式，加大本土广告的策划、营销、创收。二是节目创收。采取“节目+活动”的模式，对栏目进行全新包装，通过栏目赞助、合作、合办等形式，推出新节目，举办大型活动，实现创优与创收共赢。三是产业创收。通过“TV+”的模式，依托全媒体平台拓宽经营领域，形成集文化、教育、卫生、农业、旅游、培训、展销、演出等行业经营于一体的多元化产业经营模式。

【技术维护】 坚持技术稳台，加强维护管理，保障节目安全优质播出。一是加大技术投入。投入77万元，对1000平方米、400平方米演播大厅设施进行完善，使演播大厅具备多种节目和演出功能；投入29万元添置航拍机和移动演播室，使广播电视节目摄制方式更加灵活，性能更加稳定；投入140万元实施无线数字电视覆盖工程，解决传统模拟无线电视节目少、质量不高的问题；投入6万元修建黄梅岭道路3公里，解除安全隐患，确保日常和应急维护。全年累计投入资金300多万元。二是加强设备管理。制定《前期设备使用管理规定》《摄像设备及其附件遗失损坏的管理规定》等设备管理办法，对全台设备实行统一收集、编号管理，严格执行设备使用审批、支领手续，责成专人定期维护保养，提高设备的利用率，延长设备使用寿命。三是加强技术维护。定期技术维护，及时排除隐患，解决各种设备和技术问题，全年处理故障900多次，广播电视节目实现安全优质播出。

【重大宣传报道活动】 年内，对中国迁安国际长城万人徒步大会、2016全国体育传统项目学校田径联赛、河北省道德模范命名表彰仪式进行了现场直播，对全市“四个干”动员大会、轩辕阁开阁仪式和陈述教授讲党课进行了现场直播。

【媒体融合发展】 2016年，实施了无线数字电视覆盖工程，开通“智慧迁安”手机台，通过传统媒体和新媒体的有机融合，打造了一个集广播电视直播、新闻资讯、生活服务于一体的新型媒体宣传平台。手机注册用户，可了解迁安最新新闻动态，观看迁安本土电视栏目，收听FM100.1、FM104广播节目，了解党建、纪检监察等政务服务动态以及旅游、医疗卫生等民生实事。这些内容可实时分享到微信朋友圈、QQ空间、微博等社交媒体，人们能及时详细地了解迁安各方面信息，实现“通过电视向世界秀迁安，世界通过电视看迁安”。

【农村电影放映工程】 市广播电视台科学谋划，电影公司积极组织，深入农村放映电影5496场，到社区、敬老院义务放映电影75场。6月，市电影公司被唐山市委宣传部、唐山市文广新局评为“服务农民、服务基层”文化建设先进单位。

市广播电视台

台　长　王艳军（女，12月离）
　　　　　霍志国（12月任）
副台长　徐忠刚　李小光　王志国

（郭秀梅）

《迁安时讯》

【《迁安时讯》重点报道】 2016年，《迁安时讯》及时宣传党的路线方针政策，围绕全市工作中心，对“魅力水城、绿色迁安”建设进行强势报道。1. 对党的路线方针政策和市委全会的宣传形成强势。中共十八届六中全会和市委五届六次、七次全会召开后，《迁安时迅》拿出优势版面及时开设“学习贯彻党的十八届六中全会精神”“学习贯彻市委五届六次全会报告解读”等专栏，刊发各镇乡、部门学习贯彻会议精神及有关解读、评论50余篇（幅），及时宣传了党在新时期的路线方针政策，特别是全面解读了由“魅力钢城”到“魅力水城”变化的深刻内涵，引导全市上下自觉地把思想统一到市委的决策部署和市委、市政府的中心工作上来。2. 对转型发展和项目建设的宣传不遗余力。年内，《迁安时讯》对国家大力倡导转型发展和迁安市的重点项目宣传不遗余力。全年报道城市建设、各项产业转型“典型”80多个，特别是重点报道了英诺特生物技术有限公司由资源型企业率先转型成功、《转型发展的“报春花”——我市文化产业发展纪实》和转发《河北迁安：“背水一战”迎来柳暗花明》，为全市营造狠抓产业结构转型升级，力推全市经济向集约型、开放型、创新型变化的浓厚氛围。项目建设宣传一直是《迁安时讯》全年报道的重中之重，全年报道唐山市领导等在迁安调度、观摩项目活动10余次，还强势报道了中唐·天元谷文化旅游综合体、半导体产业园、市玖鑫国际金融中心等重点项目30余个，为迁安转型升级、项目建设、科学发展实现新突破提供了强有力的舆论支撑。3. 助推全市美丽乡村建设。美丽乡村建设是2016年全市工作重点。《迁安时讯》拿出优势版面，派出骨干编采人员，进镇入村入户，用消息、图片、侧记、特写等多种形式全方位跟踪报道各级领导到迁安考察指导美丽乡村建设的情况，重点推出上庄、大崔庄、建昌营、杨各庄等十几个乡镇美丽乡村建设的典型经验，展现了迁安美丽乡村建设亮点纷呈、精品频现。4. 关注民生。《迁安时讯》着眼于幸福和谐发展的大局，对关系全市人民群众切身利益的工作进行了重点报道。全年刊发安全生产、创建全国文明城市、海绵城市及发展文化、旅游事业和社会保障等关乎民生的消息、言论、图片等100余篇（幅）。此外，《迁安时讯》对大众创业、体制机制创新、招商引资、环保治污、去库存去产能等方面工作给予了重点报道。

【《迁安时讯》精心策划宣传】 1. 精心策划宣传党风廉政建设和反腐败工作。贯彻落实中共十八届六中全会精神，及时准确地宣传党风廉政建设和反腐败工作的政策纪律，运用专版、专栏、言论、刊发宣传画等多种形式，立体强势宣传，在全市上下营造宣廉、促廉、尚廉的浓厚氛围。4月起，《迁安时讯》用9个整版专题刊发了全市79个乡科级单位“一把手”2016年公开承诺事项，用4个半版彩版刊发了《捉小鬼、解决“小鬼难搪”问题》的宣传画，并先后开设“扎实开展“一问责八清理”专项行动”“廉政进行时”“扎实推进“一问责八清理”专项行动深入开展”“纪律与规矩”等专栏，让全市党员、群众深入了解党风廉政建设，精准把握党的纪律和规矩，收到净化党风政风生态、纯洁党员干部队伍作风的良好效果。2. 精心策划宣传迁安黄帝文化建设。黄帝文化建设是迁安近几年持续不断重点打造的文化项目。《迁安时讯》在以往的基础上，采用消息、侧记、图片、言论等多种形式倾力宣传这一关乎迁安文化品牌建设的项目。2016年，《迁安时讯》报道首届中国迁安黄帝文化高端论坛、中华炎黄文化研究会及企业界嘉宾到迁安市考察并签约等5次重大活动，图文并茂地刊发了轩辕阁隆重盛大的开阁仪式，开设了《聚焦轩辕阁》专栏，详尽报道迁安市黄帝文化项目建设情况，刊发了《黄帝胜迹 绿色迁安》《再飨黄帝文化盛宴》等多篇文章。

【《迁安时讯》提升外宣水平】 重视外宣，力塑“魅力水城、绿色迁安”这张名片。2016年，《迁安时讯》沿袭以往领导点题、上下联系、政策激励等多种措施，调动编采人员向上级媒体投稿的热情，一大批反映“魅力水城、绿色迁安”建设的稿件被上级媒体采用，同时涌现出一大批对外宣传的业务骨干。至年底，在唐山市以上媒体刊发稿件110余篇。

【规范广告发行投递，改善办公条件】 一是广告经营管理科学规范。根据《中华人民共和国广告法》等有关法律法规，严格审核拟登广告的有关证明和文件。同时，对特困户、伤残人员等弱势群体刊发遗失声明等广告实行免费，全年免费刊登180余人次。二是丰富广告形式，提高经营效果。年内，《迁安时讯》在充分利用报花、报眉、专栏、专版等形式做好广告的基础上，大胆创新探索了与十几个镇乡、部门合作办区域新闻、月刊等有效形式，弥补经费不足。三是严格监督印刷质量，规范投递行为。《迁安时讯》派专门人员到现场监督并提出改进意见，保证印刷质量。在投递环节上，报社有关部室继续对市邮政局直属和下属支局的50多个投递段发投情况进行随机抽查、电话直访，遏制投递中丢村甩点和投递不及时等现象。四是添置设备，提升工作效率。年内，申请拨款10万元，购置了激光打印机、联想电脑、单反相机闪光灯镜头，极大地改善了办公条件，提高了工作效率。

迁安时讯社
社长兼总编辑 周晓英（12月离）
孙继银（12月任）
副 总 编 辑 田艳林

（花香玉）

档 案

【概况】 至2016年，市档案馆保存档案413741卷（件），资料1.4万册。其中，2016年接收档案34919卷（件、张），接待群众查阅档案1811人次。2016年度，市档案馆获省档案宣传征订工作先进单位、唐山市档案工作先进单位标兵，市市场监督管理局、市交通运输局、市安全生产监督管理局、中共迁安市直属机关委员会、市国土资源局被评为唐山市档案工作先进集体。

【档案开发利用】 1. 编辑出版《迁安震后四十年变化》一书，反映迁安在震后四十年间政治、经济、军事、文化、风土人情等方面发生的历史变化。该书在《迁安时讯》上连续刊载36期。2. 编辑出版《荣耀水城——纪念迁安撤县设市20周年》一书，该书主要包括三部分，其中媒体篇，收集整理唐山市级以上媒体报道的迁安的文章；人物篇，主要是媒体对迁安有影响力的名人的报道；荣誉篇，反映各级各单位获得的关于唐山市委市政府、河北省级以上的所有荣誉。3. 整理印刷了《2013—2015年档案文件汇编》《媒体报道习近平总书记视察唐山重要讲话文章汇编》和《迁安市农村土地确权登记档案整理细则》，以供学习、参考。

【档案数字化工作】 为更好地服务民生，市档案馆与石家庄腾翔盛业电子科技有限公司签订扫描合同，对馆内40万页的民生档案进行扫描，到2016年年底，档案馆已扫描57883卷、210511件档案，档案馆实现了电子化查阅，大大减少了查阅档案的时间，更好的服务民生。

【档案目标管理认定】 指导未完成3A级认定的单位进一步完善。多次对市国土局档案室进行业务指导，已完成唐山市档案局进行的4A级评定，升级为4A级档案室。

【新农村示范村、社区示范点档案工作】 按照唐山市档案局要求，把白羊峪村、明珠社区、花园小区作为档案示范点，多次深入示范点，指导档案室规范化建设以及档案的规范化整理，调动村、社区档案专业人员工作积极性，搜集老档案，扩大村、社区档案内容，白羊峪村将1961年以来的档案全部重新整理。白羊峪村档案室和明珠社区档案室于10月底成功通过唐山市档案局验收。

【专题档案的指导、接收】 3月25日至4月2日，2016里约奥运会拳击项目亚大区资格赛在迁安市举行，来自亚洲、大洋洲近60个国家和地区的400多名运动员，100多名国际拳联成员，到迁安市参加此项赛事。比赛结束后，市档案馆第一时间与项目负责人取得联系，搜集了大量赛前、赛中、赛后文件材料、照片、实物等有价值的档案资料，并整理有代表性的档案9件、照片11张、实物5件，永久入馆保存。

【档案业务知识培训】 10月13—14日，市档案馆组织档案管理知识培训班，全市74个机关事业单位的82名档案员参加培训。培训班上，系统讲解了文书档案、电子档案、照片档案、会计档案、科技档案、目标管理认定办法等业务知识，为进一步做好市直单位档案管理工作奠定了好的基础。

市档案馆

馆　　长　沈　杰
副 馆 长　刘金娣（女）
　　　　　代小艳（女，4月离）
　　　　　彭会军（4—8月）
副主任科员　郑海燕（女）

（杨　扬）

体　育

【竞技体育】 积极参加各项赛事，取得优异成绩。1. 拳击项目：参加2016里约奥运会女子拳击项目，获得1银；参加2016年第九届世界女子拳击锦标赛暨奥运会选拔赛，获得1金；参加2016里约奥运会拳击项目亚大区资格赛，获得1金1银；参加塞尔维亚国际女子拳击邀请赛取得1金1银3铜；参加2016年第六十七届保加利亚“斯特兰扎杯”国际拳击邀请赛，获得2金1银；参加2016年全国少年拳击锦标赛，获得5金2银6铜；参加2016年河北省少年拳击锦标赛，获得1金。2. 田径项目：参加2016年河北省第八届青少年运动会决赛，获得2金4铜；参加2016年河北省第八届青少年运动会14岁儿童组，获得3金2银；在2016年河北省县级市田径锦标赛中，取得团体冠军，获得16金11银9铜。3. 跆拳道项目：参加2016年全国少年拳击锦标赛，获得1金。4. 举重项目：参加2016年河北省举重锦标赛，获得2银2铜。5. 水上项目：参加2016年河北省水上项目锦标赛，获得11金5银10铜。6. 篮球项目：参加唐山市中学生篮球赛，获得男子初中组第1名、女子高中组第2名。7. 乒乓球项目：八家寨小学参加2016年乒乓球“唐山市中小学生乒乓球比赛”，小学女子组、小学男子组、中学女子组、中学男子组均获得县区组第一名，获大团体第一名；赵天奇、刘鑫越分获中学男女单打第一名，赵天宇获得中学男子单打第二名，李雯静获得小学女子单打第六名，周思宇获得小学女子单打第七名。参加在浙江省杭州市举办的“2016年‘红双喜·幼苗杯’全国少儿乒乓球比赛”，获得儿童男子丁组团体第六名、儿童女子丁组团体第二名；王煊同学获得女子单打第七名。

【群众体育】 全民健身活动丰富多彩。一是常规性、日常性活动不断。两节期间，组织全民健身“迎元旦”暨学生阳光体育冬季长跑比赛、“庆新春”羽毛球赛、“庆新春”象棋赛；春季举办“吉祥之旅”系列活动。二是龙头带动，大型品牌活动深入开展。“城乡联动·康乐同行”大型文体展演和“两动两静”带动工程品牌活动深入开展。活动项目包括地秧歌、威风锣鼓、广场舞、八段锦、空竹、腰鼓等，活动采取平时分散练习，定期集中展演的方式，每个镇乡（城区办）有4支不同的展演队伍，每支队伍20～100人，每年分别在元旦、春节期间和全民健身日展演两次，每次有70多支代表队、3000多人参加，吸引上万群众观看。“两动两静”带动工程，自每年3月开始，至12月底结束，设“两动”（乒乓球赛、迁安好声音）、“两静”（棋类赛、书画展览）4个项目的比赛，每个项目历经海选、初赛、复赛、决赛4个阶段，其中前三个阶段的比赛在各镇乡举办，决赛在市区举办。镇乡文体站充分发挥职能作用，巩固基层文体阵地，活跃了农村健康向上的文体生活，带动了全民健身活动的广泛开展。三是隆重召开迁安市第三届体育大会。此次体育大会于9月8日召开，由迁安市人民政府主办、市文化广播电视新闻出版局承办，本着全民健身、全民参与的宗旨，设立手舞足蹈、迷宫探险、跳绳跑、和谐并进、水上闯关、企鹅漫步、渡船取宝、摸石过河、跳长绳、拔河10个趣味性强、参与性广的比赛项目。市政府党组成员张清敏出席开幕式并讲话。各镇乡、市直单位、工矿企业等22支代表队、700余人参加本届大会。经过激烈角逐，市卫计局代表队获得团体总分第一名，赵店子镇代表队获得第二名，市市场监督管理局1队获得第三名。本届体育大会在亚滦湾农业公园举办，是休闲旅游和体育健身有机结合的一次创新，为深入推进全市体育旅游事业蓬勃发展积累了宝贵经验。四是广泛开展镇乡农民运动会。年内，全市有15个镇乡举办了镇乡农民运动会，各具特色，影响广泛。

【体育设施建设】 为让广大群众享受更好的、遍及城市乡村的体育设施网络建设成果，2016年，结合文明城市、美丽乡村以及迁安市全国公共文化示范区建设，全市投资220万元，为80个村安装了健身流动放映机和流动音箱。同时，对111个村和28个社区进行摸底调查，安排400万元资金，建设健身大舞台，并对损坏的健身器材进行更新。

【大型赛事】 2016年，迁安市举办、承办的精品赛事不断。一是成功举办首届2016中国·迁安国际长城万人徒步大会暨全国2016年“发展体育运动、增强人民体质、同心共筑中国梦”全民健身活动。本次活动在迁安市北部长城绿道举行，吸引北京、天津、辽宁、山西以及英国、法国、塞浦路斯、尼日利亚、日本等国家和地区的徒步爱好者1.5万余名选手参加，场面宏大，影响广泛。二是成功举办首届2016中国迁安山地越野马拉松赛。该项比赛于10月30日上午在市挂云山景区、成山景区、西部绿道举行。吸引北京、天津、秦皇岛、山东、辽宁、陕西以及肯尼亚、韩国、法国、日本等国家和地区1500余名选手参加。三是于3月成功承办了2016里约奥运会拳击项目亚洲和大洋洲资格赛。比赛持续9天，有来自亚洲和大洋洲的41个国家和地区的276名男女运动员参加。四是于5月成功承办2016全国公路自行车冠军赛总决赛。五是先后成功承办一系列中小型赛事。主要有2016年全国女子拳击锦标赛、2016年全国跆拳道锦标赛、2016年全国青少年橄榄球训练营（第二期）、2016年全国7人制橄榄球冠军赛和全国青年7人制橄榄球冠军赛、2016年中国乒乓球俱乐部甲D比赛（第二站）、2016年全国女子拳击冠军赛、2016年中国大学生举重锦标赛、第二十一届中国大学生乒乓球锦标赛。各种赛事的成功举办和承办，展现了体育文化的精神内涵和巨大魅力，掀起全身健身的热潮，同时在促进全市文化、体育、旅游、农业的融合发展方面起到巨大作用。

【市九江拳击俱乐部被评为国家示范性青少年体育俱乐部】 年内，国家体育总局青少司在全国范围内评选出150所“国家示范性青少年体育俱乐部”，迁安市九江拳击俱乐部凭借雄厚的软、硬件设施条件入选。市九江拳击俱乐部于2008年6月1日成立，到2016年有教练员5名，运动员48名。成立至2016年，培养出世锦赛冠军、亚锦赛冠军各2人次，亚运会冠军、青奥会冠军各1人次，全运会冠军1人次，获得19枚国际拳击比赛的金牌、40枚全国拳击比赛金牌，先后有20名队员被选入中国国家拳击队。在2016里约奥运会拳击项目亚（亚洲）大（大洋洲）区资格赛中，九江拳击队的尹军花、赵名刚2人取得直通里约奥运会的入场券，为河北、为国家争得荣誉。北京时间8月20日凌晨3时30分，里约奥运女子拳击57~60公斤级决赛中，尹军花奋勇拼搏，发挥出色，以微弱劣势获得银牌。8月26日下午，迁安市在市奥体中心拳击馆四楼多功能厅举行尹军花荣获奥运亚军庆功会。市委书记李忠出席并讲话。市委副书记、市长张淑云主持会议。市政府党组成员张清敏代表市委、市政府向尹军花颁发10万元奖金。中国拳击协会副主席、市九江线材有限公司副董事长赵玉乔介绍九江拳击队的发展和有关比赛情况。

（司晏杰　周永芳）

综　述

【概况】　2016年，继续深入挖掘迁安黄帝文化资源，塑造独具特色的城市文化品牌，高质量完成轩辕阁布展工作，成功举办轩辕阁开阁系列活动，努力把迁安轩辕阁打造成闻名全国的文化地标，黄帝文化特色品牌得到进一步提升。

黄帝文化研究工作扎实推进。5月26日轩辕阁正式开放以后，得到社会各界的一致好评。10月，按照市委领导的指示精神，对轩辕阁相关立面展陈内容进行了改展。年内，编辑、印制了《迁安·黄帝胜迹》宣传画册；协助春瑞书院完成《迁安文史集萃》历史文化系列丛书编辑工作，全面展示以黄帝文化为引领的迁安历史文化；制作了《迁安·黄帝胜迹》黄帝文化宣传片，形象生动地展示了“迁安黄帝胜迹”特色，有力地提升了迁安黄帝文化的影响力。

黄帝文化事业和文化产业加快发展。7月27—28日，组织中华炎黄文化研究会常务副会长兼秘书长、北京大学历史文化研究所所长张希清，中华炎黄文化研究会常务副会长兼理事长、中金基业集团董事长常文光，携中华炎黄文化研究会领导及知名企业家、科学家一行36人到迁安考察。就接洽达成的共识，与迁安市签署了《中华炎黄文化研究会迁安轩辕黄帝文化研究院联合共建协议》《迁安市人民政府与中外名人文化产业集团合作协议》。此次活动开创了一条通过国家级社团组织帮助迁安进行招商推介的新模式，以中华炎黄文化研究会迁安轩辕黄帝文化研究院为平台和纽带，打开了一扇通过轩辕黄帝文化研究院长期对迁安进行招商推介的新窗口，至年底，形成了一批良好的合作意向。9月18日，邀请北京大学历史文化研究所所长张希清、常务副所长柴宝亭，就文化产业发展到迁安市进行考察，并就总投资12亿元的大藏经文化传承工程项目进行深入洽谈。

【迁安市轩辕阁隆重开阁】　轩辕阁高54米，总投资6000多万元，建筑面积4542.49平方米，为明五层、暗七层的仿明代风格建筑。经过近半年的精心筹备，5月22日，迁安市轩辕阁隆重举行开阁仪式。中华炎黄文化研究会专家学者、全国知名企业家、各省市炎黄文化研究会领导及港澳台知名人士、全国轩辕姓氏代表、迁安市干部群众4000余人齐聚一堂，共同见证轩辕阁盛大开阁。22日下午，迁安在锦江会堂举办“首届中国迁安黄帝文化高端论坛”和“首届中国迁安炎黄文化与创业创新经济论坛”，中华炎黄文化研究会迁安轩辕黄帝文化研究院在会上揭牌。第十一届全国政协副主席、中华炎黄文化研究会名誉会长陈宗兴出席开阁仪式，宣布迁安轩辕阁正式开阁，并在“首届中国迁安黄帝文化高端论坛”上作重要讲话。中华炎黄文化研究会首席顾问、中共河南省委原书记徐光春恭读《轩辕阁开阁文》。中华炎黄文化研究会14名副会长，以及20余位史学界专家学者走进迁安，刘庆柱、王震中两位中国社科院学部委员在“首届中国迁安黄帝文化高端论坛”上发表演讲。中华炎黄文化研究会常务副会长兼理事长、中金集团董事长常文光，全国政协委员、财政部财政科学研究所原所长贾康，全国政协委员、中华炎黄文化研究会副理事长、爱国者集团董事长冯军等30余位经济学界、科技界、教育界、互联网及文化创意产业等不同界别的杰出企业家代表和商界领袖参加首届“炎黄文化与创业创新”经济论坛，交流经验、分享成果，达到了弘扬传统文化，传承黄帝精神，宣传迁安、推介迁安，增进合作、促进发展的目的。全国人大代表、中央电视台著名主持人、中华炎黄文化研究会常务理事张泽群主持开阁仪式。

（玄兆海）

轩辕岛文化村

春瑞书院

【概况】 春瑞书院坐落于迁安市黄台湖景区轩辕岛文化村，为河北省首家私人公益性书院。占地面积960平方米，建筑面积1208平方米，2013年5月建成并免费向社会开放。至2016年年底，书院拥有图书3万余册、各种报刊100余种、名人名家书画千余幅。所藏四书五经、欧阳询九成宫拓本、简斋（袁枚）文稿、南开创始人严范孙手稿、明代状元赵秉忠的殿试考卷、清代名臣刘墉的家书集锦以及清末代状元刘春霖读藏的孤本《宋本陶集》等珍贵经典古籍和清代书橱、红木落地屏风、刘春霖所用书箱等珍贵文物以及现代“文化大革命”史料均保存完好。2016年，书院免费接待参观学习的游客8000余人次，充分发挥了“传承国学、教化民众、提升道德素养”的文化阵地作用，推动了迁安文化建设，受到社会各界的广泛赞誉。

【全力做好参观服务】 随着书院的知名度、美誉度和影响力的不断提升，到书院参观学习、访问交流的客人日益增多，其中不乏一些国内外有影响的专家学者。为做好接待，书院不断提升服务质量和水准，不论参观人数多少，都认真讲解，使大家倍感亲切，深感不虚此行，纷纷给予书院高度评价，尤其对创办者徐春瑞先生在“文化大革命”初期冒着极大政治风险，将这些珍贵的历史遗产抢救保存下来的不凡之举钦敬备致，留下数百条参观感言：全国著名教育家、国务院参事李烈留言：“春瑞书院、感人至深，春瑞市长、儒豪之表，迁安发展、绿色有根，文化厚重，传承有人”；中科院学部委员（院士）、中国历史研究所副所长王震中留言：“春瑞书院，传承国学，乐在其中，功在千秋”；中国文化研究所研究员、西北大学兼职教授任大援留言：“慎终追远，民德归厚”。

【充分发挥书院基地教育功能】 2016年，春瑞书院充分发挥国学传承、干部培训、党风廉政建设三大基地教育功能，以弘扬国学为己任，大力宣传、弘扬国学经典文化，先后义务为社会机关团体举办30多场国学教育培训，约1300余人受到国学教育洗礼，收到很好的社会效果。11月17日，滦河文化研究中心基地与唐山师范学院文科基地在春瑞书院挂牌落户。唐山师范学院党委书记王英，唐山师范学院院长、滦河文化研究中心主任杜彩芹以及迁安市委书记李忠，市委常委、宣传部部长郭卫民，市政府副市长王志刚出席揭牌仪式。揭牌仪式上，杜彩芹向春瑞书院院长徐春瑞颁发了唐山师范学院荣誉教授及中文系客座教授证书。李忠、王英共同为滦河文化研究中心基地、唐山师范学院文科基地揭牌。

【《迁安文史集萃》出版】 2016年5月，《迁安文史集萃》由河北教育出版社出版，主编徐春瑞、张森。6月12日，由市委宣传部、市文广新局、市政协文史委、市文联主办的《迁安文史集萃》首发式暨迁安文史研讨会在春瑞书院召开。市政协主席李维林出席。《迁安文史集萃》是一套由春瑞书院搜集整理的历史文化丛书。分《黄帝文化百讲》《文史知识百则》《风景名胜百咏》《故事传说百篇》《乡风乡韵百味》《画说旧俗百章》6卷，囊括了迁安黄帝文化、文史知识、风景名胜、故事传说、乡风民俗等内容，以史论、文学、绘画等多种形式展示了迁安厚重的历史文化、美丽的自然风光、动人的传说故事、淳朴的乡风民俗，内容翔实，形式多样，被称为迁安文化的百科全书。河北教育出版社副总编辑郝建国对《迁安文史集萃》丛书的出版表示热烈祝贺，并给予高度评价。他说，《迁安文史集萃》内容丰富多彩，题材多样，是一套扎实的、高品质的文化读本，既追溯了迁安的文化根脉，梳理了迁安文化的发展进程，又弘扬了迁安文化的博大精深，贯通古今，丛书展现的文化情怀尤其令人感动。研讨会上，李维林要求各镇乡、各有关部门一定要用好这套丛书，进一步增强推进全市文化建设的自觉性和主动性，要大力实施文化与旅游融合发展战略，为“魅力水城”“美丽乡村”建设增加文化元素，增添文化魅力，打造具有迁安特色的文化品牌，同时希望广大文艺工作者和春瑞书院再接再厉，为迁安文化的繁荣发展做出积极贡献。会上，春瑞书院为市图书馆、太平庄乡、马兰庄镇等20余家单位赠书。

【媒体报道再掀高潮】 2016年，各级媒体先后16次报道春瑞书院在振兴迁安文化事业方面取得的成就。《中国改革报》在重要版面以《殿堂级书院里的传奇》为题，全面报道了记者黄冰、杨东华撰写的专访文章，在全国引起强烈反响。

【入选《中华人民共和国年鉴（2016卷）》】 春瑞书院作为展示迁安文化的重要窗口，始终秉承公益性和弘扬优秀传统文化的建院宗旨，用实际行动践行文化自觉、文化自信，充分利用道德大讲堂这一文化阵地，认真贯彻落实习近平总书记在孔子诞辰2565年国际学术研讨会上讲话所提出的国学西学并重的指导思想，广泛向社会传递向上向善的正能量。2016年，春瑞书院成功入选《中华人民共和国年鉴（2016卷）》，《中华人民共和国年鉴》是国务院办公厅确认、新闻出版总署批准的中国唯一综合性国家年鉴，由新华通讯社主办，新华出版社、中华人民共和国年鉴社出版编辑，以中英文两种版本在全国各省、市及海外100多个国家和地区发行。

（张新晨）

梅墨生艺术馆

【概况】 梅墨生艺术馆位于迁安市黄台湖景区轩辕岛文化村内，2014年8月3日落成，此后长期向社会各界开放。2016年，到艺术馆参观的游客5000余人，北京、天津、重庆、浙江、江苏、四川、内蒙古、青海等省、市、自治区爱好书法绘画的友人也纷纷慕名而来，他们仔细欣赏、品味梅先生的一幅幅精美画作，感到深受启迪。

组织系列活动，提升迁安艺术品位。2016年，梅墨生艺术馆举办公益大讲堂12期，累计参加人数600多人。组织艺术研讨会5次，配合组织书画展6次，尤其是“滦县·乐亭·迁安三地联展”，积极联系组织迁安画家，拿出最优异的作品，在三地展出交流。参与组织市美丽乡村建设领导小组办公室、市文学艺术界联合会举办的“美丽乡村”文学、美术、摄影大赛，筹划美术类大赛，组织艺术家赴各个景点、乡村采风写生，先后收集到百余幅精美作品，有的描写迁安乡村巨大变化，有的描写家乡景区山水秀色，最后选出41幅国画、油画优秀作品，录入作品集。展览活动受到相关领导的充分肯定，同时获得老百姓的好评。

梅墨生艺术馆为广大书画爱好者提供了一个交流、学习的平台，为振兴迁安文化事业做出了贡献。

附：

梅墨生艺术馆馆长李爱文简介

李爱文，号妙文居士。1967年出生，国家二级美术师，甘肃国画院理事，河北省美术家协会会员，河北省书法家协会会员，迁安市美术家协会主席。受业于叶尚青、朱颖人诸名师。1990年6月，中国美术学院中国画系、西泠书画院联合主办“李爱文画展”，浙江省电视台、《中国书画报》等新闻单位做了报道。1991年，作品《早春》入选“中华人民共和国第二届城市运动会书画大展”。1999年，作品《荷》在“河北省廉政清风书画摄影展”中获金奖。2004年，书法作品《草书四条屏》获河北省金奖。2016年，李爱文被河北省委宣传部授予“2016年度燕赵文化之星”称号，李爱文家庭获国家新闻出版广电总局颁发的第二届全国“书香家庭”称号和河北省“书香家庭”称号，作品特邀参加国家发展改革委举办的主题为“弘扬伟大长征精神 走好今天长征路——纪念中国工农红军长征胜利80周年干部职工画展”并被收藏。自1990年至今，先后有上百幅作品发表于《经济日报》《书与画》《华生报》《北京晚报》等国家、省、唐山市级报刊上，多次参加国家、省、唐山市级展览，并有数万字的理论文章面世。

（梅墨生艺术馆）

古泥美术馆

【概况】 古泥美术馆位于迁安市黄台湖景区轩辕岛文化村内，2014 年年底建成开放。2016 年，古泥美术馆认真贯彻习近平总书记在全国文艺工作座谈会上的讲话精神，坚持以人民为中心导向，践行“爱国、为民、崇德、尚艺”的文艺界核心价值观，以繁荣迁安文化事业和文化产业为己任。努力开展各项工作。1. 策划举办高水平书画展，努力提升迁安市艺术品位。年内，先后举办主题为“超以象外”“夏日荷花”“如逢花开”“素处以默”等6次名人书画群展和个展。此外，与唐山劳动日报社画院、迁西美协、乐亭文化馆等联合举办书画展。2. 出版《大匠之门》《古泥美术馆》刊物，编辑出版刘洪宝、李红艳、王红梅、曹正、王志国等艺术人才个人书画作品集5000余册，并召开以上几位艺术新人新书发布会。3. 加强市内外交流，促进迁安市文化艺术水平的提高。与北京、山东、天津、大庆、秦皇岛、唐山、沧州、滦南、丰南、迁西等地，通过互访、办展等方式，进行切磋交流，加深友谊，提高艺术。同时，《中国文化报》、河北电视台、《唐山劳动日报》等新闻媒体多次到美术馆采编节目。4. 坚持展览、学术、培训“三位一体”，为全市培养艺术人才。继续开办大匠之门活动，全年举办各种讲座 12 期、书画印培训 38 期，古泥先生亲自点评 26 次，组织野外写生 6 次，引导大家在书画印的学习创作上，明确方向，走正路，涌现出一大批书画印人才。5. 联合贯棠文化传媒与中央电视台少儿频道著名主持人豆豆、一天哥一起，共同成功举办了“快乐体验、走进迁安”节目。6. 树立服务意识，大力开展文化惠民活动。免费接待团体个人参观 2 万多人次，免费赠阅书刊报纸 1 万多份，为石佛古寺重建捐赠书画作品 40 多幅，拍卖近 200 万元，仅古泥先生一幅作品就拍出 160 万元的高价。7. 创新发展，办好网络平台。创建网络平台——古泥美术馆，全年举办 8 期节目，推出新人新作，同时，通过网络拍卖书画作品 100 多幅，成交额 30 多万元。

（古泥美术馆）

专　　文

编者按：

河北迁安是中华文明最早的发源地之一，滦河、青龙河养育了上古时期黄帝部落的先民。5 月 22 日，迁安隆重举行轩辕阁开阁仪式，来自全国各地的炎黄子孙，齐聚燕山脚下、滦水之滨，共拜人文始祖，传承黄帝文化。22 日下午，举办了“首届中国迁安黄帝文化高端论坛”，论坛上，陈宗兴、徐光春、李忠、刘庆柱、王震中、张新斌、谢飞等人先后发言，分别从考古、历史、文化等不同视角梳理了黄帝文化与迁安的关系，阐述了传承与弘扬黄帝文化的时代意义。《光明日报》（2016 年 11 月 14 日 16 版）摘要发表了部分发言，“专文”原文收录了《光明日报》刊载的发言。

黄帝胜迹　绿色迁安

陈宗兴

迁安地区是中华文明最早的发源地之一，滦河、青龙河养育了上古时期黄帝部落的先民。在整个华夏历史的上古、中古以及后来的发展中，不论从文献学、考古学，还是人类学，在这一地区都可以找到有价值的文化遗存。面对如此丰厚的历史文化遗产，开展多学科的研究，是一项长期的重要任务。

中华炎黄文化研究会前会长费孝通先生曾为迁安题词：“黄帝胜迹，光耀千秋”。今天，随着中华民族世界地位的提高，越来越多的世界各地的华人回国寻根问祖。迁安轩辕阁的建立，给后代造就了一个缅怀先祖的标志性建筑。

中国自秦汉以来就形成一个多民族统一的国家，在中华民族成长壮大的过程中，逐渐形成“炎黄子孙”的概念。正如于右任先生在《黄帝功德纪·序》中说：“黄帝既战胜蚩尤，东至于海，西登昆仑，南及交趾，北出幽陵，而开拓中华民族已有之疆土。其子孙之蔓延于各地也，如汉族固为其苗裔，而西藏族之羌，回族之安息，苗黎族之禺号，蒙古族之匈奴，东胡族之鲜卑，金人之祖且为黄帝之子清，满清则金人之后也，是皆近世治史者所能考信。是中华民族之全体，均皆黄帝之子孙也。”这里的论述，表现了历史上形成的普遍社会心态，即百川归海、中华一统的民族认同精神。

党的十八大对推进中国特色社会主义事业做出“五位一体”总体布局，要求做好经济建设、政治建设、文化建设、社会建设、生态文明建设。其实，中华优秀传统文化的“天人合一”“民胞物与”等体现人与自然和谐的思想，也是当代生态文明理论的重要源头之一。

今天，我们欣喜地看到，迁安人民继承优秀文化传统，在社会主义经济建设和文化建设中取得突出成绩，并被列为国家第三批发展改革试点城市、国家可持续发展实验区、国家智慧城市试点单位等。

当前，迁安也面临着经济提质增效和发展方式转型升级的任务，在这一过程中，经济社会发展要特别注重努力实现“人与自然和谐、发展与环境双赢”。习近平总书记提出的“绿水青山就是金山银山”“山水林田湖是一个生命共同体”等一系列关于生态文明建设的重要论述深入人心。今年是“十三五”规划开局之年，也是我国全面建成小康社会决胜阶段的开局之年。我们期待并相信迁安广大干部群众在京津冀一体化发展中，充分发挥迁安市的历史文化优势、生态环境优势，以及地处环渤海经济圈的区位地域优势，通过全面深化改革，积极进行结构调整，一定会逐步实现迁安人民“魅力水城、绿色迁安”的奋斗目标。

（作者：陈宗兴，第十一届全国政协副主席、中华炎黄文化研究会名誉会长）

雄立东方 唯我有先——传承与弘扬黄帝文化的意义

徐光春

历史和现实告诉我们，中华五千年文明的形成和发展，离不开中国人民的人文始祖黄帝，离不开孕育中华民族成长发展的黄帝文化，离不开推进国家繁荣进步的黄帝文明。传承和弘扬黄帝文化有着深远重大的意义。

河北迁安轩辕阁　光明图片

一

1. 黄帝是什么样的人?

《史记》开篇《五帝本纪》的第一段文字写的就是黄帝：“黄帝者，少典之子，姓公孙，名轩辕。生而神灵，弱而能言，幼而徇齐，长而敦敏，成而聪明。”司马迁用了33个字，就把黄帝是什么样的人描画出了鲜明的轮廓。从古代文献记载、古史传说和现当代各方学者研究的成果来讲：黄帝姓公孙，名轩辕，是古有熊国今河南新郑人，生于五千年前后，死后葬于桥山，即今陕西黄陵县；黄帝始为有熊国君，后统领部落联盟，华夏成形，黄帝成为盟主，是中华民族奠基人；黄帝以人为本，以和为贵，以公为要，创立国家，建造城邑，发展生产，改善民生，创造文化，治理社会，倡导德政，节用材物，是中华文明创始人；黄帝通过釜山合符，建立庞大的部落联盟，推进黄帝文化、炎帝文化、蚩尤文化和其他各部落文化的大交汇、大融合，形成中华文化的雏形，被公认为中华人文始祖，是中华文化缔造人；黄帝率领民众与天斗、与地斗、与人斗，开天辟地，顽强奋斗，开创社会新形态，造就人类新生活，是创造世界的大伟人。

2. 黄帝文化是什么样的文化？

黄帝文化，可以从大小两个概念来讲。从内容上看，黄帝文化的大概念是黄帝时代以黄帝为首的先人们创造的物质财富和精神财富的总和。所谓物质财富就是指黄帝带领他的百姓改造自然、发展生产、改善民生所创造的物质成果，如挖水井、制衣裳、烧陶器、造舟车、建宫室、吃熟食、做兵器以及发展农业、畜牧业、纺织业、手工业等等，表明原始社会末期的黄帝时代，生产力水平有了新的提高，物质财富已较前丰富，百姓生活有了明显的改善。所谓的精神财富，就是指黄帝带领他的百姓在思想、政治、道德、文化、科学、教育等方面取得的精神成果，如行慈爱、讲仁义、修德政、用能人、求和平、定礼节、造文字、作音律、创图画、编历法、重教化等等。黄帝时代创造的物质财富和精神财富的总和，就是黄帝文化。黄帝文化的小概念，就是专指黄帝时代所创造的那些精神财富，即思想、政治、道德、文化、科学、教育等方面的精神成果。

从时空的角度看，黄帝文化的大概念是以黄帝为代表的“五帝时代”的文化，应包括黄帝本身的文化、炎帝文化、蚩尤文化和颛顼、帝喾、帝尧、虞舜四帝文化在内的大文化。因黄帝统领部落联盟，又因黄帝是“五帝”之首，而且后四帝均为黄帝直系后辈，所以这一历史时代的文化也统称“黄帝文化”，是这个漫长的历史时代所创造的物质财富和精神财富的总和。而小概念的黄帝文化，则是黄帝本人亲历亲为的文化，是黄帝本人带领百姓所创造的物质财富和精神财富的总和。总之，不管从哪个方面来讲，黄帝文化是中国原始社会末期政治、经济、文化鼎盛时期文化发展的重要标志，是中国远古文化的杰出代表，是中华优秀传统文化的祖根文化，是中华民族形成和发展的强大动力，也是国家和人民宝贵的精神财富。

3. 黄帝文明是什么样的文明？

判断一个民族、一个国家、一个社会是否进入文明状态，有两个重要的标志物，即国家的诞生与城市的建设。《史记·五帝本纪》云，黄帝统一中原后，“置左右大监，监于万国。万国和，而鬼神山川封禅与为多焉”。西晋皇甫谧的《帝王世纪》中说：“新郑，古有熊国，黄帝之所都，受国于有熊，居轩辕之丘，故因以为名，又以为号。”《史记·五帝本纪》也曰：黄帝“合符釜山，而邑于涿鹿之阿”。可见，黄帝时代不仅有了国家，而且还有城邑，新郑、涿鹿都是当时黄帝先后建造的都城。近些年考古发现，在远古时期的中原地区有不少古城遗址，有的就属于黄帝时代的城邑。黄帝文明作为中华文明的一缕灿烂的曙光，出现在中国大地的东方地平线上。

二

习近平总书记曾经指出：“中华文明绵延数千年，有其独特的价值体系，中华优秀传统文化已成为中华民族的基因，植根在中国人内心，潜移默化影响着中国人的思想方式和行为方式。今天，我们提倡和弘扬社会主义核心价值观，必须从中汲取营养，否则就不会有生命力和影响力。”我们传承和弘扬黄帝文化、黄帝文明的重大意义在哪里？

1. 历史意义——树碑立传。树碑立传，就是要把黄帝、把黄帝文化、把黄帝文明在中国历史上的地位和作用确立起来，把黄帝历史、黄帝文化、黄帝文明具体化、系统化、规范化。历史上已有不少政治家、思想家、史学家把黄帝列为中国文化、中国文明、中国历史“第一人”，并作了精到的介绍和诠释。历史上很多帝王在登基祭祖时先祭拜黄帝。中华民国成立后，孙中山就任大总统即派员赴黄帝陵祭祀，留下“中华开国五千年，神州轩辕自古传，创造指南车，平定蚩尤乱，世界文明，唯我有先”的祭祀词。抗日战争时国共两党同祭黄帝，毛泽东亲笔写了《祭黄帝陵文》，文中说：“赫赫始祖，吾华肇造”，“建此伟业，雄立东方”。我们传承和弘扬黄帝文化，其重大的历史意义在于为黄帝、为黄帝文化、为黄帝文明树碑立传。

2. 现实意义——推波助澜。实现“两个一百年”奋斗目标和实现中华民族伟大复兴的中国梦，需要有强大的动力去推进才能完成。而这个动力源来自两个方面，一是物质方面，需要大力发展经济，做强经济；二是精神方面，需要繁荣发展文化，做强文化。繁荣文化，做强文化，其核心是要使中国人民有一股子压不垮、使不完、始终一往无前、团结奋斗的精气神。这股精气神从哪儿来？就要靠社会主义先进文化去激励，就要用中华优秀传统文化去培育。而黄帝文化是中华优秀传统文化的祖根文化，在黄帝文化中有我们中华炎黄文化研究会概括的四种精神：开拓创新、以人为本、崇德弘道、协和天下，这些都有利于社会主义先进文化的建设，有利于社会主义核心价值观的践行，有利于经济发展、社会进步、民族团结、人民幸福。因此，我们传承和弘扬黄帝文化，其重大的现实意义是为中华民族伟大复兴推波助澜。

3. 未来意义——根深叶茂。在漫长的历史岁月里，中华文明这棵大树遭严寒而不残，遇干旱而不枯，经风暴而不倒，过野火而不毁，始终高高地挺立在世界的东方。要使中华文明达到更高境界，登上更高峰，唯有更好、更勤奋、更科学地养护，确保这棵大树根系健壮、根脉发达、根源深厚、根力强大，这就要传承和弘扬好中华优秀传统文化。黄帝文化作为中华优秀传统文化的祖根文化，更是需要认真传承和大力弘扬。

4. 世界意义——百花齐放。每一个民族都有自己独特的文化，每一个国家都有自己独特的文化传统，正因为这样，世界文化才显得丰富多彩、色彩斑斓。以黄帝文化为祖根的中华优秀传统文化，在世界文化中个性鲜明，有着自己独特的基因，独特的追求，独特的路径，独特的色彩。我们传承和弘扬黄帝文化，就要加强世界各国的文化交流，就要走出国门、走向世界，让世界从了解中国的文化开始来了解中国，同时也让世界文化的大花园更加百花齐放、更加绚丽多彩。在文化的交流交融中，进一步繁荣发展本国的文化，也进一步推进世界文化的发展进步，更好地造福本国人民，造福世界人民，让世界变得更加和谐、更加美好。世界各国华人都是炎黄子孙，通过黄帝文化的传承和弘扬，使世界华人增强民族文化认同，增强中华民族的凝聚力和爱国心。我们传承和弘扬黄帝文化，其重大的世界意义是促进世界文化百花齐放、促进国际社会和谐美好。

三

据文献记载，黄帝一统天下时的疆域很大，且“迁徙往来无常处”，其足迹遍布中原大地。河北迁安当属黄帝辖下重镇，格外受黄帝关注，派重兵镇守，派能人治理，致使迁安留有“轩辕村”，子子孙孙繁衍不绝，成为黄帝行迹的实证和黄帝文化的佳话。中华炎黄文化研究会前会长费孝通副委员长曾题词迁安予以赞美曰：“黄帝胜迹，光耀千秋。”迁安市委、市政府高度重视黄帝文化的传承和弘扬，拨款建造“轩辕阁”，并在阁内办一永久性的黄帝文化展览，以纪念轩辕黄帝，弘扬黄帝文化。又与中华炎黄文化研究会商定，成立“中华炎黄文化研究会迁安轩辕黄帝文化研究院”，同时决定将黄帝文化活动作为迁安市经常性活动来开展，使之成为迁安市百姓的精神文化大餐。此情感人、此意深远、此举可嘉。迁安市作为黄帝胜迹所在地，在传承和弘扬黄帝文化方面有着独特的地位和独到的地方。衷心祝愿迁安市传承和弘扬黄帝文化系列活动取得圆满成功，祝愿迁安市在全面建成小康社会的征程中发展得越来越好！

（作者：徐光春，中华炎黄文化研究会首席顾问）

轩·轩辕山·安新庄遗址

刘庆柱

根据《山海经》记载：由太行山向东、东北依次有龙侯山、马成山、咸山、天池山、教山与轩辕山，其间距离1170里，迁安西南距离太行山与此相近。而在迁安有一座山称为“龙山”，在此山东侧又有一处称为“黄龙峪”的地名，“龙山”与“黄龙峪”是相关联的，“龙山”可称为“黄龙山”，“黄龙峪”亦可称为“龙山峪”。“龙山”“黄龙峪”均因“龙”或“黄龙”而得名。《史记·天官书》记载：“轩辕，黄龙体”，这说明了轩辕与“黄龙”的关系。因此从地理方位上似乎可以说，《山海经》记载的“轩辕山”有可能就是现在迁安的“龙山”；从逻辑上讲，“龙山”也就是“黄龙山”，而“龙山”“黄龙山”应即“黄龙体”之山，也就是“轩辕山”。

地名承载着历史，留下宝贵的历史记忆，迁安的一些地名有的历史久远。迁安市沙河驿镇的“轩坡子”村，现在有以“轩”为姓者250多人。“轩”姓在全国最多的地区依次是河南、山东、河北与安徽，而河北的“轩”姓集中在唐山地区。“轩”为“轩辕氏”省称，汉代有谏议大夫“轩和宋”等。“轩坡子”之“轩”姓在迁安历史已经很难究明，但是迁安及唐山地区的“轩”姓之后人与“轩辕”应该有着一定关系。

迁安地区的考古发现说明，这里不但有“轩辕”时代的考古学文化遗存，还有比其更早的遗存，也有晚于“轩辕”时代的考古学文化遗存。这说明迁安的“轩辕”时代考古学文化遗存不是孤立的，是有着源远流长的发展历史。

迁安爪村遗址发现的旧石器时代晚期文化距今约5万年，爪村遗址不但有旧石器时代晚期遗存，还有属于细石器文化传统（距今约12000年）的遗物。可以看出这里史前时代人类一脉相承的活动历史。值得特别重视的是，在中国古代传说的“三皇五帝”地区，其中有不少就是发现了属于“现代人”的旧石器时代文化（包括细石器文化）遗存，如传说炎帝神农重要活动地区的晋东南地区发现的沁水下川遗址、高平羊头山与尧都平阳襄汾柴寺遗址等旧石器时代与细石器遗存，河南新郑“黄帝故居”的郑州附近旧石器时代晚期与细石器文化遗存等，这些遗存说明我们的先祖在这些地区生活有着久远的历史，他们应该是新石器时代人群的直接祖先。而在迁安附近的华北北部地区，恰恰是中国北方新石器时代早期文化发现最为集中的地区，如北京门头沟东胡林遗址（公元前8350—前7960年）、怀柔转年遗址（距今约10000年）、河北阳原于家沟遗址（距今约11000年）和保定徐水南庄头遗址（距今10500—9700年）。在太行山东麓、燕山山脉附近发现的中国北方新石器时代早期遗存对我们认识此后这里发生的许许多多历史现象十分重要。

中国北方地区（河北与内蒙古东南地区）新石器时代中期遗址以内蒙古东南部的赤峰地区兴隆洼文化遗址（公元前6000—前5300年）和河北南部磁山文化遗址（公元前6100—前5750年）最为著名。兴隆洼文化主要分布在西自潮白河，东至西辽河下游，南抵华北北部，在滦河、潮白河流域均有兴隆洼文化存在。磁山文化主要分布在河北省的太行山东麓，南到漳河，北至保定以北的拒马河、大清河流域。

可喜的是迁安西北部的迁西县东寨遗址、西寨遗址发现了与新石器时代中期兴隆洼文化相近考古学文化遗存。在迁安则发现了与新石器时代中期考古学文化相衔接的遗存，其中迁安安新庄遗址的发现至关重要。安新庄遗址可以分为甲类遗存与乙类遗存，前者距今6200—5800年，后者距今5865—5400年。甲类遗存被认为与迁西县西寨遗址二期遗存年代相近、文化性质相当，应属于安新庄遗址的早期遗存。安新庄遗址乙类遗存的年代属于“黄帝时代”。安新庄遗址不是孤立的，在迁安还有与其考古学文化相同的万军山遗址（距今5000—6000年）。安新庄遗址考古学文化介于仰韶文化与红山文化之间，它既有中原文化因素，又有红山文化因素。就彩陶而言更接近仰韶文化，安新庄遗址彩陶为红色与赭红色，仰韶文化彩陶为偏红色与红褐色，红山文化彩陶为黑色与紫红色。对此，文启明先生曾经指出：“迄今已在滦河中下游一带先后发现多处类似安新庄甲类的遗存，但典型的红山文化遗存却没有发现。安新庄乙类遗存的泥质钵、筒状罐以及彩陶风格，石器中极少见到的舌形石耜、石锄等大型打制石器和桂叶形石刀以及玉石器，都与红山文化区别较大。……辽西的兴隆洼、赵宝沟等遗存所代表的文化，沿着老哈河、大凌河向西，即冀东北地区发展时，在不同地区受到北上的中原文化及当地土著文化不同程度的抵制，特别是在滦河中下游地区受到当地类似南阳庄早期遗存为代表的文化（相当于后岗下层的早期）的强烈抵制和影响，逐渐失去锋芒而衰退，最终与当地文化融合，形成以安新庄两种遗存为代表的文化。”

安新庄遗址考古学文化特点说明，其时代上与传说“黄帝时代”是基本一致的。安新庄遗址人群活动区域又与历史文献记载黄帝在华北北部活动空间是吻合的。因此说迁安的“黄帝史迹”传说值得重视，需要进行科学的、深入的研究与全面认识。

（作者：刘庆柱，中国社科院学部委员）

黄帝与迁安

王震中

迁安有“轩辕擂鼓台”（又称“悬羊擂鼓台”）“风后洞”“轩辕庙”“蚕姑庙”，迁安还有一个轩坡子村和该村出土的清代轩辕姓族墓碑。这些都是当年任重远先生和迁安人研究迁安与黄帝关系的基本出发点。

迁安与黄帝的关系，应该寻找更深层的学术依据。《山海经·大荒西经》说：“有北狄之国。黄帝之孙曰始均，始均生北狄。”这一说法反映了黄帝部族中的某些支系与上古戎狄之间的关系。其结论是：黄帝族中的一支族团属于古戎狄族，与迁安地区唐虞时代之前的山戎实属同一部族集团，它们之间有渊源关系。我研究的看法是，不是整个黄帝族都属于古戎狄族，而是黄帝族中的一支属于古戎狄族。有了这样的史学认识后，我们对发生在燕山脚下的黄帝族的活动足迹就会很好理解了。

我们知道，在炎黄族发展史上，流传着著名的涿鹿之战和阪泉之战。对此，《左传》《山海经》《史记》等书都有记载。包括迁安在内的燕山地区有关黄帝足迹的古史传说，特别是黄帝族与炎帝族的阪泉之战以及黄帝族与蚩尤族的涿鹿之战，都是由于黄帝族中重要的一支来到燕山北部，从而由北向南的迁徙发展中发生的。

在考古发现方面，在迁安的安新庄遗址出土了一些“多角形器”的器物，这也是安新庄遗址独有的文化因素。迁安的文史工作者认为其形状近似于青铜器族徽铭文中“天黿”之“黿”。青铜器中被释读为“天黿”的族徽铭文，郭沫若考证说就是《国语·周语》“我姬氏出自天黿”之“天黿”，也即轩辕黄帝之“轩辕”。

在迁安的18处新石器时代遗址中，安新庄遗址是比较有代表性的。安新庄遗址的文化特征是既包含有北方文化的因素，也有中原文化和东方海岱文化的因素。迁安安新庄遗址中这种南、北、东三方文化交汇现象产生的原因，考古学工作者一般是从安新庄遗址所处的地理位置着眼的。迁安地处冀东的滦河流域，正是中原文化和北方文化互相接触的地带，因此受到这两种文化的影响是很自然的。以安新庄遗址为代表的迁安地区五千年前的新石器文化中的北方因素，应该是黄帝族带来的；这一地区这个时期的文化所表现出的北、南、东三方因素的混合，也应该与黄帝族、炎帝族和蚩尤族三个集团在这里相遇相会有着明确的关系。

综上所述，黄帝之所以和迁安有关系，就是因为在五千年前黄帝族中的一支来到了燕山脚下的迁安，留下了足迹。这也是《史记·匈奴列传》把山戎追溯到唐虞之前的黄帝时代，而《山海经》中说黄帝与北狄、戎狄有衍生关系的缘故。

在迁安的历史上，既有作为龙头的黄帝文化，也闪耀着各个时代的灿烂文化，它们既是迁安的历史记忆，也是迁安人的家珍，迁安人的骄傲。

迁安人的家珍即迁安的历史文化之光，它们包括：5万年前的旧石器时代遗址及其纳玛象牙齿化石；完整的1万年前的古菱齿象化石；新石器时代的彩陶文化；商周时期的孤竹国；周初箕子朝鲜的始居地；汉墓出土的造纸捣碓陶塑浮雕画像；迁安的桑皮纸；北魏时期的佛教摩崖造像等等。

（作者：王震中，中国社科院学部委员）

迁安轩辕阁开阁文

赵德润

维公元二〇一六年五月二十二日，岁次丙申，四月十六，风云际会，群贤毕至。中国人民政治协商会议第十一届全国委员会副主席、中华炎黄文化研究会名誉会长陈宗兴，中华炎黄文化研究会首席顾问徐光春及全国各界代表齐集燕南赵北之地、青龙滦水之滨，共襄迁安轩辕阁开阁之盛典。慎终追远，瞻仰轩辕黄帝之胜迹；抚今追昔，谱写传承创新之华章。

华夏文明，历经五千多年，生生不息；黄帝勋德，泽被九万余里，代代流芳。遥想蒙昧既启，耕牧舟车桑蚕衣裳；文明初开，度量书契律历岐黄；治国有方，选贤任能创纪立纲；肇趋一统，修德振兵守土固疆。安新有证，汉武修庙，明穆扩建，继光题碑，黄帝胜迹几经沧桑；史家无疑，颛顼守国，大禹治水，伯益凿井，光耀千秋日月同光。

自古多难兴邦，造就民族脊梁。前赴后继，方显英雄本色；人才辈出，始得传统弘扬。物华天宝，孤竹旧地依然青山绿水，五大理念深入人心，经济繁荣全面小康；人杰地灵，夷齐之后如此勇于担当，两个文明比翼齐飞，民本至上共铸辉煌。而今黄台山上起高阁，盖世功德齐颂扬。敬祈人文始祖佑我中华，实现民族复兴伟大理想。

（作者：赵德润，中央文史研究馆馆员）

综　述

【医疗卫生资源配置】　至2016年年底，全市拥有医疗卫生机构846个。卫计系统拥有459个：医院4所，即市人民医院、市中医医院、市精神病医院、市传染病医院；乡镇卫生院19所；社区卫生服务中心1个；社区卫生服务站5个；村卫生室424所；专业公共卫生机构6个，即疾病预防控制中心、卫生计生监督所、妇幼保健计划生育服务中心、血站、120急救指挥中心、医疗垃圾废物处置站。厂企医院1所，老干部局医院1所。民营医疗机构385个，其中民营医院8所，门诊部、诊所、卫生所、医务室375个。全市医疗卫生机构实有床位数4094张，其中医院3302张，乡镇卫生院657张，社区卫生服务中心30张，其他105张。全市卫生计生人员总数7621人，其中卫技人员5490人（执业医师、执业助理医师2270人，注册护士2264人）。每千人口执业（助理）医师数由上年的2.94人增加到2.99人，每千人口注册护士数与上年的2.98持平。卫生计生人员中，本科及以上占31.14%，大专占42.01%，中专占23.03%，高中及以下占3.82%。卫技人员专业技术职务，高级占4.22%，中级占17.17%，初级占71.73%。

【卫生工作概况】　2016年，全市卫生工作以深化医药卫生体制改革为主线，深入开展河北省县级公立医院综合改革示范县创建工作，积极推进分级诊疗制度建设，有序推进人口健康区域信息平台建设，中医药事业稳步发展，顺利通过全国基层中医药工作先进单位复核验收。爱国卫生运动扎实开展，农村卫生工作进一步加强，基本公共卫生均等化服务水平不断提升，妇幼卫生工作有效落实，疾控预防工作切实加强，成功创建成为国家妇幼健康优质服务示范县，成为河北省唯一入选全国健康城市试点单位。城乡居民基本医疗运行平稳，全市医疗服务能力和水平进一步提升，临床用血更加安全。年内，医疗机构总门诊量311.86万人次，收住院8.6万人次，床位使用率68.24%，治愈好转率96%，抢救危重病人数3487人次，抢救成功率96%。院前急救接收呼入急救电话26623次，受理有效急救电话6673次，派出急救车辆6673次。血站采全血215.68万毫升，血小板509单位，为临床供血204.3万毫升，供血小板497单位。年内，创建国家级“群众满意的乡镇卫生院”2所、省级“群众满意的乡镇卫生院”2所，开展“三名”评选工作，评选出名医11名、名护5名、名院长2名。建昌营镇中心卫生院院长刘福东在第四届中国农村卫生大会上获第五次全国乡镇卫生院优秀院长称号。中医院医生韩文宝被评为“最美河北人”之“最美医生”，其事迹得到国家、省、市领导关注并作出批示，根据其事迹创作的现代评剧《百姓医生》获得好评。

【医疗卫生体制改革】　成立以市委书记为组长，市长、常务副市长、主管副市长为副组长，各相关单位为成员的县级公立医院改革示范县创建工作领导小组，常务副市长统筹协调公立医院改革医疗、医保、医药相关职能部门，实现“三医联动”。出台《关于进一步深化县级公立医院改革的实施意见》及配套的《关于调整市人民医院理事会、监事会的通知》《人民医院院长任期考核目标细则》《人民医院综合改革实施方案》《人民医院院长考核目标责任书》《人民医院竞聘上岗实施方案》《人民医院绩效分配方案》《关于完善基层医药卫生体制改革相关措施的意见》及《迁安市医疗卫生服务体系规划（2016—2020年）》《迁安市推进分级诊疗制度实施方案》《迁安市人口健康信息平台建设实施方案》《关于加快推进中医药事业发展的实施意见》等系列文件。实施分级诊疗制度，正式启动分级诊疗试点工作，初步形成基层首诊、双向转诊、急慢分治、上下联动的分诊疗模式。推进中医药事业发展，构建以市中医院为龙头、乡镇卫生院（社区卫生服务中心）“国医堂”为枢纽、村卫生室（社区卫生服务站）为基础的三级中医药服务网络体系，市中医院85种中药制剂列入医保报销范围。建立国医大师李士懋（mào）传承工作室、黄传贵“名老中医工作室”和黄明基层名中医工作室，建设“国医堂”10个，其中5个申请加入唐山市中医医疗集团。

【卫生重点项目】 以京津冀协同发展为契机，开展医疗招商引资引智，10月18日，市中医医院与云南黄家医圈中医肿瘤医院就迁安市黄家医圈中药研发产业化及中药材GAP（《中药材生产质量管理规范》）种植基地项目和迁安市兴衡企业管理咨询服务有限公司在经贸洽谈会上签约。市人民医院成为省肛肠病治疗中心迁安分中心和河北省首批助理全科医师培训基地。市中医院成为河北中医学院非隶属附属医院、国医大师李士懋研究室迁安分站，9月19—23日，顺利通过大型中医医院巡查组的巡查督导。

市卫生和计划生育局

局　　长　阎双友（兼书记）
副 局 长　廉　佐
　　王文中（5月离）
　　杨书慧（女）
　　徐艳敏（女）
　　张旭光（9月任）
副 书 记　付　山
计划生育协会常务副会长　刘冬梅（女）（5月任）
主任科员　李宝军　全云华（12月离）
　　李文柱　肖金彩（女）
副主任科员　李学辉
　　李旭东（5月任）

（张云智）

疾病预防控制

【传染病、地方病预防】 科学、有序、规范、及时的调查处理各类传染病疫情，有效控制手足口、水痘、腮腺炎、出血热等传染病传播和蔓延，做好人感染H7N9禽流感和寨卡病毒病的防控工作。现场处理水痘疫情2起、感冒5起、手足口57起，完成手足口病例采样60人份，流调处置35例出血热患者和86例布病患者。为有效处置各种疫情，共发放84消毒液100余箱。

开展传染病监测、疫情分析与医院督导工作，严格按照传染病管理相关法律法规，做好传染病报告、审核、疫情处置等防控工作。全市累计报告传染病3331例，报告发病率429.74/10万，其中乙类传染病17种、1757例，丙类传染病6种、1574例，无甲类传染病和突发公共卫生事件报告。

对传染病工作人员进行专项培训，提高现场处置能力。制定和完善各类应急预案和技术预案31种，并根据预案做好相应物资储备，开展3次搭建帐篷、穿脱防护服、消杀等专项演练。6月2日，参加唐山市疾控中心组织的洪涝灾害卫生应急演练，得到唐山市考核组的充分肯定。

全面做好以碘缺乏病为主的地方病、寄生虫、消杀、病媒生物等防治工作。全年进行8次老鼠和7次蟑螂密度监测、2次苍蝇和2次蚊子密度监测，完成50份疟原虫血涂片采集和检验工作，未发现阳性病例，完成8所托幼机构和24家二级以下医疗机构消毒效果监测任务。

【职业病预防】 年内，按照《唐山市2016年重点职业病监测与职业健康风险评估工作方案》要求，收集录入接触矽尘、噪声、电焊烟尘、苯等因素作业工人职业健康检查个案卡5702张。协调安监等相关部门加大职业健康体检工作力度，对137家企业、15824人进行职业健康体检，其中岗前体检6488人，岗中体检9143人，离岗体检193人，共检出疑似矽肺71人。据职业病与职业卫生监测信息系统统计唐山市职业病诊断机构报告，矽肺23例，噪声聋1例，氨中毒1例，迁安市各医疗机构报农药中毒45例。全面开展预防性健康体检工作，完成从业人员健康体检23794人，其中食品从业人员15965人，公共场所从业人员7798人，药品从业人员31人。查出“五病”（痢疾、伤寒、病毒性肝炎、活动性肺结核、皮肤病）患者2人，“五病”调离率100%。

【慢性病预防】　1. 推行慢病患者规范化管理，实现居民健康档案电子管理，为全市高血压患者建档107922人，糖尿病患者建档35268人。管理高血压患者105342人、糖尿病患者34472人，规范管理高血压患者101546人、糖尿病患者32698人，规范管理率分别为68.46%和57.27%；高血压患者血压达标为78586人，糖尿病患者血糖达标人数24425人；血压控制率72.81%，血糖控制率69.26%。2. 加强死因监测、肿瘤登记、心脑血管疾病等6个重点项目。报告死亡病例4571例，粗死亡率为599.92/10万；恶性肿瘤报告652例，发病率85.44/10万；心脑血管疾病4641例，发病率609.11/10万；筛查脑卒中高危人群6007人；免费为全市1800名7～9岁儿童施行5100颗牙的窝沟封闭，完成5000颗牙的窝沟封闭任务。3. 对基层卫生医疗机构实行65岁以上老年人健康管理督导检查。全年累计接收健康管理老年人数56453人，老年人健康管理率达到68.35%，抽查体检表400份，完整体检表361份，体检表完整率90.25%。

【常见病预防】　国家免疫规划疫苗接种率以乡为单位，达98%以上，重点提高流动儿童接种率，为全市儿童建立牢固的免疫屏障，全年完成一类疫苗接种237097剂次、二类疫苗接种25917剂次。在《迁安时讯》开设健康知识专栏10期，开展大型健康知识讲座和健康义诊咨询活动6次、宣传活动15次，发放宣传资料15余种3.35万份，向居民发放《全民健康生活方式行动手册》1500余册，受益群众近6千余人。

（张云智）

基本公共卫生

【农村卫生】　2016年，以创建群众满意的乡镇卫生院为依托，以基层卫生岗位练兵和技能竞赛活动为抓手，以解决乡村医生养老问题为重点，进一步加强基层卫生服务网络建设和人才队伍管理，实现了三个加强。一是三级卫生服务网络建设进一步加强。创建建昌营镇和杨各庄镇两所“群众满意的乡镇卫生院”，杨店子镇等5所中心卫生院被评为2015—2016年度省级“群众满意的乡镇卫生院”。新增集体村卫生室5所，累计集体村卫生室达到425所。设立1个标准化的社区卫生服务中心和5个社区卫生服务站。二是乡村医生队伍管理进一步加强。对1199名乡村医生进行2014—2015年度的集中考核，注销41名乡村医生资质。对实行基本药物制度的乡村医生，给予914.1万元的药品零差补助和577.4万元的一般诊疗费补助，并按不低于42%的基本公共卫生服务补助资金予以村级补助。为集体村卫生室参加城乡居民养老保险的634名人员进行56.3万余元专项补助。市政府制定下发《迁安市关于解决原“赤脚医生”养老补助问题的实施意见》，对1583名申报人员进行了审核。三是基层医务人员岗位培训进一步加强。在全市基层医疗卫生单位开展“竞技练兵、展我风采”为主题的基层卫生岗位练兵和技能竞赛活动，获唐山市级团体赛第二名，个人赛第一名1人、第二名2人，并代表唐山市在省级比赛中获团体赛和农村全科医疗个人赛均为第二名的成绩。组织参加全科医学培训和红十字会免费培训项目，累计在岗培训228场次，培训1.2万余人次，参加中医进修20人，省中医学院免费培训7人，在岗全科培训200人。

【基本公共卫生服务】　2016年，基本公共卫生工作扎实开展，实现“七到位”，被河北省确定为考核优秀单位，获得奖励性绩效资金35万元。一是组织制度健全到位。制定印发了迁安市《基本公共卫生服务项目绩效考核实施方案》《基本公共卫生资金管理办法》《12项基本公共卫生服务项目实施方案和考核标准》和《关于调整我市基本公共卫生服务项目领导小组和职责分工的通知》，对乡、村两级卫生机构承担的国家基本公共卫生服务项目任务目标、考核标准进行分解细化，建立季度考核督导制度，加强组织领导。二是财政补助到位。财政补助3408.16万元，人均补助45元全部到位，并按不低于42%的基本公共卫生服务补助资金予以村级补助。三是人员选聘到位。全市共计选聘1006人，其中乡级229人，村级777人，确保各项公共卫生工作顺利开展。四是项目宣传到位。通过发放宣传资料、制作宣传看板、悬挂宣传口号和媒体播放宣传片等形式，对基本公共卫生服务项目进行全方位宣传，提高群众知晓率。五是绩效考核到位。按年初制定的《绩效考核实施方案》的总体要求，加强对基层医疗单位的季度考核力度，将市直公共卫生专业机构纳入考核对象范围，进行集中督导考核。六是奖惩落实到位。七是指标落实到位。全市已建立城乡居民健康档案654265份，建档率达86.17%。65岁以上老年人接受健康管理57098人，健康管理率69.13%，健康体检表完整率90.50%。高血压患者检出108144人，健康管理105550人，健康管理率71.76%，规范管理100645人，规范管理率95.35%，管理人群血压控制率达75.9%；2型糖尿病患者检出35802人，健康管理34539人，健康管理率60.49%，规范管理32546人，规范管理率94.23%，管理人群血糖控制率69%。辖区重性精神疾病患者总数3566人，登记在册确诊3331人，规范管理3117人，规范管理率94%，患者稳定率93%。结核病患者323人，规范管理314人，规范化管理率97%。以乡为单位儿童计免接种率达100%以上，建证率100%。发放健康教育材料340类37.3万份，更新健康教育专栏6次3289块，开展公众教育咨询234次1.55万人次，举办健康知识讲座2747场次6.52万人，开展个体化健康教育128万人次。传染病报告病例3337例，报告及时率达100%。全年对39853名65岁以上老年人提供中医体质辨识，服务率达到48.25%；为28106名0～36个月儿童提供中医药健康管理服务，服务率达到78.62%。20个政府举办的基层医疗单位全部开展卫生监督协管工作，开展饮用水卫生安全、学校卫生、非法行医、非法采供血实地巡查4次；发生1315次事件或线索，监督协管信息报告率100%。

【城乡医保】 2016年，参保人数57.62万人，参保率99.28%。人均筹资标准达到560元，较上年增加70元，基金规模达到3.2亿元，较上年基金总额增加近4000万元。一是修订完善补偿方案和门诊特殊慢病实施细则，提高门诊统筹补偿、最高补偿额，降低住院补偿起付线，扩大门诊血液透析患者用药报销范围。二是协议制管理定点医疗机构，严格执行总额预算管理。三是签订意外伤害保险协议。与中国人寿保险股份有限公司迁安支公司协商，签订《迁安市城乡居民基本医疗保险参保居民意外伤害住院医疗保险协议》，为参保居民支付意外伤害保险保费1135万元。四是完成大病保险移交工作。7月起，委托中国人民财产保险公司迁安支公司办理大病保险业务，基金支出总额2.18亿元，补偿82.24万人次，其中住院支出1.41亿元，补偿4.48万人次；孕产妇分娩定额支出166万元，补偿3329人次；门诊特殊慢病支出905万元，补偿4298人次；门诊统筹支出2260万元，补偿76.49万人次；大病补充补偿支出2820万元，补偿5011人次；支付一般诊疗费460万元；一次性支付中国人寿保险股份有限公司迁安支公司意外伤害保险费用1135万元。2016年11月，按照上级要求，城乡居民基本医疗保险并入市社保局，从2003年新型农村合作医疗建立到2014年新型农村合作医疗和城镇居民医疗保险“二保合一”，医保工作为保障群众“看得起病”起到关键作用。

（张云智）

妇幼保健

【妇幼健康宣传】 2016年，发放妇幼健康教育印刷资料 295 种 21.7 万份，播放健康教育音像资料 65 种 1.49 万小时，更换健康教育宣传栏 2608 次。开展各种健康知识讲座 2303 场次，受益群众 5.47 万人次；公众健康咨询 190 场次，受益群众 1.25 万人次。形式多样的宣传教育活动使群众的妇幼健康知识知晓率和行为形成率普遍提高。

【贫困妇女免费健康检查】 2016 年，农村妇女“两癌”（宫颈癌和乳腺癌）检查项目分别完成筛查任务 6000 人和 600 人，完成率均为 100%，各检出阳性病例 6 人和 2 人，并予以追踪随访和规范治疗。育龄妇女免费生殖健康检查项目与“两癌”筛查工作同时进行，年内，为 10.54 万名已婚育龄妇女实施免费生殖健康检查，完成目标人群的 89% 以上，其中查出妇科疾病 1.46 万人，全部进行追踪规范管理。

（张云智）

医政管理与医教科研

【卫生行政审批】 2016 年，开展各类审批服务 2253 件，其中各项卫生许可 1576 件，再生育审批 225 件，中高考加分资格确认 452 件。1. 推进行政审批制度改革，开展审批制度改革自查梳理。明确承担各类卫生、计生行政审批事项 14 项。2. 加强个体诊所管理。明确个体诊所准入条件和设置标准，完成全市个体诊所负责人制变更 154 家，新设置个体诊所 9 家，迁址变更 10 家。3. 规范放射诊疗许可和母婴保健技术服务机构执业许可的校验工作。完成 56 家医疗机构放射诊疗许可 2015 年、2016 年度校验和 13 家母婴保健技术服务机构执业许可校验工作。4. 强化部分公共场所卫生许可管理，对 19 所乡镇卫生院公共卫生监督员进行现场培训。

【构建和谐医患关系】 全面推进医患纠纷第三方调解机制，全市二级以上公立医院全部统一投保医疗责任险，投保率 100%；19 所乡镇卫生院分别与中国人保财险签订医疗责任险投保协议，8 月，组织门诊部、诊所等民营医疗机构 150 余人投保医疗责任险。各医疗单位医患沟通办公室，配备专兼职人员负责受理医疗纠纷投诉，并建立台账，详细登记每例来访群众诉求，及时调查处理，给患者以满意回复。

【医师资格考试】 2016 年，按照《医师资格考试报名资格规定》的要求，对全市符合报名条件的 536 名考生进行现场指导报名和材料审核，通过唐山市、河北省医师资格考试中心逐级复审。

【医教科研】 2016 年，以提高全市医疗服务水平为中心，严格医疗护理质量管理，加强医疗安全管理，为全市人民营造安全、有效、方便、价廉的医疗服务环境。1. 强化医疗质量控制，提高医疗服务能力。按照“以病人为中心，提高医疗质量”的总体目标，建立健全医院工作制度、职责及医疗质量管理体系，强化医务人员训练，组织院内感染培训，提高医务人员院感知识水平及院感控制能力。2. 加强护理质量管理，提升护理服务水平。全面开展各类技能竞赛，参加唐山市及河北省各类护理技能比赛。以纪念“5·12”国际护士节为契机，推选出唐山市级优秀护士 9 名，评选迁安市级优秀护士 131 名，并进行表彰。加强医疗区域规划，规范医疗服务市场，完成《迁安市医疗卫生服务体系规划（2016—2020）》的编制。3. 推进分级诊疗工作，促进科学有序就医。确定市人民医院、中医医院、兴安社区卫生服务中心、建昌营中心卫生院、杨店子中心卫生院、帝景社区卫生服务站、胡庄村卫生室和滨河社区卫生服务站三级医疗卫生机构为试点，搭建分级诊疗平台，开展分级诊疗系统培训，正式启动实施分级诊疗试点工作。4. 整合急救力量，完善院前急救体系。按照“网络管理、平战结合、统一调度、垂直指挥”的总体原则，指定市人民医院、市中医医院、燕山医院和市传染病医院为第一批院前急救站，全面加强院前医疗急救管理，规范院前医疗急救行为。5. 加强人才培养，实施“科技兴医”战略。开展“名医、名护、名院长”评选活动，评选出迁安市第一届名医 22 名、名护 6 名和名院长 2 名。组织学术会议和对常见病、多发病进行的专题讲座 10 余场次，选送临床骨干到上级医院进修学习15人次。组织申报科技奖励，获河北省级科技奖励二等奖2项、三等奖5项，获迁安市科技进步一等奖16项、二等奖13项、三等奖12项。

（张云智）

人口和计划生育

【计划生育管理概况】 2016年，迁安市人口出生率13.96‰，出生人口政策符合率95.88%，出生人口性别比104.15。2012—2016年，连续5年被省委、省政府和唐山市委、市政府评为“人口和计划生育工作先进单位”。2016年，成功创建全国计划生育优质服务先进单位。1. 落实村居计划生育人员待遇。全市有村居计划生育工作人员2390名，已落实工资165.84万元，其中村计划生育专干工资56.1万元，育龄妇女小组长工资109.74万元。2. 全面准确实施两孩政策。成立全面两孩政策实施领导小组，召开各镇乡、城区办全体计划生育工作人员参加的培训会，对全面两孩政策进行认真解读，确保依法稳妥实施。年内，办理一、二胎登记8198件，办理“独生子女父母光荣证”140个。回访人数8024人，回访率74.30%。3. 严格落实计划生育“一票否决”制度，考核年度开具计划生育证明683个，审查党员干部、先进集体、先进个人计划生育情况670人（个），一票否决72人（个）。4. 稳步推进社会抚养费征收工作。征收社会抚养费74.37万元，受理群众来信来访15件，查处党员超生16人。

【计划生育家庭发展工作】 2016年，严格按照政策要求，落实计划生育奖扶资金5.09万人1062万元，救助资金335户96.9万元，奖励资金1.21万人340万元。深入开展帮扶救助工作，建立特殊家庭帮扶档案，推进三级联系人制度，解决60周岁以上特殊家庭医疗救助问题。针对失独、残独家庭父母住院护理问题，建立住院护理补贴保险制度，2016年，市财政按照每人每年460元标准，投入10.99万元，解决全市母亲45周岁以上的失独家庭父母183人、残独家庭父母56人，共239人的住院护理问题。加强性别比综合治理工作。成立综合治理出生人口性别比实体办公室，加强区域合作，制作宣传片，强化宣传教育，实现综合执法检查常态化，2016年，查处“两非”（非法胎儿性别鉴定、非法人工终止妊娠）案件1件。

【优生优育】 1. 实施避孕节育优质服务工程。接受服务的已婚育龄妇女22.3万人，接受咨询指导28万人次，宣教31.71万人次。2. 实施出生缺陷干预工程。查出畸形儿122例（经唐山市妇幼医院确诊），经本人申请，及时给予终止妊娠的审批服务，降低了出生缺陷儿的发生。3. 做好病残孩儿照顾生育三胎的鉴定初审、上报工作。2016年，各乡镇共上报45名病残儿鉴定申请，经审核鉴定，最终41名残孩通过初审。4. 提高避孕药具使用的及时性和有效性。全市使用药具人数7576人，药具应用率、随访率、有效率均为100%，流动人口药具发放可及率为97.79%。

【迁安市计划生育协会】 2016年，市计划生育协会本着“强基固本、优化提升、重塑亮点”的工作思路，扎实推进“组织健全化、服务项目化、项目亮点化”，收到了良好的效果。一是强基固本，夯实基础。1. 充实队伍，完善机制，强化保障。引入医疗卫生人员加入“亲情关爱”行动志愿者服务队，扩大志愿者队伍。完善了“亲情关爱”行动服务卡，实行考评机制，推进服务诉求与满足服务的快速衔接，提升了服务质量和效果。2. 严格落实省、市“建会创优”文件要求，大力完善乡、村两级协会建设创优工作，全市90%以上协会达到了合格标准，其中40%以上达到了优秀标准，圆满完成了上级下达的任务。3. 深化基层群众自治，全市10%以上的村成为村民自治示范村，通过群众自治开展计生工作的村居数量已达到94.82%，圆满完成上级下达的80%的目标。二是培树典型，示范建设。按照省、市年要求，不断探索“亲情关爱”帮扶模式，围绕日常解难、医疗救助、养老照顾、隔代助学、精神慰藉等6个方面，重点抓好杨各庄、沙河驿、迁安镇、大五里4个镇乡“亲情关爱”行动试点创建工作，建立了以爱心助学、月清单式帮扶为主的杨各庄镇、迁安镇示范点，以精神慰藉、心理关怀、集中活动为主的沙河驿镇、大五里乡示范点。三是亲情关爱，真诚服务。全市各级计生协会组织亲情关爱志愿者队开展“冬季送温暖”“夏季送清凉”“贫困学子圆梦”“关爱留守儿童”等活动，累计为1973名计生特殊困难群众发放救助金498.07万元。四是建立计划生育“失独”“残独”家庭父母住院护理补贴保险制度。对户籍在迁安市行政区域内、母亲45周岁以上的“独生子女死亡”家庭和“独生子女伤残”家庭的父母（其中“独生子女伤残”家庭需提供中国残疾人联合会统一制发的等级为三级及以上的“中华人民共和国残疾人证”），保险有效期间内，参保的被保险人因意外或疾病在二级及以上医疗机构住院治疗，按照每天100元的标准给予住院护理补贴。

（张云智）

卫生和计划生育监督

【概况】　2016年，市卫生和计划生育监督所（以下简称卫计监督所）按照专项整治和长效管理相结合的原则，加大行政执法力度，规范执法行为。根据《迁安市卫生和计划生育监督所卫生行政执法全过程记录制度》要求，卫计监督所逐步推进手持终端、执法记录仪在日常监督过程中的使用，要求每位监督员熟练掌握执法记录仪同步录音录像、手持执法终端采集电子数据和制作执法文书等功能，留存执法影像。在监督执法行为的同时，也为监督员自身合法权益提供有效保障。监督所全年下达卫生行政处罚27户次，其中消毒产品1户、公共场所20户、医疗机构6户，罚款5.5万元，没收违法所得4302元。

7月25日，建立市卫生和计划生育监督所微信平台公众号。9月8日，市卫生和计划生育监督所官方网站正式上线，网址：http://www.qawjjd.com/。微信公众号初步运行。12月10日，召开全市医疗机构依法执业监督检查动员部署会，市社区服务中心、乡镇卫生院、私立医院及诊所、卫生所、村卫生室等单位800余人参加。

【医疗机构执业监督】　1. 科学建档，医疗机构档案做到内容标准化、管理规范化。医疗机构档案分为四类，即医疗机构执业管理档案、乡镇协管档案、日常监督执法档案、行政处罚案卷档案。至2016年年底，已建城区医疗机构分户档案210家，设专人专柜管理。2. 对市区内的诊所、卫生所进行摸底调查，对其基本信息和存在的主要问题进行现场核查、核实、登记。能立即整改的要求立即整改，不能立即整改的限期整改，做到心中有数，为以后日常或专项监督做好准备。积极查处各种形式的非法行医行为，处理群众举报及上级交办案件21起，对2家存在违法违规的诊所给予行政处罚。3. 联合市卫计局政法科、行政审批科，开展为期7个月的全市医疗机构依法执业专项监督检查，并深入贯彻落实医疗机构不良执业行为记分管理工作，严厉打击非法医疗美容、以养生保健为名非法开展的诊疗活动。严厉查处出租出借“医疗机构执业许可证”“医师资格证书”“医师执业证书”“护士资格证书”“护士执业证书”和出租承包科室、超范围诊疗、聘用非卫生技术人员、违法违规开展人类辅助生殖技术、外国医师到迁安违法开展医疗美容及雇佣“医托”行骗等违法违规行为。至年底，有私立医院、诊所、卫生所、村卫生室等184家医疗机构参加了动员部署会，并签订了《医疗机构依法执业承诺书》。4. 开展母婴保健专项技术监督。全市共有12家母婴保健机构，其中二级以上医院4家、中心卫生院8家。保障广大妇女的健康权益，规范全市母婴保健专项技术服务，杜绝非医学原因的性别鉴定及终止妊娠手术，在全市开展母婴保健专项监督检查，对上述母婴保健机构人员配备及资质、科室设置、设备配置、执业行为等逐一检查，未发现违规执业及无证上岗现象。

【学校卫生监督】　2016年，对全市各级各类学校实施日常性监督479户次，下达执法意见书479份，重点监督检查内容为：在校生健康体检情况、传染病组织制度及应急预案、晨午检记录、日常消毒记录、生活饮用水卫生管理制度、“生活饮用水卫生许可证”、“供管水人员健康证”、水源防护情况以及教学环境及生活环境卫生情况等。对于个别班级容量过大，卫生保健室配备不健全，教学设施、生活设施陈旧、不完善和未开展学生体检建立健康档案的学校下达了现场检查笔录及监督意见书，要求限期整改。

【公共场所卫生监督】 1. 全市持有有效卫生许可证的被监督单位1109个，其中美容美发业671个、沐浴业163个、住宿业199个、文化娱乐场所18个、商场63个、游泳场所3个、体育场馆1个、等候场所1个。年内，将监督户按区域进行划分，责任到人，监督覆盖率达到100%。日常监督中，着力落实监督管理制度，创新监管模式，加大执法力度，规范档案管理，强化经营单位的自我管理意识，督促其落实公示、内部自查等制度。对于新建、改建、扩建的单位，指导其规范设置功能间。推进手持移动执法设备的使用，提高工作效率，保证信息上传及时、准确。至年底，通过手持移动终端上报监督信息200余次。2. 建立公共场所监督档案1109份，每户一档，每份档案中许可信息、执法文书、检测报告一应俱全。为解决信息平台长期以来基数过大的问题，经市卫计局讨论批准，卫计监督所联合市卫计局行政审批科开展了停业商户注销工作，对停业或已搬走的营业户进行登记注销，确保监督信息实时更新，年底前完成注销手续的有17户。3. 做好“迎世博”（2016唐山世界园艺博览会）期间卫生安全保障工作，改善旅游区、景区的公共场所经营环境，开展创建公共场所示范一条街（燕山大路花园街路口至锦江饭店路口）活动，对沿街各类商户逐家走访，分类推进，专项整治，宣传引导，树立行业标杆亮点。

【生活饮水卫生监督】 全市2家市政水厂、6个二次供水单位纳入卫生监督网络。对市政集中供水、二次供水、农村集中供水单位和涉水产品经营单位及自制自售饮水经营单位进行日常监督检查。其中，市政供水及二次供水单位的水质消毒运转情况、卫生许可证和健康证以及设备索证情况均符合相应卫生要求；农村集中式供水卫生状况较差，没有消毒设施和消毒剂；涉水产品中有2家卫生批件不全，均已下达整改意见书；对6家自制自售饮水经营单位、56台饮水机及其周围环境进行监督检查，基本合格。

【消毒产品卫生监督】 1. 全市有消毒产品生产企业2家，对其开展专项监督检查，签订了《消毒产品生产企业守法生产经营承诺书》。至年底，仅斯道拉恩所正元包装厂一家企业在生产，其生产项目、生产地址以及类别与许可证一致，总体布局合理，生产区卫生符合要求，仓储分区、分类存放有明显标志，有卫生管理制度、生产过程记录，辅料成品有出入库登记，有委托检验协议，从业人员有健康合格证明。2. 全市有消毒产品经营单位105个。监督检查中发现：个别消毒产品经营单位无生产企业许可证，产品备案凭证和卫生许可批件，有的消毒产品宣传夸大疗效，暗示对疾病的治疗效果。针对上述情况，下达了整改意见书，对其中一个经营单位作出警告并罚款的行政处罚。

【餐饮具集中消毒单位专项整治】 按照唐山市卫计委关于《贯彻落实〈餐具、饮具集中消毒服务单位卫生监督工作规范〉的通知》要求，3—11月，卫计监督所开展了餐饮具集中消毒服务单位专项监督检查。全市共有备案的餐饮具集中消毒服务单位6家，检查中发现：上述单位证照齐全，并在卫生行政部门备案；生产环境、生产场所消毒设备卫生设施符合卫生标准；各项组织制度及其他卫生质量管理体系完善，消毒剂、洗涤剂有购销登记，索证齐全；问题是普遍存在检验报告书写不规范现象，其中1家生产用水没有水质检验报告，1家出厂餐具未能逐批次进行检验，针对上述情况已督促其整改。

【公共卫生国家监督抽检工作】 加强事中事后监管，做好国家监督抽检工作，按照《2016年唐山市公共卫生国家监督抽检实施方案通知》要求，抽查住宿业、沐浴业、美容美发业等场所30家，采集公共用品用具送检72份，合格72份；

对26家住宿业、沐浴业、商场（超市）、体育馆、影剧院、候车室等空气质量进行抽检，采集样品52份，结果全部合格；对3家游泳场所的水质进行抽检，共采样6份，全部合格。在采样监测的同时，对各类经营场所卫生管理制度落实情况进行监督，监督检查212家，合格198家，合格率93.5%。对不合格单位下达卫生监督意见书，督促落实公示制度、单位内部自查制度。指导新、改、扩建单位规范建设功能间。

对10所学校的传染病防控、常见病与多发病防治、生活饮用水、教室和生活环境、公共场所及突发公共卫生事件卫生管理等方面，开展卫生综合监督评价；对34所学校的生活饮用水水质、教学环境卫生进行抽检，送检水样34份。

抽查城市集中供水单位2个、二次供水单位6个、农村集中式供水75户，重点对水源防护情况、供水设备清洗消毒情况、供管水人员健康体检和培训情况等进行监督检查，并对水质进行快速检测。

【业务培训】 2月29日至3月1日，举办“迁安市2016年卫生计生监督员培训班”，邀请省卫生计生委综合监督执法局稽查处处长孙磊兵进行授课，就河北省卫生计生行政处罚案卷的基本要求、行政执法文书的书写样式及优秀典型案例等内容进行培训。参加培训的全体卫生监督员及乡镇卫生监督协管员，共计80余人。

3月4日，举办迁安市卫生计生监督所业务培训会，饮用水卫生、医疗卫生、公共场所卫生、学校卫生、稽查科等7个科室各选派一名监督员对本专业的业务知识进行授课。培训结束后，针对知识要点，出题组成题库，由主管所长组织，对全体监督员进行培训测评考试。

（张云智）

重点医疗机构

迁安市人民医院

【概况】 2016年，医院新一届领导班子加强党风廉政建设，增强政治意识、大局意识、责任意识和改革意识，管理上从严、工作上求实，坚持科技兴院、文化美院、服务立院、管理强院、勤俭办院，大力开展“树名医、培名护、建名科、创名院”活动，积极推进各项改革，全面提升医疗质量和技术水平，创造了医院发展的新辉煌，门诊和住院病人数量不断上升，高峰时住院病人突破850人，儿科、神经内科等科室都创出了历史新高。全年医院门诊量达到40多万人次，出院3.6万人次，业务收入3.2亿元。年内，被中国医院协会评为“全国百姓放心示范医院”，被省卫计委确定为“首批助理全科医生培训基地”。

【党风廉政和医德医风建设】 年内，人民医院以“抓作风、强管理、扬正气、促发展”为主题，开展“作风整顿”和“两学一做”学习教育活动，加强党组织建设，完成党总支及各支部换届工作，开展党员亮身份、树形象活动，将学习教育成效体现在促进医院事业发展上。加强党风廉政和医德医风建设，医院党政同责、齐抓共管，坚持“标本兼治、惩防并举、注重预防”的方针，制定了《党风廉政建设工作要点》《医德医风建设管理规定》和《关于对私收费漏收费违纪行为处罚及举报奖励规定》，邀请市纪委领导作“把纪律和规矩挺在前面”的党风廉政教育专题报告，突出正面典型教育和反面警示教育。在全院显著位置安装意见箱45个，畅通投诉举报渠道。聘请医德医风监督员，征求社会各界意见建议，加大对违规违纪人员的震慑和处置力度，严格责任追究。全员签订治理商业贿赂、纠正医药购销不正之风责任状，做好医德考评、患者回访工作，建立干事档案，举办“迎七一、爱医院”征文比赛、书画展、道德讲堂和服务质量改善提升月及礼仪培训等活动，引导广大党员干部和职工在医院发展建设中善作为、勇担当、重实效，树立清风正气，打造清正廉洁、作风优良、忠于职守、服务优质的职工干部队伍。召开职代会，选举产生第二届工会主席，审议通过了《迁安市人民医院工作人员聘用上岗实施方案》和《绩效考核分配方案》，凝聚职工力量，肩负起推进医院全面提升、快速发展的神圣使命。

【医院管理】 医院管理规范化程度明显提升。学习借鉴承德、玉田等地先进医院的管理经验，精细管理、从严治院、整章立制。修订完善50多项工作制度和各级各类人员岗位职责，重点加强和规范财务、设备、后勤等部门管理，以制度促管理，实现制度先行、规范管理的转型。科学管理，精细考核。坚持每周召开一次院务会，重大事项一律实行民主商议，集体决策，体现公开、公平、公正。规范药品、医用耗材的采购和管理，规范医疗设备及服务采购流程，认真履行政府采购报批及公开招投标，做到货比三家，质优价廉，全面降低运营成本。严格执行医保管理规定，严格控制药占比和患者次均费用，规范诊疗行为。完善药事管理，将药房搬到门诊二楼，安装了自动售药机。建立药品使用动态监测及超常预警制度，促进临床合理用药、合理检查、合理治疗，药占比达到38.3%。同时，对设备科、超声科、财务科和内镜中心等科室的中层干部进行调整，公开竞聘了5名业务院长助理，院领导班子力量得到加强。落实院长行政查房，深入临床一线现场办公，解决问题，提高工作效率。抓好平安医院建设，完善应急预案，签订安全生产责任状，保障医院安全稳定，医院管理的精细化、规范化水平明显提升。

【医疗护理】 医疗护理质量明显提升。医院成立了医患办和质控办，完善医疗质量管理委员会和监管体系，制定《病历质量管理暂行规定》，定期对住院病历及归档病历进行抽查，开展病历评比，保障病历质量，使医疗质量管理由注重末端管理转变到注重环节管理，由注重结果转变为注重过程，把医疗隐患消灭在萌芽状态。开展树名医、培名护和“三基三严”训练活动，严格执行各项核心医疗制度及操作规程，加强重大手术的查房讨论、风险评估和知情同意告知。严格依法执业，落实医疗技术分级、分类、准入管理，建立完善多学科协作支持机制，推进疾病规范化诊疗。定期开展疑难病例讨论和学术讲座，不断提高诊断符合率和危重病人抢救成功率，确保医疗质量和医疗安全。推进优质护理，创新护理模式，举行护士情景表演比赛，把温馨的护理服务，深入工作中每一个细节，一点一滴改善患者就医体验，以优异成绩通过唐山市优质护理服务检查验收。严格做好医院感染防控工作，顺利通过世界卫生组织专家评估麻疹、风疹防控情况检查，推进健康医院创建活动，抓好华北理工大学非隶属附属医院的教学工作，开展教师授课比赛活动，促进医教研协调发展。在全省医务人员岗位技能竞赛中，医院眼科等5个专业有9名医务人员分别获得一、二、三等奖，医院对上述获奖人员进行表彰奖励，激发全体医务人员学业务、练技术，提升服务水平的积极性，为建设学习型医院打下坚实基础。

【重点专科建设】 坚持科技兴院，2016年，医院内外科系统紧跟国内外前沿医学发展动态，积极开展新技术、新项目，特别是心内科、呼吸科、肿瘤科、神经内外科、普通外科、妇科、脊柱关节科、超声科等科室，大力开展新技术、新项目，不断攻克医疗空白点，造福广大患者。手术室、重症医学科以及内外妇儿各临床科室，攻坚克难，多次成功救治危重病人，在社会上引起强烈反响。院部按照“规模化打造重点专科，个性化打造普通学科”的发展思路，在巩固肾内科等重点专科发展的同时，整合心内科、妇产科、肿瘤科、骨科等科室，在保留内科高级病区、老年病科功能的基础上，成立神经内科四和神经内科五病区，加大资金投入，引进眼科手术显微镜等医疗设备，支持各科室开展专科建设。抢抓京津冀协同发展战略机遇，积极招商引资，开放办院，与中国人民解放军第三〇九医院建立技术协作关系，聘请三〇九医院专家团队，定期到人民医院会诊、讲座和手术查房，帮助人民医院打造呼吸内科、骨科、超声科等临床、医技科室，围绕与老百姓密切相关的常见病、多发病开展医疗工作，最大限度地减少市内患者的外转率，提升医院管理水平。在农工党中央的支持下，与中日友好医院开展远程会诊合作，同时与北医三院、阜外医院、安贞医院、唐山人民医院等搭建合作平台，助推人民医院提升重点学科建设和专业人才培养，加强人才梯队建设，将学科带头人和青年技术骨干送出去，把知名专家请进来，倡导

“精益求精、追求卓越”的理念，促进各专业领军人才和名医专家脱颖而出、发挥作用，不断提升医疗服务水平。高度重视科研工作，在河北省卫计委立项3项，获省级科研成果奖2项，发表论文论著14篇。组织开展河北省肛肠病治疗中心专家团学术沙龙、河北省心理学会唐山分会迁安市工作中心成立仪式及学术交流活动。在提升各临床专科水平的同时，加强急诊管理，提升急救水平，成为京冀航空医疗救援联盟医院。

【公立医院改革】 按照市政府和市卫计局的安排部署，进一步修订人民医院医改方案，完善配套政策和措施，加强院、科两级管理，建立并完善权责明确、管理科学、激励约束机制有效的现代医院管理制度。9月8日，召开迁安市人民医院第一届理事会第二次会议，认真学习了迁安市人民政府《关于进一步深化县级公立医院综合改革的实施意见》，落实了院长聘任程序，特别是在人事和绩效分配管理体制改革上取得新突破，完成定岗定编等人事绩效改革，建立起规范的现代医院管理体系。同时，完善药房托管、药品配送改革，保质保量做好药品供应。8月18日和12月1日，省卫计委综合调研督察组到人民医院检查时，对迁安市人民医院公立医院改革给予充分肯定。

【公益性医疗服务】 坚持“人民医院为人民”的办院宗旨，明确医院的公益性质，积极承担公益性的医疗服务。探索建立对口支援乡镇卫生院的长效机制，多次召开对口支援工作座谈会，根据受援乡镇卫生院的具体要求，定期或不定期组织各科主任深入基层开展义诊、业务讲座、查房指导等，帮助基层医疗单位及乡医解决技术难题，年内，开展业务知识讲座20多场，受益乡医近千人。率先启动分级诊疗平台，推进分级诊疗、双向转诊。同时，积极开展“爱耳日”“肾病日”“世界卫生日”“高血压日”和“糖尿病日”及党员志愿者服务和帮扶“美丽乡村”建设等大型义诊服务活动。乳腺肿瘤科主任周新颖带头开展“三八”妇女节“呵护女性健康”乳腺筛查活动，内分泌科主任彭新华坚持到对口支援卫生院和社区送医送健康，用微信架起与患者沟通的桥梁等，受到广大群众一致称赞。成立外联办，在做好对口支援基层卫生院的同时，加强与各企事业单位的联系，签订对口支援和厂矿企业医疗服务协议15份，在燕钢建立了医务室，于6月13日开诊。与佳鑫等12家民营医院和基层卫生院建立医联体技术协作医院模式，拓宽服务范围，取得显著成效。

加强医院文化宣传，以“弘扬真善美、凝聚正能量、提振精气神”为目标，以“展白衣天使风采、创人民医院品牌”为主题，制作了《与爱同行》《服务健康谱华章》形象专题片，并与迁安电视台《映像水城》栏目合作，宣传郝晓尊、李学峰、王东云、马迎新等先进人物和典型事迹。开展“问暖”活动，为因病致贫、需要帮助的家庭送医送药送健康，传递爱心。以便民服务为目标，成立客服中心，畅通就医流程，全方位为就医患者提供优质、便捷、满意的医疗服务。利用院报、电子大屏幕和微信公众平台，宣传医院的新技术、新项目和名医、名科，将微信公众平台打造成医院宣传的新阵地、服务的新平台，围绕医院最新工作动态和开展的一系列活动及时发布宣传信息。开展“文明窗口”“好医生好护士”评选及“我为医院发展做贡献”主题演讲比赛、“魅力水城之夜”文艺展演和“四节同庆”以及职工运动会等活动，为创建文明城市助力，营造蓬勃向上、积极健康的职工文化氛围，全院职工精神面貌焕然一新。全年收到表扬信90多封、锦旗镜匾50多面，患者点赞越来越多，投诉较往年明显减少，患者满意度达到98%以上。脊柱关节科护士李孟杰捡到万元重金交还失主，受到院内和社会各界一致点赞。肝胆外科主任郝晓尊获唐山市最美医生称号，内分泌科主任彭新华被评为唐山市名医，护理部副主任张敬伟、神经内1科护士长李淑杰被评为唐山市优秀护士，周新颖、郑书军、杨玉恒、许国峰、王爱国被评为迁安市首届名医，唐永军、郭颖艳、白建蕊被评为迁安市首届名护士，许国峰、王爱国、郑书军被评为人民医院名医，杨巧华、郭颖艳、薛红莲被评为人民医院名护士，马陈民、郭亚娟、张静宇被评为优质服务标兵，心内1科副主任宫进亮获团市委颁发的“五四”青年奖章。6月30

日，在市会展中心举办的“迎七一·爱迁安”书画展中，院长助理、重症医学科主任王艳丽获书法类三等奖；院长助理、创伤骨科主任王爱国被评为唐山市级“微笑服务明星”；副院长李洪寅获唐山市“三八红旗手”称号；副院长郝玉杰被评为2016年度河北省“三三三人才工程”第二层次人选及唐山市优秀学会工作者；党办主任杨育红获得迁安市“两学一做”学习教育先进典型个人称号，同时被评为唐山市级志愿服务先进个人。

（张云智）

市中医医院

【概况】 2016年，市中医医院以“十二五”规划为基础，不断巩固三级甲等中医医院创建成果，深抓名医培育、名科建设、管理创新工作，医疗品牌优势进一步凸显。全年门诊量48.05万人次；收住院患者3.28万人次；业务总收入3.114亿元，医疗收入与药品收入比为64.75∶35.25；制剂收入1994.8万元。

打造安全优质平价医疗服务，群众进一步受惠受益。一是加强医疗安全管理。防火灾、防破坏设施，设置监控摄像头550个，安装应急报警按钮并与110联网，2名巡警队员和26名保安每天24小时巡逻。二是开展优质护理活动。开展“人文关怀与沟通策略”“钢针零容忍”培训活动，邀请河北省静疗委员会专家传授先进的静疗技术。坚持每月召开两次护理质量分析会，每月坚持护理三级查房，每季度对发生的不良事件进行追踪改进。通过外出学习和技术比武，1名护士取得国际认证的造口护理执业资质，2名护士获得专科护士执业资质，2名护士获得唐山市优秀护士称号。三是减轻群众医药费用负担。7月1日起，实行城乡医保门诊使用中药饮片（目录内）报销85%的优惠政策，补偿3.7万人次，让利1212万元。严格执行全省药品阳光采购制度，药品统一由省招标网上采购平台购入。加强用药监管，每月进行处方点评，运用临床药学管理系统进行动态监察。对系统预警的大处方等不合理用药情况进行专项调查处理。加强医疗质量管理，做到合理用药，抗菌药物使用率持续下降。全年发放优惠卡9600张，优惠金额520万元。启动“贫困白内障患者复明工程”公益援助基金发放仪式。四是拓展健康宣教。开展“中医药健康行进社区进厂矿活动”，受益超过2000人次。全年开展基层卫生院业务知识培训22场次，培训1200余人次。

“名医名科名院”工程成效突出，医疗品牌进一步打响。一是名医普受欢迎。建立了国医大师李士懋传承工作室、黄传贵名中医工作室、黄明名中医工作室、唐山市名医工作室。聘请北京301医院、解放军火箭军总医院、北京西苑医院等名院的专家教授近20人，定期到医院坐诊，让群众在家门口享受名医服务。二是名医队伍壮大。选派32名优秀医护人员到北京、天津等上级医院进修学习，采取专业对口培养，学成严格考核等措施进行检查督促。邀请北京西苑医院、中国中医科学院专家到医院讲学授课，6期培训超过1000人次。出台优秀骨干人才培育计划，做好高层次人才引进，招收中医药高层次人才10人。三是名科建设初显成效。申报河北省中医药科研项目4项，3项结题顺利通过验收，获河北省科技进步奖二等奖1项、三等奖2项，在核心期刊发表论文15篇。国家级重点专科脑病科，省级重点专科肾病科、脾胃病科发挥中医优势，把握中医发展方向；妇产科、普外科、骨科等特色专科继续发挥特色优势，开展微创治疗。四是完成实习教学任务。成为河北省中医学院、华北理工大学和承德医学院3所大学的附属医院，是全省唯一一家同时申请两所大学附属医院的县级中医院。接收医疗护理实习生130余人次，圆满完成学习任务。

【“最美医生”韩文宝】 韩文宝，男，45岁，市中医医院院长助理、心血管内科及肺病科主任。2011年，韩文宝患肝癌并实施了肝脏左半切除手术。术后仅仅18天，便拖着病弱之躯坚强地站在了工作岗位上。半年后，因病情复发进而实施了肝脏整体移植手术，术后不到两个月，腹腔还插着引流导管，他就不顾亲人劝阻再次站在了手术台前。行医近20年，他始终牢记入党誓言，秉承“患者高于一切、生命重于泰山”的从医理念，恪尽职守，兢兢业业，把所学知识毫无保留地奉献给了病人，用无言大爱诠释了医者仁心的深刻内涵，同时得到广大患者的衷心爱戴和上级领导及同事的一致认可。20年来，收到患者及家属赠送的感谢信200余封，锦旗、镜匾400余面，先后获中国好人榜“诚实守信好人”、河北省第五届道德模范、“最美河北人”之“最美医生”、河北省医药卫生系统“白求恩式医药卫生工作者”等荣誉称号。9月28日，唐山市政府副市长高瑞华带领天津市第一中心医院、唐山市人民医院、开滦总医院肝胆病专家到迁安市中医院，看望慰问韩文宝。高瑞华首先代表唐山市委、市政府向韩文宝表示亲切慰问，并详细询问了韩文宝的身体状况，叮嘱他要劳逸结合，保重身体。高瑞华指出，韩文宝医生高尚的医德，良好的医风，顽强的毅力，无私的奉献，值得广大医务工作者和全社会学习。全市卫生计生系统要广泛宣讲韩文宝的先进事迹，深入挖掘韩文宝医生身上那种坚持清贫、不忘初心的精神力量。医疗行业要以韩文宝为榜样，进一步弘扬清新之风。要组织专家不定期地为韩文宝医生会诊，保障他的身体健康，使他在热爱的医学事业中，继续为更多的患者解除病痛。11月初，根据其事迹创作的现代评剧《百姓医生》参加了第十届中国评剧艺术节演出，并在唐山市卫计系统进行巡演，反响强烈。

（张云智）

市血站

【概况】　2016年，市血站共采血6897人次，采血量2.66吨；采集血小板368人次638个治疗量，所采血液全部来自公民自愿无偿献血。临床用血为2.6吨，临床用血小板621个治疗量，成分输血率99%以上。1. 协助市红十字会组建红十字干细胞捐献志愿服务分队，招募干细胞志愿捐献者13人，进行了登记和血样留取。新招募无偿献血志愿者111人，举办无偿献血志愿服务培训会两次，志愿者们组织无偿献血宣传活动9次，累计志愿服务1000多个小时。2. 做好应急保障。修订《血站应急采供血预案》，对临床用血情况监测、信息报告、应急采血安排、临床用血调控等进行详细规定，以保证血站应急采供血工作的快速响应和顺利实施，并对预案进行了演练。团体应急献血队伍增加到3600多人。积极推动单位应急献血队伍建设，同时注重日常采血时对献血者的宣传动员工作，鼓励献血者定期献血，并加入应急献血队伍，累计登记应急献血志愿者2000多人。3. 对质量体系文件进行全面改版，3月1日起实施。

【无偿献血宣传教育】　利用新闻媒体开展无偿献血宣传，在“国际红十字日”“世界献血者日”等活动日开展主题宣传活动，利用微信、网站等多种平台持久进行宣传。加大无偿献血和打击非法采供血的宣传教育力度，宣传非法组织采供血的危害及严厉打击非法采供血违法犯罪行为的必要性，提高公民对无偿献血的认知度。开设举报电话，拓宽投诉举报渠道，加大督导检查力度。联合市公安局依法严厉打击非法组织他人卖血或以暴力和威胁方式强迫他人卖血的违法犯罪活动。

（张云智）

社会·民生

人民生活

【居民可支配收入】 城乡居民收入稳步增长。根据对全市50户城镇居民家庭的抽样调查，2016年，全市城镇居民人均可支配收入34637元，同比增长7.7%。其中，城镇居民人均工资收入27827元，同比增长9.3%。主要是机关事业单位工作人员工资标准的提高以及年终奖金补发到位，促进了城镇居民工资性收入的增长。农村居民收入增长继续快于城镇居民。根据对全市70户农村居民家庭的抽样调查，2016年，全市农村居民人均可支配收入19938元，同比增长7.9%，其中农村居民人均工资性收入10873元，同比增长22.2%。主要是农民工从业人数、月均收入水平同步增加及钢铁企业效益回升补发欠薪，三项因素叠加带动农村居民工资性收入较快增长。

【居民消费】 城乡居民消费平稳增长。2016年，城镇居民人均消费支出24747元，比上年增长7.3%；农村居民人均消费支出12320元，比上年增长7.2%。食品消费支出比重（恩格尔系数）继续下降。2016年，全市城镇居民和农村居民人均食品烟酒消费支出分别增长5.0%和12.9%，占消费支出的比重为24.3%和28.6%，比上年回落0.3个百分点和0.1个百分点。

与个人发展和享受相关的支出增长迅猛。城镇居民人均居住、生活用品及服务、交通通信支出分别增长8.0%、17.0%和19.4%；农村居民人均衣着、生活用品及服务、交通通信、教育文化娱乐支出分别增长18.4%、71.8%、52.0%和23.2%。

居住条件和环境不断改善。2016年，城镇居民人均居住面积40.6平方米，比上年增长4.1%；农村居民人均居住面积38.6平方米，比上年增长10.1%。城镇居民住宅外道路是水泥或柏油路面的户比重为100%；农村居民住宅外道路是水泥或柏油路面的户比重为85.7%，比上年提高1.4个百分点；城镇、农村居民安全饮用水的户比重全部为100%；城镇、农村居民有卫生厕所的户比重分别为96%和77%，分别比上年提高4.0个百分点和6.0个百分点；城镇、农村居民有洗澡设施的户比重分别为98%和96%，农村居民比上年提高3.0个百分点。

耐用消费品升级换代趋势明显。农村居民耐用消费品升级换代趋势更加明显，部分耐用消费品拥有量上升速度较快。2016年，农村居民每百户家用汽车拥有量为47辆，比上年增长34.3%；每百户助力车拥有量为106辆，比上年增长5.0%；每百户空调拥有量为40台，比上年增长73.9%；每百户电冰箱拥有量为110台，比上年增长8.9%；每百户微波炉拥有量为17台，比上年增长142.9%；每百户抽油烟机拥有量为23台，比上年增长92%；每百户热水器拥有量为97台，比上年增长3.2%。城镇居民每百户家用汽车拥有量为78辆，比上年增长34.5%；每百户空调拥有量为119台，比上年增长5.3%；每百户微波炉拥有量为70台，比上年增长25%。

（马　国）

社会保险

【概况】 2016年，全市社会保险工作稳步推进。各险种覆盖1437788人次，社会保险费总收入21.60亿元、支出18.32亿元，基金滚存结余26.18亿元，各项社会保险待遇按时足额发放。企业养老保险参保单位1012个，参保职工122454人，征收养老保险费6.76亿元，为17345名企业离退休人员支付养老金4.66亿元，基金滚存结余13.18亿元；机关事业单位养老保险参保单位189个，参保职工25572人，征收养老保险费3.68亿元，为6471名离退休人员支付养老金3.54亿元，基金滚存结余4085.52万元；城乡居民社会养老保险参保328509人，领取养老金99541人，基金收入2.05亿元、支出1.78亿元，累计结余5.95亿元；职工医疗保险参保单位1013个，参保人员113568人，基金收入4.06亿元，为111889人次支付待遇2.72亿元，基金累计结余5.21亿元；工伤保险参保单位881个，参保人员123635人，基金收入9819.5万元，为18016人次支付待遇9959.41万元；失业保险参保单位209个，参保人员42127人，基金收入2786.62万元，为18564人次支付待遇3525.92万元；生育保险参保单位1013个，参保人员95663人，基金收入1636.98万元，为16487人次支付待遇2485.83万元，基金累计结余1988.67万元。

【职工医疗保险保障水平提高】 1. 调整完善政策。新出台城镇职工基本医疗保险门诊慢性病管理办法，将慢性病人员购药时间由每月两次变更为一次，对参保职工需长期用药的病种暂不设定有效期，取消定期复审制度。出台女职工产前门诊检查费用报销办法，女职工可享受孕期检查报销待遇。2. 加强定点单位管理。制定《迁安市城镇基本医疗保险付费管理办法》，规范各项管理控费指标，明确双方权责关系，建立约束与激励相结合的新型医保付费管理模式；对“两定点”（定点医疗机构、定点零售药店）实行协议管理，协议签订率100%；对14家医保定点医院进行2015年度年终考核，优秀3家，合格10家，不合格1家，按总额预算制结算办法，年度实结金额8452.5万元。3. 开展打击套保骗保专项行动，对违规定点单位做出相应处理，暂停零售药店和医疗诊所医保网络运行9家，限期整改并拒付违规费用住院医疗机构7家，限期整改的医疗机构10家、零售药店45家。

【城乡居民医保政策调整】 1. 提高门诊补偿标准。在卫生院和卫生室开展的门诊统筹补偿最高额由每人每年150元提高到180元。2. 降低住院起付线。唐山市级由1800元降低到1500元，省级由2500元降低到1500元，省外由3000元降低到2500元。3. 提高住院补偿比例。住院补偿比例由原来的45%增长到55%。住院补偿封顶线由12万元提高到15万元。大病补充补偿封顶线由30万元提高到35万元。参保居民每人每年最高补偿额由42万元增长到50万元。4. 增加慢病用药范围。完善门诊特殊慢病细则，增加门诊血液透析患者用药范围。5. 提高门诊中药饮片补偿标准。积极推进医疗卫生改革，鼓励参保居民选择中医特色治疗，提高中医药补偿比例，自2016年7月起，参保居民在指定的定点医疗机构门诊治疗服用《河北省新型农村合作医疗报销药物目录》内中药饮片时，按85%的报销比例给予补偿，不设起付线，每人每年最高补偿额1000元。

【社会保险缴费费率调整】 降低失业保险费率。2016年5月1日起，将失业保险费率由1.5%降至1%，其中用人单位按照本单位工资总额的1.0%、职工按照本人工资的0.5%缴纳。调整工伤保险费率。根据《唐山市人社局财政局关于调整工伤保险费率政策的通知》精神，从2016年7月起，基准费率由三类调整为八类，分别为该行业用人单位职工工资总额的0.5%、0.7%、1%、1.2%、1.5%、1.7%、1.9%、2.5%，个人不缴费。另根据企业支缴率有浮动费率，视参保单位工亡和工伤情况设特定费率。

【城乡居民和职工养老待遇标准提高】 1. 根据《河北省人力资源和社会保障厅、河北省财政厅关于从2016年起提高我省城乡居民基本养老保险基础养老金标准的通知》精神，从2016年1月起，城乡居民基础养老金标准由每人每月75元提高到80元，其中省级财政负担10元，全市城乡居民基础养老金每人每月135元。2. 调整企业退休（职）人员养老金标准。根据河北省人力资源和社会保障厅、河北省财政厅《关于2016年调整退休人员基本养老金有关问题的通知》精神，共涉及企业退休（职）人员15722人，月增基本养老金244.17万元，人均月增加155.31元，增加比例7.74%，全市企业退休（职）人员人均养老金达到2162.87元。

【机构更名及职能划转】 2015年11月起，市社会保险基金管理中心更名为社会保险事业管理局。2016年，市政府印发《关于城乡居民基本医疗保险职能机构划转的实施方案》，按此方案，原人口和计划生育局所属的迁安市城乡居民基本医疗保险管理中心机构编制整体划入市社会保险事业管理局，并更名为城乡居民医疗保险管理科，原城乡居民基本医疗保险定点医疗机构（含村卫生室）整体接收，按新的医疗保险定点管理标准逐步进行完善，11月，职能机构划转完成。

市社会保险事业管理局
局　长　田　克（4月离）　马凤文（5月任）
市人力资源和社会保障局
副局长　伞学峰（5月起分管医保工作）
市社会保险事业管理局
副局长　王　咏（女）　秦建军

（石晏春）

就业服务

【就业再就业目标圆满完成】 城镇新增就业7142人，完成目标7050人的101.3%；城镇失业人员再就业1231人，完成目标1210人的101.7%；就业困难人员再就业315人，完成目标300人的105%；城镇登记失业率为3.78%，控制在4%以内；转移农村劳动力5705人，完成目标5600人的101.9%。开展职业技能培训89期，培训2510人，完成目标2000人的125.5%。开展创业培训410人，完成目标400人的102.5%；发放创业担保贷款446笔4379万元，完成目标2000万元的218.9%；提供创业服务1102人，完成目标1000人的110.2%。引进各类人才845人，完成目标800人的105.6%；培训人才496人，完成目标400人的124%。

【就业服务活动】 1. 充分发挥人力资源市场作用，开展职业指导和职业介绍服务。全年组织各类招聘会49场，为2794人次成功介绍工作。2. 开展“就业援助月”“春风行动”和“民营企业招聘周”活动。3. 重点做好化解钢铁等过剩产能失业人员安置工作。针对去产能下岗职工，印制《失业人员就业创业扶持政策宣传单》5000份，发放至去产能企业，实地走访去产能企业，将省、市去产能职工安置政策一对一宣传。4. 加强乡镇劳动就业社会保障平台建设。完成木厂口镇、野鸡坨镇的省级验收工作，拨付奖补资金12万元；督导建昌营镇、杨各庄镇、彭店子乡、上庄乡4个镇乡的平台建设，已完成省、唐山市两级验收。

【职业技能培训】 开展职业培训，提高劳动力就业技能。一是强化职业培训网络体系建设，方便农村劳动力就近就地参训。择优认定10家定点免费职业技能基地，核定20多个免费技能培训专业，建起免费职业技能培训自选超市网络，方便农民自主选择培训项目。二是强化服务类培训，促进农村家庭妇女就业。加大对育婴员（月嫂）、家政服务员、保健按摩等家庭服务类培训的宣传，引导激励有闲暇的农村家庭妇女勇敢地走出来，学习技术，改变命运；增强家庭服务类培训品牌服务意识，增加培训含金量，保证学员学到真技能、真本领；加大对培训学员的就业推介力度，与唐山、京津等地家政公司合作召开就业洽谈会，促使结业学员早日实现上岗目标。三是继续强化联合监管模式，提高培训质量和专项资金使用效益。市人社、财政部门联合对培训的基地认定、开班、日常出勤、考试、检查验收等环节实行全过程联合监管，启用网络视频监控系统，职业培训基地教学管理更加规范。

【助推创业带动就业】 实施创业帮扶，助推创业带动就业。一是因地制宜，创新工作，推动全民创业。调整创业担保贷款政策，为取得营业执照1个月以上、5年以内并带动2人以上就业的小微企业和个体工商户发放最高额度10万元的无息贷款。工作中不断简化手续，方便办事群众，提高办事效率。同时，与银行及财政部门做好创业担保贷款回收工作，全力推动全民创业。二是做好小微企业租金补贴发放工作。对城镇登记失业人员、农村转移就业劳动者、毕业年度高校毕业生、城乡未继续升学的应届初高中毕业生初次创办的小微型企业（不包括入驻创业园区和创业孵化基地的），2014年5月创办的小微企业经营场地和店铺为租用的，给予3000元或5000元的租金补贴。三是加大宣传力度，广泛宣传创业扶持政策。利用广播、电视、报纸等媒体宣传创业典型和创业帮扶各项优惠政策。与迁安电视台合作开办创业知识讲座系列节目，邀请有丰富经验的创业培训教师按《创办你的企业》教材详细讲解十步课程，营造“想创业、敢创业、会创业”的浓厚氛围。

【人才引进工作】 引进人才，为经济转型提供智力支撑。一是开展全市人才资源调查统计工作。调查覆盖全市辖区内的所有机关、事业、企业法人单位和农村经济组织中的在职在岗党政人才、企业经营管理人才、专业技术人才、技能人才、农村实用人才，主要调查人才资源现状和急需人才，为市委、市政府制定人才政策提供依据。二是组织用人单位赴相关高校招聘急需专业毕业生。利用年底前后高校毕业生求职择业旺季，在摸清人才需求的基础上，有针对性地组织用人单位参加各相关高校的毕业生洽谈会，提早动手引进急需专业的高校毕业生。三是为企业引进人才提供优质服务，及时为企业引进人才提供签订就业协议、档案接收、户口迁移等项服务，为企业排忧解难。全年共引进各类人才845人。

【促进高校毕业生就业】 多措并举促进高校毕业生就业。一是加强高校毕业生就业市场建设，为毕业生就业和用人单位选人搭建平台。实行人力资源大厅工作日全天开放制度，随时为用人单位和高校毕业生提供优质服务，免费为高校毕业生提供就业信息，免费为应届高校毕业生提供档案管理服务。9月24日，举办2016年度离校未就业高校毕业生专场招聘会，有九江线材、思文科德、东安、北购、职教中心等75家企事业单位和1500名求职者参加招聘活动，提供就业岗位1400多个，达成就业意向760多人。二是开展高校毕业生实名登记活动。采取入户走访调查方式，对2016年度离校未就业高校毕业生进行实名登记，填写“唐山市离校未就业高校毕业生就业服务卡”，宣传高校毕业生就业创业政策。三是实施高校毕业生就业见习计划。研究制定《迁安市高校毕业生就业见习管理办法》；深入企事业单位，广泛征集见习岗位需求，共征集见习岗位1656个，全年推荐1077名高校毕业生到28家见习单位参加就业见习活动，见习期为12个月。四是积极引导高校毕业生到基层就业。在广泛征集岗位需求的基础上，做好“三支一扶”（支农、支教、支医和扶贫）学生的接收工作，及时落实待遇。2016年，共接收“三支一扶”学生8名。

市就业服务局

局　长　刘子玉（12月离）　宋景纬（12月任）

副局长　徐少华　罗永红

（刘渝施）

民政工作

【拥军优抚】 广泛开展宣传工作。利用电台、电视台、《迁安时讯》等媒体宣传各行业涌现的拥军优属新典型；坚持做好重大节日期间慰问工作。春节、“八一”等重大节日期间，先后为驻迁安部队、重点优抚对象发放慰问款70万余元。全年发放抚恤定补款2714万余元，全部实行社会化发放。以每人600元的标准为1459位重点优抚对象发放取暖补贴87.54万元。从“解三难”（解决生活、住房、医疗困难）入手，帮助重点优抚对象解决实际困难。实行“一站式”医疗结算服务，2016年，累计为800余人次的优抚对象和医疗单位进行政策解答，为280人次优抚对象报销医疗费30.5万元。

（裴亚光）

【退役士兵及转业士官安置】 及时足额兑现义务兵家属优待金及自主择业金。2016年，农村籍义务兵家属优待金为每年每户18478元，城镇义务兵家属优待金为每年每户18100元，共为702名义务兵发放优待金1475.4万元；为229名退役士兵发放自主择业金908.467万元。2014—2016年度应安置的退役士兵安置工作完成，安置到市城市管理综合执法大队49名，安置到公安局辅警54名，安置到首钢股份公司迁安钢铁公司20名。

（裴亚光）

【基层民主政治建设】 以建设“和谐迁安”为目标，全面加强基层民主政治建设。一是做好第十届村委会换届选举信访遗留问题调查处理工作，化解矛盾，保持稳定。二是创新社会管理，实现村民代表会议、村务监督委员会、村民委员会三个民主组织全覆盖，实行“三议一行一监督”工作机制，即村党组织提议、村两委商议、村代会决议，村委会执行，村监督委员会监督，村民参与村务各项事务管理。三是积极推进建设省级和谐社区，按照省、唐山市文件要求，将马兰社区、阚庄社区、东周官营村、松护社区、滨河社区作为农村社区试点单位，到石家庄市赵县学习农村社区工作经验。加强城乡社区协商规范化建设，在福盛社区和东周官营村率先开展城乡社区协商建设，为城乡居民开展协商实践提供指导。

（冯　敏）

【社会福利】 以推进“社会化服务”为抓手，不断强化社会福利服务建设。一是加强公办养老服务机构建设。福利院、光荣院发挥公办养老机构主导作用，加强协议管理，提高人员素质，提升服务水平，在做好特困人员养老、军人养老的基础上，吸收社会养老，受到社会的好评。二是严格养老机构安全管理。专门成立安全生产监督管理办公室，配备工作人员3名，负责全市民政系统安全管理监督检查工作。对30家福利机构，严把食品关，要求养老服务机构与具备经营资质的供应商签订协议，对粮食、蔬菜按批次建立出入登记，确保质量合格；严把住宿关，要求养老服务机构按照《老年人建筑设计规范》对经营场所进行改造，投资200万元对光荣院消防设施进行改造，保障养员居住安全；严把消防关，联合消防大队重点检查用火、用电、器材的配备，消防制度、消防技能掌握情况；严把护理关，要求护理人员持证上岗，对生活不能自理的人员加大巡查密度，服务到位、管理到位，杜绝意外事件发生，保障行业安全发展。并积极组织安全生产宣传活动，在“安全生产月”期间，发放《社会福利机构消防安全手册》600余册。三是积极落实奖扶政策。全面落实养老机构发展的政策措施，对全市22家民办养老机构予以全方位的支持。开展年检及奖补资金申报工作，发放运营补贴31万元、建设补贴5万元，对城区老年人“一键通”服务每年拨付补贴资金30万元，开展养老机构责任险补贴工作，为940张养老床位投保责任保险，逐步健全扶持养老产业发展的工作机制。

（冯　敏）

【儿童福利】 加强儿童福利机构建设和收留孤儿的管理。2016年，全市有孤儿67名，按照集中养育每人每月1150元、散居每人每月700元的标准，累计发放救助资金65.48万元。民政系统长年在院供养收养社会弃婴及残疾儿童19人，福利院内设婴儿室、生活室、康复室、特教室、学习室等设施，充满童趣和温馨家园气息，为孤残儿童提供照料、教育、康复、医疗等服务。坚持“用爱心促进孩子们健康成长，用诚信呵护孩子们的幼小心灵，用细心照料孩子们的衣食住行，用恒心关注孩子们的点滴变化，用精心营造孩子们的温馨家园”的服务精神，对儿童的照料由传统的“养、教、治”三个基本功能，进一步向“情、能、智”方向发展。针对不同年龄段孤残儿童不同的心理特征、不同的残疾状况，实施心理疏导、矫形及康复训练，使孤残儿童身、心、智全面发展，融入社会、享受亲情。

（侯凤侠）

【救灾救济】 提高城乡低保、农村特困供养标准，被列为迁安市委、市政府为民办实事工程。一是农村居民最低生活保障标准由每人每年3550元提高到每人每年3912元，城镇居民最低生活保障标准由每人每月500元提高到每人每月550元。2016年年底，有7461户13732位低保对象，落实按户施保、补差发放要求，累计发放保障金4364.9万元。二是集中特困供养标准为每人每年7600元，分散特困供养标准为每人每年5000元，分散特困特护供养标准为每人每年8000元。全年为1794位农村特困供养对象发放供养金1100.38万元，为2809位城乡困难群众发放医疗救助金973万元。三是救助流浪人员111人次，其中护送返家39人次，给付路费24人次，送医院救治5人次，其余全部妥善安置。四是2016年全市享受困难生活补贴的残疾人3520人，享受重度护理补贴的残疾人4187人，累计发放补贴资金468.40万元，其中生活补贴228.30万元、护理补贴240.10万元。

（侯凤侠　王守利）

【民政管理】 继续施行火化费、运尸费、车辆消毒费、一次性卫生纸棺和骨灰盒5项基本火化费用减免政策，全年火化遗体3711具，减免火化费用266万元。积极开展第二次全国地名普查整改和成果转化，扎实推进地名标志牌设置，完成60个美丽乡村街、路、户牌设置工作。结合创建文明城市工作安排，投资20万元，在主要路口路段设置公益宣传路名牌。2016年，完成婚姻登记9397对，其中结婚登记5145对，补发结婚登记2022对，离婚登记2098对，补发离婚登记132对，婚姻登记合法率100%。坚持培育发展与监督管理并重的方针，民间组织健康有序发展。2016年，全市有社会组织251家，其中社会团体47家，民办非企业204家。2016年，审批40家，其中民办非企业34家，社会团体6家。对社会组织及中介组织情况进行细致摸底，开展行业协会清理脱钩，加强社会组织行业党组织建设。在明珠社区、帝景豪庭和广场馨园社区开展城市民族工作试点，争取13万元资金帮扶北冷口满族村少数民族美丽乡村建设，全力支持基督教堂建设选址、石佛寺建设，依法治理宗教乱象，保障宗教有序发展。

（孙艳平）

【老龄工作】 至2016年年底，全市有60周岁以上老年人口133462人，其中60～69周岁老年人83966人，70～79周岁老年人36947人，80～89周岁老年人11506人，90～99周岁老年人1034人，100周岁以上老年人9人。实施一系列惠老、助老政策、制度，老年人生活得到有效保障和周到服务。2016年，继续按照80～89周岁每人每月100元、90～99周岁每人每月200元、100周岁（含）以上每人每月300元的标准在全市普惠型开展高龄津贴发放工作。至年底，累计为12549位高龄老人发放高龄津贴1560.35万元。全年累计筹资88.9万元，资助29628位五保对象、低保对象、重点优抚对象、失独老年人及其他特困群体老年人缴纳“助老健康御险”。继续落实《河北省老年人优待办法》，全年累计发放老年人优待证6800本。精心组织“敬老月”庆祝活动。广泛开展走访慰问、为老志愿服务、文化惠老、敬老爱老主题教育等活动，为老年人办实事、做好事、解难事，增强老年人的获得感和幸福感。2016年重阳节期间，筹集资金18.8万元，累计走访慰问老年人608人。

（张艳丽）

市民政局

局　　长　高雅利

副 局 长　陈志今（满族）　梁玉清

李志平　刘宗衍

主任科员　刘志会

副主任科员　李冠娥（4月任）

民族宗教事务办公室主任　高文臣（5月任）

（孙艳平）

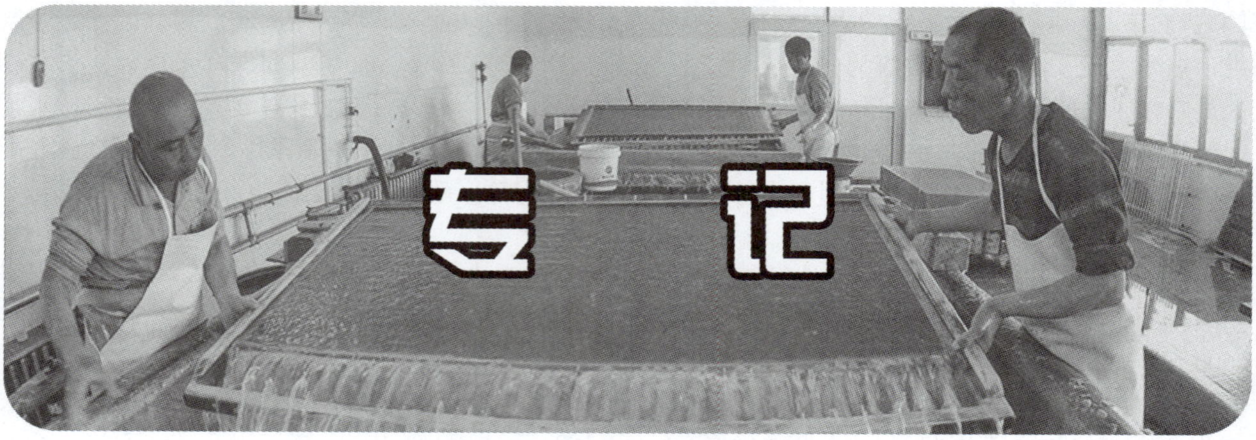

专　记

国家地理标志保护产品——迁安桑皮纸

【概况】　2016年12月，国家质检总局《关于批准对涉县柴胡等70个产品实施国家地理标志产品保护的公告》批准迁安桑皮纸（迁纸）为国家地理标志保护产品，自发布之日起实施保护，确定保护范围为迁安市现辖行政区域。迁安桑皮纸（迁纸）为迁安首个国家地理标志保护产品。

根据《地理标志产品保护规定》，迁安市申请保护的地理标志产品名称为“迁安桑皮纸（迁纸）”，产品类别为轻工产品，产地范围分布在迁安市行政区划范围，其手工艺及主要原料“桑皮”产地主要集中在迁安镇、建昌营镇、闫家店乡、扣庄乡等19个乡镇。迁安桑皮纸（迁纸）工艺古老、品质独特，素有“北迁南宣”之誉。

2016年，迁安区域总面积1227平方公里，总人口77万人，辖19个镇乡、1个城区街道办事处，有505个行政村、37个社区居民委员会。迁安市为河北较具实力的县市之一，先后被批准为“国家卫生城市”“国家级生态示范区”“国家绿化模范县（市）”“国家可持续发展实验区”与“国家园林城市”。

迁安桑皮纸（迁纸）有三点独特之处：一是原料独特，以北方沙地条桑皮为主要原料，纸质纤维性超强；二是工艺独特，利用北方特有的冬季气候，用地下深水浸泡的桑皮，必须经冻、凉、蒸、煮工艺处理，使桑皮容易脱去表皮杂质，纤维韧性更强；三是完整性，沿用东汉蔡伦发明的造纸工艺，完整传承了古老的抄纸技艺。千百年来，迁安桑皮纸（迁纸）的独特品质特点保持至今，纸张均匀，纸质纯净绵韧，色泽洁白光滑，拉力性强，不易折，不易裂。在书写和绘画方面有“重彩”“重水”“重墨”的独特特点，对墨的洇渗恰到好处，特别是画人物和动物画时，吃墨均匀，行笔流畅，易于掌握发挥水墨的性能。

多年来，迁安各级政府围绕迁安桑皮纸这一产业，深入分析民情、市情，结合自然优势、人文优势和产业优势，加大宣传引导力度，助推迁安桑皮纸产业化发展。定期邀请书画界名家到迁安指导交流，提高迁安桑皮纸（迁纸）的知名度；利用互联网、报纸、电视等媒介，开辟专栏，介绍宣传迁安桑皮纸（迁纸）的历史传承和人文特点。在促进产业发展过程中，政府努力为企业创造良好的发展环境，重视品牌建设，做大做强精品。政府多次组织龙头企业参加在北京、上海等地举办的特色产品展示展览活动，其中“兆和”牌迁安桑皮纸分别于2011年和2014年两次获得“全国文房四宝艺术博览会”金奖，2014年6月，迁安桑皮纸获得“正定高远杯”河北省第七届游旅商品大赛银奖，汇远书画纸厂于2015年被定为首都师范大学书法院迁安教学实践基地、河北美术学院艺术中心迁安创作基地。坚持规模化、集约化原则，整合、优化、提升迁安桑皮纸产业整体水平。迁安在东部工业园区内，划出2公顷土地，用于迁安桑皮纸的建设，完善园区内道路、通信、水、电等基础设施，加强生态环境保护，使之成为产业集聚的有效载体，同时还出台了《关于加快迁安桑皮纸（迁纸）工业园区建设意见》等一系列优惠政策，鼓励关联企业和配套企业向龙头企业所在的工业园区聚拢。鼓励中小型企业打破所有制、行业、地区界限，通过资产重组、资源整合、兼并、收购等措施，促其优势集聚，增加市场竞争力。引导龙头企业加强与各科研院校合作，加大科技创新与产品研发力度，延伸产业链条，带动相关产业，形成产业集群。大力推广“公司（协会）+专用标志+基地+企业”产业化经营模式，推广龙头带基地产加销一体化等多种形式，形成大中小企业密切配合、依附龙头企业的市场和经营的完善体系，共同构建产业集群效应。

【迁安桑皮纸历史探源】　迁安历史悠久，文化底蕴深厚，自古以来，就有伯夷叔齐让国、老马识途等典故流传于世，有“南宣北迁”之誉的迁安桑皮纸（迁纸）更是传承千年。迁安植桑历史久远，《晋书》《十六国春秋》等史书，都有迁安域地植桑的记述。根据地名资料介绍，迁安市桑园村是因该地乡众植桑有功，孤竹君赐封村名。据史料记载，迁安造纸业始于后汉，鼎盛于明清。迁安市三里河边于家村出土的汉代捣碓俑，证明迁安手工造纸起源于汉代。清雍正年间（1723—1735年）三李庄的造纸业兴盛起来，为了纪念造纸始祖汉代蔡伦，于乾隆九年（1744年）在村中捐资修建了祖师庙。每年农历三月十五日在庙门前搭台子唱戏，纸坊户花钱。这天，纸坊散工，工人过节喝酒吃肉，附近村民也家家请亲待客。此庙于1952年被拆毁，庙前走廊石柱残骨保存在该村小学，石柱上有石刻对联，字迹已模糊不清，上联是“开抄始于后汉”，下联为“规模成于大清”。据1994年版《迁安县志》记载，明宣德年间（1426—1435年），三里庄村建起5个造纸作坊，经过300多年，到雍正年间发展到41个。迁安城西李家窝铺（今迁安镇西李铺）李显廷从光绪十九年（1893年）起，多次赴朝鲜考察，回乡创办显记纸厂。民国10年（1921年），把纸厂迁至水源条件好的三里河畔，不久，红辛纸和油杉纸相继问世。抗战胜利后，显记纸厂更名为华丰造纸厂，是北方唯一大型造纸厂。据1994年版《迁安县志》载：民国28年（1939年），全县已有大型纸厂20余处，毛头纸手工作坊600余处，全国领先。1956年，在石李桥建成北方最大的书画纸厂。二十世纪七八十年代是迁安桑皮纸鼎盛时期，呈现出红红火火的产销两旺局面。

【迁安桑皮纸（迁纸）久负盛名】　迁安手抄桑皮纸有千年历史，一直沿用古老工艺，堪称造纸术活化石，具有无可替代的历史和科研价值。至2016年，迁安有两家企业获“河北省非物质文化遗产生产保护示范基地”，两人获“河北省非物质文化传承人”证书。迁安桑皮纸（迁纸）为书、画艺术提供了有独特墨韵的优质纸，具有独特文化价值。徐悲鸿爱用迁安桑皮书画纸，民国32年（1943年）夏特意用珍藏的迁安桑皮纸（迁纸）创作《孔子讲学》等作品，筹办抗日义卖画展。蒋兆和用迁安桑皮纸（迁纸）创作的巨幅画卷《流民图》，被中国美术馆收藏作为镇馆之宝。胡耀邦到迁安时题词“发展书画用纸，提高民族文化艺术”；副总理方毅于1985年题“宜书宜画”。1988年，迁安“高丽纸”获“轻工部优秀出口铜质奖”。同年，“令支牌”桑皮纸获“河北省工艺美术品”百花奖。著名画家马振生用迁安桑皮纸（迁纸）画出的《钟馗像》，钟馗形象呼之欲出，原天津美院院长陈冬至画的《蜀僧抱绿倚》趣味横生，著名画家张广画的《牧牛图》活脱盎然，张宝成、刘大为等书法画家也对迁安桑皮纸颇多赞美赏识，刘炳森为迁纸（迁安桑皮纸）题字“北迁南宣”，更是大大提高了迁安手工桑皮纸的知名度。

【迁安桑皮纸产销情况】　多年来，迁安市政府对迁安桑皮纸（迁纸）产业高度重视，在政策优惠、资金补贴方面均给予大力支持，为迁安桑皮纸（迁纸）的发展营造了一个良好的发展环境。2016年，全市有桑皮纸生产企业7家，条桑种植面积1013公顷，桑皮纸品种规格32个，年产量100多吨，产品销往全国各地，部分产品还远销日本、东南亚、欧美等国家和地区。北京荣宝斋美术服务部、故宫博物院、天津杨柳青画店等是迁安桑皮纸（迁纸）常年的订货单位。

附：

迁安桑皮纸（迁纸）的生产技术规程、安全要求和主要质量特征

一、产品的生产技术规程

作为传统手工艺，迁安桑皮纸（迁纸）工序独特，制作精细。经过72道工序，以纯手工制造而成。

主要生产工具：砍镰、铡刀、甑锅、木榔头、蒸皮锅、投皮筐、切皮刀、切皮床子、抄纸池、帘床子、抄纸帘子、纸榨、晒纸刷子、晒纸墙、裁纸刀。

主要工序：1. 蒸皮：把桑皮放到清水池中2~3小时，然后装入高压蒸锅中，一般高压蒸锅按干皮计算，能装150公斤以上不等。2. 化皮：蒸好的桑皮放入专用水池中，用清水冲洗，把桑皮缕成粉条状靶条，将洗好后的桑皮晒干，将其晒成白色后，再入池中冲洗。3. 榨皮：缕成靶子的桑皮垛到压榨设备上施加压力，使水慢慢流出，剩余水分含量大约30%。4. 择皮：也称“甩皮”，榨好的桑皮硬实用柔力甩开，择去桑皮中杂质，将代弯的桑皮缕直，在桑条编好的经把上用脚反复搓揉，使皮表面的皴搓掉。5. 洗皮：将桑皮放入筐中，放清水池中，手拿择好的桑皮用力在筐内反复摆动，把皮表面的皴全部洗净。6. 切皮：把桑皮垛在柳木床子上，按靶子拉直摆平，大约长3米、宽30厘米、高60厘米左右，用几根细绳勒紧，用两头带有木柄的长刀把皮切成小段，要均匀，一般不长于1.5厘米。7. 打浆：把切好的桑皮按量放入打浆机内，放入适量水，将桑皮打成糊状，没有特殊要求不可过细，否则，会有损桑皮中的纤维，抄出的纸韧性不强，体现不出桑皮纸的特性。8. 抄纸：又称“捞纸”，把搅拌均匀的纸浆和水，放入抄纸线池内，再进行打线，使纸浆纤维悬浮在水中，然后把竹帘放在抄纸床上，插入线池中抬起，让纤维均匀平摊在竹帘上，形成一层湿纸，最后把抄成的湿纸移至在线池旁边的湿纸案板上。9. 压榨：把湿纸内多余的水分压出，使湿纸具有一定强度，以利于刷纸晾晒，压榨时不可压力过猛，否则会使湿纸受损，压榨后的水分在30%左右。10. 晒纸：就是把湿纸变成干品，将湿纸贴在墙上，自然风干或加温焙干。11. 裁纸；将风干的纸用裁纸刀将其裁成书画纸的标准尺寸。12. 包装；将裁好的纸按照每100张为一刀将其分开装好。

二、安全要求、质量特征

外观：桑皮纸手感柔软细腻，纸面平整洁白，没有明显沙粒、浆块、皱折、残缺、洞眼和裂口；切边整齐洁净，卷筒两端平整，不出现弓型或锯齿型。

纸张尺寸允许偏差为±3毫米，偏斜度应不超过5毫米。

纸张的紧度、亮度、撕裂度、吸水性和伸缩性等符合GB/T 22828的规定。

三、包装标识储运说明

（一）包装：迁安桑皮纸的标志、包装应按GB/T 10342或按订货合同的规定进行。

（二）运输：运输时应妥善保管，防雨、防潮。使用洁净的运输工具，不应使纸件受冲撞，不应将纸件从高处扔下。

（三）贮存：贮存时应妥善保管，贮存在阴凉、干燥、通风、避光的库房中，防止地面潮湿的影响，防止露天堆放。

（市质量技术监督局）

乡镇·街道

迁安镇

【概况】 迁安镇位于迁安市中部，为市委、市政府所在地，镇政府驻市区惠泉大街西段。2016年4月，辖区内党工委更名为办事处，全镇辖6个办事处、76个村、11个社区居委会，总面积128.14平方公里，耕地面积3743.22公顷，总户数61309户，总人口182828人，人口自然增长率10.68‰。2016年，完成规模以上工业增加值6.96亿元，与上年持平；全社会固定资产投资65.1亿元，同比下降18%；完成全部财政收入8.15亿元，同比下降18.3%；完成公共财政预算收入4.75亿元，同比下降25.1%；农村居民人均可支配收入21140元，同比增长7.0%。粮食总产21002吨；牲畜出栏56100头，存栏42581头；猪肉产量3343吨，奶产量8985吨，禽蛋产量3397吨；农民人均纯收入21140元，同比增长7.0%。

【项目建设】 全年谋划、实施项目22个，预计总投资46.03亿元，已完成投资33亿元，其中结转项目8个，完成投资26.1亿元；新开工项目6个，分别是计划投资3.2亿元的东安悦购城商业综合体项目，已累计完成投资2.9亿元，一楼超市部分已建成营业，其他业态于10月初正式营业；计划投资3500万元的迁安市占宏农贸中心项目，累计完成投资3000万元，10月起试营业；计划投资2.5亿元的迁安大润发超市项目，已正式营业；计划投资1.1亿元的河北百善药业有限公司阳光老人系列药品生产线项目，正在进行厂房建设；计划投资1亿元的迁安市华农发展有限公司育肥猪项目，已开槽动工；计划投资1.1亿元的大壮工贸有限公司制砖厂项目，已开始动工。6个项目已累计完成投资6.9亿元。

【招商引资】 不断提高招商引资的质量和档次，做到投入不断档、发展不停步。年内，迁安镇促成签约项目4个，分别是投资1.1亿元的横店影视城项目，投资1.2亿元的迁安市华农发展有限公司育肥猪项目，投资1.5亿元的北京建国饭店项目，投资1.3亿元的星星国际影院项目。谋划项目4个，即投资3亿元的迁安大壮纸业印刷厂项目，投资5亿元的唐山宏文集团影视基地项目，投资1亿元的北京师范大学新标准体系幼儿园项目，投资3亿元的万嘉二手车市场项目。

【城镇建设】 1. 统筹推进回迁进程，加快安置进度。抽调30名机关干部，聘请迁安市公证处全程公证，圆满完成挪河、于庄、蒋官营、刘家庄、前陀5村1113户高层楼房的分房工作；阚庄451户、西李铺5村2691户档案核档工作顺利完成；西李铺吉兰庄（南区）安置点和七号岛安置点楼房建设工作进展顺利，计划在2017年6月完成两个安置区的住宅竣工验收工作。2. 创建物业管理样板小区，规范各回迁安置区物业管理。创建阚庄村物业管理样板小区，召开由各返迁村书记、主任参加的现场会，实地参观考察，以点带面，全面推进。同时，制定严格的考核办法，对各回迁小区管理进行年度考核。通过样板带动，制度约束，全面提升各回迁安置区的物业管理水平。3. 落实海绵城市创建，服务城市建设。配合海绵城市试点建设工作，完成9个小区与设计单位实施方案意见的对接，相关村提出了适合本小区实际的改造意见，方案在各小区公示，各小区施工队进场对接工作顺利完成，保证了各小区海绵工程改造顺利进行。

【城镇环境】 积极投入国家文明城创建工作，设置公益广告54副，悬挂条幅68条，发放宣传单2万多份，组织迁安镇志愿者服务队向市民发放《迁安市民文明公约》和《迁安市民公共行为规范》，提高广大市民对文明城市创建工作的知晓度。同时，强化环境综合整治，把全镇机关干部分成41个小组，对城乡接合部、城区背街小巷、城中村改造集中安置社区等重点区域进行环境综合整治，共维修路灯125盏，完成6条路面严重破损道路的硬化工作，清理城改村安置社区绿化带内乱栽乱种700余平方米，清理各类垃圾460吨，拆除私搭乱建110余处，清理完成40余条高处墙体广告和500余条普通小广告，为全市文明城创建工作做出巨大贡献。全镇村庄、街道环境卫生状况显著改观，文明程度显著提升，城镇环境明显优化提升。

【社会民生】 加大投入，改善民生，实现发展成果让全镇人民共享。一是人口和计划生育工作持续保持健康发展态势，全镇计划生育率96.23%，人口自然增长率10.68‰。自2016年1月1日起施行网上办证以来，办理一胎子女生育登记证797个、二胎子女生育登记证1428个。二是民政工作成效显著。2016年，全镇农村低保户892户，城镇低保户28户，发放低保金99.5万元，发放五保供养金34.8万元。三是各项社会保障制度全面推行。全镇有34650人参加养老保险，实现农村劳动力转移5080人，农村劳动力培训人数4804人。四是支持卫生事业发展。健全公共卫生体系和突发公共卫生事件应急机制，抓好各种传染性疾病的防控工作，确保全镇清静无疫。五是精神文明建设成绩喜人。累计建设3000册以上图书的村级标准图书室98个，新建文化广场70个，购置健身器材3000余件。成功组织迁安镇第七届全民运动会，丰富了干部群众的文化生活。

【社会稳定】 执行干部包村包案、领导重点接访、倒逼化解问题等措施，带着感情做好群众工作，注重解决群众的合理诉求，严厉打击非法闹访，达到引导一批、教育一批、化解一批的效果。2016年，接待群众来信来访415多件次，其中立案调查325件，上级交办的信访事项按期结案率95%以上，全年结案率98%以上。抓好安全生产工作。本着“积极谋划，扎实工作，服务企业”的原则，开展安全生产宣传月、打非治违、安全生产专项检查等工作，突出加强节假日的安全监管监察力度。年内，与40多家企业签订安全生产承诺书，检查各类企业200多家次，下达现场检查记录200份，排查隐患300处，有效遏止了各类生产事故的发生，全镇的安全生产形势稳步好转。

【党的建设】 党委自身建设得到提升。一是加强农村干部管理，根据村两委干部职能定位和工作分工，组织所有农村干部在年初签订岗位目标承诺书，并在公开栏内公开，接受群众监督；二是加强农村干部素质提升，完成农村干部大专班的招生工作，稳步提升农村干部综合素质；三是健全村干部考核机制，考核结果与年底工资核算挂钩，激发农村干部服务群众的积极性；四是积极组织村党支部书记参加农村干部培训班，先后安排27名优秀村党支部书记参加4期省级培训班，71人参加市级培训班；五是重视和加强村级后备干部队伍的选拔培养工作，把那些政治觉悟强、文化水平高、有发展潜力的农村年轻力量作为村级领导干部的后备人选，全镇范围各支部上报村级后备干部186人。六是党员队伍建设持续增强。2016年，培养入党积极分子160名，新发展党员60名，全镇党员总人数达到5795名。

书　　记　赵永兴
副 书 记　王克骄　张建民（4月任）
镇　　长　王克骄

副 镇 长	张玉红（女） 张建民（4月离）
	兰健升（4月任）
	崔 杨（4月任）
人大主席	李秀红（女）
人大副主席	毕秀琴（女，8月离）
主任科员	张晓明（4月任）
	樊玉良（4—12月）
	武保和（4月任）
武装部部长	兰健升（4月离）
	王 磊（4月任）
组织委员	付殿波
宣传委员	崔 杨（4月离）
	吴新辉（5月任）
纪委书记	武保和（4月离）
	宁文生（4月任）

（张唤朝）

扣庄乡

【概况】 扣庄乡位于迁安市东部，乡政府驻地扣庄村位于市区东6.7公里处。辖27个行政村，总面积71.26平方公里，耕地面积3746.21公顷。总户数12103户，总人口44031人，人口自然增长率6.74‰。2016年，全乡坚持稳中求进的工作总基调，主动适应经济发展新常态，圆满完成稳增长、促改革、调结构、惠民生等各项工作任务。实现规模以上工业增加值6.74亿元，比上年增长8.0%；全社会固定资产投资15.89亿元，比上年增长14.1%；全部财政收入8325万元，比上年增长33.2%；公共财政预算收入3407万元，比上年增长69.3%；农村居民人均可支配收入19112元，比上年增长1.3%；新增个体工商户136家，新注册企业89家。

项目建设取得新突破。年内，成功引进四通优良赛马繁育改良基地及高端赛马场项目；向高新技术产业进军，成功引入投资1.56亿元的葵花保健品项目，与厦门蔚嘉化学集团就总投资3亿元的高端医药北方生产研发基地项目签订了框架协议，计划总投资3000万元的东庭裕谷农业产业观光园项目正在积极商谈。

社会事业建设成效显著。一是安全生产毫不放松。全年未发生重特大安全生产事故。二是信访稳定压倒一切。认真开展信访矛盾纠纷排查化解工作，老案集中化解、新案及时化解，坚持领导每天公开接访，重点案件领导包案，重大疑难情况领导班子研究讨论，信访工作组下访、约访，全乡社会矛盾量、信访量明显下降。

【农业农村工作】 以农业增效、农民增收为目标，高度重视三农工作。1. 大力开展农技推广工作。发放清洁燃烧炉具1143台、型煤3521.9吨；优质良种种植面积超过2473.33公顷，发放玉米、小麦良种补贴资金49.9万元。2. 农村生态环境取得新成效。扎实推进农村面貌改造提升行动，建立长效保洁机制，力促农村面貌实现大改观，开展集中整治活动，对连村路边、河道旁、村周边的垃圾及村内街道等进行清理。实行整治成效与各村年终考核及村两委干部工资挂钩的办法，各村因地制宜，采用聘任保洁员制、承包制、村干部兼任保洁员等办法，采取包片村干部及保洁员名字上墙的方式，让大家共同监督，由最初的清理垃圾、柴草、杂物堆放到墙体美化、街道绿化，由以前单纯的环境卫生整治发展到美丽乡村建设的新阶段，农村环境面貌改善提升工作再上新台阶。

【城乡建设】 稳步推进城乡建设改造，打造宜居宜业的服务型小城镇。1. 小城镇建设实现新跨越。2016年，新建三层商贸楼8幢，建筑面积3000平方米。推进扣庄社区建设，计划总投资8亿元的保障性安居工程项目占地26.67公顷，一期工程规划用地3.33公顷，建设6层住宅楼4幢，建筑面积1.5万平方米，可容纳住户120户，年内全面开工建设。2. 基础设施建设取得新进展。新翻郎庄到寺前小学道路6.4公里、毕新庄村内常年雨水冲刷道路1公里，架设高压塔基35座，铺设高压线路约5公里。积极争取危房改造指标，全年对97户困难群众进行危房改造，向国土资源局申请增加建房指标302户，有效改善了困难群众的居住条件，缓解了辖区群众住房紧张的需求。3. 美丽乡村建设呈现新变化。按照重点推进、连点成线、以线带面的思路，科学规划，突出特色，有序推进，重点推进安新庄村、邓新房子村、毕新庄村3个美丽乡村重点村建设。围绕“四美”（环境美、生态美、产业美、精神美）要求，3个重点村按照“保留田园风情、移步换景”的思路，新谋划了民居改造、道路硬化、村庄绿化、乡村文化建设、产业提升等一批项目，特别是投资近400万元实施了民居改造项目，对民居破损院墙进行拆除，重新垒砌并加盖了帽檐，临街建筑及围墙立面处理后统一喷涂了外墙涂料，在整体色调把握上以灰白色调为主，墙体墙帽美观一致，给人耳目一新的感觉。安新庄村被评为省级美丽乡村。

【民计民生】 民计民生得到新改善。1. 健全救助体系。2016年，发放低保补贴236.3万元；发放困难残疾人生活补贴12.4万元；慈善助学15人，慈善助困32人，大病救助76人；按政策落实定期定量补助优抚对象，发放涉军补贴290多万元，实现救助体系全覆盖。2. 完善社会保障体系。年内，帮助36人申请小额贷款，有13488人参加养老保险，收取保费190.39万元，实现养老保障体系全覆盖。积极向下岗失业及灵活就业的城镇居民宣传参加社会养老保险补贴的好政策，让下岗失业及灵活就业的城镇居民充分享受政府给予的优惠政策。3. 丰富精神文明建设活动。2016年，在各村开展送春联下乡、慰问演出、广场舞比赛等群众性活动，在各中小学校开展清明节扫墓、“学雷锋事迹报告会”，在乡机关开展元宵节灯谜竞猜、交通志愿服务活动，群众文体活动丰富多彩。

【基层党建工作】 以“务实”为根本，夯实基层党建根基本原，打造务实扣庄。一是不断夯实基层组织。加强“三支队伍”（村党支部书记队伍、村级后备干部队伍、致富带头人队伍）建设，2016年，制定了《扣庄乡农村干部日常工作考核办法（暂行）》《2016年度农村干部工资管理办法》等一系列相关办法，为管理农村干部队伍提供了有力保障。积极整顿转化后进村，针对张沟村等4个后进村，采取“一对一”结对帮扶的方式，形成“先进帮后进、后进赶先进”的良好局面，共投资23万余元解决了4个村公开、两室、用水、出行、绿化5个突出问题，4个支部全部实现转化。二是加强党员队伍建设。严把党员入口关，不折不扣地落实发展党员各项规定，确保发展党员工作的规范性，2016年发展新党员16人。扎实开展党员“分类定责、亮诺争星”活动，坚持“三会一课”和每月党日活动，积极开展党员志愿服务活动，党员作用得到较好发挥。对违纪党员严肃处理，全年查办案件16起，给予党纪处分16人，起到了有效的震慑作用。三是积极开展“两学一做”活动。把开展“两学一做”学习活动作为2016年党建工作的龙头任务，进一步落实全面从严治党要求，强化基层党风廉政建设工作。采取听广播、挂横幅、书写标语和发放明白纸等方式，营造人人了解、人人关注“两学一做”学习教育的浓厚氛围。领导班子成员组织成立了学习教育协调小组，各支部建立了“两学一做”学习教育工作台账，实现党员学习教育全覆盖。

书记	张利民（12月离）
	朱　冰（12月任）
副书记	马心刚　史　钧（4月离）
	王进伟（4月任）
乡长	马心刚
副乡长	王进伟（4月离）
	李泓波（4月任）
	杨　秀（4月离）
	张永奎（4月离）
	梁玉龙（4月任）
	郝爱红（女，4月任）
人大主席	张　海
主任科员	史　钧（4月任）
	杨　秀（4月任）
	刘　金（4月任）
武装部部长	马宝田（4月离）
	（5—12月空缺）
组织委员	李泓波（4月离）
	（4—5月空缺）
	张利新（5月任）
副科级组织员	庞玉军（4月任）

宣传委员 崔小丽（女，4月离）
孟红艳（女，4月任）
纪委书记 郭欣光（女）

（王一辰）

夏官营镇

【概况】 夏官营镇位于迁安市东南部，镇政府驻地夏官营距市区10公里。辖28个行政村，总面积71.8平方公里，耕地面积3336.90公顷，总户数10106户，总人口34355人，人口自然增长率5.96‰。2016年，完成工业增加值7.71亿元，比上年增长3.7%；全社会固定资产投资15.85亿元，同比增长11.8%；完成全部财政收入1176万元，同比下降9.4%；完成公共财政预算收入715万元，同比增长16.8%；农村居民人均可支配收入20311元，比上年增长7.5%。

【生态环境治理】 保护和修复生态环境，改善环境质量，增强生态服务功能。实施工矿废弃地土地复垦项目33.33公顷，涉及包官营、白庄、梁庞庄、耿庄、黄官营、东峪、六道沟7个村。至年底，包官营村的13.33公顷土地已经招标，正在组织施工；白庄村的6.67公顷土地正在签订协议阶段，其他5个村正在立项审计之中；推广使用洁净型煤，取缔燃煤锅炉，改洁净型煤、生物质锅炉。驻企帮扶，大气环境质量得到有效改善；依托滨河田园绿道，开展植树造林、荒山育林，新增造林绿化面积40公顷。实施环境卫生综合治理，营造清洁整齐、优美舒适的生活环境。建立村集、镇运的保洁模式，每百户为单位设立一个保洁员，标准化清理村内卫生，累计清运垃圾35545余吨，清理院落1254户，清理残垣断壁和路障179处。加强土地确权工作，保障农村改革顺利进行。配合市国土资源局，对宅基地、基本农田进行全面测量，已完成27个村农村集体建设用地、宅基地的测量和1124.47公顷基本农田的测量。

【重点项目建设】 依托镇区朝阳工业园区和东部高新技术产业开发区，大力开展招商引资工作。年内，签约推进项目5个，即富达新智慧产业基地项目、高科技生态环保项目、金客隆超市项目、迁安景成30兆瓦光伏电站项目、河钢集团矿业公司100兆瓦光伏电站项目。新开工项目6个，即唐山华创金服企业管理咨询服务项目、唐山科源激光再制造有限责任公司德玛吉叶片研制中心生产项目、利达精密加工厂精密标准件生产线回迁项目、迁安市华农发展有限公司种猪育肥场项目、迁安百利机电检测修复扩建项目、迁安源希食品有限公司“源希”牌新型辣椒酱生产线项目。结转项目7个，即迁安市昌安耀滨科技企业孵化器项目、明续（迁安）科技发展有限公司大数据云平台开发项目、夏官营社区项目、河北钢铁集团迁安红山铁矿有限公司项目、东华特色有机蔬菜及花卉苗木生产基地项目、农乐山农产品有限责任公司农业观光园项目、德艺生态休闲农庄项目。谋划项目4个，即利达公司玉米汁饮料加工厂项目、内蒙古房地产公司夏官营镇土地复垦项目、迁安北大青鸟足球学校项目、农乐山农产品有限责任公司农业观光园项目二期。

【基层组织建设】 一是全面开展“两学一做”学习教育活动。成立领导小组，制定实施方案。召开全镇动员大会，建立14个领导干部联系点，明确44个党支部的联络员。积极开展“手抄党章”活动，打牢“学”这个基础。二是全面推行“小微权力清单制度”，将权力关进制度的“笼子”。厘清村级小微权力，制定《夏官营镇村级权力清单35条》，加强农村干部管理，规范农村干部的施政行为，推进村级事务的规范运行，达到维护农民利益、保护干部，加强基层党建、实现农村社会和谐稳定的目的。三是建立完善镇纪委约谈制度。按照市委、市政府要求，结合实际，制定了《“四个干”周报制度》和《夏官营镇重大决策部署贯彻落实情况约谈办法（试行）》，进一步增强全镇党员干部的责任意识和担当意识，规范了干部行为，确保全镇各项重大决策部署落地生根。四是深入推进后进村转化工作。对后进村分别制定转化实施方案，统一建立台账，因村制宜，分类施治。经过整顿转化，充分调动党员群众参与的积极性，村级组织建设进一步加强，部分群众反映强烈的问题得到解决，整顿转化工作取得阶段性成效。五是积极构建“市—镇—村”三位一体的服务平台。对镇、村两级便民服务组织进行人员调配和工作规范，以“便民、高效、创新、廉洁、规范”为宗旨，开展各种便民服务、咨询和指导，转变政府职能，提高了办事效率，推进了政务公开，方便了群众办事，深受群众好评。六是加强作风建设，提高防腐拒变能力。以钉钉子的精神，执行中央“八项规定”，坚决反对“四风”，加强刚性约束，深入开展机关作风整治工作，认真查找在工作纪律、办事效率、服务水平、廉政建设等方面存在的突出问题，规范行政行为，养成优质、高效、快捷的工作作风。

【民生建设】 一是全面落实安全生产责任制。与镇域内各企业签订安全生产承诺书，加大对矿山、选厂等重点行业和领域的检查力度，每周两次进行各类执法检查，及时发现和消除安全隐患，全年下达检查整改通知单38张，未出现安全生产事故。二是加强和改进信访稳定工作。推进信访工作改革，成立4支“问题化解工作队”，分包领导带队，各部门协同配合，下沉到村，直面群众，解决问题，做到了“党员干部沉下去，群众满意浮上来”。三是有效办好为民实事。以群众需求为工作导向和落脚点，实施了一批为民实事工程，实施了总投资79万元的袁庄沙河治理工程、投资50万元的镇污水处理厂启动工程等；包村干部入村开展低保复审调查工作，规范低保申请程序，确保公平、公开、公正；对37户村民住宅进行危房改造，人民群众的幸福指数不断提高。四是夯实全镇治安、交通、消防防范基础。派出所、综治办、城建办等部门专业力量打击与各村群防群治力量相结合，全方位加强巡逻体系，净化治安环境；组织津山线11个铁路沿线村重大节日铁路护路工作，每村抽调2～4名人员进行24小时看护，镇里有一名专职护路员进行巡查；完善了消防安全委员会组织机构，组织镇综治办、派出所、法庭等部门不定期对全镇镇属部门进行消防安全大检查，全镇没有出现火灾等消防安全事故。

书　　记　郭小峰
副 书 记　任治坤（12月离）
　　　　　石太岩（12月任）
　　　　　贾志丹（4月任）
镇　　长　任治坤（12月离）
　　　　　石太岩（12月任）
副 镇 长　郝艳琴（女，4月离）
　　　　　杨学文（4月任）
　　　　　贾志丹（4月离）
　　　　　周志国　李瑞民（4月任）
人大主席　王　满（4月离）
　　　　　石太岩（4—12月）
主任科员　王　满（4月任）
　　　　　郝艳琴（女，4月任）
武装部部长　李郑军（4月离）
　　　　　周慧斌（4月任）
组织委员　郝爱红（女，4月离）
　　　　　李郑军（4月任）
副科级组织员　赵爱武（4月任）
宣传委员　王小光（4月离）
　　　　　张　蕾（女，4月任）
纪委书记　杨建峰（4月离）
　　　　　李红军（4月任）

（苑俊芳）

彭店子乡

【概况】 彭店子乡位于迁安市东南部，乡政府驻地彭店子村距市区20公里。辖18个行政村，总面积40.55平方公里，耕地面积1971.58公顷，总户数6980户，总人口23495人，人口自然增长率5.21‰。境内东部、南部是平原，土质肥沃，地下水资源丰富；西部、北部是丘陵，铁矿资源丰富。青龙河和滦河从东西南三面环抱该乡。陆路交通便利，东西方向有京沈高速公路和102国道贯通，乡政府驻地距京沈高速公路卢龙入口6公里；南北方向有迁（安）卢（龙）公路纵贯全境。水路交通便捷，距秦皇岛港75公里、京唐港60公里。电力充足，有3.5万伏变电站一座，距11万伏主变电站4公里，电信配套设施齐全。辖区内有迁安市文物保护单位八里塔汉代遗址和唐山市文物保护单位杨家坡新石器时代遗址。2016年，全乡经济社会发展整体运行情况良好，呈现稳步、健康、可持续发展趋势。全乡完成规模以上工业增加值13.76亿元，比上年增长3%；全社会固定资产投资9.55亿元，比上年增长9.3%；全乡全部财政收入261万元，比上年增长0.9%；公共财政预算收入117万元，比上年增长78.1%；新增规模以上工业企业1家，新增服务业限额以上企业1家；农村居民人均可支配收入18983元，比上年增长2.1%。

【项目建设】 2016年，全乡实施在建项目14个，其中续建项目7个，新签约开工项目7个，计划总投资11.77亿元。产业链条纵深发展，全力协助滦牧农业开发有限公司高效生物有机肥制造、祺盛食品有限公司农产品加工及冷链物流、沈阳世嘉物流有限公司与迁安市强凯工贸有限公司商贸物流等项目的建设工作，确保项目早投产、早达效。服务模式创新升级，安排专人全程对接，协助项目业主办理各类手续，重点做好迁安市速8酒店旅游驿站、唐山利丰铸造有限公司球墨铸管、国家兽药安全评价中心迁安工作站及实验养殖基地等新签约项目的服务工作，确保项目尽快落地开工。谋划项目，无中生有，有中生新，抢抓京津冀协同发展战略机遇，全力做好项目跟踪服务和落实工作，对有意投资的企业和客商，主动联系、上门邀商，精心谋划一批大项目、好项目。

【农业农村经济】 作为一个传统的农业大乡，全乡不断推进农业现代化、产业化、专业化发展之路。鼓励发展苗木花卉产业，计划总投资1.5亿元的彭店子乡苗木花卉基地项目，至年底已种植花卉苗木示范点233公顷；计划总投资5000万元的钰红娟中药种植专业合作社现代农业生态园项目，年内完成土地平整工作，种植各类中药材3.33公顷，栽植核桃树6.67公顷，“苗木之乡”建设初具规模。鼓励发展畜牧业养殖，以春牧人养殖基地及生物有机肥制造项目为引领，大力推进规模化养殖，鼓励企业创新经营模式，延伸产业链条，努力将彭店子乡打造成重要的肉鸡产业化基地。

【美丽乡村建设】 夯实农村基础设施建设，乡农民保障性住房社区项目进入土地证办理阶段，力争2017年开工建设。打造美丽乡村精品，以“两改一清一拆”专项行动为契机，集中3个月时间开展垃圾清运和环境卫生综合整治攻坚，累计清运垃圾2万多吨，绿化植树10万多株，清理庭院4600余处，清除广告标语500多条，清理残墙断壁和路障128处，进一步改善了村容村貌；通过政府采购，推行乡域卫生保洁市场化服务，初步建立市场运作、管干分离、职责清晰的农村环境卫生长效保洁机制；推进彭店子、小邹庄、八家寨3个村美丽乡村建设先试先行，投资近60万元实施硬化、绿化、美化等多项工程。累计硬化道路街边1.5万平方米，栽植绿化树木5000株，统一防腐木栅栏4000延长米，外墙喷涂2万平方米；完善农村公路网建设，翻新彭李线—坨上、祁庄、徐家沟、杨家坡共计8公里公路，保障了乡村道路方便快捷，有力推动了美丽乡村建设。

【基层党建】 扎实开展“两学一做”学习教育，科学制定帮扶方案，投入69.6万元，对年初确定的坨上、杨家坡村2个软弱涣散党组织，完成道路修建、广场翻修、村街治理等后进转化工程，按时完成转化任务。加强基层服务型党组织建设，乡级便民服务中心和村级便民服务站规范运转，乡便民服务中心在全市前三季度考核中名列前茅。加强“三支队伍”（乡镇党委书记、农村党组织书记、农村致富带头人）建设，选拔培养41名素质优良的村级后备干部，连同全乡18名支部书记，参加市委组织部统一安排的培训班，素质得到进一步提升。集中两天时间，对村两委干部、后备干部、农村致富带头人进行培训，乡党委书记开班动员，股级干部讲业务，参训人员受益匪浅。严抓党员队伍管理，全面落实《发展党员工作细则》，择优发展党员，把好“入口关”；通过远程教育平台、主题党日活动等激发党员干部创先争优意识、提升党员素质；在杨家坡村、八家寨村、坨上村建立畜牧养殖、苗木花卉、中草药种植党员示范基地，充分发挥党员带富领富作用，增强党员荣誉感。

【党风廉政建设】 全面落实“两个责任”，明确党风廉政建设的党委主体责任和纪委监督责任，在班子内部形成“一岗双责”的责任体系和工作机制。深入开展“懒政怠政、不作为、不在状态”“把纪律挺在前面”“捉小鬼”等专项活动，成立机关作风督查小组，开展检查活动9次，发现问题4起，通报批评4人次，推动了机关作风大转变。严格落实“一为主两报告”（查办腐败案件以上级纪委领导为主，线索处置和案件查办在向同级党委报告的同时，必须向上级纪委报告）制度，坚持有访必接、有案必查、违纪必究，年内，查处党员干部违法违纪案件5件，其中经济案件3件，查办上级纪委转交案件7件，处分党员干部10人。积极开展党风廉政宣传教育活动，制作、悬挂廉政展牌100余块，绘制廉政文化墙6面，开展了“党委书记讲党课”“党风廉政教育主题月”“选举工作我监督”等主题教育活动，党员干部党纪意识进一步增强。

【社会管理】 村级权力运行监督进一步规范，编印了《彭店子乡村级权力清单41条》，包括村级重大事项“五议决策法”、村级招投标管理等15项集体事项和26项便民服务事项，全面推进村级权利规范运行。信访工作明显加强，围绕“重点群体、重点问题、重点领域、重点部位”4个工作重点，对辖区内信访隐患进行全方位、全覆盖排查梳理，维护全乡社会和谐稳定，年内，全乡未发生进京访事件。环境保护工作力度不断加大，大力开展农村环境保护、生态治理及水污染治理，重点整治秸秆焚烧等不良行为，以“农村和农业废弃物资源化、农业生产清洁化、村庄建设生态化”为目标，全力打造“生态之乡”。

【社会事业】 社会保障任务圆满完成，完成7541人的养老保险费征缴、4386人的待遇核定工作，征缴金额102.47万元；做好就业失业登记管理工作，开具未就业证明142人次，办理就业创业证12本，协助劳动者自主创业或进厂务工；民政工作扎实推进，全年发放临时救济救助金7.27万元、居家养老服务补贴4200元、救灾款物金额6.3万元，审批残疾人生活及护理补贴248人，发放残疾人慰问金2.96万元，发放低保金92.54万元、散养五保资金15.53万元，发放移民资金37.51万元；文体工作连创佳绩，投入经费10万元，举办各类文体活动20余次，成功举办第七届彭店子乡全民运动会，全乡300余人参加比赛；计划生育工作稳步开展，计划生育率达到95.36%，出生人口性别比为105.88；国土资源管理工作有效开展，重点实施了徐家沟和祁庄村土地占补平衡项目，新增耕地11.37公顷；谋划立项了高李庄村占补平衡项目，计划新增耕地12公顷，为全乡经济发展尤其是招商引资、项目落地提供充分的土地保障。

书　　记	李浩胜（1月离） 康继顺（1月任）
副 书 记	桑　稳　刘福山（4月任） 刘广欣（4月离）
乡　　长	桑　稳
副 乡 长	王　力（4月离） 杨书军　马千里（4月离） 杨春林（4月任） 郭　伟（4月任）
人大主席	贾艳明
主任科员	刘广欣（4月任） 宁玉茹（女，4月任）
武装部部长	刘术臣（4月离） 郑国华（4月任）
组织委员	杨春林（4月离） 崔学礼（4月任）
副科级组织员	师芬芬（女，4月任）
宣传委员	吉海力（4月离） 杨　帆（女，4月任）
纪委书记	宁玉茹（女，4月离） 张伟华（4月任）

（梁文侠）

杨各庄镇

【概况】 杨各庄镇位于迁安市东北部，镇政府驻地杨各庄村距市区18公里，辖37个行政村，总户数11548户，总人口40039人，人口自然增长率6.09‰。总面积76.01平方公里，耕地面积3993.18公顷，是典型的农业大镇。2016年，镇党委、镇政府坚持以科学发展观为指导，统筹推进稳增长、调结构、促改革、惠民生、治污染、防风险各项工作，实现经济社会健康平稳发展，“生态农业强镇、文化旅游大镇”建设迈出坚实步伐。全镇完成工业增加值15.7亿元，比上年增长14.2%；全社会固定资产投资8.02亿元，比上年下降9.58%；全镇全部财政收入2827万元，比上年下降4.5%；公共财政预算收入1535万元，比上年下降14.8%；农民人均可支配收入17577元，比上年增长3.0%。粮食总产21972吨，比上年下降0.7%；牲畜（包括猪、牛、羊等）共出栏54690头（只），比上年增长0.99%；肉（包括猪、牛、羊等）产量4225吨，比上年增长10.3%；鲜奶产量8294吨，比上年下降17%；禽蛋产量786吨，比上年下降13.8%；农业增加值30893万元，比上年增长0.9%。

【项目建设】 项目建设取得历史性突破。2016年，全镇共实施重点项目9个，计划总投资17.7亿元。其中，新开工项目5个，计划总投资4.2亿元，分别是：计划总投资0.3亿元的迁安市华飞现代农业发展有限公司现代生态农业项目，计划总投资0.8亿元的杨各庄镇千亩食用菌基地项目，计划总投资1.5亿元的迁安市东恒养殖有限公司肉牛、奶牛综合养殖项目，计划总投资1.1亿元的迁安市久红商贸有限公司网商连锁店平台项目，计划总投资0.5亿元的唐山瑞阔自动化设备有限公司电气自动化设备制造项目，并当年完工；续建项目4个，计划总投资13.5亿元，分别是：计划总投资0.5亿元的迁安市佳农农业开发有限公司欧C草莓公园项目，并当年完工；计划总投资7亿元的高峰（迁安）糖业有限公司100万吨果糖一期项目，计划总投资1亿元的迁安市丰美苗木种植专业合作社徐流口丰美樱花产业园项目，计划总投资5亿元的河北正元农业生态开发有限公司徐流口综合旅游开发一期项目，全年累计完成投资3.81亿元。

【美丽乡村建设】 2016年，全镇有15个村被列为省级美丽乡村建设村庄，其中省级重点片区村3个、省级重点村12个。按照“规划先行、事实惠民、产业富民、建管并重”的工作思路，严格对照“四美”（环境美、生态美、产业美、精神美）标准，坚持普惠群众，镇党委书记直接操盘，主抓副职专门负责，包村干部入村督导，村党支部书记全力以赴。年内，先后组织村书记、主任到美丽乡村建设见识早、认识高、力度大、效果好的馆陶、北戴河、涞水等地学习取经，利用观摩拉练、调度会，研究推进工作，一线指导，形成党委政府齐抓共管、社会各方面共同参与美丽乡村建设的生动局面。2016年，通过实施民居改造、安全饮水、道路硬化等重点项目，15个美丽乡村面貌焕然一新，全部通过上级验收。一是徐流口和东高庄2个精品村，拥有得天独厚的产业基础，徐流口村因豆片远近闻名，东高庄村因草莓名闻遐迩，两村打造分别打造为“豆香小镇”和“草莓小镇”；二是青山院、大贤庄等13个达标村，按照“修旧为主、新建为辅，保留乡村风情、提高改造品味”的标准，从实际出发，尊重农民意愿，精雕细琢、匠心独运，分类实施、齐头并进。主要做好改水、改路、改厕、垃圾处理、村庄绿化、文化建设，对主干路可视范围内民居院墙立面进行改造。此外，东新庄和西新庄均属于省级片区内重点村，两村房连脊、地连边，无法分割，镇里因地制宜地把两村视为一体，连片打造示范街、示范户。

【民生服务】 农村养老保险覆盖面不断扩大，参保人员达到1.57万人。严格政策界限，逐人审核，取缔原低保85户、413人，新增305户、368人，实现应保尽保，动态管理。投资50余万元，新建标准化便民中心1座，民政、社保等12个部门全部入驻，便民服务平台逐步完善，服务水平进一步提升。构建网格化监管体系，净化食品药品市场，坚持安全生产排查，维护社会平安。

【农村精神文明建设】 以“婆媳文化节”“我评议、我推荐身边好人”和“道德明星”表彰为平台，弘扬传统孝德文化，营造文明和谐风尚，促进社会稳定，构建幸福乡村，受到唐山市精神文明建设调研组的充分肯定，相继被中国文明网、《河北经济日报》等多家媒体报道，森罗寨村武凤英、下换套村杨素花分别入选河北省“善美家庭”，全镇上下营造了崇德向善、文明和谐的新风尚。

书　　记	蔡爱军（12月离）
	赵文利（12月任）
副 书 记	张　国（12月离）
	金瑞卿（4月任）
	陆金生（4月离）
镇　　长	张　国（12月离）
	金瑞卿（12月任）
副 镇 长	魏彦民（4月离）
	金瑞卿（4月离）
	张　池（4月任）
	王小光（4月任）
	王延飞（4月任）
人大主席	郑晓明
主任科员	魏彦民（4月任）
	蔡久国（5月任）
武装部部长	王延飞（4月离）
	杨　平（4月任）
组织委员	刘福山（4月离）
	韩明明（5月任）
副科级组织员	苏继东（4月任）
宣传委员	国立英（女，4月离）
	王立侠（女，4月任）
纪委书记	张　池（4月离）
	刘　祎（女，4月任）

（玄实凯　李洪峰　马　骁）

建昌营镇

【概况】 建昌营镇位于迁安市东北部，北依燕山，扼守冷口关，是青龙、迁安交界地。全镇总面积89.92平方公里，辖50个行政村，山场面积3667公顷，耕地面积2915公顷。2017年，全镇有14284户、47118口人，人口自然增长率7.24‰，是汉族、回族、满族等9个民族聚集地。2016年，全镇完成规模以上工业增加值2.71亿元，同比增长20.3%；完成全社会固定资产投资13.37亿元，同比增长18.0%；全部财政收入773万元，同比增长0.2%；公共财政预算收入449万元，同比增长56.6%；农村居民人均可支配收入18648元，同比增长8.1%。粮食总产19493吨，比上年下降2%。

【项目建设】 2016年，建昌营镇继续依托“千年古镇、百年商贸、长城资源、东沙河水”的独特优势，珍惜和利用市“四大园区”提供的有力平台，借助北京产业转移和全市产业转型的契机，全力推进项目建设。全年实施重点项目21个，计划总投资36.48亿元。其中，圭锦型煤年产60万吨洁净型煤制造项目、福安达洁净型煤加工项目二期均为国家大力推广、特许经营的节能环保项目，产品已进入全市千家万户，颇受好评。生生蛋鸡养殖专业合作社50万只蛋鸡现代化养殖项目、迁安市蒙弘畜牧养殖公司1000头肉牛养殖项目、伊祥源清真食品产业化及冷链物流项目和品志肉羊屠宰加工等项目正在实施，既保护了建昌营镇传统养殖、屠宰产业，又将极大激发全镇商贸流通的发展潜力。

【冷口关冰瀑建成运营】 建昌营镇充分发挥长城关隘冷口关丰富的水资源优势，投资近千万元，于2016年年底建成了1.5公里长的冰瀑景观，12月20日起正式运营，游客们在此饱览了冰清玉洁、姿态万千的冰瀑美景。冷口村是一个满族村，居住着吴、佟、那三大姓，曾分属于满洲镶黄旗、镶红旗、镶白旗，于清初即从关外迁居至此。300多年间，他们耕读传家，不仅培育了一批子弟人才，而且至今保留着满族习俗。在饮食方面，春节期间蒸上粘豆包，摆上八大碗儿，给人以富足殷实之气；在文化方面，腊月、正月扭着地秧歌，划桨跑旱船，给人以祥和喜庆之风。因此一些文人墨客、贤人雅士时常逗留于此，四乡八村的乡亲来这里走亲访友、共享佳节。冷口冰瀑建成后，给冷口村的春节喜上加喜，北京一位游客点赞道：“谁言冷口冷，谁说冰瀑冰；寒极不寒心，心暖总是春!”

【农业工作】 积极引进农业新品种新技术，打造13.3公顷“无毒甘薯种植基地”及33.3公顷“鲁花系列花生种植基地”。聘请专业技术人员统一管理，基地亩增产高达20%。高标准完成造林绿化工作，对主干道两侧采矿坑、裸岩、石灰窑等特殊地块实行阶梯式绿化，共完成造林面积356.6公顷，造林面积居全市19个镇乡之首，全面改善重点道路两侧生态景观面貌。滨河田园绿道工程绿化23.3公顷，绿化保持、完善、补植工程33.3公顷。

【农村面貌】 坚持把“美丽乡村”作为推进镇域经济社会转型的载体，以获全国重点镇和河北省历史文化名镇称号为契机，本着“科学布局、统筹安排、重点突出、不举新债”的原则，扎实推进美丽乡村建设。开展“两改一清一拆”专项行动，有效利用空闲宅基地3200平方米，改造危旧住宅111处，高标准改造民居1504户，改善了群众的居住环境。同时，注重打造美丽乡村亮点，河流口、白道子两个核心村累计完成投资1898.9万元，清理垃圾2000吨，清理院落219户，283户民居改造和220户无害化厕所改造工程完工，以北冷口、河流口等村为样板，辐射带动绿道沿线美丽乡村建设，形成富于建昌营特色的美丽乡村品牌，农村面貌根本改善。

【社会事业】 社会稳定，继续发挥村级第一道防线作用，完善包村制度，变群众上访为干部下访，落实信访新规，依法办事。社保工作，拓宽社保覆盖面，社会保障工作迈上新台阶。养老保险费缴费人数总计14263人，累计缴费金额突破238.8万元。计划生育工作，综合治理性别比偏高问题，全镇出生人口性别比控制在正常范围内。民政工作，全面推进低保工作，年内完成55户新入低保审批工作，至年底，有农村低保户457户、城镇低保户16户。教育工作，为解决农村小学生上学远问题，谋划实施了石门子小学新建工程和东密坞食堂新建工程。

书　　记	朱　冰（12月离）
	王小东（12月任）
副 书 记	董星明　张学军（4月离）
	张汝平（4月任）
镇　　长	董星明
副 镇 长	金士强（4月离）
	周福满（4月离）
	张政日（4月任）
	杨振红（女）
	王冬美（女，4月任）
人大主席	孟祥稳
主任科员	金士强（4月任）
	陆金生（4—12月）
	张学军（4月任）
武装部部长	张政日（4月离）
	李海波（5月任）
组织委员	王冬美（女，4月离）
	李素艳（女，4月任）
副科级组织员	胡文霞（女，4月任）
宣传委员	李素艳（女，4月离）
	谌　洋（4月任）
纪委书记	于　昆（4月离）
	杨占民（4月任）

（李宏伟）

上射雁庄乡

【概况】 上射雁庄乡（以下简称上庄乡）位于迁安市东北部，乡政府驻地上射雁庄距市区10公里，总面积44.34平方公里，耕地面积2447.42公顷。辖24个行政村，总户数7638户，总人口25758人，人口自然增长率7.34‰。2016年，全乡完成规模以上工业增加值2.55亿元，同比增长9.8%；完成全社会固定资产投资21.48亿元，同比增长18.7%；全部财政收入2.04亿元，同比增长249.4%；公共预算财政收入5935万元，同比增长226.6%；农村居民人均可支配收入18822元，同比增长7.6%。

【项目建设】 2016年，上庄乡项目建设实现新突破。全乡共实施九江煤炭储运能力改造提升、九江煤炭制酸、明杰功能性耐火材料、恒茂纸业高档玻璃包装防霉垫纸等重点项目6个，累计完成投资11.7亿元，均按期完工投产。其中，恒茂纸业高档玻璃包装防霉垫纸产品填补了国内空白，金沙燃烧在“新三板”顺利上市。谋划了翅冀LNG二期、桑德生活垃圾焚烧发电及清运、华农种猪养殖、年产500吨蛋粉加工等重点项目6个，计划总投资25.1亿元，进一步增强经济发展后劲。在2016年全市两次项目观摩拉练活动中，分别取得第一名和第七名，全乡抓大项目、抓好项目的信心和决心得到增强。

【美丽乡村建设】 2016年，上庄乡在持续巩固美丽乡村建设成果的基础上，围绕“四美”要求，高标准推进全乡美丽乡村建设工作。培树了以设施蔬菜、特色果品、卫生整治、德孝文化等为重点内容的特色村庄，开发了蟒山生态山庄、长胜山庄和九江农场3个休闲农业与旅游示范点，建设了雁栖园、雁馨园、雁乐园、益寿园4个特色主题公园以及绿洲花卉、春良现代农业园2个产学研基地。同时，积极在“文化上庄”上做文章，完成以社会主义核心价值观、厚德大爱和唐王东征为主题的手绘文化墙2600平方米，制作村标、文化标牌、展示石近百块，先后举办首届农民文化艺术节、书法名家送春联、元宵节猜灯谜、农民运动会、广场舞大赛、“印象上庄”文学摄影作品大赛等群众喜闻乐见的文体活动，制作“印象上庄”专题宣传片，建设少年习武堂、德孝教育实践基地、摄影创作基地和国学馆等文化项目，进一步提升了乡村文化软实力。

【社会事业】 精神文明成果丰硕。深入开展文化、卫生、科技“三下乡”等科普活动，组织开展群众文化展演、农民运动会等文体活动，丰富群众的精神文化生活。公共卫生得到加强。全面实行农村合作医疗保险制度，全乡参保率96%。高度重视食品药品安全工作，全乡未发生食品药品安全事故。民政工作成效显著。新增低保户82户，新增集中供养“五保户”3人，累计发放扶贫济困、优抚等资金600余万元。社保工作得到加强。农村养老保险参保面进一步扩大，参保人数达到7284人，累计收缴养老保险金116万元。和谐社会建设扎实推进。积极化解和处理各种矛盾纠纷，共接待群众来访200余人次，办理信访案件26件，结案26件，案件受理率和按期回复率100%。社会治安综合治理不断加强，全乡无恶性治安案件发生。深化安全生产专项整治活动，全乡无重特大安全事故发生。

【基层党建】 不断加强党的建设，执政能力明显提高。一是全面落实基层党建工作责任制。执行党委议事制度，坚持集体领导与分工负责相结合，做到按章办事。完善领导包片、干部包村制度，责任明确，层层落实。因地制宜地制定“小微权力清单”制度，并在全乡24个村全面推行，推动了从严治党向基层延伸。二是有效推进党的基层组织建设。创建了“美丽乡村+基层党建”模式，打造以美丽乡村为特色的农村党建示范带，通过领导包联、专项整治等举措，完成二层庄、凉水河、七里坎和代家铺4个后进村整顿转化工作。继续推进便民服务全程代办，全年累计为群众办理事项1000余件。三是提升党员干部队伍素质。周密部署“两学一做”学习教育，开展各类主题党课活动37余场，受教育干部群众3000余人次。严把党员入口关，2016年发展党员11名。认真开展正风肃纪专项行动，严抓教育引导和廉洁自律工作，全乡党风、政风明显好转。

【上庄国学馆开课】 11月3日，上庄国学馆开课。孩子们穿着整齐的汉服，神情严肃、庄重地走进国学馆，感受文化的熏陶、文化的渲染、文化的传承。国学教育在这个省级美丽乡村拉开了帷幕，寒风萧萧的冬日里，这第一堂国学课如迎面吹来的和煦的风，温暖着每一个孩子的心房。

上庄乡是迁安市最早进行美丽乡村建设的镇乡之一。美丽乡村建设改善了全乡的生态环境，带动了农村生态旅游发展，农民收入也随之增加。逐渐富裕起来的上庄人渴望文化上的追求，于是上庄国学馆建起来了，古典庄重的国学馆，以国学教育普及为基础，以经典诵读为主线，既有大量的国学文典可供读阅，还定期有国学老师前来讲解国学经典。

书　　记　蔡金艳
副 书 记　曹艳军（12月离）
　　　　　张新松（12月任）
　　　　　王启生（4月离）
　　　　　杨景华（4月任）
乡　　长　曹艳军（12月离）
　　　　　张新松（12月任）
副 乡 长　廉志友（4月离）
　　　　　董玉阁（女，4月任）
　　　　　杨学文（4月离）
　　　　　赵文震（4月任）
　　　　　李　兵
人大主席　（1—4月空缺）
　　　　　王启生（4月任）
主任科员　王合成（4月任）
　　　　　廉志友（4月任）
武装部部长　王合成（4月离）
　　　　　史佳国（满族，5月任）
组织委员　赵文震（4月离）
　　　　　（5—12月空缺）
副科级组织员　裴丽侠（女，4月任）
宣传委员　张翠香（女，4月离）
　　　　　刘小娟（女，4月任）
纪委书记　宋　晖（4月离）
　　　　　许小飞（4月任）

（张芝福）

赵店子镇

【概况】　赵店子镇位于迁安市西南部，隔滦河与市区相望，镇政府驻地赵店子距市区15公里。东临平青大一级公路，西部野兴路南北贯通，南部京秦铁路东西穿越全境，北靠钢城大桥。全镇共辖15个行政村，总面积39.43平方公里，耕地面积1821.93公顷，总户数8187户，总人口23752人，人口自然增长率12.39‰。2016年，完成工业增加值41.91亿元，同比增长12.4%；全社会固定资产投资54.51亿元，同比增长11.02%；完成全部财政收入2.13亿元，同比下降65.9%；完成公共财政预算收入8538万元，同比下降46%；农民人均可支配收入20635元，同比增长3.5%。

【项目建设】　2016年，全镇以转型发展为主线，狠抓招商引资，紧盯项目落地，全力推进项目建设，全年谋划实施重点项目14个，计划总投资118.75亿元。其中，在建项目4个，计划总投资12.6亿元；完工项目5个，完成投资38.15亿元；谋划项目5个，计划总投资68亿元。一是加大招商邀商力度。抢抓京津冀协同发展机遇，广泛开展全民招商、上门招商、以商招商、重点招商。引进并落地5亿元项目1个、1亿元项目2个，此外，在2016“魅力水城·绿色迁安”经贸洽谈会上成功签约重点项目2个，线下签约1个。二是做强钢铁产业。钢铁产业是赵店子镇的支柱产业。全镇瞄准产业政策、环保政策，依托产业基础优势，实施了燕山钢铁有限公司1580精品钢材生产项目、腾龙铁矿全自动封闭生产线项目、中冶赛迪与燕钢合作20万吨转底炉固废处理项目，项目均已投产，为支柱产业的发展积蓄了力量。三是发展耗钢产业。为延伸产业链条，提高铁钢材产品附加值，实施了唐山品源装备制造有限公司高端装备制造项目、正大30万吨镀锌方管项目、祥燕管材有限公司20万吨螺旋焊管项目、安居轻钢房屋项目，谋划了上海一家公司与燕钢合作810万吨冷轧薄板项目，计划投资105亿元。四是推进非钢产业。在做强做大钢铁行业，积极延伸产业链条的同时，统筹推进非钢产业发展。在建的福顺昌农业生态示范园项目计划总投资1亿元，共设计三期工程，包括示范园（已部分完工）、无公害大棚育苗基地、老年会所、垂钓乐园、滑雪场等；在2016经贸洽谈会上签约的中广核生物燃气项目计划总投资5亿元。

【城镇建设】　以美丽乡村建设为抓手，推进城镇基础建设，加快改善镇村面貌，完善城镇服务功能，促进城乡统筹发展。一是改善城镇面貌。坚持规划先行，按照“见到必止、查到必停”的要求，加大村镇建设巡查力度，查处违法建筑

（行为）23处，下发责令停止违法行为通知书23份、限期拆除违法建筑通知书16份、行政处罚告知书16份，依法拆除违法建筑1处，有效遏制了违法占地、私搭乱建行为。积极开展大气污染防治和水污染防治工作，严格执行污染预警相应流程，督导镇域企业履行环境保护主体责任。二是全面完善社区服务功能。赵店子社区已安置或认购635户，为解决社区居民孩子上学难的问题，投资60余万元完善了幼儿园的各项设施，计划下学年开展招生工作；经多方协调，解决了社区供暖问题，取暖费按每平方米17元标准统一收取，提高社区居民的居住条件；投资120万元，完成建筑面积455平方米的村民办事大厅，方便社区居民生活；经镇村多次沟通，本着不以营利为目的、取之于民用之于民的原则，制定了搬迁村自主管理模式，物业管理水平显著提高。三是全面开展农村环境整治。探索环境卫生长效保洁机制，规范各村长效保洁队伍；全面开展“三清一拆”（清庭院、清垃圾杂物、清残垣断壁，拆除违章建筑）集中整治活动，共清垃圾杂物9695吨，清残垣断壁和路障12处，清庭院2000个；加大督导检查力度，对农村环境实行“月考核、季拉练”，将考核拉练成绩作为村班子年终考核、干部使用的重要依据，每年度严格按照综合成绩落实奖惩政策；结合“两学一做”学习教育和“爱唐山做贡献”活动，探索并推广了“党员—家庭—庭院—街区—乡村”由点到面的“五美丽”模式，以党员先进模范的充分发挥，推动美丽乡村建设进程；开展“小手拉大手，创建美丽家园”活动，向镇域学校师生宣传文明环保知识，引导并鼓励学生从自己做起，影响并带动家长、亲友共同行动起来，创建美丽家园，结合标语、条幅、微信群等多种手段，全方位营造出全民参与建设美丽乡村的良好社会氛围。

【社会管理】 严格落实属地管理责任和网格化管理责任，全力做好维护社会稳定和安全生产各项工作。一是加强社会综合管理。强化法制宣传教育，引导群众以理性合法的方式表达诉求；深入开展矛盾纠纷大排查，积极化解信访矛盾，共排查矛盾纠纷31件，全部化解到位；全面落实领导包案责任制，加大重点信访案件的化解力度。至年底，全镇受理来访事项32件，接待来访群众76人次，同比下降76%；坚持“预防为主、教育疏导、依法处理、防止激化”的原则，强化社会治安综合治理，成立了严重精神障碍患者服务管理工作领导小组，在全镇范围开展筛查活动，未出现严重精神病障碍患者肇事肇祸情况。二是狠抓安全生产。强化打非治违工作力度，全年排查生产经营企业72家次，发现安全隐患87处，下达整改通知书51份，全部督导整改到位。对镇、村、企安全生产相关人员进行专题培训，为企业培训安全管理骨干278人次、工人15150人次，为村培训安全管理人员120人次，为实现安全生产网格化管理奠定基础。扩大安全监管范围，防范各类安全生产事故的发生。三是强化食品药品安全检查。对全镇食品经销单位、学校食堂、食品小作坊进行逐一拉网式检查登记，对各村食品药品协管员和流动厨房人员进行业务培训，严格管理村级集体聚餐行为，共出动车辆20台次、村级食品卫生协管员290人次，发现问题限期改正；利用赵店子集市，普及食品药品安全知识，消除食品药品安全隐患。各部门共同努力，全力确保了唐山世界园艺博览会、抗震40周年等重点时期的社会稳定。

【基层党建】 以夯实基层组织建设为基础，全面打造勤政务实、勇于创新、甘于奉献的镇村干部队伍。一是强化思想武装。坚持党委中心组集中学习制度，引导全镇广大党员干部深入学习党的理论路线和方针政策，严格按照上级要求开展重心下移“捉小鬼”和“懒政怠政不作为不在状态”问题专项清理等活动。二是切实巩固基层工作“堡垒”。完成申刘庄、小店、沟南庄、赵店子、康官营5个村的后进村转化工作，择优吸纳8名工作能力强、学习能力强、人格魅力强、服务意识强的大学生村官，强化村级党务政务建设水平。定期督导并排查全镇15个村远程教育播放工作，让农民及时掌握有关农民致富的新经验和新做法。同时，大兴团结协作、求真务实、创先争优之风，努力在全镇营造过硬的党风、政风，带动形成良好的民风、村风。三是全力培树清正廉洁之风。积极开展党风廉政宣传教育，组织全镇党员干部学习《中国共产党廉洁自律准则》《中国共产党纪律处分条例》等有关规定，提高纪律意识、底线意识。召开全镇党员干部警示教育大会，组织收看警示教育片，从反面教材中汲取教训，增强广大党员干部的免疫力；严格履行重大决策、重要干部任免、重大项目安排和大额资金使用事项民主决策程序，出台《赵店子镇村级权力清单三十八条》《赵店子镇农村财务管理暂行规定》《赵店子镇小型商品采购类最高限阶目录》，建立健全镇村财务管理制度，严格财务审批，做到用制度管人、管事、管钱；加大违纪案件查处力度，坚持有案必查、有腐必惩。至年底，镇纪委查处违法违纪案件10件，处理党员干部10人。

书　　记　彭海军
副 书 记　李尉弘（1月离）
宋中江（1月任）
董柏林（4月离）
李　巍（4月任）
镇　　长　李尉弘（1月离）
宋中江（1月任）
副 镇 长　刘友玲（女，4月离）
林竹秋　王东元（4月任）
孙国兴（4月离）
朱立东（4月任）
人大主席　（1—3月空缺）
王立才（4月任）
主任科员　刘友玲（女，4月任）
孙国兴（4月任）
武装部部长　李　巍（4月离）
孟庆越（4月任）
组织委员　王东元（4月离）
高会生（4月任）
副科级组织员　张春玲（4月任）
宣传委员　张淑香（女）
纪委书记　朱立东（4月离）
田丽娜（4月任）

（张伟岸）

野鸡坨镇

【概况】　野鸡坨镇位于迁安市南部，镇政府驻地野鸡坨村距市区20公里。辖21个行政村，总面积75.27平方公里，耕地面积3378.90公顷，总户数11116户，总人口39283人，人口自然增长率10.44‰。区位优越，102国道、京沈高速公路、京哈铁路贯穿东西，平青大公路、冷大公路、野兴公路纵穿南北，南距205国道15公里，京沈高速公路在此设有出口，京哈铁路在此设有二级城际客货运站，津秦高铁客运站滦河站坐落境内。2016年，镇党委、镇政府牢牢把握转型升级工作主线，抢抓机遇，迎难而上，经济社会发展稳中向好。完成规模以上工业增加值28.48亿元，比上年增长3.9%；全社会固定资产投资36.91亿元，比上年增长9.2%；全部财政收入1.33亿元，比上年增长323.1%；完成公共财政预算收入5315万元，比上年增长188.4%；农民人均可支配收入20010元，比上年增长7.6%；粮食总产1.30万吨，比上年增长6.56%；猪肉产量3299吨，比上年下降12%；奶产量18475吨，比上年增长54.7%；禽蛋产量4898吨，比上年增长10.8%。

【项目建设】　着力调优存量，推进传统产业转型升级，积极扩大增量，抢抓京津冀协同发展机遇，大力发展新兴产业和现代农业，实现全镇经济转型升级新突破。全年实施重点项目10个，新开工项目6个，新谋划项目7个。投资30亿元的燕钢精品钢铁延伸项目、投资1.5亿元的河北建朗天然气贸易有限公司天然气制CNG项目、龙泽谷国际酒庄有限公司纯净水厂项目、唐山环能科技有限公司节能新型炉具项目均已完工投产，运营状况良好。迁安市奥方金属制品有限公司冷拔丝及其延伸项目一期工程完工，处于试生产阶段；迁安市野鸡坨镇优质葡萄采摘园项目累计完成投资1200万元，建有高标准日光温室大棚20个，冷暖棚建设面积达到2.67公顷；迁安市宝山苗圃基地项目、迁安市百缘现代农业发展有限公司野鸡坨镇养殖基地项目和中海油迁安怡蕙达新能源有限公司野鸡坨LNG加气站项目均已开工建设。2016经贸洽谈会期间，野鸡坨镇接触各地企业22家、客商116人次，洽谈项目16个，达成签约项目3个，计划总投资21.5亿元。

【环境保护工作】 以“魅力河南区，绿色南大门”为目标，强力推进大气污染防治攻坚，统筹开展美丽乡村建设，加大绿化造林力度，实现全镇生态环境持续改善。在唐山市6项重大活动期间，对相关排污企业依法依规处理，对散料堆场全面治理。高度重视秸秆垃圾禁烧及露天烧烤工作，加强网格化监管，包片领导和包村干部入村进行不间断督导，利用村内广播广泛宣传，发放宣传手册5000册。多次开展全镇环境卫生拉链活动，共清理垃圾5562吨，清理庭院2562户。8月，按照市委部署，开展“两改一清一拆”突击整治行动，全镇共清理乱堆乱放、杂草、垃圾等2000余立方米，拆除违章厕所3个，拆除燕钢南门违章建筑7处。46户抗震改造工程全部竣工并通过验收，抗震改造工程资金全部发放到位。2016年，绿化工作完成40公顷，更新6.67公顷。

【社会事业】 坚持民生为本，树立共享发展理念，推进城镇化建设水平，保障群众安居乐业、社会和谐稳定。扎实开展低保户家庭状况核查工作，按照政策要求，取消低保372户，继续享受的299户；积极稳妥做好野鸡坨中学新校址搬迁，大力发展文体事业，推进公共文化资源共建共享工程，推进三级综合文化中心建设，继续实施文体惠民工程；加强村级财务管理，实现村级财务透明化、规范化；积极做好农村土地经营权颁证和农村宅基地确权发证工作。

【安全稳定工作】 深入开展信访积案化解专项行动，强化社会治安、食品药品安全和安全生产工作。唐山世界园艺博览会期间，镇党政干部按照值班顺序在群众工作接待室全天接访，每周一书记、镇长轮流接访，共接待群众来访26件、44人次，均及时处理，妥善解决。越级访、赴省访、进京访现象越来越少，没有群体性事件。扎实推进“打非治违”“安全生产大检查”“冬季防火百日行动”等各项工作，检查企业100家次，排查安全隐患700余处，下发整改通知书137份，全年无重大安全生产事故发生。

书　　记　李爱军（12月离）
　　　　　　何振宇（12月任）
副 书 记　马玉国（12月离）
　　　　　　朱春峰（4月任）
　　　　　　魏江荣（4月离）
镇　　长　马玉国（12月离）
　　　　　　朱春峰（12月任）
副 镇 长　刘建东（4月离）
　　　　　　朱春峰（4月离）
　　　　　　刘彦军（4月任）
　　　　　　刘术臣（4月任）
　　　　　　王大为（4月任）
人大主席　李沛洪
主任科员　刘建东（4月任）
　　　　　　彭学军（女，4月任）
武装部部长　贾庆来（4月离）
　　　　　　（4—12月空缺）
组织委员　彭学军（女，4月离）
　　　　　　韩　东（4月任）
副科级组织员　孙慧芳（女，满族，4月任）
宣传委员　梅春柏
纪委书记　许小飞（4月离）
　　　　　　孙　猛（4月任）

（韩金华　田　甜）

大崔庄镇

【概况】 大崔庄镇位于迁安市西北部，长城脚下，属半山区镇，镇政府驻地擂鼓台村距市区17公里。辖21个行政村，总面积66.12平方公里，耕地面积1567.89公顷。全镇7679户、27463口人，人口自然增长率6.21‰。2016年，大崔庄镇以“四个全面”（即全面建成小康社会、全面深化改革、全面依法治国、全面从严治党）为指导，深入实施“开放兴镇、旅游富民、生态保护”三大主体战略，在经济下行压力持续加大的形势下，各项主要经济指标实现较大提升。全年完成工业增加值4.50亿元，比上年增加3.3%；全社会固定资产投资11.68亿元，比上年增长12.5%；全部财政收入715万元，比上年增加39.7%；完成公共财政预算收入393万元，比上年增长163.8%；实现农民人均可支配收入19878元，比上年增长8%。对外开放、休闲农业与乡村旅游、民生改善、基层组织建设等各项工作均取得新的业绩，群众安居乐业，社会和谐稳定。

【招商引资和项目建设】 始终把招商引资和项目建设作为贯穿全镇经济发展的主线。全年谋划实施重点项目10个，引入亿元以上项目3个。爱米网电子商务平台、万嘉云商、燕山国际赛鸽中心、一路购物广场物流标准化试点等一批项目完工投产，威豪3D打印专用镁粉、美国红枫苗木培育基地、朗卫特水性漆、致胜科技矿灰加工、保利国际影城等一批项目正在建设。高档家具制造产业园、聚氯化铝净水材料等一批项目正在扎实推进。新增规模以上工业企业1家，新增民营企业14家、个体工商户90家。

【农业旅游产业】 完成白羊峪省级风景名胜区设计规划和白羊峪乡村旅游开发规划。结合美丽乡村建设，提升旅游基础设施建设水平，建成星级旅游厕所2座、大型停车场1处，设立游客服务中心1处，重新规范了景区标识标牌系统。成功举办大理石长城的召唤——2016中国迁安白羊峪风景区吉祥之旅系列活动，活动由长城志愿服务行动、景区招商推介、首届手机摄影大赛等子活动组成。广泛实施“体育+农业”工程，成功举办2016迁安首届国际栗花节冠军树、冠军林命名仪式，承办了中国迁安国际长城万人徒步大会、全国公路自行车冠军赛总决赛等国家赛事，为景区增添了浓墨重彩的一笔。广泛实施“网络+旅游”工程，开通白羊峪景区网站、微信公众号，景区知名度和影响力不断扩大。白羊峪休闲农业园区被评为唐山市级现代农业园区，第一家农家餐等5家餐饮接待户获评中国乡村旅游金牌农家乐，大丰农家等14家餐饮接待户获评美丽乡村·最美农家乐。2016年，旅游业收入累计达到2亿元，旅游富民思想深入人心。

【生态文明建设】 广泛开展绿化工作，完成北部绿道绿化提升5.33公顷，绿化廊道网完善提升1.33公顷；完成美丽乡村连村路绿化1000延长米；景区核心部位栽植野花组合1.3万平方米，道路两侧补植松树600株。强化生态恢复工作，加强重点部位矿山的复垦绿化，完成重点区域绿化50公顷、封山育林260公顷。注重大气污染防治工作，淘汰4家水泥企业，技改提高2家。推广使用太阳能、新型燃煤炉具、型煤、节能灯等节能环保产品，采取强有力措施，严禁垃圾秸秆焚烧，有效减少污染物排放，良好生态环境得到巩固。

【美丽乡村建设】 2016年，美丽乡村建设涉及镇内8个村，按照环境美、产业美、精神美、生态美“四美”要求，着力推动产业、文化、旅游融合发展。投资1383万元，实施民居改造751户，外墙改造6万平方米，砌石头景观墙5000延长米。投资200余万元，硬化村内街道2.5万平方米，安装路灯70盏。拆除残垣断壁、违章建筑247处。加大河道治理力度，投资68万元，完成河道治理1000米。投入45万元，示范推广太阳能微动力污水处理设施45套。将治理白羊河作为景区发展的重点，聘请较高资质设计院设计白羊河滨河生态景观带3200米，年底时在对部分河道实施治理实验。通过美丽乡村建设，村庄环境更加干净整洁，村庄面貌得到极大提升，宜居宜业的山村特色更加鲜明。白羊峪村被评为2015年度河北省美丽乡村，楼子山、石梯子沟通过2016年美丽乡村精品村验收。

【民生事业】 完成一批为民实事项目，实施危房改造65户，低保核实复审511户，实施医疗救助93人，投资350万元完成四道沟长城山野绿道连接线1600米道路征占地和路基建设。加强教育基础设施建设，完成树德学校、大庄小学、石梯子沟小学操场建设，更新部分学校计算机室，新建学校食堂1座，办学条件得到改善。扎实开展公共卫生工作，乡村医疗条件明显改善。广泛开展“春雨计划”“亲情关爱”活动。积极主动应对矛盾隐患，全年排查调解矛盾纠纷87起，调解成功83起，无“民转刑”案件发生。受理信访案件71件，办结64件。加大普法宣传力度，加强法制文化建设。加强安全生产和食品安全的督导检查力度，建立食品药品安全“六员联防”（以行政村为单位，包村干部、食品药品监管人员、公安干警、食品药品安全协管员、人大代表或政协委员、食品药品安全社会监督员）网格监管体系，规范农村集体聚餐及流动厨房的管理。开展广场舞、八段锦等培训300人次，组织“迁安好声音”大崔庄镇专场、“悦动美丽乡村”广场舞大赛、象棋及乒乓球赛等活动，广大群众积极参与。加强文明镇村建设，培树道德模范，沙坨子村王凤莲、李国荣和刘芝连被评为迁安市第八届见义勇为道德模范。

书　　记　彭顺辉（12月离）
　　　　　马玉国（12月任）
副 书 记　宋景纬（12月离）
　　　　　宋志强（4月离）
　　　　　贾秀梅（女，4月任）
镇　　长　宋景纬（12月离）
　　　　　贾秀梅（女，12月任）
副 镇 长　王兴国（4月离）
　　　　　贾秀梅（女，4月离）
　　　　　周立国（4月任）
　　　　　玄巍巍（4月任）
　　　　　孟　乐（4月任）
人大主席　（1—4月空缺）
　　　　　宋志强（4月任）
主任科员　张福合（4月任）
　　　　　王兴国（4月任）
武装部部长　张福合（4月离）
　　　　　潘海军（4月任）
组织委员　满朋鹏（女，4月离）
　　　　　王志永（4月任）
副科级组织员　刘彦春（4月任）
宣传委员　玄巍巍（4月离）
　　　　　应　新（4月任）
纪委书记　梁玉龙（4月离）
　　　　　刘志礼（4月任）

（乔　芳）

阎家店乡

【概况】 阎家店乡位于迁安北部，乡政府驻地阎家店村距市区12公里。辖17个行政村，总面积42.39平方公里，耕地面积1880.07公顷，总户数7317户，总人口26042人，人口自然增长率8.99‰。2016年，完成工业增加值1.21亿元，比2015年增长0.9%；固定资产投资10.35亿元，比2015年增长17.1%；全部财政收入328万元，比2015年下降26.5%；公共财政预算收入248万元，比2015年增长168.9%；农民人均可支配收入20298元，比2015年增长7.5%。

【项目建设】 以“科技创新、环保高效”为标尺，融入京津冀协同发展，大引项目、引大项目，项目建设实现新突破。阎家店乡全年项目观摩成绩在全市排名第三，天圣集团制药基地项目在2016年唐山市重点项目观摩单体项目评比中排名第一。“一业一带三基地”建设稳步推进，现代产业格局加速构建。“一业”即医药产业，以天圣制药、河北艾驰两个总投资超15亿元的医药产业园项目为基础，体量不断扩大，链条持续延伸，优势日益显现，逐渐成为阎家店乡转型发展的新动力。“一带”即马兰路经济带，周边企业科技含量高、产品核心竞争力强，逐渐成为推动全乡经济发展的重要支撑。乐达特种陶瓷产业链条不断延伸，投资2.6亿元的高性能中子吸收碳化硼芯块研制及产业化项目，在高精尖领域迈出坚实一步；投资5000万元的奥森工贸CLT木结构建筑项目，为“河北省住宅产业现代化基地”、省标制定单位；计划投资1.2亿元的手工宣纸产业园进展顺利，其子项目锦蓝山房古法宣纸项目已完成主体施工，汇远书画纸厂与众多艺术名家建立了联系，并成为首师大、天津美院、河北美院等众多艺术院校创作基地。“三基地”（现代农业三基地）初具规模，富民效应逐步显现。计划投资8000万元的瑞泰农业红树莓项目和计划投资2000万元的老栗坚果种植园为发展现代农业的典范；赵庄清香核桃园项目、佳源牧业二期亲子休闲农业庄园项目、芝草坞新品种桃树项目及李姑店精品苹果园均已投产达效，科技创新、生态环保正在成为全乡转型发展的持续动力。

【农业发展】 借助北部长城山野绿道发展契机，以提高农产品质量和市场竞争力为重点，扎实推进农业区域化布局、产业化经营、特色化发展，不断加快现代农业发展进程。1. 推广旱作农业项目和耕地保护有机质提升项目，确保农民增收、农业增效、保障粮食安全和水安全。年内，按照农业标准化的要求，结合种植业结构调整的总体目标，不断提升粮食作物品位，全面推进了赵庄、李姑店、芝草坞 3 个村玉米、甘薯 100.90 公顷项目的实施，粮食作物产量提高 20% 以上，为促进全乡农业增效、农民增收和农村富裕发挥了积极作用，为发展高效农业，推进农业规模化集约化经营奠定了坚实基础。2. 农业产业化项目建设稳步推进。引进并实施迁安市瑞泰红树莓农业园项目，项目计划投资 8000 万元，占地 33.33 公顷，栽植红树莓 50 万株，建设 350 平方米和 1500 平方米冷库各 1 座、饲料加工厂 1 座。至年底，完成一期投资 2000 万元，土地流转 7 公顷。3. 培育壮大新型农业经营主体，为全乡农业发展献力。乡党委、乡政府立足乡情，着眼市场，按照“调结构、突特色、抓产业、创品牌”的思路，围绕发展优势特色农业组建新型农业经营主体，创新“新型农业经营主体＋基地＋农户”发展模式，积极培育和壮大新型农业经营主体，使合作社成为阎家店乡特色产业和生态农业发展的一支重要力量。年内，新建新型农业经营主体 4 个，其中农民专业合作社 1 个，家庭农场 3 个，为全乡新型农业经营主体的健康发展奠定了基础。

【乡域环境】 始终坚持环保与服务并重、物质与精神共建，努力建设宜居宜业的生态之乡。集中开展“两改一清一拆”行动，环境卫生治理和违法违规建设行为查处工作成绩斐然。深入开展矿山生态环境治理、工矿废弃地复垦利用，完成工矿废弃地复垦 2.67 公顷，补充耕地立项 13.33 公顷。扎实开展坡改梯工程和绿化造林攻坚，全年累计新增造林面积 53.13 公顷。严格落实环境治理网格化监管体系，强力推进大气污染防治攻坚，落实重污染天气预警响应机制。全面开展水污染防治百日会战活动，为打造山清水秀的良好生态做出贡献。

【保民生、促和谐】 坚持把改善民生作为群众工作的出发点和落脚点，牢牢把握“为民惠民”宗旨，努力建设文明祥和的幸福之乡。1. 推进惠民实事，改善基础民生。全乡有低保户 372 户、五保户 55 户、优抚人员 207 人、残疾人 567 人，实现应保尽保。年内，慈善协会先后资助低保学生考学 5 人，每人给予 2000～5000 元资助。全年实施低保户医疗二次救助 76 人，发放救助金 20 余万元。先后帮助 15 名创业人享受小额担保贷款政策，争取到帮扶资金近 100 万元。完成上一年度 39 户危房改造工程验收，新申请本年度危房改造 24 户。完成阎三村至六股道村 1960 米联村路建设，进一步改善出行条件。2. 狠抓安全生产，维持信访稳定。严格落实安全生产“一岗双责、党政同责”责任制，制定并下发《阎家店乡实施安全生产网格化监管工作意见》《阎家店乡领导分包企事业单位安全生产工作表》《阎家店乡领导分包村安全生产工作表》等文件，严格落实网格化监管体系，扎实开展安全生产大检查，时刻保持高压态势，全年实现安全生产“零事故”。不断加强和创新社会管理，严格落实 28 日信访例会、每日领导接访、领导包案、案件挂账督办等制度，继续实行信访、综治、司法联合执法，坚持把矛盾化解在基层。全年在册信访件 93 件，其中结案未息列为稳控信访案件 61 件，息诉罢访信访案件 14 件，转入法律程序案件 8 件。3. 丰富文化生活，培树文明新风。成功举办“文明水城·善美阎家店”表彰大会，成功推荐李姑店村李文华父子参加河北省道德模范评选，广泛开展公民道德教育，积极组织慰问演出、广场舞比赛等喜闻乐见的活动，开展清明节扫墓、“李保国先进事迹报告会”，营造了互帮互助、文明和谐的新风尚。

书　　记	周泽红（女，12月离）
	曹艳军（12月任）
副 书 记	马天军（12月离）
	陈学忠（12月任）
	石太岩（4月离）
	王福顺（4月任）
乡　　长	马天军（12月离）
	陈学忠（12月任）
副 乡 长	于四安（4月离）
	王福顺（4月离）
	张汝平（4月离）
	马千里（4月任）
	满朋鹏（女，4月任）
	郭立生（4月任）
人大主席	王利财（4月离）
	刘书宏（4月任）
主任科员	于四安（4月任）
	马宝田（4月任）
武装部部长	玄曼彤（女，4月离）
	马振海（4月任）
组织委员	邹小刚（4月离）
	赵立文（5月任）
副科级组织员	张少飞（4月任）
宣传委员	王大为（4月离）
	张如意（女，4月任）
纪委书记	宁文生（4月离）
	高翠明（女，4月任）

（马　倩）

五重安乡

【概况】 五重安乡位于迁安市西北部，乡政府驻地五重安村位于市区北偏西25公里处，西与迁西县相临，北与青龙县相接。全乡辖29个行政村，总面积67.71平方公里，耕地面积1409.75公顷，总户数7995户，总人口27772口人，人口自然增长率4.14‰。2016年，全乡牢牢把握转型发展这一主线，统筹推进稳增长、调结构、促改革、惠民生、治污染、防风险各项工作，经济社会发展取得来之不易的成绩。全乡完成规模以上工业增加值1.75亿元，比上年增长3.0%；全社会固定资产投资5.62亿元，比上年下降20.4%；全部财政收入6961万元，比上年增长401.3%；公共财政预算收入2443万元，比上年增长676.8%；农村居民人均可支配收入17778元，比上年增长1.1%。

【项目建设】 2016年，新增谋划洽谈项目4个，计划总投资9.9亿元；新增签约项目4个，计划总投资15.4亿元；正在推进项目7个，计划总投资12.2亿元。年内，帮助企业办理各种手续37件次，协调问题60余次。在全市的项目拉练中，五重安乡取得综合成绩第一的成绩，一举扭转多年来项目建设落后的被动局面。同时，五重安乡安卓卫生材料及医药用品项目代表迁安市参加了唐山市各县（市）区项目拉练，取得全唐山市第三名的成绩。

【美丽乡村建设】 2016年，五重安乡立足各村特色优势，认真谋划建设思路，通过选派“第一书记”入村督导和开展志愿服务活动等举措，推进各项工作开展，争当全市美丽乡村建设“领头雁”。至年底，8个美丽乡村完成民居改造568户，完成无害化厕所改造620座，分散式污水处理设备覆盖达到700户，改造危旧住宅32户，清理垃圾杂物3.7万立方米，清理庭院3200户。在特色富民产业上，新培育农家饭5户；新发展养鸡、牛等特色养殖户12户；新规划扩建干果采摘园3000亩；万宝沟村引进多伦箱包厂，红峪口村成立了药材种植专业合作社、闲置农宅合作社，百姓收入不断增加。2016年10月，万宝沟（茶井沟）村被评为省级美丽乡村；12月，红峪口村顺利通过省级美丽乡村验收。

【现代农业】 2016年，组织实施产油大县资金扶持项目3个、产粮大县资金扶持项目1个、现代农业奖补项目1个、有机质提升项目1个。全乡有27个村2959户参加政策性农业保险，农业保险总面积1253.41公顷，自缴保费总额2.10万元，其中玉米446.74公顷、花生64.61公顷、大豆23.52公顷、公益林718.54公顷。购买国家补贴农机具33台（套），总成交额13.83万元，享受国家补贴4.22万元。

【生态环境】 一是以“两改一清一拆”为契机，持续开展环境卫生大拉练活动，奖勤罚懒，农村卫生状况大大改善。二是完成对万宝沟、小何庄水库泄洪道及下游河道的治理，为安全度汛提供了保障。三是除对迁安支线两侧工程造林之外，按照无缝隙绿化的标准，实现了支线两侧可视范围绿化全覆盖。四是针对乡域内尾矿库、排土场等工矿废弃地开展综合治理复垦工作，逐一制定治理方案，开辟从小关到黄金寨村的工矿专用通道。2016年，累计开展土地整治行动15项，工矿废弃地复垦50.48公顷，未利用土地复垦33.78公顷。

【社会民生】 科教文卫事业全面发展。新建省级标准化幼儿园1所，翻修扩建小学2所。2016年，旭阳中学中考创历年最好成绩，在全市排名第四。乡、村两级卫生服务网络不断健全，完成村卫生室标准化建设，全乡医疗卫生基础条件得到提升。投入150余万元，建成建筑面积1000多平方米的“一级”综合文化站，不断丰富群众精神文化生活。组织开展村级权力清单36条知识竞赛、冬季百花展、广场舞大赛、全民运动会、“颂祖国·唱迁安”合唱节等系列文体活动，群众业余生活丰富多彩。社会保障体系更加健全。至2016年年底，全乡参缴医疗保险2.28万人。参加养老保险9285人，年内新增211人。2959户参加了政策性农业保险。狠抓乡便民服务中心、村便民服务站标准化建设，深入推进重点项目、为民服务全程代办制度。29个村级便民服务站实现了全覆盖，软硬件建设达标，人员齐全，代办事项全部公开。全年累计办理乡、村两级代办事项1000多件。

【社会稳定】 探索推出小微权力36条，加强对村级的管理。2016年，全乡纠正违规办理村务事件5件，15名村干部因违反村级权力清单36条被通报并问责，其中对4人进行诫勉谈话，2人在全乡大会上公开检讨。最大限度杜绝信访案件的发生。相继制定《五重安乡社会稳定工作考核办法》和《建立健全乡村联动化解矛盾纠纷机制的实施意见》，落实信访稳控责任，实现“小事不出村、大事不出乡”的目标。2016年，全乡信访量下降近八成，未发生新增反映村干部违规、违纪、违法的信访案件，接待并成功调解各类纠纷案件41件，调解成功率100%。

书　　记　廉　波
副 书 记　陈晓东　刘书宏（4月离）
　　　　　李宝富（4月任）
乡　　长　陈晓东
副 乡 长　杨全玲（女，4月离）
　　　　　李宝富（4月离）
　　　　　郭　明（4月离）
　　　　　彭振旭（4月任）
　　　　　玄曼彤（女，4月任）
　　　　　郭建新（4月任）
人大主席　魏江荣（4月任）
主任科员　杨全玲（女，4月任）
　　　　　马　力（4月任）
武装部部长　郭立生（4月离）
　　　　　李志臣（4月任）
组织委员　郭建新（4月离）
　　　　　刘会权（4月任）
副科级组织员　宋志猛（4月任）
宣传委员　郭　伟（4月离）
　　　　　贾志新（4月任）
纪委书记　马　力（4月离）
　　　　　宋广生（5月任）

（刘苗苗）

杨店子镇

【概况】 杨店子镇位于迁安市中部偏西，镇政府驻地杨店子村距市区10公里。辖32个行政村、1个社区居委会，总面积94.21平方公里，耕地面积3397.66公顷。总户数22489户，总人口87241人，人口自然增长率10.56‰。2016年，全镇完成工业增加值12.79亿元，比上年增长4.2%；全社会固定资产投资61.14亿元，比上年增长9.3%；完成全部财政收入10.48亿元，比上年增长12.2%；完成公共预算财政收入4.5亿元，比上年增长19.4%；农民人均可支配收入20366元，比上年增长2%，经济社会实现平稳较快发展。

【招商引资及项目建设】 年内，制定招商引资奖励政策，对工作责任、任务进行量化细化，创新招商引资办法、挖掘招商线索、拓展招商渠道，开展区位招商、政策招商、以商招商、亲情招商，全镇形成全员招商的良好氛围。鼓励全民创业、民企转型和二次创业，号召民营企业家外出考察，坚定民企投资信心，同时抓住承接北京产业转移有利机遇，发挥首钢、迁钢的磁石效应，精准有效定位招商，努力引进一批附加价值高、耗能低、污染少的“高精尖”项目，推动招商引资工作向纵深发展。2016年，全镇实施重点项目13个，计划总投资38.5亿元，当年累计完成投资15亿元。其中，新开工项目4个，计划总投资11.3亿元；续建项目9个，计划总投资27.2亿元。以上项目中，钢铁延伸产业项目4个，非钢产业项目9个。全镇经济结构更加优化，经济活力与实力显著提升。在全市5月举行的项目观摩中，杨店子镇取得总体第二名、单项评比第一名的成绩。在2016年全市经贸洽谈会上，杨店子镇成功签约计划总投资15亿元的四川文化艺术学院迁安校区及中国非物质文化遗产传习培训体验基地项目。

【美丽乡村建设】 深化新型农村社区建设。完善滨河社区、右岸嘉苑、湾子社区基础设施，做好社区绿化美化、公共设施维护、安全防范等工作，提升社区物业管理和公共服务水平，群众生活环境质量大大提升。开展农村环境改造提升行动。对除刘东庄、朱官营（已整体搬迁）外的34个村，按照领导包片、双职干部包村的工作机制，定期开展集中整治活动，全镇配备保洁员193名，发放保洁工具193套、垃圾箱150个、垃圾桶1万个，配备垃圾运输车3辆，清运生活垃圾5.4万立方米，统一运送至垃圾填埋场进行无害化处理。积极开展秸秆垃圾禁烧、大气污染防治工作，推行网格化管理，确保工作无空白、无盲点、无缝隙。以迁安轩辕阁开阁、迁安市经贸洽谈会、文明城市创建等活动为契机，在全镇范围内开展交通干道环境整治专项行动，确保农村面貌实现大改观。推进绿色工程。按照迁安市绿化方案要求，本着因地制宜、适地适树的原则，统筹布局、集中连片，环城区绿化栽植杨树、板栗等53.33公顷；按照京秦高速迁安支线绿化可视范围内延伸绿化要求，在倪屯、小玄庄等村高速两侧栽植杨树26.67公顷，镇域生态环境进一步优化，对外形象显著提升。

【文体活动】 完善滨河社区文体站功能，实施公共文化资源共建共享工程，高标准建设市图书馆分馆、文化馆分馆及各村综合文化服务中心。利用镇村现有设施，开展精神文明建设和主题鲜明、形式多样的群众性文体活动，实施文化下基层、进社区、飨民众工程，提高群众思想道德素质，丰富群众文化生活。2016年3月，镇宣传文体站在全市镇乡综合文化服务中心硬件设施考评中获得第一名；6月，镇宣传文体站在唐山市委宣传部和唐山市文广新局组织的“服务农民、服务基层”评比中，获得文化建设先进集体称号。年内，先后组织开展“迎新春、庆元旦”趣味运动会、杨店子戏迷协会迎新春晚会、迎新春文艺展演、“杨店子好声音”比赛、第二届群众象棋比赛、书画作品展暨创作交流会等活动。

【社会事业】 1. 惠民工程。继续完善社会保障制度，五保户供养、大病救助等社会救助工作有序开展，城乡居民养老保险、医疗保险全面覆盖。实施“阳光工程”“免费培训”等惠民实事工程，完成创业技能培训350人，完成农村劳动力向非农产业转移240人。全年累计办理及代办各类事项2300余项。2. 安全生产。继续履行“党政同责、一岗双责”要求，建立、健全重点企业驻企制度，定期组织安全生产检查活动，对158家企业开展安全生产隐患排查共计400余次，下达整改指令书62份，停产企业110家，责令限期整改企业42家，责令整改隐患55项，整改完成率100%，安全生产责任制全面落实。3. 信访稳定。继续实施领导班子成员轮流接访、临时组建工作组等信访机制，开展“信访案件集中排查化解”专项行动，千方百计化解信访老案、积案，妥善解决征地拆迁遗留问题。至12月底，共接待本级信访案件45件，接待群众来访3000余人次，处理上级交办信访案件31件，化解老案积案15件，信访案件全部严格按上级要求，上传信访事项受理（不予受理）告知书、双向责任书、调查报告、答复意见书。4. 计划生育。人口出生率15.07‰，自然增长率10.56‰，生殖健康检查免费服务率96%，计划生育技术服务项目免费率100%。

【基层党组织建设】 1. 积极开展“两学一做”学习教育活动。机关干部撰写笔记110本，镇领导班子成员、各所站长、机关干部、农村“两委”干部分类建立干事档案，以清单定责任，以档案看绩效。突出抓好党员队伍建设，督导落实“三会一课”“分类定责、亮诺争星”等制度。2. 确立有为有位的用人导向，充分调动党员干部干事创业积极性。4月，镇内提拔正科级干部5名、副科级干部4名、中层干部24名，1名村党支部书记考录为镇乡公务员预备人选，2名机关干部通过河北省四级联考，考入公务员队伍。建立滨河社区总支部，任命朱官营村、沈家营村党支部副书记各1名，新增大郭庄村支部委员1名，36个村推选后备干部68名，培养致富带头人43名，有效保持干部队伍的稳定。

书　　记 王　武（12月离）
赵福军（12月任）
副 书 记 赵福军（12月离）
张　国（12月任）
孟得智（4月任）
镇　　长 赵福军（12月离）
张　国（12月任）
副 镇 长 梁玉军　贺卫东（4月离）
宋瑞林（4月离）
熊立红（4月任）
代晓艳（女，4月任）
人大主席 李昕升（4月离）
张　祝（4—12月）
人大副主席 刘　金（4月离）
齐志宏（4月任）
主任科员 宋瑞林（4月任）
贺卫东（4月任）
周福满（4月任）
武装部部长 熊立红（4月离）
李　帅（4月任）
组织委员 张　祝（4月离）
邓学军（4月任）
宣传委员 李冠娥（女，4月离）
吴艳红（女，4月任）
纪委书记 孟得智（4月离）
刘海棠（4月任）

（崔学伟　李　娟）

蔡园镇

【概况】 蔡园镇位于迁安市西部，镇政府驻地小蔡庄村北，东距市区15公里，西与迁西县相邻。辖26个行政村，总面积55.71平方公里，耕地面积1139.82公顷。总户数7623户，总人口26833口人，人口自然增长率6.32‰。境内铁矿资源丰富，占迁安市铁矿资源总储量的1/4。镇域内卑水铁路、野兴公路纵贯南北，距京沈高速公路及102国道18公里，交通便捷。2016年，全镇牢牢把握稳中求进的工作主基调，抓好招商引资、项目建设、美丽乡村及民计民生等重点工作，求突破、促跨越，倾力打造“富裕蔡园、和谐蔡园、美丽蔡园”。2016年，全年完成工业增加值221.69亿元，比上年增加12%；固定资产投资45.67亿元，比上年增长6.78%；全部财政收入6058万元，比上年下降39.2%；公共财政预算收入2630万元，比上年下降44.4%；农民人均可支配收入24928元，比上年增长4.05%。

【项目建设】 坚持以情招商、以商招商、产业链招商，内激与外引并举，不断培育和壮大市场主体。2016年，全镇实施重点项目12个，其中6个项目入选全市100个重点项目。计划总投资40.6亿元，累计完成投资16.85亿元，年内完成投资7.28亿元，完工项目2个。在市经贸洽谈会上成功签约绿色环保机器人和灵山佛教文化特色小镇两个20亿元重点项目；杰普特丝网产业园项目被列为省重点项目，代表迁安市参加唐山市重点项目集中开工仪式；在全市项目建设观摩拉练综合排名位列第五名。

【全民创业和民企二次创业】　以激活民间沉淀资本为目标，先后组织召开金岭铁矿、隆宇公司、佳源公司等重点民营企业家参加的民企二次创业座谈会、项目信息发布会，并组织民营企业家赴“丝网之乡”衡水安平、沧州肃宁、北京及天津等地学习考察，帮助他们对接转型发展，谋划筛选优质项目，鼓励他们积极投身二次创业热潮。2016年，全镇新增个体工商户178户、企业26家、规模以上工业企业1家、服务业限额以上企业1家，涌现出李荣国、李海等一批引领转型发展的先进典型。

【美丽蔡园建设】　环境建设明显改善，美丽蔡园稳步推进。一是镇区环境显著改善。强力推进农民居民化、农村社区化进程，拓展社区服务半径，派出所东移至新镇区，新建商铺20多家，完成了镇区周边的道路硬化、绿化、亮化工作，新镇区的人口吸附能力逐步增强，初步形成功能完备、设施完善、宜居宜业、环境优美、个性鲜明的新型城镇。全年完成蔡家洼、吴官营、刘庄子3个村共4户的危房改造任务。二是美丽乡村建设扎实推进。小杨庄村被评为河北省美丽乡村精品村，投资1.5万元完成污水处理项目，投资16万元完成二郎庙村道砖铺设及村标建设，投资13万元完成杨官营村亮化工程，新安装太阳能路灯48盏，投资38万元完成新庄村部分道路硬化工程4000延长米，万灵路9.1公里翻修改造工程接近尾声，投资50万元新打饮用水井，至年底工程正在进行。同时，完善“户清、村集、镇运输”集中处理模式，逐村建立长效保洁机制。三是生态环境明显改善。继续按照“谁开发、谁受益，谁破坏、谁治理”的原则，对企业、尾矿库周边、废料台、排土场、河道堤坝、主干道路两侧进行生态恢复和通道绿化，提高绿化覆盖率。北屯、李庄子、孟官营等6个工矿废弃地复垦项目有序推进。四是大气环境得到有效治理。强力推进轧一钢铁集团等重点企业专项整治，确保高压静电除尘、低压布袋除尘、烧结机脱硫及污水处理等设备全部在线投入使用。积极开展秸秆禁烧、散料堆整治、环企绿化、燃煤锅炉改造、洁净型煤推广、清洁燃烧炉具发放、重度污染天气应急响应等环境治理工作，大气质量明显改善。

【和谐蔡园建设】　保稳定、解积案。制定了《蔡园镇信访稳定工作考核办法》，实施包片领导、包村干部、村干部捆绑考核，重奖重惩，有效解决各类积案老案，维护辖区社会稳定。2016年，全镇受理信访案件129件，其中上级交办案件47件，结案率100%，自办案件82件，结案率96%。重预防、抓安全。全面贯彻学习新《中华人民共和国安全生产法》，认真落实“党政同责”“一岗双责”安全生产责任制，扎实开展安全生产培训，全年对各企业安全生产管理员培训12次。持续深入开展“安全生产月”、安全生产隐患大排查及应急预案演练等活动，建立健全一整套安全事故应急机制。全年深入企业督导检查300余次，查处隐患65处，全部整改落实到位，年内未发生重特大级安全生产事故。

【幸福蔡园建设】　坚持发展成果共建、共享，努力构建幸福蔡园。一是社会事业稳步推进。新型农村社会养老保险提前完成全年任务，城镇居民医疗保险和企业医疗、养老、工伤保险均超额完成任务，并连续多年处于全市领先地位。圆满完成农村低保审核审批工作。二是卫生事业健康发展。大力开展食品药品安全县创建工作，建立健全各种健康档案，食品、药品安全方面未出现重大事故。三是精神文明建设蓬勃开展。积极开展元宵灯谜竞猜、秧歌调演、戏迷协会唱演、广场舞会演、农民运动会等群众喜闻乐见的活动，丰富群众的业余文化生活。四是计划生育工作有序推进。小儿出生人口性别比控制在合理范围之内，并处于全市前列。

书　　记　唐延海（12月离）

彭顺辉（12月任）

副 书 记　马友军　杨海燕（女，4月离）

王　磊（4月任）

镇　　长　马友军

副 镇 长　商　云（4月离）

王　磊（4月离）

任立军（4月任）

朱俊秋（4月任）

赵红权（4月任）

人大主席（1—4月空缺）

周连军（5月任）

主任科员　商　云（4月任）

孙雅民（4月任）

武装部部长　许志成（4月离）

刘　杰（4月任）

组织委员　赵红权（4月离）

王大永（4月任）

宣传委员　全桂臣（4月离）

孔令杰（女，4月任）

纪委书记　王大永（4月离）

于　昆（4月任）

（杨艳华　孟令章）

大五里乡

【概况】　大五里乡位于迁安市西部，乡政府驻地大五里村距市区18公里，总面积50.5平方公里，耕地面积1041.60公顷，下辖16个行政村，总户数6468户，总人口18809人，人口自然增长率5.53‰。2016年，完成规模以上工业增加值6.36亿元，比上年增长3%；全社会固定资产投资20.55亿元，比上年增长8.5%；实现全部财政收入1581万元，比上年下降19.9%；公共财政预算收入743万元，比上年增长13.8%；农民年人均纯收入20180元，比上年增长0.9%。粮食总产4074吨，比上年下降0.01%；牲畜出栏55567头（只），比上年增长6.19%；奶产量7117吨，与上年持平；禽蛋产量1037吨，比上年下降4.51%。

【项目建设】　2016年，全乡谋划实施项目16个，其中在建项目9个，完工项目4个，谋划项目3个，计划总投资92.68亿元。钢铁产业链条进一步延伸，思文科德公司产品分类向多样化、特色化发展，项目总投资达到17.67亿元，其中投资5.2亿元的冷轧配套项目已建成窄带生产线2条、冷拔丝生产线9条；投资2.47亿元的产品升级改造项目，正在办理环评等前期手续并进行技术谈判工作；计划总投资10亿元的镀铬项目，已完成省发改委项目备案，正在办理环评手续；总投资7000万元的增洲钢管33万吨镀锌板配套项目于10月竣工投产。乡村旅游发展进一步提升，结合西部森林生态绿道建设，谋划实施了挂云山旅游度假区、山叶口景区扩容和塔寺峪景区旅游开发项目，计划总投资达到2.3亿元。其中，投资1亿元的挂云山旅游度假区项目于5月1日正式开园运营，投资4500万元的山叶口景区扩容项目和投资8500万元的塔寺峪景区旅游开发项目正在加快建设。现代农业实现进一步发展，总投资3000万元的六合寅养猪场项目于6月竣工投产；总投资6500万元的正宇农牧万头猪场项目正在稳步推进。

【美丽乡村建设】　1.重点村建设成效明显。作为2016年美丽乡村建设重点村——山叶口村建设成果显著，圆满完成迎接省、唐山市及迁安市相关部门和领导的现场检查及验收工作。2.“两改一清一拆”全面推进。累计出动推土机、钩机等各类运输车辆5380车次，清运垃圾13390吨，清理河道沟渠及道路两侧垃圾4790吨，清理院落2957户，清理残垣断壁及路障511处。进一步探索建立长效机制，使脏乱差现象从根本上得到有效治理。3.城镇基础设施进一步完备。投资7000万元的天然气输配网二期项目，进入试运行阶段；投资2000万元的二级客运站暨游客接待中心项目，完成规划设计；总投资1000万元的社区小学项目，已报市相关部门审核。4.生态环境整治有序推进。坚持绿色发展理念，扎实推进化解钢铁过剩产能、节水、绿化、型煤推广以及环保工作。按照上级安排部署，按时关停轧一钢铁集团津安钢铁公司，圆满完成国家、省、唐山市等各级部门督导及验收工作；完成节水微灌项目节水面积达到71.27公顷，造林总面积35公顷，村庄绿化率平均达到90%；有效控制垃圾、秸秆焚烧，推广型煤475吨、洁净炉具300套；开展环保大检查13次，下达环境检查通知单28张。

【社会稳定工作】 1. 加强和创新社会管理，及时有效处置信访案件和矛盾纠纷，化解老案、积案20起，调解成功率100%；排查化解矛盾纠纷42件，化解成功率100%；继续加大法制宣传力度，营造人人知法守法的良好氛围。2. 强化安全意识，与16个村、25家企业和14个职能部门签订安全生产目标管理责任书。开展“安全生产月”活动，查处并整改安全隐患54处，全年未发生一次事故，并代表迁安市参加了省、唐山市安全生产工作考核验收。3. 加强森林防火，新购置了100万元的火情监控摄像头，制订防火预案，层层召开防火宣传会议，先后开展森林防火大检查40次，累计张贴宣传标语50条，发放各类宣传资料5600份。4. 严格食品药品安全监管，举办食品药品安全宣传及培训活动24场次，张贴宣传标语及倡议书86处，发放宣传单7000余份，督导检查15场次，全年未发生食品药品安全事故，圆满承办了唐山市组织的食品安全网格化建设现场会。

【民生保障】 把保障和改善民生作为工作的出发点和落脚点，人民群众幸福指数不断提高。积极参与配合文明城创建工作，乡机关被评为唐山市级文明单位，山叶口村被评为省级文明村；社会保障体系日趋完善，实施社会保险扩面工程，顺利完成农村与城乡居民社会养老保险制度的衔接；社会救助水平不断提高，“五保”集中供养率达到70%；完成特困群众和残疾人危旧房改造34间；坚持教育优先战略，全乡办学条件和办学水平明显提升，中考成绩位居全市农村中学前三名；扎实推进农民转移就业，开展“阳光工程”，免费培训农民825人，加快转移农村劳动力；广泛开展公民道德教育，举办先进人物评选活动，全力打造“孝义之乡、和谐之乡、诚信之乡”；人口和计划生育事业稳步发展，合法结婚率达到100%，计划生育率达到96%以上；积极举办群众性文体活动，成功承办2016中国迁安国际山地越野马拉松比赛。

书　　记 魏建国（1月离）
李尉弘（1月任）
副 书 记 王小东（12月离）
李艳玲（女，12月任）
马小明（4月离）
杨东华（4月任）
乡　　长 王小东（12月离）
李艳玲（女，12月任）
副 乡 长 杨东华（4月离）
瓮义明（4月离）
全桂臣（4月任）
邹小刚（4月任）
林秋菊（女，4月任）
人大主席 韩向新
主任科员 王立松（4月任）
瓮义明（4月任）
武装部部长 李瑞民（4月离）
（5—12月空缺）
组织委员 林秋菊（女，4月离）
王鹏飞（4月任）
副科级组织员 张玉福（4月任）
宣传委员 董玉阁（女，4月离）
邵秀元（4月任）
纪委书记 朱洪国

（徐　敏）

马兰庄镇

【概况】 马兰庄镇位于迁安市西北部，镇政府驻地西马兰庄村距市区15公里。辖17个行政村，总面积49.16平方公里，耕地面积530.83公顷。总户数7814户，总人口24707人，人口自然增长率6.88‰。2016年，全镇以科学发展观为指导，以建设“富裕、文明、生态、和谐马兰庄”为目标，不断解放思想，抢抓机遇，统筹推进稳增长、调结构、上项目、惠民生、治污染等各项工作，实现经济社会健康持续发展。全年完成工业增加值116.4亿元，比上年增长11%；全社会固定资产投资47.07亿元，比上年增长8.43%；完成全部财政收入2.75亿元，比上年下降11.3%；完成公共财政预算收入9849万元，比上年下降0.6%；农村居民人均可支配收入26081元，比上年增长0.8%。在2016年全国“千强镇”综合实力评比中，排名第336位，被评为2016年度河北省文明镇乡。

【项目建设】 年内，实施9个在建项目，总投资4.82亿元。其中，河北盛世尘沧环保设备有限公司环保设备制造及裴明旺养殖场项目建成投产；鼎衡有限责任公司金属制品生产加工、北京伍博集团迁安幼儿分园、奥德华商贸有限公司仓储配送物流、隆昇铁选厂矿山废弃地复垦造地及马兰庄镇西马村起兰养殖场建设完成；天弘益华双层油罐生产加工项目一期工程完工；建华燃气有限公司清洁能源销售运输一体化项目正在预定相关检测设备、运输车辆。谋划项目5个，总投资37.4亿元。其中，中建西部股份有限公司矿山固废综合利用项目正在进行选址；唐山首钢马兰庄铁矿有限责任公司地采项目正在办理手续；上海晶科能源科技有限公司太阳能物流园区分布式光伏发电项目及北京中兵占一集团空气源热泵组装项目签订了框架协议；河南亿达利建材科技迁安新型环保建筑模板生产加工项目达成初步合作意向。

【全民创业】 先后组织召开南山铁矿、隆宇工贸、凯达公司等重点民营企业家参加的民企二次创业座谈会、项目信息发布会，并组织民营企业家赴“丝网之乡”衡水安平、保定易县、北京及天津高新技术产业园区等地学习考察，帮助他们对接转型发展，谋划筛选优质项目。以“马兰巧娘工作室”为平台，开展培训13次，吸收学员20余名，带动上百名妇女创业就业，并与村村淘、万家云商城、天津“一号小镇”达成合作协议。同时，积极发展特色养殖，建成东马兰庄草莓大棚、后裴庄千头养牛场、前裴庄“绿达元”家庭农场等项目。全年新增个体工商户148户，新增企业20家，其中新增规模以上和服务业限额以上企业各1家。

【生态环境治理】 不断优化生态环境。一是推进工矿废弃地复垦利用工作。完成5个复垦项目，总面积62.5公顷，新增耕地35.88公顷。完成矿山绿化20公顷，社会造林4.06公顷，马兰社区绿化2.67公顷。二是推进美丽乡村建设。严格落实领导包片、干部包村、村干部包街、党员及村民代表包户的工作机制，推广“户清、村集、镇运转”模式，共清理垃圾杂物5464吨，清理残垣断壁及路障57处，建成唐山市级示范村侯台子村及河北省级精品村李家沟村。三是推进大气污染治理。拆除了联旺化工厂焦炉，完成5家企业燃煤锅炉改造及淘汰工作，督导8家企业停产整顿，推广洁净型燃煤1980吨，清洁燃烧炉具391套，空气质量显著改善。

【民生工程】 1. 提升社区服务水平。统一物业，统一服务标准，设立物业服务专职人员，完善了社区物业服务制度，收集群众意见和建议，认真开展环境卫生服务、公共治安管理服务、社区公用设施维护、公共秩序维护等各项物业服务。规范马兰社区便民服务中心，集中办理民政救济、计划生育、司法调解、项目服务、社会保障等行政许可和便民服务事项121项，其中镇级32项，代办89项，做到群众办理一般事项不出村、出村有代办、代办不收费。2. 推进就业优业。以农村妇女、失业人员、回乡高校毕业生为重点开展培训，做到农民由普通岗转向技能岗，实现劳动力转移286人。3. 卫生事业蓬勃发展。马兰庄镇卫生院被列为全省医改工作示范点，医疗条件和设备在全省处于领先地位。修建了17个农村标准卫生室，免费为农民进行健康检查，并实行档案跟踪管理，村医医疗服务水平逐步提高。

【和谐稳定】 坚持底线思维，一是抓好信访稳定工作。坚持调矛盾促和谐、保稳定促发展，加强网上信访信息平台的运行维护，全年收到上级交办件17件，受理13件，自办件2件，及时受理率、按期答复率、参评率均为100%。开展信访积案化解专项行动，化解了村民待遇、土地纠纷等一批积案老案。二是落实责任，健全安全生产及环保五覆盖监管体系，实现安全责任、安全投入、安全培训、安全管理、应急救援五到位。强化日常监管，多次聘请专家检查指导整改，全年检查企业69家次，下达执法文书87份，排查安全隐患152处，未发生重特大安全生产事故。

书　　记	彭清江（1月离）
	李浩胜（1—12月）
	张彦祥（12月任）
副 书 记	康继顺（1月离）
	张忠彦（1月任）
	李志生（4月任）
镇　　长	张忠彦（1月任）
副 镇 长	李　阳（女，4月任）
	田　曾（4月离）
	李金华（4月离）
	刘　军（4月任）
	杜宏伟（4月任）
人大主席	孙会民
主任科员	田　曾（4月任）
	李金华（4月任）
武装部部长	杜宏伟（4月离）
	陈跃飞（5月任）
组织委员	刘　军（4月离）
	张宝彤（5月任）
副科级组织员	谌敬德（4月任）
宣传委员	李　阳（女，4月离）
	付晋平（女，4月任）
纪委书记	孙振生

（吴学智）

沙河驿镇

【概况】 沙河驿镇位于迁安市西南部，镇政府驻地沙河驿村距市区29公里。辖19个行政村，总面积40.77平方公里，耕地面积1625.49公顷，总人口30683人，人口自然增长率10‰。2016年，全镇经济和社会各项事业保持平稳较快发展的良好势头。全年实现工业增加值3.4亿元，比上年增长4.9%；全社会固定资产投资43.85亿元，比上年增长2.5%；全部财政收入10132万元，比上年增长24.6%；公共预算财政收入4897万元，比上年下降7.3%；农民人均可支配收入20045元，比上年增长7.5%。粮食总产7892万吨，比上年增长0.3%；牲畜出栏18052头，比上年增长1.7%；猪肉产量1489吨，比上年增长0.6%；奶产量2537吨，比上年增长0.1%；禽蛋产量1455吨，比增长上年0.1%。

【入选全省100个特色小城镇】 8月，省住房和城乡建设厅等八部门联合印发《关于做好特色小城镇培育工作的通知》，公布了全省重点培育的100个特色小城镇名单，沙河驿镇名列其中。沙河驿镇坐拥迁安经济开发区和迁安北方钢铁物流产业聚集区两大省级园区。自1999年起，连续16年保持省级卫生镇荣誉称号，自2006年起，连续9年保持省级文明镇荣誉称号。依托独特的交通、区位、物流传统优势，沙河驿镇从2003年开始谋划建设钢铁物流园区，至2016年，聚集区内物流企业达到70家。基础设施不断加强，至2016年，总投资3859万元的生活污水处理厂及配套管网建设基本完工，投资39万元的102国道镇区段亮化工程及投资150万元的垃圾填埋场工程圆满完工。保洁制度完善，美丽乡村水平逐步提升，19个村配置157名保洁员，实行“户清、村集、镇运处”的垃圾处理模式，农村人居环境明显改善。

【项目建设】 年内，共实施重点项目14个，当年累计完成投资14.85亿元。新签约项目8个，计划总投资60亿元。项目建设和招商引资工作如火如荼展开，有力推动了镇域经济协调发展，产业结构得到进一步优化。其中，总投资16亿元的唐山中溶科技有限公司年产30万吨无水乙醇项目，第一条10万吨无水乙醇生产线土建工程全部完工，正在进行设备安装调试，计划2017年春节后竣工投产。该项目在7月唐山市第二季度重点项目观摩拉练中，位居全唐山市B类参评单位所有观摩项目之首。唐山市重点建设项目水曹铁路扩建工程沙河驿段，已完成地上附着物评估、土地测量工作，部分村占地补偿款发放到位。此外，烟台首钢矿业迁安钢材销售基地、金胜海物流有限公司综合仓储物流中心、唐庄子村钢材市场升级改造、建东物流有限公司综合仓储物流服务中心、壹碳新能源等项目均顺利开工建设。物产中大制造产业园、拔丝产业园、蓝海焦化产能减量置换焦化技改、中广核余热暖民工程等10余个项目正在积极谋划办理之中。

【招商引资】 大力实施“转型发展、引凤还巢、宣传推介”三大工程，制定优惠政策，组织在外地创业的迁安籍企业家进行洽谈，调动他们返乡创业的积极性。至年底，全镇新增交通物流运输企业20家。10月，在全市举办的经贸洽谈会上，成功签约投资3亿元的迁安晟恩物流有限公司中铝交割库项目、投资3亿元的烟台首钢矿业三维有限公司迁安分公司仓储物流基地项目，为全镇项目建设积蓄后备力量。

【环境保护】 建立健全环保网格化监管体系，实现各环境监管区域和内容的全方位、全覆盖、无缝隙管理。圆满完成过剩产能化解任务。封存鑫达公司450立方米、580立方米高炉和60吨转炉各一座，拆除荣信公司50吨转炉一座，封存宝利源焦化公司4.3米焦炉两座。分别化解铁、钢、焦炭产能124万吨、190万吨和60万吨。督导重点行业加快推进污染深度治理工作，累计投资5亿元，完成荣信、鑫达、蓝海、宝利源、耀华5家企业环保治理项目31项。积极开展洁净型煤和清洁高效炉具的推广工作，推广洁净型煤4120吨、清洁高效炉具1500套，超额完成市下达任务。力保唐山世界园艺博览会期间空气质量，强化对重点企业停产限产情况的驻企督导，累计驻企8批、464人次。

【社会事业】 实施总投资600万元的轩辕小学工程，2016年已完成投资140万元。充分发挥镇文体站和村活动室的作用，年内，开展各种体育、娱乐活动200多场次，参与人数3000余人次，在全市“颂祖国，唱迁安”合唱节中取得第一名的优异成绩。民政工作坚持“以民为本、为民解困、为民服务”的理念，城乡低保实现应保尽保，五保供养、优抚等政策得到全面落实，“应保未保”问题有效解决。城乡医疗及社会救助有序开展，全年实施各类救助229人次，发放救助资金34.98万元。积极开展危房改造，全年完成24户危房改造，使贫困户住进安全温暖的新家。计划生育工作有序推进，新生儿性别比控制在合理范围之内。

畅通信访渠道，积极解决信访新案、初案，全力化解老案、积案。全年接待来访群众230人次，成功调处信访案件77件，成功化解老案、积案6起。密切关注困难企业生产经营状况，制定荣信公司等相关应急预案，做到防患于未然。高度重视安全生产工作，深入开展安全生产大检查等专项行动，积极推进工贸行业企业安全生产标准化样板地区创建工作，全镇未发生一起较大安全生产事故。

【基层党建】 牢固树立“明确分工给权力，两联一包给压力，定期轮岗给经历，协调联动出合力”的工作理念，围绕“四个干”工作机制，狠抓工作落实，建立健全班子例会制度，每周一班子成员都逐一汇报工作开展情况及下步工作计划，遇有重大问题，班子成员集体讨论、决定，有效推进各项工作开展和落实。建立以“一把手谈心谈话、预警谈话、诫勉谈话、农村干部论坛”为主要内容的“四个谈（坛）”制度，累计进行一把手谈心谈话38人次、预警谈话8人次、诫勉谈话5人次，举办农村干部论坛4次。为全镇101名农村干部建立详细的个人档案，掌握农村干部的思想动向、工作动态，强化对农村干部的管理，受到市委组织部、市纪委的认可和肯定。采取“教、帮、促、带”四步工作法，提高农村干部工作能力。“教”主要是强化业务培训和指导；“帮”主要是资金上的扶持；“促”主要是促精神状态的提升；“带”主要指结对帮扶，先进带后进，共同发展。2016年，对存在突出问题的6个村进行了培训指导，累计帮扶资金21万元，为村里解决了实际困难，有6个村结成了帮扶对子，农村干部工作能力明显提升。

书　　记　彭艳杰
副 书 记　何振宇（12月离）
　　　　　张敬平（12月任）
　　　　　孙雅民（4月离）
　　　　　卜子田（4月任）
镇　　长　何振宇（12月离）
　　　　　张敬平（12月任）
副 镇 长　张敬平（4月离）
　　　　　卜子田（4月离）
　　　　　赵　军
　　　　　李　钊（4月任）
　　　　　敖铁强（回族，4月任）
人大主席　刘德友（4月离）
　　　　　李昕升（4—8月）
　　　　　（9—12月空缺）
主任科员　张敬平（4—12月）
　　　　　胡凤艳（女，4月任）
武装部部长　刘　军
组织委员　胡凤艳（女，4月离）
　　　　　张建路（4月任）
副科级组织员　夏昌英（女，回族，4月任）
宣传委员　邵秀元（4月离）
　　　　　郑海艳（女，4月任）
纪委书记　张建路（4月离）
　　　　　杨建锋（4月任）

（景士来　魏国强　孟庆彬）

木厂口镇

【概况】　木厂口镇，位于迁安市西南部，镇政府驻地木厂口村距市区21公里，辖16个行政村，1个社区（松护社区，包含原松汀村、护国村、白龙港村），总面积58.79平方公里，耕地面积1078.70公顷。总户数7977户，总人口25450人，人口自然增长率6.65‰。2016年，完成工业增加值2.99亿元，比上年增长7.9%；固定资产投资63.59亿元，比上年增长9.75%；全部财政收入8.92亿元，比上年增长242.3%；公共财政预算收入3.79亿元，比上年增长157.7%；农民人均可支配收入24944元，比上年增长7.51%。农村劳动力向非农产业转移265人，比上年增长2%。

【项目建设】　狠抓项目，产业转型提升取得新成果。抓住唐山世界园艺博览会和京津冀协同发展等机遇，把招商引资和项目建设作为首要任务来抓，党政主要领导亲自抓、党员干部具体抓、全民创业共同抓。整合资源，主动出击，实现招商引资和项目建设新突破。2016年，谋划、实施项目18个，其中市重点项目7个，竣工项目10个，全年完成投资16.26亿元；3个项目在市经贸洽谈会上签约，计划总投资28.7亿元，均属节能环保型项目，产业转型迈出了新步伐。

【现代农业建设】　发挥优势，现代农业建设迈出新步伐。继续依托西部森林生态绿道，围绕“顺藤结瓜”战略，在调整上下功夫、在置换上求发展，采取“龙头企业＋合作社＋基地＋农户”运作模式，建设集科研、示范、采摘、休闲于一体的特色农业示范区，创建了万亩板栗、核桃、杂粮基地，并成立专业合作社；引入榆山农业采摘园、水泉文玩核桃等一批生态、绿色、高效农业示范工程，探索出一条土地流转、置换的新路。2016年，成功引入绿衣生态农业示范园区，加速了传统农业向现代农业、生态旅游业转型步伐。

【城镇建设和美丽乡村建设】　统筹发展，城镇建设和美丽乡村建设呈现新亮点。精准承接北京非首都功能疏解和产业转移，落实市委“1－3－38－48”四级城镇体系和美丽乡村建设，把产业发展、美丽乡村和城镇建设结合起来，全力支持水曹铁路建设，加速产业集聚，完善城市功能，提供良好环境，实现产、城、人紧密融合，筑巢引凤，以业兴城，以城带业，宜居宜业，提升了城镇品位。在美丽乡村建设中，集中时间、集中人、财、物力开展环境卫生综合整治活动，形成垃圾“定点放、定人管、定期运、集中埋”的长效机制，打造榆山“红色农宿”和水泉“最美山居”两个省级示范点，由西向东、由点及面延伸拓展，整体推进，人居环境明显改善，得到市委、市政府的肯定。

【社会事业】 社会事业全面发展，幸福指数明显提升。完善初级医疗保障体系，落实基本药物制度，规范村卫生室建设，解决了农民就医难、看病贵的问题。全面落实农村新型合作医疗，粮食直补工作扎实到位，落实农民养老保险19036人，缴纳养老保险金120.08万元，参保率96%；解决民生、维护民利，落实低保、救灾救助、优抚、残疾人和老龄保障等工作；重视弱势群体的生产生活，着力解决实际困难，新办残疾人两次补贴共计337人；农村低保实现应保尽保，重症病人大病救助金和农村分散五保户、集中供养人员生活费逐年提高；不断拓宽群众就业门路，合理转移农村劳动力，农民非农收入明显增加，民众生活质量和幸福指数普遍提高。

【企业管理服务】 企业管理服务规范到位，安全生产初显成效。以服务企业为中心，帮助企业解决用地难等问题。安全生产工作以“预防为主，防重于治”为原则，实行“一岗双责”安全管理责任制，实行分企划片包干负责，全程监控企业生产。加强管理，督促整改薄弱环节，突出矿山、钢铁企业和加油站、饭店、旅馆、超市、食品药品、校车、隐患路段等重点部位排查，根治隐患。综合整治，对无证采矿停止供电、遣散人员、拆除设备，对采矿企业进行拉网式安全生产大检查，摸清明采、硐采企业基本情况和底数，杜绝乱采乱挖，全年实现安全生产“零”事故。配合交通部门开展安全运输活动，在整治超速超载的基础上，加大运送学生车辆改装、超员、私运综合治理力度，保证交通安全。加强食品药品监管，重点对企业、学校食堂、商店、超市开展检查，确保群众舌尖上的安全。

【精神文明建设】 结合文明城市创建活动，深入开展社会公德、职业道德、家庭美德和个人品德教育。投入6万多元，购置2000册图书以及流动书架、电脑、扫码枪和芯片防盗仪等设备，镇图书室功能进一步完善；免费开放数字信息室，全镇接受数字资源服务的群众达到2000人次；开展林业、科学养生知识等培训16场；举办了木厂口镇广场舞大赛、“迁安好声音”木厂口赛区海选、“城乡联动、康乐同行”展演等群众喜闻乐见的文艺活动。活动的开展，凝聚了党员干部干事创业的精气神，满足了农民日益增长的文化需求，群众的思想意识、文化道德水准、生活习惯发生了较大变化，民风纯正、镇村和谐。

书　　记	魏建国（1月任）
副 书 记	郝晓华（女，1月离）
	耿国军（1月任）
	惠　海（4月离）
	王凤亭（4—12月）
镇　　长	郝晓华（女，1月离）
	耿国军（1月任）
副 镇 长	王凤亭（4月离）
	宋　晖（4月任）
	张纳臣（4月离）
	刘彦军（4月离）
	周　心（4月任）
	付国龙（4月任）
人大主席	耿国军（1月离）
	（2—3月空缺）
	惠　海（4月任）
主任科员	许海余（4月任）
	洪伟生（4—12月）
武装部部长	许海余（4月离）
	（5—12月空缺）
组织委员	周　心（4月离）
	张红蕊（女，满族，4月任）
副科级组织员	郭永良（4月任）
宣传委员	张红蕊（女，满族，4月离）
	张海东（4月任）
纪委书记	韩国辉

（李志慧）

太平庄乡

【概况】 太平庄乡位于迁安市西南部，乡政府驻地太平庄距市区35公里。辖16个行政村，总面积65.08平方公里，耕地面积1445.94公顷。总户数5231户，总人口17011人，人口自然增长率6.84‰。2016年，完成工业增加值3.81亿元，比上年增长0.5%；全社会固定资产投资23.2亿元，比上年增长9.23%；全部财政收入7823万元，比上年增长149.3%；公共财政预算收入2923万元，比上年增长146.7%；农村居民人均可支配收入18804元，比上年增长7.01%。粮食总产7014吨，减少21.8%；牲畜出栏42878头，增加10.64%；猪肉产量2413吨，增长17.36%；奶类产量40260吨，增长14.44%；禽蛋产量1692吨，下降40.9%。

【经济建设工作】 一是项目建设势头强劲。投资12.3亿元的中海油LNG、投资1.8亿元的干熄焦、投资2000万元的中海油太平庄加油加气站等链条延伸项目相继竣工达产；玻璃建材板块发展迅猛，明营玻璃完成了对润安建材的股权收购和战略重组，实现原片生产和精深加工的无缝对接，并成功登陆“新三板”，成为全市首家“新三板”上市企业。二是全力激活民营资本。加大创业培训、指导和帮扶力度，支持民企和创业者抢抓政策机遇。率先在全市发展农村电子商务，“淘实惠”项目已布点建设200余个加盟服务站。2016年，完成新增个体工商户52户，新增企业17家，新增规模以上工业企业1家，乡域经济实力显著增强。

【农业、农村和农民增收工作】 一是推动农业发展，形成特色农业体系。大力发展现代农业和休闲旅游。投资2亿元的国明生态农业休闲园具备接待能力，形成集旅游观光、生态采摘、餐饮住宿和特种养殖等多种功能于一体的现代农业综合体。大力推动规模化养殖，二牛养殖场已成为唐山市规模化养殖龙头企业；成山养殖场在存栏3万只蛋鸡养殖场的基础上扩建10万只，完善建设标准化鸡舍40栋及化粪池、消毒间等设施。推广示范高产粮食作物66.67公顷，推广有机肥高产田666.67公顷，建设辣椒种植基地33.33公顷。实施林果提质增效工程，改劣换优果树25万棵，嫁接高产核桃5万株。二是改造提升农村面貌。农村环境综合治理，规范有序，改造危旧房屋39处，清理各类垃圾1万余吨，清理庭院356户，清理残垣断壁和路障32处，完成马铺营、东店等8个村的农村面貌改造提升工程。迎接市农工委环境卫生拉练检查1次。经市委农工委审核，确定尚庄、苏庄营、崇家峪3个村为美丽乡村建设片区内重点村。三是拓宽增收渠道，增加农民收入。开展农民职业技能培训，提高劳务输出质量，增加农民工资性收入。全年组织职业技能培训4次，惠及320人，全年转移农村剩余劳动力230人。至2016年，连续举办六届观光采摘节，接待游客逾15万人，旅游助农致富成效显著。

【社会民生工作】 一是维护社会稳定。加大普法力度，普及法律知识，建立、健全三位一体社会矛盾排调体系，并在各村聘请舆情信息员，维护农村和谐稳定。圆满完成全国两会、暑期及各特殊时期的安保和铁路护卫工作。二是保障安全生产。严格落实安全生产“党政同责、一岗双责”要求，强化重点行业领域安全隐患排查整治，未发生重大安全生产事故，安全生产形势持续稳定好转。三是抓好为民实事。完成七家岭、尚庄两所小学校安工程建设，太平庄小学、马铺营幼儿园和太平庄中学宿舍楼相继投入使用，新建8个村级卫生室，公共医疗服务水平不断提高；加大基础设施投入，完成郭家营、苏庄营等5个村出村路和西部森林绿道尚庄段建设，完成七家岭3座跨线铁路桥和万太公路翻建工程，完成东新店、三岔峪、苏庄营村的安全饮水工程；加大弱势群体帮扶力度，发放临时救助资金3万元，救灾资金14万元。完成危房改造39户。全面加强社会保障工作，扩大农村合作医疗覆盖率，全乡参加新农合人数达到1.4万人，参合率98%；强化农村社会养老保险扩面工作，全乡农民参加养老保险5379人。四是推进生态建设。对10家采矿企业进行环保技改，实施宏奥、润安环保项目，强力推进秸秆禁烧、燃煤锅炉改造和型煤推广工作。完成矿山植被修复20公顷，完成造地35.33公顷。加大植树造林力度，实施春季造林700公顷，雨季造林1366.67公顷，环企绿化12.67公顷。坚持以绿化带动生态建设、以生态建设推动产业发展，实现经济效益与生态效益的有机统一。

【党建服务】 一是抓管理，增强基层党组织堡垒作用。扎实开展“两学一做”学习教育，持之以恒落实中央“八项规定”精神，认真开展“一问责八清理”专项整治。严把党员入口关，发展党员13名。加强党员干部队伍管理，开展警示教育4次，组织党员培训15次。加大不合格党员处置力度，通报违反工作纪律党员干部2人。二是抓基础，强化基层党员能力。建立行之有效的农村干部管理监督机制，全面推行农村两委干部承诺制，把农村干部目标考核与工资待遇和任用调整有机挂钩，促进村级组织服务能力进一步提升。三是抓服务，打通服务群众“最后一公里”。投资建成的便民服务大厅、村级便民服务站规范运转。至年底，受理各类审批服务事项843件，办结事项843件，按时办结率100%，提前办结率98.5%。推行《乡村两级权力运行指南》，规范小微权力，有效解决群众办事难问题。

书　　记	贾春民（12月离）
	何宏伟（12月任）
副 书 记	何宏伟（12月离）
	王凤亭（12月任）
	刘永会（4月离）
	王　力（4月任）
乡　　长	何宏伟（12月离）
	王凤亭（12月任）
副 乡 长	蔡立江（4月离）
	洪伟生（4月离）
	任立军（4月离）
	程艳秋（4月任）
	柴春江（满族，4月任）
	梅春柏（12月任）
人大主席	全少云（4月离）
	刘永会（4月任）
主任科员	蔡立江（4月任）
	贾庆来（4月任）
武装部部长	张　政（4月离）
	李建新（5月任）
组织委员	柴春江（满族，4月离）
	杨俊杰（4月任）
副科级组织员	宋　威（女，4月任）
宣传委员	程艳秋（4月离）
	张晓卫（女，4月任）
纪委书记	刘海棠（4月离）
	裴立艳（女，5月任）

（全　帅）

城区街道

【概况】 2016年，迁安市城区街道办事处辖兴安、青杨、丰乐、常青、花园、永顺、燕阳、明珠、安顺、燕春、福盛、永惠、广场馨园、帝景、燕经、碧水、河畔、迁钢、燕祥、安康、颐景、宏源、燕钢、晨曦24个居委会，辖区总户数53899户，总人口172257人。

2016年，城区街道党委、办事处以建设“魅力宜居、文明和谐”的新型社区为目标，扎实推进社区建设。新建兴隆、丰盛、大王庄、燕山4个社区居委会，配备办公设施，配齐班子成员，健全各项制度，推进了社区服务全覆盖。改善老旧小区办公条件，为燕祥社区老年活动中心筹备配套桌椅，通过租赁方式扩大燕春、常青社区办公用房，为部分社区配备电脑、打印机、空调等基础设施。推进社区网格化管理，各社区按照年初制定的《社区网格化管理实施方案》，合理划分网格，吸纳热心居民、社区党员、计划生育小组长担任网格员，形成包居干部、社区委员、网格员三级网格体系。至年底，共配备网格员872名，常青、丰乐等社区充分发挥网格员在社区服务、社区维稳等工作中的作用，工作扎实，资料规范，促进了社区各项工作的开展。社区民主管理水平得到提高，利用微信、博客等网络化信息平台，各社区扩大民情民意收集渠道，避免工作盲区。推进和谐社区创建工作，按照河北省和谐社区创建标准，组织了明珠、迁钢、兴安等5个社区的省级和谐社区申报验收工作。

【提升社区党建水平】 1.“两学一做”成效斐然。利用手写板报、“口袋书”、“两学一做”漫画墙、明白卡、演讲比赛等形式，扩大“学”的声势。采用结对帮学、微信群自由学、送学上门等多种形式，增强“学”的效果。搭建党员活动平台，开展“亮、树、比”活动，选出15名“两学一做”好典范，营造广大党员学习典范、尊重典范、争做典范的浓厚氛围。2. 基层党建活力增强。成立燕祥、河畔、颐景、安康、燕钢5个支部，搭建了支部、社区和党员的沟通平台。打造标准化党员活动室，满足党员支部生活需求。2. 队伍结构不断优化。以基层换届为契机，调优配强22个社区支部书记，统一实行“书记负责制”，理顺了支部和社区的关系。开展社区干部轮训，提升社区干部服务基层的能力。4. 工作作风明显改善。开展“一问责八清理”、机关作风整顿、重心下移“捉小鬼”等活动，严格落实中央八项规定，加大对机关和居委会纪律检查力度，建立健全《机关管理制度》《关于进一步加强纪律建设的意见》等两项制度，建立监督检查结果报告、点评和运用机制并严格落实，营造风清气正的工作环境。利用广场馨园廉政文化示范点，开展多种形式的廉政文化宣传活动，使廉政文化深入居民、根植于心。以“爱唐山、做贡献”活动为契机，开展“爱迁安、爱社区、爱岗位”爱岗敬业“三爱”活动，激发干部干事热情。燕钢居委会主任李小红获唐山市“月评十佳”个人。

【改善社区环境】 对安盛、永惠、昌安3个老小区13栋楼房进行基础设施改造，完成补植绿化1795.2平方米，主路混凝土现浇1286.98平方米，路面整体翻新2808平方米，修补破损路面880平方米，退绿还硬452平方米，新增路灯21盏，疏通污水管道1119米，清掏化粪池13座，检查井138座，更新污水井盖16套，修复小墙51.546平方米，提升了居住环境，为实施标准物业管理和服务奠定了坚实基础。在晨曦社区联合物业公司建立业主联谊服务中心，除为居民提供高标准物业服务外，还提供多种政务、娱乐服务，实现共驻共建。完成金水、滨湖悦城2个小区的业主委员会选举工作，对明珠小区业主自治管理进行规范。以文明城创建为契机，落实全员参与、共同治理的工作机制，检修破损路面3200平方米，补栽绿植3800平方米，清理各类垃圾430余车，社区环境进一步优化。加强日常管理，推进老旧小区弱电入地工程，有效遏制社区“五乱”（乱堆乱放、乱围乱种、私搭乱建、乱贴乱画、乱栓乱挂）和垃圾焚烧等行为，社区干净有序，大气环境质量得到改善。按时办结数字化城管任务422件，结案率99.79%。完成30个海绵城市项目的现场对接以及君和广场的项目施工工作。

【拓宽社区服务领域】 1.“两级平台”（街道便民服务中心、社区便民服务站）建设实现规范。落实“五个统一”（统一标识、监督台、举报方式、回访制度、服务典型）、“七个公开”（公开机构设置、职能职责、工作制度、服务内容、服务承诺、服务流程、管理制度）要求，实行AB岗轮换制度，提升服务水平；在服务窗口设立监督台、扫描仪和评价器，方便居民监督和评价，提高居民满意度；推行网上审批、网上监察、网上办证，全年网上办理业务1760件，提高服务便捷化水平；制定落实督导检查工作制度，提升窗口形象。2. 特色服务便民利民。推行社区周六轮流值班办事、预约服务、上门服务等6项制度，全年提供特色服务115次。3. 事务服务不断拓展。对辖区1410个服务产业单位进行调查摸底，积极协调企事业单位和民间组织开展为老服务、家庭服务等6个服务项目，逐步建立以居民需求为导向的多元化社区服务模式。

【社区文化】 1. 理论基础更加扎实。完善学习制度，组织居委会主任和宣传主抓人员参加宣传业务知识培训50人次。通过书记讲党课、调研报告、社区宣传栏、宣传板报评比考核、理论教育五项竞赛等多种形式，开展“魅力水城、绿色迁安”、省委八届十四次全会精神等主题宣讲活动，强化理论学习效果。2. 道德建设不断深入。举办第五届感动社区人物评选活动，评选出12名感动社区人物，用身边事教育身边人。举办道德讲堂6期，开展学雷锋志愿服务11次，参与迁安市道德模范评选推荐工作，倡导科学价值取向，传播道德力量。在明珠、广场馨园、晨曦3

个社区建立未成年人（校外）心理健康辅导站，开展学雷锋主题实践活动，推进未成年人思想道德教育工作。3. 社区文化日益丰富。在世界环境日开展手工作品展，倡导环保节约理念。开展“我们的节日”系列活动，弘扬传统文化。组建4支新的文艺队伍，积极参加全市范围内的象棋比赛、“迁安好声音”、合唱比赛、水城之夜文化展演等群众文化活动8次，获得“魅力水城之夜”群众文化展演优秀组织奖、优秀展演奖，合唱比赛一等奖，“迁安好声音”个人二等奖、三等奖和广场舞大赛二等奖等多个集体和个人奖项，增强了居民的社区意识和凝聚力，提升社区形象。

【文明城创建】 1. 加大宣传力度。投入大量资金，采用多种形式开展文明城创建宣传活动。制作悬挂条幅288条、垃圾桶公益广告920个、标牌公益广告197个、灯杆公益广告178个、墙体公益广告21个，新增宣传栏20块，更换宣传栏45块，印发各类宣传资料15万份，广泛宣传社会主义核心价值观等内容，彰显文明城创建的社会效应。2. 完善配套设施。为各社区新增跳绳133条、毽子174个、象棋54套、跳棋75套、乒乓球拍35副、乒乓球64个，对明珠等8个社区中的28套破损健身器材进行修复，为燕钢等5个社区新增健身路径37套，为丰乐等5个社区新增乒乓球台5套。3. 对标创建。对照测评体系，完成社区综合服务中心、“四防”（人防、物防、技防、消防）、无障碍设施等四项目标任务。4. 文明社区创建。在各社区建立以一榜一档为内容的“好人档案”、以宣传橱窗为载体的善行功德榜，宣传典型事迹；推进晨曦、明珠等9个社区的省级文明社区创建工作；在唐山市文明社区评选中，广场馨园、晨曦、明珠、迁钢4个居委会获“唐山市文明社区”称号。

【社区安全管理】 构建安全生产责任网格体系，建立食品安全“六员联防”（包居干部、监管员、协管员、公安干警、人大代表、监督员）工作制度，开展安全知识和食品安全宣传活动，安装宣传栏56块，悬挂条幅35条，发放宣传读本5600余册、宣传单3000余张、折页2100余张，组织食品安全协管员培训和宣传活动5次，提高居民和安全协管员食品安全知识知晓率，增强安全防范意识。对辖区各类经营单位进行摸底登记和隐患排查，共登记各类单位1444个，对其实行动态管理。建立9个社区微型消防站，确保安全生产和食品安全态势平稳。为81名社区维稳重点人员建立台账，圆满完成敏感时期稳控任务。加大矛盾化解力度，全年化解矛盾纠纷50余起。建立社区矫正管控平台，对矫正对象实行动态管理，社区51名在矫人员无一人重新犯罪。在汛期印发防汛通知，对小区物业企业进行督导检查，举行防汛演练现场会，确保汛期安全。

【社会事业】 落实各项优惠政策，为1109人、99户办理残疾人补贴、大病救助等事项，实现最大范围的帮扶。完成对163户低保户的经济核查工作，取消35户，新增5户。为21021人办理医疗保险，为1214人办理养老保险，基本实现医疗、养老保险全覆盖。选优配强计划生育专干、计划生育小组长队伍338人，做好全面二孩生育政策衔接工作，保证出生人口性别比在正常范围内。查处违法生育行为8起，培树第四实验小学、斯道拉恩索包装厂2个流动人口健康促进典型，为133名流动人口提供健康体检，不断推进均等化服务。打造兴安、常青、燕钢3个唐山市级卫生社区示范点。开展禁烟控烟、健康知识讲座、健康体检等活动30余次，更换宣传栏85块，提升居民健康素养。开展重点人群免费健康体检27次，惠及8000余人，提高社区卫生水平和居民健康素养。此外，城区范围内发出游唐山世界园艺博览会直通车62辆，游世园人数达到2453人，让居民体验世园会，共享举办世园会的幸福成果。开展妇女儿童权益宣传活动7场，评选出“最美家庭”2户，举办家庭教育活动12期，注册青年志愿者100名，推动了和谐社区建设。

书　　记　赵文利（12月离）
　　　　　　董志国（12月任）
副 书 记　董志国（12月离）

洪伟生（12月任）
李艳玲（女，12月离）
李　远（4月离）
王友辉（4月任）
办事处主任 董志国（12月离）
洪伟生（12月任）
办事处副主任 邹景林　王友辉（4月离）
王丽华（女，4月离）
吉海利（4月任）
梁红香（女，4月任）
人大联络办主任 李　远（兼，4月离）
李艳玲（女，4月任，兼，12月离）
武装部部长 李海军
组织委员 冯艳军（女）
宣传委员 梁红香（女，4月离）
崔满良（4月任）
纪委书记 佟　宝（满族）

（李鹿岳）

坚定信心　再接再厉
朝着建设“魅力水城、绿色迁安”的目标加速前进

——在中共迁安市委五届七次全会第一次全体会议上

迁安市委书记　李　忠

（2016 年 8 月 15 日）

7 月 28 日，在唐山抗震救灾和新唐山建设 40 周年之际，习近平总书记带着对唐山和唐山人民的亲切关怀，在百忙之中亲临唐山视察，对唐山工作给予充分肯定，希望唐山广大干部群众继续弘扬抗震精神，积极贯彻落实新发展理念，抓住国家推动京津冀协同发展的有利时机，再接再厉、不懈努力，全面做好改革发展稳定的各项工作，争取在转变发展方式、调整经济结构、推进供给侧结构性改革等方面走在前列，使这座英雄城市再创辉煌。

8 月 8 日，唐山市委召开了九届八次全会，就深入学习贯彻总书记视察唐山重要讲话精神进行安排，作出了奋力争取“三个走在前列”，加快实现“三个努力建成”的工作部署，吹响了加快唐山新一轮转型发展的攻坚号角。

今天我们召开这次全会，主要任务就是深入学习贯彻总书记视察唐山重要讲话和唐山市委全会精神，动员全市上下切实把思想和行动统一到总书记的重要讲话精神上来，统一到唐山市委的部署要求上来，坚定信心，振奋精神，再接再厉，加快推进转型发展的各项工作，朝着建设“魅力水城、绿色迁安”的目标加速前进。

下面，我代表市委常委会讲三点意见。

一、深入学习领会总书记视察唐山重要讲话和唐山市委全会精神，坚定加快转型发展的信心和决心

总书记的讲话，饱含深情、催人奋进，给唐山发展注入了强大动力。焦书记在全会上的讲话，全面贯彻了总书记的新论述、新要求、新期盼，对唐山今后发展的总体思路、奋斗目标、重点工作提出了明确要求，为我们在新形势下加快转型发展提供了基本遵循。全市上下要把学习总书记重要讲话和唐山市委全会精神作为当前和今后一个时期的重要政治任务，深入学、反复学、长期学，领会精神实质，把握核心要义。一要深刻领会总书记的重要讲话精神。按照唐山市委提出的“五个深刻领会和准确把握”要求，我们要深刻领会和准确把握总书记对“英雄的城市、英雄的人民”的殷切希望，百折不挠，勇往直前；深刻领会和准确把握总书记对唐山工作的充分肯定，保持定力，坚定转型发展信心；深刻领会和准确把握总书记对唐山未来发展的新要求，强化责任担当，焕发干事激情；深刻领会和准确把握总书记对唐山地位作用的深刻阐述，强化机遇意识，释放优势潜能；深刻领会和准确把握总书记关于营造风清气正政治生态的新要求，强化“四个意识”，营造良好的干事创业环境。二要深刻理解唐山市委“三个努力建成”、“三个走在前列”的新目标。贯彻总书记对唐山提出的新要求，唐山市委以“三个努力建成”为目标方向，以“三个走在前列”为路径和抓手，明确了一系列思路、举措，唱响了实干兴唐主旋律。围绕这些目标要求，我们要进一步强化机遇意识，努力实现各项工作增比进位突破，在转型发展中闯出一片新天地。三要深刻把握唐山市委的新要求。唐山市委明确了必须贯彻落实新发展理念，必须以改革创新为动力推进“三个努力走在前列”，必须使沿海增长极、城市经济、县域经济“三大板块”共同发力，必须把“三个走在前列”落实到实实在在的增长点上“四个必须”的要求，作出了在化解过剩产能上突破、在培育发展新动能上突破、在推动京津冀协同发展上突破、在加强生态文明建设上突破、在保障和改善民生上突破“五个突破”的部署。我们要按照“四个必须”、“五个突破”的新要求，逐项对标、逐条落实，切实落实到武装头脑、指导实践、推动工作的全过程。

学习贯彻总书记重要讲话和唐山市委全会精神，关键是从中找准方向、汲取动力，以新的激情和干劲，不断开创迁安各项事业的新局面。回顾上半年工作，我们顶住压力、迎难而上，困中求进、逆境突围，各项工作稳中有进，转型成效日益显现，为圆满完成全年目标任务奠定了坚实基础。一是主要指标实现“双过半”。经济指标延续了止跌回升、继续向好的态势，上半年完成地区生产总值431.4亿元，增长4.6%，超计划增速2.6个百分点；实现公共财政预算收入19.2亿元，增长3.3%。在工信部百强县（市）排位中列第29位，较2015年上升18位。二是招商引资和项目建设实现新突破。轩辕阁开阁、国际长城万人徒步大会、里约奥运会拳击项目资格赛、全国中学生田径联赛、中华炎黄文化研究会会员企业迁安项目对接会、朝阳区企业家协会迁安行、通州区招商推介会等一系列宣传推介活动，提升了迁安的知名度和影响力，浓厚了招商引资氛围，吸引了众多知名企业的瞩目。今年以来，新增签约项目56个，达成合作意向86个；雨诗桐总部基地正式签约，艾驰生物制药、中唐天元谷旅游综合体、中溶科技30万吨无水乙醇等项目加快建设；累计实施项目196个，完成固定资产投资364.3亿元，同比增长9.6%，在唐山市7月份项目观摩拉练中位列首位。三是城乡统筹呈现新亮点。海绵城市建设的国家补助资金和首批15亿元引导基金已经到位，80多个项目即将全面开工，全部工程完工后可抵御20年一遇降雨，有效提升城市内涵，解决城市积水内涝。以北部长城山野绿道省级重点片区为核心的美丽乡村建设深入扎实推进，12个专项行动全面铺开。四是生态文明建设取得新成效。持续开展以大气污染防治为重点的环境综合治理，着力改善城乡环境，在唐山市上半年各县（市）区空气质量综合排名中位列第一。深入开展以地貌修复、生态修复为重点的矿山生态环境恢复治理。持续推进造林绿化，完成造林2.7万亩，五年累计新增造林面积16万亩。五是改革创新迈出新步伐。着力抓好改革任务和试点推进，建立了重点项目容缺审批制度，争取省政府代发债券23.6亿元、新增债券2.9亿元；出台了关于推进创新发展的实施意见，成立了科技型中小企业贷款风险补偿基金，车库咖啡、宏泰空间、北大训练营联合体和创业公社等众创空间即将签约入驻创客广场，京津冀钢铁联盟迁安协同创新研究院正式揭牌。同时，安全生产、维护稳定、民生实事工程扎实推进、富有成效；高考工作再创佳绩，文化、卫生和教育事业不断发展；以“两学一做”学习教育和党风廉政建设“两个责任”为抓手，党的建设得到进一步加强，等等。

在肯定成绩的同时，也要清醒地看到，尽管我们在去年力遏经济下滑势头实现了止跌回升，上半年又继续保持了逆境上扬的势头，但面对宏观经济低迷下行的严峻形势，稳增长的任务依然艰巨；虽然我们在调结构上付出了艰辛的努力，转型成效也日益凸显，但实现转型目标依然任重道远，还远远没有到歇歇脚、松口气的时候。在这样一个刚刚稳住阵脚、即将步入转型快车道的关键而紧要时期，我们必须正确看待当前的形势任务，保持良好的精神状态，为圆满完成加快转型发展的任务继续做出不懈的努力。一要坚定发展信心，保持转型定力。今年平稳向好的发展态势，提振了士气，表明历经三年的转型阵痛，我们正在走出低谷，走出最困难的时期，也表明我们找准了一条符合迁安实际的转型发展路径。几年来，无论形势环境如何变化，我们始终紧紧扭住转型发展的核心任务，不管东西南北风，咬定发展不放松，项目建设不停步，保持定力，久久为功，不忘初心，坚定前行。从“四五”转型攻坚计划到“12336”战略，从构建“三足鼎立、两翼齐飞”产业格局到“3+5+6”现代产业体系，再到“两大基地”建设；从“钢铁迁安”到“魅力钢城”，再到“魅力水城”；从工业大市到建设服务业大市、休闲旅游城市；从工业散点布局、自发发展到四大园区集约集聚、自觉有为推进；从“1-3-38-48”四级城镇体系确立到海绵城市、四条绿道、美丽乡村建设；从不想不敢不会转型到积极转、主动转、加快转；无论是从发展理念、发展目标、发展势头、发展成效，还是从城乡形态、承载平台、产业升级，都印证了转型发展思路的科学性和可行性，往哪转的目标更加清晰，在哪转的平台更加优越，靠谁转的主体更加自觉，夯实了迁安长远发展的基础。我们要坚定信心，再接再厉，坚定不移地沿着既定的思路目标，不断把转型发展的工作引向深入。二要强化忧患意识，保持清醒头脑。从宏观形势看，虽然经济运行状况有所好转，有利条件和积极因素增多，但发展的形势依然严峻，下行压力短时间内不会消除，下半年全球经济仍将在低增长、低通胀、低贸易增长的轨道上匍匐前行。从产业结构上看，虽然产业转型有了良好进展，但“一钢独大、大而不强”的结构性矛盾并未根本解决。新兴产业和服务业还处于培育期，发展势头虽然很好，但台大戏小，栽上了梧桐树还缺凤凰来。与我们已有的承载条件、资源禀赋优势相比，项目还不够多，成效还不够明显，既缺乏扛旗引领、挑起大梁、带动产业发展的大项目好项目，又缺乏足以形成新型制造业基地和现代服务业高地的产业规模。从招商引资等重点工作看，虽然经济指标实现了时间任务过半，但一些工作还有欠缺。年初下达的招商任务完成还不到一半，许多在建项目还没有达到时间进度要求，投资增长后劲不足。唐山市建立了落实重点工作指标排名通报制度，对各县（市）区的工作完成情况进行公开亮相排名。我们必须认清形势、看清差距，切实增强忧患意识和底线思维，尽心竭力做好各项工作。三要突出“实干破难争先”要求，保持良好的发展态势。实干，就是把所有精力用到谋发展上、把所有心思用到求实效上、把所有劲头用到抓落实上，以实干求实效、以实干促发展。破难，就是要事不避难、攻坚克难、排除万难，在破解难题中抢得先机、取得突破、赢得发展。争先，就是抬高标杆，把目标定在“优”上，把工作节奏落实到“快”上，促进各项工作上台阶、出水平、进位次。我们要在实干破难争先中保持“增”的走势、强化“好”的导向、坚定“进”的信心，奋力实现经济社会发展“全年红”。

总之，我们要全面学习贯彻总书记和唐山市委的新要求，切实把思想和行动统一到上级的决策部署上来，把智慧和力量汇聚到加快推进迁安转型发展的工作上来，认清形势，找准方向，保持定力，埋头苦干，朝着既定目标一步一个脚印地扎实迈进。

二、毫不松懈地推进工作落实，确保圆满完成全年目标任务

当前，全年工作已经进入下半时，我们要鼓足干劲，发力冲刺，巩固好来之不易的发展势头，确保全年目标任务的圆满完成，为“十三五”加快发展奠定坚实基础。

（一）*以更大的力度推进产业升级。*产业转型始终是我们工作的重中之重。要围绕建设新型制造业基地和现代服务业高地的目标，以项目建设为核心，全面提升发展质量和效益。一要加快改造提升传统产业。深入实施“两登一扶”工程，分类精准扶持，实现中小微企业规模登台阶。广泛开展对标达标活动，引导企业建立现代企业制度，促进规模企业管理技术登台阶。要加快迁钢冷轧硅钢扩能、中溶科技30万吨无水乙醇等项目建设，力促燕钢冷轧薄板、杰普特金属丝网产业园、中南钢结构、新奥LNG等项目尽快落地开工。二要不断扩大新兴产业规模。加快天圣制药、艾驰生物制药等医药产业园项目建设，加速医药产业集聚壮大。坚持以项目为支撑，继续做大做强包装建材、节能环保、高新技术等产业，促进新能源、新材料、电子信息等产业实现突破。三要提高现代服务业发展水平。毗邻京津的区位、京秦旅游链上的重要节点、四通八达的交通网络、山水融城的城市特色和日益增长的巨大消费需求，我市发展现代服务业有着得天独厚、无可比拟的基础和优势。全市上下要进一步解放思想，顺应产业发展规律，破除传统思维定式，坚定把现代服务业作为转型发展重要支撑的思想自觉和行动自觉，绝不能妄自菲薄、坐井观天，墙内开花墙外香，更不能因为工作的不积极不主动而坐失发展良机。休闲旅游产业是永不衰落的“朝阳产业”，是聚人气、促发展，抓一线、带一片的关联性产业，要抓紧完善促进旅游业大发展的推进机制、服务机制，谋划建设特色小镇，新建提升一批景点景区，培育旅游特色品牌，加快中唐天元谷旅游综合体等项目建设步伐，努力把迁安打造成城乡全域旅游示范市、京津冀宜居后花园、中国休闲旅游目的地。教育培训、养生养老产业既是提升城市品位、完备城市功能的重要支撑，又孕育着巨大的市场需求，要加强与中科院、北京科技大学、北京高端医疗机构的对接，引进重量级企业和项目，努力实现率先突破。科技研发、文化创意产业是提升城市竞争软实力的重要载体，要加快推进中华炎黄文化产业园等项目，力争中外名人文化集团影视基地、国立集团体育产业合作等项目实质性推进。总部经济是高端服务业，要加快9号总部基地岛开发和招商工作，确保金融街尽快投入使用。四要以创新创业培育新动能。创新活力不足是我们的最大短板。要以创新创业为抓手，积极培育转型发展新动能。一方面，要突出企业的主体作用。立足钢铁、矿山等传统产业改造升级，发挥京津冀钢铁联盟协同创新研究院近水楼台的优势，用足用好专项基金，建立健全激励机制，引导企业加大技改投入，不断增强创新发展能力。另一方面，要发挥政府的主导作用。创新创客广场服务机制，积极推进与国内知名众创空间运营团队的合作，加快项目填充入驻，打造创新成果展示中心、创新创业活动中心、创新团队办公中心，培育更多的创新主体。要以京津地区为重点，广泛开展科技招商、招才引智活动，加快培育科技型中小企业，构建铺天盖地发展的格局。要完善落实促进科技型中小企业发展的各项政策，强化服务支持，在全社会营造鼓励支持推动创新的浓厚氛围和土壤。五要坚定不移地化解过剩产能。唐山市委明确要求迁安要在转方式、调结构、去产能上走在前列。今年，我市要压减炼钢产能205万吨，炼铁产能324万吨，已经按照综合评价办法落实到企业和装备，要落实好相关措施，确保10月底前化解到位，绝不能拖唐山的“后腿”。同时，要积极稳妥做好职工安置、债务化解等工作，维护好职工权益，确保社会稳定。

（二）*以更主动的意识融入京津冀协同发展。*在推进京津冀协同发展上，唐山市委要求我们深刻领会总书记提出的“时机”这个关键词。我们一再强调，京津冀协同发展是迁安面临的最大、最现实、最不容错失的机遇。机不可失，时不再来。京津产业转移也有窗口期、时限期，我们也有承接的最佳期。京津的产业转移到一个地方，就不可能再转移到另一个地方；非首都功能疏解到一个地方，就不可能再疏解到另一个地方，错过了就是永远的遗憾。全市上下要切实强化机遇意识和紧迫意识，精准对接，持续用力，力争实现更大的突破。一要抓好城市品牌培育。牢固树立城市营销理念，精心做好城市营销推介，塑造城市品牌。创新城市宣传推介方式，巩固轩辕阁开阁系列活动成果，通过体育赛事、文化演艺、影视作品、高端论坛等形式，提高迁安的知名度和影响力。要从现在开始，及早谋划，精心筹备，办好10月份的经贸洽谈会，组织好对接京津系列推介活动。二要深化对接合作。进一步充实对接机构，增强对接力量，提高对接效率，找准承接产业转移和功能疏解的突破口，主动服务、主动接轨，力争更多的京津项目落地开花结果。对中华炎黄文化研究会、国科大、中关村产业园、朝阳区企业家协会等招商对接后续工作，要抓紧跟进，专人盯办，力争有更多实质性成果。全市上下特别是14个产业小组都要走出去、动起来，大力发扬“四千”精神，广泛开展敲门招商、以商招商等活动，确保10月底前有一批项目签约。三要抓好对接平台。四家省级园区为我市承接京津产业转移搭建了优质平台。要本着适度超前的原则，进一步完善园区基础设施，抓好配套建设，为项目落地留足承载空间。特别是东区的生物制药产业区被列入京津冀特色产业基地，要利用好政策机遇，引进更多的医药产业项目。去年我们的园区建设在唐山考核排名靠后，各园区要认清差距，弥补不足，坚决打好翻身仗。

（三）以更快的速度抓好城乡建设。以魅力城市和美丽乡村建设为抓手，不断加大投入力度，加快城乡建设步伐。魅力城市建设上，全面提速以9号岛、滨河带状公园为重点的滦河文化产业区基础建设，积极推进第三通道西延、102国道改线、万太线大修等路网改造，加快实施城市公共区域免费 Wi－Fi 全覆盖，建设智慧城市，提升城市承载能力。抓好以轩辕阁为核心、黄台湖为重点的周边区域亮化，打造特色城市夜景。特别是要加快推进海绵城市建设，对76项政府投资类项目和113项 PPP 项目，要用好容缺审批机制，加紧跑办调度，确保年内全面开工建设。通过海绵城市创建，彻底解决历史欠账，让迁安告别雨天看海。美丽乡村建设上，按照标准不降低、资金不浪费、路径可复制、美丽可持续的原则，加快建设步伐。北部长城山野绿道片区，要利用8、9两个月时间集中攻坚，确保10月份景观初现、亮点纷呈。坚持自然生态理念，体现农村韵味、山区特色、长城元素，大力发展现代农业，抓好山区综合开发，推进乡村旅游业，夯实美丽乡村产业基础。要坚持依靠群众，开门创建，根据群众意愿和村庄基础确定建设项目，让群众积极参与和监督，切实把好事办好。51个省级重点村要全部达到达标村标准，5个核心村要达到精品村标准，3个省级中心村示范点要打造符合全面小康要求的新型农村社区。

（四）以更严的要求加强生态环境建设。总书记视察唐山时特别要求唐山要把生态文明建设推上一个新台阶。这对迁安来讲更具有现实性和紧迫性。绿水青山就是金山银山，良好的生态环境既是民生所盼，更是我们发展休闲旅游、养生养老等服务业的根本依托。上半年，我市在唐山市各县（市）区空气质量综合排名中列第1位，但7月份列第8位，综合排名也下降到了第2位，形势不容乐观。尤其是下半年唐山还将举办中国—拉美企业家高峰会、金鸡百花电影节等一系列重大活动，空气质量保障任务十分艰巨，必须持续用力，加强整治，让蓝天白云、青山绿水尽快形成常态。要以大气污染防治为重点，继续深化控煤、降尘、治车等精准攻坚，切实抓好钢铁、焦化深度治理等172项重点环保工程，确保年内全部如期完成。深入推进矿山生态环境恢复治理，严格执行修复治理方案，落实企业主体责任，确保完成全年矿山生态修复任务。持续推进造林绿化，加强政策宣传，强化造林管护，当前要重点抓好5000亩雨季造林任务。

（五）以更宽广的视野推进思想解放和深化改革。区域间的竞争，越来越从传统资源、区位的竞争转为思想观念、政策环境的竞争。我们与先进地区的差距也主要是差在思想观念和发展环境上。解放思想和深化改革高度关联、互为前提。要通过思想的解放和深化改革打造政策环境的新优势，增创体制机制新活力。一方面，我们必须勇于解放思想、转变观念。当前，迁安正处在转型发展的关键时期，能否实现弯道超车、再创转型发展新辉煌、再领发展新潮头，关键在于能不能进一步解放思想。要破除急功近利的心态，树立久久为功的意识，正确处理舍与得、当前与长远的关系，算好发展账、长远账，算好大账。要强化责任担当，敢于打破条条框框，结合实际大胆创造、大胆尝试，用改革的手段破解前进中的难题。要善于把握新趋势、接受新理念、发展新事物、创造新思维，厚植创新沃土，营造财富汇聚、人才集聚、先进要素集中、智慧涌流的开放环境。推进转型发展没有旁观者，全市上下要进一步增强解放思想的主动意识、自觉意识，上下合拍，形成共识，积极有为，切实把解放思想的成果体现到理念的更新和思路的创新上来，体现到创新能力的提高上来，体现到政策环境的优化上来，体现到加快转型发展的实践中来。另一方面，要坚持问题导向，全力推进改革任务落实。围绕提高行政效率、促进创新创业、推进产业转型升级、加快新型城镇化、破解要素制约等方面，研究提出改革任务，抓紧出台改革举措。要利用好上级试点政策机遇，抓紧推进16项上级改革试点，为破解难题、加快发展赢得政策支持和发展空间。市委对第一批重点改革任务已经作出了安排，各责任领导和部门要抓紧推进，尽快研究，落实到位。市委改革办要围绕园区改革、优化营商环境等方面，抓紧谋划部署第二批改革任务。

（六）以更高的标准做好改善民生和社会稳定工作。一要抓好为民民生实事工程。今年，我们确定了10项实事工程，要按照既定部署和时间进度全面落实到位，特别是道路等市政工程，要严格按照时间节点，加快推进，缩短工期。二要大力发展社会事业。积极拓宽就业渠道，高度重视并认真解决矿山、钢铁企业下岗职工再就业问题。加快推进小学新建改建、陈旧校舍维修改造等工程，加快公立医院改革，积极推进合作办医。提高城乡居民医疗保险保障水平，减轻群众负担。认真落实上级扶贫工作要求，切实做好困难群众、弱势群体的帮扶救助工作。三要维护好社会稳定。按照“三重新、两亲自、一保留”要求，深入推进领导干部大接访、大走访、大下访活动，及时解决群众合理诉求，努力实现积案归零、新案随清。严格落实“一岗双责、党政同责”要求，强化安全生产各项措施，不断提高全市人民的获得感和幸福感。

（七）以更强的紧迫感推进文明城市创建。文明城市创建是继国家卫生城市、国家园林城市、中国宜居城市之后我市又一项重要创建工作，是提升市民文明素质的重要抓手，是优化发展环境、提升城市综合竞争力的重要举措。河北省共有7个全国县级文明城市提名资格城市，最终将择优1～2个城市参加全国县级文明城市总评，我们只有领先于其他6个县（市），才有希望创建成功。从现在起到明年8月份全国县级文明城市总评，仅有一年时间，我们又面临2016年度测评、2017年总评两大考验，时间紧，任务重。要严格对照测评体系指标，加强组织领导、细化分解任务、夯实工作责任，围绕改善市区环境卫生、提高市民文明素质、打造特色创建项目等重点环节，查漏补缺、创新载体。要集中精力、强化调度，举全市之力加速创建，确保一役达标。

三、全面唱响“实干兴市”主旋律，营造风清气正、干事创业的良好环境

学习贯彻总书记重要讲话和唐山市委全会精神，圆满完成全年目标任务，关键在党员干部，关键在真抓实干。广大党员干部要大兴“实干兴市”之风，奋发有为，尽心履职。

一要强化干事创业的政治责任。今年是个特殊年份，在抗震40周年之际，总书记带着亲切关怀，视察唐山，并提出了殷切希望，全面落实好总书记的指示要求是我们义不容辞的政治责任。今年，是“十三五”的开局之年，又将陆续迎来县乡换届，圆满完成全年任务，开好局、起好步，是对各级党员干部的根本政治要求。今年，我们还要在去年主要指标止跌回升的基础上，继续保持和巩固这一良好势头，加快迁安的转型突围，这不仅是稳民心、提士气的政治问题，更是保运行、保民生、保稳定、保和谐的社会问题。在这样的特殊时期，全面完成既定任务，加快迁安转型发展，是一种对上负责与对下负责高度统一的重大政治责任。全市各级党组织和广大党员干部要把这种责任转化为干事创业的激情，始终保持干事创业的不竭动力和无穷创造力。要把这种责任转化为昂扬向上的精神状态，始终保持一种挑战面前不退缩、困难面前不低头的旺盛斗志。要把这种责任转化为推动工作的具体举措，抓住重点、合力攻坚，时不我待、忘我拼搏，全身心投入到加快转型发展的各项工作中来。

二要大兴务实担当的实干之风。工作是干出来的。唯有实干，我们才能抓住机遇；唯有实干，我们才能出成果；唯有实干，我们才能加快转型跨越，把迁安建设得更美好。要从各级领导干部做起，带头强化责任担当，在其位就要谋其政、尽其责，绝不能为官不为、庸懒散拖、混天度日；带头转变作风，深入基层，扎实工作，在一线攻坚中解难题、办实事；带头雷厉风行抓落实，以拼抢的意识、事不过夜的精神，只争朝夕抓机遇、一心一意促发展。要结合“两学一做”学习教育，学做结合，把成效体现在工作上、实干中，形成齐心协力抓发展的生动局面。要把“四个干”机制落实到位，建好用好干事档案，真正干成一批大事实事。要坚持把纪律和规矩挺在前面，认真落实党风廉政建设“两个责任”，加强制度建设，营造干净干事的氛围。五重安乡推行的《村级权力清单36条》已经形成了比较完整的村级小微权力规范运行体系，要加大在全市的推广力度，取得更大成效。

三要树立风清气正的换届新风。目前，县乡领导班子换届已经启动，这是全市人民政治生活中的一件大事。做好这次换届工作是顺利实施“十三五”规划的重要保证，是建强干部队伍的重要途径，是推进全面从严治党的重要实践。全市上下一定要以换届为契机，以风清气正的换届风气振奋精神，鼓舞士气，凝聚干事创业的正能量。要认真贯彻换届工作的有关要求，确保全面实现“四好”的换届目标，绘出一个思路清措施实的好蓝图，选出一批忠诚干净担当的好干部，配出一个结构优功能强的好班子，换出一个心齐气顺劲足的好面貌。各级领导干部要发挥模范带头作用，切实增强责任意识，不折不扣地落实好换届纪律，为全市党员干部作出表率，确保换届工作顺利进行。

深入学习贯彻总书记重要讲话精神和唐山市委全会要求，既是我们必须履行好的政治责任，也是加快迁安转型发展的重大契机。让我们坚定信心、再接再厉，不忘初心、继续前进，以加快“魅力水城、绿色迁安”建设的新成绩，不断开创迁安各项事业的新局面！

迁安市人民代表大会常务委员会
工　作　报　告

——在迁安市第六届人民代表大会第一次会议上

迁安市人大常委会主任　郝可军

（2017年2月24日）

各位代表：

我受市五届人大常委会的委托，向大会报告工作，请予审议。

五年来的工作回顾

市五届人大常委会任期的五年，是全市上下主动适应新常态，转型发展实现新作为的五年，也是我们积极推进社会主义民主政治建设，人大工作取得重要进展的五年。五年来，市人大常委会在市委的坚强领导下，深入学习贯彻习近平总书记系列重要讲话精神，坚持党的领导、人民当家做主、依法治国有机统一，围绕中心，服务大局，依法履职，为全市经济社会发展和民主法治进步做出了新贡献。

（一）紧紧围绕增添经济发展动力履职尽责，努力使迁安转型升级扎实推进。五年来，常委会紧抓重点，积极作为，自觉服从服务于全市工作大局，做到思想同心，目标同向，工作同步，全力保障和促进转型发展。

在工作把握上服务转型发展。始终坚持把党的领导贯穿于依法履职的全过程，围绕转型发展的目标任务，充分发挥自身优势，努力做到人大工作与市委决策部署相适应、相协调、相促进，确保在政治上、思想上、行动上与市委保持高度一致。始终坚持把推动转型发展作为依法履职的着力点，精心选择项目建设、全民创业、精品钢铁、生态环境恢复建设等重点工作，组织开展专题调查、视察和执法检查活动61次，听取和审议“一府两院”专项工作报告74项，依法作出决议、决定62项，围绕“突出创新驱动、狠抓项目建设、延伸钢铁产业链条”等方面提出意见建议300多条，有力地促进了市委重大决策部署的贯彻落实。

在工作部署上助推转型发展。始终坚持把推动转型升级作为每年视察调研的必选课题，围绕项目建设持续跟踪问效，组织常委会组成人员和部分代表，先后深入彦博彩板、思文科德八色印铁、正大制管、天津物产、英诺特生物制药等40多个项目建设现场，了解困难问题，督导工程进度，审议专项报告，跟踪督办了“大力开展招商推介、保障要素供给、加大帮扶力度”等20多条审议意见，全力推动转型发展；围绕重大工程发挥支持作用，对滦河生态防洪工程、海绵城市建设、美丽乡村建设等一批重大项目有关扶持鼓励政策，依法做出决议决定，及时将相关资金纳入财政预算，全力保障重点项目按时开工、加快建设；围绕经济运行把脉问诊，深入财政、发改、工信、燕钢、九江线材等单位和企业，扎实开展调查调研，认真听取审议计划预算执行、“十二五”规划实施、财政收支审计等专项工作报告，并加强预算审查，强化预决算的事前、事中、事后监督，努力提高经济发展质量和效益。五年来，常委会着眼转型发展，累计视察和调研项目建设、现代物流、科技创新等30多项重点工作，督促市政府加快转方式、调结构步伐，打造新型制造业基地和现代服务业高地。

在选举任免上保障转型发展。始终坚持把选举任免工作的出发点和落脚点放在激励干部干事创业、保障转型发展上，每次干部调整后，都及时组织召开常委会会议，依法开展人事任免，确保干部调整顺利交接、各项工作平稳过渡和地方国家机关正常运转。认真落实党管干部和人大依法任免相统一的原则，严格落实供职报告、投票表决、宪法宣誓等有关规定，努力提高被任命人员的责任意识、公仆意识和法律意识。切实加强任后监督，累计听取和审议政府组成部门负责人工作报告50多项，督促他们提升推动转型发展的责任意识和担当精神。五年来，共依法选举任免地方国家机关工作人员287人次，决定代理人选4人次，接受辞职18人次，决定撤职1人次，确保了党委人事意图的顺利实现，为全市转型发展提供了组织保障。

（二）紧紧围绕增进人民群众福祉履职尽责，努力让转型发展成果普惠全民。五年来，常委会始终坚持权为民所用、情为民所系、利为民所谋，努力做到重民情、听民声、解民忧，在督促解决突出问题中努力提升人民群众获得感。

高度重视民生民本改善。着眼于保障人民群众“舌尖上的安全”，两次将食品安全列为年度监督议题，实地检查了果菜粮油市场、燕禾泉食品公司、学校食堂、路边小餐饮等20多家相关企业和单位，督促市政府持续加大食品安全监管力度。对群众关注的老旧小区建筑节能改造、农村面貌改造提升等为民实事工程开展专题视察，持续跟踪问效，督促市政府提升执行力和公信力，确保承诺如期兑现。五年来，常委会围绕医疗卫生、保障性住房、新型城镇化、公共基础设施建设等事关群众衣食住行的民生事业，开展视察调查活动12次，提出意见建议50多条，督促市政府持续改善民生，回应社会关切，努力让人民群众食有所安、病有所医、住有所居、行有所畅。

全力保障人民群众权益。为提升人民群众安全感，我们深入基层单位、街头巷尾，对“平安迁安”建设、严打整治专项斗争开展情况进行专题调查，督促公安机关加快治安视频监控设施建设，严厉打击违法犯罪活动，积极创造和谐稳定的社会环境。为维护师生安全，我们扎实推动中小学幼儿园安全管理办法贯彻落实，深入迁安一中、杨店子镇中学、光彩幼儿园等8所学校，实地检查了校园周边安全、食品卫生、教室和宿舍紧急逃生通道等重点部位，督促市政府加强校园管理，确保正常的教学秩序和师生生命财产安全。为化解社会矛盾、维护社会稳定，我们对200多件群众来信来访进行了及时妥善处理，重点督办了60余件信访案件，努力维护人民群众的合法权益和社会稳定。五年来，常委会围绕职业教育、“三位一体”大调解、城乡劳动就业、社会保障水平提升等事关人民群众切身利益的重点事项，深入镇乡、农村、学校和企业开展调查视察，认真研究面临的新情况、新问题，提出对策建议40多条，支持督促市政府把工作做深、做细、做实，切实维护好人民群众的合法权益。

努力推动生态环境保护。围绕推进生态环境改善，持续发力、久久为功，连续三年将环境保护、大气污染防治工作列入年度监督议题，深入四通纸业、荣信钢铁、恒晖热电等20多家企业及有关部门，扎实开展视察和执法检查，以职能工作助推污染治理攻坚和生态环境改善。围绕推进生态环境修复，深入大唐热电、西峡口矿山环境治理等项目现场进行实地视察，督促市政府全面推进山水林田湖整体修复，努力打造生态安全、自然和谐、山清水秀的生态绿城。围绕改善农村生产生活环境，对美丽乡村建设、“绿道金瓜”工程等重点工作进行视察，听取和审议专项工作报告，督促市政府加强领导，狠抓落实，统筹推进，确保实效，从根本上改善全市农村人居环境。

（三）紧紧围绕促进社会公平正义履职尽责，努力为社会和谐稳定保驾护航。五年来，常委会牢固树立法治理念，认真履行法律监督职能，全力推动“一府两院”依法行政、公正司法。

积极推进依法行政。为了让人民群众办事方便快捷，我们组织开展了行政许可法律法规贯彻落实情况执法检查，督促市政府及有关部门认真落实中央简政放权政策措施，构建行为规范、运转协调、公正透明、廉洁高效的行政管理体制。为了加强对行政权力的监督制约，我们研究制定了规范性文件备案审查的规定，对市政府提交的民办幼儿园管理办法、推进创新发展的实施意见等8件规范性文件，组织有关人员依法及时进行了备案审查，有效维护了法制统一。五年来，常委会立足“法治迁安”建设，对治安管理处罚法、消防法、道路交通安全法、职业教育法、旅游法等10多部法律法规实施情况进行了执法检查和专题调查，提出意见建议80多条，督促市政府及其工作人员牢固树立法治理念，严格按照法定权限和法定程序办事，进一步规范了行政执法行为。

着力维护司法公正。深入市法院和基层法庭开展执行工作调查，督促市法院加大执行力度，改进执行方法，规范执行程序，完善执行制度，切实提高案件执结率。采取听取专项报告和召开座谈会等方式，对反贪污贿赂、预防职务犯罪工作进行调查，督促检察机关完善工作机制、提高工作实效，推动反腐倡廉工作不断向纵深发展。五年来，常委会着眼于促进公正司法，先后对民事案件立案和审判、刑事审判和监督、民事案件诉讼调解、诉讼服务等8项重点工作进行调查视察，提出意见建议50多条，监督支持司法机关依法独立行使审判权和检察权，努力让人民群众感受司法的公平正义，取得了良好的法律效果和社会效果。

全力促进法治教育。坚持法治教育与监督实践相结合，组织开展了“六五”普法规划实施情况调查，努力推动普法工作深入开展，增强普法工作的针对性和实效性，提高广大干部群众学法守法用法意识，“六五”普法任务圆满完成，人民群众的法治意识不断增强。作出了在全市开展第七个五年法治宣传教育的决议，确保了“七五”普法工作及时全面铺开。把换届选举与法治教育紧密结合起来，广泛开展地方组织法、代表法、选举法宣传活动，努力提高广大干部群众的民主法治意识。研究制定了《迁安市实施宪法宣誓制度办法》，对实施宪法宣誓活动作出了具体规范，增强了宣誓人员维护宪法权威、履行法定职责的思想意识。截至目前，已组织8批次、28名通过选举任命的干部进行了宪法宣誓。

（四）紧紧围绕发挥代表主体作用履职尽责，努力为代表履职行权提供保障。五年来，常委会始终把支持保障代表依法履职作为代表工作的重点，积极完善服务机制，拓宽代表履职平台，丰富代表活动内容，切实发挥代表作用。

代表履职能力不断提高。坚持“请进来”，聘请省、市人大领导和我市专业人员，精心组织开展了6期集中培训活动，参训代表达600多人次，进一步提高了代表的履职能力和水平。坚持“走出去”，组织常委会组成人员和部分代表赴人大工作先进地区学习好经验、好做法，为创新和发展人大工作提供了有益借鉴。注重信息沟通传达，定期寄送常委会会刊、《公民与法治》等文件和资料，及时通报经济社会发展、重大项目建设、重要人事调整等情况和信息，保障代表知情知政权利，为代表依法履职创造了良好条件。注重培树先进典型，持续开展优秀人大代表、优秀代表建议评选表彰活动，评选表彰了张千、李治蓉等120名优秀代表和简化行政审批手续、加大农村环境卫生监管力度等30件优秀代表建议，宣传报道了郭春良、许晓兵等20多名先进代表事迹，进一步激发了广大代表依法履职和主动参与转型发展的政治热情。

代表履职平台不断拓宽。研究制定了代表守则，启动了“代表之家”建设，为广大代表依法履职提供了制度依据和工作平台。坚持邀请代表参与常委会活动制度，先后组织代表300多人次深入迁钢冷轧硅钢、迁矿重工、浙江物产、中溶科技等项目建设现场开展视察、调查和执法检查活动，鼓励引导代表建真言献良策，实现了闭会期间代表活动常态化。组织推荐代表160多人次参加各类座谈会、听证会，对“一府两院”工作进行监督评议，广大代表的履职渠道进一步拓宽。扎实开展走访代表活动，了解履职情况，听取意见建议，努力帮助代表解决履职过程中遇到的困难和问题。持续开展“走访选民心连心，扶贫济困献真情”活动，听取选民意见，帮扶困难家庭，充分发挥广大代表在倾听民声、反映民意、促进和谐、维护稳定等方面的作用。几年来，广大代表共走访群众3000多人次，帮扶困难群众1200余人次。

代表建议办理不断深化。始终把督办代表建议作为保障代表权利、发挥代表作用的重要途径，采取领导带头亲自督办、重点建议跟踪督办、邀请代表参与督办、召开会议集中督办等多种形式，督促承办单位不断完善办理程序，健全办理机制，加快办理进度，提高办理实效，确保代表建议办理及时有序推进。在各方面的共同努力下，加大农业扶持力度、增加农村教育投入、治理农村环境卫生等118件代表和群众关心关注的问题得到了实实在在的解决；通过开展办理工作“回头看”，加强东部镇乡路网建设、简化中小企业用地办理手续等57件列入计划解决的代表建议得到了落实；潘太路田庄营段改线、修建阜杨路排水设施等办理难度较大的建议也已经开始启动和推进。换届以来，365件意见建议已全部办结并答复了代表，实现了代表建议件件有着落、事事有回音。

换届选举工作圆满完成。立足于打造一支德才兼备、结构合理、履职尽责的人大代表队伍，市乡两级人大代表换届选举工作开展以来，在市委的领导下，我们始终坚持充分发扬民主、严格依法办事，及时研究制定实施意见和工作方案，周密安排换届选举时间和工作步骤，深入调研指导，加强协作配合，认真审查把关，严格落实换届选举的每个规程、每个层面、每个细节，确保了换届选举依法合规，风清气正。经过全市广大干部群众的共同努力，市乡两级人大代表选举工作圆满完成，依法选举产生第六届市人大代表243名，镇乡人大代表1173名。

（五）紧紧围绕提升人大工作水平履职尽责，努力把加强自身建设贯穿始终。五年来，常委会坚持以制度建设为根本，以作风建设为关键，以队伍建设为保障，不断提高履职水平，树立了地方国家权力机关的良好形象。

制度建设不断完善。始终坚持按照民主集中制原则集体行使法定职权，努力健全科学、高效、有序的工作机制，常委会民主决策、科学决策水平进一步提升。市五届人大常委会开局起步之年，我们对现有的各项规章制度进行了全面梳理，修订了常委会议事规则、主任会议议事规则等4项议事制度，完善了机关公务接待、财务管理等相关制度。根据加强和改进监督工作的新形势、新要求，研究制定了讨论决定重大事项的规定、审议意见办理办法、加强对垂直管理部门监督的暂行办法等10多项监督制度，推动了各项工作的制度化、法制化、规范化，保障了人大工作规范有序推进。

作风建设不断深化。扎实开展党的群众路线教育和解放思想大讨论活动，深入推进“三严三实”和“两学一做”学习教育，听取群众意见，深刻查摆问题，剖析产生根源，明确努力方向，细化改进措施，加强整改落实，进一步增强了政治意识、大局意识、核心意识、看齐意识。认真坚持常委会学习制度和“三会一课”制度，持续推进作风建设常态化和长效化。坚持把纪律和规矩挺在前面，严格执行中央八项规定，认真落实党风廉政建设责任制，营造了风清气正的政治生态。

队伍建设不断加强。围绕增强学习的自觉性和主动性，不断丰富学习内容，改进学习方法，提升学习成效。围绕党的十八大、十八届三中、四中、五中、六中全会和习近平总书记系列重要讲话精神开展政治理论学习，坚定道路自信、理论自信、制度自信、文化自信，进一步提高了常委会组成人员和机关干部把握大局、服务大局的能力。围绕地方组织法、代表法、监督法等法律法规和中共全国人大常委会党组关于加强县乡人大工作和建设的若干意见开展业务知识学习，丰富了法律知识，增强了法律意识，明确了人大工作的主要任务和努力方向，提高了依法履职的能力和水平。

各位代表，过去五年常委会取得的每一点成绩、获得的每一个进步，都得益于市委的正确领导、关心重视，得益于“一府两院”的大力支持、密切配合，得益于常委会组成人员、广大代表和机关干部的勤勉工作、主动作为，得益于全市人民的充分信任、积极参与。在此，我谨代表市五届人大常委会，向所有关心、支持、帮助人大工作的同志和社会各界人士，表示衷心的感谢并致以崇高的敬意！

回顾五年来的工作，我们也清醒地认识到：行使重大事项决定权的主动性需要不断增强；监督工作的手段方法有待深化拓展；代表履职渠道必须加力拓宽；常委会自身建设还需着力强化，这些问题需要在以后的工作中切实加以改进和完善。

工作经验和体会

各位代表，回顾五年来的工作，我们对做好新常态下人大工作有了更加深刻的认识和体会：

（一）必须坚持与党委同心同德，全力推动决策落地生根。五年来，我们始终坚持从全局的高度思考问题、谋划工作，按照每年市委全会确定的目标任务，统筹安排部署人大工作，精心选择监督议题，正确处理依法监督与积极支持的关系，确保了市委决策的贯彻落实。

（二）必须坚持与政府同向同力，合力促进发展转型升级。五年来，我们始终坚持与政府合力谋发展、促转型，政府工作的重点就是人大监督的重点，政府工作的难点就是人大关注的焦点，寓监督于支持之中，在支持中实施监督，实现了人大工作与政府工作同频共振，相互促进，共同发展。

（三）必须坚持与代表同干同为，积极回应社会关心关切。五年来，我们始终坚持把代表作为人大工作的主体和基石，抓培训、搭平台、督办代表建议、开展“代表之家”建设、走访联系代表、代表联系群众，建起了与广大代表和人民群众“零距离”接触、“面对面”交流的桥梁和纽带，听到了群众关切，明确了工作方向，更连起了民心，联出了真情，使人大工作有了更加坚实的群众基础。

（四）必须坚持与法治同行同在，努力维护社会公平正义。五年来，我们始终坚持捍卫公平正义的法治防线，精心选择执行难、社会治安、校园安全、反贪污贿赂等社会关切、群众关心的热点难点问题，切实加大法律监督和工作监督力度，督促“一府两院”推进依法行政和公正司法，不断满足人民群众对公共安全和公平正义的新期待。

（五）必须坚持与时代同频同步，有效提升履职能力水平。五年来，我们始终坚持不断创新发展人大工作，紧贴中心找准监督议题，适应形势创新监督方式，加强学习提升监督能力，跟踪督办增强监督实效，使常委会各项工作体现了时代特征和迁安特色。

对新一届人大工作的建议

各位代表，今后五年，是我市加快崛起的机遇期、爬坡过坎的攻坚期、大有作为的窗口期。新一届人大常委会要在市委的正确领导下，按照“五位一体”总体布局和“四个全面”战略布局，深入贯彻以习近平同志为核心的党中央治国理政新理念新思想新战略，坚持以监督促发展、惠民生、创和谐，认真履行宪法和法律赋予的各项职权，更好的发挥地方国家权力机关的作用，不断开创人大工作新局面。为此，市五届人大常委会建议：

（一）进一步坚持和依靠党的领导，贯彻党委决策部署。要把深入学习贯彻市第六次党代会精神作为一项重要的政治任务，不断提升服务转型发展的能力和水平。要主动争取市委重视和支持，紧紧依靠党的领导推动人大工作。要坚持和维护党委总揽全局、协调各方的领导核心，重大活动和重要工作坚持向市委请示汇报。要紧紧围绕市委决策部署，找准依法履职的切入点和突破口，积极行使监督权、决定权，充分发挥地方国家权力机关的重要作用，确保党的主张经过法定程序变为全市人民的共同意志。要坚持党管干部和依法任免有机统一，依法正确行使人事任免权。

（二）进一步加强和改进监督工作，切实增强监督实效。要主动适应发展新常态，围绕市第六次党代会确定的目标任务和“十三五”规划，抓住事关改革发展稳定全局的重大问题、人民群众普遍关注的热点难点问题开展监督。要按照监督法的要求，在综合运用听取和审议专项工作报告、执法检查、规范性文件备案审查等多种监督形式和方法的基础上，坚持市乡两级人大联合联动，提高监督工作水平。要准确把握监督与支持、力度与节奏的关系，积极探索，不断创新，努力在加大监督力度、增强监督实效上迈出新步伐，着力推动市委重大决策部署的贯彻落实，促进“一府两院”依法行政、公正司法。

（三）进一步加强和改进代表工作，发挥代表主体作用。要重视代表特别是初任代表的培训工作，不断提高代表的履职能力和水平。要认真做好代表履职的服务保障工作，积极推进代表履职平台建设，切实发挥好“代表之家”等活动阵地的作用，规范和创新闭会期间代表活动，拓宽代表知情知政渠道，依法维护代表的各项权益。要加强联系沟通，健全联系制度，搭建联系平台，畅通联系渠道，发挥好人大代表的桥梁纽带作用。要鼓励支持代表提出议案、建议、批评和意见，加大跟踪督办力度，不断提高办理质量，提升落实率和代表满意度，努力使代表建议更好地转化为推动经济社会发展的成果。

（四）进一步加强和改进自身建设，努力提高工作水平。要加强能力建设，围绕党的理论、法律法规、业务知识、外地先进经验认真组织开展专题学习，努力提高常委会组成人员和机关干部依法办事、依法履职的能力和水平。要加强作风建设，不断深化“两学一做”学习教育成果，严格落实中央八项规定和党风廉政建设责任制，自觉接受人民监督，始终保持清正廉洁的良好形象。要加强制度建设，完善常委会议事程序，提高议事决策水平，进一步推动人大工作规范化、制度化、科学化。

各位代表、同志们，加快推进迁安转型发展是时代赋予我们的历史使命。为了迁安的天更蓝、水更清、人民生活更幸福，让我们在新一届市委的坚强领导下，不忘初心，砥砺前行，为实现市第六次党代会确定的宏伟目标，加快建设“魅力水城、绿色迁安”做出新的更大贡献！

中国人民政治协商会议
迁安市第五届委员会常务委员会工作报告

——在政协迁安市第五届委员会第五次会议上

迁安市政协主席　陈子存

（2016 年 2 月 15 日）

各位委员、各位同志：

我受政协迁安市五届委员会常委会委托，向大会报告工作，请予审议。

2015 年工作回顾

一年来，市政协常委会在中共迁安市委的领导和省、唐山市政协的指导下，在市政府的大力支持下，团结带领全市广大政协委员，全面贯彻落实市委五届五次全会精神，认真履行政协职能，卓有成效地开展工作，为推进我市经济社会发展做出了应有贡献。

一、围绕全市转型发展重大问题，广泛开展多种形式的协商议政建言献策

开好政协全委会议，以提案为抓手，全面广泛开展民主协商议政。市政协五届四次会议，坚持民主求实、团结鼓劲的方针，坚持以学习落实市委全会精神和政府工作报告提出目标为任务，围绕全市科学发展转型升级、鼓励民营经济发展、推进企业科技创新、城市建设与管理、优化发展环境等事关全局的重大问题，组织委员在会前调研的基础上，积极地撰写提案和大会发言材料。大会期间共收到委员发言材料 21 篇、提案 88 件，提出许多有利迁安经济社会发展、社会稳定和民生方面的意见和建议，多角度、多层面、多形式地民主协商、参政议政，有效地提高了协商议政成效，为市委、市政府科学民主决策提供了参考依据。

开好政协常委会议，精选重点课题专题协商议政。年内召开两次常委会议，先后以“推动京津冀协同发展”“市政府为民实事工程推进情况”为议题，开展专题协商议政活动。专题协商活动前，由主席会议成员带队，组织政协常委、委员和相关镇乡联络组，走乡村、进企业，入社区、下街道，开展深入细致的调查研究，充分听取各方意见，并组织委员到先进地区参观学习，充实协商议政材料。活动中，邀请市政府领导和相关职能部门负责人参与视察活动并交流情况，形成共识。在此基础上，分别召开五届市政协第十九、二十次常委会议，两次常委会议共收到常委、委员提交的发言材料 54 份，其中有 10 名同志作了大会重点发言。对这些意见建议，我们一方面以专报形式报送市委、市政府领导及有关部门，供决策参考，另一方面选取了部分有代表性的意见建议，以社情民意和“我为京津冀协同发展献一计”专报形式反馈给省政协研究室，得到省政协的充分肯定。

组织专委会围绕社会关注的某个方面热点问题，主动开展协商议政。一年来，政协各专委会分别就四级城镇体系建设、全市文化产业发展情况、食品安全现状、推动全市商贸物流业发展等社会关注的热点问题，组织有专业技术知识的委员视察、考察、调研，听取有关部门情况通报，多层次地开展了议政建言活动，形成调研报告 4 篇，提出意见、建议 50 多条。这些活动选题准确，意见中肯，很有专业性，较好地发挥了政协广泛联系社会各界的纽带作用，突显了政协独特的优势和特点。

二、围绕全市重点工作开展民主监督，助推工作作风转变和提高工作实效

一是组织常委、委员视察，通过视察促进工作落实。市政协就重点项目建设、美丽乡村建设、优化发展环境、重点提案办理等工作，组织常委会和专委会视察调研8次，在实地视察和听取市政府主管部门通报相关情况的基础上，一方面高度赞同、充分肯定市委、市政府做出的一系列决策部署，另一方面就如何加快推进、提高工作效率等方面，提出了多条意见和建议，有效地促进了重点工作的加快实施。二是组织委员参加各种评议活动，在评议中促进工作作风转变。市政协注重发挥民主监督职能作用，积极组织、推荐议事水平高的委员参与居民用水阶梯水价听证会、新增出租车运力听证会等活动，提出合理化建议30多条，利用这一平台更多地反映社情民意，实现了更广泛的民主监督。三是组织协调相关单位，提升提案办结落实质量。提案工作是政协一项基础性、全局性、经常性工作。市政协五届四次会议共收到委员提案88件，经提案审查委员会认真筛选、审查，并报常委会把关，决定立案并交办76件，从而保证各项提案全部符合国家政策法规，确保提案的合法合规。对立案的提案，市政协及时协同市政府召开提案交办会，并经常深入相关单位，协商督办，使一批事关人民群众切身利益的热点、难点问题得到有效解决，确保76件提案年内全部办结，委员满意率达到98.7%，大大提高了提案质量和实效。

三、围绕群众关注的民生热点全面履职尽责，更广泛地发挥委员应有作用

一是关注民生改善和推动社会事业发展。充分运用反映社情民意信息渠道为民建言，引导广大政协委员，加强与基层群众的联系，了解真实情况，汇集群众诉求，反映百姓心声。一年来，共报送信息20多条，及时反映了一批具有苗头性、倾向性、预警性的重要情况，为党政领导和有关部门分析研判舆情、科学民主决策提供了重要参考，不少信息经党政领导批示，有关单位认真办理，促进了一批事关发展和民生的问题得到解决。二是积极为群众办实事办好事。组织科技、文化、医药卫生界委员开展“三下乡”活动，帮助解决基层医疗卫生机构遇到的困难，为村民开展义务诊治，普及常见病、地方病预防知识。为当地群众免费发放种植养殖、科普知识、健康养生、防灾减灾等书刊资料，提供农技咨询等服务，丰富群众文化生活。发动企业界委员奉献爱心、回报社会，出资100多万元用于开展扶贫济困、捐资助教活动，帮助贫困群众改善生产生活条件，促进贫困地区教育事业发展和办学条件改善。政协领导班子成员和机关干部深入基层蹲点调研，了解实情、听取意见，努力帮助基层群众解决生产生活问题。协调解决帮扶项目资金80多万元，用于帮助基层谋划产业发展、引进扶贫项目、发展道路交通、搞好环境建设、推进社会保障等，为群众办实事、办好事。三是发挥政协特有优势，在存史资政、团结育人方面更好发挥作用。按照“征集为主、抢救优先、充分利用、服务社会”的要求，有计划地推进文史资料的征集、整理工作。积极参加唐山市政协“纪念抗战70周年”征文活动，配合唐山市政协组织征集《迁安市烈士公墓纪念碑》和《挪河抗日战斗始末》等抗战史料。把政协文史征编工作与参政议政紧密结合，就迁安历史文化遗产保护与传承召开专题座谈会，组织委员深入开展迁安乡土文化与文化底蕴调研活动，引导政协委员关注文化建设，为促进经济社会发展服务。组织部分专家学者历时两年编撰的《迁安历史探源》一书目前已经正式出版发行。此书旨在进一步挖掘迁安历史文化底蕴，让更多的人从更深层次了解迁安、认识迁安，了解迁安的历史文化，扩大迁安的对外知名度和影响力。

四、围绕“履职有为，岗位建功”主题实践活动，组织委员在各自岗位上做出突出贡献

一年来，市政协继续组织开展了“履职有为、岗位建功”主题实践活动。不同界别、不同岗位的广大政协委员按照活动要求，立足本职，发挥专长，积极主动参与全市中心工作，在推动迁安转型升级、项目建设、对接京津产业转移、关注民生等方面做出了应有的贡献。他们有的加大技改投入，注重引进高端人才，推动传统产业转型升级；有的积极对接京津，参与吸引京津产业转移，在推动京津冀协同发展上做出了积极贡

献；有的发挥自身优势，在招商引资中当先锋、做表率，积极引进省重点项目助推经济发展；有的立足本职岗位，兢兢业业，在平凡的岗位上做出了不平凡的业绩；有的注重化解群众矛盾，主动为党委政府排忧解难，为维护社会稳定做出了贡献；有的是热心公益事业，慷慨解囊救助困难弱势群体，资助贫困地区教育事业发展。据统计，一年来，政协委员参与招商项目9个，引进资金25亿元，新上项目10个，总投资达50多亿元，新安排就业900多人，并在抢险救灾、扶贫济困、捐资助教等公益事业上自觉捐款捐物达210多万元，活动中，每一名政协委员在各自岗位上发光、发热做出了突出贡献，树立了政协委员良好形象，提升了政协组织社会影响力。

五、围绕“三严三实”专题教育和解放思想大讨论活动的有效开展，政协自身建设有了新提高

一是着力加强政协机关自身建设。注重抓好思想理论建设和班子队伍建设，以“三严三实”专题教育和“解放思想、抢抓机遇、奋发作为、协同发展”大讨论活动为主题，扎实推进“学习型、服务型、创新性、廉洁型”机关建设，不断加大机关干部教育培训力度，围绕市委中心工作，积极组织学习传达上级和市委市政府重大决策部署，全年共组织机关干部学习、座谈交流15次，切实提高了机关工作人员的履职能力和服务水平。二是着力夯实履职基础。一年来，我们着力在突出委员主体作用，彰显界别优势作用，强化专委会基础作用上下功夫，确保政协履职富有成效。始终把委员作为履职的主体。坚持开展委员“五个一”活动，不断完善委员履职的新通道，定期邀请市政府和有关部门通报全市经济社会情况，为委员参政议政搭建平台、创造条件。始终把专委会作为履职的平台。通过加强专委会建设，建立健全专委会对口联系制度，扎实开展专委会“五个一”工作，进一步密切与党政部门、乡镇联络组和委员的工作联系，提高为委员履职服务的水平。全年，共开展专委会对口协商、座谈活动15次，组织界别、委员活动30多次。三是着力加强对外宣传工作。综合利用各种宣传资源，抓好对重点工作的深度报道和委员先进事迹的宣传力度。一年来，编印《政协工作通讯》8期，在省政协《乡音》、政协委员网、《唐山政协》等新闻媒体刊发稿件25篇，宣传报道政协委员先进事迹20多人次，充分报道政协组织履行职能、政协委员参政议政的新举措、新成就，为政协组织和政协委员履职营造了良好舆论氛围。迁安市政协被省政协评为2015年度宣传工作先进单位。四是广泛交流，多方合作，助推政协工作创新发展。进一步加强与上级政协的合作交流，协助开展专题调研活动。进一步加强与兄弟市县政协的横向联系，学习借鉴外地政协工作的好经验、好做法。建立迁安政协委员微信平台和交流群，进一步加强政协机关与委员以及委员之间的协同互动，实现与委员的经常性交流，为委员通过网络平台反映社情民意、提交提案，反映合理诉求、维护自身合法权益提供了便利条件，多角度，更多层面推动我市政协事业不断创新发展。

各位委员，过去的一年，五届市政协在中共迁安市委正确领导和市政府以及社会各界的大力支持下，通过广大政协委员的共同努力，圆满完成了五届四次会议确定的目标任务，取得了较好的工作业绩。同时，常委会清醒地认识到，与新形势新任务的要求和人民群众的新期待相比，我们的工作还有不少差距和不足，需要在今后实践中继续探索，不断创新。我们真诚希望广大委员对常委会的工作提出意见，共同把政协各项工作做得更好。

2016年工作建议

2016年是全面实施“十三五”规划的开局之年、起步之年。面对新形势新任务，市政协工作总体要求是：以习近平总书记系列重要讲话精神为指导，深入贯彻落实市委五届六次全会精神，组织动员全市政协委员和各族各界人士，全面聚焦“12336”发展战略，坚持协同发展、转型升级、又好又快的工作主基调，按照“懂政协、会协商、善议政”的要求，着力提高政协队伍的政治把握能力、调查研究能力、联系群众能力、合作共事能力和拒腐防变能力，紧紧围绕全市工作大局，全面履行各项职能，为加快建设“魅力水城、绿色迁安”贡献智慧和力量。

一、着力提高政治把握能力，始终坚定正确履职方向

要坚持把学习、宣传和贯彻中共十八届五中全会精神作为今年政协工作的首要政治任务，深刻领会全面建成小康社会的重大意义、指导思想、目标任务。组织委员学习贯彻落实好市委五届六次全会精神，深刻理解我市推进实施“十三五“规划的重点任务和举措，把思想和行动统一到全会精神上来，把智慧和力量凝聚到实现全会的决策部署上来，更加坚定地在市委领导下开展工作，毫不动摇地维护市委的决定，不折不扣地执行市委的决策，准确无误地把握市委的意图，自觉地把政协工作放到市委、市政府工作大局中去谋划、去推进、去落实，把坚定的政治信念转化为履职尽责的强大动力和生动实践。

二、着力提高调查研究能力，切实增强建言咨政实效

调查研究是政协有效履职的基本方法。要紧紧围绕市委五届六次全会作出的战略部署，精心遴选调研课题，科学整合调研力量，切实改进调研方法，使调研工作更加贴近党政工作中心，贴近改革发展实际，贴近各界群众诉求。要着力提高调查研究能力和水平，加强和党政部门联合调研，花更大气力深入了解实际，花更多时间强化研究论证，识民情、接地气、倾听群众呼声，把握事物规律，力求使调研的对策建议更加符合实情、反映民意、有助决策。年内组织召开 2 次常委会议，重点围绕转型升级、全民创业、美丽乡村建设、保障和改善民生等方面进行专题协商，紧紧抓住制约全市转型发展的深层次矛盾和突出问题开展调查研究，提出多视角、有分量、有价值的意见建议，努力做到建言建到关键处、参政参到点子上。

三、着力提高联系群众能力，充分发挥桥梁纽带作用

让人民群众享有幸福美好的生活，是改革发展的最终目标，也是政协履职的出发点和落脚点。人民政协作为党委政府和群众之间的桥梁纽带，要不断增强群众观念，密切群众联系，集聚各方智慧，为改革发展寻求最大公约数，增进最大共识度，形成最大凝聚力，要把群众的呼声和要求作为第一信号，把群众最需要解决的问题作为履行职能的第一选择，做到为民发声、为民议政、为民解难，竭尽所能促进民生改善，努力让群众感到政协离自己很近，努力让广大群众最大程度地享受改革发展成果。市政协要经常与委员保持联系，做到年终主席走访与平时约访相结合，注重平时与政协委员的沟通与交流，随时倾听委员心声和诉求，帮助解决实际问题。政协组织和政协委员要积极发挥自身优势，参与各项社会公益活动和慈善事业，感恩社会、回报社会。要高度关注文化、教育、卫生等社会事业发展，积极开展“三下乡”活动。

四、着力提高合作共事能力，广泛凝聚各方智慧力量

合作共事是人民政协履职的优良传统。要充分发挥协商民主重要渠道作用。进一步深化协商民主制度创新和工作创新，不断拓展协商内容，丰富协商形式，增强协商实效，扎实有效开展专题协商、对口协商、界别协商和提案办理协商，促进社会各界充分表达意见建议，努力形成统一认识、汇集智慧，凝聚力量、共促发展的生动局面。要强化合作共事理念。市政协党组和主席会议成员、全体政协委员，都要时刻保持谦虚谨慎、虚怀若谷的作风，以海纳百川的胸怀容人容事，遇事常沟通、多协调，对己常自律、多尽责，团结各界、协调各方共同致力于各项事业发展。要聚积维护稳定的正能量。充分发挥政协广泛联系群众优势，围绕群众关心的热点问题，及时做好宣传政策、解疑释惑、理顺情绪的工作，最大限度地增加和谐因素，化解不和谐因素，增进社会共识，维护社会稳定。注重发挥民族、宗教界委员的独特作用，贯彻执行党和国家的民族、宗教政策，积极促进民族团结、宗教和睦。要搞好内外协同互动。要坚持向党委请示汇报工作制度，始终做到与党政同步合拍、同频共振，努力通过政协尽心尽力，赢得党委高度重视、政府大力支持。要注重与上级政协和兄弟县（市）政协的沟通与联系，掌握上情、了解外情，学习借鉴、提高自身。要加强同党政职能部门的联系，互通信息、共享资源。

五、着力加强自身建设，不断提升政协工作水平

人民政协要更好地履行职能，发挥作用，扩大影响，关键在于加强自身建设，提高工作水平。要进一步创新政协工作的方式和方法，着力在搭建协商参政平台、拓展界别活动渠道、强化委员知情环节、整合调查研究力量等方面探索有效手段，力求方法灵活、丰富多彩。要进一步夯实履职基础，不断提升能力水平，在全体委员中广泛开展“六个一”活动（即：参加一次委员培训、搞一次调研、参加一次议政活动、反映一条社情民意信息、提交一份高质量提案、参加一次服务社会活动），以活动为载体，塑树新形象，展现新作为，创造性地履行好职责，切实发挥好委员主体作用。要进一步强化服务意识，加强和改进委员的服务管理和政协机关工作，切实做到主动服务、热情服务、周到服务，把政协机关建设成为温馨的“委员之家”，倡导务实高效、干事创业的工作作风，营造心齐气顺实干、民主和谐融洽的工作氛围，扎实推进机关作风转变，全面提高服务质量和水平。

各位委员，同志们，全面建成小康社会的号角已经吹响，让我们努力把握机遇、积极迎接挑战，在中共迁安市委的坚强领导下，坚定信心、勇于担当，发挥优势、履职尽责，思想上同心同德、目标上同心同向、行动上同心同行，为加快建设“魅力水城、绿色迁安”做出新的更大贡献。

迁安市人民检察院工作报告

——在迁安市第六届人民代表大会第一次会议上

迁安市人民检察院检察长　孙玉军

（2017 年 2 月 24 日）

各位代表：

现在，我代表市人民检察院向大会报告工作，请予审议。

过去五年工作回顾

五年来，在市委和上级检察院的正确领导下，在市人大和社会各界的监督、支持下，我院牢牢把握检察工作主题，坚持以服务大局为导向，以规范司法为抓手，以从严治检为核心，依法履行法律监督职能，各项工作稳步提升。

一、狠抓反腐倡廉，营造风清气正的发展环境

正确处理执法办案与服务大局的关系，重视向地方党委政府汇报沟通，努力让检察工作成为执法环境良好发展的有力推手。2012 年以来共查处贪污贿赂案件 66 件 78 人，查办渎职侵权案件 22 件 26 人，累计为国家挽回经济损失 8000 余万元。

（一）专案工作卓有成效。连续三年参与省纪委专案工作，先后查办了张华、马一蕊、李竹林、徐尚武、赵常福等一批有影响力的大要案，涉案金额达 5000 余万元。工作得到了省纪委和唐山市院的高度肯定，促进了职务犯罪侦查工作的提档升级，打出了迁安检察机关惩治腐败的声威和气势。

（二）坚持有贪必肃、有腐必惩。加大对群众身边腐败犯罪特别是“小官大贪”的查处力度；深挖生产安全事故背后的渎职犯罪；重点查处侵害涉农资金管理以及国家专项补贴资金安全领域职务犯罪。建立公诉引导侦查机制，有效传导庭审标准对职务犯罪案件证据的要求；充分借助技术侦查手段，锁定证据、运用证据；调动相关部门支撑配合的作用，提高职务犯罪案件侦查的整体效果。

（三）惩防并举，更加注重预防。深度融合侦查和预防资源，前移预防关口，利用预防工作深入基层的优势，提早发现隐患，排查风险。先后对资源利用、环境整治、工程建设等领域开展专项预防 15 次；强化市场廉洁准入，受理行贿犯罪档案查询 2832 次，严防污点企业“带病”中标；在重点行业领域建立检察工作室 3 个；为全市科级以上领导干部订阅手机报，定期推送反腐动态和典型案例。

二、履职尽责，营造安全稳定的社会环境

努力使司法能力与京津冀协同发展的战略要求相匹配，将营造良好法治环境视为分内事，准确把握法律政策界限、改进办案方式方法，增强服务经济社会发展的针对性和有效性。五年来累计批准逮捕 2253 人，提起公诉 4259 人，刑事案件审查工作实现整体推进。

（一）全面贯彻宽严相济刑事政策。积极应对刑诉法修改对检察工作提出的新要求、新挑战，把握诉讼节奏、规范证据审查标准，构建和谐检律关系，使执法水平不断提升。先后对 178 起严重暴力犯罪、46 起涉枪涉毒犯罪，39 起涉众型经济犯罪施以重拳；同时对初犯、偶犯、从犯、未成年犯加强教育和挽救，提出宽缓的量刑建议 879 件，启动刑事和解程序 133 次，对犯罪情节轻微的 26 人作出不起诉决定，当宽则宽，宽严适度，力求案结事了人和。为 7 名刑事案件被害人及其家属提供司法救助，传递“法律温度”。

（二）立足检察职能服务经济发展。把保障经济稳定发展作为衡量执法水平的重要标准，既要坚持严格依法办案，又要正确处理打击与保护的关系，严格区分经济纠纷与经济犯罪、工作失误与渎职犯罪等罪与非罪的界限，不越权、不缺位。共查处非法开采，环境污染，盗伐、滥伐林木，非法占用农用地等破坏环境资源犯罪14起；查处危害食品药品安全犯罪19起；查处诈骗、传销、非法集资等经济犯罪32起；查处严重侵害企业利益犯罪25起，保障公平竞争的市场秩序，为迁安经济社会健康发展保驾护航。

（三）以负责的态度查办青少年犯罪。2012年5月申请成立了未成年刑事检察科，专门查办涉及青少年犯罪案件。用两年时间开展扎实的基础调研，撰写预防青少年犯罪专题调研报告，制定有针对性的实施方案，筑起了预防、教育、帮扶三道防线。五年间共查办青少年犯罪案件96件130人，封存犯罪记录档案27件，安排亲情会见9次，对16名未成年犯开展“一对一”帮扶教育，设立4个警示教育基地，系统帮教体系有效减少了青少年重新犯罪的比例。

（四）依托法律手段化解矛盾。重视解决当事人“法度之外、情理之中”的问题，杜绝矛盾上交。五年来接待来信来访450余件次，分流检举线索55件，成案线索12件，办理申诉案件9件，协调有关部门解决当事人实际困难27件，无涉检越级上访事件发生；对涉检网络舆情做到不回避、先自省、巧化解。

三、全面强化诉讼监督，维护司法公正

树立法律监督是检察机关“基本功”的理念，营造有利于强化监督工作的外部环境，找准监督节点，灵活运用监督手段，做到精准监督。

（一）侦查活动监督方面。全面贯彻以审判为中心的诉讼证据要求，加大审查力度，坚决排除非法证据，防止事实不清、证据不足的案件或者违反法定程序的瑕疵案件进入起诉、审判程序。共监督公安机关立案93件111人，追捕犯罪嫌疑人67人，对不符合逮捕条件的147名犯罪嫌疑人作出不予逮捕决定。纠正侦查活动违法212件，追诉漏犯76人，追诉漏罪122起。

（二）审判活动监督方面。在用实抗诉手段的基础上，灵活运用量刑建议和纠正违法等措施，使监督的外延更广，内涵更深。出庭公诉意见突出量刑建议的论证，使量刑建议采纳率达到90%以上；五年间共提出刑事抗诉案件25件，其中23件改判；向法院发出纠正违法通知书125件，通过监督增强公诉人指控犯罪的效果；对18起中止审理案件开展专项监督，有11起案件恢复审理或者终止审理。

（三）民事行政检察监督方面。2012年8月民事诉讼法修改，进一步明确了基层检察院的职能分工、厘清了工作任务，民行工作从此前以提请抗诉为主业转变为开展审判活动监督、执行活动监督、督促履行职责以及支持起诉工作为重点。共发出执行监督检察建议168件，受理支持起诉案件18件，向环保、水务等部门发出督促履行职责检察建议104件，协助市院办理案件76件，抗诉后改判案件33件。

（四）刑罚执行监督方面。把握刑事执行工作的重点，以点带面开展监督。明确羁押必要性审查工作的流程和要求，共对52名嫌疑人进行了羁押必要性审查，符合变更强制措施的有28人，保证了逮捕审查的严肃性和准确性。纠正社区矫正监督违法59件，发出的纠正违法通知书和检察建议均得到答复和落实，监督司法局、法院撤销缓刑收监2人，纠正看守所拒绝律师正常会见1起，依法保障律师执业权利。

（五）强化自身工作监督方面。建成检察基础网络，实现检察工作数字化。推行统一业务应用系统，执法行为实现网上流转、全程留痕，把“软约束”变成“硬要求”。高标准建成检务公开大厅并开通了迁安检察机关门户网站，检务工作始终保持动态更新、开放便民。在人民检察案件信息公开网上发布重大案件信息33篇、案件程序性信息1811条、法律文书信息1110篇，方便当事人及家属了解案件动态。坚持和完善检察开放日、案件公开审查、人民监督员等制度，先后12次向人大代表作专题汇报，切实保障人民群众对检察工作的知情权、参与权和监督权。

四、加强队伍建设，打牢检察事业长远发展的根基

院党组提出打造市级优秀领导班子，省级优

秀公诉团队和侦查团队的目标。在合作共事中，领导班子整体凝聚力、引导力和执行力有效提升，省级优秀侦查团队和公诉团队已见雏形，侦查团队经过专案的历练，训练有素，能打硬仗，在省市赢得良好赞誉；公诉团队，应变灵活，精研业务，在全市公诉人辩论赛中列县区院第一位，有两名干警被唐山市评为“金牌检察官”。

坚持以专业化建设为导向，以岗位要求为依据，先后招录14名优秀青年进入检察系统，将18名业绩突出的青年干警提至中层。将业务技能培训与老干警“传帮带”实践锻炼相结合，使年轻干警迅速成长为中坚力量。2016年8月，通过公平公开考核，完成第一批检察官入额工作，并逐步推进改革要求的基础性、过渡性工作，为司法改革全面铺开做好前期准备。

过去的五年，检察工作顺应全市经济社会发展的要求，在服务大局中履职，在规范公开中提升，在破解难题中前进，连续多年被唐山市院评为“先进检察院”和“实绩突出的领导班子”，先后有40余人次受到省、市院及迁安市委、市政府的表彰和奖励。检察工作取得的成绩和进步，是党委领导，人大监督，政府、政协和社会各界关心支持的结果。在此，我代表全市检察干警表示衷心的感谢！

各位代表，成绩属于过去，问题和不足是我们改进工作的不竭动力：一是法律监督水平与经济社会发展的新要求、人民群众的新期待还有差距，服务大局、司法为民的能力需要进一步提高；二是司法不规范现象仍然存在，在司法理念、办案方式和依法履职、保障人权等方面需要进一步改进；三是信息化建设和应用较为滞后，检务保障工作需要进一步强化，等等。我们将坚持问题导向，强化责任担当，不忘初心，继续前行，努力使各项检察工作继续保持全市领先。

今后五年工作思路

今后一段时期的工作思路是：注重把检察工作置于全市大局中思考和谋划；坚持高标准定位、高起点发展；坚持人才强检，注重实力提升；坚持在解决群众反映强烈的突出问题上下功夫、求实效。为迁安转型升级、健康发展，为迎接党的十九大胜利召开竭心尽智，再创辉煌。

一、在推进依法治市工作上有新业绩。聚焦个案正义，着力让人民群众在司法办案中有实实在在的获得感；通过以案释法及时回应群众司法诉求，在法治轨道上化解矛盾，提升公众对法律的信任感；主动加强司法协作，依法打击各类集资诈骗、非法传销等涉众型经济犯罪，严惩个人极端暴力犯罪，加大对危害食品药品安全、危害生产安全、电信诈骗等犯罪惩治力度，切实增强社会安全感。

二、在查办和预防职务犯罪上有新成效。保持政治定力和大局意识，做到查办职务犯罪节奏不变、力度不减、尺度不松。聚焦民生领域，特别是新型城镇化建设和惠民补贴等领域，严肃查办侵害民生民利的职务犯罪案件。结合司法办案，健全重大典型职务犯罪案件深入剖析机制，加强年度报告、专题报告、检察建议等工作，努力从源头上防范和遏制职务犯罪发生。

三、在强化法律监督上有新作为。加强刑事诉讼监督，通过信息共享，追踪案件进程，防止刑事案件的“降格处理”，真正做到“源头监督”。推行重大疑难案件侦查机关听取检察机关意见机制，严格落实罪刑法定、疑罪从无、非法证据排除等规定。加强民事行政诉讼监督，强化对虚假诉讼、民事执行活动的监督，积极稳妥推进行政执法检察监督。加强自身监督，对检察干警坚持从严管理、从严监督、从严查处，努力建设一支堪当法律监督重任的过硬检察队伍。

四、在推进司法改革上有新进展。在完善检察人员分类改革的基础上，围绕优化检察职权配置，深化内设机构整合、扁平化管理，稳步推进检察官办案责任制改革，落实各项司法改革任务。建立工作标准化体系，实行办案质量终身负责制和错案责任倒查问责制，进一步发挥数据分析服务案件查办、队伍管理和科学决策等工作的作用，确保案件处理经得起法律和历史检验，不断提升司法品质。

各位代表，在今后工作中，迁安检察机关将按照市委和上级检察机关以及本次大会的各项决议部署，以敢于担当、求真务实、艰苦奋斗、勇创一流的精神，全面履行各项检察职能，为服务“魅力水城、绿色迁安”贡献检察力量！

迁安市人民法院工作报告

——在迁安市第六届人民代表大会第一次会议上

迁安市人民法院代院长　褚建全

（2017年2月24日）

各位代表：

现在，我代表市法院向大会报告过去五年的主要工作和今后五年的工作思路，请予审议。

过去五年工作回顾

五年来，市法院在市委的正确领导、市人大及其常委会的有力监督和政府、政协及社会各界的大力支持下，坚持以党的十八大，十八届三中、四中、五中、六中全会精神为指导，紧紧围绕“努力让人民群众在每一个司法案件中都感受到公平正义”的工作目标，牢牢把握公正司法、司法为民工作主线，认真履行审判职责，稳妥推进司法改革，从严管理干警队伍，各项工作取得新进展，为全市经济发展、社会和谐稳定提供了强有力的司法服务和保障。五年来，共受理各类案件32202件，同比上升73.3%，审执结31167件，同比上升74.1%。

一、严格履行审判职责，维护社会公平正义

始终坚持司法公正，全面加强审判执行工作，努力促进平安、法治、和谐迁安建设。

（一）坚持宽严相济，依法惩治犯罪，确保社会平安稳定。五年来，共受理刑事案件3044件，审结2995件，判处被告人5198人，其中判处10年以上有期徒刑156人。依法严惩严重刑事犯罪，审结故意伤害、抢劫、强奸等犯罪案件693件815人。依法打击侵财犯罪，审结盗窃、诈骗、敲诈勒索等犯罪案件500件845人。依法维护公共安全，审结交通肇事、危险驾驶等犯罪案件705件705人。保持司法反腐高压态势，审结贿赂、玩忽职守等犯罪案件55件64人。工作中，坚持宽严相济原则，对情节较轻、有悔罪表现的被告人，依法从宽处理，适用缓刑或单处罚金刑1706人。扎实推进量刑规范化工作，提高了控辩双方对量刑结果的认同度。加大刑事附带民事案件调解力度，五年来，为刑事案件被害人及其家属挽回经济损失1.2亿元。

（二）坚持调判结合，依法保障民生，促进社会和谐有序。五年来，共受理民商事案件25223件，审结24259件，其中调解撤诉13173件，调撤率为54.3%。依法保障民生，妥善审结婚姻家庭、交通事故、劳动争议、涉农纠纷等案件8964件，维护了人民群众合法权益。依法规范市场行为，审结买卖、保险、租赁等合同纠纷案件5751件，促进了社会诚信体系建设。严格划清合法借贷与非法集资行为界限，审结民间借贷类案件2540件，强化了借贷利率司法管控。有效防范金融风险，审结金融类案件1981件，为金融部门收回贷款本息及抵债资产1.78亿元。同时，坚持不断完善矛盾纠纷多元化解机制，五年来，共诉前化解纠纷1405起，参与诉外调处纠纷2725起。

（三）坚持良性互动，强化诉权保障，推进政府依法行政。认真贯彻落实修改后的《行政诉讼法》，保护行政相对人合法权益，监督行政机关依法行使职权。五年来，受理行政案件及非诉行政执行案件966件，审结949件。工作中，不断创新协调和解机制，特别是对征地拆迁、环境保护、社会保障等涉及群体性、矛盾易激化案件，更加注重内外协调，妥善化解争议。同时，推动落实行政机关负责人出庭应诉制度，行政负责人出庭应诉渐成常态。

（四）坚持高效联动，强化惩戒措施，维护群众合法权益。2015年7月1日执行实施权上划唐山中院前，积极开展“集中清理执行积案”、反规避执行等专项行动，努力实现执行工作良性循环。采取公布“失信者黑名单”、限制高消费等措施对失信被执行人进行信用惩戒，促使被执行人主动履行义务。与金融机构建成“点对点”查控网络，进一步提高了执行效率。成立疑难复杂案件专门合议庭，用足法律手段，强化执行措施，着力执结难案、“骨头案”。同时，加强执行异议审查，强化执行行为监督，平等保护各方当事人合法权益。2012年至2015年6月，共执结各类案件2964件，公布失信黑名单及限制高消费1527人次，判决自动履行率提高8个百分点。

二、积极践行能动司法，全力服务发展大局

五年来，自觉将法院工作融入全市工作大局，以积极的作为回应社会形势变化对法院工作提出的新挑战。

（一）立足迁安实际，服务经济发展新常态。工作中，找准职能定位，不断创新工作思路和方法，有效推动了辖区经济健康发展。主动服务，提前介入，成功调处了多起涉及重点企业、重点项目的矛盾纠纷和影响稳定的重大突发事件，为维护社会发展稳定做出了积极贡献。对涉及困难企业应收货款纠纷坚持快立、快审、快执，依法保障了企业的正常生产经营，五年来，为企业收回货款2亿余元。强化企业帮扶，通过灵活运用保全措施、债转股等形式，帮扶有市场前景的涉案困难企业调解纠纷、维持生产、渡过难关。同时，多次到重点企业走访，全面了解钢铁企业在转型升级过程中遇到的新情况、新问题，依法提供法律帮助。

（二）落实为民举措，满足群众司法新需求。建成诉讼服务大厅、诉讼服务网、12368诉讼服务热线“三位一体”的诉讼服务中心，为当事人提供线上线下、方便快捷的诉讼服务。大力推行巡回办案，打通司法服务群众“最后一公里”，深入社区乡村、田间地头巡回办案2800件。积极推行网上预约立案、远程视频庭审、远程视频接访，让司法更加贴近人民群众。推行案件繁简分流，开展案件速裁，确保难案精审、简案快结，降低当事人诉讼成本。加大司法救助力度，五年来，依法为当事人减、缓、免交诉讼费225万余元，确保有理无钱的群众打得起官司，有理有据的当事人打得赢官司。

（三）延伸司法职能，综合治理取得新成效。构建诉非衔接多元纠纷解决机制，委托、邀请调解案件1995件，依法确认人民调解协议413份。加强未成年人犯罪案件审判工作，建立判前社会调查、判后回访帮教、轻罪记录封存等制度，依法“教育、感化、挽救”未成年人。积极开展送法下乡以及和谐乡镇、和谐社区共建等活动1015场次，不断提高群众的法制意识。加强司法建议工作，就关于解决农民工欠薪等问题及时提出司法建议，为党委政府及有关部门依法、科学决策提供了参考。

三、坚持公正高效司法，着力提升司法公信

深入贯彻中央关于司法体制改革的总体部署，推进司法改革，深化司法公开，强化审判管理，切实保证公正司法，让人民群众满意。

（一）深化司法公开，打造阳光司法。充分利用“互联网+”手段，形成了以审判流程、裁判文书、执行信息三大平台为中心的开放、动态、透明、便民的公开网络，实现了以公开促公正。截至目前，案件流程信息公开率、电子档案生成率等指标达到100%，网上公开生效裁判文书16457份，案件信息24804件，直播庭审985件。全面推行网络司法拍卖，成功拍卖钢材、汽车以及房产等标的物，成交金额达179万余元，为当事人减少佣金13万元。强化自有媒体建设，开通法院官方微博、微信，向公众及时传递司法信息。

（二）推进司法改革，确保公正司法。推进立案登记制改革，当场登记立案率达90%以上，切实做到了有案必立，有诉必理，充分保障当事人诉权。推进法官员额制改革，完成首批36名法官入额工作，将优质审判资源配置到执法办案第一线。推进审判权和审判管理权运行机制改革，落实以主审法官、合议庭为主体的办案责任制，建立办案权责清单，健全错案防止、纠正和责任追究机制，实现由审理者裁判、由裁判者负责。开展审判委员会工作改革，分设刑事、民事行政两个专业委员会，强化对审判工作的监督指导。深入开展涉诉信访机制改革，实行“诉访分离”，建立健全信访案件跟踪、督办制度，及时化解信访纠纷。五年来，共接待来访群众1135人次，化解信访案件355件。

（三）加强审判管理，实现高效司法。根据案由划分各业务庭的审判任务，实现了同类案件的专业化审理。严格案件流程管理，实现各个节点全程、无缝隙监控，并对审限情况进行全天候巡查，对临界审限案件及时进行催办、督办，确保案件在审限内及时审结。开展案件质量、文书和庭审评查，办案质量稳步提高，五年来，判决案件服判息诉率达90%以上。同时，每月下发审判管理动态通报，将各项审判指标进行全方位比对，增强了全院审判工作的前瞻性和能动性。

四、大力加强队伍建设，树立法院良好形象

落实从严治院举措，按照“五个过硬”的要求，努力建设一支信念坚定、执法为民、敢于担当、清正廉洁的法院队伍。

（一）思想作风建设不断深透。深入开展党的群众路线教育实践活动，着力除“四风”、转作风、扬清风。扎实开展“三严三实”专题教育和“两学一做”学习教育，切实增强“四个意识”，增强道路自信、制度自信、理论自信、文化自信，坚定理想信念，确保在思想上政治上行动上与以习近平同志为核心的党中央保持高度一致。聚焦“八破八立”，认真开展“解放思想”大讨论，对标先进典型，广泛开展向邹碧华、李保国等先进人物学习活动，不断提高干警的思想政治素质。

（二）人才培养机制不断深化。以“素质提升年”活动为载体，全面落实“四个干”机制，采取专项培训、优秀文书评比、典型案例剖析等举措，着力提高干警业务能力和水平。五年来，参加、组织各类培训142场次。完善青年法官导师制和青年干警双向交流制度，注重青年干警培养，增强队伍活力。强化审判理论和司法实务研究，2篇论文获国家奖项，3篇论文获省级奖项。

（三）党风廉政建设不断深入。扎实开展警示教育，认真学习《准则》和《条例》，引导广大干警保持高尚品格和廉洁操守，筑牢思想防线。强化对落实中央“八项规定”的检查督导，深入开展“一问责八清理”专项行动，营造了风清气正、干事创业的政治生态。及时发放廉政监督卡，开通网络监督举报平台，积极拓宽举报受理渠道。认真落实党风廉政建设主体责任和监督责任，坚持从严教育、从严监督、从严管理，对违法违纪行为从严惩处、零容忍，确保了司法公正廉洁。

五、坚持党的领导，主动接受监督，加强改进法院工作

坚决贯彻党的路线、方针、政策和市委的决策部署，重大事项和重要工作部署主动向市委汇报，事关发展稳定的案件及时与市委、市政府沟通协调。自觉接受人大及其常委会的监督，就刑事审判、司法公开、诉讼服务等工作情况先后向人大常委会做了专题报告。完善联络沟通机制，坚持定期走访，适时邀请人大代表旁听庭审、视察法院。对人大监督的案件和人大代表、政协委员提出的意见和建议，实行专人登记、院长督办、及时反馈，切实做到了件件有结果。全面完成人民陪审员倍增计划，人民陪审员由原来31名增至91名，有效推动了司法民主。依法接受检察机关法律监督，不断加强协调配合，共同维护司法权威。主动争取社会各界监督支持，积极发挥特邀监督员作用，就立案登记制改革进行专题新闻发布，举办法院开放日活动12场次，有效畅通民意沟通渠道，确保人民群众的知情权、参与权、表达权和监督权。

各位代表，过去的五年，是市法院与时俱进和开拓创新的五年，是以审判为主体的各项工作全面推进和发展的五年，是法官队伍素质和形象稳步提升的五年。五年来，市法院全体干警面对各种压力、矛盾和困难，精诚团结，顽强拼搏，攻坚克难，负重前行，审判执行、服务大局、队伍建设、宣传调研等工作得到市委和上级法院的充分肯定，连年被市委、市政府评为实绩突出单位，2014年、2016年被唐山中院荣记集体三等功。先后荣获了“信访维稳工作先进单位”“加强和创新社会管理工作先进单位”“全省司法警察安全保卫工作先进集体”“全省学术研讨会论文组织先进集体”“全国司法宣传工作突出成绩

法院”等市级以上荣誉43项，全院共有38人次获市级以上表彰，院领导班子连年被市委市政府评为“优秀领导班子”。

这些成绩的取得，是法院党组团结和带领全体干警共同努力的结果，更是市委的正确领导，人大的有力监督，以及政府、政协和社会各界关心支持的结果。在此，我谨代表市法院，向关心支持法院工作的各位领导和同志们表示崇高的敬意和衷心的感谢！

在看到成绩的同时，我们也清醒地认识到，法院工作还存在着一些困难和不足：一是对新类型疑难案件的研究不够，审判工作与人民群众的司法需求尚有一定差距；二是由于案件受理数量持续增加，以及受入额法官比例限制，案多人少的矛盾更加突出；三是随着法官员额制的确立，新的管理模式和司法办案机制必将带来新的矛盾和问题。这些困难和不足，我们将高度重视，采取有效措施，切实加以解决。

今后五年工作思路

未来五年是迁安转型发展的重要时期，也是市法院立足新起点，迈向新目标，谋求新发展的关键五年。应对新的机遇和挑战，市法院总体工作思路是：高举中国特色社会主义伟大旗帜，认真落实习近平总书记系列讲话和省市党代会精神，紧紧围绕经济社会发展大局，坚持以创新谋发展，以实干促进步，充分发挥审判职能，深入推进司法改革，切实加强自身建设，奋力开创法院各项工作新局面，为打造“魅力水城，绿色迁安”提供坚强有力的司法支撑和优质高效的法律服务。

（一）紧扣本职，牢固树立大局意识，实现服务水平优质化，全力助推迁安发展。坚持稳中求进工作总基调，依法审理涉及经济发展的各类案件，以法治化手段助推供给侧结构性改革，保障迁安经济健康发展。依法惩治各类刑事犯罪，妥善调处各类矛盾纠纷，维护社会稳定，促进社会和谐。完善行政纠纷实质性解决机制，充分发挥行政审判职能作用，推进法治政府建设。

（二）紧系民生，牢固树立宗旨意识，实现司法为民多元化，着力维护群众权益。继续完善各项诉讼便民利民工作机制，让人民群众对司法有更多获得感。不断深化诉讼服务中心建设，进一步提升诉讼服务的集约化、规范化。积极推进“互联网+审判”，推广网上查询、网上立案、网上调解，进一步方便群众诉讼。深入落实巡回审判、远程审判、繁简分流等举措，提升审判质效，进一步满足人民群众日益增长的司法需求。

（三）紧跟前沿，牢固树立创新意识，实现改革成效实质化，竭力彰显法治精神。坚持顶层设计和基层实践相结合，作为全省法院司法改革试点单位，进一步完善法官员额制改革配套措施，全面落实司法责任制，积极推进诉讼制度和法院内设机构改革，运用改革方法破解难题，通过改革实现司法公正、增强司法公信。实施大数据战略，推进“数据法院”“智慧法院”建设，促进审判体系和审判能力现代化。进一步深化司法公开，不断推进“阳光司法、透明法院”建设，让正义以看得见的方式实现。

（四）紧抓培育，牢固树立人才意识，实现法官队伍精英化，努力打造一流队伍。按照正规化、专业化、职业化要求，进一步加强业务学习和教育培训，大力提升法官专业素养和实战本领。大力弘扬社会主义核心价值观，充分发挥教育、引导、激励功能，不断深化法院文化建设。严格落实“两个责任”，坚持作风建设不放松，以零容忍的态度惩治司法腐败，确保法官清正、法院清廉、司法清明。

各位代表，全面深化改革的壮丽蓝图催人奋进，守护司法公正的光荣使命任重道远。市法院决心在市委的坚强领导下，在市人大及其常委会的有效监督下，在政府、政协及社会各界的大力支持下，以更加坚强的决心、更加有力的举措、更加优良的作风，忠实履行宪法和法律赋予的职责，不负重托，不辱使命，为迁安转型发展做出新的更大贡献！

迁安市2016年国民经济和社会发展计划执行情况与2017年国民经济和社会发展计划（草案）的报告

——在迁安市第六届人民代表大会第一次会议上

迁安市发展改革局局长　蔡爱军

（2017年2月23日）

各位代表：

我受市政府委托，向大会作迁安市2016年国民经济和社会发展计划执行情况与2017年国民经济和社会发展计划（草案）的报告，请予审议，并请市政协各位委员和其他列席人员提出意见。

一、2016年国民经济和社会发展计划执行情况

2016年，在市委的正确领导下，在市人大和市政协的监督下，全市上下不断解放思想，改革创新，合力攻坚，全力突破，转型成果不断显现，经济社会实现了平稳健康发展。全市实现地区生产总值920.2亿元，增长3.7%；完成公共财政预算收入36.3亿元，增长3.1%；完成全社会固定资产投资654.6亿元，增长10.1%；完成社会消费品零售总额247.1亿元，增长10.7%；城镇居民人均可支配收入达到34637元，增长7.7%；农村居民人均可支配收入达到19938元，增长7.9%。

（一）*转型活力不断增强*。一是项目建设扎实推进。11个立市项目和100个重点项目加快推进，当年完成投资176.2亿元，31个项目竣工投产；5个项目列为省重点项目，17个项目列为唐山市重点项目。成功组织参与了全省、全唐山市项目集中开工活动，共集中开工项目36个；成功组织参与了4次唐山市项目拉练活动，均取得优异成绩。二是园区支撑作用更加明显。高新区生物制药产业园被确定为京津冀医药健康特色产业基地，物流区获评“全国物流行业先进集体”和全国首批“示范物流园区”。四大省级园区集聚了全市90%的规上企业，创造了80%的经济总量。三是承载能力不断增强。13个工矿废弃地复垦项目完成竣工验收，净增耕地928亩，用地制约得到缓解；万太线大修、迁徐公路改建、龙山大桥维修加固等交通工程顺利完工，路网体系进一步完善；步步川110千伏输变电、陈官营110千伏输变电等工程加快建设，电力供应能力进一步提高。

（二）*产业结构进一步优化*。一是传统产业全面提升。钢铁产业提档升级，实施了燕钢精品钢等7个重点项目，产业链条进一步延伸，产品品质大幅提升，精品钢材比重达到30.5%。装备制造业加速壮大，实施了正大制管等9个重点项目，装备制造业链条化、智能化、高端化水平不断提高，耗钢能力达到1295万吨。中溶科技30万吨无水乙醇等项目加快建设，煤化工业实现深度延伸。首实3万吨包装带、明营LOW－E玻璃制造等项目进展顺利，包装建材产业规模不断壮大。二是新兴产业加速壮大。艾驰高端医疗诊断试剂、圭锦60万吨洁净型煤制造等项目加快建设，龙泽谷国际生态纯净水等项目完工投产，食品医药、节能环保产业快速发展。恒茂纸业玻璃包装防霉垫纸、3D玻璃盖板等项目积极推进，高新技术、新能源、新材料产业得到有效培育。三是服务业更加繁荣。大润发超市、红星美凯龙国际家居城市综合体等项目投入运营，传统服务业快速发展；卓尔服装雨诗桐总部基地、唐山中溶科技总部基地等项目加快推进，中唐·天元谷文化旅游综合体项目正式开工，高端服务业迅速崛起；鑫雨公司物流仓储、鑫达仓储配送中心等项目加快建设，生产性服务业不断壮大。全年新增限额以上服务业企业15家，服务业增加值占GDP比重达到35.8%。四是现代农业加快发展。农业生产条件不断改善，农业科技创新加快推进，全年实施京津冀农业科技合作项目30个，完成科技示范户培育2000个，建立科技示范基地1500亩。农业产业化步伐不断加快，亚滦湾国家农业创新产业园、河北跃洋生物科技有机肥生产等项目加快建设，唐山市级以上龙头企业达到22家，农业产业化率达到76.2%。

（三）城镇化建设成效初显。一是城市建设步伐不断加快。建成区面积扩大到43.5平方公里，城镇化率达到55.7%。海绵城市建设全面展开，城市基础设施不断完善。全年完成既有建筑节能改造1.5万平方米，新增集中供热面积80万平方米，新铺设天然气管道7.8公里、供水管线1.1公里。二是城市管理水平不断提升。文明城创建工作扎实开展，城市交通和环境污染整治活动积极开展，城市管理水平迈上新台阶。智慧城市建设有序推进，被列入全国首批健康城市试点市，城市宜居水平全面提高。入选第二批国家全域旅游示范区创建单位，全域旅游高端起步。三是城乡一体化进程不断加快。吉兰庄南区城市棚户区改造、西李铺农民集中住房二期等工程加快建设。美丽乡村建设成效显著，高标准完成了省级长城绿道片区和片区外25个省级重点村的建设任务，万宝沟、小杨庄、茶井沟3个村被评为省级美丽乡村。农村土地承包经营权确权登记工作有序推进。完成农村危房改造773户，解决了5个村2200人的饮水不安全问题，农村基础设施和生活条件不断完善。

（四）改革创新持续推进。一是企业活力不断增强。积极实施“个转企、小升规、规上市”工程，全年新增规模以上工业企业17家。工业经济实现稳步增长，全年实现规模以上工业增加值497.2亿元，增长3.9%；实现规模以上工业利润175.4亿元，增长20.6%。二是双向开放更趋活跃。牢牢把握京津冀协同发展的重大机遇，积极开展各项招商活动，成功举办经贸洽谈会，70个项目成功签约，总投资457亿元，全年利用外资6519万美元。强力推进外经外贸工作，实现进出口总额15.5亿美元，其中，出口总额3.8亿美元。三是创新创业扎实推进。人才引进培养工作有序开展，全年共引进各类人才845人，培训人才496人。创新平台建设扎实推进，新建3家本级工程技术研究中心，新增2家唐山市级工程技术研究中心，新增科技型中小企业106家，科技小巨人企业9家。民企二次创业和全民创业成果丰硕，全年新增民营企业1345户，新增个体工商户6924户。四是综合改革全面深化。深化行政审批制度改革，市本级行政许可事项由241项减少到178项。建立重点项目容缺审批机制，大力推行网上审批，提高了办事效率。人民医院综合改革工作进展顺利，中医院综合改革工作加快启动。农村集体股份合作制改革积极推进，新培育土地股份合作社5家，省级土地托管服务合作社2家。

（五）生态环境不断优化。一是节能减排扎实推进。实施重点企业余压余热利用等一批节能减排项目，完成燃煤锅炉改造120台，应用洁净型炉具2.2万套，化解炼铁产能376万吨、炼钢产能275万吨，万元生产总值综合能耗明显下降，主要污染物排放有效削减。二是环境保护成效明显。不断强化钢铁、焦化等重点行业污染治理工作，实施了126项污染治理工程。继续深入实施大气污染防治攻坚行动，空气质量明显改善，二级以上天数同比增加51天，重污染及以上天数同比减少36天。全面推进水污染防治工作，水体环境质量进一步改善。三是生态建设不断加强。矿山生态环境恢复治理加快实施，完成地貌修复1720亩，生态修复1530亩。绿化迁安行动成效显著，新增营造林5.3万亩，森林覆盖率达到43.8%。河流生态进一步改善，滦河青龙河口段防洪治理等工程顺利完工，治理水土流失面积24平方公里。

（六）社会民生工程稳步推进。一是社会保障体系不断完善。新增社会保险参保8725人次，社会保障持卡人数达到40.3万人；城镇低保和农村低保标准分别提高到6600元/年和3912元/年，累计发放城乡低保保障金4364.9万元，发放特困供养人员供养金1100.4万元；大力开展助学、助老、助医活动，累计发放善款143.4万元。二是就业再就业工作扎实推进。全年城镇新增就业7140人，城镇登记失业率为3.78%，农村劳动力转移就业5700人，实现再就业1545人。三是社会事业实现协调发展。教育事业不断进步，六实小扩建主体完工，七实小、八实小新建项目顺利推进。卫生事业快速发展，积极构建全民健康服务体系，全面落实二孩政策，获评全国计划生育优质服务单位、全国妇幼健康优质服务示范县。文体事业繁荣发展，成功举办里约奥运会拳击项目资格赛、全国体育传统项目学校田径联赛、国际长城万人徒步大会等重大赛事。档案、气象、民族宗教、安全生产等其他社会事业均实现了长足发展。

虽然我市国民经济和社会实现了平稳发展，但仍存在着一些问题，主要表现在：经济企稳向好的基础还不够稳固，稳增长的压力依然较大；产业结构性矛盾还没有得到根本转变，去产能、治污染的任务仍然艰巨而繁重；发展后劲不足，支撑作用强的大项目还不够多，部分项目建设进展缓慢；瓶颈制约依然存在，等等。对上述问题，我们将采取更加有力的举措认真加以解决。

二、2017年国民经济和社会发展计划安排

按照第六次党代会的总体要求，确定2017年国民经济和社会发展主要指标计划是：地区生产总值增长3%以上，公共财政预算收入增长5%，固定资产投资增长10%，城镇居民人均可支配收入和农村居民人均可支配收入均增长7%。

（一）强力推进项目建设，增强经济发展实力。一是全力抓好项目建设。继续落实“五个一”、领导分包、观摩督导等机制，全力推进项目建设步伐，力促项目早开工、早建设、早投产。集中精力抓好重点项目建设，确保杰普特丝网产业园等35个重点项目落地开工，中溶科技30万吨无水乙醇、正大镀锌方管等25个重点项目竣工投产，以重大项目带动经济快速发展。二是强力抓好双向开放。进一步创新招商引资方式，优化招商引资环境，实际利用外资争取达到6800万美元。重点加强与京津的战略合作，继续实施产业对接“十百千工程”，力争签约5亿元以上项目10个以上。切实加强外经外贸工作，不断提高经济外向度，确保出口总额稳步增长。三是不断激发企业活力。精准实施“两登一扶”工程，助推个转企、小升规、规改股、股上市，力争年内新增规上工业企业15家以上，新增限额以上服务业企业15家以上。全面加强工业经济运行监测，加大对企业帮扶解困力度，力争规模以上工业增加值增长4%。积极推进创新创业，不断壮大市场主体，力争年内新增民营企业1200家以上，新增个体工商户5500户以上。四是大力发展园区经济。本着适度超前、市场运作原则，加快实施经开区污水处理厂及配套管网等14项基础设施工程，进一步提高园区承载能力。积极引导项目入园发展，重点抓好锡丰实业年产80万吨镀锌板、安卓医用新材料制造搬迁扩建等入园项目建设，增强园区发展实力。五是努力破解瓶颈制约。土地上，引入市场化机制，年内完成土地复垦整治3000亩，增强土地供给能力；交通上，采取PPP建设模式，加快实施第三通道西延、平青大线大修等工程，提升通达能力；电力上，开工建设500千伏线路工程，确保夏官营220千伏变电站、陈官营110千伏输变电项目竣工运行，提高电力保障能力。

（二）加快产业结构调整，推动产业转型升级。一是改造提升传统产业。精品钢铁业，进一步深化与京津冀钢铁创新联盟的合作，推进钢铁产业技改升级。积极引导钢铁企业加快整合重组，提高产业竞争力。重点抓好迁钢15万吨取向硅钢等项目建设，提升产品结构。积极稳妥地做好钢铁过剩产能化解工作，确保按时完成任务。装备制造业，重点抓好杰普特丝网产业园等项目建设，推动装备制造高端化、链条化、耗钢化，力争耗钢率提高到35%。加快中溶科技30万吨无水乙醇等项目建设，推动煤化工业由低端化向高端化发展。抓好明营环保玻璃镜等项目建设，壮大包装建材产业规模。二是培育壮大新兴产业。重点抓好天圣制药、中药饮片加工炮制生产基地等项目建设，壮大食品医药产业板块。加快推进华电分布式能源站、绿色环保机器人镀锌线等项目建设，促进节能环保产业做大做强。加快乐达特种陶瓷等项目建设，在高新技术产业上取得新突破，力争新兴产业投资同比增长50%以上。三是大力发展现代服务业。全力推进晟恩物流、陕煤集团原料交割库等项目建设，扩大现代物流业发展规模。深入推进国家全域旅游示范区创建，加快中唐文化旅游综合体等项目建设，促进休闲旅游业快速发展。抓好香港伟才国际幼儿园、北辰双语学校等项目建设，促进教育培训业蓬勃发展。进一步扩大与京津地区优质医疗卫生资源的合作，促进养生养老产业有序发展。加快雨诗桐总部基地等项目建设，推进总部经济加快发展。四是积极发展现代农业。不断改善农业生产条件，加快农业科技推广，实施农业科技创新项目10个以上。抓好亚滦湾国家农业产业园二期等项目建设，打造精品农业产业园20个，培育唐山市级以上现代农业园区2个。加快农业产业化步伐，大力发展农业产业化龙头企业，规范发展农民合作社，进一步提高农业产业化率。

（三）加快新型城镇化步伐，提升城市发展水平。一是加快特色城市建设。全力推进三大板块建设，加快启动9号总部经济岛整体开发，加速推进城市扩容升级，力争年内建成区扩容2平方公里以上，城镇化率提高一个百分点左右。扎实推进县城建设三年攻坚行动，加快河东区40万平方米集中供热扩容等城市基础设施项目建设步伐，进一步提升城市综合承载能力。全力加快海绵城市试点建设工作，确保完成年度试点建设任务，提升城市内涵。二是提高城市综合管理水平。深化文明城市创建工作，扎实开展交通秩序、市场秩序、违法建设、不文明行为等专项整治行动，推进城市面貌全面提升。有序推进智慧城市创建，加快政务数字资源平台衔接整合，不断提升智能化、数字化管理水平。三是统筹城乡一体化发展。全面抓好省级新型城镇化试点建设，力争取得阶段性成果。积极推进四级城镇发展体系，加快城镇组团设施配套和功能完善，提高城乡建设整体水平。适时启动阚庄保障房配租工作，加快实施农村危房改造工程，改善农民居住条件。扎实推进美丽乡村建设，积极推进厕所改造、道路硬化、安全饮水等工程，进一步改善农村生产生活条件。

（四）全面推进改革创新，不断增强发展活力。一是完善科技创新体系。加强以企业为主体的研发平台建设，鼓励企业自主创新，力争年内新建5家市级以上企业工程技术研究中心，新增高新技术企业2家以上、科技小巨人企业5家以上、科技型中小企业80家以上。支持市科技企业孵化器、昌安耀滨、华北理工创新创业科技孵化园发展，力争年内新入孵企业30家。不断提升创客广场服务水平，积极推行“孵化＋投资”融资模式，打造以“互联网＋”模式为主的新兴创业孵化基地。二是强化人才支撑。实施高层次人才、技能适用性人才引进培育工程，支持企业通过技术入股、聘请顾问团等形式引进高端人才、科研队伍，力争引进、培训各类人才1200人。三是全面深化综合改革。稳步推进园区改革，探索推进园区机构编制管理、人事薪酬制度、投融资平台建设、招商引资机制等方面的改革，真正把园区打造成为经济发动机、转型新引擎。积极推进财税金融体制改革，探索推行激励性财税管理体制改革，加快迁安国有控股公司建设。坚持债券、PPP、基金、政策性资金等多措并举，最大限度吸引资金参与迁安建设。深入推进农村综合改革，进一步规范农村集体“三资”管理，探索开展集体资产股份合作制改革和农宅合作社试点工作，深化供销合作社综合改革。

（五）着力抓好环境保护，提升生态文明水平。一是狠抓大气污染防治。继续深入开展大气污染防治工作，确保空气质量达到或好于二级标准的天数稳步增加。强化钢铁、焦化、玻璃等重点行业污染治理，重点抓好竖炉脱硫、玻璃熔窑烟气脱硫脱硝等治污减排工程，促使主要污染物排放有效削减，确保完成上级下达的节能减排任务。加强污染物排放在线监测监管，促进污染物达标排放。继续强力抓好露天矿山企业和采石场环保整治；扎实推进建筑扬尘、散料堆场、道路扬尘、露天烧烤、秸秆垃圾焚烧等点、面源污染综合治理。二是加强水污染治理。继续深入推进水污染防治工作，抓好城市集中饮用水源地保护，实施西沙河末端水体生态修复治理；加强重点行业地下水质安全监管，确保全市用水安全。三是加快建设绿色家园。扎实推进矿山生态修复工程，确保年内治理面积1500亩以上。持续开展绿化迁安行动，扩大“四环、三沿、两山”区域绿化规模，完成营造林4.36万亩。

（六）着力改善社会民生，努力构建幸福迁安。一是不断完善社会保障体系。扎实推进社保扩面，实施“全民参保登记计划”，推进城乡居民基本医疗保险稳步运行。不断完善社会保障标准自然增长机制，稳步提升社会保障水平。大力开展救助活动，发展慈善事业，保障困难群体的基本生活。二是努力做好就业再就业工作。完善公共就业服务体系，促进城乡劳动力充分就业，开展职业技能、智慧农民和创业培训8000人以上，全年城镇新增就业7000人以上，城镇登记失业率控制在4%以内，转移农村劳动力5600人以上。三是加快各项社会事业发展步伐。坚持教育优先发展，加快七实小、八实小等项目建设步伐，加大农村薄弱学校改造和现代教育装备投入，进一步推进城乡教育均衡发展。加强卫生和计生事业建设，大力开展爱国卫生运动，启动全国健康城市试点创建工作，提高群众健康水平。深化县级公立医院改革，全面推广分级诊疗、家庭医生签约服务，提升医疗服务能力。稳妥实施全面两孩政策，降低出生人口性别比，确保人口均衡发展。严格落实安全生产责任制，加强职业健康管理，全力抓好安全生产和食品药品安全。进一步密切军政军民关系，切实提升双拥工作水平。稳步推动文化与体育、社会治安综合治理、文物保护、气象、档案等其他社会事业发展，促进经济社会全面协调发展。

各位代表，今年国民经济和社会发展任务艰巨、责任重大，让我们在市委、市政府的正确领导下，在市人大、市政协的监督支持下，坚持稳中求进的主基调，加快转型升级，为开创迁安更加绚丽的明天而努力奋斗！

关于迁安市2016年预算执行情况和2017年财政预算（草案）的报告

——在迁安市第六届人民代表大会第一次会议上

迁安市财政局局长　孔祥会

（2017年2月23日）

各位代表：

受市人民政府委托，我向大会报告2016年预算执行情况和2017年财政预算草案，请予审议，并请市政协委员和其他列席同志提出意见。

一、2016年预算执行情况

2016年，面对严峻复杂的经济形势、异常尖锐的收支矛盾和艰巨繁重的改革任务，在市委的正确领导和市人大的监督支持下，全市上下深入学习习近平总书记系列讲话特别是视察唐山重要讲话精神，贯彻落实上级和市委各项决策部署，认真执行市人大常委会各项决议，积极适应经济发展新常态，狠抓财政收入征管，优化支出结构，深化财税改革，重点保障和改善民生，圆满完成市五届人大五次会议确定的目标任务，有力地推动了全市经济社会持续健康发展。

（一）预算执行完成情况

1. 一般公共预算完成情况。2016年全市一般公共预算收入完成362809万元，占调整预算的100.2%，同比增长3.1%，其中：税收收入完成234312万元，占调整预算的100.2%，同比下降8.1%；非税收入完成128497万元，占调整预算的100.2%，同比增长32.9%。2016年全市一般公共预算支出599658万元，同比增长1.8%，结转下年28246万元。

2. 政府性基金预算完成情况。2016年全市政府性基金收入完成54737万元，占调整预算的104.1%，同比下降17%。2016年全市政府性基金支出62890万元，同比下降16.7%，结转下年2129万元。

3. 社会保险基金预算完成情况。2016年全市社会保险基金收入完成67631万元，占调整预算的100.2%，同比增长5.7%。按照专款专用的原则，2016年全市社会保险基金支出67631万元，同比增长5.7%。

（二）落实人大预算决议情况及2016年预算执行效果

一年来，面对异常复杂的经济形势，我们按照市人大会议决议，认真落实相关财政政策措施，发挥财政支持和引导作用，着力破解经济社会发展难题，不断增强预算的科学性与规范性，有效防范财政风险，确保财政平稳运行。主要做了以下工作：

——多措并举广辟财源，助推经济社会发展。一是强化财政收入征管。坚持依法治税管费，加大挖潜征税力度，狠抓税源监控，大力清理历年陈欠税款；进一步强化信息治税，突出综合治税信息平台作用，通过涉税信息共享，堵塞税收征缴漏洞；加强重点税种征管，增值税（含改征增值税）同比增长115.6%。二是把握政策导向。主动争取项目对接，大气污染防治、海绵城市项目争取上级资金43180万元，减少地方项目建设资金压力。三是创新资本运用方式。整合现有融资平台，规范全市投融资行为，提升社会金融资本的吸收能力和转化能力；通过政府与社会资本合作（PPP）模式，竣工海绵城市项目2项，在建项目20项，完成投资8.28亿元。

——争取上级政策资金，支持重点项目建设。一是争取省级置换债券393410万元，其中：

置换债券 62415 万元，用于再生水、农村沼气、人民医院迁建、村村通工程、三里河治理等项目；置换债券 126800 万元，用于农村集中住房改造、棚户区改造、安置楼等项目；置换债券 116239 万元，用于市第三通道、辖区公路建设、市政道桥等项目；置换债券 21489 万元，用于四高中、六实小、幼儿园等项目；置换滦河河道综合治理贷款 45000 万元，置换绿化和住建项目债券 19667 万元。二是争取省级新增债券 29000 万元，其中：道路改建工程 14300 万元；黄台山公园、佛山公园工程 6400 万元；建设六实小和八实小、中小学暖气改造项目、教育基础设施建设项目 7500 万元；西北部市政道路及排水工程 800 万元。省级债券的使用，降低了财政债务成本，提升了财政对事业发展的保障能力。

——推进绿色攻坚，加快经济调整转型。一是支持绿色发展。着眼生态改善，2016 年拨付资金 66933 万元，用于节能环保支出，支持经济绿色发展。二是提升城市形象。拨付资金 77435 万元，主要投向交通、水务、住建、园林等城市功能性服务领域，城市承载能力进一步提升。三是力促地方发展。优化支出结构，强化统筹整合，通过争取支持、发行债券、协调帮扶、引导社会资本等渠道，鼓励和支持产业产品结构优化升级，为稳增长调结构提供了支撑。四是增强经济活力。突出支持协同发展、转型升级、科技创新、全面创业等重点领域，加快民营经济和服务业发展，拨付资金 272 万元，用于小额担保贷款贴息，鼓励扶持创业群体壮大发展。

——突出保障重点，精准发力惠民生。一是优先保障和发展教育事业。投入资金 7192 万元，用于确保全市中小学校运转；投入资金 2071 万元，继续落实十二年免费教育政策；投入资金 9795 万元，重点支持了一中西校区、中小学校舍及幼儿园改造、新建第七实验小学等教育工程项目建设，全市教育环境进一步优化。二是推进卫生服务均等化。全面落实城乡居民医保政策，兑现住院及门诊补贴资金 2.69 亿元，兑现基层卫生医疗机构基本药物零差价补贴 5934 万元，提升城乡医疗惠民能力。三是全面提高社会保障水平。2016 年投入社会保障资金 6 亿元，其中：落实城乡居民社会养老保险金 1.66 亿元，参保人数达到 32.5 万人，切实做到全市居民老有所养；落实城乡低保资金 4250 万元，发放五保户供养资金 1150 万元，实现了低收入家庭应保尽保；投入 80 岁以上老人高龄津贴 1425 万元；投入棚户区建设资金 4105 万元，改造住房 6046 套户，改善了棚户区家庭的住房条件。四是提升“三保”能力。全年各类工资均实现及时足额发放，维护了社会稳定；积极推进机关事业单位人员养老保险制度改革，落实公务员工资调整改革，进一步规范了机关津贴补贴，建立了保障工资落实长效机制。

——助推三农加快发展，确保发展成果共享。一是全力推进美丽乡村建设。注册资金 5000 万元，设立美丽乡村融资平台，融资 4.2 亿元，高标准打造省级美丽乡村重点项目长城绿道片区，建设片区内省级重点村 26 个，片区外重点村 25 个，51 个重点村全部完成年度建设任务。二是促进农民增收。2016 年全面落实中央和省各项惠民补贴政策，兑现农民粮食直补和综合直补资金 4876 万元，切实让农民得到实惠。三是支持农业和农村发展。支出资金 2168 万元，深入推进农村环卫保障和农村改厕等工程，切实改善农村人居环境，提高农村地区的宜居度；重点保障现代农业项目和绿化攻坚项目建设，抓好农业重点开发项目，支持农村经济快速发展。四是落实村级组织经费保障。支出资金 4705 万元，保证了村干部工资、大学生村官工资正常发放，维护了农村社会稳定。

——用活财政政策，提升资金效率效益。一是积极研究财政政策。全年共争取到转移支付资金 156553 万元，比上年增长 4.1%，为项目建设开展提供了资金保障。二是全面清理存量资金。全年收回存量资金 13193 万元，上年结余 11908 万元，使用存量资金 25101 万元（其中：安排支出 20256 万元，调入预算稳定调节基金 4845 万元）。三是用好预算调节稳定基金。全年预算稳定调节基金 48276 万元（上年结余 23097 万元，本年调入 25179 万元），支出 32316 万元，结余 15960 万元，全面提高预算管理水平。

——强化管理职能，完善财政管理机制。一是深化预算管理改革。硬化预算约束，严格执行新预算法，禁止临时预算追加，强化预算支出管理，增强财政预算执行的刚性和到位率。二是国库集中支付改革全面深化。简化财政支付流程，推进国库集中支付电子化改革，2016 年完成线上直接支付 3 万笔，结算资金 18.3 亿元，确保了财政资金运行安全高效。三是加快推进国有资产经营管理改革。2016 年对全市 161 户行政事业单位资产情况进行全面清查，维护国有资产安全；落实省公务用车改革要求，共处置公车 229 辆，拍卖车辆成交额 629 万元。四是开展“一问责八清理”活动。对全市乱摊派、专项资金、公车改革等内容进行集中整顿，规范了全市财经纪律。五是推进财政信息公开。严格按照预算公开时间节点要求，分别在财政网、政府门户网站对全市财政预决算报告、部门财政信息以及“三公”经费预算、财政专款情况等 184 条信息内容进行了公开公示，进一步增强了预算执行的透明度和规范性。六是深入推进财政投资评审及政府采购工作。2016 年财政投资评审完成评审 413 项；严格执行政府采购法规，2016 年完成采购 1.5 亿元，节约资金 3000 万元。

各位代表，回顾过去的一年，我们坚持以习近平总书记系列讲话精神为指针，坚决贯彻落实市委各项决策部署，全面落实各项惠民政策、不断完善社保制度，扎实推进基本公共服务均等化，让人民群众实实在在共享发展成果，财政经济在震荡中保持了健康发展，财政收入在起伏中保持了稳步增长，财政收支管理改革均实现了新的提升。过去的一年，我们深入开展“两学一做”，大力推进作风整顿，建立健全财政工作绩效管理机制，推进了财政事业科学稳定健康发展。这些成绩来之不易，是市委坚强领导和科学决策的结果，是市人大监督指导的结果，是全市上下共同奋斗的结果。

在总结成绩的同时，我们也清醒地看到，在财政经济运行过程中，发展中的困难和挑战依然很多：一是经济下行压力依然较大，全市经济稳步提升的任务还十分繁重，税收结构和质量还需进一步调整和提高；二是社保提标、工资改革、公益性社会支出规模不断扩大，财政增收空间缩小与刚性支出规模扩大之间的矛盾仍然异常突出；三是财政预算约束需进一步加强，勤俭节约意识还需进一步加强。上述问题需要我们高度重视，改革创新，科学化解。

二、2017 年财政预算安排情况

2017 年是实施“十三五”规划、迎接党的十九大胜利召开的重要一年，是落实供给侧改革、化解过程产能最为关键的一年。做好 2017 年财政经济工作，对推动全市社会经济实现稳中求进，持续科学快速发展具有重要意义。

根据市委第六次党代会精神和全市经济社会发展的总体部署，财政预算安排的指导思想是：深入贯彻落实中央、河北省、唐山市和市委决策部署，把握京津冀经济对接有利机遇，坚持以提高发展质量和效益为中心，深入贯彻“创新、协调、绿色、开放、共享”发展理念，倾力支持“加快转型、跨越提升、绿色发展”发展战略，优化财政支出结构，集中财力保工资、保民生、保运转，为加快建设“魅力水城、绿色迁安”，率先建成全面小康社会提供财力保障。

预算编制遵循的基本原则：一是依法理财。在预算编制过程中，严格落实新《预算法》等相关法律法规要求，不断提高预算编制的规范性、科学性。二是全面统筹。将政府所有收支全部纳入预算管理，盘活各领域财政资金，切实做好各类资金的统筹使用，集中财力办大事。三是突出重点。坚持有保有压，优化财政支出结构，保障人员经费、机构运转、民生改善和市委确定的重点工作。四是厉行节约。从严从紧控制一般性支出，切实降低行政运行成本；整合压减相关项目支出，避免重复安排，节约资金投入。五是强化绩效。将绩效理念贯穿于预算编制的全过程，切实优化财政资金配置，提高财政资金使用效益。

根据上述指导思想和编制原则，2017 年预算安排（草案）如下：

（一）2017 年财政收入预算

1. 一般公共预算收入。一般公共预算收入预算为 380000 万元，比上年增长 5%，其中：国税系统 136000 万元，比上年增长 34.4%；地税系统 130000 万元，比上年下降 2.4%；财政系统 114000 万元，比上年下降 11.3%。

2. 政府性基金收入。政府性基金收入预算为

111880万元，比上年增长104.4%，主要是土地出让收入增收，其中：专项基金收入4880万元，市政规划配套费收入500万元，城市公用事业费附加收入6500万元，国有土地出让金收入100000万元。

3. 社保基金收入。社保基金收入预算为79459万元。

（二）可用资金情况

根据2017年财政收入预算，全市一般预算收入为380000万元，加上级补助收入51954万元，调入资金19953万元，减上解支出17819万元，一般预算可用资金为434088万元。

接收省提前下达资金93348万元，其中5246万元调入一般预算上级补助收入。

政府性基金收入可用资金为111880万元。

（三）2017年财政预算安排情况

本着量入为出、收支平衡的原则，安排2017年一般公共预算支出434088万元，安排政府性基金支出111880万元，安排社保基金支出79459万元。

1. 一般公共预算支出安排情况

——刚性保障性支出268502万元。其中：安排资金235278万元，用于公教人员工资发放；安排资金33224万元，用于落实抚恤安置、城乡低保救助、城乡养老、城乡医疗、基本公共服务等社保政策。

——保运转支出48292万元。其中：安排资金14828万元，用于机关正常运转经费保障；安排资金10010万元，用于专项业务费支出；安排资金21335万元，用于交通工程、交警设施维护、公安局大楼工程、自筹人员工资等非税收入安排支出；安排资金2119万元，用于行政办公中心、档案馆、文化大厦、规划展馆等运行保障支出。

——公共事业发展支出75860万元。主要项目：一是支持教育事业发展。安排高中免费教育资金2579万元；安排教育附加资金10000万元，用于教育事业支出。二是支持科技文体事业发展。安排科技三项费支出500万元；安排电影惠民工程和文化惠民支出175万元；安排城市宣传费用1500万元。三是支持卫生事业发展。安排乡镇卫生院收支差额补贴资金5500万元；安排卫生医疗机构改革财政补贴资金2400万元。四是支持经济建设。安排招商引资资金500万元。五是支持农业农村发展。统筹安排农业发展资金12000万元，主要支持农业及美丽乡村奖补支出；安排乡村道路养护资金2960万元；安排政策性农业保险补贴400万元；安排农村改厕项目配套资金200万元。

——支持科技创新。安排科技型中小企业贷款风险补偿基金1000万元。

——支持环保综合治理。安排大气环境治理资金4500万元；安排滦河购水资金1300万元。

——支持残疾人事业发展。安排资金980万元，用于残疾人事业发展支出（其中300万元用残疾人就业保障金收入安排）。

——国有控股有限公司注册资本金20000万元。

——偿债支出13954万元。其中：省级债券利息10954万元，供热补贴3000万元。

2. 提前下达资金支出安排情况

按照省提前下达资金的安排指定，重点用于支持县市科技创新，优抚安置、退伍军人抚恤，城乡低保、城乡医疗、城乡卫生服务，农村危房改造，文化体育事业和公检法部门转移支付支出。

3. 政府性基金预算支出安排情况

——专项基金安排支出4880万元。其中：安排新型墙体材料专项基金收入支出180万元，用于城市基础设施建设；安排资金800万元，用于污水处理厂运转；安排彩票公益金支出1100万元，用于光荣院福利院取暖改造、体育赛事、群众性娱乐补助、村级体育器材支出；安排车辆通行费支出2800万元，用于道路养护、收费站人员经费和偿还银行贷款本息。

——城市公用事业附加收入安排支出6500万元。用于城市环卫、园林绿化、城市亮化、老旧小区改造、公厕维修和垃圾填埋场、市政维修等城市维护建设支出。

——城市基础设施配套费收入安排支出500万元。用于安辛庄、兰若院生活建筑垃圾场建设。

——国有土地出让金收入安排支出100000万元，其中：成本性支出88000万元，调入一般公共预算支出 12000 万元。

4. 海绵城市支出安排情况

截至目前接收省提前下达专款 28000 万元，全部实行基金化管理。

5. 预算稳定调节基金安排情况

2017 年安排预算稳定调节基金支出 12291 万元，其中：原渠道支出 4338 万元、调入公共预算支出 7953 万元。

三、完成 2017 年财税工作任务的主要措施

整体来看，2017 年预算平衡压力和困难远超往年。为更好地保障市委决策部署和市人大决议的落实，我们将围绕上述预算安排，进一步突出问题导向，坚持依法理财，深化财税改革，扎实推进各项政策措施落地，确保全年任务目标顺利完成。

（一）依法理财，确保收入稳步增长。一是加强财源管控，进一步强化对重点行业、重点企业和税源大户的监管；继续推进综合治税体系建设，抓好税收结构调整和征管，深挖财源增收潜力，确保税收及时足额入库；严格执行非税收入管理办法，落实“收支两条线”规定，强化非税收入稽查，努力提高非税收入质量和规模。二是强化国有资产管理，对国有资产配置、运营、处置和转移等事项进行核查和规范，建立资产管理与预算管理、财务管理相结合的运行机制，确保国有资产保值增值。三是落实好财税体制改革，做好营改增后税收征管应对工作，重点抓好房地产税和环境税开征的研判和准备工作，涵养新的税源增长点，为财政收入的稳步增长提供后续支撑。

（二）突出职能，促进社会经济创新发展。一是以供给侧改革为主线，认真落实上级减税降费政策，减轻企业负担，支持实体经济加快发展。推动新能源、新材料、新生物医药等高科技新兴行业以及文化产业项目落地，促进产业结构调整和优化升级。二是倾力推进海绵城市建设，统筹运用上级专项资金和社会融资，加强海绵城市建设的支撑保障能力，加快推进建设项目顺利实施。三是抢抓改革发展有利机遇，充分发挥财政政策资金杠杆作用，吸引外域经济和社会资本用于社会经济发展建设，形成融资与经济增长的良性循环，增强社会经济发展活力。四是引导金融资金更有效地服务实体经济，在基础设施、产业结构转型升级、小微企业、新兴行业等方面加大信贷投放力度，通过政府购买服务的形式，将更多的政府投资转化为社会资本投入。

（三）以人为本，着力保障和改善基本民生。进一步完善城乡低保、养老保险、医疗保险等基本民生政策，严格落实财政补助提标政策，强化基本民生保障，增强民生政策可持续性；扎实做好基本民生兜底相关工作，继续推进城乡低保、社会救济、医疗救助等社会兜底工作，抓好民生政策落实“最后一公里”。进一步优化支出结构，在保工资、保运转、保民生的基础上，提高基本公共服务均等化水平，提升人民群众在社会发展中的获得感和幸福感。

（四）强化管理，深化财税机制体制改革。推进绩效预算管理机制，形成以绩效为导向的全过程绩效管理体系，提升财政管理的科学性和系统性。深化乡镇财政体制改革，进一步细化县乡事权和支出责任划分，完善财税收入划分激励体制，激发乡镇加快发展的动力。密切关注中央和省税制改革动向，全面落实各项改革部署，着力完善地方财政收入体系。积极推动社会保障、医药卫生、科技教育、环境保护等相关改革，发挥好基础和先导作用。

（五）强化防控，规范政府债务管理。逐步建立“举债有度、偿还有方、管理有序、监管有力”的长效机制。一是加强政府性债务管理，规范政府融资举债渠道，健全债务风险预警、应急处置机制，规避财政风险。二是建立健全财政运行监控体系，搭建财政运行监控信息平台，对财政收入、支出进度、预算项目、债务管理、资金绩效进行全方位实时监控，定期开展多维度检测分析，及时识别、预警、处置风险，规避财政债务风险。

各位代表，2017 年的财政预算任务十分艰巨。我们将在市委的正确领导和市人大的监督支持下，严格落实市委六次党代会决议和要求，继续解放思想、开拓进取，努力完成各项目标任务，为加快推进魅力水城、绿色迁安建设，勇当唐山“三个努力建成”、“三个走在最前列”排头兵，勇当全省县域经济发展排头兵做出积极的贡献！

2016 年迁安市国民经济和社会发展统计公报

迁安市统计局　国家统计局迁安调查队

2016 年，是“十三五”规划的开局之年。全市上下在市委、市政府的正确领导下，坚持创新、协调、绿色、开放、共享的发展理念，迎难而进，积极作为，全面实施“12336”战略，全市经济缓中趋稳，社会各项事业稳步提升，为“十三五”的健康发展奠定了坚实基础。

一、综合

2016 年年末，全市总户数 23.3 万户，户籍总人口 77.3 万人，其中男性人口 39.9 万人，女性人口 37.4 万人。全年出生 10532 人，出生人口性别比为 104.15，人口出生率 13.96‰；死亡 4150 人，死亡率 5.5‰，人口自然增长率 8.46‰。

综合实力进一步增强。据核算，2016 年全市地区生产总值（GDP）920.2 亿元，比上年增长 3.7%，其中，第一产业增加值 44.1 亿元，增长 1.7%；第二产业增加值 547.3 亿元，增长 3.7%；第三产业增加值 328.9 亿元，增长 4.0%。三次产业结构比为 4.8 ∶ 59.5 ∶ 357。按常住人口计算，全市人均地区生产总值 12 万元，约合 1.7 万美元。

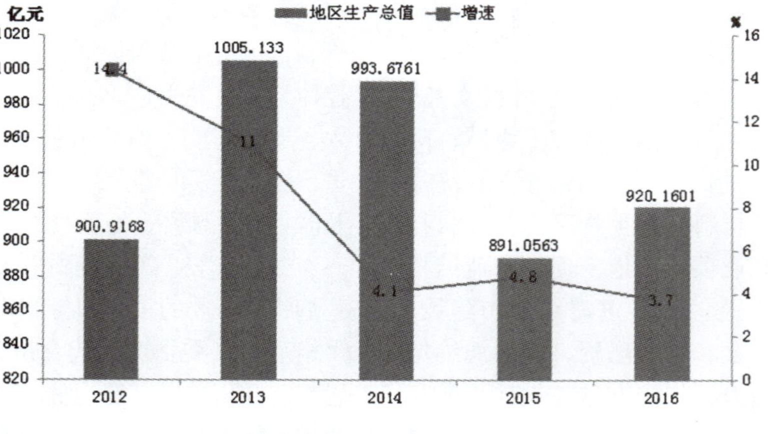

2012—2016 年地区生产总值及增速图

2016 年，居民消费价格比上年上涨 0.7%，其中食品烟酒类价格上涨 1.4%；商品零售价格比上年上涨 0.2%，其中食品价格上涨 1.9%；农业生产资料价格比上年上涨 1.3%。

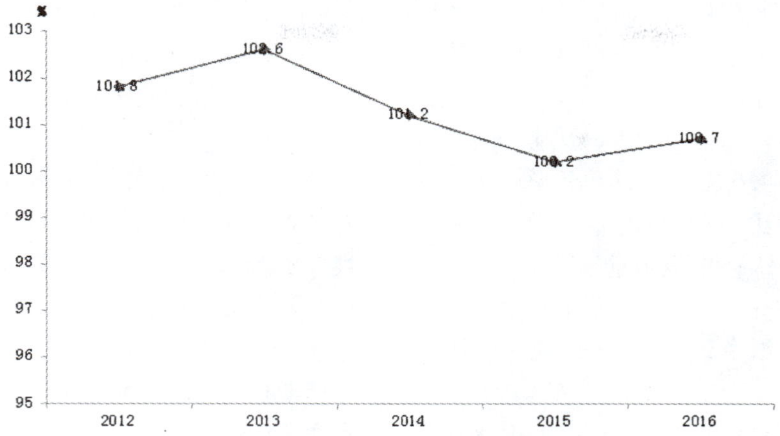

2012—2016 年居民消费价格指数图

2016 年年末，全市实有市场主体 48033 户，本年新增 10500 户，同比增长 21.2%。其中，内资企业 6826 家、外资企业 66 家、农民专业合作社 571 户、个体工商户 40570 户。

二、农业

2016 年，以现代农业园区建设为引擎，以农业科技创新为支撑，强化新型农业主体培育，发展适度规模农业和农业产业化经营，加快农业结构调整，加速推进具有迁安特色的现代农业发展。目前，全市拥有省级现代农业园区 1 个，唐山市级 4 个，县级 1 个。2016 年，全市农林牧渔业总产值 74.7 亿元，同比增长 1.7%。其中：农业产值 35.6 亿元，同比增长 2.1%；牧业产值 35.3 亿元，同比增长 1.3%。粮食播种面积 55.8 万亩，粮食总产量 20.8 万吨，同比增长 3.8%；蔬菜总产 89.4 万吨，同比增长 0.5%；实现生猪出栏 74.6 万头，同比增长 0.3%；家禽出栏 735.1 万只，同比增长 1.3%；肉类总产 8.6 万吨，同比下降 1%。

2016 年年末，全市农业产业化龙头企业已达到 88 家，其中省级龙头企业 2 家，唐山市级龙头企业 20 家。2016 年，农业产业化率达到 76.2%，比上年提高 0.1 个百分点。

三、工业

工业生产低位平稳运行。2016 年，全市工业总产值 1376.5 亿元，增加值 522.3 亿元，增加值同比增长 3.8%。其中规模以上工业总产值 1297.9 亿元，增加值 497.2 亿元，同比增长 3.9%。在全部工业中，钢铁业总产值 578.5 亿元，增加值 132.9 亿元，同比下降 0.6%；装备制造业总产值 109.1 亿元，增加值 42.3 亿元，同比增长 28.9%，占全部工业的 8.5%。在规上工业中，高新技术产业增加值 3.7 亿元，同比增长 6.2%。

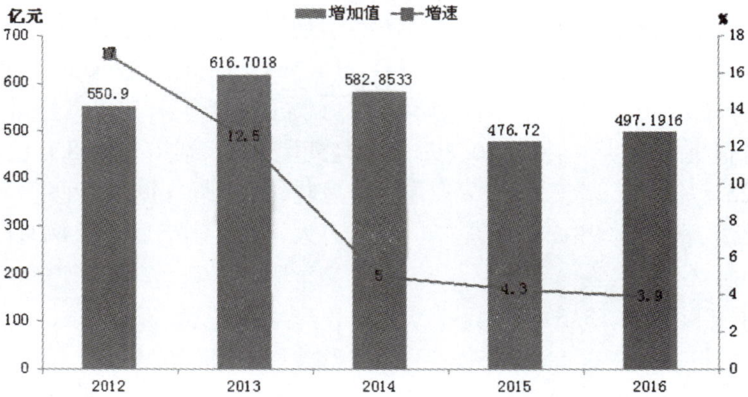

2012—2016 年规上工业增加值及增速图

从规上工业统计的主要产品产量上看，2016年，铁矿石17358万吨，同比下降4.2%；铁精粉7883.5万吨，同比增长7%；生铁1989.3万吨，同比增长3.4%；钢坯1949.8万吨，同比增长4.2%；钢材1534.6万吨，同比下降3%；焦炭761.7万吨，同比增长7.2%；水泥43.1万吨，同比下降55.7%；平板玻璃1156.4万重量箱，同比下降8.3%；地毯13.7万平方米，同比下降13.8%；机制纸及纸板12.3万吨，同比增长161.7%。

工业经济效益快速回升。规模以上工业主营业务收入1307.8亿元，同比增长7.6%。实现利税254.9亿元，同比增长20.3%；盈亏相抵后实现利润176.6亿元，同比增长20.6%。其中采选业利润152.7亿元，同比下降10.4%；钢铁业利润18.2亿元，同比增长167%；装备制造业利润3.9亿元，同比增长43.6%；焦炭化工业利润1亿元，同比增长197.2%。

四、投资、建筑业

2016年，“以转型升级”为主线，强力推进项目建设，固定资产投资快速增长。全社会固定资产投资654亿元，比上年增长10%。其中生产性投资511.2亿元，增长31.7%；非生产性投资142.9亿元，下降30.7%。从三次产业投资情况看，第一产业投资34.7亿元，增长68.9%；第二产业投资415亿元，增长23.2%；第三产业投资204.3亿元，下降12.3%。工业投资427.7亿元，增长18.8%；其中工业技改投资301亿元，增长14.1%，占工业投资的70.4%。房地产投资11.4亿元，下降46.7%。房屋建筑施工面积333.4万平方米，其中住宅施工面积283.9万平方米，商品房销售面积36.3万平方米。

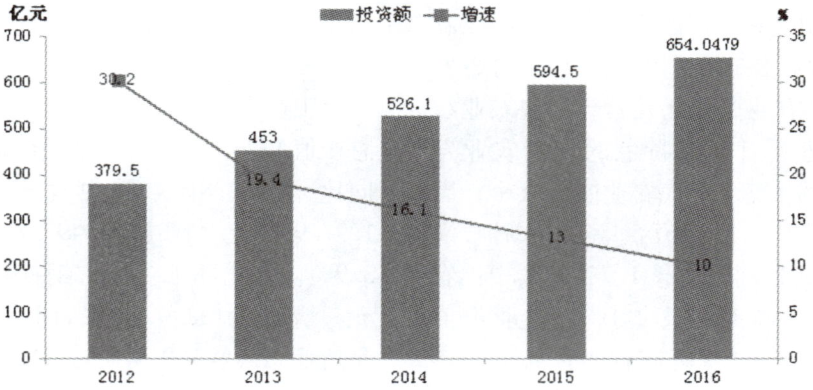

2012—2016年全社会固定资产投资及增速图

2016年，全市建筑业增加值25.7亿元，同比增长2.2%。具有资质等级的总承包和专业承包建筑业企业实现建筑业产值13.5亿元。

五、国内贸易

消费品市场平稳运行。2016年，全市社会消费品零售总额247.1亿元，比上年增长10.7%；其中批发和零售业225.8亿元，增长10.6%；住宿和餐饮业21.2亿元，增长11.7%。

六、对外经济

2016年，全市进出口总额15.5亿美元，同比下降33.9%；其中，进口总额11.9亿美元，同比下降35.4%；出口总额3.9亿美元，同比下降22.2%。经济外向度达到11.9%。实际利用外资6519万美元，同比增长1.4%。

七、交通、邮电和旅游业

现代物流业稳步增长。2016年，现代物流业增加值188亿元，同比增长3.3%，占第三产业增加值的比重由上年的56.4%提升到今年的57.1%。

2016年年末，全市公路通车里程达到3274.9公里，其中高速公路68.6公里。货物运输量7587万吨，周转量149526万吨·公里。客运总量1429万人·次，客运周转量60311万人·公里。城乡公交车辆277辆，本年新增90辆；其中新型节能车197辆。公交线路55条，本年新增9条；年末运营载客出租车689辆。

全年邮政业务收入5418万元，同比增长12.5%；通信业务收入6122万元。年末固定电话用户7.7万户，固定电话普及率为10部/百人；全市移动电话用户达到69.3万部，移动电话普及率为89.7部/百人。年末宽带用户达到13.8万户。

旅游业快速发展。近年来，市依托丰富的山水资源、历史文化、乡村风情等重要的旅游资源，不断加大财政投入力度，完善旅游基础设施，发展精品旅游项目，实现了旅游业从无到有，由弱变强的跨越式发展。累计接待游客994.7万人次，实现旅游总收入57.75亿元。2016年达最高水平，年接待游客220万人次，旅游总收入21亿元。目前我市拥有国家A级旅游景区6家，其中，AAAA级旅游景区1个、AAA级旅游景区2个、AA级景区3个；三星级以上酒店7家，经济快捷酒店6家；国际旅行社1家，国内旅行社6家，旅行社分社3家；酒吧、歌舞厅、游泳馆等娱乐场所20多家。

八、财政、税务、金融、保险

2016年，全市全部财政收入完成63.9亿元，同比增长3.3%；一般公共预算收入完成36.3亿元，同比增长3.1%；基金收入完成12.2亿元（含社保基金），同比下降5.8%。一般公共预算支出完成60亿元，同比增长1.8%。

2016年，全市共完成各类税收51.0亿元，同比下降2.2%。其中，国税系统完成32.9亿元，同比增长23.2%；地税系统完成18.1亿元，同比下降28.8%。从分税种情况看，增值税30亿元，同比增长37.4%；营业税2.8亿元，同比下降63.7%；资源税1.8亿元，同比下降21%；企业所得税5.0亿元，同比下降33.5%；个人所得税1.7亿元，同比增长0.1%。

2016年，金融系统存贷款总量继续增长。年末金融机构人民币各项存款余额716亿元，比年初增加50.5亿元。其中住户存款余额502.4亿元，比年初增加20亿元；各项贷款余额448.7亿元，比年初增加19.3亿元；存贷比达到62.7%，比年初下降1.8个百分点。

2016年，保险业全年业务总收入8.9亿元，同比增长10.3%。其中，财产保险保费收入2.1亿元，同比下降26.1%；人寿保险保费收入6.8亿元，同比增长30.5%。

九、城镇建设

以“加快推进新型城镇化建设”为统揽，不断完善城市服务功能，提升县城建设品质，成功入选第三批国家新型城镇化综合试点城市。2016年末，建城区面积43.5平方公里，建成区人口26.5万人。建成区道路总长184公里，人均道路面积19.8平方米。建城区绿地率40.35%，人均公园绿地面积20.2平方米，绿化覆盖率41.2%。建城区集中供热面积1314万平方米，供水普及率、自来水水质合格率、燃气普及率、生活垃圾无害化处理率和生活污水集中处理率保持100%，管道天然气普及率达到51.8%。年末主城区运营公交车辆74辆，运营线路10条。

2016年，全市常住人口城镇化率55.7%，比上年提高0.9个百分点。

十、科技、教育、文化体育、卫生、广播电视

2016年年末，全市拥有唐山市级以上工程技术研究中心18家，本年新增2家，其中省级1家。拥有科技企业孵化器2家，众创空间1家；拥有高新技术企业14家，本年新增2家。省级科技型中小企业306家，本年新增106家；科技小型巨人企业22家，新增9家。2016年，申请专利144项，授权专利57项，其中发明专利授权量11项；促进专利转化项目5项。

2016年，全市拥有各类专业技术人员44661人，其中：农业913人、工业28086人、其他15662人。

2016年，市被省教育厅确定为省级社区教育实验区，迁安体校被列为“国家高水平体育后备人才基地”；北大学园迁安教育园、六实小加盟北京实验二小、香港伟才幼儿园等落地项目扎实推进，三实小正式加入未来学校联盟。2016年，成功创建省农村标准示范园5所，一类园及以上园已经超过全市园数75%；全市学前三年毛入园率达到95.3%，小学、初中入学率100%，初中巩固率达到99.3%。2016年全市本二以上上线人数2885人，上线人数及上线率均居唐山县区第三位。年末全市共有省属大专院校1所，教职工157人，在校大学生3553人；市属各级各类学校332所，教职工9583人，在校生136716人。其中：幼儿园32161人、小学61813人、初中21046人、普高11919人、职高5745人、特教132人。

2016年，以创建“国家级基层公共文化服务

示范区”为契机，坚持“走出去、引进来”，因地制宜，开辟出了适合迁安文化的特色之路，目前已基本实现了“公共文化设施的全覆盖、公共文化资源的全社会共享、图书报刊服务的全天候、综合文化培训的全方位”。“城乡联动、康乐同行”和“两动两静”品牌活动深入人心，文化惠民演出覆盖全市；精品赛事成功举办，拳击项目已代表迁安走向世界。首届2016中国·迁安国际长城万人徒步大会暨全国2016年“发展体育运动、增强人民体质、同心共筑中国梦”全民健身活动和首届2016中国迁安山地越野马拉松赛在迁安绿道成功举行。目前全市拥有博物馆1家、图书馆1家、文化馆1家、艺术表演团体1家；民间职业剧团26个、群众业余演出团9个；拥有体育场馆7个，村级文化广场531个。

2016年，以深化医药卫生体制改革为主线，稳步推进县级公立医院综合改革，稳步发展农村中医药事业，基层卫生和妇幼卫生全面提升。年内我市成功创建河北省妇幼健康优质服务示范县，并被推荐为国家妇幼健康优质服务示范县，成为河北省唯一入选全国健康城市的试点单位；创建国家级“群众满意的乡镇卫生院”两所，省级“群众满意的乡镇卫生院”两所。2016年，全市拥有卫生医疗机构839个，实有床位4094张，卫生专业技术人员5490人，医院、卫生院接诊175.7万人次。

2016年，市广电产业继续坚持“强基、固本、转型、创新”的总体思路，大力实施“一体两翼”战略。到2016年年底，全市有线电视入网户达16万户，有线电视数字化16万户，全市数字电视整转率已达到100%。

十一、居民生活和社会保障

城乡居民收入稳步增长。2016年，城镇居民人均可支配34637元，比上年增长7.7%；农村居民人均可支配收入19938元，比上年增长7.9%。

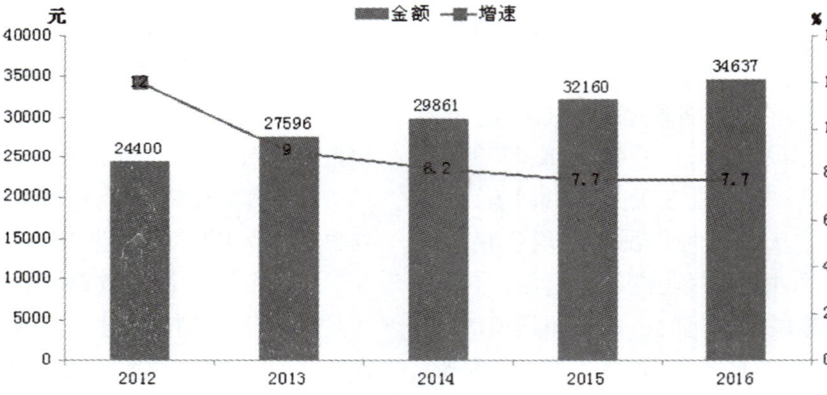

2012—2016年城镇居民人均可支配收入及增速图

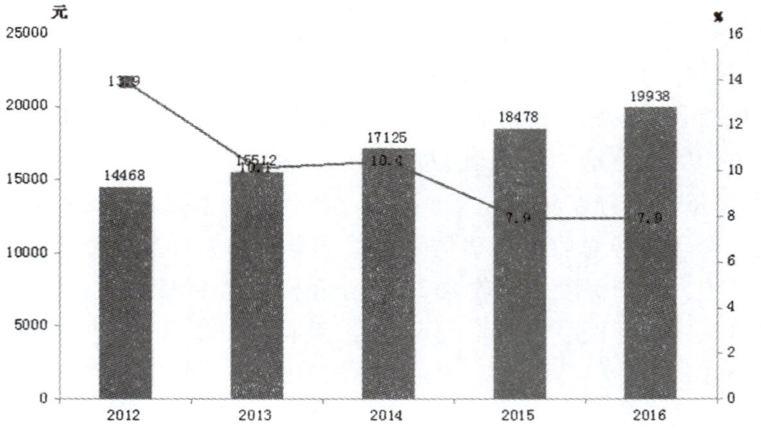

2012—2016年农村居民人均可支配收入及增速图

2016年，迁安市将农村低保标准由每人每年3550提高到3912元，城镇低保由每人每年6000元提高到6600元，累计发放低保资金4365万元，保障了7461户13732位低保对象的基本生活。全市共有特困供养人员1794人，按集中供养、分散一般和分散病瘫每人每年供养7600元、5000元和8000元的标准，全年累计发放供养金1100.38万元。全市共有孤儿67人，按集中养育每人每月1150元、散居每人每月700元的标准，累计发放救助资金65.48万元。全市享受困难生活补贴的残疾人3520人、享受重度护理补贴的残疾人4187人，累计发放补贴资金468.4万元。全年为12549位老人发放高龄津贴1560.35万元。

2016年，全市参加社会基本养老保险人数48.7万人，其中企业职工养老保险参保人数12.2万人，新增3873人；城乡居民社会养老保险参保人数32.9万人，新增31043人。参加基本医疗保险人数69万人，其中城镇职工基本医疗保险参保人数11.4万人；城乡居民基本医疗保险参保人数57.6万人。

2016年迁安市国民经济主要指标表

表14

指标名称	单位	数量	指标名称	单位	数量
1. 土地总面积	平方公里	1227.2	#第一产业	万元	440574
（1）耕地	平方公里	425.7	第二产业	万元	5470800
（2）园地	平方公里	93.2	#工业	万元	5222937
（3）林地	平方公里	163.2	第三产业	万元	3290485
（4）草地	平方公里	117.4	5. 全部财政收入（不含基金）	万元	638887
（5）城镇村及工矿用地	平方公里	281.6	#公共预算财政收入	万元	362809
（6）交通运输用地	平方公里	44.5	全部财政支出	万元	736201
（7）水域及水利设施用地	平方公里	63.1	#公共预算财政支出	万元	599658
（8）其他土地	平方公里	38.4	6. 各项税收入	万元	510390
#耕地总资源	万公顷	4.3	7. 居民储蓄存款	万元	5023863
2. 总户数	户	233043	8. 全社会固定资产投资	万元	6540479
3. 总人口	人	772636	9. 农村居民人均可支配收入	元	19938
#乡村人口	人	533804	10. 城镇居民人均可支配收入	元	34637
城镇人口	人	238832	11. 城镇在岗职工平均工资	元	64231
平均人口	人	767285	12. 出口创汇	万美元	38540
自然增长率	‰	8.46	13. 实际利用外资	万美元	6519
4. 地区生产总值	万元	9201601	14. 社会消费品零售总额	万元	2470831

2016 年迁安市行政区划、总面积及人口密度表

表 15

乡镇名称	乡镇政府（个）			村委员会个数	总面积（平方公里）		人口密度（人/平方公里）
		乡政府	镇政府			建成区	
合　　计	19	7	12	534	1227. 19	43. 5	630
迁 安 镇	1		1	98	128. 14		1427
夏官营镇	1		1	28	71. 81		478
杨各庄镇	1		1	37	76. 01		527
建昌营镇	1		1	50	89. 92		524
赵店子镇	1		1	15	39. 43		602
野鸡坨镇	1		1	21	75. 27		522
大崔庄镇	1		1	21	66. 12		415
杨店子镇	1		1	36	94. 21		926
蔡 园 镇	1		1	26	55. 71		482
马兰庄镇	1		1	17	49. 16		503
沙河驿镇	1		1	19	40. 77		753
木厂口镇	1		1	19	58. 79		433
扣 庄 乡	1	1		27	71. 26		618
彭店子乡	1	1		18	40. 55		579
上 庄 乡	1	1		24	44. 34		581
阎家店乡	1	1		17	42. 39		614
五重安乡	1	1		29	67. 71		410
大五里乡	1	1		16	50. 50		372
太平庄乡	1	1		16	65. 08		261

2016年迁安市总户数、总人口及人口变动情况表

表16　　单位：户、人

乡镇名称	总户数	总人口	其中	
			男	女
全市合计	233043	772636	398519	374117
迁 安 镇	61309	182828	91164	91664
夏官营镇	10106	34355	17631	16724
杨各庄镇	11584	40039	20804	19235
建昌营镇	14284	47118	24483	22635
赵店子镇	8187	23752	11999	11753
野鸡坨镇	11116	39283	20403	18880
大崔庄镇	7679	27463	14210	13253
杨店子镇	22489	87241	48769	38472
蔡 园 镇	7623	26833	12852	13981
马兰庄镇	7814	24707	13155	11552
沙河驿镇	9143	30683	15952	14731
木厂口镇	7977	25450	13009	12441
扣庄乡	12103	44031	22767	21264
彭店子乡	6980	23495	11966	11529
上 庄 乡	7638	25758	13252	12506
阎家店乡	7317	26042	13611	12431
五重安乡	7995	27772	14477	13295
大五里乡	6468	18809	9260	9549
太平庄乡	5231	16977	8755	8222

2016 年迁安市城镇人口、乡村人口及人口变动情况表

表 17　　单位：人

乡镇名称	在总人口中		迁入	#省外迁入	迁出	#迁出省外
	乡村人口	城镇人口				
全市合计	533804	238832	767	864	1112	2918
迁 安 镇	67273	115555	327	465	324	1103
夏官营镇	28547	5808	40	21	44	58
杨各庄镇	35406	4633	34	22	42	129
建昌营镇	31553	15565	20	37	56	202
赵店子镇	20087	3665	12	16	14	16
野鸡坨镇	37045	2238	29	27	49	54
大崔庄镇	23680	3783	21	14	26	59
杨店子镇	43098	44143	90	78	183	616
蔡 园 镇	23689	3144	14	14	28	29
马兰庄镇	12473	12234	16	16	51	64
沙河驿镇	20869	9814	29	19	51	100
木厂口镇	15376	10074	8	16	16	38
扣 庄 乡	42902	1129	20	23	52	121
彭店子乡	22683	812	16	15	55	63
上 庄 乡	24137	1621	30	20	20	86
阎家店乡	25106	936	6	21	23	59
五重安乡	26687	1085	22	18	42	59
大五里乡	17232	1577	11	16	6	35
太平庄乡	15961	1016	22	6	30	27

2016 年迁安市人口自然变化情况

表 18　　单位：人、‰

乡镇名称	年内出生	年内死亡	出生率	死亡率	自然增长率
全市合计	10532	4150	13.96	5.5	8.46
迁 安 镇	1831	619	16.14	5.46	10.68
夏官营镇	422	227	12.9	6.94	5.96
杨各庄镇	536	292	13.39	7.29	6.09
建昌营镇	553	217	11.92	4.68	7.24
赵店子镇	438	151	18.91	6.52	12.39
野鸡坨镇	628	221	16.11	5.67	10.44
大崔庄镇	332	169	12.65	6.44	6.21
杨店子镇	859	257	15.07	4.51	10.56
蔡 园 镇	328	172	13.29	6.97	6.32
马兰庄镇	225	104	12.79	5.91	6.88
沙河驿镇	469	171	15.73	5.74	10
木厂口镇	330	170	13.72	7.07	6.65
扣 庄 乡	604	309	13.79	7.06	6.74
彭店子乡	280	167	12.91	7.7	5.21
上 庄 乡	352	165	13.81	6.47	7.34
阎家店乡	380	159	15.45	6.46	8.99
五重安乡	340	225	12.24	8.1	4.14
大五里乡	236	136	13.06	7.52	5.53
太平庄乡	222	113	13.93	7.09	6.84
机关团体	1167	106	11.35	1.03	10.32

1949—2016 年迁安市主要年份国民经济主要指标表

表 19

指标名称	单位	1949 年	1959 年	1969 年	1979 年	1989 年	1999 年	2012 年	2013 年	2014 年	2015 年	2016 年
总户数	万户	6. 04	7. 10	8. 76	11. 30	16. 27	18. 31	24. 38	24. 89	25. 99	23. 27	23. 30
总人口	万人	30. 09	34. 91	45. 03	51. 75	59. 61	64. 82	73. 64	74. 42	75. 92	76. 19	77. 26
农业人口	万人	29. 34	33. 13	43. 99	48. 32	53. 76	55. 97	58. 99	59. 69	60. 94	54. 25	53. 38
全部从业人员	万人	9. 60	11. 19	14. 72	17. 01	23. 33	34. 35	41. 53	42. 70	43. 89	44. 41	44. 72
第一产业	万人	8. 74	10. 12	13. 19	13. 10	13. 30	15. 15	6. 52	6. 48	6. 45	6. 41	6. 37
第二产业	万人	0. 48	0. 60	0. 82	2. 41	6. 42	11. 64	19. 45	20. 03	19. 02	18. 38	17. 98
第三产业	万人	0. 38	0. 47	0. 71	1. 50	3. 61	7. 56	15. 56	16. 18	18. 43	19. 63	20. 37
地区生产总值	亿元	0. 11	0. 38	0. 42	1. 33	7. 54	80. 12	900. 92	1005. 13	993. 68	891. 06	918. 79
生产总值增长率	%	0. 96	18. 10	10. 10	5. 40	22. 70	9. 70	14. 40	11. 00	4. 05	4. 80	3. 70
第一产业	亿元	0. 09	0. 22	0. 35	0. 63	2. 89	12. 84	38. 17	41. 93	43. 17	42. 47	44. 06
第一产业比重	%	84. 43	57. 72	82. 26	47. 26	38. 32	16. 00	4. 20	4. 20	4. 3	4. 8	4. 8
第二产业	亿元	0. 01	0. 09	0. 03	0. 43	3. 04	41. 05	597. 28	667. 30	645. 93	527. 31	545. 96
第二产业比重	%	6. 76	24. 72	6. 06	32. 18	40. 37	51. 20	66. 30	66. 40	65. 0	59. 2	59. 4
第三产业	亿元	0. 01	0. 07	0. 05	0. 27	1. 61	26. 24	265. 46	295. 89	304. 58	321. 27	328. 78
第三产业比重	%	8. 81	17. 56	11. 68	18. 54	21. 31	32. 80	29. 46	29. 40	30. 7	36. 1	35. 8
人均地区生产总值	元	37	109	96	257	1265	12380	123127	135774	132191	117275	120041
耕地总资源	万亩	91. 89	82. 11	79. 59	77. 71	75. 46	75. 19	64. 90	64. 13	63. 96	63. 87	63. 71
人均耕地面积	亩	3. 05	2. 35	1. 77	1. 50	1. 27	1. 16	0. 88	0. 86	0. 84	0. 84	0. 82
农林牧渔业总产值	亿元	0. 16	0. 26	0. 44	0. 99	4. 25	22. 30	60. 07	67. 79	71. 51	71. 68	74. 68
粮食总产量	万吨	4. 12	7. 62	11. 45	14. 45	15. 43	22. 66	20. 06	20. 04	18. 35	20. 03	20. 79
棉花总产量	吨	210	310	465	80	33		116	69. 00	45. 00	40	30
油料总产量	万吨	0. 76	1. 48	0. 58	1. 92	2. 17	2. 63	3. 55	3. 44	3. 41	3. 15	3. 38
干鲜果总产量	万吨	0. 11	0. 27	0. 36	0. 54	10. 32	9. 00	17. 00	18. 32	18. 13	16. 32	16. 29
肉类总产量	万吨					2. 65	7. 07	8. 48	8. 66	8. 70	8. 73	8. 64
大牲畜存栏	万头	2. 08	2. 30	3. 04	3. 02	4. 61	8. 02	11. 82	11. 54	11. 48	12. 01	10. 64
生猪存栏	万头	7. 25	13. 70	13. 19	22. 32	33. 48	39. 69	45. 00	47. 80	47. 07	46. 5	46. 37
铁矿石产量	万吨				21. 47	155. 34	1415. 30	11544. 00	14596. 60	14399. 10	18117. 2	17358
机制纸产量	万吨	0. 01	0. 20	0. 20	0. 63	2. 48	8. 25	15. 69	17. 10	6. 40	4. 7	12. 3
水泥产量	万吨				4. 21	18. 10	46. 40	197. 80	183. 60	138. 60	97. 2	43. 1
焦炭产量	万吨							850. 08	952. 00	953. 20	936. 8	761. 7
生铁产量	万吨				5. 48	0. 40	9. 27	1943. 00	1941. 60	1925. 20	1924. 5	1989. 3
粗钢产量	万吨							1901. 00	1900. 40	1895. 90	1870. 8	1949. 8
钢材产量	万吨							1403. 00	1460. 50	1580. 40	1582. 7	1534. 6
工业总产值	亿元	0. 01	0. 20	0. 07	0. 88	8. 70	77. 00	1710. 20	1808. 50	1731. 42	1315. 03	1376. 52
工业增加值	亿元	0. 01	0. 08	0. 02	0. 38	2. 85	11. 40	586. 97	653. 78	621. 44	501. 72	522. 29
规模以上工业企业数	家	22	55	29	84		118	153	186	186	179	161

续表 19

指标名称	单位	1949 年	1959 年	1969 年	1979 年	1989 年	1999 年	2012 年	2013 年	2014 年	2015 年	2016 年
规模以上工业总产值	亿元	0.01	0.20	0.07	0.38	4.37	32.39	1589.60	1692.87	1619.18	1236.73	1297.88
规模以上工业增加值	亿元						11.40	550.90	616.70	582.85	476.72	497.19
规模以上工业固定资产原值	亿元						21.58	963.07	1215.73	1343.09	1538.86	1624.40
规模以上工业利税总额	亿元					0.30	2.00	343.67	347.06	311.17	211.44	254.91
全社会固定资产投资	亿元		0.023	0.07	0.14	1.44	15.73	379.46	453.01	526.11	594.46	654.05
交换机总容量	门	20	530	1007	1780	5100	60832	183220	230212	127217	15000	11475
年末电话机总数	部	11	345	559	3325	2481	54181	140217	132501	107593	85990	77322
社会消费品零售总额	亿元		0.17	0.23	0.51	2.36	24.64	160.00	181.40	203.38	223.20	247.08
商品零售价格总指数	%						95.5	101.7	102.5	100.2	100.8	100.2
居民消费价格总指数	%						95.5	101.8	102.6	101.2	100.2	100.7
实际利用外资额	万美元						503	6532	6020	6421	6430.1	6519
在岗职工工资总额	亿元		0.06	0.03	0.11	0.50	3.44	36.04	30.88	34.59	36.85	38.82
在岗职工平均工资	元		619	487	576	1404	5814	46898	51419	55986	61289	64231
实际出口额	万美元						1558	4725	6109	41492	49511	38540
财政收入	亿元		0.06	0.05	0.11	0.54	3.21	91.05	76.26	64.71	61.86	63.89
公共预算财政收入	亿元			0.05	0.11	0.54	2.27	39.04	37.16	35.09	35.17	36.28
财政支出	亿元		0.03	0.03	0.14	0.44	2.84	86.26	81.44	106.63	72.87	73.01
公共预算财政支出	亿元						2.71	53.27	53.00	48.53	58.93	59.97
金融机构存款年末余额	亿元			0.08	0.55	3.02	19.89	573.70	609.10	656.31	665.51	716.03
金融机构贷款年末余额	亿元			0.09	0.56	2.51	15.15	346.90	375.52	385.96	429.42	448.68
城乡居民储蓄存款余额	亿元		0.02	0.01	0.11	2.96	34.81	374.73	409.76	438.89	482.43	502.39
各类学校在校学生	万人	2.1	5.6	7.5	12.3	9.0	14.3	12.7	10.30	13.16	13.56	14.03
卫生床位数	张		75	170	622	564	1500	4834	3449	3848	3905	4094
农村居民人均可支配收入	元		51	59	127	729	3119	14468	15512	17125	18478	19938
城镇居民人均可支配收入	元						5212	24400	27596	29861	32160	34637